长春年鉴 2011

CHANGCHUN ALMANAC

长春市人民政府　主办
长春市地方志编纂委员会 编

吉林人民出版社

长春年鉴（2011）*CHANGCHUNALMANAC*

编　者：长春市地方志编纂委员会
长春年鉴编纂委员会

责任编辑：杨九屹　　封面设计：祁贵鹏

吉林人民出版社出版 发行（中国·长春市人民大街 4646 号　邮政编码：130021）

电　话：0431－85649710

印　刷：长春方圆印业有限公司

开　本：889mm×1194mm　1/16

印　张：27.25　　字数：900 千字

标准书号：ISBN 978－7－206－06296－4

版　次：2011 年 10 月第 1 版　　印　次：2011 年 10 月第 1 次印刷

印　数：1–1 000 册　　定　价：298.00 元

长春年鉴编纂委员会

主　任　吴　兰

副主任　赵　明　贺兴国　卢福建　韩忠宝
　　王　磊　杨松望

委　员　（按姓氏笔画排序）
　　万载斌　马国成　王　宁　王　吉
　　王大鹏　王世田　王树彬　左　毅
　　邢　文　吕　凝　刘　徽　孙　莉
　　朱惠民　刘亚群　刘英华　齐国华
　　吴　强　宋　驰　宋　超　张鸣雨
　　张宝琦　张德祥　陈亚轩　姜元生
　　赵明瑞　胡延生　郝丽萍　侯曙光
　　高中会　郭华山　郭启祥　唐铁生
　　崔国光　梁　伟　隋光伟　韩明玉
　　赫　哲

长春年鉴编纂人员

主　　编　吴　兰

副 主 编　韩忠宝　王　磊　杨松望
　　侯曙光　王玉宁

责任编辑　祁贵鹏　齐丽颖　李九飞　崔玉恺
　　孙大文　刘　尊

彩页设计　祁贵鹏

版式设计　王玉宁

英文翻译　杨宇晨

特约编审　王树森　张贤达　李　立　孙德生
　　段玉才　孟繁君

特约总编审　吴鸿韬

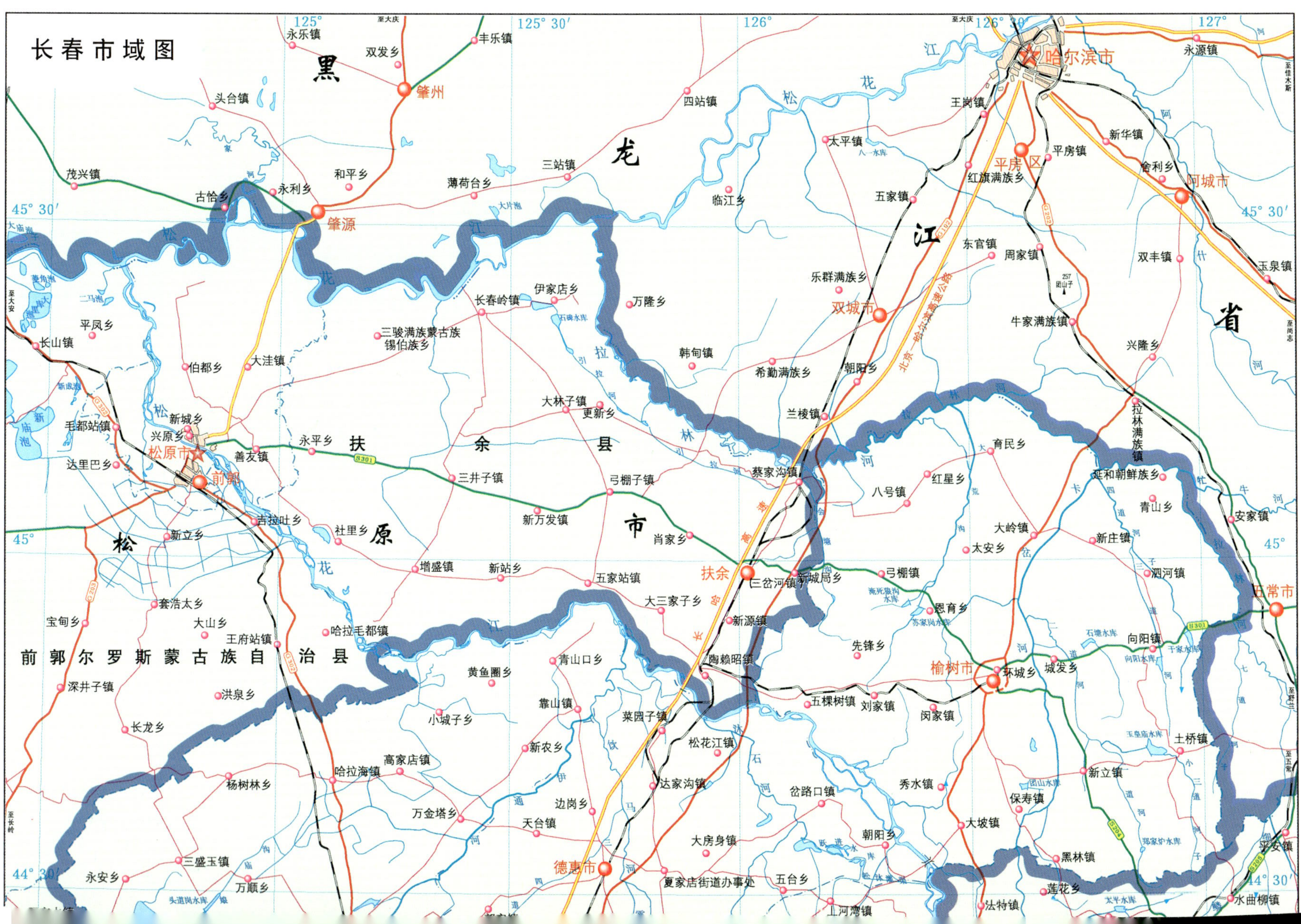

长春市域图
黑
龙
江
省
哈尔滨市
平房区
阿城市
双城市
五常市
榆树市
扶余
德惠市
肇州
肇源
松原市
前郭
扶
余
县
市
原
松
前郭尔罗斯蒙古族自治县
永乐镇
双发乡
丰乐镇
头台镇
四站镇
太平镇
王岗镇
新华镇
平房镇
金利乡
永源镇
茂兴镇
古恰乡
永利乡
和平乡
薄荷台乡
三站镇
临江乡
五家镇
红旗满族乡
东官镇
周家镇
双丰镇
玉泉镇
乐群满族乡
牛家满族镇
兴隆乡
万隆乡
伊家店乡
长春岭镇
三骏满族蒙古族锡伯族乡
平凤乡
长山镇
伯都乡
大洼镇
韩甸镇
希勤满族乡
朝阳乡
兰棱镇
拉林满族镇
大林子镇
更新乡
新城乡
兴原乡
毛都站镇
达里巴乡
善友镇
永平乡
三井子镇
弓棚子镇
蔡家沟镇
育民乡
红星乡
八号镇
延和朝鲜族乡
青山乡
安家镇
新万发镇
肖家乡
大岭镇
太安乡
新庄镇
泗河镇
吉拉吐乡
新立乡
社里乡
增盛镇
新站乡
五家站镇
三岔河镇
新城局乡
弓棚镇
恩育乡
向阳镇
套浩太乡
宝甸乡
大山乡
王府站镇
哈拉毛都镇
大三家子乡
新源镇
先锋乡
环城乡
城发乡
深井子镇
洪泉乡
黄鱼圈乡
青山口乡
陶赖昭镇
五棵树镇
刘家镇
闵家镇
长龙乡
小城子乡
靠山镇
菜园子镇
松花江镇
土桥镇
新农乡
高家店镇
哈拉海镇
达家沟镇
秀水镇
岔路口镇
新立镇
杨树林乡
万金塔乡
边岗乡
天台镇
保寿镇
大坡镇
大房身镇
朝阳乡
三盛玉镇
永安乡
万顺乡
夏家店街道办事处
五台乡
黑林镇
平安镇
莲花乡
法特镇
上河湾镇
水曲柳镇
石头口门水库
石塘水库
125°
125° 30′
126°
126° 30′
127°
45° 30′
45°
44° 30′
G202
G302
G203
S301
S204

图例
省、市级行政中心
县(市)级行政中心
镇、乡级行政中心
旅游景区
铁路
规划铁路
高速公路
G302 国道
S206 省道
县道
省界
市界
县(市)、区界
长春市
吉林市
九台市
公主岭市
双阳区
伊通
永吉
(口前镇)
磐石市
桦甸市
东辽县
辽源市
长春龙嘉国际机场
四平市
公主岭市
梨树县
双阳区
伊通满族自治县
东丰县
东辽县
辽源市
磐石市
永吉县
桦甸市
蛟河市
舒兰市
德惠市
九台市

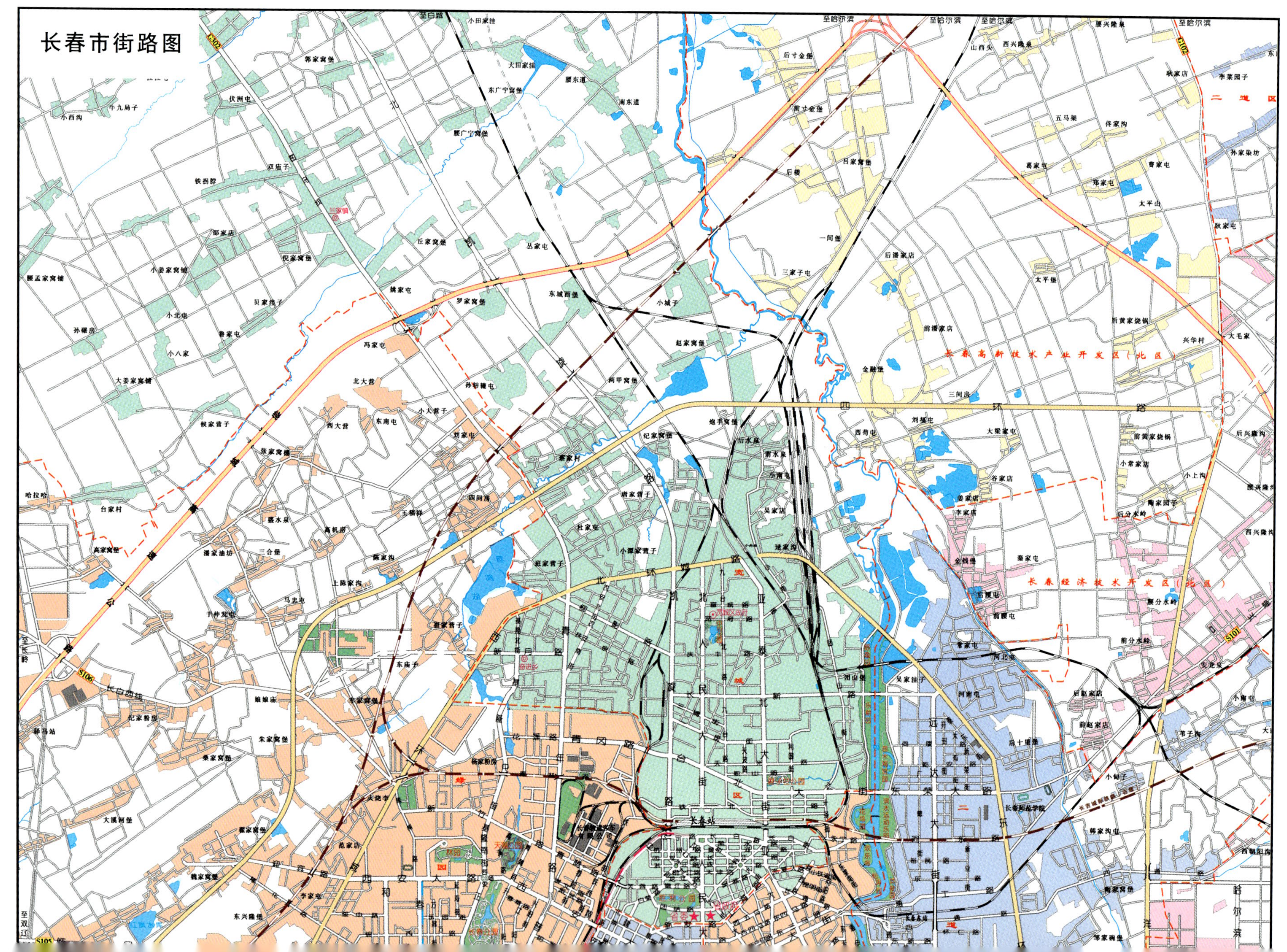
长春市街路图
长春站
长春高新技术产业开发区（北区）
长春经济技术开发区（北区）
长春师范学院
至哈尔滨
至白城
至长岭
至双辽

图例

★ 省委、省政府
★ 市委、市政府
区政府
开发区管委会
乡政府
水系
绿地
铁路
快速铁路
轻轨线路
有轨电车线路
高速公路
环城道路
范围线

长春汽车产业开发区
长春高新技术产业开发区
长春朝阳经济开发区
长春经济技术开发区
长春净月经济开发区
朝阳区
南关区
中国第一汽车集团公司
一汽-大众汽车有限公司
一汽轿车股份有限公司
吉林大学南岭校区
吉林大学前卫校区
吉林大学南湖校区
吉林建工学院
长春工业大学
长春理工大学
长春大学
东北师范大学
吉林体育学院
吉林农业大学
吉林建筑工程学院
长春中医药大学
吉林警察学院
东北师范大学净月校区
吉林财经大学
吉林华侨外国语学院
长春现代农业博览园
长影世纪城
朝阳区政府
南关区政府
二道区政府
双阳乡
红旗乡
新立城镇
南湖
八一水库
新立城水库
102国道
至沈阳
至大连
至四平
至营城
至东丰
双山村
王和屯
东六马架
郑家屯
部家窝堡
拉洛村
鲁家屯
三家子
徐家窝堡
南阳堡
宋家大院
李家大房子
张家屯
刘家屯
韩酒局子屯
双龙堡
范家屯
于家屯
水春镇
向阳堡
鲍家窝堡
柏家店
莲花泡
三十里铺
前高家店
文和屯
后高家店
朝阳沟
西朝阳沟
东朝阳沟
腰朝阳沟
石庙子
八一村
栗子制
永春堡
新立屯
胡家岗
东刘家沟
双德店
瓦盆窑
南岭屯
石家沟
谢家沟
北红咀子
南红咀子
红咀子
吴家学房
吴家店
后鱼泡
前鱼泡
南岗子
后十里堡
前十里堡
后八里堡
腰八里堡
前八里堡
东五里桥
西五里桥
先锋村
邢家台
孙家屯
张家油坊
西烧锅
东烧锅
陶家屯
王家糖坊
勤俭村
孔家屯
薛家店
寨边王
高家窝堡
十里堡村
小高家窝堡
腰高家窝堡
钟家窝
赵家窝堡
范家桥
苏家窝堡
西门李
后三家子
中三家子
前三家子
李家洼子
徐家窝堡
白家炉
西大顶子
寨边英
潘家染房
后姚家烧锅
赵家面铺
前姚家烧锅
山湾子屯
前拉拉屯
腰拉拉屯
后拉拉屯
涌坊屯
赵家大架子
耿家油坊
六家子
祝家屯
雷家店
大兴隆堡
大雨家窝堡
小雨家窝堡
长春南站
长春站
长春西站
杨家屯
张家粉房
南湖公园
三环公园
动植物公园
牡丹园
市第一苗圃场

长春的一天

清晨，长春火车站的钟声打破拂晓的沉寂。在全市20 604平方公里的大地上，758.9万名辛勤的长春人从睡梦中醒来，开始新的一天生活，其中包括366.4万名工人、农民、知识分子、干部和社会各界人士，136.9万名大中小学生，10.2万幼儿园儿童。

平均每天有4 229辆公共汽（电）车通过遍布长春纵横交错的240条线路，15 401辆出租车运行在长春市区，每天将330万人（次）送到各自所要到达的目的地，其中公共汽（电）车210万人次，出租车120万人次。

勤劳的长春人民每天为国家创造生产总值91 205.48万元，创造农林牧渔业总产值6 810.01万元，创造工业增加值47 232.88万元，使财政获得15 435.62万元收入，其中地税收入3 865.75万元。地方财政支出10 490.41万元，其中教育支出1 586.30万元，社会保障和就业支出1 400万元，医疗卫生支出701.37万元，交通运输支出216.44万元。平均一天生产汽车4 586辆，其中轿车3 167辆，公路客车345辆，载货汽车1 074辆；平均一天生产铁路客车约4辆，拖拉机7台，摩托车60辆，轮胎192条，发动机24.69万千瓦，1.2万千伏安，电动工具52台，电子元件7.46万件，彩色电视机335台；一天的水泥产量达5.59万吨，原煤产量1.64万吨，钢材产量189吨；每日发电量4 835.62万千瓦时；一天生产中成药6.23吨，饲料5 879吨，卷烟4 384万支，服装2.16万件，饮料1 644吨，食用植物油238.4吨，啤酒989吨。平均每日上市蔬菜6 660.27吨，牛奶347.95吨，肉类6 482.19吨，禽蛋1 282.19吨，粮食21 810.96吨，其中玉米17 498.63吨，水稻3 284.93吨。

智慧的长春人民平均每天专利申请量约12件，每天民营科技企业技术合同成交额达471.23万元，科技管理部门投入经费16.88万元。

善良的长春人民平均每天为社会募集善款49.32万元，支出善款46.58万元，救助困难群众287人次。

长春地处中国东北地区辽、吉、黑、蒙四省区通衢的十字要冲，平均每日公路完成货运量27.38万吨，铁路发送货物2.53万吨，民航货邮吞吐量180.82吨，有36.81万人次通过公路、铁路、航空等运输渠道进出长春。平均每天来长春旅游观光的人数达7.23万人次，其中有685名游客是外国人、华侨和港澳台同胞，创旅游（外汇）收入37.67万美元。邮电职工平均每天将8 900件特快专递送到千家万户，每日新增互联网用户2 600

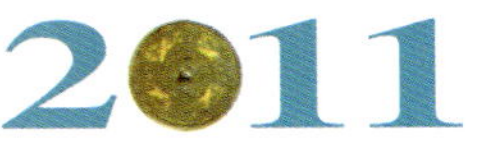

户，邮电业务收入3 700万元。

随着长春投资环境的不断改善，对外开放水平的进一步提高，许多世界著名的大财团、大公司和有实力的港澳台商人在长春投资。平均每天实际利用外资731.51万美元，直接利用外资191.78万美元，每天有547.95万美元的商品出口到世界120多个国家和地区，完成对外承包工程和劳务合作营业额76.71万美元。

城市投资建设成绩斐然，平均每天有8.22亿元用于固定资产投资，其中房地产开发投资1.49亿元，每天销售商品房2.36万平方米。平均每天金融机构本外币各项存款13.8亿元，贷款12.65亿元，其中城乡居民储蓄存款5.72亿元。平均每天保险费收入2 556.16万元，保险赔付619.18万元。平均每日有价证券成交总额15.06亿元，其中股票交易成交额14.70亿元。

城乡人民生活质量明显提高，平均每天社会消费品零售总额达3.53亿元。城市平均每天消费性支出12 994.32万元，比2009年增长894.63万元；乡村农民平均每天生活费支出4 545.96万元，比2009年增长388.34万元。平均每天各项惠农补贴支出621.92万元，新建农村公路2.41公里，改造泥草房110户。

平均每天有216名新生儿在长春降生，有137人因各种原因而离开人世；有198对新人喜结良缘，有62对夫妇准予离异；有217人迁出长春，有205人来长春落户发展。

平均每天发生道路交通事故7起，损失折款2.98万元；每天发生火灾约13起，抢救财产损失折款12.5万元。全市城区平均每天排放生活污水97.22万吨，处理87.5万吨；产生工业危险废物34.40吨，综合利用19.06吨，处置15.34吨；排放二氧化硫42.72吨，减排化学需氧量21吨，每天增收排污费36.71万元。

午夜零点，当人们开始进入梦乡时，来自全市各水厂、电站和煤气站的计量表显示，全市日均供水量104.9万立方米，用电量3 550.41万千瓦小时，液化石油气供气总量300吨，人工煤气供气总量39.26万立方米，天然气供气总量68.25万立方米。

（邱志华）

城乡居民收入（元）

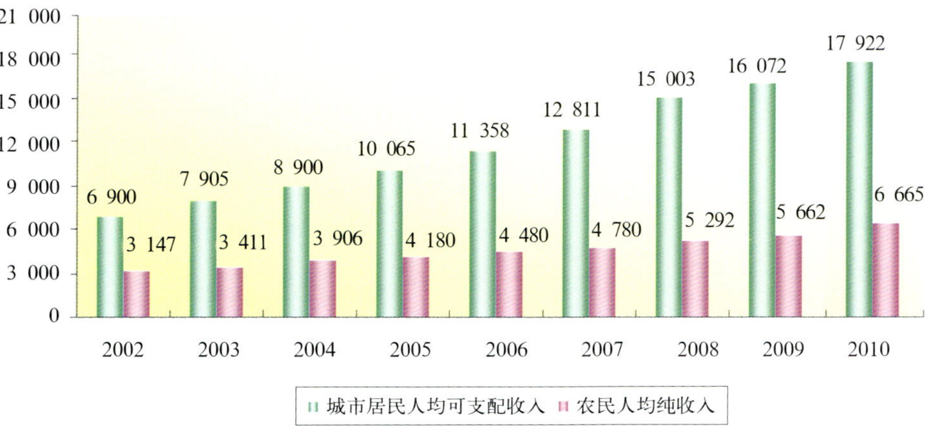

对外贸易进出口总额（亿美元）

社会消费品零售总额（亿元）

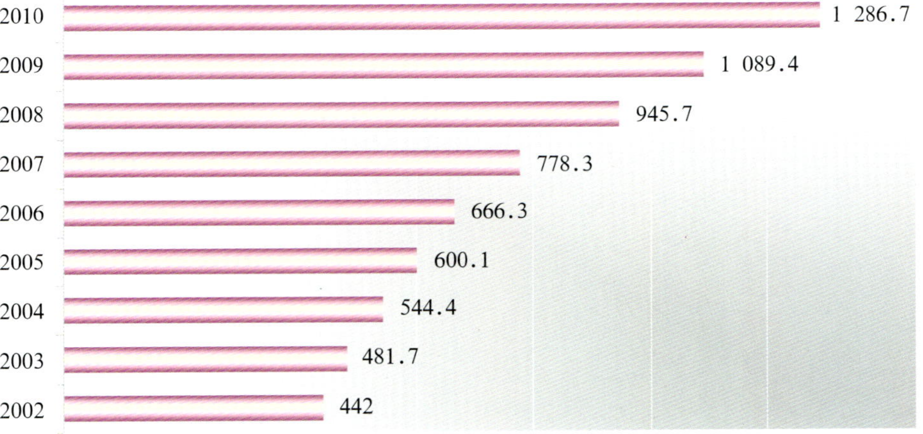

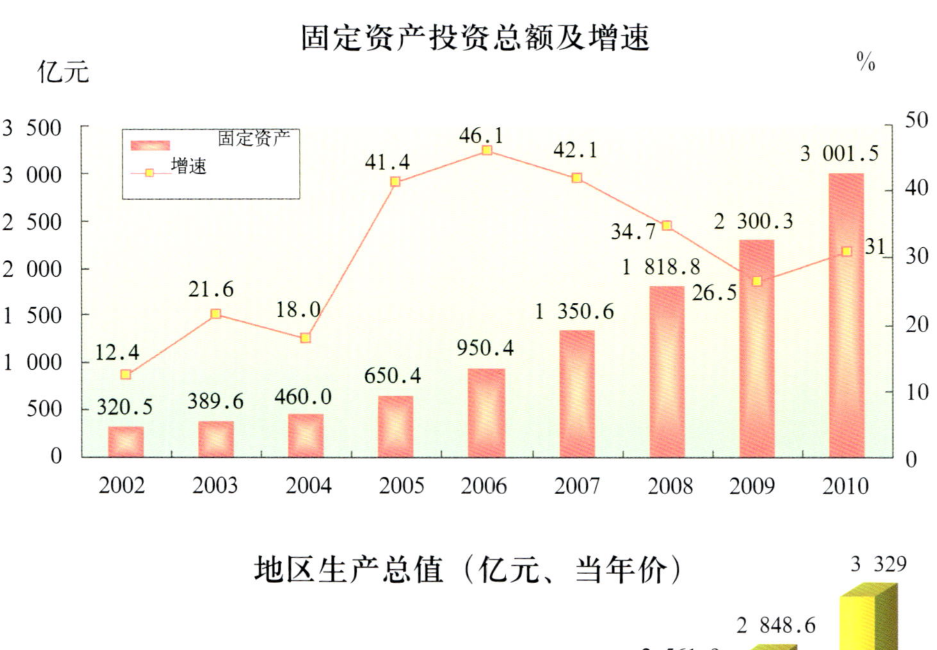
固定资产投资总额及增速
亿元
%
固定资产
增速
3 500
3 000
2 500
2 000
1 500
1 000
500
0
50
40
30
20
10
0
320.5
389.6
460.0
650.4
950.4
1 350.6
1 818.8
2 300.3
3 001.5
12.4
21.6
18.0
41.4
46.1
42.1
34.7
26.5
31
2002
2003
2004
2005
2006
2007
2008
2009
2010

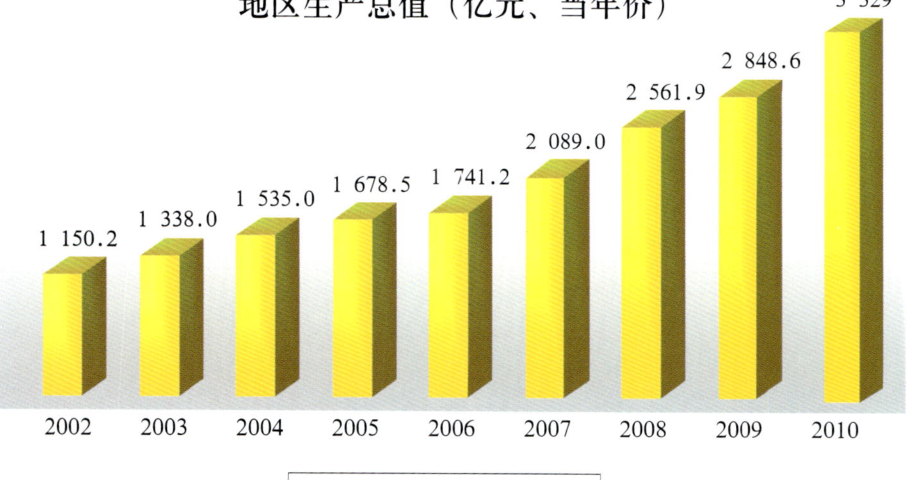
地区生产总值（亿元、当年价）
1 150.2
1 338.0
1 535.0
1 678.5
1 741.2
2 089.0
2 561.9
2 848.6
3 329
2002
2003
2004
2005
2006
2007
2008
2009
2010
地区生产总值（亿元、当年价）

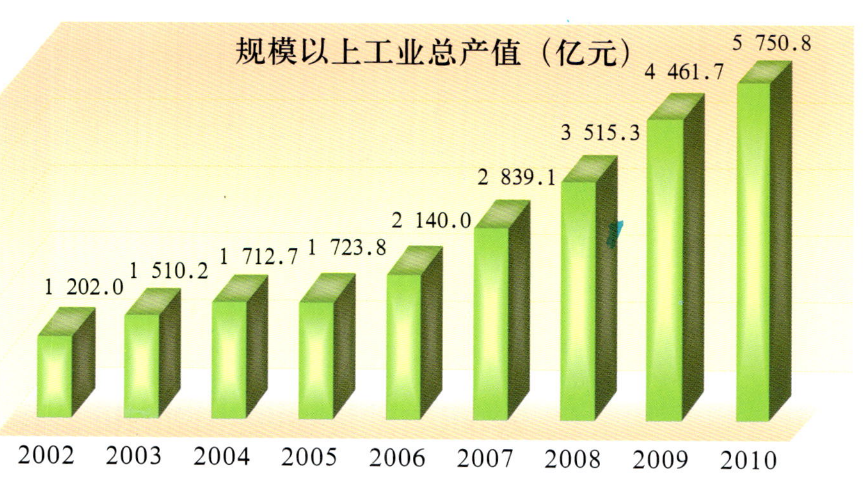
规模以上工业总产值（亿元）
1 202.0
1 510.2
1 712.7
1 723.8
2 140.0
2 839.1
3 515.3
4 461.7
5 750.8
2002
2003
2004
2005
2006
2007
2008
2009
2010
规模以上工业总产值（亿元）

2010年十五个副省级城市GDP情况及增速

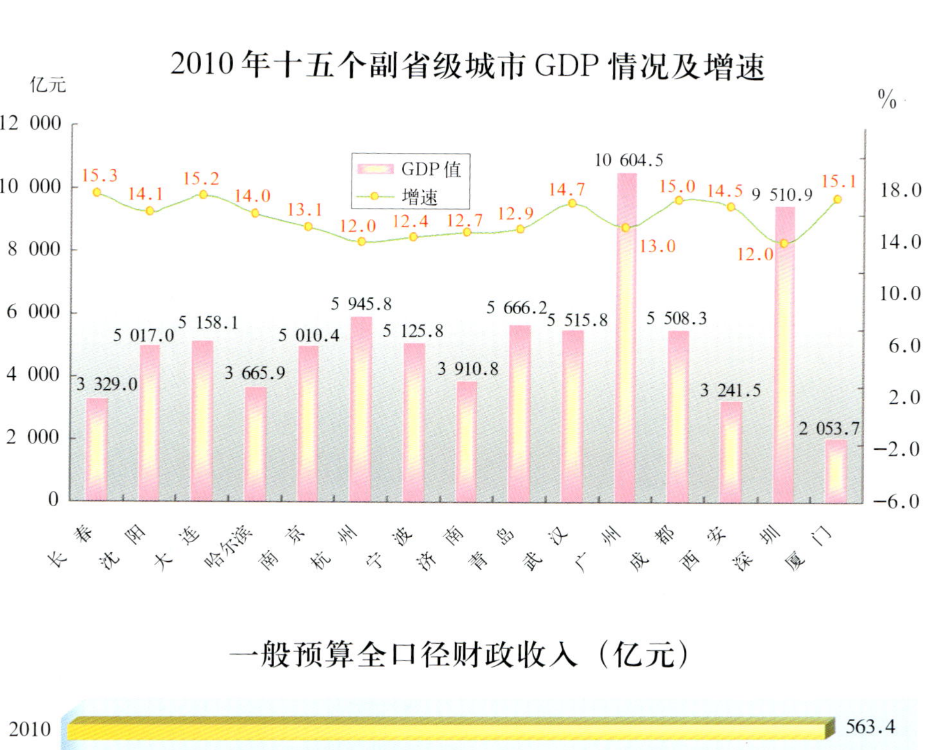

一般预算全口径财政收入（亿元）

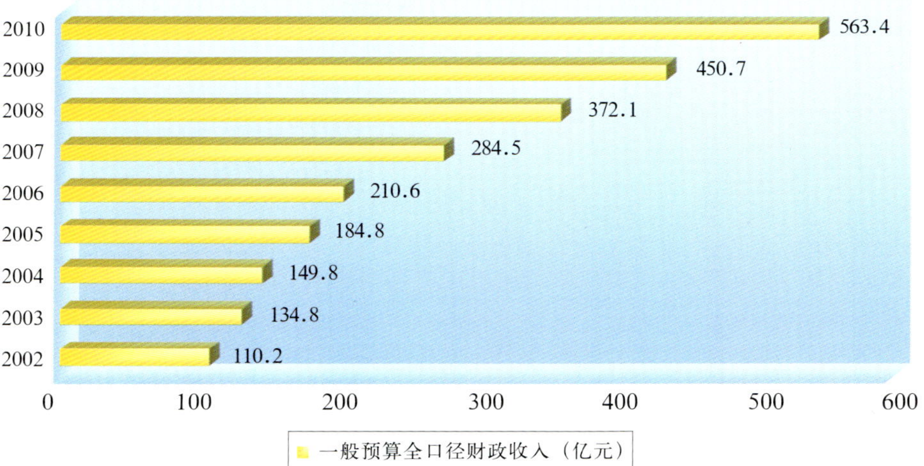

地方财政收入及支出（亿元）

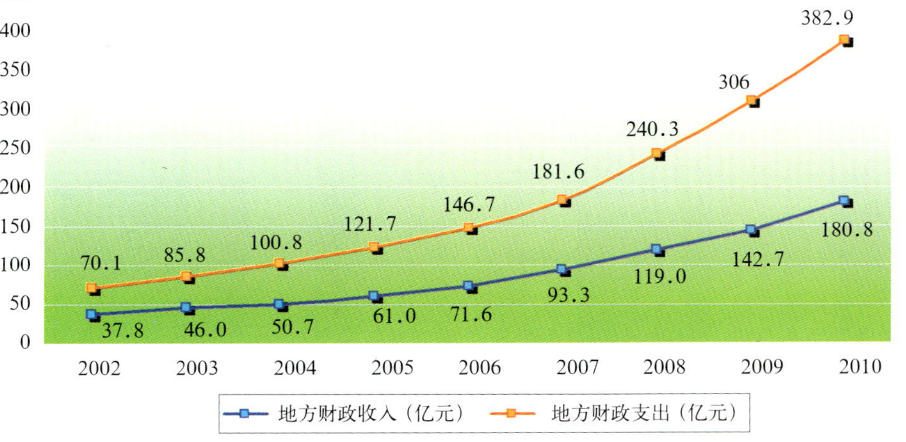

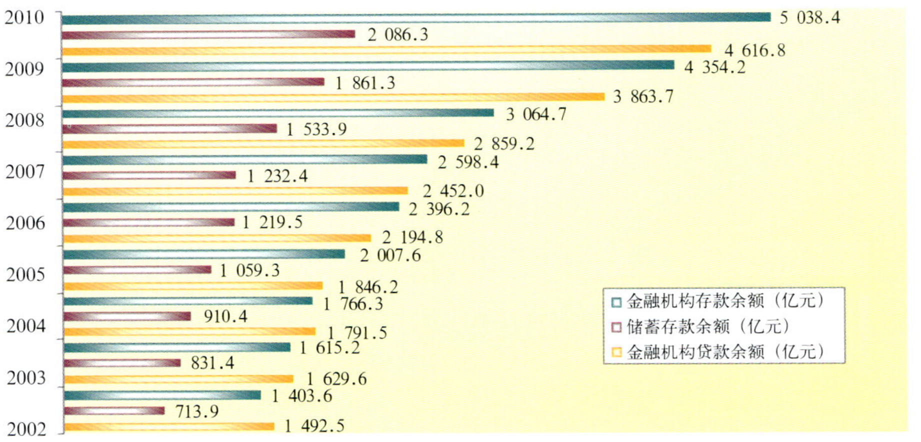
金融机构存贷款
2010
5 038.4
2 086.3
4 616.8
2009
4 354.2
1 861.3
3 863.7
2008
3 064.7
1 533.9
2 859.2
2007
2 598.4
1 232.4
2 452.0
2006
2 396.2
1 219.5
2 194.8
2005
2 007.6
1 059.3
1 846.2
2004
1 766.3
910.4
1 791.5
2003
1 615.2
831.4
1 629.6
2002
1 403.6
713.9
1 492.5
金融机构存款余额（亿元）
储蓄存款余额（亿元）
金融机构贷款余额（亿元）

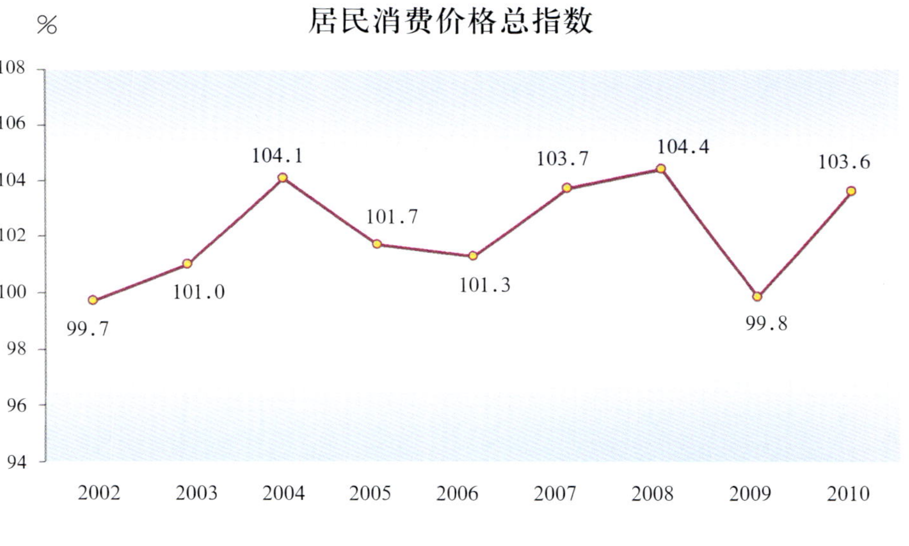
%
居民消费价格总指数
108
106
104
102
100
98
96
94
99.7
101.0
104.1
101.7
101.3
103.7
104.4
99.8
103.6
2002
2003
2004
2005
2006
2007
2008
2009
2010

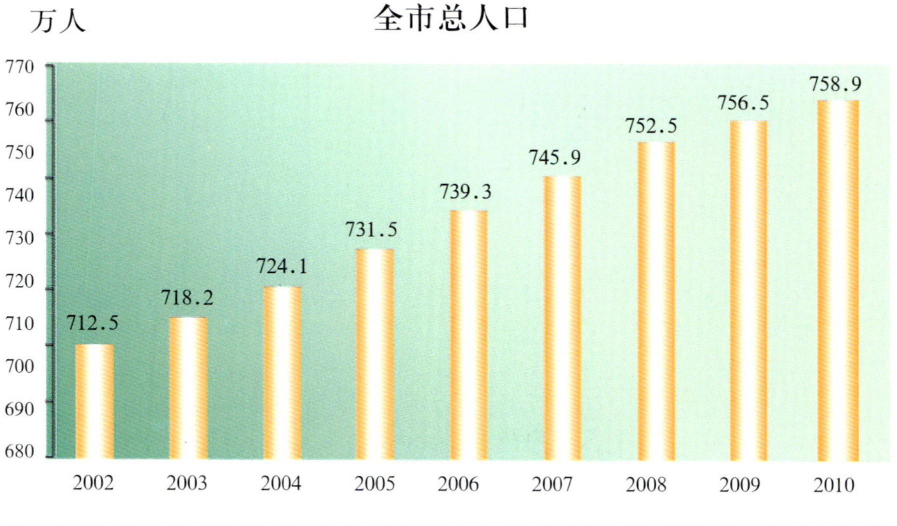
万人
全市总人口
770
760
750
740
730
720
710
700
690
680
712.5
718.2
724.1
731.5
739.3
745.9
752.5
756.5
758.9
2002
2003
2004
2005
2006
2007
2008
2009
2010

1. 文化广场
2. 长春轻轨斜拉桥
3. 南湖公园

2

3

1. 重庆路商业街
2. 长春体育场
3. 雕塑公园

1

2

3

1. 净月潭国家森林公园
2. 长春国际会展中心
3. 胜利公园

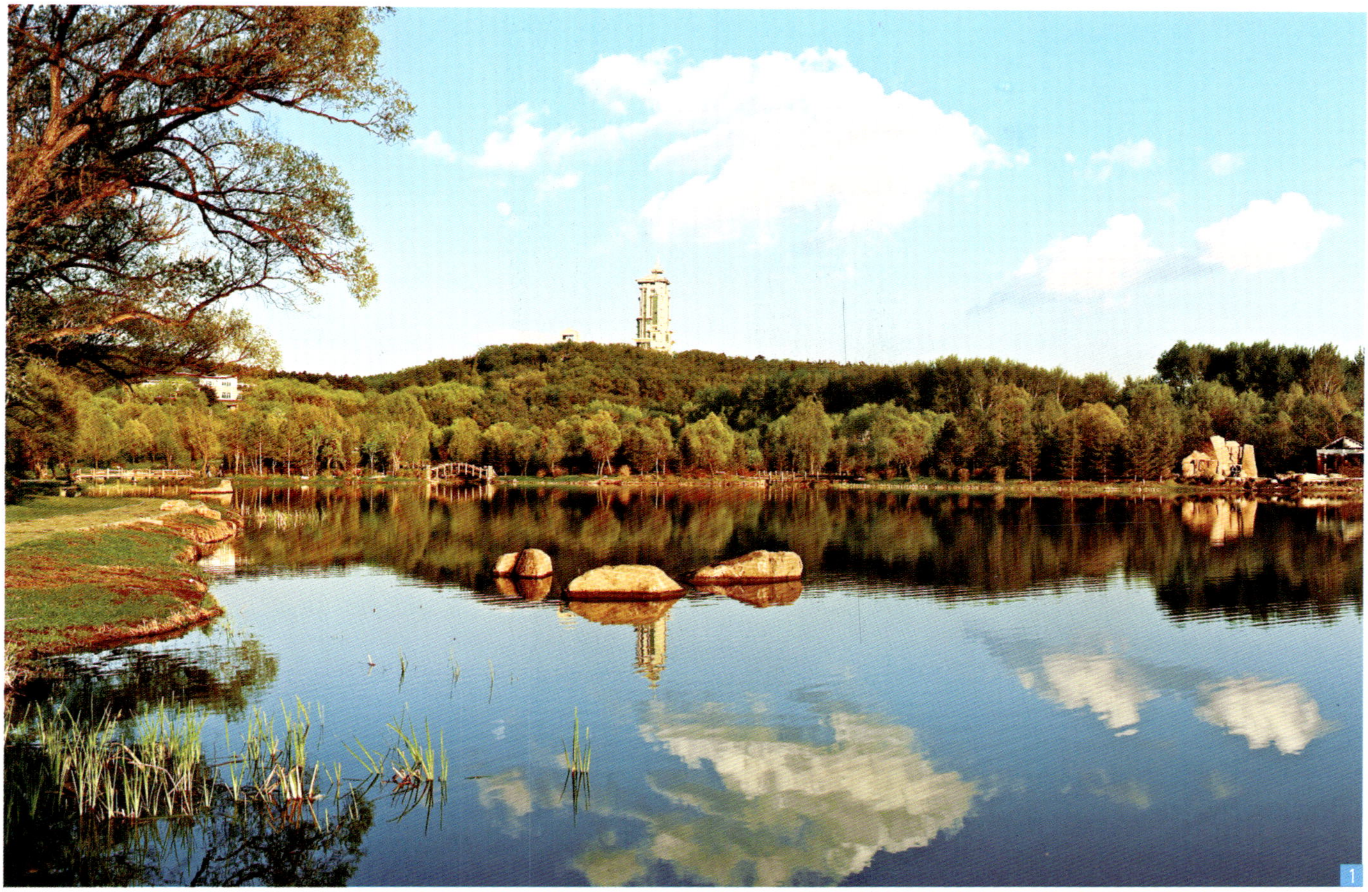

1

2

3

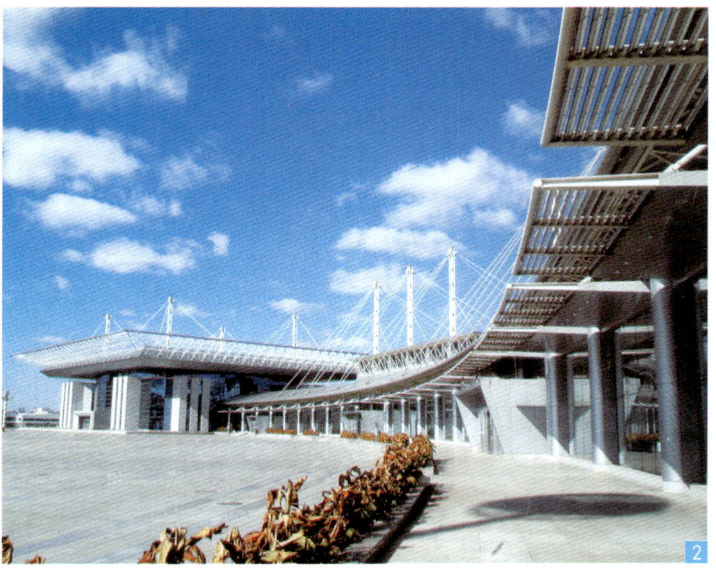

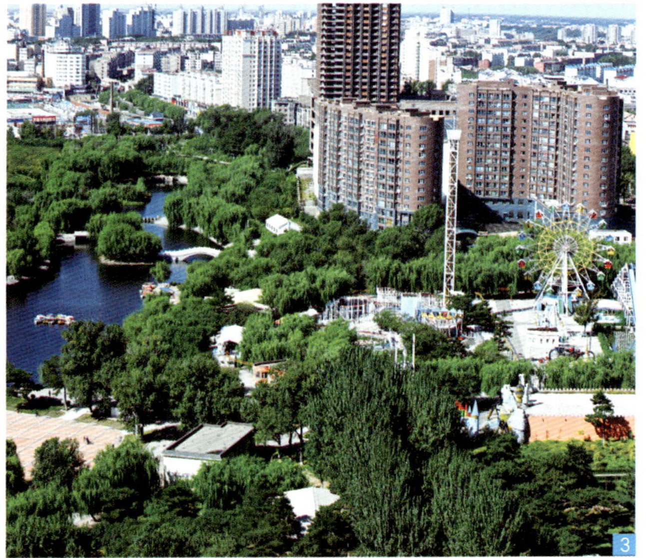

1. 南湖大桥夜景
2. 中粮大厦夜景
3. 南湖大桥彩虹瀑布

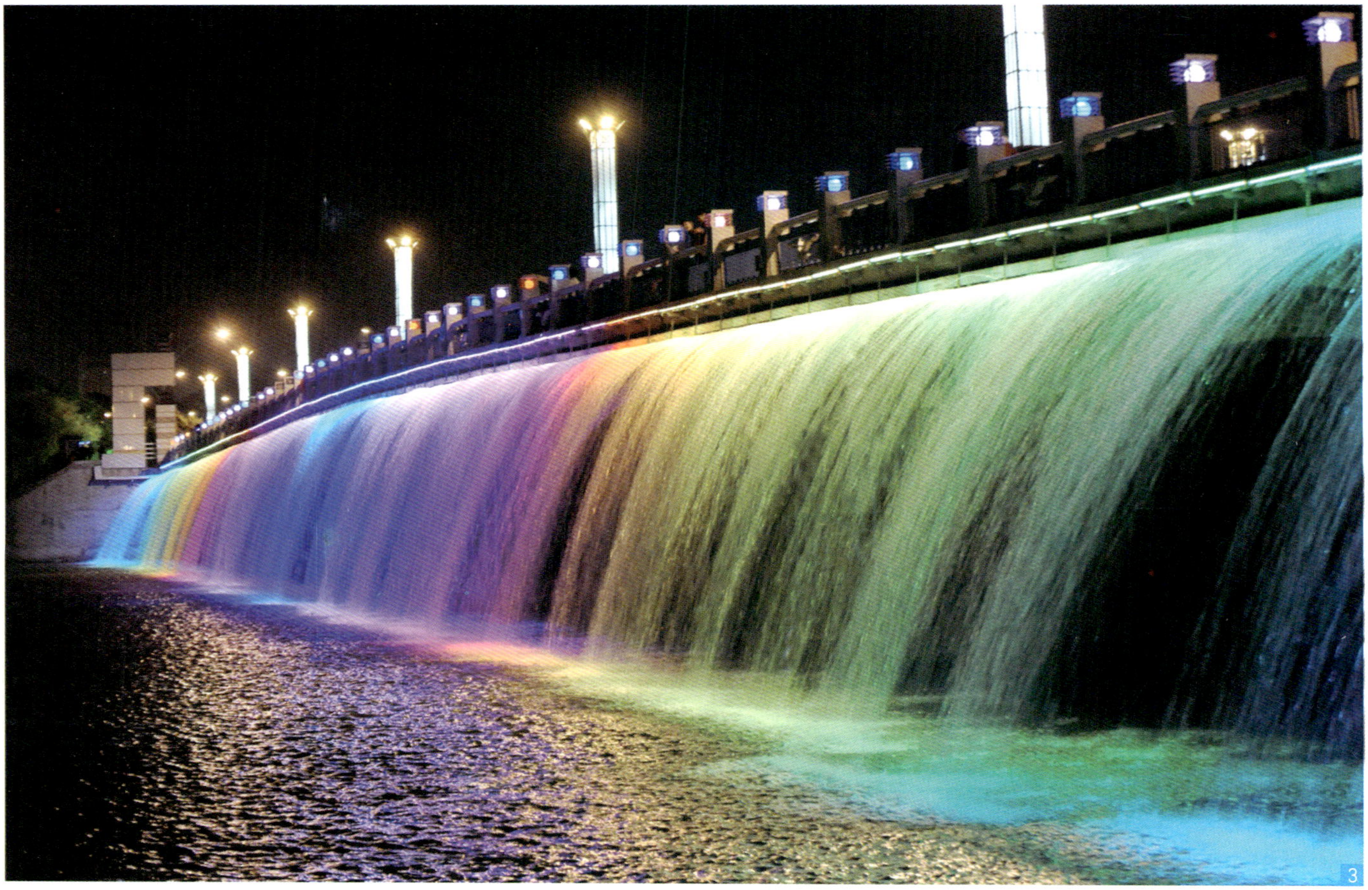

1. 省委常委、市委书记高广滨会见爱尔兰 CRH 集团高层访问团
2. 省委常委、市委书记高广滨会见白俄罗斯大使
3. 市长崔杰会见仁川广域市代表团
4. 市长崔杰会见香港贸发局总裁林天福
5. 长春市市长崔杰和美国小石城市市长马克·斯德德拉共同开通长春－小石城友好城市网站专栏
6. 市长崔杰与韩国浦项市市长朴成浩交换两市建立友好交流关系意向书

1

2

3

4

5

6

1. 省委常委、市委书记高广滨会见朝鲜金日成社会主义青年同盟
2. 市人大常委会主任祝业精接待日本仙台市议长野田让
3. 市长崔杰会见法国弗吉亚集团高层领导
4. 市长崔杰与保加利亚普罗夫迪夫市市长阿塔纳左夫交换两市建立友好合作城市关系协议书
5. 市长崔杰与仙台市长奥山惠美子在长春——仙台友好交流促进会上
6. 市政协主席张元富会见秘鲁布伦达市市长里克雷卡多

1

2

3

4

5

6

1. 省委书记孙政才亲临榆树市五棵树码头指导抗洪
2. 省长王儒林等省、市领导在德惠市岔路口镇马家店视察围堤
3. 官兵奔赴抗洪一线
4. 官兵们清理河道
5. 官兵们加固堤坝

1. 群众修补冲毁道路
2. 群众加固堤坝
3. 官兵救助受灾群众
4. 抗洪官兵加固堤坝
5. 官兵转移受灾群众

1. 抗洪官兵打捞化学桶
2. 抗洪官兵打捞化学桶
3. 抗洪官兵加固堤坝
4. 官兵救助受灾群众
5. 官兵救助受灾群众
6. 长春市各界群众向灾区捐赠救灾物资

1

2

3

4

5

6

1. 抗洪抢险捐款晚会
2. 搭建救灾帐篷
3. 欢送抗洪抢险救灾部队官兵大会
4. 人民群众欢送抗洪部队
5. 灾后防控

1. 长吉一体化100个亿元以上项目集中开工暨高新区新材料产业园项目奠基仪式
2. 长春高新区举行南区项目集中开工暨动漫与软件服务外包产业园、国家新媒体产业基地合作园奠基仪式
3. 硅谷大街立交桥暨2010年城建重点工程项目开工仪式
4. 国电联合动力技术（长春）有限公司奠基仪式
5. 长春市政府与中国航天科工集团第三研究院战略合作框架协议签约仪式

1

2

3

4

5

1. 长春汽车产业开发区举行2010年度项目集中竣工典礼
2. 中国（长春）国际轨道交通与城市发展高峰论坛开幕式现场
3. 长春·全国知名民营企业"长吉一体化"峰会合作签约仪式

1

2

3

1. 第六届东北亚博览会开幕式
2. 第九届农博会开幕式
3. 房交会现场
4. 第十一届中国长春国际雕塑展开幕式

1

2

3

4

1. 第七届长春汽博会开幕式
2. 创业就业博览会开幕式

1. 一汽集团汽车生产线
2. 一汽城市主战消防车上市发布仪式
3. J6 重卡第 5 万辆下线、中重卡产销 20 万辆庆典仪式
4. 一汽大众 cc 上市盛典
5. 一汽集团自主品牌第 100 万辆下线仪式

1

2

3

4

5

1. CRH3 高速动车组检测完毕整装待发
2. 马沙德地铁车在大连港装船
3. 中国首辆时速 380 公里新一代高速动车下线仪式
4. 粮食收割
5. 农业大丰收

1

2

3

4

5

1. 皓月集团屠宰车间
2. 皓月集团皮革厂
3. 华正猪肉加工车间
4. 天景食品生产线
5. 德大鸡肉加工车间

1. 大成集团化工醇分离塔
2. 玉米化工醇生产基地
3. 玉米加工离心机

2

3

1. 省委常委、市委书记高广滨在绿园区雷锋社区视察妇女创业就业工作
2. 市长崔杰检查绿园区民生工作
3. 全市散旧楼宇防盗门安装工作启动仪式
4. 法官在社区开展〞爱心法官〞咨询活动
5. 服务窗口进驻政务大厅
6. 交通安全咨询日

1. 问计于民新闻发布会
2. 民生工作推进会
3. “情系民生”系列活动
4. 暖房子工程施工现场
5. 建设中的暖房子工程
6. 工作人员正在为长春市双阳区黑顶子村村民安装“村村通”设备

1. 电力流动服务车进社区
2. 宽敞明亮的残疾人综合服务大厅
3. 法制宣传
4. 黑楼道工程“小灯泡”“大民生”
5. 供热管线施工现场
6. 长春市红十字会资助贫困群体

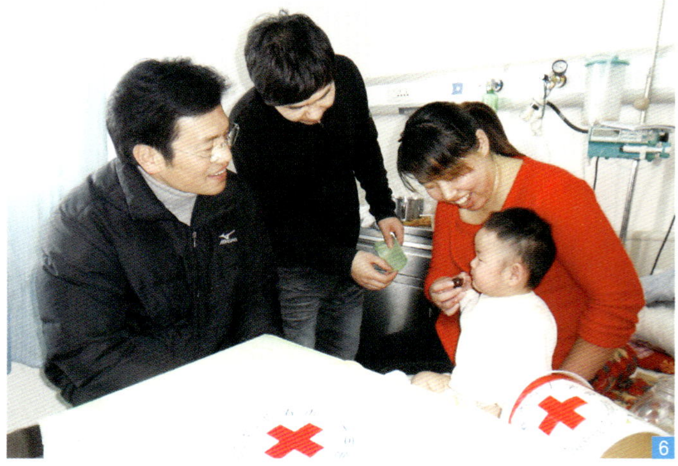

1. “民企助力民生、回报社会感恩行动”大走访活动启动仪式
2. 长春市首家农民工团工委成立大会
3. 深入开展法律服务活动
4. 车辆驾管业务指导
5. 电路检修现场

1. “书香长春”2010全民阅读活动启动仪式
2. 第10届长春电影节开幕式现场
3. 长春图书博览会于丹《阅读的快乐》现场
4. 长春市抗洪救灾文艺晚会
5. 长春市第三届社区艺术节文艺演出
6. 唱响长春祝福祖国文艺晚会

1. 动漫艺术节开幕式
2. 首届“金业杯”乒乓球赛
3. 长春消夏雪花啤酒节
4. 送文化下乡活动
5. 农民文化节演出现场
6. 新春大集开幕式文艺演出

1

2

3

4

5

6

1. 《红玫瑰》演出现场
2. 《宰相胡同》演出现场
3. 中老年羽毛球赛
4. 助残日乒乓球比赛
5. 迎新春优秀春联征集作品展和长春冰雪旅游节暨元宵节新春秧歌比赛
6. 广播体操表演

1．瓦萨国际滑雪节现场
2．冬泳表演
3．第十六届亚运会火炬传递
4．健康跑现场
5．长春市冰雪趣味运动会
6．开展国民体质监测活动

编辑说明

《长春年鉴》是由长春市人民政府主办、长春市地方志编纂委员会编纂、吉林省人民出版社出版的大型综合性资料年刊，每年编辑出版一册，旨在连续记述长春市经济社会发展的历史进程，为各级领导了解市情、实施科学决策，为各行各业查询资料信息、推动事业发展，为国内外广大读者全面、系统、翔实地了解、研究、认识长春提供服务。

《长春年鉴》采用分类编辑法，主体内容分类目、分目和条目三个层次。《长春年鉴》(2011)版在内容和体例上基本与(2010)版年鉴保持了相对的连续性和稳定性，全书设特载、专辑、大事记、长春概貌、党政机关、人民团体、军事、政法、城建环保、开发区、对外经济贸易、农业、工业、民营经济、交通、信息产业、综合经济管理、商业旅游业、会展经济、金融、教育、科学、文化、卫生体育、社会、县(市)区概览、人物、领导名单等28个类目。书前设全书英文目录，书后附主题索引。

《长春年鉴》(2011)版所载稿件内容由长春市各县(市)区，市直各部门，中央、省驻长有关单位及驻长部队撰(供)稿，并经各有关单位领导审核，主要统计数据由长春市统计局有关人员审核认定。

《长春年鉴》(2011)版在编纂过程中得到全市各有关单位和吉林人民出版社的热情支持，在此深表感谢。全书文字虽经多次审校，仍难免有差错和疏漏之处，敬请读者批评指正。

目 录

党政机关

·中国共产党长春市委员会·

·长春市人民代表大会常务委员会·

·长春市人民政府·

·中国人民政治协商会议长春市委员会·

·市纪委　市监察局·

·民主党派·

人民团体

·长春市总工会·

政　法

城建　环保

·长春净月经济开发区·

·长春汽车产业开发区·

·长春长江路经济开发区·

对外经济贸易

·综　述·

·招商引资·

·对外贸易·

·长春海关·

农　业

·综　述·

·种植业·

·林　业·

·畜牧业·

·蔬菜业·

·文化产业·

·文学艺术·

·群众文化·

·长春报业·

·新闻出版·

·长春出版社·

·广播电视·

·电　影·

·文物保护·

·图书馆·

卫生　体育

·卫　生·

社　会

县(市)、区概览

·九台市·

·朝阳区·

·南关区·

·宽城区·

·二道区·

·绿园区·

·双阳区·

人 物

领导名单

主题索引

CHANGCHUN ALMANAC
TABLE OF CONTENTS

SPECIAL REPORTS

FEATURES

CHRONICLE FOR IMPORTANT EVENTS

A GENERAL SURVEY OF CHANGCHUN

POLITICAL PARTIES

SOCIAL ORGANIZATIONS

MILITARY AFFAIRS

POLITICS AND LAW

URBAN CONSTRUCTION AND ENVIRONMENTAL PROTECTION

DEVELOPING AREAS CONSTRUCTION

FOREIGN ECONOMIC RELATIONS AND TRADE

AGRICULTURE

INDUSTRY

PRIVATE ECONOMY

TRAFFIC

INFORMATION INDUSTRY

COMPREHENSIVE ECONOMIC ADMINISTRATION

COMMERCE AND TOURISM

THE ECONOMY OF EXHIBITION

BANKING

EDUCATION

SCIENCE

CULTURE

HYGIENE & SPORTS

SOCIAL LIFE

A GENERAL SITUATION OF DISTRICS AND COUNTIES

FIGURES

LEADERS' NAME LIST

SUBJECT INDEX

特　载

特 载

坚持科学发展加快发展率先发展 努力让城乡居民生活得更加美好

——在中共长春市委十一届七次全会上的报告

高广滨

（2010年12月22日）

同志们：

这次全会的主要任务是：全面贯彻党的十七届五中全会、中央经济工作会议和省委九届十次、十一次全会精神，深入落实科学发展观，回顾总结“十一五”和今年工作，研究部署“十二五”和明年重点任务，组织动员全市各级党组织和广大党员干部群众，全力推进长春科学发展、加快发展、率先发展，努力让城乡居民生活得更加美好。下面，我代表市委常委会向全会报告工作。

一、“十一五”及2010年工作回顾

即将过去的“十一五”是长春发展历史上很不平凡的五年。这五年是应对重大挑战、经受重大考验的五年。面对国际金融危机影响，及时确立了解放思想、坚定信心、积极应对、化危为机的工作思路，制定实施了支持工业企业发展、活跃房地产、改善经济发展软环境等一系列重大举措，集中力量抓好大项目、打造大产业、扶持大企业、引进大客商、建设大平台，实现了金融危机背景下的平稳较快发展，走出了一条“低潮高速”的发展新路子。这五年是经济总量迅速扩大、综合实力显著提升的五年。以汽车、农产品加工、轨道客车三大支柱优势产业的确立形成为标志，产业结构调整取得实质性进展，一批左右全局的重大项目相继落位，一批骨干企业和中小企业快速发展，有力促进了全市整体经济规模跃升。今年地区生产总值实现3 329亿元，是“十五”末期1 675亿元的约2倍；全口径财政收入实现563.4亿元，是“十五”末期184.8亿元的约3倍；规上工业总产值实现5 700亿元，是“十五”末期1 712亿元的3倍多；累计完成固定资产投资近万亿，是“十五”时期2 105.5亿元的4.5倍，各项经济指标均超额完成“十一五”规划目标，“国际汽车城”、“绿色食品城”和“科教文化城”的品牌进一步打响。这五年是民生持续改善、社会事业蓬勃发展的五年。坚持把群众呼声作为第一信号，把为群众办实事作为第一选择，把群众评价作为第一标准，每年出台一个民生行动计划，每年为群众办100件左右民生实事，与群众切身利益密切相关的增收、就业、社保、救助、交通、治安等民生问题得到较好解决，社会保障体系更趋完善，科技、教育、文化、卫生、体育和人口计生等各项社会事业全面发展。这五年是城市空间布局和生产力布局进一步优化、城市面貌发生较大变化的五年。根据整个城市发展需要，提出了“三城两区”发展构想，大铁北改造以及北部新城、南部新城、西部新城和西南工业区、长东北开放开发先导区建设全面铺开，建成区以每年近12平方公里的速度迅速扩张，由290平方公里增加到350平方公里。城建投入创历史新高，五年累计投资完成700多亿元，是“十五”期间的1.4倍。城市棚户区及危旧房改造完成建筑面积1 456万平方米，重大基础设施和生态工程建设扎实推进，城市综合承载功能明显增强，森林城、雕塑城和电影城的形象进一步树立。这五年是城乡协调发展、县域突破取得明显成效的五年。粮食总产量由150亿斤提高到180亿斤的阶段性水平，县域省级开发区和工业集中区起步建设面积发展到70平方公里，四县（市）全口径财政收入达到44亿元，是“十五”末期的3.9倍，县域经济成为我市经济发展的重要增长极。这五年是改革开放步伐不断加快、发展活力进一步提高的五年。重点领域和关键环节改革稳步推进，全面完成了国企改革的历史性任务；以高新、经开等国家级开发区为代表的各类开发区快速发展，与大连合作建设的陆路干港投入使用，对外开放通道进一步打开；招商引资力度不断加大，累计引进央企、国内500强和世界500强企业69户，累计实际利用外资达102.2亿美元，先后成功举办了东博会、农博会、汽博会、电影节等一大批高层次、高规格的节庆会展，长春的吸引力和知名度不断提升。这五年是城市文明程度日益提高、社会保持和谐稳定的五年。全

国文明城市创建活动深入开展，荣获“双拥模范城”六连冠，成功跻身国家卫生城市行列，安全及信访工作得到加强，维稳防控机制全面落实，一大批矛盾纠纷得到及时化解，一系列安全隐患和不稳定因素得到妥善治理，平安长春建设不断深入，群众安全感进一步增强。这五年是党的建设全面加强、民主法制建设扎实推进的五年。各级党委总揽全局、协调各方、应对复杂局面的能力不断提高，基层党组织服务民生体系建设成效明显，得到中央和省委充分肯定，人大、政协高标准履行职责，工会、共青团、妇联等群团组织积极参与经济社会建设，全市上下心齐、气顺、风正、劲足的发展氛围进一步浓厚。五年来取得的成绩来之不易，五年来积累的经验弥足珍贵，这不仅为我们全面完成老工业基地振兴的历史性任务奠定了基础，也为我们进一步做好“十二五”时期各项工作增添了信心。

今年是“十一五”的收官之年，也是巩固经济社会平稳较快发展势头的关键一年。一年来，在世界经济缓慢复苏和国家加快转变经济发展方式的双重背景下，全市上下认真贯彻中央和省委一系列重大部署，全力实施工业化、城镇化、农业现代化三化统筹和投资拉动、项目带动、创新驱动三动并举等一系列发展战略，抢抓机遇、真抓实干、奋力拼搏，较好地完成了全年各项工作任务。

1、大力实施投资拉动、项目带动、创新驱动三动战略，重大项目建设和重点产业发展实现新突破。围绕扩大经济总量，全力推进工业、农业产业化、现代服务业、城建、民生等五大类150个重大项目建设，市委专门制定实施了经济目标责任制、服务重大项目责任制和服务重点企业责任制，一批左右全局的重大项目相继开工投产；全年共组织4次大规模招商活动，集中力量引进大的战略投资者，先后引进了兵装、中航、国电、国药、北药等22家央企和荷兰帝斯曼等53家外资大企业，一批处于世界先进水平的重大项目相继签约落地。围绕打造三大世界级产业基地和发展战略性新兴产业，突出抓好300万辆整车扩能工程，总投资41.6亿元的丰田20万辆整车项目主厂房实现暖封闭，总投资15亿元的通用20万辆整车项目正式落地；突出抓好200万吨化工醇扩能工程，大成60万吨淀粉糖建成投产；突出抓好轨道客车扩能工程，总投资40亿元、占地1.6平方公里的轨道交通装备制造产业园一期工程竣工投产，首辆时速380公里新一代高速动车正式下线，总投资18亿元的机车厂搬迁改造一期工程完成主体封闭。五大战略性新兴产业投资增幅均在一倍以上。围绕发展现代服务业，制定实施了服务业发展规划纲要，突出抓好一批文化产业示范园区，净月开发区被批准为国家级服务业综合改革试点区，东北亚文化创意科技园正式开园；出台了鼓励商务综合体建设的政策措施，全市在建和已建成的商务综合体总数达到15个；成功举办了东博会、汽博会、农博会和电影节等重大节庆会展活动，现代服务业占服务业比重达到44%。围绕发展现代农业，狠抓30亿斤商品粮增产“十大工程”，200万亩全程农机化示范区加快建设，旱田水浇地试点工作稳步推进，粮食总产量预计达到190亿斤，创历史最好水平。围绕推动科技创新和促进科技成果转化，与中科院合作建立了长东北科技创新中心，全市科技成果转化率达到28%左右。

2、突出抓好长吉一体化发展，城镇化进程明显加快。省委省政府提出长吉一体化构想后，立即组织召开相关会议进行研究，并先后从中国建筑学会、规划委员会以及长三角、珠三角等发达地区，聘请多位专家进行专题论证，科学制定了长春市推进长吉一体化实施方案。组织党政代表团到吉林市对接，签订了两市一体化合作框架协议，共同落实了区域规划、重点产业、基础设施、都市城市群、开发区、生态环境和社会事业、要素市场、合作机制等8个方面对接任务。始终把推进经济一体化作为核心任务，组织召开了全国知名民企“长吉一体化”峰会，沿长吉方向加快打造工业走廊，在长东北开放开发先导区一次性启动总投资1 217亿元的100个亿元以上重大项目，新能源产业园、低碳经济产业园正式落户。全力争取在长东北设立长春兴隆综合保税区，目前已正式获得国家批准，进入部委会签。

3、加强基础设施建设和市容环境综合整治，绿色宜居城市建设加快推进。今年是长春城市建设投入较大、任务较重的一年，也是城市面貌发生较大变化的一年。一是全力实施了一批城市重大基础设施工程。总投资260亿元的地铁1、2号线工程正式获得国务院批复；总投资70亿元、全长68公里的四环路全线贯通；总投资100亿元的伊通河城区段百里综合整治工程全面启动，总面积9.7平方公里的长东北城市生态湿地公园全面开工；总投资29.82亿元的路网建设工程进展顺利，新增道路面积达129万平方米。二是全面推进“三城两区”建设。北部新城总投资28亿元的长春站立体交通换乘中心北广场完成主体结构施工；西部新城总投资20.5亿元的西客站综合交通换乘中心完成90%土方工程；南部新城总投资30亿元的绿地中央广场奠基开工，4座超过300米的城市标志性建筑签约落位；西南工业区总投资68亿元的一汽技术中心乘用车所已经奠基；长东北开放开发先导区新增基础设施配套面积50平方公里，远达立交桥等259个基础设施项目集中开工。三是加大市容环境综合整治力度。随省团赴鲁津学习考察后，迅速在全市开展了“奋战150天市容环境综合整治行动”。大力实施“暖房子”工程，全市集中改造老旧楼宇1 155栋，新增集中供热能力3 410万平方米；集中打造了吉林大路等15条精品街路和重庆路等4大精品商圈；城市出入口改造工程顺利实施，全市新增大块绿地57块，新增绿化面积500多公顷，占地1.05平方公里的长春国际汽车公园正式对外开放，绿化美化亮化净化水平明显提升，整个城市形象发生了明显变化。

4、坚持把人民群众生命安全放在首位，抗洪抢险救灾取得重大胜利。面对历史罕见的特大洪灾，全市党政军群团结奋战、顽强拼搏，圆满完成了抗洪抢险救灾各项任务。一是确保了人民群众生命安全。全市共紧急转移安置群众22万人，保证了群众有饭吃、有衣穿、有住处、有洁净饮用水、有病能得到医治，实现了大灾之后无大疫。二是确保了国堤和大中型水库不溃堤、不决口。严防死守总长1 094.3公里国堤，昼夜巡查，及时处置重大险情，保证了大中型水库无一垮坝，主要堤防无一溃堤。三是确保了化工原料桶打捞任务出色完成。科学部署、有力组织，4 034 只流经我市的化工原料桶被全部打捞出来，保证了松花江水质和沿江群众饮水安全。四是确保了城市安全和正常运转。及时组织城区排险排涝，保证了水电气等公共设施安全和主要干道以及通讯畅通，整个城市运转顺畅。五是确保了灾后重建阶段性任务顺利完成。重建倒塌房屋 4 952 栋，维修加固水损房屋 15 518 栋，水毁土地有效实施整治复垦，“五大围堤”、东新开河水利设施等工程开始启动，群众生产生活得到全面恢复。

5、积极保障和改善民生，社会保持和谐稳定。全力推进民生行动计划，96 件民生实事件件有着落。一是重点解决群众生存性民生问题。着力提高群众收入水平，健全完善企业、机关和事业单位工资正常增长机制；加大保障性住房建设力度，新建购买廉租房 24 万平方米，改造棚户区 104.38 万平方米；千方百计稳定物价，紧急出台蔬菜交易税费减免、购销补贴等政策，围绕解决“菜篮子”问题，与省国土资源厅、省农委签署了 1 万公顷蔬菜基地建设战略合作框架协议，努力把物价对群众生活影响降到最低。二是重点解决群众发展性民生问题。大力发展教育、文化、卫生等各项社会事业，义务教育阶段改制校全部退回公办，大力发展职业教育，异地新建了汽车工业高等专科学校；大力加强精神文明建设，文明城创建工作扎实推进；文化体制改革稳步推进，科技文化中心综合馆开始布展，省图书馆新馆开工建设；全面推行基本药物制度，初步实现同城同价；不断强化交通管理措施，努力缓解交通拥堵状况。三是重点解决群众安全性民生问题。深入开展“安全建设年”和“信访积案化解年”活动，全面推广“联调联动”综治民调工作模式，建立了社会风险防控化解机制，出台了社会风险防控化解机制的意见、实施方案和社会风险事件领导干部问责办法三个文件，有效促进了社会矛盾化解。

6、党的建设全面加强，各级党组织和党员干部领导科学发展的能力进一步提高。大力加强领导班子和干部队伍思想建设，圆满完成学习实践科学发展观活动各阶段任务；专门组织党政代表团到发达地区学习考察，回来后，在全市深入开展了“解放思想找差距、振奋精神促发展”主题实践活动，集中查找了一批制约科学发展和转变经济发展方式的主要矛盾和突出问题。着力加强基层党组织建设，积极开展学习型党组织建设和创先争优活动，我市基层党建经验在全国会议上作了典型发言；进一步推动基层党组织服务民生工作体系建设，在县(市)区、开发区普遍建立了民生大厦，形成了市、县、街道、社区立体服务民生工作网络；深入推进农村基层党组织建设“三项工程”，圆满完成新一轮村级组织“两委”换届工作。积极推动干部人事制度改革，认真抓好省市县三级联动千名干部公选工作，一批优秀年轻干部走上领导岗位。扎实推进作风和反腐倡廉建设，深入开展“三满意”机关创建、“万人评议机关”等活动，为民、务实、和谐、清廉的风气进一步浓厚；狠抓党风廉政建设责任制落实，推进惩治和预防腐败体系建设，常委班子带头在全市做出廉政建设“八项承诺”和创先争优“五项承诺”，得到省委的充分肯定。

在肯定成绩的同时，也要清醒地看到存在的问题，主要表现在：大发展快发展的良好态势已经形成，但发展相对落后的状况还没有从根本上改变；经济发展的速度和质量实现同步攀升，但保持经济平稳健康运行、调整经济结构、稳定物价的任务还比较艰巨；城市化快速推进带来了历史性变化，但在重大基础设施建设和市容管理方面还有较大差距；保障和改善民生工作取得实实在在的成果，但抓好富民工程和维护社会稳定的任务还很繁重；党的建设和民主法制得到全面加强，但解决班子和队伍建设中的突出问题还需要加大力度，个别党员干部责任意识不强、作风不实、为政不廉的问题还比较突出。我们必须高度重视，认真加以解决。

二、高标准谋划和推动长春“十二五”发展

“十二五”时期是全面建设小康社会的关键时期，是深化改革开放、加快转变经济发展方式的攻坚时期。党的十七届五中全会专题研究了“十二五”期间一系列重大发展问题，科学确定了今后一个时期我国经济社会发展的总体思路、目标任务和重大举措，突出强调了科学发展的鲜明主题和加快转变经济发展方式的明确主线，对于我们继续抓住和用好重要战略机遇期，实现老工业基地全面振兴具有重大意义。省委九届十一次全会紧扣中央精神，站在战略和长远的高度，对我省“十二五”期间各项工作进行了全面部署，具有很强的战略性、前瞻性和指导性。当前，全市上下首要的政治任务就是深入贯彻落实中央和省委全会精神，切实把思想和行动统一到中央和省委的决策部署上来，特别是要深刻认识中央和省委对当前形势的科学判断，正确把握国内外宏观形势变化的新特点，积极抢抓中央继续支持东北振兴和长吉图开发开放的有利机遇，力求在一些重大发展领域取得实质性突破，同时又要清醒地看到我们面临的严峻挑战，切实把问题和困难估计得更重一些，把应对的办法和举措准备得更充分一些；深刻认识我市正处在夯实基础、积蓄能量、调整结构，加快发展方式转变的关键节点，正处在统筹城乡发展，推动工业化、城镇化、农业现代化相互支撑、相互融合、互动发展的关键节点，正处在破除体制机制深层次矛盾、激发创新活力、加快形成经济内生增长机制的关键节点，进一步增强危机感、紧迫感、压力感；深刻认识省委提出的“长春要成为全省科学发展的领头羊、民生改善的排头兵、社会和谐的首善区”的新要求，进一步增强大局意识和责任意识，对省委省政府部署的各项重大任务要主动担当、率先突破。全市各级各部门，一定要以敏锐的眼光洞察形势，以清醒的头脑判断利弊，以高点的站位谋划好“十二五”发展，力争经过五年努力，使我市经济社会发展实现新的更大的跨越。

基于以上认识和考虑，“十二五”时期总的指导思想是：深入贯彻落实科学发展观，以科学发展、加快发展、率先发展为主题，以加快转变经济发展方式为主线，紧紧抓住发展和民生

两个关键，紧紧围绕加快发展、改善民生、建好城市、促进和谐大局，坚定不移地推动工业化、城镇化、农业现代化统筹发展，坚定不移地落实投资拉动、项目带动、创新驱动战略，坚定不移地走工业和服务业双拉动增长路径，坚定不移地加快开发区、城区、县域“三大板块”协调发展，坚定不移地推进富民工程和社会事业发展，大力加强精神文明和民主法制建设，全面加强和改进党的建设，建设繁荣长春、和谐长春、开放长春、美丽长春，努力让城乡居民生活得更加美好，使我市成为全省科学发展的领头羊、民生改善的排头兵、社会和谐的首善区。

“十二五”时期，我们要突出把握的几个重大原则问题。一是必须坚持科学发展、加快发展、率先发展。科学发展、加快发展、率先发展是省委对长春提出的总要求。科学发展要追求一个“好”字，在坚持以经济建设为中心，全力做大经济总量的同时，一定要更加注重加快转变经济发展方式，更加注重经济结构战略性调整，更加注重全面协调可持续发展；加快发展要力争一个“快”字，继续按照“两个高于”和“一个不低于”要求，在保证经济发展质量的前提下，全面提高经济发展速度；率先发展要突出一个“先”字，立足省会和区域性中心城市优势，自觉地把长春发展放到全省、全国乃至更大的布局中去定位、去谋划、去推动，进一步发挥出支撑、带动、辐射和引领示范作用。二是必须坚持工业化、城镇化和农业现代化三化统筹。工业化程度提高较快，但结构性矛盾突出，中心城市扩张很快，但整体城镇化进程较慢，农业天然禀赋优良，但农业现代化水平偏低，这是长春最大的发展实际。这无论是与我市在全国大布局中的战略地位相比，还是从加快经济发展方式转变的要求出发，都是不相适应的。因此，在“十二五”时期，我们必须把“三化”统筹作为发展的主战略突出出来，切实以工业化推动城镇化，以城镇化带动农业现代化，以农业现代化有效解决工业化和城镇化进程中的突出问题，真正通过三者的有机统一，实现协同发展、融合发展。三是必须坚持投资拉动、项目带动、创新驱动三动并举。总量不大是现阶段我市经济发展的主要矛盾，解决这个问题一定要强调抓投资、抓项目，切实以投资拉动扩大总量、优化结构、夯实基础，以项目带动积聚能量、积累资源、积蓄后劲。同时，必须进一步突出创新驱动的支撑作用，全力推进重大科技专项和核心技术攻关，切实以创新驱动加速转化、抢占高端、培育未来发展新优势。四是必须坚持走工业和服务业双拉动的增长路径。工业是我们的优势，是我们加快发展的重要支撑，与工业相比，我市服务业发展相对滞后，低于全国平均水平，在拉动经济增长、增加地方财政收入、扩大就业方面的作用还没有充分发挥。因此，在进一步做大做强工业的同时，必须大力发展服务业特别是现代服务业和文化产业，全面推动服务业发展提速、比重提高、结构提升，力争经过5年左右努力，基本形成工业和服务业互为支撑、均衡发展的格局。五是必须坚持开发区、城区和县域“三大板块”协调发展。核心就是坚持错位竞争，根据各自特点和功能定位，有针对性地制定发展战略和工作举措，全力推动开发区、城区和县域在园区经济转型、现代服务业发展、农业产业化建设等方面取得重大突破，特别是着眼于各类要素资源整合集聚和自由流动，积极建立“三大板块”协调发展的体制机制。六是必须坚持改善民生第一目标不动摇。发展的最终目的，就是要让城乡居民生活得更加美好。必须始终把改善民生作为一切工作的根本出发点和落脚点，切实在增加城乡居民收入、提高物质生活水平上下更大的功夫，在完善社会保障体系、发展社会事业上花更大的气力，在促进公平正义、维护社会和谐稳定上做更多的工作，真正让发展成果更好地惠及全市人民，让改善民生、富裕人民成为加快转变经济发展方式的持久动力。

这里需要特殊强调的是：按照上述指导思想和总体原则，我们一定要集中全市智慧把《长春市国民经济和社会发展第十二个五年规划纲要》研究好、制定好，切实把方方面面的因素考虑充分，把各行各业的意见吸收到位，真正使“十二五”规划成为指导今后五年全市经济社会发展的纲领性文件，特别是要注意做好与中央和省里规划的衔接工作，力争有更多的大项目进入国家和省里盘子，力争“十二五”期间有更多基础性、导向性、战略性的重点工程、重大项目落户长春。

三、全力以赴抓好2011年各项重点工作

明年是“十二五”开局之年，做好明年工作，对实现“十二五”目标至关重要。全市上下一定要认真贯彻落实中央和省委各项决策部署，准确把握好宏观经济走势，全力抓好各项重点工作，确保经济平稳较快增长，力争地区生产总值增长14%左右，确保全口径财政收入与地区生产总值保持同步增长，确保城乡居民收入与地区生产总值保持同步增长。

1、要进一步落实工业强市战略，加快建设新型工业基地。针对明年工业特别是汽车产业面临的新形势，我们要把工业摆在更加突出的位置，认真落实工业产业升级计划，加快实施支持工业发展的相关意见，全力做大做强工业经济。要集中精力抓好一批重大工业项目，加快打造汽车、农产品加工、轨道客车三大世界级产业基地。按照150个重大项目建设整体布局，紧紧围绕300万辆整车、200万吨化工醇、轨道交通装备制造产业园等重大扩能工程，加快推进一批重大项目开工投产。丰越20万辆整车要实现试生产，通用20万辆整车二期要完成主体建设，轿股二厂区50万辆自主品牌整车要启动建设；100万吨化工醇要正式形成生产能力；高速动车组二期、机车厂搬迁改造一期工程要建成投产，城轨客车、高速动车组产量明年要有一个大的跃升，力争达到1 000辆以上。要大力发展战略性新兴产业，加快推进工业结构优化升级。紧紧抓住国家培育发展战略性新兴产业的难得机遇，加快发展先进装备制造、光电信息、生物医药、新能源、新材料等五大战略性新兴产业，特别是要突出抓好新能源电动汽车、国药生物制药、兵装新能源产业园、中航工业园、长东北低碳产业园等重大项目建设，以大项目带动工业结构大调整，逐步提高战略性新兴产业占工业比重。要坚持抓大活小，扶持骨干企业和中小企业快速发展。充分发挥我市大企业集聚的优势，鼓励中小企业与大企业形成产业链的协作配套关系，促进其向“专精特优”方向发

展。完善中小企业创业融资服务，继续推动中小企业信用体系和信用担保体系建设，支持东北中小企业信用再担保公司及其分支机构扩展业务。明年力争新增中小企业1 000户以上，对骨干企业和利税大户要进行奖励。要抓好开发区和工业集中区建设，切实提高工业集约化发展水平。工业企业要加快“退城进区”步伐，加快向开发区和工业集中区集聚，重点要向长东北开放开发先导区、高新区、经开区、西南工业区等园区摆放，实现工业企业和工业产业集约集群集聚发展，坚决避免工业围城。同时，要大力推进节能减排，努力实现绿色增长。要以引进战略投资者为重点，千方百计加大招商引资力度。在对象上，继续瞄准央企、知名企业和知名跨国公司招大商；在方式上，继续打好招商引资攻坚战，深入开展大规模招商活动，突出产业政策、产业环境和产业配套招商。要进一步加强外经外贸工作，扩大工业产品出口，加快抢占国际国内市场，不断提高工业经济外向度。

2、要进一步实施服务业兴市战略，促进服务业提速升级。要像抓工业一样抓服务业，像支持工业一样支持服务业，尽快出台支持服务业发展的整体规划和实施方案，加快构建起立足全省、带动长吉图、辐射东北亚的现代服务业经济体系，真正使服务业成为我市经济发展的新引擎和社会转型的新支撑。从明年开始，市里每年都要安排专项资金，鼓励和支持服务业发展。要围绕新型工业化，大力发展生产性服务业。重点是加快发展现代物流、金融保险、商务会展、信息咨询、科技服务、服务外包等生产性服务业，特别是要突出抓好汽车、农产品加工、轨道交通装备制造等生产型物流体系建设，规划建设好6大物流集中区和20个专业批发市场，不断满足工业化中后期产能加速释放、产业“大进大出”的需要。同时，要充分发挥省会和区域性中心城市要素资源汇集的优势，大力发展总部经济，着力吸引一批企业管理中心、研发中心、物流中心、投资中心和营销中心等职能性总部落户长春。要围绕满足群众消费需求，加快提升生活性服务业。重点是顺应消费结构升级的趋势，在全力抓好传统生活性服务业的基础上，紧盯旅游休闲、健身娱乐、养老服务等新的需求热点，大力发展高端生活服务业，特别是要立足区域性中心城市优势，加快培育一批旗舰品牌服务企业，打造推广一批重大知名服务品牌。明年有条件的城区要开展生活性服务业创新试点。要围绕提升城市软实力，突出发展文化产业。立足加快建设东北亚现代文化名城，重点发展动漫制作、文化创意、影视传媒、出版印刷等文化产业，特别是要突出抓好净月文化产业集中区建设，加快吸引国内外知名文化创意团队、文化企业向园区集聚，努力打造国家级文化产业发展先行区；突出抓好东北亚文化创意科技园建设，重点是积极发展文化创意街区和文化创意产业，努力打造国内一流的文化创意科技园区。明年要培育具有东北地方特色的10大文化品牌产品，文化产业增加值力争突破300亿元。

3、要进一步发展现代农业，加快推进农业现代化进程。农业是我市的特色和优势，必须全力打好“农业牌”，加快走出一条具有长春特色的农业现代化之路。要大力发展现代农业。重点是着力推进农业规模化，进一步提高粮食综合生产能力，加快20个特色经济作物种植区和“万顷蔬菜基地”工程建设；着力推进农业产业化，突出抓好农产品加工业千亿级增产工程；着力推进农业机械化，加快推进200万亩全程农机化示范区建设；着力推进农业水利化，加快实施20万亩旱田节水灌溉示范工程；着力推进农业信息化，加快建设长春农业科技信息技术指导网络平台，力争早日把长春建设成为全国农业现代化示范区。要深入实施县域突破战略。继续保持较高投资强度，切实以大投入带动县域大发展，推进县域综合实力在全省排位前移。按照城镇化要求，加快推进县城建设，集中力量建好县域开发区和工业集中区，加大重点项目引进和龙头企业培育力度，每个县都要结合“十二五”，抓紧谋划和形成几个具有自身特色的优势产业，支撑整个县域经济发展。要加快推动城乡双向一体化试点建设。重点是抓好奢岭、富锋、兴隆山、劝农、合隆、卡伦、合心、兰家、西新等城乡双向一体化试点镇和城市分团建设，推动产业、资源和各类生产要素快速集聚。要扎实推进新农村建设。进一步抓好新农村建设规划，全面整治村容村貌，切实提高公共服务水平，特别是要抓住明年国家加大农村投入的难得机遇，加快以水利为重点的农村基础设施建设，加快以饮水、道路为重点的村镇基础设施建设，同时要突出抓好“百村示范、千村提升”工程，明年力争建成80个省级新农村建设示范村。

4、要进一步加大改革创新力度，全面提高经济发展的内生动力和活力。改革创新是转变经济发展方式的根本动力，也是长春发展的后劲所在。要坚持以改革促发展，不断增强经济社会发展的活力。重点是要突出抓好投融资体制改革，积极引进大的金融机构和风险投资机构，鼓励支持企业上市融资，加快建立投资主体多元化、融资方式多样化的投融资新体制；突出抓好行政审批制度改革，进一步减少审批环节，创造良好的经济发展软环境；突出抓好产权交易市场建设，积极推动各类产权交易增值服务快速发展。要充分发挥在长高校、科研院所密集的优势，加快把科教优势转化为经济优势。切实加大市校对接和政策扶持力度，支持高校、科研院所加快发展，特别是要突出抓好政府、科研院所(在长高校)、战略投资者和开发区“四位一体”的创新驱动联盟，重点依托长东北中科院科技创新中心，集中打造先进制造创新集群，在这一区域一定要给予特殊的政策支持，加快打造项目研发基地、高技术成果转化基地、高技术产业发展基地和高科技企业上市融资孵化基地。积极推进“长东北”战略性新兴产业综合配套改革试点，加快推动创新型城市建设。要围绕支柱和优势产业发展，加快科技人才引进和培养。抓紧制定具体政策，鼓励引进培养科技人才和产业人才，支持人才向龙头骨干企业和科技型企业集聚。充分发挥职教学院、汽车工业高等专科学校优势，加快职业技术人才培养。进一步加强对人才的服务，最大限度地释放各类人才的创新创造活力，加快把长春建设成为产业人才高地。

5、要进一步抓好城市重大基础设施建设，加快打造绿色宜居城市。建设绿色宜居城市是未来的方向，必须在抓好长吉一体化的同时，坚定不移地予以推进。一是要坚持规划先行。结合“十二五”规划，进一步完善城市生产力布局，特别是要把工业布局和城镇化布局有机结合起来，把现代物流布局和城市空间布局协调好，把城市总体规划和产业布局规划、土地利用规划、交通组织规划协调好，真正以规划引领城市发展，坚决避免无序竞争、盲目发展。二是要切实加快新城新区建设和老城改造步伐。重点要抓好“三城两区”建设，切实加快西客站、长春站综合换乘中心、南部新城中央商务区等主体工程推进速度，争取有更大突破。各城区也要加大老城改造力度，努力做到改造一片，做成一片精品。三是要突出抓好城市重大基础设施建设。要着眼提高城市综合承载能力，加快推进路桥、水、电、气、热、燃气管网等城市重大基础设施建设工程，特别是要抓紧制定解决交通问题的系统性方案，全面加大“治堵”力度。重点推进地铁1号线、轻轨等重大工程建设，组织实施人民广场下穿道等重大交通节点改造工程，抓好机场快速路、三环路改造等城市快速通道建设，实施好人民大街高速公路口南移、硅谷大街出入城口改造等八个城市出入口改造工程，加快构建起四通八达、运转顺畅的城市综合立体交通体系。四是要全力打好市容环境综合整治攻坚战。继续实施好“奋战150天市容环境综合整治行动”，突出抓好精品街路、精品商圈和精品社区建设，抓好伊通河城区段百里综合整治工程和长东北生态湿地公园等生态工程建设，加快老城区、城乡结合部拆违和环境改造步伐，加大绿化美化亮化净化力度，加大城市历史文化保护，加快推进城市“数字化”管理，使我们这座城市有一个明显变化。

6、要进一步保障和改善民生、发展社会事业，全力维护社会和谐稳定。做好新形势下的民生工作，不仅要最大限度地满足群众的物质生活需求，更要不断满足群众越来越迫切的公共服务需求。这就要求我们在经济发展的基础上，更加注重社会建设，着力提高政府提供基本公共服务的能力，努力实现经济社会协调发展。要加快推动富民进程。全力落实好省委、省政府关于实施富民工程的意见，特别是要把就业摆在更加突出的位置，落实促进大学生、农民工和困难群体的就业政策，积极开发公益性就业岗位，确保就业形势稳定。不断拓宽增收渠道，努力实现居民收入增长与经济发展同步、劳动报酬增长与劳动生产率提高同步的目标。要切实解决好事关群众切身利益的突出问题。坚持从老百姓反映最突出的问题抓起，多听百姓的“心里话”，多看百姓的“身边事”，多算百姓的“生活账”，全力实施好第五个民生行动计划，再为人民群众办100件左右实事。突出抓好“暖房子”工程，明年改造面积要达到500万平方米。突出抓好老旧危房改造，确保完成352栋D级危房改造任务。同时，促进房地产市场健康稳定发展，加强保障性住房和商品房两个体系建设，充分发挥房地产业拉动经济和改善民生的作用。突出抓好稳定物价工作，进一步加强价格调控，保障市场供应，完善补贴制度，确保价格总水平基本稳定。要深入开展“万户特困户结对救助”活动，进一步加大对特困群众的帮扶力度。要加快以发展社会事业为重点的基本公共服务体系建设。优先发展教育事业，着力解决“入园难”问题，进一步提高义务教育合格率，加快培养更多应用型、适用性人才。认真解决在长高校发展建设中的实际困难和问题，推动高校更好地为地方经济社会发展做贡献。深化文化体制改革，大力发展和繁荣文化事业，加快省科技文化中心、中国光博馆、省图书馆新馆、市城市规划展览馆、市群众文化活动中心等文化基础设施建设，不断丰富群众文化生活。继续深化医药卫生体制改革，加快健全城乡基本医疗保障体系，大力实施健康长春行动计划，不断提高群众健康水平。要加强社会管理创新。重点是完善社会管理体系，加快构建党委领导、政府负责、社会协同、公众参与的社会管理新格局，特别是要从服务群众、改善民生、化解矛盾入手，加强城乡自治组织和社区建设，充分发挥各类社会组织、民间团体作用，不断增强基层社会管理服务功能。要全力维护社会和谐稳定。继续抓好“信访积案化解年”和“安全建设年”活动，进一步加强社会风险防控体系建设，全力做好消防安全、生产安全、食品药品安全、治安安全、交通安全等城市安全工作，努力为长春发展振兴创造安定有序的社会环境。同时，要进一步加强社会主义民主和法制建设，积极支持人大、政协工作，充分发挥人大、政协职能作用，进一步加强群团工作。进一步加强精神文明建设，全力推动全国文明城市创建活动，大力弘扬“宽容大气、自强不息”的长春城市精神，着力提升市民文明素质和整个城市文明程度。

事业兴衰，关键在党，为政之要，贵在得人。要坚持以执政能力和先进性建设为主线，全面加强和改进党的建设，切实为长春科学发展、加快发展、率先发展提供坚强的政治和组织保证。要进一步发挥好各级党委总揽全局、协调各方的作用，准确把握发展趋势，科学谋划发展蓝图，努力创新发展模式，不断开创发展新局面。要进一步加强领导班子建设，按照“团结、干事、干净”的要求，不断提高各级领导班子领导科学发展、促进社会和谐，特别是真抓实干、善于落实的能力和水平。要进一步加强干部队伍建设，不断深化干部人事制度改革，加大竞争性选拔干部力度，加大综合素质好、业务能力强、工作劲头足、群众威信高的干部选拔力度，加大年轻干部、女干部、少数民族干部和党外干部选拔力度，充分调动各个年龄段干部工作的积极性。要进一步加强基层党组织建设，重点抓好“创先争优”活动，并把学习型党组织建设与创先争优活动有机结合起来，特别是要着眼不断扩大创先争优活动的带动面和影响力，组织开展“联创联动”活动，通过党组织带动机关、企事业单位以及社会各个方面，把创先争优活动引向深入；同时，要进一步抓好基层党组织服务民生工作体系建设，切实把民生大厦建设好，把基层党组织建立“党员中心户”的经验推广好。要进一步做好新形势下的群众工作，按照“胸中始终有大局，心里时刻有百姓”的总要求，坚持工作下移、重心下沉，统筹抓好“大走访、大接访”等活动，切实为群众解决更多难题、办更多好事实事，尤其是要进一步抓好“三满意”机关创建和“万人评议机关”活动，切实让群众来评价和检验我们的工作，真正实现让基层满意、让企业满意、让群众满意。要进一步加强党风廉政建设，认真落实党风廉政建设责任制，严肃查处违法违纪案件，加大党务公开力度，真正以党风廉政建设的实际成果取信于民，以党建工作的丰硕成果迎接建党 90 周年。

同志们，事业催人奋进，发展任重道远。让我们紧密团结在以胡锦涛同志为总书记的党中央周围，深入贯彻落实科学发展观，在省委、省政府的正确领导下，团结拼搏，开拓进取，为实现“十二五”发展目标，加快建设繁荣长春、和谐长春、开放长春、美丽长春，成为全省科学发展的领头羊、民生改善的排头兵、社会和谐的首善区而努力奋斗！

政府工作报告

——在长春市第十三届人民代表大会第四次会议上

市长 崔 杰

（2011年1月20日）

各位代表：

现在，我代表市人民政府向大会作工作报告，请予审议，并请列席会议人员提出意见。

一、2010年和“十一五”期间工作回顾

2010年，是长春在科学发展观的引领下阔步前进、不断取得新胜利的一年。地区生产总值完成3 329亿元，增长15.3%；全口径财政收入完成563.4亿元，增长25%；固定资产投资完成3 001.5亿元，增长31%；全社会消费品零售总额完成1 286.7亿元，增长18.1%；外贸进出口总额完成132.2亿美元，增长54.7%。这些主要经济指标的增幅在全国副省级城市中均位居前列。

（一）工业快速健康发展，整体实力和水平不断提升

去年，全市规模以上工业产值完成5 750.8亿元，增长28.3%，比上年净增1 288亿元；实现工业利润470.1亿元，增长69.1%，比上年净增190亿元；完成工业投资1 400.3亿元，增长28.4%，年初确定的150个重大项目均按计划顺利实施。

三大扩能工程取得实质性进展。轿股、大众两个整车扩产改造项目建成投产，丰越主厂房实现暖封闭，通用新车正式下线，全市整车产能接近200万辆。高速动车组生产基地一期建成投产、二期完成厂房建设，机车厂搬迁改造完成主体封闭，时速380公里的新一代高速动车组正式下线，轨道客车产销量达到1 125辆。大成60万吨淀粉糖生产线建成投产，百万吨化工醇车间开始设备安装。至此，新增百万辆整车、双千辆轨道客车、百万吨化工醇扩能工程所涉及的项目全部落实。这不仅大大增强了工业的综合实力，也初步确立了长春在国家乃至世界经济大循环中的位置。

中航科技园、国药医药园、荷兰帝斯曼制药、国电联合动力、一汽新能源汽车等一批投资几十亿元乃至百亿元的重大项目开工建设，兵装新能源一期、亚泰水泥六线等一批项目建成投产，先进装备制造、光电信息、生物医药、新能源、新材料五个战略性新兴产业投资增长了一倍以上。

长拖与国机实现战略重组，钢铁总厂等18户进入破产程序的国有企业完成改制任务。奥普光电、大成糖业、安洁环保3家企业成功上市。国务院正式批准汽车产业开发区晋级为国家级经济技术开发区。长吉一体化扎实推进。

长东北科技创新中心开工建设，高速动车组试验中心完成主体工程，纯电动汽车等12个重大科技专项顺利实施，全年新增科技孵化器面积145万平方米。长春成为全国私人购买新能源汽车六个试点城市之一。

一年来的实践证明，长春工业在总量增加的基础上转方式，在能力扩张的过程中调结构，思路是正确的，效果是明显的。

（二）服务业快速壮大，中心城市功能不断增强

知合国际动漫、东北亚文化创意等一批文化产业园区加快建设，文化产业增加值增长32.6%，占经济总量比重达到5.9%。净月国家服务业综合改革试点区正式挂牌。

兴业、华夏2家区域性银行进驻长春，全市银行类金融机构发展到22家。金融机构存款余额达到5 038.4亿元，贷款余额达到4 616.8亿元，分别增长15.7%和19.5%，区域性金融服务能力不断提升。

创业就业博览会、书博会首办成功，农博会、汽博会、电影节等展会办出了新特色，会展业参展人数达到2 000万人次。

4家商务综合体、4个区域性批发大市场开工建设，全市在建和建成的商务综合体总数达到15个、区域性批发大市场总数达到17个，这些项目正在支撑起一个服务全省、辐射周边3 000万人口的商贸物流服务体系。

全市私人购买小汽车10万余辆，居民文化、旅游、娱乐、休闲支出增长19%，消费结构快速升级，对经济增长拉动作用不断增强。

商品房施工面积达到2 764万平方米，房屋交易量达到1 209万平方米，分别增长32.5%和3.3%。

接待国内外游客2 637.6万人次，增长16.3%。龙嘉机场旅客吞吐量接近500万人次，增长30%。全市货运总量达到1.53亿吨，增长39.3%。人流、物流大幅度增加，长春与外界的联系在增多，经济的活跃度在提高。

（三）抗洪抢险斗争取得重大胜利，县域经济发展实现新突破

去年入汛以后，全市连续发生6次强降雨，石头口门等主要水库严重超汛限、险情频发，伊通河、饮马河、第二松花江遭

遇全流域特大洪灾。在市委的领导下，全市上下紧急动员，团结奋战，展开了一场波澜壮阔的抗洪抢险救灾攻坚战。圆满完成了4 034只过境化工原料桶打捞、22万名受灾群众紧急转移安置任务，取得了域内221座水库无一垮坝、1 094公里国堤无一溃堤的重大胜利，把灾害损失减少到了最小程度。汛情缓解后，迅速启动灾后重建工作，20 470栋损毁倒塌房屋完成重建修复，因退水时间过晚当年无法完成房屋重建的德惠205户群众得到妥善安置。受灾地区的公共服务、基础设施、经济社会秩序很快恢复到正常状态。

县域工业化加速推进，全年实现规模以上工业产值529亿元，完成工业投资400亿元，分别增长25.6%和30%。在工业经济的强力推动下，农安财政收入突破15亿元，四县(市)财政收入达到44亿元。县域财政实力薄弱这个困扰全市多年的难题得到了一定缓解。

粮食产量在大灾之年实现大丰收。深松整地500万亩，三年累计深松1 400万亩，占全部旱田的87%。实施了双阳旱田节水灌溉试点建设，为大面积推广积累了经验。新增经济作物10万亩，新建牧业小区400个。集体林权制度改革主体改革基本完成，营造林7.7万亩。

新建农村公路880公里，改造泥草房4万余户，绿化美化村屯506个，新建标准化储粮仓5万套，解决33.8万群众饮水安全问题。四县(市)开展了大规模的道路建设、环境改造和市容综合整治，先后进入省级卫生城行列。

(四)150天市容环境综合整治成效明显，城市建设和管理水平进一步提升

从5月21日开始，我们用150天时间，集中开展了一场市容环境综合整治大会战。标准化改造5个重点商圈、15条主要街路、31条二级街路，整修545栋沿街老旧楼宇，规范8 605处商铺牌匾，拆除117万平方米违法建筑，清理72处擎天柱广告、2 265辆公交车体广告、6 021处违规广告，新植街路32条，改造绿地57块，彩化街路100条，深入治理了露天烧烤、占道经营、超载超限运输等一系列城市管理顽疾，数字化城市管理水平不断提高，市容市貌大为改观，城市形象明显提升。

全面启动了新一轮伊通河综合整治，37项工程顺利实施。长春公园、动植物园完成改造，占地1.05平方公里的国际汽车公园正式对游人开放。长东北、新立城、净月新建扩建一批生态湿地，新增湿地面积18.32平方公里。

北郊污泥处理场建成运行。可以满足未来30年发展需要的生活垃圾处理中心投入使用。较好地处理了保护耕地和保证发展的关系，土地节约集约利用水平明显提高。节能减排指标均完成年度任务，空气质量优良级天数达到341天。

四环路正式通车，亚泰大街跨解放大路、南湖大路高架桥竣工投入使用，惠工路机场大道、远达大街延长线施工全面展开。大中修道路128条。维修养护道路543条。

地铁1、2号线工程立项获得国家批准。轻轨4号线重点区段试通车。长吉城际铁路竣工通车。新增新能源公交车100辆，更新常规公交车333辆。

“五一”以后连续实施5期交通调流，通过错峰上下班、主干线限左、大面积推广单行线等方式，努力缓解交通拥堵状况。

(五)民生工作扎实推进，社会事业全面发展

制定并实施了2010年民生行动计划，又为群众办了一批好事、实事。

新增城镇就业12.2万人，“零就业家庭”保持动态为零。城镇登记失业率为3.49%。职工月最低工资标准提高170元。企业退休人员月均养老金提高141元。重度残疾人低保金上浮20%。城市居民年人均可支配收入增加1 850元，农民年人均纯收入增加1 003元。

通过实施政府助保，263名在乡知青进入社保体系、3 521名困难群众接续养老保险。11 638名被征地农民参加养老保险。朝阳、双阳、净月新型农村养老保险试点顺利推进，3.8万名60岁以上农民开始按月领取养老金。

深入开展“万户特困户结对救助”活动，17 271户贫困家庭得到多种形式的帮扶。221名城区低保家庭尿毒症患者获得免费透析治疗。534名先天性心脏病、唇腭裂患儿得到医疗救助。694名城区低保、低保边缘家庭大学生分别获得10 000元和5 000元的助学补贴。2 754名贫困群众得到法律援助。城区低保对象基本殡葬费用全部由政府承担。

建立了低保补助和物价水平挂钩联动机制，5月、10月和12月先后三次为城区低保、低保边缘群众发放临时物价补贴。11月紧急出台蔬菜交易税费减免、主要蔬菜品种购销补贴政策，暂停天然气等生活必需品的价格调整，有效抑制了物价快速上涨的势头。

启动建设4家公办养老机构，100个社区老年日间照料站投入使用。

新建购买廉租房30.5万平方米，改造棚户区248万平方米，接收改造29个散旧弃管小区，352栋城区D级危房住户全部搬离并得到妥善安置。

“暖房子”工程超额完成计划，撤并改造小锅炉房521座，扩建调峰锅炉房6座，清掏供热地沟67.5公里，改造供热管网315公里，新增集中供热能力3 055万平方米，部分区域供热能力不足、运行不稳定问题得到初步缓解。节能改造老旧楼宇1 155栋、面积达到600万平方米，近10万套住宅保温能力明显提升，房屋也增值了，得到群众广泛好评。安装散旧楼宇楼道保温防盗门16 036樘，覆盖率接近90%。制定实施供热特许经营管理办法，近50%的供热面积实现质量在线监控。

增加公共卫生投入，基层卫生机构全面推行基本药物制度，药物价格下降21.4%，单处方均值下降47.2%，就诊患者人次提高50%。60家社区卫生服务中心、145家乡镇卫生院完成标准化建设。城镇居民医保、农村新农合人均补贴均由80元提高到120元，报销比例均提高5个百分点以上。5.3万名孕产妇女接受出生缺陷干预，出生人口素质稳步提高。5家120急救中心进驻119消防站，院前急救能力得到提升。

7所义务教育阶段改制校退回公办。新建、加固中小学校

舍121.3万平方米，保暖改造10.8万平方米。城乡结合部1.1万名中小学生实现班车接送。城区中小学全部配备校园保安。制定实施了特殊教育三年提升计划，孤独症教育康复中心、聋哑学校新建改建项目完成年度计划。建筑面积21万平方米的一汽高专当年开工、当年投入使用。全年完成各类职业教育培训40万人次。数字化学习港开通运行。

科技文化中心综合馆开始布展，省图书馆新馆开工建设。人民大街站前段、南广场等5条历史文化街区启动改造，杂技宫、艺术剧场完成保护性修缮投入使用，伪满皇宫等21处历史文物通过全国重点文物保护单位专家组评审。深入开展送戏下基层、数字电影放映等活动，群众文化生活日益活跃。全国文明城市创建活动扎实推进，市民文明素质不断提升，涌现出了一批好市民和公民道德楷模。

全民健身活动深入开展。成功举办外国友人运动会。圆满完成广州亚运圣火长春站传递活动。竞技体育取得新突破，长春籍运动员获得2块冬奥会金牌、2块亚运会金牌、1块亚残运会金牌。

深入开展追逃行动，抓获2010年4月30日前列入公安部在逃人员信息网的网上逃犯629名，对犯罪分子形成了强大震慑。新增监控探头3.25万个，城区重点区域、主要街道基本实现全覆盖。严厉打击各类刑事犯罪，命案破案率、交通肇事逃逸案破案率保持在90%以上，刑事案件发案率同比下降30%，社会治安状况进一步好转。

“安全建设年”活动成效显著，全年整改重大安全隐患38个、一般安全隐患27 000多个。

（六）坚持依法行政，政府自身建设得到加强

自觉接受人大及其常委会的法律监督、工作监督和政协民主监督，广泛征求人大代表、政协委员和各民主党派、无党派人士对政府工作的意见、建议，办理人大议案3件、政协建议案1件、人大代表建议236件、政协提案328件。

深入开展“解放思想找差距，振奋精神促发展”、“创先争优”、“三满意”机关创建、“万人评议机关”等主题实践活动，政府各部门推动发展、服务群众、促进和谐的能力不断提高。

召开第三次市政府接受监督改进工作大会，主动邀请人大、政协、法院、市委宣传部及政府内部监督部门通报批评政府工作缺失、行政败诉案件以及违纪违规问题，政府各部门逐项进行整改并建立了标本兼治的长效机制。

深入推进政务公开，保障人民群众的知情权和监督权。认真落实政府读报、读网制度，及时解决媒体反映的各种问题5 800多个。办好市长公开电话，探索推行局长接待日，全面加强信访工作，努力拓宽群众诉求反映渠道。市长公开电话呼叫总量降低19.6%，开通12年以来首次实现负增长。全市信访总量下降28%，已经连续3年大幅度下降。

坚持从严治政，廉政建设和反腐败工作取得新成效。取消、降低、暂停和规范各类收费76项，企业和社会负担进一步减轻。

各位代表，2010年各项工作取得的成果，推动长春经济和社会事业发展跃上了一个新台阶，也标志着我们全面超额完成了第十一个五年规划。

自2006年的五年来，长春不仅肩负着老工业基地调整改造的艰巨任务，而且遭遇了国际金融危机影响的严重冲击。在市委的领导下，我们战胜重重困难，实现了老工业基地振兴的历史性突破，经济社会发生了前所未有的深刻变化。

过去的五年，是经济大发展快发展的五年。地区生产总值比2005年增长1.2倍，人均GDP增长1.1倍，跃上了6 000美元的新台阶。全口径财政收入增长2.5倍，在副省级城市中位次由第14位前移到第12位，财政贡献率由11%提高到16.8%。规模以上工业增加值增长2.1倍，在副省级城市中位次由第13位前移到第9位。粮食综合生产能力由150亿斤提高到180亿斤的阶段性水平，农业机械化综合作业水平由41.5%提高到64.9%。服务业增加值增长1.1倍，现代服务业占服务业比重由27%提高到44%。固定资产投资增长3.4倍，在副省级城市中位次由第13位前移到第7位。主要指标翻番式增长，部分指标位次明显前移，推动城市综合实力实现了新的提升。

过去的五年，是改革开放取得实质性突破的五年。650多户国有企业完成改制攻坚任务，21.5万名国企职工理顺劳动关系实现再就业。民营企业户数由3.5万户增加到5.4万户，民营经济总量已占据全市的半壁江山。先后引进750家外资企业，五年累计利用外资增长1.4倍。外贸进出口总额增长1.3倍，工业制成品占出口总额比例由29%提高到87%。四大开发区老区开发基本完成、新区建设初具规模，16个省级开发区和工业集中区历经艰难起步、迅速发展壮大，开发区经济进入了新一轮的快速成长期。改革开放为长春发展注入了强大活力，也为未来奠定了坚实的基础、拓展了广阔的空间。

过去的五年，是城市面貌发生巨大变化的五年。“三城两区”建设启动实施，大发展的空间框架全面拉开。基础设施建设扎实推进，发电能力增长1.3倍、供热能力增长1.2倍、天然气供应能力增长2倍、污水处理能力增长1.1倍，城市承载能力实现了从严重制约到基本适应的转变。17个公园、600多块大块绿地完成新建改造，1 500多万平方米的棚户区变成了环境优美、功能齐全的现代化居住区，特别是创建国家卫生城、市容环境综合整治等活动的深入开展，使整个城市变得更整洁、更美丽，长春正在从一个传统的工业城市向现代化的绿色宜居城市稳步迈进。

过去的五年，是人民群众得到更多实惠的五年。我们坚持每年召开一次民生大会，出台一个民生行动计划，为群众办100件左右的民生实事。42万城镇劳动力实现就业再就业。职工最低工资、社会平均工资、离退休人员养老金分别提高60.8%、89.3%、74.5%。城市居民人均可支配收入由10 065元增加到17 922元，农民人均纯收入由4 180元增加到6 665元。养老、失业、工伤、生育保险和住房公积金参保人数分别增加62.4%、84.2%、90%、203.6%和74.6%，城乡医疗保障基本实现全覆盖。低保群众基本生活救助扩展到教育、文化、医疗、住

房、采暖、殡葬等各个方面,全方位救助体系基本形成。贫困家庭精神病人、白内障患者以及唇腭裂儿童康复救治,基本做到了“有一助一”。二次供水、临时用电、煤气开栓、退休职工进医保、困难群体接续社保等历史遗留问题的解决,使61万群众从中受益。棚户区改造、保障房建设、泥草房改造,帮助84万城乡低收入群众改善了住房条件、增加了家庭财产。以均衡教育、群众文化、基本医疗、优生优育、全民健身为重点的社会事业长足发展,面向中低收入群众的基本公共服务明显加强。民生状况的改善,得到了各方面的高度评价,长春已经连续3次被评为最具幸福感的城市。

经过五年的持续努力,长春大踏步地进入了全面振兴的快车道。今天的长春,到处涌动着发展的洪流,上下呈现出蒸蒸日上的局面。我们已经站在了一个新的历史起点上!

五年来全市工作取得的一切成就,是在市委的领导下,全市广大干部群众励精图治、努力拼搏的结果,是760万长春人民辛勤汗水和聪明才智的结晶。在此,我代表市政府,向为长春发展做出突出贡献的全市人民致以崇高的敬意!向给予我们监督与支持的人大代表、政协委员和社会各界人士,向积极参与长春发展建设的中央、省驻长单位,人民解放军和武警驻长部队以及海内外的朋友们,表示衷心的感谢!

看到成绩的同时,我们也清醒地认识到,当前长春经济社会发展和政府工作中还存在一些突出问题:

——经济总量偏小、产业结构不优、发展相对落后的状况依然没有从根本上改变,资源环境制约日益明显,科技创新对发展的支撑带动作用不强,转变发展方式任重而道远;

——群众收入整体水平偏低,就业和社会保障压力较大,部分低收入群众生活还很困难,涉及群众切身利益的问题还需要进一步解决,改善民生需要付出更艰苦的努力;

——区域性中心城市服务功能有待进一步强化,技术、资本、信息等高端生产要素的集聚扩散能力不强,依托周边区域发展壮大自己的有效机制还没有建立起来;

——水、电、气、热供给能力还不适应城市快速发展的需要,交通压力持续增加,对具有自然垄断性质的公用事业监管还不够到位,城市管理机制还有待于完善;

——医疗卫生的公益性质需要进一步加强,优质义务教育资源仍不能满足需要,基本公共服务还没有做到均等化,社会管理还有一些漏洞;

——政府职能转变仍不到位,以人为本观念在政府工作中体现得还不够,少数公职人员为人民群众服务的自觉性还不强,官僚主义和腐败现象仍然存在。

这些矛盾和问题,需要我们认真面对,下决心予以解决。

二、“十二五”时期主要任务

未来五年,是长春重要战略机遇期,我们拥有一系列加快发展的有利机遇:振兴东北老工业基地、长吉图开发开放、长吉一体化发展等重大战略的深入实施,为我们提供了良好的外部环境和政策支持;工业化、城镇化、农业现代化相继进入需求旺盛期,发展势能仍在快速积累,为经济社会发展提供了强劲动力;城乡统筹发展的空间框架已经拉开,土地、劳动力等资源相对充裕,投资环境日臻完善,越来越多的生产要素快速向长春集聚。尤为重要的是,全市科学发展的思路日渐清晰,加快发展方式转变促进经济社会实现深刻变革,推动发展跃升到一个新的阶段,已经成为长春760万人民坚定不移的信念。我们必须倍加珍惜来之不易的发展机遇,倍加珍惜来之不易的良好发展态势,更加积极主动地做好各项工作,全力开创长春振兴的新局面。

未来五年,政府工作的指导思想是:深入贯彻落实科学发展观,以加快转变经济发展方式为主线,以科学发展、加快发展、率先发展为主题,紧紧围绕加快发展、改善民生、建好城市、促进和谐大局,坚定不移地推动工业化、城镇化、农业现代化“三化建设”,坚定不移地落实投资拉动、项目带动、创新驱动“三动战略”,坚定不移地壮大开发区、城区、县域“三大板块”,坚定不移地构建工业和服务业“双拉动”增长格局,坚定不移地推进富民工程和发展社会事业,大力加强精神文明和民主法制建设,全面建设繁荣长春、和谐长春、开放长春、美丽长春,努力使我市成为全省科学发展的领头羊、民生改善的排头兵、社会和谐的首善区。

未来五年,要努力实现以下目标:

——经济保持又好又快发展,地区生产总值、全口径财政收入、规模以上工业产值、固定资产投资、全社会消费品零售总额等主要经济指标力争实现翻番,人均国内生产总值突破1万美元。

——现代产业体系基本形成,汽车、轨道客车、农产品加工三大产业基地要形成世界级的影响力,战略性新兴产业在全国要形成较强的竞争力,服务业形成辐射周边3 000万人口的区域性服务体系,农业生产基本实现规模化、机械化、标准化。

——县域综合实力跨上新台阶,二、三产业占县域经济比重达到85%以上,县域财政收入超过100亿元,四个县城人口均达到30万人左右,新农村建设全面推进,城乡一体化发展格局初步形成。

——自主创新能力显著增强,全社会研发投入占生产总值的比重达到2%以上,高新技术增加值占工业增加值比重不断提高,科学研究和技术开发综合实力保持在全国前列,全市经济进入创新驱动、内生增长的发展轨道。

——城市形象达到国内一流水平,长吉一体化扎实推进,“三城两区”初具规模,主城区完成新一轮改造提升,建成区面积增加100平方公里,整个城市基本实现园林化,成为具有较高美誉度的绿色宜居城市。

——现代交通体系基本形成,主要交通节点完成立体化改造,城市快速路体系投入运行,轨道交通通车里程达到100公里,公交优先战略得到落实,交通管理基本实现现代化,城市汽车保有量达到百万辆以后交通能够保持通畅。

——生产要素保障能力得到实质性提升,日供水能力达到180万立方米,年供电能力达到300亿千瓦时,年天然气供应能力达到10亿立方米,集中供热能力达到1.45亿平方米,水、电、气、热供应都能满足实际需要并适度超前。

——生态建设扎实推进,重点企业全部实现清洁生产,循环经济形成规模,污水基本实现资源化,万元地区生产总值能耗下降20%以上,单位工业增加值用水量、化学需氧量、二氧化硫排放量持续下降,环境友好型社会建设取得明显成效。

——社会事业全面进步,各级各类教育持续快速发展,公共卫生体系日益完善,全民健身活动蓬勃展开,群众精神文化生活更加丰富,公共服务努力实现均等化,市民文明素质和城市文明程度明显提高。

——人民生活水平显著改善,城乡居民收入与经济增长实现同步,城市居民人均可支配收入超过全国平均水平,农民人均纯收入继续保持在全国平均水平以上。城乡居民居住条件进一步改善,覆盖城乡的社会保障体系初步建立,人人享有基本生活保障,生活得更加幸福、更有尊严。

根据上述考虑和安排,市政府制定了《长春市国民经济和社会发展第十二个五年规划纲要(草案)》,并经市委十一届七次全会讨论决定提交本次人代会审议。

三、2011年重点工作

今年是“十二五”的第一年。综观国内外形势,尽管外部环境总体对我们有利,但世界经济复苏后继乏力,中央刺激经济政策将逐步回归到常态,房地产业调控力度将继续加大,汽车需求增长已出现放缓迹象,节能减排的硬性约束不断强化,影响经济增长的不稳定、不确定因素明显增多。我们必须增强忧患意识,把形势估计得更严峻一些,把困难考虑得更充分一些,把应对措施安排得更周密一些,未雨绸缪、沉着应对,趋利避害、主动作为,全力实现“十二五”的高起点开局。

综合考虑各方面因素,2011年全市经济社会发展的主要预期目标是:地区生产总值增长14%左右,全口径财政收入实现同步增长,城市居民人均可支配收入增长14%左右,农民人均纯收入力争增长10%以上,固定资产投资增长26%,规模以上工业产值增长18%左右,服务业增加值增长15%左右,全社会消费品零售总额增长16%以上。

重点抓好以下八方面工作:

(一)推进新型工业化

今年,我们要继续滚动实施150个重大项目,推动工业在增量扩张过程中实现质的提升。

加快推进三大扩能工程。汽车,支持轿股、通用、丰越、大众加快整车扩能,大力发展改装车、特种车、新能源汽车,推动中高档整车产能向300万辆冲刺。轨道客车,形成双千辆的生产能力,开始向综合产能5 000辆的目标努力。大成,百万吨化工醇正式建成投产,做好第二个百万吨化工醇启动的前期准备。同时,下更大的气力抓研发、抓品牌、抓产业链延伸,构建规模化、高端化的产业集群。

加快培育先进装备制造、光电信息、生物医药、新能源、新材料五大战略性新兴产业,国电联合动力、荷兰帝斯曼制药、鼎基新能源等一批项目力争建成投产,东南特钢、龙源风电等一批项目力争开工建设。全年完成战略性新兴产业投资450亿元,增长50%以上。

深入开展招商引资九个月攻坚战,瞄准央企和国内外500强,引进一批战略性大项目,实际利用内、外资均增长15%以上。努力扩大对外出口,加快发展服务外包,外贸出口增长10%以上。建设兴隆综合保税区,力争年内封关挂牌运营。

依托高校科研院所科教资源优势,推进国家创新型城市建设。与中科院深度合作,加快建设长东北科技创新中心,培育先进制造业产业集群。大力发展民营经济,加大政策扶持,创造良好环境,确保中小企业当年增加1 000户以上。

推进新型工业化,必须充分发挥开发区的主力军作用。新的一年,我们要全力支持开发区加快发展,在产业集聚、科技转化、体制创新、对外开放等方面取得新的突破,努力实现转型升级。

(二)繁荣服务业

长春正在进入服务经济时代。我们要像重视工业一样重视服务业,像支持工业一样支持服务业,迅速形成工业、服务业双拉动的增长格局。

引进2家以上股份制银行以及一批知名的中介机构,支持国内外企业在长设立销售中心、结算中心和研发中心。

规划建设20个服务业集聚区,为商务商贸、总部经济、研发设计、科技创业等重点产业提供发展载体。

加快发展物流产业,积极培育第三方物流企业,逐步建立与城市发展相适应的现代物流体系。

继续抓好20个商务综合体、20个区域性批发大市场,年内力争全部在建并尽快建成开业。

全面落实房地产市场调控政策,促进房地产市场平稳健康发展。

着力发展教育培训、医疗保健、体育健身服务业,满足小康型、消费型、个性化的消费需求,积极培育服务领域的消费热点。

大力发展以影视传媒、文化创意、动漫网游为重点的文化产业,尽快形成产业集聚,文化产业占经济总量比重提高1个百分点以上。

不断壮大会展业,积极争取全国性重点展会到长春办展,全年举办各类展会180项以上。

开发莲花山旅游资源,大力发展生态旅游业,全市接待国内外游客力争突破3 000万人次。

各城区都要把发展经济的主要注意力转到服务业上来,集中更多的力量抓服务业,迅速形成服务业大发展的新局面。

(三)壮大县域经济

四县(市)要依托产业基础、资源优势,全面加快新型工业化步伐,工业投资都要增长30%以上,全口径财政收入都要超过10亿元。

高标准改造建设4个县城,每个县(市)都要争创国家卫生城。抓好奢岭、富锋、兴隆山、劝农、合隆、卡伦等城乡双向一体化试点镇建设，突出产业支撑，抓好基础设施建设，大力发展社会事业，吸引农村人口向小城镇集聚。

大力发展现代农业，建设200万亩全程农机化示范区，农业机械化综合作业水平提高5个百分点。实施土地综合整治重大工程，建设高标准基本农田30万亩。大力推行旱田节水灌溉，新增旱田水浇面积20万亩以上。积极推广玉米保护性耕作技术、水稻标准化生产技术。正常年景下粮食产量保持在180亿斤以上。

抓好“菜篮子”工程，启动万顷蔬菜基地建设，当年新增棚膜菜田2万亩，增加地产菜供应能力，逐步扩大域外市场。

完善提升牧业小区，提高畜禽品质，加强疫病防治，努力实现畜牧业发展大的突破。

把水利设施建设摆上更加突出的位置，主汛期前全面完成水毁水利设施修复，险工险段要实施重点加固。启动德惠五大围堤防洪加固工程。提升东新开河等10条河流防洪标准。

建设农村公路500公里，更新改造农防林9 000亩，基本完成农村泥草房改造，绿化美化村屯300个，80%以上村屯完成乡容村貌综合整治，建设80个省级新农村示范村，新建5万套标准化储粮仓，解决15万农村群众饮水安全问题。

我们要把农业农村的一切工作都统一到让农民生活得更加美好上来，下更大的气力增加农民收入、改善生产生活条件，让广大农民在发展中得到更多的实惠。

（四）加强城市建设与管理

从“五一”开始，我们要开展第二个150天市容环境综合整治行动。今年的力度要更大、工作要更实。

加快老城改造，完善人民大街等15条精品街路，将同志街等24条街路改造成标准化街路。提高人民大街、南湖大路、解放大路、伊通河河滨、南湖公园亮化水平。基本拆除三环以内违法建筑、户外违规广告。用两年时间完成主要出城口改造。按历史风貌加快改造南广场、北京大街南段、人民大街站前段三处历史文化街区。

新建续建锦绣北园、光明公园、都市森林公园以及长东北、南溪、红旗、太平池湿地。新增大块绿地67处，新植街路59条，彩化街路100条。

按照全流域综合治理的要求，力争用3年时间把伊通河建成城市的生命线、生态轴、景观带。实施城区南、北段防洪工程，防洪标准由20年一遇提到200年一遇。新建续建4个污水处理厂，实施9条支线明沟污水截流，全面整治城区段22条主要支流水系，治理金钱堡垃圾场等一批点源污染，逐步恢复河道自然生态。抓好河道蓄水、沿线绿化，新建改造风情园等5处主要园区。

启动新一轮的“国家环保模范城市”创建工作，不断提高城乡环境保护水平。

主要街路清扫基本实现机械化，强化对重点商圈、居民巷道和城乡结合部的卫生保洁。雪后24小时之内完成清雪的道路数量由260条增加到500条。制定支持政策，加大融雪剂回收力度。

保持对露天烧烤、机动车尾气、噪声污染等城市管理顽疾的严管高压态势，建立城市管理长效机制。

抓紧建立集规划、建设、管理于一体的数字化信息平台，全面提升城市管理水平。

结合市容环境综合整治，广泛开展群众精神文明创建活动，不断提高市民素质，力争早日进入全国文明城市行列。

加快推进城市化，“三城两区”要全面进入大开发、大建设阶段，尽快成为具备完整城市功能的现代化新城区。尽快启动九双高速、长吉高速、长伊公路、长吉北线新建改造。哈大客运专线、龙嘉机场二期工程投入使用。启动一水厂改造、三水厂扩建工程，加快建设五水厂。改造提升城区供水管网、居民楼内老旧供水设施，降低供水产销差。改造高危燃气管线，建设环城次高压天然气调峰管网。新建续建5座二次变电站，城区电网供电能力提高10%以上。

增强依法管地用地意识，严肃查处违法用地，努力提高土地资源集约利用水平。继续抓好城乡建设用地增减挂钩试点，改善农民居住条件。

（五）改善城市交通

长春已进入汽车社会，系统地解决交通拥堵问题已刻不容缓。今年，我们将本着规划先行、远近结合、综合施治的原则，千方百计地改善城市交通状况。

一是建设主干道，畅通微循环，全面提高道路通行能力。改造拓宽三环路，两年内全线建成双向八车道，主要路口完成立体化改造。启动凯旋路至硅谷大街全线改造，完成新远达大街建设，在城市东、西部分别增加一条南北干道。公平路、繁荣路、一匡街跨伊通河大桥和惠工路机场大道建成通车，畅通城市东西连接。启动建设新的汽车物流基地，构建与城市交通相对分离的汽车物流专用通道，改善一汽周边交通状况。力争用两年左右时间完成长春大街下穿人民大街、自由大路下穿亚泰大街、亚泰大街上跨长春大街等一批重要交通节点的立体化改造，力争用三年左右时间基本消除三环以内的断头路、卡脖路。大中修道路130条，小修道路400条。

二是调整交通流量，整顿交通秩序，深入挖掘管理潜力。主要街路有选择地实施限左，增设150条单行线，逐步建立以单行为主的道路交通体系。升级改造交通管理系统，尽快实现交通管控智能化。增设100公里交通隔离护栏，增加静态停车设施，完善行人过街设施。综合整治违法占道现象。从严查处交通违章行为。交通拥堵警力到达时间力争缩短到5分钟以内。制定落实极端气候、地铁施工专项交通疏堵方案，全力防止城市出现大面积拥堵。倡导绿色环保出行，倡导文明遵章行车，营造人人参与文明交通的良好氛围。

三是提升常规公交，发展轨道交通，着力改善市民出行条件。下大气力解决公交车“冷、破、慢”问题，公交车全部安装取暖设施；强制报废到期老旧车辆，投放新能源公交车100辆，更新常规公交车400辆；增加公交专用车道20条以上，全面优化调整公交线路，干线、支线高峰运营车隔力争降到3分钟、10 分钟以内。启动建设地铁 1 号线，完成 2 号线前期准备，轻轨 4 号线投入运营。尽快解决常规公交与轨道交通接驳问题，力争 50 米以内实现同站换乘。加快建设西客站、长春站两个综合换乘中心。

（六）全力改善民生

今年，我们要围绕人民群众最关心、最直接、最现实的利益问题，制定实施第五个民生行动计划。

把富民摆在更加突出的位置，下更大的气力提高城乡居民收入。实施农村富余劳动力输出“双百工程”，劳务输出 100 万人次，实现劳务经济收入 100 亿元。千方百计拓宽就业渠道，城镇新增就业 11 万人，确保“零就业家庭”至少一人实现就业。城镇登记失业率控制在 4.5%以内。进一步提高职工最低工资标准，企业职工工资增长指导线提高 15%左右。增加创业培训补贴，增发创业小额贷款，进一步提高税费起征点，新增个体工商户 2 万户以上，推动创业成为富民的重要途径。

努力提高“五险一金”覆盖率，全面落实在职职工非工资性福利待遇。基本解决厂办大集体职工、五七家属工接续养老保险问题。退休人员养老金标准人均提高 140 元左右。

城乡低保救助标准提高 15%左右，残疾人低保金上浮 10%，幼儿和义务教育阶段学生上浮 20%。困难劳模低收入补助每月提高 100 元，“三无一靠”重度残疾人生活补贴每月提高 50 元。

加强价格监测和市场调控，努力降低流通领域相关税费，建立群众生活必需品动态储备机制，稳定物价总水平。低保补助、失业金发放标准与物价水平挂钩联动，切实保障困难群众基本生活。

强化政府住房保障责任，新建廉租住房 600 套、公共租赁住房 10 000 套，改造棚户区及危旧房 200 万平方米，继续整治散旧弃管住宅区，多形式、多渠道地改善中低收入群体的住房条件。

继续实施“暖房子”工程，并网改造小锅炉 300 座，新增集中供热能力 1 500 万平方米，保质保量地完成 1 000 栋、500 万平方米以上老旧楼宇保温节能改造，建立实行弹性供热制度，进一步改善供热状况。

加快推进民政公共服务设施建设，筹建第二社会福利院，新增公办养老床位 2 000 张，城市社区老年人日间照料站基本实现全覆盖。加快农村社区建设步伐，143 处农村社区公共服务设施达到“五有”标准。

为城区低保家庭残疾儿童提供定期免费康复训练，全面实施孤独症儿童筛查，贫困家庭孤独症儿童要“有一助一”，有社会危害的贫困重度精神病人要“有一管一”。加强无障碍设施建设，创建无障碍城市。

6 家区级公办医疗机构实行基本药物制度。继续提高基本药物医保报销比例。为城区社区卫生服务中心聘请 2 名副高职称以上专家。加强人才培养，加大设备投入，努力提高乡镇卫生院诊疗能力。建设 100 个标准化村级卫生所。引导群众到基层医疗卫生机构就医，努力降低常见病、多发病以及康复治疗就医费用。

除了做好上述民生工程外，我们将千方百计地增加民生投入，尽可能为群众多办一些实事，为全市人民创造更多的福祉。

（七）发展社会事业

大力发展教育、文化、体育、卫生事业，加快建立保障人民群众基本需求的公共服务制度。

加快发展学前教育，整合城乡中小学富余资源，举办幼儿园和学前教育机构，创建百所优质幼儿园，逐步破解幼儿入园难、入园贵问题。实施中小学标准化建设，完成校舍安全工程和暖房子工程。规范办学行为，强化师资力量，改善教学管理，努力提供更高质量的义务教育。支持民办教育健康发展。继续实施特殊教育三年发展规划，新建续建育智学校、聋哑学校等特教学校，让残疾孩子能够享受一流的特殊教育。推动职业学校与重点企业合作办学，努力提高办学水平。异地新建农业学校。免除 1.2 万名中职学校农村贫困学生、涉农专业学生学费。

实施健康行动计划，创建国家健康城市。深入开展高危致病因素干预、重点疾病早期筛查，建立社区慢性病干预机制。免费实施夫妻孕前优生筛查，筛查项目由 6 项增加到 19 项。新生儿筛查基本实现全覆盖。增设 4 台流动献血车、新建 12 个献血屋，方便市民义务献血，确保城市用血安全。完善精神卫生服务体系，加强精神疾病防治。筹建职业危害检测检验中心，全面开展职业病筛查，提高职业病防治水平。

新建、续建、改造省图书馆新馆、市规划馆、市图书馆、市方志馆、市少儿图书馆、市群众文化活动中心、朝鲜族群众艺术馆、长影老厂区等一批文化基础设施，国家光学馆、省科技文化中心正式对外开放。改建、新建市区两级少年宫。建设 100 个样板农家书屋。广泛开展公益性文化活动，丰富群众文化生活。

启动建设占地面积 50 万平方米的奥林匹克公园，大力开展全民健身活动，全面提高群众身体素质。筹建体育职业技术学院。做好第 12 届全国冬运会筹备工作。

（八）加强社会管理

完善社会管理体制，推动社会管理重心下移。进一步简政放权，增加财政投入，不断强化区级政府社会管理职能。推动街道办事处和社区工作转型，逐步把主要精力转到社会管理和改善民生上来。

健全社会舆情汇集和分析机制，完善社会矛盾纠纷排查调处工作制度，认真解决征地拆迁、环境保护、劳动争议等领域的突出问题，切实维护群众权益。

深入开展“大接访、大走访”活动，进一步办好市长公开电话，扎实开展政府读报、读网工作，健全和推广局长接待日制度，全面加大信访工作力度，努力为人民群众办实事、解难题。

加大政府信息公开力度，让人民群众更直接地监督政府行为。所有面向社会服务的政府部门以及公共事业单位，都要推行办事公开，提供高效便民服务。

继续开展安全建设年活动，深刻吸取天元商厦火灾教训，毫不松懈地排查整改各类安全隐患，从源头遏制重特大事故的发生。加强防震减灾基础设施建设，不断提高城乡震害防御能力。

以更坚决的态度开展食品药品安全专项整治，实现全过程、全方位、全行业的质量安全管理，让人民群众吃得放心、用得安全。

落实社会治安打、防、控措施，依法严厉打击暴力犯罪，坚决做到黄赌毒必治、命案必破、黑恶势力必除。开展新一轮的追逃专项行动，形成对犯罪分子的强大震慑。加大经济犯罪的打击防范力度，维护经济社会秩序。

进一步做好民族宗教工作。深入开展双拥共建，巩固军政军民团结，争创全国双拥模范城“七连冠”。

各位代表，长春已经站在一个新的历史起点上，我们肩负的责任重大，必须比以往任何时候都要更加注重政府自身建设。

一定要自觉接受市人大及其常委会的法律监督和工作监督，主动接受市政协民主监督，认真听取民主党派、工商联、无党派人士和各人民团体意见，努力建设让人民满意放心的政府。

一定要把力气用在落实上，敢担当，敢面对，不回避矛盾，迎着困难上，以朝气蓬勃、昂扬向上的精神状态履行职责、开展工作。

一定要牢固树立服务的思想，把方便留给企业、留给基层、留给群众，走出机关到最需要的地方去现场办公、排忧解难。

一定要深入推进“查找改”，抓好“三满意”机关创建活动，不间断地查找和纠正工作中的缺失和漏洞，做到依法行政、从严治政。

一定要加强廉政建设，从源头上预防腐败，塑造风清气正的政务环境。既要干事，又要干净；既要勤政，又要廉政，以良好的形象取信于民。

各位代表，我们已经踏上了全面振兴的新征程，新的进军号角已经吹响。让我们在市委的坚强领导下，万众一心，开拓奋进，共同创造长春更加美好的明天！

专 辑

专　辑

全面实施“三动”战略　加速项目建设步伐

2010年，省委、省政府提出了“投资拉动、项目带动、创新驱动”这一旨在加快富民强省步伐的重大战略举措。长春市委、市政府按照省委、省政府的决策部署，将全面实施、协同推进“三动”战略作为破解经济社会发展瓶颈的重要途径和主要抓手，项目建设工作取得丰硕成果。全社会固定资产投资完成3 001.5亿元，同比增长31%；工业投资1 400.3亿元，同比增长28.4%；新开工工业项目空间落位达24平方公里；全市3 000万元以上项目建设数量达2 240个，同比增加94个。

一、坚持把招商引资作为实施“三动”战略的主要抓手，不断积蓄投资增长后劲

连续第3年开展9个月招商引资攻坚战役，引资工作成效显著。2010年，全市累计引进内资企业3 100多户，引进外资企业3 700户。全市到位资金3 113亿元，同比增长31.8%，其中，国家预算内资金81.3亿元，同比增长28.2%；自筹资金2 444亿元，同比增长36.9%；利用外资8.8亿元，同比上涨47%，特别是外商直接投资增长最为迅速，达2.9亿元，是2009年同期的2.7倍。

二、坚持把结构调整作为实施“三动”战略的主攻方向，不断推动产业优化升级

通过增量进入，带动存量调整，加快工业经济转型升级，加速现代服务业升级晋档，努力形成工业、服务业双拉动增长格局。工业投资保持主导地位，占全社会固定资产投资的47.4%。汽车、轨道客车、农产品深加工三大支柱产业持续壮大，完成投资占工业投资超过一半，项目关联度不断提高、产业链条进一步延伸；先进装备制造、光电信息、生物医药、新能源、新材料等五大战略性新兴产业投资增幅接近100%。以兵装集团、中航集团、国电集团、中冶集团、中科院长春分院等央企为代表的重大项目相继落位，推动了相关产业的迅速发展。商服、物流、信息等现代服务业投资比重逐渐提高，占33.6%，同比提高5个百分点。20个区域性批发市场，有15个已经开工建设，东北亚石陶、金海马家居、北方汽贸城等10个项目已经竣工营业；经认证的17个商务综合体，有7个项目已开工建设，其余项目正在抓紧开展前期工作。民间投资活跃，完成投资1 876.8亿元，同比增长34.2%，占全社会固定资产投资的63.6%，同比提高1.1个百分点。

三、坚持把转变发展方式作为实施“三动”战略的内在要求，不断提升经济发展质量

一是着力提高项目投资强度，提升集约用地水平，全市固定资产投资强度平均超过3 000万元/公顷，其中，高新、经开、净月、汽车等四大开发区平均投资强度超过4 000万元/公顷。二是着力提高资源利用效率，加大环境治理力度。按规定开展投资项目节能评估审查，提升能源集约利用率；加大环境保护类和循环经济类项目建设力度，伊通河综合治理等项目开工建设，完成投资超过30亿元。三是着力破解要素制约，扫清项目建设障碍。加大水、电、气、热、交通等基础设施投入力度，全年总投资3 000万元以上的基础设施项目157个，年度完成投资75.2亿元。

四、坚持把重大项目作为实施“三动”战略的主要载体，不断提升集聚带动能力

2010年全市在建的3 000万元以上项目2 332个，总投资2 028亿元，平均投资规模2.24亿元，比2009年同期增加0.2亿元。5亿元、10亿元和50亿元以上项目分别比2009年增加53个、27个、16个和4个。在这2 332个项目中，工业项目1 330个，占57%，比2009年同期提高3.9个百分点；完成投资1 234亿元，占全部项目的47.8%，比2009年同期提高4.9个百分点。到2010年末，长春市共储备3 000万元以上项目2 625个，比2009年增加642个，其中新开工项目1 112个，包括吉林百万吨特钢、奢岭奥特莱斯综合体、中航集团科技园、地铁1号线等在内的一批百亿级重大项目都将在2011年开工建设。

五、坚持把体制机制创新作为实施“三动”战略的重要措施，不断增强发展内生动力

围绕建设国家创新型城市，不断强化创新驱动核心引领能力，提升高新技术产业的基础作用，经济发展的内生动力持续增强。一是构建“四位一体”推进机制，完善创新扶持体系。建立“政府、企业和战略投资者、科研院所、开发区”四位一体创新驱动战略联盟，构建以企业为主体，以市场为导向，政府

引导、高校院所支撑、开发区承载的产学研相结合技术创新体系。创新载体建设顺利推进。二是创建“长德合作区”，构筑区域合作发展平台。推动高新开发区和德惠市的合作办区，在破解城区开发区土地等制约问题的同时，为（县）市、开发区引进重大战略投资者和承接产业转移提供有效途径，突破行政管理体制，共同搭建区域经济发展平台。三是开展六大先行先试，突破项目建设体制机制瓶颈制约。在对外开放平台建设、战略性新兴产业、统筹城乡发展、创新投融资体制、创新管理体制以及政策支撑体系建设等6个方面进行先行先试，加快推进以长东北综合保税区为代表的重大项目载体建设。

（王孝飞）

着力改善民生　再谱惠民新篇

2010年，长春市委、市政府坚持把改善民生作为党委、政府共同责任追求，始终坚守“一手抓发展、一手抓民生”工作理念，紧紧围绕“生存性、安全性、发展性”民生需求，完善保障体系，提升保障水平。全年突破既定96件民生工作目标，完成110件惠民实事，让更多百姓享受到了社会发展成果。

一、努力实现民生工作不断深化

1、召开全市民生工作会议。会议于1月16日召开，省委常委、市委书记高广滨主持并作重要讲话，市长崔杰总结了2009年民生工作，全面部署了2010年民生工作任务，并提出具体要求。市委常委、常务副市长隋忠诚宣读了《中共长春市委、长春市人民政府关于表彰全市2009年民生工作先进单位、民生工作创新单位和先进个人的决定》，会上印发了《长春市2010年民生行动计划》，《计划》涵盖“就业增收、社保提升、社会救助、住房保障、教育均衡、城市安全、环境改善、文化繁荣、便民惠民”十大民生工程96件民生实事。会议的召开为2010年度民生工作指明了方向，明确了目标，提供了依据。2、召开全市民情信息员培训会议。5月18日，经市政府同意，全市民情信息员培训会议在市政府会堂召开。市委常委、常务副市长隋忠诚从如何建设好民情信息员队伍，让其更好地为全市民生改善服务角度作了重要讲话。省委宣传部研究室主任周刚受邀在会上作了民生舆情专题辅导报告，对全市340名民情信息员从理论上进行了全面、系统辅导。3、召开全市民生工作推进会议。会议于7月9日在绿园区民生局召开。会议全面总结了上半年全市民生工作，部署了下半年工作任务。会上，长春市残联、南关区政府、九台市政府、绿园区政府代表分别作了《以福祉和尊严为主题，扎实推进残疾人、民生保障和救助服务》、《以人为本、居民自治，努力探索“老旧散弃”住宅物业管理工作的新路子》、《以人为本、真干实为，全力推进保障性安居工作建设》、《创新机制、构建载体，积极推进民生工作全面提升》的典型发言。各县(市)区、开发区分管民生工作的领导和市民生办主任、市直各民生责任部门主要负责人参加会议。

二、逐步完善民生工作保障体系

4月份，按照全市总体工作部署，为推动民生状况持续改善，完善民生工作长效机制，长春市在全国15个副省级城市中率先着手编制“十二五”民生发展规划。为确保工作高标准完成，市政府专门成立了由市委常委、常务副市长隋忠诚任组长，市直民生工作各责任部门主要领导为成员的规划编制工作领导小组。明确由市民生办牵头，联合市决策咨询委、党校、研究室、国家统计局长春调查队负责《规划》起草工作，形成了《〈长春市民生发展规划纲要(2011—2015)〉(讨论稿)》。《规划(讨论稿)》对“十一五”期间长春市民生工作进行了全面系统总结，对存在的主要民生问题及民生工作发展趋势进行了认真分析，在此基础上提出了“十二五”期间长春市民生工作的发展目标、总体思路、主要任务，设计出了“大就业格局构建工程、农民收入倍增工程、大救助体系建设工程”等十大工程。

三、建立健全民生工作运行机制

1、修订考评方案。为增强考评工作的科学性，推动各责任单位工作高效落实，将民生考评纳入全市绩效考评总体方案(民生内容约占20%分值)参与全市绩效考核，在考评方案制定中市民生办注重借鉴外地先进经验，将民生工作考评内容、标准、原则、方法及考评结果、奖惩措施细化、完善，促使考评工作更加科学、公正。2、创新督导方式。民生办坚持做到月检查、季调度，不断完善民生工作预测、预警、预报机制；创新督察方式，综合运用集中检查、随机抽查、明查暗访、实地考察等方法，加大督察力度，有效促进了各项民生工作开展。

四、全面提升民生工作保障水平

1、实施“暖房子”工程。为改善居民供暖条件，提升长春城市形象，2010年“暖房子”工程作为重点民生工程列入《长春市2010年民生行动计划》。4月份，市政府拟定了《长春市既有居住建筑节能改造工程实施方案》，全面启动实施改造工程。5月份，市委、市政府下发《老旧楼体外立面整修及节能改造工程实施方案》，将“暖房子”工程与市容环境整治结合，一并实施。经市城建委统计，长春市有4 750万平方米既有居住建筑不达标，其中有800万平方米不具备改造价值，需要改造面积为3 950万平方米。《长春市既有居住建筑节能改造工作方案》(长府办发〔2010〕11号)中规定：计划利用10年时间对全部进行改造；“十二五”期间，计划实施节能改造1 500万平方米。为确保工程顺利、有效实施，7月27日，市建委召开新闻发布会，向市民宣传改造工程政策，介绍工程进展，并解答了市民关心的问题，并先后制定下发了《关于既有居住建筑节能改造设计有关事项的通知》、《长春市既有居住节能改造工程技术标准和规范》、《长春市“暖房子工程”既有居住建筑节能改造技术规程》、《关于尽快办理既有建筑节能改造工程竣工验收、竣工结算准备工作的通知》。截止到2011年1月17日，全市共完成老旧楼宇保温工程1 155栋，630余万平方米，受益居民超过10万户，受益人口至少40万人。2、实施散旧楼宇防盗门安装工程。为进一步改善市民保暖设施和居住条件、美化城市环境、强化社会治安、落实全市民生行动计划，市政府决定采取市、区、个人适当分担的方式（4：4：2比例），为全市散、旧楼宇安装防盗门，期间经市民生办对各城区、开发区散旧楼宇防盗门调查统计，全市共有16 036樘散旧楼宇防盗门需要安装。市领导对此项工作高度重视，2010年6月29日，市长崔杰在视察安装工作时，要求民生办积极协调有关城区，在入冬之前完成安装任务，把这项惠民工程办好。截止到2010年12月31日，全市共计完成安装防盗门15 523樘，投入资金2 173.22万元。防盗门安装工程惠及全市217 322户居民，近65万人从中受益，居民普遍反映政府为百姓办了件好事、实事。3、实施"爱心透析中心"建设工程。"爱心透析中心"是市委、市政府专门为低保家庭尿毒症患者免费透析量身打造的惠民工程。为切实减轻低保家庭尿毒症患者经济压力，挽救患者生命，2010年市政府投入450万元，在各城区建立"爱心透析中心"，免费为全市211名低保家庭尿毒症患者透析，此举被患者誉为"救命工程"。4、实施"民生慈善助学"工程。为了让市区低保和低保边缘家庭应届高考学生及孤儿应届高考学生顺利升学，市委、市政府决定适当提高助学标准，新的标准为市区（不含双阳区）低保家庭和孤儿考生每人资助10 000元，低保边缘家庭考生每人5 000元；双阳区低保家庭和孤儿每人6 000元，低保边缘家庭考生每人3 000元。慈善助学是项长期复杂的系统工程，涉及部门多，需要各方面协调配合，为形成合力2010年市政府决定由市民生办牵头，会同各城区、开发区和市直各部门专门成立"长春市民生慈善助学行动"协调领导小组，统筹推进助学活动。截至2010年末，已有683名学生得到救助。

五、科学编制2011年民生行动计划

2011年是全市民生工作从"保基本、广覆盖"起步阶段向"适度普惠、品质提升"深层次迈进的关键之年。按照市委书记高广滨，市长崔杰关于"制定民生行动计划要早动手、要注重日常积累、要着重问计于民，要统筹解决好群众生存性、安全性、发展性民生问题"相关要求，从10月份开始，市民生办开始着手研究《2011年民生行动计划》编制工作，并于10月10日召开市政府征求民生建议新闻发布会。编制过程中，市民生办坚持广泛征求意见，科学设置内容，创新计划体例；坚持把握好进一步突出中低收入群体这个重点、推进民生工作关口前移、更加注重农村问题、坚持敞口制定民生计划的起草原则，确保了计划编制的科学性。编制工作历经宣传动员、汇总分析、部门发动、汇报讨论4个阶段，最终形成了涵盖富民增收、"大救助"、住房保障、医疗惠民、交通改善、文教提升、伊通河综合治理、市容环境整治、市政公用能力提升、安全保障十大工程107件民生实事的《长春市2011年民生行动计划》。

（孙宪法）

长吉一体化

省委、省政府实施推进长吉一体化战略以来，市委、市政府高度重视，紧紧抓住这一历史机遇，坚持以“三化统筹”和“三动战略”为总的指导方针，高位谋划，主动对接，强力推进，经过全市上下共同努力，取得了明显成效。

一、制定长吉一体化实施方案

按照省里要求，长春市由市发改委牵头，政研室、规划局、长东北办等有关部门参加，在调研的基础上，制定了一个系统的推进方案。方案明确了长吉一体化的总体目标、空间布局以及合作领域等关键问题，明确了功能定位，既体现了国家和省加快长吉图发展的战略意图，又和长春市未来发展目标保持一致。

在总体思路上，提出要整合区域资源、发挥比较优势，加快推进基础设施建设、产业发展、环境改善、资源共享、国家政策试点、省内创新示范、长春先行先试、长东北体制机制创新等8项主要工作，做大做强5个重要节点和城市周边10大组团，全力建设20个重点工程和100个重大项目，统筹推进工业化、城镇化和农业现代化。

在空间布局上，提出建设“长吉两核三带”。即以长春、吉林为核心，充分发挥长吉都市圈的核心带动和辐射作用，通过打造长吉北线新型工业带、长吉南线绿色休闲和现代农业带、长吉南部生态旅游带，加速推进长吉一体化进程。做大长春“主核”，主要是加快“三城两区”建设，提升城市承载功能；实施“南优”、“东扩”战略，逐步形成长春主城和双阳、九台两个辅城的“1+2”城市发展框架，建成能够拉动长吉、带动全省、辐射东北的现代化城市。

在发展目标上，到2012年，长春市地区生产总值达到4 500亿元，城镇化率达51%。长吉北线新型工业带、长吉南线现代农业带、长吉南部生态旅游带建设初具雏形，长吉两市基本实现基础设施一体化，区域经济一体化取得较大进展。到2020年，长春市地区生产总值突破1万亿元，城镇化率达68%。长吉两市经济社会全面融合，初步形成同城化发展格局，建成具有跨区域辐射带动能力的重要增长极。

二、推进长吉两市“三带”连接

为加快长吉两市双向推进，市里提出分别从长吉北线、中线和南线突破，快速推进长春向吉林延伸40公里，形成产业发展、城镇建设的核心区域。

1、在长吉北线，重点建设长东北开放开发先导区和九台新城。长东北开放开发先导区，规划建设总面积1 232平方公里，先行先试区为133平方公里。大力发展先进装备制造业、农产品加工业、玉米生物化工业、高新技术产业、现代物流业、现代服务业。用5年～10年时间，把长东北开放开发先导区打造成为长吉一体化的先行先试区、三化统筹的示范区和战略性新兴产业的集聚区，在长春的东北部再造一个以产业发展为龙头，工业总产值达万亿，人口近100万的外向型、多功能、现代化的新城区。九台市启动了以城市基础设施建设、重点产业发展为支撑，构建“两城两区”新型城市构架，着力建设九台新城、卡伦新城，打造九台工业集中区和九台经济开发区，使九台成为长春东部生态新城区、产业承接配套区、“三化统筹”试验区，要在2010年20.5万人基础上，打造50万人的中等城市。

2、在长吉中线，重点开发建设莲花山旅游度假区。依托生态资源优势，规划建设好总面积412平方公里的莲花山生态经济区。以莲花山为龙头，建设长春市东部百里生态休闲带，构建东、中、西3条森林生态廊道，新增林地6 800公顷，打造花草、森林、湿地、田园景观交替布局的特色生态旅游产业；以“莲花山”为品牌，开发商务会展、总部经济、高尚住宅、滑雪场、温泉疗养等休闲产业，把莲花山生态旅游度假区建设成为长吉图高端生态休闲度假核心区。

3、在长吉南线，着力推进净月生态新城、奢岭欧洲风情小镇和双阳城区建设。净月生态新城重点建设总部经济园区、文化产业园、光电信息产业园，加快发展高端商务服务、科技研发孵化服务、旅游休闲服务等现代服务业，打造长吉一体化发展的总部经济基地、旅游休闲胜地和光电信息产业高地。双阳城区重点是统筹推进区域生态化、山水城市化、洁净工业化、建设“宜居、宜游、宜兴业”现代化山水型新城区，大力发展生态旅游产业为龙头的现代服务业。在2010年11万人基础上，打造30万人的城区。着力抓好奢岭生态宜居区建设，规划建设欧洲小镇，发展以生态居住、旅游服务、休闲购物、文化印刷、能源装备为主的康体休闲产业。主动承接都市人口转移和农村人口集聚，迅速壮大城市规模。

三、建设重要节点和功能区

1、建设长东北先导区。推进长吉一体化，长东北先导区建设是重点。2010年，长东北基础设施建设全面推进，各开发区开工基础设施项目54个，实现“七通一平”配套面积47平方公里；市政府在长东北区域投资建设的45条道路全部开工；省政府投资的102国道、101省道拓宽工程，安龙泉立交桥建设工程等三大工程全面启动。八大特色功能区建设正在加快推进，有6个特色产业园区有了实质性进展。长东北生物产业园区首期规划的7.3平方公里现已实现“七通一平”，专用车产业园区首期规划的3.7平方公里已经摆满项目；现代装备制造产业园区7条道路全部开工，开工项目16个；农机装备制造业园区开工项目21个；铸造工业园区建设已经开始启动。

2、推动其他重点节点建设。九台节点，完成九台主城扩容和卡伦湖新城基础设施，年内形成新城框架；双阳节点，重点建设投资120亿元的奥特莱斯旗舰产业园区，投资50亿元奢岭欧洲风情小镇和投资40亿元新华集团香港小镇年内完成部分主体工程；长春兴隆综合保税区，协调国家各相关部门，争取得到国家批准；莲花山休闲度假区，启动基础设施建设，年内完成吉林大路和东南湖大路段改造建设任务。

四、开展先行先试

围绕打造对外开放平台、发展战略性新兴产业、统筹城乡发展、创新投融资体制、管理体制、政策支撑体系等6个方面开展先行先试。

1、在对外开放平台建设方面，重点启动了长东北综合保税区建设。年初以来，保税区建设按照申报、招商、建设三条线同步加以推进。主动与省、市对口部门衔接，共同推进海关总署等国家有关部委的会签审批。积极争取项目落户，4.89平方公里的详规及功能性专业规划已经完成。综合保税区周边5条道路和1个广场工程，部分项目已经开工建设，水电气热等配套工程同步开始设计。进一步提升陆港空港的通关能力。铁道部委托铁路规划设计院，在高新区异地新建长春集装箱中转站，已经进入规划设计阶段。龙嘉机场第二航站楼正在建设中。

2、在产业发展方面，集中打造两个低碳经济试点区域。在制造业方面，重点在长东北开展了低碳经济示范区试点工作，严格控制高耗能、高耗水、高污染项目上马，新建项目和新引进企业必须符合国家产业政策和投资方向，必须是知识和技术密集型企业，必须是长春市重点鼓励发展的行业。高新区获得了国家级新型工业化产业示范基地，正在积极争取汽车区、轨道客车园区申报国家示范基地。在服务业方面，重点在净月开发区开展试点。2010年，净月开发区已经正式被国家授予国家级低碳和生态服务业综合改革试点区域，重点发展低碳新兴服务业、绿色生产性服务业、生态型生活服务业和节能环保四大服务业经济体系建设，建立以服务业支撑低碳生态新城的发展新模式，

3、在推进城乡统筹方面，积极探索农民土地流转模式，改革农村集体建设用地使用权流转，实行了城乡建设用地增减挂钩。2009年在二道英俊镇开展农村土地综合整治试点，让农民变市民，让农民迁出平房住楼房，把农民的宅基地整理出耕地，实现占补平衡。

4、在创新投融资体制方面，鼓励各开发区成立投融资公司，广泛采用BOT、PPP等形式，吸收民间资本、社会资本和国外资本参与开发建设。启动了“百户工程”上市推进计划，加快企业上市步伐。在股权投资方面，正在积极推动长吉一体化基金和低碳环保产业投资基金的尽快落位，长吉一体化基金公司已经正式在长春市注册。另外，汽车产业、光电信息产业、生物产业、现代农业、文化创意等几支产业基金正在筹备建设中，基金规模都不少于50亿元。

5、在行政管理体制上，建立了长春市长吉一化实施领导小组，负责对长吉图开发建设实行统一领导，重点协调开发建设中出现的重大问题。成立常设的工作办公室，承担起吉长图开发开放和长春市先行先试的具体工作。市政府各部门和各开发区也明确了责任分工体系。

6、在政策支撑体系上，在城市用地指标、税收返还、城市综合体建设、生产和服务服务业集聚区建设，以及金融物流、文化等重点行业制定一整套相关扶持政策，为长吉图战略的实施提供了比较完整的配套政策支撑体系。

五、规划建设一批重大项目

1、在道路建设方面，加快建设长吉两市间道路交通网。轻轨3期工程年底主体完工，进行试运行。长春站综合换乘中心和西客站交通枢纽工程正在建设之中。配合省里全面推动龙嘉机场扩建、长吉高铁、长吉北线、长吉南线等公路建设。

2、在能源建设方面，率先启动了“气化吉林”工程，正在加快长春热电四厂、东南热电厂、华能九台电厂2期和长吉天然气输气管线建设，2015年力争形成220亿千瓦时的发电能力。

3、长东北区域项目建设方面，6月初，筛选了天威集团新能源产业园、吉林特钢、东北亚国际商贸城等100个亿元以上项目集中开工，100个亿元以上项目总投资786亿元，年度计划投资232亿元。

4、在项目储备方面，围绕工业、服务业、基础设施、社会事业、环境保护5大类100个重大项目，总投资2 600亿元，对列入的重点工程实行领导包保、部门联系的工作推进机制。全年长春市固定资产投资完成3 001.5亿元，增长31%。

六、建立长效对接工作机制

多次与吉林市沟通研究，共同起草了《长吉两市战略性合作框架协议》。7月2日，市委、市政府组成党政经贸代表团，前往吉林市开展学习考察，并与吉林市签署长吉一体化发展合作框架协议。从总体上确定了双方的合作基础和原则，明确了未来的发展方向和目标，拟在规划、基础设施、产业发展、合作平台、机制建设等8个方面全面开展长期合作。框架协议既是一个具有指导意义的纲领性文件，又是一个易于实施操作的工作方案。一方面确定了建立两市党委、政府主要领导联席会议机制，每年通过召开联席会议，研究解决区域协调发展重大事宜；另一方面建立由企业、行业、协会包括专家学者组织的非官方对接机制，进一步加强各行各业的沟通与交流，及时反映存在问题，提出工作意见和建议，切实为加快长吉一体化进程创造浓厚的发展氛围。

（王啸峰）

辉煌“十一五” 和谐新长春

“十一五”时期是长春市经济社会发展速度最快、成就最为显著的5年。“十一五”确定的各项目标任务如期完成，繁荣长春、和谐长春、开放长春、美丽长春建设取得巨大成就。

一、经济建设

“十一五”时期是长春市经济总量增长最多、结构调整力度最大的5年，各项经济指标年均增速均排在副省级城市的前列，全市经济取得了长足发展。

1、综合实力明显增强。2010年，地区生产总值达到3 329亿元，年均增长15.1%，是“十五”末期的2倍；人均GDP超过6 000美元，是“十五”末期的2倍；规模以上工业总产值达5 750.8亿元，年均增长26.7%，是“十五”末期的3.4倍；固定资产投资累计近万亿，完成“十一五”计划的183%，年均增长35%，是“十五”期间的4.5倍。

2、经济结构不断优化。2010年，产业结构调整取得新进展，三次产业比重由10.7：46.8：42.5调整到7.5：51.8：40.7，呈现工业主导型的“二三一”发展格局。产业发展协调推进，汽车、农产品加工、轨道客车等重点产业优势明显。规模种养业水平不断提高，畜牧业占农业总产值比重达51%。所有制结构调整加快，非公有制经济与股份制经济成为全市经济的主体，民营经济占GDP比重由28%提高到55%。

3、质量和效益显著提升。2010年，全口径财政收入达563.4亿元，年均增长25%，是“十五”末期的3.1倍，财政收入占GDP比重逐步提高。工业企业利润突破200亿元大关，工业增加值占GDP比重年均提高1.2个百分点。汽车、农产品加工等六大重点行业产值占规模以上工业产值比重达95%；现代服务业占服务业比重由38.8%提高到44%。

二、民生工作

“十一五”时期是长春市民生工作最受重视的5年，出台年度民生行动计划，每年完成100件左右的民生实事。长春市连续3年获得“中国最具幸福感城市”殊荣。

1、就业格局初步显现。实施两轮就业促进政策，“十一五”期间全市累计开发就业岗位、城镇新增就业、安置下岗失业人员再就业分别比“十五”期间增加7万个、13万人和6万人；城镇登记失业率控制在4%以内。扶持就业困难群体就业7万人；公益性岗位安置就业困难人员、培训下岗失业人员分别比“十五”期间增加1万人和8万人；免费为2 119名低保家庭子女提供职业技能培训并推荐就业，“零就业”家庭始终保持动态为零；累计发放自谋职业小额贷款4.8亿元。

2、社会保障体系日趋完善。2010年，医疗保险、新农合实现基本覆盖，养老、失业、工伤和生育保险参保总数比“十五”末期分别增加58万人、32万人、48万人和72万人。建立低保补助与物价水平联动机制和困难劳模低收入补助金制度，多次提高重点优抚对象抚恤标准，城乡救助格局基本形成。农村社会福利服务中心达到111所，养老服务机构总床位数超过1.4万张，创建慈善基地106家。

3、城乡居民收入稳步增长。2010年，城市居民人均可支配收入达17 921.9元，是“十五”末期的1.78倍，年均增长12%以上；农民人均纯收入达6 665元，是“十五”末期的1.59倍，年均增长9.8%。

4、教育实现优先发展。农村教育重点发展，建立健全农村义务教育投入保障机制，农村中小学校舍改造、农村寄宿制学校建设试点工程加快推进，农村中小学基本普及现代远程教育。城区教育均衡发展，改制校全部退回公办，优质高中布局更加合理，“大学区”管理模式初步建立，教育质量全面提高。职业教育健康发展，围绕重点产业的人才培养、培训基地建设顺利推进。特殊教育加快发展，视障、听障、智障残疾少年入学率达96%。

5、卫生事业稳步发展。疾病防控和应急体系逐步完善。建立免疫、重大传染病服务网络和重点传染病防治机制，有效控制疫情暴发流行。加强卫生应急综合预警示范社区和院前急救指挥调度系统建设，覆盖城区的院前急救网络初步形成。健康长春行动计划取得阶段性成果。基层卫生服务机构条件逐步改善。117家社区卫生服务机构建设全部达标，145家乡镇卫生院全部达标。村卫生所平均达标率为57.13%，建立了城乡医疗机构对口支援机制。

三、城镇发展

“十一五”时期，以创建国家卫生城和全国文明城市为载体，累计投入700多亿元，实施了大规模的道路交通、市政公用、园林绿化等一大批城建重点工程，使城市面貌发生了巨大变化。

1、交通设施建设步伐加快。先后建设改造四环路等市区道路500条，规划建设102国道跨人民大街立交桥等大小桥梁91座，对城市出入口进行改造，三环路内巷道全部彻底改造，四环路、长吉城际铁路、轻轨二期建成通车，轻轨三期、长春火车站综合交通换乘中心和西客站综合交通换乘中心、龙嘉机场扩建、机场大道等工程相继开工建设，地铁一号线立项获国务院批准。城市道路长度2 350公里，建成区人均铺装道路面积17.8平方米。

2、公用保障能力大幅提升。城市水、电、气、热供应能力明显提高。改造供水管网354公里，日均供水量达74.7万立方米，水质合格率达100%，城区气化率达98%。新增供热能力4 500万平方米，城市供热覆盖率达95.7%。新建、扩建220千伏变电站10个，线路186公里，供电能力增加2 100兆伏安。公交服务水平明显提高。城市公交客运线路达到240条，线路总长度4 170公里，公共汽车4 229辆，每万人拥有出租汽车50台，轻轨二期工程投入运营，轻轨三期工程试运营，日客运量约230万人次。

3、生态环境得到改善。“十一五”期间，绿化街路290条，新植大块绿地535块、269万平方米，国际汽车公园、天嘉公园、友谊公园、御花园等12个公园相继建成。建成区绿化覆盖率达41.5%，人均公共绿地达11.6平方米。启动建设了占地约966公顷的长东北生态湿地，实施了伊通河城区段和西部串湖综合改造工程。北郊污水处理厂升级改造及污泥处置工程，榆树、农安、德惠、九台污水处理厂以及城市生活垃圾处理中心，三道垃圾填埋场扩容改造，三间村粪便无害公处理厂建成投入使用。城市东南污水处理厂按计划推进，城区污水集中处理率达87.5%，生活垃圾无害化处理率达88%，粪便无害化处理率达86%。实施了桥梁、公园、广场、楼体、主要场所亮化工程。

4、城市管理成效明显。“十一五”期间，建立食品安全长效监管机制，食品质量快速监测能力明显加强。开展“食品安全伴我行”等活动，杜绝了重大食品安全责任事故发生。药品生产企业实施质量受权人制度，率先在全国药品零售企业实施分级管理。所有乡镇和建制村建立了农村药品监管网络，全部实现药品规范配送供应。建立健全安全生产监管机构和信息网络，重大危险源和事故隐患监控治理和排查整改力度显著增强，生产安全事故率逐年下降。大案要案侦破率进一步提高，“天网工程”进展顺利，监控可视探头达6万个，基本覆盖主要街路和重点区域，极大威慑了犯罪分子。

5、新农村建设成效显著。农村基础设施建设进一步加强。提高县乡公路等级，实现村村通油(水泥)路，启动屯屯通油路工程。每年安排村屯公路建设里程500公里。第二松花江和伊通河得到治理，饮马河与沐石河两大灌区节水改造、涝区治理和旱作节水农业等水利工程加快推进。农村电网改造继续加强，供电基础设施完善。农民生活环境得到极大改善。农村零散村屯进行整合，配套设施不断完善，中心村和特色村建设顺利推进。引导农民科学合理建设住宅，生态住房加快建设。农村面源污染和土壤污染预防治理，养殖场污染加强治理。农村生活垃圾和污水处理不断推进，改善卫生环境和村容村貌得到改善。

四、改革开放

从发展后劲看，改革开放的领域不断拓宽，经济发展动力和活力明显增强。要素市场、国有企业、行政管理等重要领域和关键环节改革取得重大进展。

1、重点领域改革进展顺利。全市650多户国企改革任务基本完成，改制企业进入改造升级、合资重组新阶段，民营经济已经占据半壁江山。农村改革不断深化，农民专业合作经济组织群体不断壮大，数量发展到1 195个，成员户数达10万户，带动农户20万户。农村土地流转加快推进，农业生产规模化程度得到提高。特色城镇化示范试点顺利推进，全市乡镇数由改革前148个减少到97个，共撤并51个乡镇，撤并34.5%。集体林权制度改革取得实质性进展，集体林业的良性发展机制初步形成。行政管理体制改革加快推进，行政审批制度和投资体制改革不断深化，公共财政体制逐步健全，人事制度改革取得突破。

2、开放水平显著提高。对外贸易不断扩大，多元化外经贸主体格局逐步建立。汽车及零部件、农产品加工和高新技术出口基地建设不断加强，机电产品、高新技术产品和拥有自主知识产权的产品出口比重得到提高。2010年全市进出口总额达132.2亿美元，年均增长22%；实际利用外资5年累计102.2亿美元，年均增长18%，外商在长投资企业达3 700户，其中世界500强企业达54家，5年新增14户，与世界150多个国家和地区建立了经济合作关系。开发区经济总量占到全市的64%以上，其中市直四大开发区GDP、固定资产投资、财政收入分别占全市的47%、51%和64.7%。

（王守新）

军民同心　抗洪抢险

2010年，长春地区遭遇到了一场大洪水，7月20日至28日17时，长春地区仅9天的强降雨量就达139.9毫米，等于正常年份全年降雨量的四分之一，比正常年份历史同期49.6毫米多182%；长春市区降雨量达214.7毫米，比正常年份历史同期多3倍有余。这场洪水，大大超过了1998年的大洪水，仅次于1956年和1973年的大洪水。

从2010年7月20日开始，至8月5日，在仅仅半个月的时间里，长春市就连续遭到4场大暴雨的袭击。7月20日~21日，25日~26日，27日~28日，8月4日~5日，4场大暴雨时间间隔短，连续性、灾害性强。如果把所有降雨都统计在内，7月下旬至8月5日，全市共发生2小时30毫米以上的强降雨达40场次，其中2小时50毫米以上的灾害性暴雨达10场次，这是常年少有的。有多个站点的场次降雨量超过水文记录极值，7月28日，兴隆山雨量站12小时降雨量达169.6毫米，石头口门水库上游的新安、官厅雨量站12小时降雨量达143.2毫米和255.9毫米，莲花山气象站12小时降雨量达243.1毫米。除这4场强降雨外，8月19日下午，又一场强降雨集中降在长春城区，仅从15时至17时30分，两个半小时的降雨量就达114毫米，造成长春城区有史以来因自然灾害导致的最严重的交通堵塞。暴雨强度大，雨区重复，产流系数高，形成的洪水总量多、灾害性强，是长春2010年主汛期汛情的主要特点。

强降雨过程造成长春市江河、水库水位暴涨，全市19座大中型水库最多时有11座超汛限水位、9座开闸泄洪，仅7月21日全市就有287条中小河流出现不同程度汛情。伊通河上游伊通水文站于7月21日13时30分出现洪峰，流量每秒770立方米；饮马河上游长岭水文站于7月22日3时出现洪峰，流量每秒705立方米；双阳河新安水文站于7月28日21时出现洪峰，流量每秒243立方米；石头口门水库的两小时入库洪峰流量达每秒2 163立方米，仅次于1973年；受丰满水库泄洪每秒4 500立方米的影响，德惠松花江水文站8月5日23时出现洪峰，洪峰流量达每秒4 150立方米。这些洪水峰高量大，来势迅猛，对沿江河两岸及水库上下游群众生命财产安全构成极大威胁。

7月28日18时，长春市防汛抗旱指挥部启动《长春市防汛抗旱应急预案》Ⅱ级应急响应。7月30日，省政府在全省抗洪抢险救灾工作紧急视频会议上，针对全省抗洪形势，提出确保标准洪水内江河不溃堤、水库不垮坝、确保城镇不被水淹，确保群众生命安全和生活妥善安置，确保松花江中的化工原料桶全部在省内拦截打捞上岸，按照有饭吃、有干净水喝、有衣穿、有住处、有病能医的“五有”标准妥善安置受灾群众的工作要求。长春市马上召开市委常委会，省委常委、市委书记高广滨明确提出了“五个确保”：必须确保老百姓生命安全；必须确保国堤和大中型水库大坝不出现大的险情；必须确保重要交通干线和通讯设施畅通；必须确保城镇不被水淹，城市生活正常运转，必须确保转移群众得到妥善安置。以确保老百姓生命安全为第一位的“五个确保”，成为长春市2010年抗洪抢险工作的总方针。

在“五个确保”方针指导下，处于危险地带的群众被一拨拨地转移出去，从遭受第一场洪水袭击后乐山镇农民转移为开端，到石头口门水库上游群众的转移、饮马河和松花江沿岸群众的转移、“五大围堤”内群众的转移，以及各涝区、各城区低洼地带群众的转移，共转移22万人。这22万人全部按“五有”标准得到妥善安置。

吉林省军区支援长春抗洪，出动预备役官兵2 699人次；长春警备区组织民兵应急分队出动8 737人次，组织10个县（市）、区人民武装部出动民兵等15 273人次，打捞出化工桶1 735个，转移群众27 339人次，挖掘土石30 393立方米，加固堤坝9 056延长米。特别是德惠人武部组织的由125名当地民兵组织的抢险突击队，他们一上饮马河太兴段堵管涌，七下半拉山江桥打捞化工桶，五进“五大围堤”垒大堤、转移群众的事迹，被人们广为传颂。他们在11天中出动1 219人次，转移群众1 329人，挖掘土石方9 450立方米，加固堤坝1 090延长米，打捞化工桶464只。

市城区防汛指挥部和各城区政府启动了防汛应急预案，组织全市紧急行动起来，联系部队军官1 400人、调动民兵570人、抢险队伍4 275人参加抢险救灾，投入各种抢险设备506台、编织袋49 000余条，堵决口，排积水，转移安置居民，确保人员安全。

“一方有难，八方支援”。各县（市）、区以全市一盘棋的精神，团结协作，对口支援，有力地保证了受灾较重县（市）、区的抗洪工作。在短短1个多月的时间内，宽城、绿园等城区、开发区支援德惠、农安等受灾较重的县（市）、区1 210多万元资金和物资。在省、市慈善会和省、市红十字等社会团体倡议下，全市各界踊跃捐款捐物，将一颗颗爱心送向抗洪前线，送进灾民临时安置点中。

全市受灾人口93.49万人，其中城区36.89万人；农作物受灾面积23.96万公顷，其中城区6.19万公顷；农作物绝收面积9.14万公顷，其中城区1.2万公顷；倒塌房屋5 157户、13 757间，其中城区2 577户、6 590间；损坏房屋15 518户、41 716

间，其中城区 7 576 户、18 792 间；受损医院 25 家，其中城区 12 家；受损学校 84 所，其中城区 40 所；受损福利院机构 34 家，其中城区 9 家；累计经济损失 51 亿元，其中城区 20 亿元。

截止到 8 月 10 日解除防汛Ⅱ级应急响应，全市已出动抢险人员 14.2 万人、抢险车辆 3.2 万台、抢险已使用 20.68 万平方米无织布、736.2 万条编织袋、4.38 万根木桩，以及 313.6 吨铁线。在整个抗洪期间，仅德惠一市，除专业抢险队伍外，就有群众出工 37 万人次。

全市 221 座大中型水库安全泄洪，无一垮坝；境内江河 1 094 公里国堤，虽有破损，但无一溃决；城区经受住了暴雨的洗礼，在洪水中城市供电、供水、供气、交通等运转基本正常；全市实现安全转移人口 22 万人，无一人因灾死亡；从受灾区域转移出来的老百姓，都按"五有"标准得到妥善安置，"五个确保"确定的目标全部实现。

拦截化工桶战斗战果辉煌，共打捞上岸 4 034 只，占漂流化工桶总量一半以上。

截止到 11 月 15 日，省、市两级政府已下拨抗灾救灾和灾后重建专项资金 19 980 万元，其中省拨款 13 922 万元，市拨款 6 058 万元。尚有 1 925 万元在省拨款的计划中。

因灾倒塌房屋的重建、因灾损坏房屋的修复在快速推进。到 10 月末，全市因灾倒塌房屋总计 5 157 户，已重建 4 952 户，剩下的 205 户全部位于德惠市"五大围堤"内，因洪水未完全退去、道路未通等原因无法施工，纳入 2011 年重建规划。对这 205 户，政府已妥善安置，并正在积极组织村民做重建的前期准备工作。因灾损坏房屋总计 15 518 户，已全部修复。灾民在入冬前住进新房的目标如期实现。一场洪水终于被击退了，长春人民凝聚各方力量赢得了这场胜利。

（王玉宁）

大事记

大 事 记

1月

1日

2010中国长春净月潭“勇士”残疾人国际越野滑雪赛在净月潭滑雪场举行，这是继瑞典瓦萨国际越野滑雪节后，长春从北欧国家引入的又一项国际雪上赛事。

2日~2月28日

2010中国长春冰雪旅游节暨净月潭瓦萨国际滑雪节开幕。本届冰雪节由长春市政府、中国滑雪协会、吉林省旅游局、瑞典诺迪维国际发展公司主办，以“激情瓦萨、魅力长春”为主题，由冰雪旅游、冰雪体育、冰雪文化、冰雪经贸“四大板块”、54项活动组成。历时90天。全市共接待国内外游客977万人次，实现旅游总收入101亿元。

3日

德惠市政府与山东泉林纸业有限责任公司投资85亿元的年处理200万吨秸秆综合利用项目在松苑宾馆正式签约。

同日

长春市委常委、常务副市长隋忠诚在长春宾馆会见了黑水县感恩慰问团一行。汶川震后，长春市主要担负黑水县198公里到村公路和黑水安全饮水工程。到村公路已全面竣工，饮水工程已经投入使用，3年援建任务两年基本完成。

5日

长春市工业强市项目签约暨新闻发布会召开。会上，举行了长东北现代装备制造产业园区、光电信息产业园区和产学研战略合作的项目签约仪式。

6日

长春市长崔杰，在长春香格里拉大饭店会见了以行政副市长李昌求为团长的韩国仁川市政府代表团一行。会见结束后，两市政府签署了长春市与仁川市国际友好城市交流意向书。

同日

《长春市水资源管理条例》发布施行。

8日

长春市应急培训基地在市行政学院成立。

11日

长春市第十三届人民代表大会第三次会议在长春会堂开幕。会议通过了长春市第十三届人民代表大会第三次会议关于长春市人民政府工作报告的决议、关于长春市2009年国民经济和社会发展计划执行情况及2010年计划的决议、关于长春市2009年预算执行情况和2010年预算的决议、关于长春市人民代表大会常务委员会工作报告的决议、关于长春市中级人民法院工作报告的决议、关于长春市人民检察院工作报告的决议。

13日

中国一汽与中国联通在长正式签署汽车3G信息化战略合作协议。

15日

长春“奥普光电”在深圳证券交易所中小企业板正式挂牌上市，成为长春市的第20家上市公司。

16日

长春市政府发出《关于印发长春市2010年民生行动计划的通知》，确定2010年96项民生实事。

20日

长春市公安消防支队特勤大队一中队长助理孙军当选全国公安消防部队“十大杰出消防卫士”。

26日

长春市“天景”、“希爱”、“榆树钱”3个商标经国家工商行政管理总局批准认定为中国驰名商标。至此，长春市已有14个中国驰名商标。

同日

第六届“中国青年女科学家奖”在北京揭晓。吉林大学教授、博士生导师于吉红榜上有名。

29日

长春市首家村镇银行——榆树融兴村镇银行正式营业。

30日

工业和信息化部正式确定，长春汽车产业开发区为第一批“国家新型工业化产业示范基地”。

31日~3月1日

首届吉林冬季绿色蔬菜、花卉、食品节在长春农博园开幕。展会以“绿色、休闲、健康”为主题，共安排11项展示内容，举办6项文化活动，会期30天。展会期间，共吸引观众39万人次，现场交易额近400万元。

2月

1日

长春市首批气电混合动力公交车上线暨一汽客车交车仪式在长春市政府东门广场举行。市领导高广滨、崔杰，一汽集团公司总经理徐建一出席仪式并为新车剪彩。

同日

吉林大学中国新农村研究院正式成立。吉林省副省长王守臣为研究院成立揭牌。

2日

工业和信息化部在北京举行第一批国家新型工业化产业示范基地授牌仪式，长春汽车产业开发区入选首批国家新型工业化产业示范基地。

同日

长春杂技宫开业。

4日

经科技部批准，由长春市科技局推荐的“数字化玉米生产信息技术集成与应用”等4个项目被列为2009年国家星火计划重点项目。获得科技部130万元专项经费的支持。

5日

公布《长春市社会急救医疗管理条例》,自2010年3月1日起施行。

6日

中冶长春京诚制造项目一期工程在双阳区正式竣工投产。该项目总投资30亿元,是长春市150个重大项目之一,坐落于双阳区奢岭文化印刷产业开发区,建设规划总用地100万平方米。

10日~19日

长春市第一届君子兰迎春花展开幕。展会历时10天，共设展位151个。展会期间参观群众超过30万人次,实现交易额120万元。

21日

在2010年温哥华冬奥会短道速滑女子1 500米决赛中，长春籍选手周洋夺取冠军。为吉林省实现了冬奥会金牌“零”的突破。

25日

以省委常委、市委书记高广滨,市长崔杰为团长的长春市党政代表团赴北京开展招商活动。长春市政府暨经开区与跨国公司新春座谈会暨项目签约仪式在北京饭店举行。长春经济技术开发区与MAG集团等企业达成了9项合作成果,合同金额59.6亿元。

同日

发布《长春市污染源自动监控管理办法》,自2010年5月1日起施行。

26日

长春市莲花山农林生态旅游运动休闲基地项目签约仪式在北京举行，二道区与科瑞集团签订了投资总额60亿元的莲花山农林生态旅游运动休闲基地项目。

同日

长春市2010年卫生工作会议召开。会议确定,2010年长春市将以推进健康长春行动计划、推进新医改各项政策的落实为主线，围绕传染病防控、新农合、社区卫生服务等10个方面重点开展工作,为群众身体健康提供有力保障。

3月

1日

长春市棚户区改造工程获得“2009年中国人居环境范例奖”。

5日

长春市志愿者联合会成立。

9日

长春市人民政府暨长春国家高新技术产业开发区投资环境推介会在北京索非特大酒店会议中心举行。会上,高新区共有8个项目签约，签约项目总额为102亿元人民币。

14日

长春市降下历史同期罕见暴雪,截止至15日8时,长春市区降雪量达13.3毫米。

18日

长春市长崔杰在长春宾馆会见了以欧力士(中国)投资有限公司总经理酒井裕二为团长的日本欧力士代表团一行。酒井裕二此行主要是来长春市考察汽车租赁及新材料产业。

19日~23日

第六届长春君子兰节在长春君子兰花卉交易中心开幕。本届君子兰节参展参观人数突破30万人次,现场交易额超过1 000万元。

19日

一汽集团进出口公司与中非发展基金在长春签订了一汽非洲项目合作协议。一汽集团进出口公司与中非发展基金将共同投资成立合资公司—长春一汽非洲投资有限公司,总投资1亿美元。是我国在非洲最大的汽车产业投资项目。

22日

经教育部正式批准，长春税务学院更名为吉林财经大学。

24日

中国·长春雨润食品全球采购中心项目在吉林省宾馆签约，该项目总投资约70亿元,由宽城区政府与江苏雨润食品产业集团合作建设。

26日

“全国公安机关爱民模范先进事迹报告会”在人民大会堂召开,长春市公安局绿园分局西新派出所所长杨冬荣获“全国公安机关爱民模范”称号。

同日

吉林高速公路股份有限公司在长春正式挂牌。本月19日,“吉林高速”股票在上海证券交易所上市。

28日

位于上海路与亚泰大街交会处的天元商厦发生火灾。经过12个小时的紧急救援,大火被扑灭。

29日

长春市长崔杰在长春香格里拉大饭店会见了以巴育·玛哈吉里为团长的泰中文化经济协会代表团一行。代表团此次来长,主要是与一汽洽谈合作事宜。

同日

长春法院网(http://cczy.chinacourt.org/)正式开通。

30日

长春市长崔杰主持召开市政府第26次常务会议,讨论并原则通过《长春市市政设施管理条例(草案)》。

同日

长春市规范中小学办学行为、促进义务教育均衡发展工作会议在长春会堂召开。长春市原有7所改制校退回公办,不再招收择校生。

4月

6日

吉林大学中日加压疗法研究中心在吉林大学中日联谊医院成立，日本驻沈阳总领事馆总领事松本盛雄先生和省委常委、副省长马俊清等为该中心成立揭牌。

7日

长春市委、市政府在长春宾馆召开表彰大会,表彰在第21届冬奥会上的突出表现的长春市运动员。授予周洋“长春体育功勋运动员”荣誉称号，授予长春市冬季运动管理中心、长春市体育运动学校“优秀体育人才突出贡献单位”荣誉称号。

9日

长春市政府与省电力有限公司签订《电动汽车充电设施建设战略合作协议》。

12日

长春世界雕塑公园获“新中国城市雕塑建设成就奖”。

12日~16日

中共中央政治局常委、全国人大常委会委员长吴邦国在吉林省调研，先后走进企业车间、科研院所、高等院校和棚户改造区，就加快转变经济发展方式、着力提高自主创新能力、切实保障和改善民生等工作进行考察指导。

13日

中美建交30周年和平友好纪念雕塑揭幕暨长春世界雕塑公园荣获国家首批重点公园、新中国城市雕塑建设成就奖揭牌仪式，在长春世界雕塑公园雕塑艺术馆中央大厅举行。市长崔杰与美国驻沈阳总领事馆总领事魏思文等共同为雕塑作品《和平之星》落成揭幕。

14日

农安县87个项目集中开工，计划投资总额达到93.9亿元。市长崔杰参加项目集中开工仪式并剪彩。

16日

上海世博会吉林馆揭幕仪式在上海世博园区举行。吉林馆以“长白山下放歌行”为主题，运用先进技术，通过生态、汽车、长白山等吉林特色元素，展示吉林振兴发展的成就。

同日

全国首个残疾人驾车体验中心在长春正式成立。

17日

长春市委、市政府向遭受7.1级地震的青海省玉树藏族自治州玉树县发去慰问电，并捐赠200万元人民币。

22日

净月开发区管委会与吉林省知合动画集团、韩国KDC集团正式签订“3D立体动漫产品生产基地建设项目”协议。根据协议，两家企业将共同出资10亿元，在净月开发区打造全球规模最大的3D动漫产业基地。

23日

公布《长春市民用建筑节能管理办法》，自2010年6月1日起施行。

26日

硅谷大街立交桥暨2010年城建重点工程正式开工建设。

同日

省委常委、市委书记高广滨在长春宾馆会见了G2投资集团董事长兼首席执行官托德·莫利率领的美国投资考察团，双方就更多领域共谋合作进行了深入交流。

27日

公布《长春市城乡规划条例》，自2010年6月1日起施行。

同日

2010年全国劳动模范和先进工作者表彰大会在北京人民大会堂隆重举行。一汽—大众汽车有限公司轿车一厂焊装车间工长王洪军代表全国劳动模范和先进工作者宣读倡议书。长春市21位全国劳动模范和先进工作者在京受到表彰。

28日

长春市二道区总占地面积1 545万平方米、总投资383亿元的110个重点项目正式开工。

29日

长春市十三届人大常委会第十九次会议结束。在第二次全体会议上，表决通过了《长春市散装水泥管理条例(草案表决稿)》、《长春市人民代表大会常务委员会关于开展“法治长春”创建活动的决议》；补选了吉林省第十一届人民代表大会代表；决定了人事任免事项，任命陈巳为长春市副市长。

30日

长春市政府与北京医药股份有限公司签订了组建长春北药销售集团的战略合作框架协议。通过引入国内有实力的医药企业，达到进一步规范药品流通秩序，降低药品流通成本，保障群众用药安全。

5月

1日

吉林省最低工资标准进行调整，其中长春市区(包括双阳区)最低工资标准由原来的每月650元调至820元。

4日

长春市直属机关青年联合会成立。

5日

山东省—吉林省经济合作交流会暨项目签约仪式在济南市南郊宾馆举行，长春市共有4个合同类项目成功签约。

6日

吉林省—青岛市经济合作交流会暨项目签约仪式在青岛举行。长春市与青岛市政府签署了《关于进一步加强两地区域经济合作的框架协议》。长春市共有7个项目成功签约，共吸引投资14.6亿元。

7日

吉林省—天津市经济合作交流会暨项目签约仪式在天津大礼堂举行，长春市共有5个合同类项目成功签约，总投资额达25.8亿元。

8日

中国科学技术大学、中科院长春光学精密机械与物理研究所共同创建的超精密控制与系统联合实验室在中国科大举行揭牌仪式。

10日

朝阳区举行2010年70个重点项目暨长春宏汇凯悦酒店项目开工仪式。朝阳区此次开工的70个重点项目，计划总投资287亿元。

12日

市政府召开全市“暖房子”工程任务落实会议。标志着“暖房子”工程正式启动。

同日

伊通河综合治理工程开工仪式在新立城水库湿地建设工程现场举行。将用3年时间，实施6大方面72项工程，治理从新立城水库到万宝拦河闸段，2010年开工建设37项，总投资17.6亿元。

14日

长春市长崔杰在长春香格里拉大饭

店会见了泰国正大集团副董事长杨小平一行就投资建设现代化肉鸡深加工项目进行洽谈。

15日

吉林财经大学举行揭牌仪式。

16日

长春市残疾人综合服务中心暨信息中心正式揭牌。该中心主要提供残疾人信访、维权、助学等扶残助残服务。

18日

珠江三角洲城际快速轨道交通广州至佛山段项目首列地铁车在中国北车长春轨道客车股份有限公司下线。该车将在广州承办的第16届亚运会上线运营。

20日~22日

2010全国民营企业招聘周启动仪式暨长春创业(就业)博览会在长春国际会展中心开幕。展会期间,推出创业项目5 000个,提供岗位5万多个,共有702个创业项目实现现场对接,18 548人签订了项目合作意向书。参观人数达32万人次。

21日

双阳区政府与香港奥特莱斯世界名牌折扣城控股有限公司在省宾馆签署了长春中央休闲区(城市综合体)旗舰产业项目。计划投资120亿元。

同日

市政府批准位于宽城区的4条新命名街路名称。这4条街路均位于长江路开发区内,由南向北依次为兴旺路、北兴路、兴工路、富盈路。

23日

第十三届海峡两岸建筑学术交流会在长春市开幕。本次交流会会期4天。将主要探讨城市在区域发展中的角色、城市协调发展、城市建筑的发展方向等方面的内容。

24日

长春市宽城区总投资达517亿元的117个重大项目,举行集中开工建设仪式。

26日

市长崔杰主持召开市政府第28次常务会议,讨论并原则通过《长春市城市房地产开发经营管理条例(草案)》、《长春市特殊教育三年发展规划》和《关于关爱救助孤独症儿童的意见》。

27日

中国北车长春轨道客车股份有限公司高速车制造基地一期工程竣工典礼在长春轨道交通装备制造产业园举行。最高运营时速达380公里的新一代“和谐号”380A高速列车首车同日下线。

同日

吉林鼎基新能源开发有限公司秸秆综合开发利用项目在农安县正式开工。项目总投资10亿元,年可加工秸秆颗粒100万吨以上。

28日~6月2日

第六届长春国际动漫艺术节在长春欧亚卖场会展中心开幕。本届动漫节历时6天,进行动漫及相关产品展示、展销及各种竞技、比赛活动。动漫节总参观人数达23万余人次,成功签订了8个合作项目,金额达2 690万元。

29日~6月6日

2010长春图书博览会在长春国际会展中心开幕。2010年,长春书市正式升级为长春图书博览会。本届书博会接待读者52万余人次,销售2 600余万元。

28日

世界第一维生素企业—帝斯曼维生素(长春)有限公司竣工投产仪式在经开区生物产业园举行。

同日

长春青年创业园在长春高新技术产业开发区揭牌。

29日

长春高新区南区项目集中开工暨动漫与软件服务外包产业园、国家新媒体产业基地合作园奠基仪式在长春高新技术产业开发区南区举行。共集中开工30个项目,主要以高新高端产业项目为主。

6月

1日

“生物芯片北京国家工程研究中心高科技成果应用转化基地”暨“863计划成果转化基地”落户市妇产医院,“生物芯片遗传性耳聋基因诊断项目”正式启动,该项目可诊断耳聋基因和预防出生缺陷。

2日

全市“120”进驻“119”暨城市医疗急救体系建设启动仪式在市消防支队特勤大队二中队举行。长春急救中心正阳急救站成为国内首家进驻消防站的“120”急救站。

10日

长春西站综合交通换乘中心正式开工建设。该中心是集高速铁路、地铁、公交车、出租车、社会车辆等多种交通方式于一体的大型综合交通枢纽。一期工程投资20.52亿元,占地33.16万平方米。

同日

榆树市政府与大连实德集团正式签署协议,确定实德集团16万吨PVC节能建材(长春)基地项目正式落户榆树环城工业集中区。该项目总投资10亿元。填补了长春市建材产业的一项空白。

11日

2010年长春市推进长吉一体化100个亿元以上项目集中开工暨高新区新材料产业园项目奠基仪式在长东北开放开发先导区举行。高新、经开、净月、二道、双阳、九台携100个亿元以上项目,启动长东北开放开发先导区建设,全力推进长吉一体化发展进程。

同日

长春市政府与四平市政府在长春华天大酒店签署了《长春四平区域合作框架协议》。

18日

公布《长春市房屋登记条例》,自2010年7月1日起施行。

18日~22日

2010长春房地产暨相关产业产品展示交易会在长春国际会展中心开幕。房交会历时5天,房屋累计成交3 567套,成交总面积36.18万平方米,房屋暨相关产品交易总额达19.61亿元。

21日

长春市长崔杰在松苑宾馆会见了来长春市考察人居环境建设的联合国人居署信息办主任简·娜卡伊茹女士一行。崔杰向简·娜卡伊茹简要介绍了长春市棚户区改造项目的相关情况。

22日

吉林省政府召开新闻发布会，长吉一体化思路确定："提升两区、建设三带、打造若干重要节点和功能区"的总体布局，重点推进城乡规划、产业发展、基础设施、市场体系、公共服务、社会管理等6个方面建设。

23日

第九届长春十大杰出青年颁奖典礼在长春广电剧场举行。周洋、王国臣、胡艳萍、王颖、任航彤、刘滨、曲道德、吴建会、贺玉泉、高玉堂受到嘉奖。

26日

第四届中国长春消夏节暨净月潭利丁国际森林徒步节开幕。本届消夏节历时99天，包括"一节"、"三赛"、"五大板块"的80多项消夏休闲项目。

28日

长春市与上海绿地集团在南湖宾馆签订南部新城中央商务区城市地标建筑项目投资开发框架协议。此次上海绿地集团投资30亿元欲打造的超300米高的中央商务区城市地标建筑将落户南部新城。

28日

世界品牌实验室在北京发布了2010年(第七届)《中国500最具价值品牌排行榜》，一汽品牌价值汽车荣登汽车行业排名第一位。

29日

长影电影博物馆暨长影世纪城二期工程项目启动仪式在长影世纪城举行。博物馆位于红旗街长影集团，将以全新视角及独特手段全景展示新中国电影事业的创业史、发展史。

同日

长春副市长肖万民、中国医药集团总公司总经理佘鲁林代表双方签订了长春市政府与中国医药集团总公司战略合作框架协议。随后，长春高新技术产业开发区与长春生物制品研究所签订了合作协议，国药控股股份有限公司吉林公司、国药控股一心制药有限公司同时揭牌。将打造东北最大的生物疫苗产学研一体化基地。

同日

长春绿地中央广场奠基典礼暨南关区70个重点项目集中开工仪式在长春南部新城举行。

同日

长春市农安县、榆树市、德惠市3县(市)污水处理厂竣工，正式投入运行。至此，长春市已建成投入运行10座污水处理厂，全市污水处理率达90%。

30日

法国佛吉亚集团与长春旭阳集团战略合作签约仪式在南湖宾馆举行。根据该协议，佛吉亚集团将参股旭阳集团，成为旭阳的第3大股东，并再成立两家新的合资子公司。

同日

长春市综合性应急救援支队正式揭牌成立。

7月

2日

长春市与吉林市推进长吉一体化战略合作框架协议签约仪式在吉林市举行。协议的签署主要是促进经济发展一体化，辐射带动全省发展。

同日

中国一汽325辆解放中重型卡车从山东省龙口港发往海外。这是2010年中国一汽在非洲市场总共1 400辆解放中重型卡车出口业务的首批交货产品。

4日

长春至台北定期正班航线正式开通。

8日

市长崔杰在长春宾馆会见了泰国正大集团农牧食品企业中国区副董事长王进圣一行。泰国客人此次来长，主要目的是推动1亿只肉鸡养殖、加工项目在榆树落位。

9日

长春市散旧楼宇防盗门安装工作正式启动。首批启动安装的1 000个防盗门将直接惠及居民11 882户。

同日

吉林大学艺术学院青年教师李鸿在芬兰举行的"21世纪音乐表演与音乐教育"国际大赛声乐比赛中夺得金奖。

12日

2010中国·长春东北亚国际动漫教育与产业发展研讨会暨国际动漫作品比赛在吉林艺术学院造型校区开幕。

15日~22日

第七届中国(长春)国际汽车博览会在长春国际会展中心开幕。展会历时8天，共设7个室内展馆，6个室外展区，参展厂家132家，参观人数达50.9万人次，实现交易额8.2亿元。

16日

一汽轿车公司第二工厂在高新区建成投产，年产能达到20万辆，首辆试生产车也正式下线。

20日

由吉林公安高等专科学校更名后的吉林警察学院举行揭牌仪式。

22日

吉林省政府与中国国电集团公司关于加强能源等领域战略合作框架协议签约暨国电吉林分公司揭牌、国电联合动力长春基地奠基仪式在经开区新兴产业园举行。

同日

发布《长春市土地储备管理办法》、《长春市招标拍卖挂牌出让国有建设用地使用权办法》，自2010年9月1日起施行。

23日

市长崔杰在长春宾馆会见了美国辛辛那提市市长马克·马洛里一行。美国客人此次来长的主要目的，是考察参观长春大成集团。

26日

长春市热源能力建设、小锅炉并网改造、既有居住建筑节能改造等"暖房子"工程全面展开。新增1 220万平方米供热和调峰能力。204座小锅炉房将首批并网改造，全面启动既有居住建筑节能改造。

27日

第五届世界鹿业大会在长春市拉开帷幕。来自新西兰、美国等12个国家和地区的200余名鹿业专家、学者及企业家，围绕鹿养殖、鹿产品加工等新成果、新技术进行交流与洽谈。

8月

2日

丰满水库泄洪的洪峰闯进德惠夏家店村，该村饮马河下游国堤外的民堤已全线溃堤，2万多公顷农作物受灾。

3日~4日

中共中央政治局常委、国务院总理温家宝在吉林省考察指导防汛抗洪工作。

4日

榆树市成为首批国家现代农业示范区。

8日

长春市荣获“中国十大品牌城市”称号。

10日

长春市委、市政府召开全市抗灾救灾工作会议，对防汛抗灾工作进行再调度、再部署、再落实，同时全面启动灾后重建工作。

11日

“天网工程”二期建设暨110报警求助数字编码定位系统启动仪式在文化广场举行。

12日

由市委、市政府主办，市委宣传部等联合承办的“风雨同舟共建家园·长春市抗洪抢险救灾文艺晚会”召开，189个单位共为灾区捐款1.7亿元。

同日

长春市中级人民法院依据最高人民法院的死刑命令，对备受瞩目的“2009·9·29”抢劫邮政储蓄银行案罪犯李广庆执行注射死刑。

16日

一汽技术中心乘用车所奠基仪式在汽车区举行。该所占地面积51万平方米，建筑面积44万平方米，总投资68亿元。

同日

一汽自主乘用车发动机扩建项目奠基仪式在汽车区举行。该项目建成投产后，一汽自主乘用车发动机将扩能20万台。

同日

长春轨道客车装备有限责任公司搬迁建设项目奠基仪式在长春轨道交通装备制造产业园区举行。

17日

长春市中心医院综合医疗大楼奠基仪式在市中心医院举行。

18日

第九届中国长春国际农业·食品博览(交易)会在中信国际展览中心开幕。本届展会会期12天，共安排展示和活动2大类21项内容。展会期间签约项目107个，签约金额145亿元，参会总人数达153万人次。

19日

长春市城区出现历史罕见的强降雨，两个半小时内降雨量达114毫米。造成河流水位上涨、城区道路积水严重、交通大范围拥堵。

23日

第十届中国长春电影节开幕，本届电影节历时6天。

24日

长春轨道客车装备有限责任公司与南非萨弗修公司就双方合作在南非建立轮对造修基地项目在北京钓鱼台国宾馆签署正式合作协议。

25日

由长春高新区与长春电力公司共同建设的吉林省第一座国网标准大型电动汽车充电站在高新区正式投入运行。同时，由一汽客车与吉林省高新电动汽车有限公司联合批量中试生产的20辆纯电动客车，也正式投放公交线路运营。

同日

山东泉林纸业有限公司200万吨秸秆综合利用项目在德惠市奠基开工。项目总投资85亿元，每年可用去秸秆200万吨。

同日

中国长春市与韩国浦项市友好交流城市意向书签字仪式在中日友好会馆举行。长春市长崔杰与浦项市市长朴承浩出席签字仪式。

27日

中共中央总书记、国家主席胡锦涛在长春同朝鲜劳动党总书记、国防委员会委员长金正日举行会谈。应胡锦涛的邀请，金正日8月26日至30日对中国进行非正式访问，并在吉林省、黑龙江省参观考察。

同日

亚泰大街上跨解放大路高架桥全线通车。高架桥双向6车道，桥长787.3米，宽25米。上跨南湖大路高架桥将于31日全线通车。

28日

北京中联国兴书画院吉林分院揭牌成立。

9月

1日

首届(2010)世界新兴产业大会在长春召开。来自德国、匈牙利等国的政要及企业家共同探讨如何在后危机时代，继续加强新兴产业的信息与技术交流。

同日

首届中国长春·东北亚文化艺术周在长春东北亚艺术中心开幕。艺术周为期8天，开展40余项活动。

2日

第六届中国吉林·东北亚投资贸易博览会在长春国际会展中心开幕。7个展馆共设国际标准展位2 200个。展会期间，长春市共签约58个项目，投资总额641.53亿元。

同日

长春市副市长肖万民与杭州市副市长佟桂莉在长春宾馆共同签署《加强两市经济合作框架协议书》。

3日

长春绕城高速公路哈尔滨方向164公里+50米处，发生一起过路客、货车相撞的重特大交通事故，造成17人遇难，37人受伤。

4日

在第六届东北亚博览会长春投资环境说明会暨项目签约仪式上，长春共有40个项目签约，投资总金额达310.33亿元。

7日

由华润(集团)有限公司旗下的北医集团与长春经开区共同组建的长春市北

长春概貌

自然概况

【位置面积】 长春市位于北半球中纬地带，欧亚大陆东岸的中国东北大平原腹地，居北纬43° 05′ ~45° 15′；东经124° 18′ ~127° 05′ 。幅员20 604平方公里。辖4县(市)6区：榆树市、德惠市、九台市、农安县、朝阳区、南关区、宽城区、二道区、绿园区、双阳区。西北与松原市毗邻，西南和四平市相连，东南与吉林市相依，东北同黑龙江省接壤。城市面积4 789平方公里。市区中心城区建成区面积312.92平方公里。

【地质地貌】 长春市属天山——兴安地槽褶皱区吉黑褶皱系松辽拗陷的东部边缘，城区下部分布着深厚的白垩系泉头组，为一套红色较粗粒碎屑岩（页岩、泥岩、细砂岩和砂页岩互层），均为不透水层或含水性极微层，地层深厚(500米尚未穿透)，岩层致密，倾角很小(5° ~10°)。此外，第四世纪沉积相当普遍，洪积层上部为黄土状物质，下部为红色黏土或沙砾层。新构造运动以来，地体微升，地表受流水切割，沟谷发育，形成微波状台地平原。二级阶地黄土状亚黏土厚15米~25米，抗压强度20吨~25吨/平方米，是较佳的天然地基。一级阶地（二道区）亚黏土层地基抗压强度8吨~11吨/平方米，但地表下2米~4米深处有一淤泥层，不适于天然地基，下部是沙、沙砾层，抗压强度25吨~35吨/平方米，距地表6米~11米以下是基岩，对大型、特大型建筑基础置于基岩上最为有利。长春市的地貌特点，是远依山，近傍水，以台地平原为主。主要地貌类型为：1、低山丘陵。分布于市区东南部，属大黑山脉的一部分，略呈东北西南走向，海拔大部分在250米~350米之间，相对高度为50米~100米；东部的大顶子山海拔407米，组成的岩石有花岗岩、安山岩、极岩等变质岩系，其中以花岗岩分布面积最广，久经侵蚀，已成浑圆状；山地丘陵面积在市区内所占面积比重甚微，山地丘陵中有森林，低丘之间有些冲积平原和盆地，为农业区；伊通河出大黑山北麓，从南向北穿过市区东部，在狭口处有修筑水库的良好条件。2、台地平原。城区台地面积约占总面积的70%，并高出伊通河一级阶地10米~20米，地表微波起伏，土质主要由黄土状土构成，海拔在200米~230米之间。浅谷谷坡漫长，市区有近80%的地面坡在10度以下。3、冲积平原。主要由伊通河冲积作用形成，在河流两岸形成了比较宽阔的带状平原，面积近30%，地势低平，海拔多在200米左右；沿河两岸的低洼部分，汛期常被洪水淹没，属河漫滩部分，组成物质多为粗沙或细沙，河漫滩两侧为宽窄不等的高漫滩或一级阶地，宽度一般在4公里~5公里间；一级阶地高出河床3米左右，其组成物质上部是亚沙土、亚黏土，下部是沙砾层，冲积物厚10米左右；二级阶地面积较小，河床两侧可提供建筑用沙；平原上的河迹洼地，因多为淤泥质黏土或亚黏土，并夹灰色沙质透镜体，大多排水不畅，土体抗压性较差，但在大部分台地平原上的沟谷系统则成为城市自然排水通道。4、火山锥体。台地平原西接松辽分水岭，系第四纪更新世末期沿断裂带呈地垒式隆起，并有火山活动，因此，在长春西南的大屯、范家屯一带，火山锥体突起在波状平原之上。多由玄武岩构成，是良好的建筑材料。

【水文气候】 长春市的地表水属第二松花江水系，松花江、饮马河、伊通河的中下游，还有沐石河、双阳河、雾开河、新开河及卡岔河等流经境内，有波罗泡子、敖宝吐泡子、元宝泡子等主要泡子湖泊7处；市区的地表水，较大的河流为第二松花江的支流，也是饮马河的支流——伊通河及其支流——新开河等。由于市区的下部基岩为中生代白垩系红色岩系，岩层致密，为不透水层或含水性极微，因而无深层地下水源，故地下水贫乏。长春市的气候介于东部山地湿润与西部平原半干旱区之间的过渡带，属温带大陆性半湿润季风气候类型。东部和南部虽距海洋不远，但由于长白山地的阻挡，削弱了夏季风的作用；西部和北部为地势平坦的松辽平原，西伯利亚极地大陆气团畅通无阻，故气候总的特点是冬季严寒漫长，春季干旱多风，夏季温暖短促，秋季晴朗温差大。冬季，受强蒙古高压系统影响，冷气流经常自北及西北侵入，盛行偏西风，气候寒冷、干燥。天气变化主要取决于高空西风带中的低槽过境：低槽移近时，常有较盛的偏南风入境，形成多云、多雪的阴湿天气；低槽过后，高压脊的前部侵入，致使风向转为西北风，气温骤降，并有时出现雪暴天气，然后高压系统全部占据，天气晴朗、干燥、风力微弱。这种更替，一次大约三四天，形成冬季“三寒四温”的天气特征。平均气温零下12℃，最低气温出现在德惠市，为零下37.5℃。春季，地表温度增高，蒙古高压系统势力减弱，这时低压系统自贝加尔湖区侵入，形成东北低压并经常过境，低压前部常出现强大的西南气流，后部有猛烈的西北气流，大风天气多，最大风速可达30米/秒，且低压系统后部引起北方寒流冷气南下，形成寒潮天气。夏季，东南风盛行，有从小笠原状群岛吹来的东南风，也有渤海补充的湿气，自南而来的夏季风极锋锋线位置也移到本地，并有温带气旋过境。平均气温21.9℃，最高气温出现在榆树市，为37.3℃；全年最大日降水量出现在九台市，为98.8毫米。

秋季，贝加尔湖低压系统虽有入侵，但发展的机会不如春季显著，高压在本区停滞的机会较多，因而在秋季可形成持续数日的晴朗而温暖的天气，温差较大，风速也较春季小。

【自然资源】 长春市地域辽阔，土地资源较丰富，共有土地面积20 604平方公里，其中耕地135.04万公顷。土质主要是黑土、草甸土、黑钙土等，分别占耕地面积的34.5%、29.06%和15.28%。土质肥沃，一般黑土层厚达0.6米~1.0米。全市共有林地26.5万公顷，森林的组成以东亚阔叶林成分为主，华北系成分、长白区系成分也有渗入，如黑松、樟子松、云杉、冷杉、长白落叶松、侧柏、桧柏、胡桃楸、水曲柳、黄菠萝、花曲柳、山杨、黑桦等。野生植物资源群落中，有森林植物、草甸植物、草原植物等，具有经济价值的野生植物300余种：可供药用的有五味子、大活、党参、苍术等到150多种；可做工副业原料的有胡枝子、芦苇、蒙古栎等50多种；可供食用的有蕨菜、黄花菜、山楂、山葡萄等30多种；可做饲料的有碱草、草木樨、小叶樟等50多种。野生动物资源有豹猫、红狐、鸿雁、林蛙、中华鳖、虎斑文蛇、背角无齿蚌等5类34种。长春市的矿产资源，除已探明的煤、油质岩矿、水泥石灰岩矿、水泥黏土矿、珍珠岩沙、膨润土、萤石、铸型用沙矿、铜、银、铁以外，石油、天然气也有一定储量。

（王国志）

人口情况

【总人口及分布情况】 截至2010年末，长春市共有2 474 784户，7 588 921人。其中，男性人口3 823 596人，占人口总数的50.4%；女性人口3 765 325人，占人口总数的49.6%。市区（南关区、宽城区、朝阳区、二道区、绿园区、双阳区）人口为3 627 536人，占全市总人口数的47.8%；县（市）（农安县、九台市、榆树市、德惠市）人口为3 961 385人，占全市总人口数的52.2%。总人口数比2009年增加23 856人，增长率为3.1‰，增长率比2009年下降2.2‰。长春市人口占吉林省总人口数的27.9%。

2010年长春市人口增长及分布情况表

单位：人

市、区、县（市）	2009年末总人口	2010年末总人口	增加人口	增长率‰
全　市	7 565 065	7 588 921	23 856	3.1
市辖区	3 623 220	3 627 536	4 316	1.2
南　关	654 225	66 918	10 693	16.1
宽　城	625 366	655 962	30 596	46.6
朝　阳	773 389	742 994	-30 395	-40.9
二　道	560 963	556 138	-4 825	-8.7
绿　园	617 668	618 578	910	1.5
双　阳	391 609	388 946	-2 663	-6.8
农　安	1 100 255	1 109 811	9 556	8.6
九　台	710 480	711 418	938	1.3
榆　树	1 296 962	1 304 436	7 474	5.7
德　惠	834 148	835 720	1 572	1.9

【人口自然变动】 2010年，全市出生79 004人，出生率为10.43‰，比2009年上升0.16‰。市区出生33 129人，出生率为9.14‰，比2009年上升0.18‰。平均每天出生216人；全年死亡50 097人，死亡率为6.61‰，比2009年上升1.69‰。市区死亡26 520人，死亡率为7.32‰，比2009年上升1.74‰。平均每天死亡137人。全市自然增长28 907人，增长率为3.82‰，比2009年下降1.53‰，市区自然增长6 609人，增长率为1.82‰，比2009年下降1.57‰。

2010年长春市人口自然变动情况表

单位：人

市、区、县（市）	出生人口		死亡人口		自然增长人口	
	人　数	出生率‰	人　数	死亡率‰	人　数	增长率‰
全　市	79 004	10.43	50 097	6.61	28 907	3.82
市辖区	33 129	9.14	26 520	7.32	6 609	1.82
南　关	5 487	8.32	3 983	6.04	1 504	2.28

次来长，主要是考察长春市在城市规划、生态建设以及环境保护等方面的做法和经验。

12 月

3 日

长春市委常委、常务副市长隋忠诚在北京主持召开《长春市国民经济和社会发展第十二个五年规划纲要（草案）》专家咨询会，邀请国内著名专家为长春市“十二五”规划进行咨询。

6 日

世界最高端城铁车—香港铁路公司(港铁)西港岛线项目首列车在中国北车长客股份公司成功下线，该公司年产城铁车突破 1 000 辆，标志着长客股份公司已成为世界上规模最大、研发能力最强的城铁车研制和出口基地。

8 日

一汽通用轻型商用汽车有限公司皮卡新车下线仪式在长春经济技术开发区一汽通用新工厂总装车间举行。标志着一汽通用在中国的生产基地布局基本完成，进入全系产品全面发展的新阶段，使长春市属地汽车整车产能得到进一步提高。

同日

长春市政府与省国土资源厅、省农委在长春香格里拉大饭店签署万顷蔬菜基地建设战略合作框架协议，“十二五”期间，在长春市城区远郊和毗邻城郊的县(市)乡镇建设万顷蔬菜基地，打造绕主城区半小时蔬菜供应圈，保障市区群众“菜篮子”安全。

同日

长春市政府办公厅发出《关于做好调整我市城区城乡低保标准工作的通知》。

9 日

国家科技部和财政部联合确定，长春市 4 个国家级星火计划重点项目获科技部 130 万元专项经费支持。

同日

长春市实践教育学校揭牌。

11 日

长春燃气上市 10 周年庆典暨长春天然气外环高压管网一期工程竣工通气和天然气置换煤气启动仪式在长春国际会展中心举行。外环高压管网一期的竣工通气，标志着长春市做好了同时迎接中石油、中石化两种天然气源的准备工作，彻底改变了天然气单一气源供应的格局。

14 日

日本日立集团常务董事铃木学一行来到长春，与相关单位就在长设厂事宜进行洽谈。

21 日

长春市政府与省电力有限公司正式签署《“十二五”期间，关于共同推进长春电网发展的协议》。

22 日

中国共产党长春市第十一届委员会第七次全体会议在市委机关会堂召开。会议审议并通过了《长春市国民经济和社会发展第十二个五年规划纲要（讨论稿）》和《中共长春市委长春市人民政府关于加快经济发展方式转变、促进“三化”统筹的意见》，深入分析当前和今后一个时期长春市经济社会面临的形势，研究部署“十二五”和明年重点任务。

同日

2010 年中国一汽自主品牌第 100 万辆车下线庆典在一汽轿车二厂举行。100 万辆车的下线，标志着中国一汽自主创新达到一个新水平。

同日

全国粮食生产先进单位和个人、全国农牧渔业丰收奖表彰会议在北京召开。榆树市 2010 年粮食产量突破 35 亿公斤，获“全国粮食生产先进县标兵”称号，榆树市已连续 7 次获此殊荣。

26 日

2010 中国(大陆)最具幸福感城市颁奖典礼在长沙举行，长春市当选“2010 中国最具幸福感城市”，至此，长春已连续 3 年获此殊荣，同时获得了“中国最具幸福感城市”金奖。

27 日

长春市文化市场行政执法总队揭牌。执法总队由原有的文化、广电、新闻出版 3 个市场稽查支队进行整合后组成。

29 日

长春晚报传媒有限公司正式揭牌。

同日

长春市文明基金正式启动。市长崔杰出席基金启动仪式，并颁发了首批帮扶款。

30 日

长吉城际铁路实现通车。该铁路西起长春站，东至吉林站，全长 111 公里，设计时速 250 公里，沿途设有龙嘉、九台南、双吉 3 个车站，全程用时 29 分钟。

同日

长春出版传媒有限责任公司正式揭牌。该公司由长春出版社独资或投资的 10 个子公司组建而成。

同日

长春轻轨 4 号线试通车。标志着长春轻轨 3 期工程进入运行调试阶段。

（常　颖）

长春概貌

续表

市、区、县(市)	出生人口		死亡人口		自然增长人口	
	人　数	出生率‰	人　数	死亡率‰	人　数	增长率‰
宽　城	6 340	9.90	4 907	7.66	1 433	2.24
朝　阳	5 660	7.47	4 283	5.65	1 377	1.82
二　道	5 572	9.98	3 184	5.70	2 388	4.28
绿　园	5 947	9.62	4 414	7.14	1 533	2.48
双　阳	4 123	10.56	5 749	14.73	−1 626	−4.17
农　安	13 682	12.38	4 222	3.82	9 460	8.56
九　台	7 546	10.61	5 557	7.82	1 989	2.80
榆　树	15 274	11.74	6 634	5.10	8 640	6.64
德　惠	9 373	11.23	7 164	8.58	2 209	2.65

【人口机械变动】 2010 年,全市迁入人口 74 714 人,迁入率为 9.85‰;迁出人口 79 334 人,迁出率为 10.45‰;机械增长人口出现负增长 4 620 人,增长率为 −0.61‰,比 2009 年下降 0.7‰。其中,市区的南关、朝阳、二道;县(市)的九台市、榆树市、德惠市均出现迁出人口高于迁入人口,呈现负增长情况。

2010 年长春市人口机械变动情况表

单位:人

市、区、县(市)	迁入人口		迁出人口		机械增长人口	
	人　数	迁入率‰	人　数	迁出率‰	人　数	增长率‰
全　市	74 714	9.85	79 334	10.45	−4 620	−0.61
市辖区	57 807	15.94	59 780	16.48	−1 973	−0.54
南　关	18 307	27.53	19 209	28.89	−902	−1.36
宽　城	6 487	9.89	3 673	5.60	2 814	4.29
朝　阳	14 708	19.80	21 868	29.43	−7 160	−9.64
二　道	6 258	11.25	7 078	12.73	−820	−1.47
绿　园	9 388	15.18	5 530	8.94	3 858	6.24
双　阳	2 659	6.84	2 422	6.23	237	0.61
农　安	5 503	4.96	5 335	4.81	168	0.15
九　台	2 722	3.83	3 779	5.31	−1 057	−1.49
榆　树	4 930	3.78	6 096	4.67	−1 166	−0.89
德　惠	3 752	4.49	4 344	5.20	−592	−0.71

【人口结构】 2010 年,在性别比例上,以女性人口为 100,全市性别比例 101.5,比 2009 年下降 0.2%。在农业人口与非农业人口的构成上,全市共有非农业人口 3 345 222 人,占总人口的 44.1%,与 2009 年比持平;有农业人口 4 236 699 人,占总人口的 55.9%,与 2009 年比持平。县(市)非农业人口九台市较高为 25.5%,与 2009 年比下降 0.1%;榆树市略低为 15.7%,比 2009 年上升0.2%。

2010 年长春市人口结构情况表

单位:人

市、区、县(市)	总人口数	性　别		性别比例(女性人口为 100)	农业人口与非农业人口		
		男性人口	女性人口		农业人口	非农业人口	非农业人口比重%
全　市	7 588 921	3 823 596	3 765 325	101.5	4 243 699	3 345 222	44.1
市辖区	3 627 536	1 803 035	1 824 501	98.8	1 048 632	2 578 904	71.1
南　关	664 918	323 326	341 592	94.7	101 834	563 084	84.7

续表

市、区、县(市)	总人口数	性别		性别比例(女性人口为100)	农业人口与非农业人口		
		男性人口	女性人口		农业人口	非农业人口	非农业人口比重%
宽　城	655 962	326 593	329 369	99.2	257 109	398 853	60.8
朝　阳	742 994	369 577	373 417	99.0	81 583	661 411	89.0
二　道	556 138	275 460	280 678	98.1	216 010	340 128	61.2
绿　园	618 578	310 499	308 079	100.8	107 999	510 579	82.5
双　阳	388 946	197 580	191 366	103.2	284 097	104 849	27.0
农　安	1 109 811	568 074	541 737	104.9	878 659	231 152	20.8
九　台	711 418	363 384	348 034	104.4	530 083	181 335	25.5
榆　树	1 304 436	664 535	639 901	103.8	1 099 616	204 820	15.7
德　惠	835 720	424 568	411 152	103.3	686 709	149 011	17.8

（孟令彦）

【民族】 截至2010年底，长春市有46个少数民族，人口25.2万人，占全市总人口的3.52%。其中，城市少数民族人口13.8万人，占全市少数民族人口的54.7%，农村少数民族人口11.4万人，占全市少数民族人口的45.3%。满族、回族、朝鲜族、蒙古族、锡伯族5个世居少数民族人口24.8万人，占全市少数民族人口的98.4%。其中，满族14.3万人，占57.6%；朝鲜族4.96万人，占19.9%；回族4.37万人，占17.6%；蒙古族1.1万人，占4.5%；锡伯族685人，占0.4%。全市有4个民族乡(双阳区双营子回族乡、九台市胡家回族乡、九台市莽卡满族乡和榆树市延河朝鲜族乡)，43个少数民族聚居村，258个少数民族聚居社，全市有少数民族干部5 837人，占全市干部总数的2.75%。有少数民族社团8个，市级朝鲜族群众艺术馆1所，乡级少数民族文化站4所；民族中、小学26所；民族医院1所，民族乡医院4所，少数民族聚居村合作医疗点43个。

（赵志平）

行政区划

【行政建置】 截至2010年底，长春市共辖朝阳、南关、宽城、二道、绿园、双阳10个区(含长春经济技术开发区、长春净月经济开发区、长春高新技术产业开发区、长春西新经济技术开发区4个开发区)；榆树市、德惠市、九台市、农安县由省直辖。共辖65个街道，30个乡，68个镇；共有1 676个村，381个社区。

【行政区划】 区划调整工作　1、完成了硅谷街道办事处的报批工作。在朝阳区成立硅谷街道办事处，由高新技术产业开发区管委会代管。硅谷街道面积为29.889平方公里，辖3个村。2、完成了汽车产业开发区代管的盛家村交回朝阳区管辖的交接工作。3、完成了德惠市惠发街道区划调整工作。将边岗乡所辖的太兴村和胜利街道所辖的3个村划归德惠市惠发街道管辖，调整后惠发街道下辖13个村，幅员由88.8平方公里增加到123.21平方公里，总人口达到46 750人。4、完成了撤销农安县三岗乡设立三岗镇工作。5、完成了净月开发区区划调整工作。将净月街道所辖的先锋村、小合台村、净月村划归玉潭镇管辖，涉及调整面积17平方公里。调整后净月街道下辖6个社区，幅员35.6平方公里。玉潭镇下辖12个村，幅员160平方公里。

界线勘定工作　1、完成了吉黑界线联检长春段界线检查工作。吉——黑线榆树段，界线总长187.2公里，共设界桩16个。2、完成了长春－吉林界线联检工作。长吉线从吉黑线32号界桩起，向西南延伸至吉林、长春、四平边界交会点，全长385.54公里，全线共设界桩46个。

【地名管理】 1、《长春市城区地名总体规划(2010–2020)》获得市政府的批准。2、完成了朝阳区南站街道更名工作。朝阳区南站街道总面积为4.288平方公里。3、日常地名管理工作。2010年新命名街路共59条，新命名广场2个，广场更名1个。设置楼牌336个、门牌224个。

（马　威）

长春市区(市)、县、街道、镇(乡)区划一览表

朝阳区 (街道 10 镇 2 乡 1)	湖西街道　硅谷街道(高新代管)　重庆街道　红旗街道　清和街道　永昌街道　南湖街道 桂林街道　南站街道　富锋街道　永春镇　乐山镇　双德乡(高新代管)
宽城区 (街道 9 镇 5 乡 1)	新发街道　南广街道　东广街道　站前街道　柳影街道　群英街道　凯旋街道　团山街道 兴业街道　兰家镇　兴隆山镇(经开代管)　奋进乡　合隆镇(农安代管)　米沙子镇(德惠代管) 万宝镇(德惠代管)
南关区 (街道 15 镇 3 乡 1)	新春街道　长通街道　南岭街道　永吉街道　曙光街道　全安街道　民康街道　自强街道 桃源街道　永兴街道(净月代管)　净月街道(净月代管)　临河街道(经开区代管)　鸿城街道 明珠街道　富裕街道　玉潭镇(净月代管)　新立城镇(净月代管)　新湖镇(净月代管)　幸福乡
二道区 (街道 7 镇 6 乡 1)	八里堡街道　远达街道　东站街道　东盛街道　吉林街道　荣光街道　东方广场街道(经开代管) 英俊镇　泉眼镇　劝农山镇　四家乡　卡伦湖镇(九台代管)　龙嘉镇(九台代管) 东湖镇(九台代管)
绿园区 (街道 9 镇 3)	铁西街道　普阳街道　青年路街道　春城街道　正阳街道　林园街道　同心街道 锦程街道(汽开代管)　东风街道(汽开代管)　合心镇　西新镇　城西镇
双阳区 (街道 4 镇 3 乡 1)	平湖街道　云山街道　奢岭街道　山河街道　太平镇　鹿乡镇　齐家镇　双营子回族乡
榆树市 (街道 4 镇 15 乡 9)	正阳街道　培英街道　华昌街道　城郊街道　八号镇　大坡镇　弓棚镇　刘家镇　五棵树镇 闵家镇　秀水镇　保寿镇　黑林镇　新立镇　土桥镇　大岭镇　新庄镇　于家镇　泗河镇　育民乡 红星乡　太安乡　先锋乡　青山乡　延河朝鲜族乡　恩育乡　城发乡　环城乡
德惠市 (街 4 镇 10 乡 4)	胜利街道　建设街道　惠发街道　夏家店街道　郭家镇　天台镇　大房身镇　菜园子镇　松花江镇 布海镇　大青嘴镇　朱城子镇　达家沟镇　岔路口镇　朝阳乡　五台乡　同太乡　边岗乡
九台市 (街道 3 镇 10 乡 2)	九台街道　九郊街道　营城街道　上河湾镇　其塔木镇　土们岭镇　沐石河镇　西营城镇 城子街镇　苇子沟镇　兴隆镇　纪家镇　波泥河镇　胡家回族乡　莽卡满族乡
农安县 (镇 11 乡 10)	农安镇　伏龙泉镇　高家店镇　哈拉海镇　开安镇　烧锅镇　靠山镇　华家镇　巴吉垒镇 三盛玉镇　三岗镇　杨树林乡　万顺乡　龙王乡　黄鱼圈乡　永安乡　前岗乡　青山口乡 新农乡　小城子乡　万金塔乡

2010年长春市行政区划统计情况表

单位:个

	县(市)、区	街道	镇	乡	村	社区
长春市	朝阳区	10	2	1	24	55
	宽城区	9	5	1	20	49
	南关区	15	3	1	7	54
	二道区	7	6	1	34	47
	绿园区	9	3		24	41
	双阳区	4	3	1	133	14
	榆树市	4	15	9	388	12
	德惠市	4	10	4	308	10
	九台市	3	10	2	310	31
	农安县		11	10	377	10

县级市	县	自治县	市辖区	合计
3	1		6	10

街道	镇	乡	社区	村
65(城区54)	68(城区22)	30(城区5)	381	1 676

(社区:经济开发区20个;高新开发区11个;净月开发区17个;汽车产业开发区10个
村:经济开发区10个;高新开发区12个;净月开发区35个;汽车产业开发区9个)

气象气候

【概况】 2010年,长春市总的气候特点是气温略低,降水偏多,日照时数偏少。全市年平均气温为4.5℃,比常年同期5.2℃低0.7℃;年平均降水量为732.5毫米,比常年560.7毫米多31%;年平均日照时数为2 284.9小时,比常年同期少291.6小时。2010年,整个农作物生长季气温偏高,降水偏多,播种期出现低温,生长发育期高温多雨,初霜期较常年略早,大部分农作物于霜前成熟,2010年属于偏丰气候年景。主要天气气候事件,暴雨洪涝、高温干旱、暴雪、寒潮、大风扬沙、大雾等。

气温 年平均气温主要特征是气温略低,比2009年同期低0.8℃,为1959年以来同期低温的第8位。其中,长春市区和九台市年平均气温为5.3℃,双阳区为4.9℃,德惠市和农安县为4.0℃,榆树市为3.5℃。与常年同期相比,九台与常年持平;长春市区、双阳区和德惠市分别比常年同期略低0.4℃、0.6℃和0.9℃;榆树市和农安县分别比常年同期偏低1.1℃和1.3℃,分别为1959年以来同期低温的第3位和第2位。2010年内极端最高气温为37.3℃,6月26日出现在榆树市;极端最低气温为-37.5℃,1月1日出现在德惠市。全市气温阶段性变化明显。年逐月温度变化如图1,全年4个月份(5月、6月、9月和11月)气温高于常年同期,其余各月低于常年同期。3月~10月全市平均气温12.9℃,比常年同期低0.5℃,5月~9月全市平均气温20.1℃,比常年同期高1.0℃,为1959年以来同期高温的第4位。

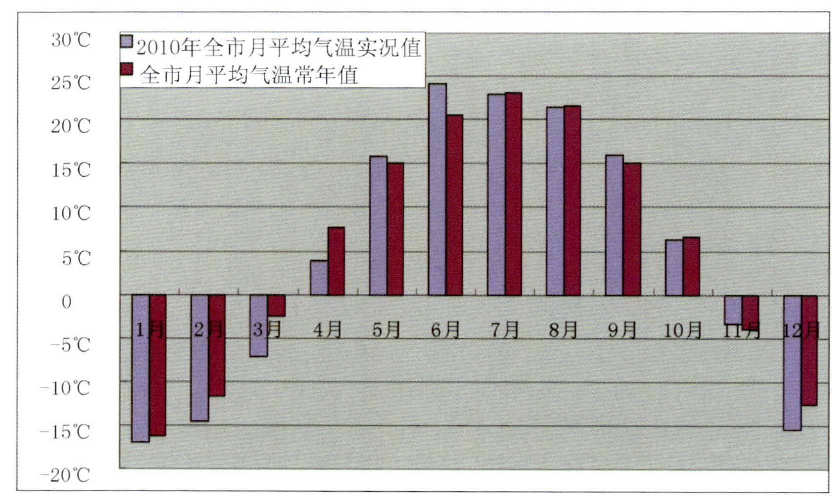

2010年逐月气温变化图

气温季节变化特征是冬季气温特低,春季气温特低,夏季气温偏高,秋季气温略高。

冬季(2009年12月~2010年2月)气温特低,全市季平均气温为-16.0℃,比常年同期低2.4℃,为1959年以来同期低温的第9位。2009年12月气温特低,全市月平均气温为-16.4℃,比常年同期低3.0℃,居1959年以来同期低温的第5位;2010年1月气温略低,全市月平均气温为-16.9℃,比常年同期低0.7℃;2010年2月气温特低,全市月平均气温为-14.6℃,比常年同期低2.9℃,居1959年以来同期低温的第8

位。

春季(3月~5月)气温特低,全市季平均气温为4.2℃,比常年同期低2.5℃,居1959年以来同期低温的第1位。春季前期(3月、4月)以低温为主,后期(5月)以高温为主。3月气温特低,全市月平均气温为-7.2℃,比常年同期低4.7℃,居1959年以来同期低温的第2位;4月气温特低,全市月平均气温为3.9℃,比常年同期低3.7℃,居1959年以来同期低温的第1位;5月气温略高,全市月平均气温为15.9℃,比常年同期高0.8℃。

夏季(6月~8月)气温偏高,全市季平均气温为22.8℃,比常年同期高1.1℃,居1959年以来同期高温的第6位。6月气温特高,全市月平均气温为24.1℃,比常年同期高3.6℃,居1959年以来同期高温的第1位;7月气温略低,全市月平均气温为22.9℃,比常年同期低0.2℃;8月气温略低,全市月平均气温为21.4℃,比常年同期低0.1℃。

秋季(9月~11月)气温略高,全市平均气温为6.4℃,比常年同期高0.5℃。9月气温略高,全市月平均气温为16.0℃,比常年同期高0.9℃;10月气温略低,全市月平均气温为6.3℃,比常年同期低0.3℃;11月气温略高,全市月平均气温为-3.2℃,比常年同期高0.7℃。

降水 降水量时空分布特征是降水量偏多且降水时间分布不均,全市年平均降水量为732.5毫米,比常年560.7毫米多31%,比2009年同期多70%,为1959年以来同期多雨的第3位。其中,双阳区降水量最多,年降水量为1 000.2毫米,比常年同期多59%,为1959年以来同期多雨的第1位;长春市区次之,年降水量为878.3毫米,比常年同期多54%,为1959年以来同期多雨的第一位;九台市、农安县和榆树市年降水量分别为666.8毫米、664.2毫米和619.1毫米,分别比常年同期多17%、31%和8%;德惠市最少,年降水量为566.4毫米,比常年同期多11%。年逐月降水变化如图2,全年中只有2个月份(6月和9月)降水量少于常年同期,其余月份均多于常年同期。3月~10月,全市平均降水量656.9毫米,比常年同期多22%,为1959年以来同期多雨的第5位。5月~9月全市平均降水量556毫米,比常年同期多17%。降水季节分布特征是冬季降水特多,春季降水特多,夏季降水略多,秋季降水略少。

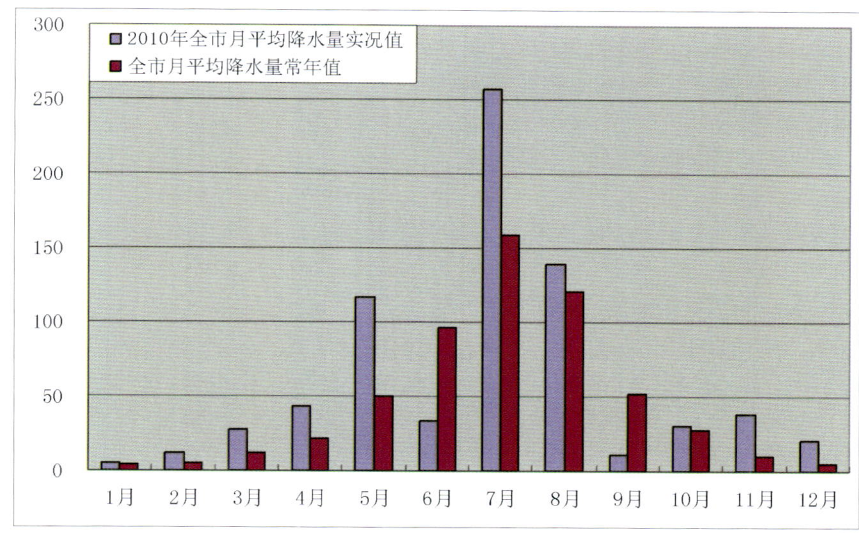

2010年逐月降水量变化图

冬季(2009年12月~2010年2月)降水特多,冬季全市平均降水量为29毫米,比常年同期多118%,为1959年以来同期多雨雪的第1位。整个冬季寒冷多雪。其中,2009年12月降水特多,全市平均降水量为12.3毫米,比常年同期多141%,为1959年以来同期多雨雪的第4位;2010年1月降水偏多,全市平均降水量为4.8毫米,比常年同期多37%;2010年2月降水特多,全市平均降水量为11.8毫米,比常年同期多157%,为1959年以来同期多雨雪的第3位。

春季(3月~5月)降水特多,全市平均降水量187.1毫米,比常年同期多124%,为1959年以来同期多雨的第1位。春季各月降水均特多,2010年3月全市平均降水量为27.5毫米,比常年同期多141%,为1959年以来同期多雨雪的第3位;4月全市平均降水量为42.9毫米,比常年同期多95%,为1959年以来同期多雨的第8位;2010年5月全市平均降水量为116.7毫米,比常年同期多133%,为1959年以来同期多雨雪的第一位,2010年5月5日长春市区和农安出现暴雨。

夏季(6月~8月)降水略多且时空分布不均,全市平均降水量428.6毫米,比常年同期多14%。德惠市、榆树市和九台市降水略少,季降水量分别为298.7毫米、327.6毫米和365.0毫米,分别比常年同期少15%、12%和4%;农安县降水略多,季降水量为406.6毫米,比常年同期多19%;长春市区降水偏多,季降水量为512.7毫米,比常年同期多34%,为1959年以来同期多雨的第6位;双阳区降水特多,季降水量为660.7毫米,比常年同期多58%,为1959年以来同期多雨的第2位,仅次于1985年的725.3毫米。夏季长春市降水阶段性较明显,前夏(6月)少雨,降水主要集中在7月和8月上中旬。其中,6月降水特少,全市平均降水量为33.0毫米,比常年同期少65%,为1959年以来同期少雨的第四位;7月降水特多,全市平均降水量为256.8毫米,比常年同期多62%,为1959年以来同期多雨的第4位;8月降水略多,全市月平均降水量为138.8毫米,比常年同期多15%。

秋季(9月~11月)降水略少。全市平均降水量为79.6毫米,比常年同期少11%。秋季降水时空分布不均,其中,长春市区和双阳区降水略多,季降水量分别为100.6毫米和109.9毫米,分别比常年同期多10%和14%；九台市降水略少，季降水量为83.1毫米，比常年同期少8%；德惠市、农安县和榆树市降水偏少，季降水量分别为56.6毫米、55.3毫米和71.8毫米，分别比常年同期少28%、31%和30%；秋季降水阶段性变化较明显，其中9月特少，全市平均降水量为10.7毫米，比常年同期少79%，为1959年以来同期少雨的第1位；10月略多，全市平均降水量为30.6毫米，比常年同期多10%；11月特多，全市月平均降水量为38.3毫米，比常年同期多286%，为1959年以来同期多雨的第1位。

日照 2010年日照时数偏少，全市年平均日照时数为2 284.9小时，比常年同期少291.8小时。其中，德惠市、榆树市和双阳区日照时数分别为2 337.4小时、2 304.5小时和2 352.6小时，与常年同期相比分别少181.3小时、349.7小时和138.4小时；农安县和长春市区日照时数分别为2 252.9小时和2 294.7小时，与常年同期相比分别少441.5小时和322小时。九台市日照时数为2 167.1小时，与常年同期相比略少318.1小时。在农作物生长季(5月～9月)全市平均日照时数1 128小时，比常年同期少64.9小时。

霜 2010年全市终霜较早，榆树市为4月27日，比常年同期早5天；长春市区和农安县为4月30日比常年同期分别早2天和4天；其他站为4月28日，分别比常年同期早5天～8天。2010年全市初霜出现时间略早，9月22日全市出现初霜天气。与常年同期相比，九台市略早1天，榆树市、德惠市和双阳区早2天，农安县早3天，长春市区早4天。2010年全市无霜期平均为146天，其中农安县和长春市区无霜期为144天；双阳区、德惠市和九台市无霜期为146天，榆树市无霜期为147天，与常年同期相比，榆树市少3天，农安少1天，长春市区与常年持平，九台市多7天，德惠市多3天，双阳区多4天。

【主要天气气候事件及其影响】 暴雪。2010年全市出现3次局地暴雪天气，受蒙古气旋和地面倒槽共同影响，3月14日下午到夜间长春市出现了大到暴雪，其中双阳区出现暴雪，降水量为10.3毫米，新增积雪16.1厘米。受华北气旋北上影响，从11月7日午后开始到8日，长春市出现了入冬以来第一场明显雨转雪天气过程。8日，长春市区、九台市、双阳区出现暴雪，降水量分别为10.8毫米、13.0毫米和14.0毫米，新增积雪均超过10厘米。受高空槽和地面气旋共同影响，11月11日长春市区和农安县出现暴雪，降水量分别为11.7毫米和12毫米，新增积雪超过10厘米。 降雪天气增加了地表积雪覆盖，对土壤增墒保墒以及净化空气、抑制病菌十分有益，同时降低了火灾的发生率。不利的是在降水天气出现的过程中，道路出现了结冰和积雪现象，给人们的出行以及公路、铁路的交通运输工作带来较大的影响。

暴雨。2010年全市出现8次暴雨天气。5月5日，长春市区和农安县出现暴雨，日降水量分别为59.1毫米和59.6毫米，是历年以来出现最早的暴雨。6月28日，农安县出现暴雨，日降水量为57毫米。7月2日，榆树市和双阳区出现暴雨，日降水量分别为76.4毫米和70.6毫米。7月20日，德惠市和农安县出现暴雨，日降水量分别为56.8毫米和97.4毫米。21日双阳区出现暴雨，日降水量为51毫米。7月25日，双阳区出现大暴雨日降水量为108.2毫米。7月28日，长春市区及双阳区北部、农安县南部出现暴雨，部分地方出现大暴雨，其中，长春市91毫米，双阳区73.2毫米为暴雨。8月5日，全市普降暴雨，全市平均降雨量61.5毫米。各县(市)、区降雨量平均如下：长春市区87.5毫米，农安县51.6毫米，德惠市53毫米，榆树市57.4毫米，九台市62.7毫米，双阳区56.3毫米。8月19日下午，长春市南部出现了大到暴雨，长春市区部分地方出现了大暴雨。九台市出现暴雨降水量为51毫米，长春市区的高新、南湖、南岭体育场、文化广场、英俊、新华印刷厂等6个自动气象观测站降雨量超过100毫米，另有15个观测站点出现暴雨。由于夏季强降水过程频繁，致使水库水位超汛限，水库放流使其下游出现大面积洪涝灾害和内涝灾害，造成被淹地块作物减产。暴雨还造成低洼地房屋进水，市内道路积水严重，交通大面积拥堵，路面大量积水淹没、损坏车辆等。但夏季降水多，对于增加水资源量，改善生态环境有利。

寒潮。2010年全市寒潮天气过程频繁，范围广，降温幅度大。2010年度全市共出现大范围寒潮过程11次，分别出现在2010年1月21日、1月28日、2月25日、3月6日、3月13日、3月16日、3月21日、11月22日、12月2日、12月11日和12月23日。其中1月28日和2月25日的降温过程影响范围最大，1月28日全市降温幅度在7.9℃～13.6℃之间，2月25日～26日全市降温幅度在9.7℃～13.7℃之间。

大风。2010年大风天气较少，其中九台市和榆树市7次、长春市区和双阳区9次、德惠市11次、农安县13次。农安县出现3次扬沙天气，长春市区出现2次扬沙天气，榆树市出现1次扬沙天气。

大雾。2010年长春市大雾天气过程多，共出现较大范围的大雾天气过程18次。其中最明显的一次大雾天气过程出现在11月17日，长春市区、双阳区、德惠市出现大雾，绝大部分地方能见度不足千米，其中长春为100米～300米。

干旱灾害。夏初(6月1日～6月27日)长春市出现明显少雨段，全市平均降水量仅为15.4毫米，较常年同期少81%，居1959年以来同期少雨年的第2位；全市平均气温24.1℃，比常年同期高3.7℃，居1959年以来同期高温第1位。由于春末夏初异常高温，使农作物热量条件明显好转，明显补偿了春季低温造成的热量不足。初夏长时间高温少雨，主要产粮区的岗、平地土壤水分快速消耗，6月中旬初旱现象露头，中下旬旱情进一步发展，大部分地方出现轻旱，玉米白天叶片打绺，受旱症状明显。2010年，长春市的气象条件较好，作物生长、成熟的关键期光、热、水等气象条件匹配较为合理，完全满足农作物生长发育需求。虽然出现了高温干旱和暴雨洪涝天气，对粮食产量有一定影响，仍然取得丰收年景。

（梁衍波）

国民经济和社会发展综述

【概况】 2010年，长春市国民经济实现平稳较快增长，转变发展方式有序推进，各项社会事业全面进步，民生状况不断改善，“十一五”规划目标顺利实现。全年实现地区生产总值3 329亿元，按不变价格计算，比2009年增长15.3%。其中，第一产业增加值248.6亿元，比2009年增长3.2%；第二产业增加值1 724亿元，比2009年增长19.2%；第三产业增加值1 356.4亿元，比2009年增长12.5%。三次产业结构分别为7.5：51.8：40.7，对经济增长的贡献率分别为1.4%、64.5%和34.1%。人均生产总值达43 936元（按户籍年平均人口数计算），比2009年增长14.8%，折合6 635美元。全市一般预算全口径财政收入563.4亿元，比2009年增长25.0%。全市地方财政收入180.8亿元，比2009年增长26.8%，其中税收收入141.1亿元，比2009年增长21.2 %。地方财政支出382.9亿元，比2009年增长25.1%，其中，教育支出57.9亿元，比2009年增长20.2%；社会保障和就业支出51.1亿元，比2009年增长5.0%；医疗卫生支出25.6亿元，比2009年增长6.6%；交通运输支出7.9亿元，比2009年下降0.6%。全口径财政收入占GDP的比重为16.9%，比2009年提高1.1%。全年居民消费价格总指数为103.6%，增幅比2009年上升3.8%，食品、衣着、医疗保健和个人用品、娱乐教育文化用品及服务、居住的消费品价格比2009年有所上涨，烟酒及用品、家庭设备用品及维修服务、交通和通讯的消费品价格有不同程度下降。工业品出厂价格上涨0.26%，其中，生产资料价格上涨0.15%，生活资料价格上涨0.39%。原材料、燃料、动力购进价格上涨3.58%。

【农业】 2010年，完成农林牧渔业总产值474.7亿元，比2009年增长4.8%。其中，种植业产值213.4亿元，比2009年增长0.97%；林业产值3.2亿元，比2009年增长64.8%；牧业产值242.3亿元，比2009年增长6.4%；渔业产值2.4亿元，比2009年增长2.9%；农林牧渔服务业产值13.3亿元，比2009年增长0.9%。2010年粮食作物播种面积115万公顷，比2009年减少0.5%。粮食总产量达796.1万吨，比2009年增加65.3万吨。其中，玉米产量638.7万吨，比2009年增长16 %；水稻产量119.9万吨，比2009年减少13.4%。猪出栏1 198.2万头，比2009年增长28.4%，牛出栏237万头，比2009年下降1.8%，羊出栏69.4万只，比2009年下降27.3%，家禽出栏4.7亿只，比2009年增长9.3%。肉蛋奶产量分别达236.6万吨、46.8万吨和12.7万吨，分别比2009年增长4.5%、9.6%和0.8%。2010年农业机械总动力为427万千瓦，比2009年增长9.4%。全市蔬菜种植面积为10万公顷、蔬菜总产值78亿元，分别比2009年增长3.1%和32.2%。全市已认定无公害农产品和绿色食品基地101个，认定无公害农产品562个，新认证绿色产品8种。全市有效使用绿色食品标志产品102个，有机食品36个，无公害农产品424个，无公害农产品产地认定58个，环境监测面积达48.2公顷。2010年落实国家和省四项政策性补贴资金22.7亿元。全市新增省、市、县、乡4级新农村建设推进村167个，得到全省补助资金3 311万元，带动各级投入26 000万元。新建农村公路880公里，改造农村泥草房4万户，解决37.2万农村人口饮水安全问题。全市新建续建投资规模亿元以上农产品加工业重点项目60个，总投资280.2亿元。完成固定资产投资205亿元，比2009年增长20%；粮食加工量达550万吨；农产品加工业销售收入810亿元，比2009年增长10.9%。

【工业和建筑业】 2010年，完成规模以上工业增加值1 476.2亿元，比2009年增长20.9%。其中，轻工业增加值269亿元，比2009年增长18.1%；重工业增加值1 207.2亿元，比2009年增长21.5%。规模以上工业企业万元增加值综合能源消耗降低率为8.15%。全年完成规模以上工业总产值5 750.8亿元，比2009年增长28.3%。汽车制造业累计完成产值3 705亿元，比2009年增长31.2%，占规模以上工业总产值的64.4%；农副食品加工业完成产值739.9亿元，比2009年增长26.2%，占规模以上工业总产值的12.9%；生物与医药工业完成产值65.1亿元，比2009年增长6.4%，占1.1%；光电子信息工业完成产值75.3亿元，比2009年增长32.1%，占1.3%；建材工业完成产值291.5亿元，比2009年增长30%，占5.1%；能源工业完成产值404亿元，比2009年增长7.2%，占7%；装备制造业完成产值271.5亿元，比2009年增长33.1%，占4.7%。40户重点工业企业完成工业总产值4 030.3亿元，占规模以上工业总产值的比重达70.1%。全年完成新产品产值2 556.4亿元，比2009年增长30.4%，新产品产值率达63%，比2009年提高18.2%。全年实现主营业务收入5 494.1亿元，比2009年增长33.6%；利税总额762.4亿元，比2009年增长45%；盈亏相抵后实现利润总额470.1亿元，比2009年增长69.1%。全年建筑业完成增加值254.4亿元，比2009年增长9.9%。资质以上建筑业完成总产值669.8亿元，比2009年增长17.6%。实现工程结算收入640.4亿元，增长18.5%。

【固定资产投资】 2010年，完成全社会固定资产投资总额3 001.5亿元，比2009年增长31%。其中，城镇固定资产投资2 192.8亿元，比2009年增长33.9%；房地产开发投资542.8亿元，比2009年增长22.3%。新增固定资产1 964亿元，比2009年增长45.5%。固定资产交付使用率为65.4%，比2009年提高5.5%。房屋面积竣工率为36.3%，比2009年下降11.8%。从各产业完成投资情况看，第一产业投资37.8亿元，比2009年增长17.0%；第二产业投资1 424.6亿元，比2009年增长28.8%；第三产业投资 1 539 亿元，比 2009 年增长 38.1%。从投资主体看，国有经济投资 947.8 亿元，比 2009 年增长 37.3%；非国有经济投资 2 053.7 亿元，增长 31.6%，占全社会固定资产投资的比重为 68.4%。全市工业投资 1 400.3 亿元，比 2009 年增长 28.4%，对全社会投资增长的贡献率达 44.2%。民间投资 1 882 亿元，比 2009 年增长 34.4%。全市商品房施工面积 3 089.4 万平方米，比 2009 年增长 30%。商品房竣工面积 963.7 万平方米，比 2009 年增长 66%。商品房销售面积 863.1 万平方米，比 2009 年增长 20.6%。商品房销售额 446.9 亿元，比 2009 年增长 50.8%。空置面积 280 万平方米，比 2009 年下降 18.6%。2010 年，二手房成交 3.9 万套，成交面积为386 万平方米，比 2009 年增长 2.1%；成交金额为 65.9 亿元，比 2009 年增长 6.8%。其中，住宅成交 3.7 万套，成交面积为 298 万平方米，比 2009 年增长 0.4%；成交金额为 43.4 亿元，下降 5.2%。

【国内贸易】 2010 年，实现社会消费品零售总额 1 286.7 亿元，比 2009 年增长 18.1%。分行业看，批发零售贸易业零售额 1 177.1 亿元，比 2009 年增长 18.4%。其中，限额以上批发零售贸易业零售额 531.1 亿元，比 2009 年增长 28%；限额以下零售额 646 亿元，比 2009 年增长 11.5%。住宿和餐饮业零售额 109.6 亿元，比 2009 年增长 15.8%。其中，限额以上住宿餐饮业零售额 19.4 亿元，比 2009 年增长 18.1%；限额以下住宿餐饮业零售额 90.2 亿元，比 2009 年增长 15.3%。2010 年，全市限额以上批发和零售企业汽车类零售额 161.6 亿元，比 2009 年增长 37.3%；食品、饮料、烟酒类零售额 49 亿元，比 2009 年增长 22.6%；服装鞋帽纺织品类零售额 102.9 亿元，比 2009 年增长 26%；书报杂志类零售额 3.3 亿元，比 2009 年增长 29%；建筑及装潢材料类零售额 13.4 亿元，比 2009 年增长 1.1%；家具类零售额 12.3 亿元，比 2009 年增长 4.4%。

【对外经济旅游和会展业】 2010 年，实现进出口总额 132.2 亿美元，比 2009 年增长 54.7%。其中，进口 112.2 亿美元，增长 50.3%；出口 20 亿美元，比 2009 年增长 85.4%。在出口中，国有企业出口 9.5 亿美元，比 2009 年增长 1.1 倍；外商投资企业出口 5.4 亿美元，比 2009 年增长 31.1%；一般贸易出口 13.1 亿美元，比 2009 年增长 49.8%。全年新批外资项目（企业）80 个，其中投资总额超千万美元项目 25 个。全年实际利用外资 26.7 亿美元，比 2009 年增长 9.6%。其中，直接利用外资 7 亿美元，比 2009 年增长 9.2%。对外劳务承包营业额完成 2.8 亿美元，外派劳务人员 9 385 人次。全年来长旅游人数达 2 637.6 万人次，比 2009 年增长 16.3%。其中，接待入境游客 25 万人次，比 2009 年增长 15.1%；接待国内旅游者 2 612.6 万人次，比 2009 年增长 16.3%。全年旅游总收入 350.4 亿元，比 2009 年增长 23.2%。旅游外汇收入 13 747.9 万美元，比 2009 年增长 18.3%。全市共举办各类会展活动 167 项，其中，展览 85 项，会议（论坛）36 项，其他节庆、赛事、演出等活动 46 项。展会直接收入20.9 亿元，带动其他相关产业收入 188 亿元，分别比 2009 年增长 17.4%和 17.5%。

【交通邮电业】 2010 年，公路货物周转量 186.5 亿吨公里，比 2009 年增长 1.4%；旅客周转量为 60.5 亿人公里，比 2009 年增长 41.4%。民航完成货邮吞吐量 6.2 万吨，比 2009 年增长 29.2%；完成旅客吞吐量 475 万人次，比 2009 年增长 22.5%；全年营运收入 25 039.6 万元，比 2009 年增长 30.3%。截至 2010 年末，全市民用汽车保有量 66.5 万辆，比 2009 年增长 22.0%。其中，私人轿车保有量 50.5 万辆，比 2009 年增长 25.6%。2010 年，完成邮电业务总量 133.2 亿元，比 2009 年增长 39.5%。其中，邮政业务总量 7.8 亿元，比 2009 年增长 44%；电信业务总量 125.4 亿元，比 2009 年增长 39.2%。全年特快专递完成 323 万件，比 2009 年增长 3.2%；邮政储蓄平均余额 135.4 亿元，比 2009 年增长 11.9%。全市市话年末达到 125 万户，比 2009 年增长 2%；农话年末达到 30.7 万户，比 2009 年增长 14.6%；小灵通电话用户 21.9 万户，比 2009 年下降 23.9%。移动电话年末达到 1 239.6 万户，比 2009 年下降 2.3%。互联网用户已经达 547 万户，比 2009 年增长120.9%，其中宽带用户 58 万户，比 2009 年下降 10.7%。

【金融证券和保险】 截至 2010 年末，全市拥有银行 19 家，保险公司 23 家，证券公司 2 家。金融机构本外币各项存款余额 5 038.4 亿元，比 2009 年增长 15.7%。其中，企事业单位存款余额 1 886.1 亿元，比 2009 年增长 21.6%；储蓄存款余额 2 086.3 亿元，比 2009 年增长 12.1%。全市金融机构本外币各项贷款余额 4 616.8 亿元，比 2009 年增长 19.5%。全市拥有股票交易机构 2 个，与 2009 年持平；股票交易网点 42 个，与 2009 年持平。A 股上市企业 17 家。股民账户数达 123.8 万户，比 2009 年增长 15.6%。全市有价证券成交总额 5 496.9 亿元，比 2009 年下降 17.8%。其中，股票交易成交额 5 365.7 亿元，下降 13.7%；国债成交额 1.6 亿元，下降 69.8%；基金成交额 26.4 亿元，下降 5.5%。全市拥有保险公司 23 家，有保险专业中介法人机构 25 家，兼业保险代理机构 1 078 家。全年保费收入 93.3 亿元，比 2009 年增长 36.9%。其中，财产险保费收入 27.6 亿元，比 2009 年增长 50%；人身险保费收入 65.7 亿元，比 2009 年增长 32.1%。全年赔付总金额 22.6 亿元，比 2009 年增长 1.1%。其中，财产险赔付金额 12.1 亿元，比 2009 年增长 2%；人身险赔付金额 10.5 亿元，比 2009 年增长 0.2 %。

【城建和公用事业】 2010 年，全市完成道路新建和扩建长度 322.9 公里，全市道路总面积达 5 474.6 万平方米，道路长度达 2 572 公里，人均道路面积 17.65 平方米。2010 年，全市水厂日综合生产能力为 104.9 万立方米 / 日，城区使用自来水人数达 308.2 万人。全市人工煤气和天然气供气总量分别达 14 327 立方米和 24 909.8 万立方米；液化石油气供气总量达7.9万吨。城区使用煤气、天然气、石油液化气户数达102万户。城区集中供热面积达12 166.3万平方米。截至2010年末,全市园林绿地面积达13 147公顷,公园绿地面积达4 249公顷,建成区绿化覆盖面积达15 190公顷,建成区绿化覆盖率达38.58%。

【科技质量技术监督和教育】 2010年,专利申请量由2009年的3 550件增加到4 238件,比2009年增长19.4 %。全年通过鉴定、验收和认定的科技成果143项,获得市以上科技进步奖励成果235项。其中,获国家级奖励10项,省级奖励183项。截至2010年末,在全市各级各类科技人员中,"两院"院士27人。全市拥有独立科学研究与技术开发机构98个。其中,自然科学和技术领域研究与开发机构61个,社会科学与人文领域研究与开发机16个,科技信息与文献领域机构6个。全市民营科技企业技术合同成交额达17.2亿元,累计技术合同成交额177.8亿元。市科技管理部门共投入科技经费6 163万元。2010年,全市新认定高新技术企业144户,新认定产值超亿元的高新技术企业40家。全市有法定产品质量检验机构6个,法定计量技术机构6个。全年共定期监督检验产品1 405批次。受理委托检验12 905批次。国家和省的监督抽查产品质量平均合格率分别达到96.71%和91.43%。长春市各级各类教育学校2 656所(含学前教育,以下同),其中,在长普通高校36所(含专修学院),成人高校8所,中等职业学校108所,普通高中65所,普通初中272所,职业初中5所,小学1 474所,特殊教育学校9所,幼儿园678所,工读学校1所。全市各级各类教育学校招生44万人,其中,普通高校招收本专科生10.2万人,成人高校招收本专科生3.7万人,中等职业学校招生3.9万人,普通高中招生5万人,普通初中招生7.6万人,小学招生7.3万人,幼儿园招生6.3万人。全市各级各类教育在校生147.1万人(含在园儿童),其中,普通高校本专科在校生36.5万人,成人高校本专科生8.8万人,中等职业在校生10.2万人,普通高中在校生14.2万人,普通初中在校生24.7万人,职业初中在校生0.14万人,小学在校生42.2万人,特殊教育在校生0.16万人,在园儿童10.2万人,工读学校在校生2人。全市各级各类教育学校专任教师94 855人(含幼儿园专任教师)。其中,普通高等学校专任教师22 981人,成人高校专任教师1 166人,中等职业学校专任教师6 031万人,普通高中专任教师7 329人,初中阶段学校专任教师17 583人,小学专任教师33 694人,特殊教育学校专任教师303人,工读学校专任教师32人,全市幼儿园专任教师5 736人。小学学龄儿童入学率达99.99%。

【文化卫生和体育】 2010年,全市共有文化(文物)事业机构228家,其中,艺术表演团体9家,艺术表演场馆5家,公共图书馆12家,艺术馆、文化馆12家,文化站161家,文化艺术科技、科研机构2家,文物保护研究机构1家,文物保护管理机构4家,其他文化事业6家,其他文化企业1家,博物馆4家,文化市场管理机构11家。公共图书馆总藏量326万册,其中少儿图书馆藏量51万册。全市共有国家综合档案馆11个,馆藏档案141.7万卷、51.8万件,开放档案14.7万卷、5.3万件。全市拥有各类文化经营场所1 455家,其中,互联网上网服务营业场所824家(连锁91家),文化娱乐场所312家,演出场所29家,音像制品经营场所275家,古玩(美术品)经营店15家。市区(含开发区)文化经营场所968家,其中,互联网上网服务营业场所564家(连锁84家),文化娱乐场所167家,演出场所20家(市直5家),音像制品经营场所210家,古玩(美术品)经营店7家。长春电影制片厂全年共生产故事片28部,译制片8部,科教片10部,数字电影22部。2010年,全市有广播电台4座,节目9套,中波发射台和转播台2座,转播台7座,广播人口覆盖率为100%;电视台5座,节目9套,电视人口覆盖率为100%。截至2010年末,全市卫生医疗机构3 853个(含村卫生室),其中医院、卫生院310所。拥有医疗、疗养床位3.7万张,卫生技术人员为4万人。每千人拥有执业医师和执业助理医师2.33人。截至2010年末,市辖区建成社区卫生服务中心49家,城区人口覆盖率达到98%,新型农村合作医疗覆盖率达到100%,365.8万农民参加了新型合作医疗,参合率达99.1%,共筹集资金5.4亿元,已有135万参合农民受益,支付补偿金5亿元,占筹资总额的91.9%。长春市及长春市输送的运动员参加年度国际和全国比赛40项次,获世界冠军17个,全国冠军53个;向国家队(集训队、青年队)输送运动员26人。长春市共有7名运动员代表国家参加第21届温哥华冬奥会,取得2枚金牌和1个第4名、1个第6名、2个第7名的历史最好成绩,实现长春市冬奥会金牌零的突破。在城区安装30条健身路径,在乡(镇)、行政村安装100条健身路径,为167个行政村配置篮球架;以"健康长春—体育伴随你我他"为主题,开展22项市级品牌、7大分主题健身活动。建立了覆盖城区的15个国民体质监测室,形成了市民体质监测网络。全年体育彩票年销售5.2亿元,增长6.1%。

【环境保护】 2010年,全市工业废水排放达标率和工业固体废物综合治理率分别达到96.24%和99.58%,重点工业污染源实现全面达标排放。截至2010年末,全市烟尘控制区面积327.71平方公里,环境噪声达标区面积236.46平方公里,区域环境噪声平均值控制在55.9分贝,道路交通噪声平均值控制在68.1分贝,噪声达标区覆盖率达78%以上,达到全国文明城市A类标准。全市开展生态示范区建设试点面积1.9万平方公里,达到了全市面积的91.4%,国家级生态示范区建成率达到100%。全年城区空气污染指数(API)为70;空气环境质量优良级天数341天,占总天数的93.4%,其中,优级天数43天,占11.8%;良级天数298天,占81.6%;空气首要污染物总悬浮颗粒物(PM10)年日均值每立方米89微克,比2009年上升4微克;二氧化硫年日均值每立方米30微克,比2009年下降4微克;二氧化氮年日均值每立方米44微克，比2009年增加2微克；饮用水源水质达标率100%。

【人口和就业】 截至2010年末，全市户籍总人口为758.9万人。其中，市区人口362.8万人，4县(市)人口396.1万人。全市人口出生率为10.43‰，死亡率为6.61‰，自然增长率为3.82‰。全市从业人员总数已达366.4万人，比2009年增长5.6%。其中，第一产业从业人员129.1万人，占全市从业人员总数的35.2%；第二产业从业人员95.6万人，占全市从业人员总数的26.1%；第三产业从业人员141.7万人，占全市从业人员总数的38.7%。在全市从业人员中，截至2010年末，城镇单位从业人员92.8万人，从事个体劳动的有34.4万人。

【人民生活和社会保障】 2010年，城市居民人均可支配收入达17 922元，比2009年增长11.5%；人均消费性支出14 400元，比2009年增长7.4%。城市恩格尔系数为32.2%。城市居民每百户拥有汽车10.19台，拥有彩电127.71台，电冰箱及冰柜100.32台，洗衣机99.36台，拥有家用电脑和移动电话75.8台和225.16部。城市人均住宅建筑面积由2009年的29.14平方米增加到31.14平方米。农村居民人均纯收入6 665元，比2009年增长17.7%。农村人均生活费支出3 863元，比2009年增长9.3%。农村恩格尔系数为39.3%。农村居民每百户拥有彩电102台，电冰箱39台，移动电话140部，摩托车50辆。农村人均住房面积由2009年的23.74平方米增加到24.62平方米，增长3.7%。截至2010年底，全市基本养老保险参保人数达到152.1万人，比2009年增长6.9%，其中，在职职工107.8万人，比2009年增长5.1%；失业保险参保人数达70万人，比2009年减少2.8%。全年征缴养老保险基金55.7亿元，比2009年增长8.8%；征缴失业保险基金3.5亿元。全年共为44.4万名离退休人员发放养老金62.8亿元，比2009年增长21%；为3.9万名失业人员发放失业金1.4亿元。城镇医疗保险参保人数达390.2万人，其中城镇职工参保151万人。城镇居民基本医疗保险参保总数达239.2万人，工伤和生育保险参保人数分别达到97.9万人和95.6万人。全年共开发就业岗位12.9万个，实现城镇新增就业10.8万人，安置下岗失业人员实现再就业8.2万人，其中大龄就业困难对象再就业1.2万人。全市就业困难群体从事公益性岗位人员稳定在2.3万人以上，2010年扶持315户零就业家庭实现就业。创建充分就业社区170个。累计实现农村劳动力转移就业125万人次。截至2010年底，城镇登记失业率为3.65%；全市城市居民共有8.1万户、15.9万人享受最低生活保障；农村居民共有8.1万户、14万人享受最低生活保障。累计全年发放城乡低保资金4.1亿元。全市建设保障型住房7 046套、建筑面积35.4万平方米、总投资额9.7亿元。其中，建设廉租住房1 360套、建筑面积7.4万平方米、投资额2.1亿元；建设政府保障型住房5 686套、建筑面积28万平方米、投资额7.6亿元。全市在民政部门注册养老服务机构共有186家，总床位数12 665张。其中，国家办养老机构5家，社会力量投资兴办的养老机构181家。农村社会福利服务中心108所。全年销售社会福利彩票6.4亿元。募集善款1.8亿元，总支出慈善募捐款1.7亿元，受助群众达10.5万人次。

（曹军飞）

精神文明建设

【概况】 2010年，长春市精神文明建设工作，深入贯彻落实科学发展观，以建设社会主义核心价值体系为根本，以创建全国文明城市为目标，以公民思想道德建设为重点，深入开展群众性精神文明创建活动，有力提高了市民素质和城乡文明程度，为经济社会平稳较快发展营造了良好的社会环境。

【创建全国文明城市】 2010年4月2日，召开全市创城动员大会，掀起新一轮创城高潮。提出要以科学发展观为指导，以提高市民素质和城市文明程度为目标，以“创城为百姓、百姓共创城”为理念，统筹全市物质文明、政治文明、精神文明和生态文明深入发展，努力实现2011年进行全国文明城市的奋斗目标。对照《全国文明城市测评体系》，下发《中共长春市委长春市人民政府关于深入推进全国文明城市创建工作的实施意见》，对创城工作进行全面部署。对照《全国文明城市测评体系》，4月、6月分两次对全市进行了公共文明指数测评，利用测评结果解决存在的问题，提高了城市文明指数。坚持“创城为百姓，百姓共创城”的工作理念，使创城成为惠民利民的“民生工程”。针对百姓反映的交通秩序、市容环境、居住条件等热点难点问题，在全市范围内深入开展“创文明城、做文明人”主题实践活动及“150天市容环境卫生专项整治行动”，协调各部门加强建设与管理，着力打造优美的生活环境、优良的社会秩序和优质的公共服务，改善城市环境、提升城市形象。6月18日，在长春市“创文明城、做文明人”主题活动推进会上，10位来自不同工作岗位做出感人事迹的市民获得“好市民”称号。7月2日，为进一步推进“创文明城，做文明人”主题活动，市创城办分别发出致全体市民、中小学生、部队官兵、出租车司机的一封信共139万封，号召广大市民努力通过自己的一言一行，为城市增光添彩，要自觉遵守社会公德，自觉守护城市文明，弘扬社会正气，引领文明风尚，齐心协力为建设文明城市贡献力量。动员省市媒体，通过组织全方位、多层次、立体化的强势宣传，提升市民对创城的知晓率、认可率、参与率和支持率，努力形成“广泛关注创城、人人参与创城、合力推动创城”的良好局面。8月5日，中央文明委测评组对长春市进行文明指数测评，面对激烈的竞争，长春市在省会、副省级城市中排名第17位，在东三省省会城市中位居首位。

【“讲文明树新风”活动】 紧紧围绕中国办好上海世博会、第六届东北亚投资贸易博览会、第七届长春汽博会，组织开展了多种形式的“讲文明树新风”活动，树立文明长春的良好形象。开展“文明礼仪我知晓我行动”活动，着力纠正随地吐痰、乱扔垃圾、乱贴乱画等不文明行为。印发《市民文明礼仪》知识手册1万本，下发到街道、社区。深入基层宣传普及文明礼仪知识，引导人们懂礼貌、知礼仪、重礼节，增强文明意识，养成文明习惯，实践文明行为。以“导学、送学、讲学、研学、比学、评学”为主要形式，在机关、学校、企业、社区深入开展“一学双争”（全民学习，争创学习型党组织，争当学习型党员）活动。以“品味书香、文化长春”为主题，举办2010年长春图书博览会，通过组织万人签名、图书漂流等活动迅速掀起全民阅读的热潮。在机关、企业、学校广泛宣传低碳环保经济，张贴节能标志，引导人们节约一度电、一滴水、一粒粮、一张纸等，倡导绿色环保生活方式。大力宣传“影响生态的百件小事”，倡导从小事做起，从自身做起，促进勤俭节约风气的形成。

【公民思想道德建设】 长春市文明办注重用凡人善举影响、教育广大群众，通过选树宣传道德楷模来引领社会风尚，提高公民道德素质。为充分展示长春市道德建设的丰硕成果和广大公民践行社会主义荣辱观的良好精神面貌，切实发挥道德模范在公民道德建设中的示范引导作用，进一步推动形成知荣辱、树新风、促和谐的良好社会风尚，2010年4月，在全市开展了“长春市第三届道德模范”评选活动。广泛组织社会各阶层群众参与投票，从基层推荐的上千名候选人中，选出30名事迹过硬、群众认可程度高的典型进行媒体公示投票。经基层推荐评选、审核公示等程序，结合2010年入夏以来长春市在抗洪救灾方面涌现出来的先进典型事迹，组委会决定授予张爽等18人“长春市道德模范”荣誉称号，授予尹维增等18人“长春市道德模范提名奖”荣誉称号。其中，纪长秋、刘春玲、李万升等3人还获得“吉林省道德模范”称号；翟树全、张爽、胡艳苹等3人获得“吉林省道德模范提名奖”荣誉称号。结合长春市开展的“创文明城做文明人”活动，长春市文明办在全市范围内广泛开展“寻找身边好市民”活动。通过基层推荐、群众举荐、媒体发现等方式，截至2010年底，共评选表彰32名好市民，市领导亲自给获得“好市民”荣誉称号的好市民颁发了证书和奖牌，在群众中掀起了人人争做好人的良好社会风尚。贯彻落实中央文明办通知精神，广泛开展“全国道德基层巡讲”活动，深入社区、机关、学校召开4次报告会，在群众中引起强烈反响。大力宣传长春市道德模范葛长江拾荒助学的先进事迹，国内各大媒体进行了报道。2月11日，省委常委、长春市委书记高广滨走访慰问了长春市朝阳区离休干部葛长江，号召全市领导干部向葛长江学习，组织副局级以上干部结对子献爱心，给贫困孩子捐款、捐衣物以及学习用品。出台《长春市帮扶生活困难道德模范和“好市民”实施办法》，建立起帮扶生活困难道德模范和“好市民”的长效机制。为凝聚城市爱心，推进大救助体系建设，树立“好人有好报，有难众人帮”的良好风尚，让好人生活无忧，由长春市文明办发起、长春晚报社积极响应、市慈善会大力支持，成立了长春市文明基金。由于理念鲜明、定位准确，文明基金发起以后，社会反响强烈、各界积极响应，各级文明单位发挥排头兵作用，踊跃奉献爱心，截至2010年底，共募集善款362万元，于12月29日对包括纪长秋、张子良家人在内，部分生活困难的道德模范和“好市民”实施了首次帮扶。加强与道德楷模的联系与沟通，对生活困难的及时给予帮扶。春节期间，走访慰问了17户生活困难的道德模范，树立“好人有好报”的鲜明价值导向。中央文明办开展了全国道德模范评选和“我推荐、我评议身边好人”活动，在2010年的评选中，长春市共有台丽伟等6人入选“中国好人榜”。2010年10月18日，全国道德模范与身边好人现场交流活动暨长春市第三届道德模范颁奖典礼在长春广电中心演播大厅隆重举行，一位位“长春好人”用感人的事迹打动了全国，弘扬了长春“宽容大气、自强不息”的城市精神。

【节日主题活动】 在清明节期间，推行文明殡葬方式。首次推出“生命远航”公益海葬活动，得到市民认同与支持，135名逝者入“海”为安。丰富节日内涵，组织广大干部群众特别是青少年诵读中华经典，引导人们慎终追远，弘扬中华民族优秀文化和传统美德。组织城乡社区和基层企事业单位开展植树绿化、沐春踏青、风筝比赛等活动，引导人们走近自然、关爱自然，促进人与自然和谐相处。充分利用城市广场、文化中心、街心公园和村镇文化广场、农村文化大院等场所，发挥文艺团体、文化馆专业人员及群众文艺骨干的作用，在节日期间开展“爱国歌曲大家唱”、秧歌大赛等活动，丰富人民群众精神文化生活。

【文明交通】 为切实增强公民文明交通意识，着力纠正各类违反交通法规的现象，创造良好道路交通环境，进一步提升公民文明素质和社会文明程度，在全市范围内广泛开展“文明交通行动计划”各项工作。召开新闻发布会，广泛张贴标语、横幅，制作播发公益广告，发送手机短信，向车主发出公开信等方式，集中宣传实施文明交通行动的意义，引导广大市民自觉遵守交通法规，摒弃闯红灯、乱停乱放等交通陋习，营造出了强大声势。在巩固文明交通示范路口创建成效的基础上，对照创建要求，又积极开展了文明交通示范路（街）创建工作，并建立健全了综合协调机制，全面开展文明交通宣传教育，完善交通管理设施，取缔交通违法行为，不断提高创建质量和水平。长春市创建的文明交通示范（路）街17条，在全市发挥了良好的示范作用，有效带动了文明交通行动的深入开展。将每周二上午定为“文明走路日”，进一步倡导文明交通理念，进一步优化城市交通秩序。

【思想道德建设】 重点对校园周边环境、网吧管理、网络环境、荧屏声频、出版物市场进行专项整治行动，社会文化环境得到有效净化。围绕“做一个有道德的人”主题活动，组织开展了和谐校园创建、和谐家庭教育实践、争做社会好少年教育实践活动，促进了青少年思想道德品质的提高。完善“心灵交通网”建设，组织开展心理教育宣讲活动。创办全国首家加强和改进未成年人思想道德建设专项报纸《走向成年》，中央文明办副主任王世明亲自为专刊命名，推出12期专刊。扩大未成年人课外活动覆盖面，榆树市刘家中心校、双阳区齐家中心校等校外活动场所建设为未成年人健康成长搭建了平台。召开了爱心助学工作推进会，在全社会形成了关注、关爱未成年人健康成长的浓厚氛围。

【志愿服务】 以社区物业为依托，开展"亲情助老"志愿服务活动，为空巢老人提供应急救急、基本生活、消闲娱乐等方面的照顾。充分发挥党员领导干部的示范带动作用，在领导干部"一帮一"结对助学基础上，开展"爱心照亮贫困学生求学路"、助学进社区活动，壮大"爱心家园"队伍，成立"助学志愿者联盟"，动员吸引社会各方面人士投入到助学活动中来。发挥志愿者和市民巡视员作用，对不文明交通行为进行劝导；在公交车站点集中、人流集中和交通较为拥挤的路段，设置导乘、导向志愿者，为行人指路，帮助维护交通秩序；组织大学生志愿者认领学校附近的公交车站点和交通路口，利用双休日，引导乘客排队乘车，引导行人文明走路，引导驾驶员文明行车。组织志愿者参加春季爱国卫生运动，对街区、路段、公共场所进行认领，阻止行人乱扔垃圾，引导市民爱护环境；认领户外广告、路名标牌、公益宣传栏、电话亭等公共设施，对破坏公共财产、损坏公共设施等行为进行监督，引导市民爱护公物；发挥社区志愿者的作用，带动居民对楼间空地、楼道死角等进行清理，人人动手清洁环境、全民参与美化环境。

（崔　健）

法治政府建设

【概况】 2010年，全市各级政府以科学发展观为统领，以建设法治政府为目标，切实增强各级领导干部依法行政意识和能力，切实推进依法行政体制、机制和制度创新，切实规范行政权力运行，切实推动各项工作的落实，依法行政和法治政府建设取得了新的进展和成效。

【提高科学民主立法】 加强规范市场经济秩序、城市建设与管理、改善民生、环境保护、节能减排、维护稳定等重点领域的制度建设。完成了《长春市散装水泥管理条例》、《长春市城市房地产开发经营管理条例》、《长春市市政设施管理条例》3部地方性法规草案的起草、修改提请和审核工作；完成了《长春市土地收购储备管理办法》、《长春市招标拍卖挂牌出让国有建设用地使用权办法》、《长春市物业专项维修资金管理办法》、《长春市政府投资建设项目审计监督办法》、《长春市防雷减灾管理办法》、《长春市移动通信基站设置管理办法》、《长春市再生资源回收管理办法》等7部政府规章的修改、审核和论证工作；完成了《长春市人民政府关于开展打击发票违法行为专项治理的通告》等21部政府通告的审核工作。

【行政执法监督】 1、深入推行行政处罚自由裁量权基准制度。2、加快推进"三段式"执法。实行对一般性违法违规行为先教育规范、再限期整改。共减少行政处罚2 800余人次，减少行政罚款3 000余万元，不仅使行政执法回归了以教育为主的立法理念，还促进了和谐执法和经济发展软环境的改善。3、加强对规范性文件的备案审查。完成了《长春市规范性文件监督管理办法》规章草案的起草工作；加强规范性文件清理工作，保证了法制统一和政令畅通。4、加强对重点、专项领域的执法检查，备案审查重大行政处罚案件140件。对重点部门的行政许可案卷进行评查，统一了许可案卷管理的标准和要求。5、规范行政执法机关到企业检查行为。制定下发了《关于规范行政执法部门到企业检查的实施办法》，全年共办理到企业检查许可33件，乱检查的现象得到遏制。6、加强行政执法评议考核和满意度测评工作。出台了《关于聘请行政执法监督员的实施意见》和《长春市行政执法监督员聘任和管理暂行办法》等规定。7、落实行政执法责任追究制度。对20起行政败诉案件、热点追踪和媒体曝光的2起行政执法案件进行了责任追究。8、加强行政执法监督平台建设。全市已有10个县（市）区、3个开发区和43个市直重点执法部门完成了监督平台软件建设，为实现行政执法网上管理创造了条件。

【行政复议】 2010年，全市各级行政复议机关共受理行政复议案件634件，比2009年增加131件，增幅为27.12%。结案589件，纠错率达15.3%。建立了《行政复议立案标准》、《行政复议调解制度》、《行政复议案件回访制度》、《行政复议综合分析汇报制度》等16项工作制度和办案规则。

【发展仲裁事业】 坚持制度推行与提质增效双轮驱动，促进仲裁事业的大发展、快发展。交通仲裁呈现快速发展的势头，非公、金融等领域的推行工作取得实质性进展，案件管理和仲裁员管理步入规范化轨道。全年累计受理民商事纠纷案件3 024件，比2009年增长265.7%；案件标的额5.67亿元，比2009年增长163%；实现事业费收入493.76万元，比2009年增长160%。快速结案率为64%，案件调解率为61%，自动履行率为80%。

（刘　茵）

党政机关

党政机关

中国共产党长春市委员会

【概况】 2010年是"十一五"的收官之年，也是巩固经济社会平稳较快发展势头的关键一年。中共长春市委团结带领全市广大干部群众，认真贯彻中央和省委一系列重大部署，全力实施工业化、城镇化、农业现代化三化统筹和投资拉动、项目带动、创新驱动三动并举等一系列发展战略，抢抓机遇、真抓实干、奋力拼搏，较好地完成了全年各项工作任务。

经济保持平稳较快增长 大力实施投资拉动、项目带动、创新驱动三动战略，围绕扩大经济总量，全力推进工业、农业产业化、现代服务业、城建、民生等五大类150个重大项目建设，市委专门制定实施了经济目标责任制、服务重大项目责任制和服务重点企业责任制，一批重大项目相继开工投产；全年共组织4次大规模招商活动，集中力量引进大的战略投资者，先后引进了兵装、中航、国电、国药、北药等22家央企和荷兰帝斯曼等53家外资大企业，一批处于世界先进水平的重大项目相继签约。围绕打造三大世界级产业基地和发展战略性新兴产业，突出抓好300万辆整车扩能工程，总投资41.6亿元的丰田20万辆整车项目主厂房实现暖封闭，总投资15亿元的通用20万辆整车项目正式落地；突出抓好200万吨化工醇扩能工程，大成60万吨淀粉糖建成投产；突出抓好轨道客车扩能工程，总投资40亿元、占地1.6平方公里的轨道交通装备制造产业园一期工程竣工投产，首辆时速380公里新一代高速动车正式下线，总投资18亿元的机车厂搬迁改造一期工程完成主体封闭。五大战略性新兴产业投资增幅均在一倍以上。围绕发展现代服务业，制定实施了服务业发展规划纲要，突出抓好一批文化产业示范园区，净月开发区被批准为国家级服务业综合改革试点区，东北亚文化创意科技园正式开园；出台了鼓励商务综合体建设的政策措施，全市在建和已建成的商务综合体总数达15个；成功举办了东北亚博览会、汽博会、农博会和电影节等重大节庆会展活动，现代服务业占服务业比重达到44%。围绕发展现代农业，狠抓15亿公斤商品粮增产"十大工程"，134公顷全程农机化示范区加快建设，旱田水浇地试点工作稳步推进，粮食总产量预计达95亿公斤，创历史最好水平。围绕推动科技创新和促进科技成果转化，与中科院合作建立了长东北科技创新中心，全市科技成果转化率达28%左右。全年地区生产总值完成3 329亿元，比2009年增长15.3%；全口径财政收入完成563.4亿元，比2009年增长25%；固定资产投资完成3 001.5亿元，比2009年增长31%；规模以上工业产值完成5 750.8亿元，比2009年增长28.3%，工业利润达到470.1亿元，比2009年增长69.1%；城市居民人均可支配收入达到17 922元，农民人均纯收入达6 665元，分别比2009年增长11.5%和17.7%，主要经济指标增幅继续位居副省级城市前列。

人民生活水平提高 全力推进民生行动计划，96件民生实事件件有着落。着力提高群众收入水平，健全完善企业、机关和事业单位工资正常增长机制；加大保障性住房建设力度，新建购买廉租房24万平方米，改造棚户区104.38万平方米；千方百计稳定物价，紧急出台蔬菜交易税费减免、购销补贴等政策，围绕解决"菜篮子"问题，与省国土资源厅、省农委签署了1万公顷蔬菜基地建设战略合作框架协议，努力把物价对群众生活影响降到最低；大力发展教育、文化、卫生等各项社会事业，义务教育阶段改制校全部退回公办，大力发展职业教育，易地新建了汽车工业高等专科学校；大力加强精神文明建设，文明城创建工作扎实推进；文化体制改革稳步推进，科技文化中心综合馆开始布展，省图书馆新馆开工建设；全面推行基本药物制度，初步实现同城同价；不断强化交通管理措施，努力缓解交通拥堵状况。

城市重大基础设施建设 全力实施了一批城市重大基础设施工程。总投资260亿元的地铁1、2号线工程正式获得国务院批复；总投资70亿元、全长68公里的四环路全线贯通；总投资100亿元的伊通河城区段百里综合整治工程全面启动，总面积9.7平方公里的长东北城市生态湿地公园全面开工；总投资29.82亿元的路网建设工程进展顺利，新增道路面积达129万平方米。全面推进"三城两区"建设。北部新城总投资28亿元的长春站立体交通换乘中心北广场完成主体结构施工；西部新城总投资20.5亿元的西客站综合交通换乘中心完成90%土方工程；南部新城总投资30亿元的绿地中央广场奠基开工，4座超过300米的城市标志性建筑签约落位；西南工业区总投资68亿元的一汽技术中心乘用车所已经奠基；长东北开放开发先导区新增基础设施配套面积50平方公里，远达立交桥等259个基础设施项目集中开工。切实加大市容环境综合整治力度。在全市开展了"奋战150天市容环境综合整治行动"。大力实施"暖房子"工程，全市集中改造老旧楼宇1 155栋，新增集中供热能力3 410万平方米；集中打造了吉林大路等15条精品街路和重庆路等4大精品商圈；城市出入口改造工程顺利实施，全市新增大块绿地57块，新增绿化面积500多公顷，占地1.05平方公里的长春国际汽车公园正式对外开放,绿化美化亮化净化水平明显提升,整个城市形象发生了明显变化。

和谐长春建设 面对历史罕见的特大洪灾,全市党政军群团结奋战、顽强拼搏,圆满完成抗洪抢险救灾各项任务,确保了人民群众生命安全,确保了国堤和大中型水库不溃堤、不决口,确保了4 034只流经长春市的化工原料桶被全部打捞,确保了城市安全和正常运转,确保了灾后重建阶段性任务顺利完成。同时,深入开展"安全建设年"和"信访积案化解年"活动,全面推广"联调联动"综治民调工作模式,建立了社会风险防控化解机制,出台了社会风险防控化解机制的意见、实施方案和社会风险事件领导干部问责办法三个文件,有效促进了社会矛盾化解。

党的建设 大力加强领导班子和干部队伍思想建设,圆满完成学习实践科学发展观活动各阶段任务;在全市深入开展了"解放思想找差距、振奋精神促发展"主题实践活动,集中查找了一批制约科学发展和转变经济发展方式的主要矛盾和突出问题。着力加强基层党组织建设,积极开展学习型党组织建设和创先争优活动。进一步推动基层党组织服务民生工作体系建设,在县(市)区、开发区普遍建立了民生大厦,形成了市、县、街道、社区立体服务民生工作网络;深入推进农村基层党组织建设"三项工程",圆满完成新一轮村级组织"两委"换届工作。积极推动干部人事制度改革,认真抓好省市县三级联动千名干部公选工作,一批优秀年轻干部走上领导岗位。扎实推进作风和反腐倡廉建设,深入开展"三满意"机关创建、"万人评议机关"等活动,为民、务实、和谐、清廉的风气进一步浓厚;狠抓党风廉政建设责任制落实,推进惩治和预防腐败体系建设,常委班子带头在全市做出廉政建设"八项承诺"和创先争优"五项承诺",得到省委的充分肯定。

中共长春市委十一届七次全体会议

2010年12月22日,中共长春市委十一届七次全体会议举行。会议听取和审议了中共吉林省委常委、长春市委书记高广滨代表市委常委会所作的题为《坚持科学发展加快发展率先发展 努力让城乡居民生活得更加美好》的工作报告。会议全面贯彻党的十七届五中全会、中央经济工作会议和省委九届十次、十一次全会精神,深入落实科学发展观,回顾总结"十一五"和2010年工作,研究部署"十二五"和2011年重点任务,动员全市各级党组织和广大党员干部群众,全力推进长春科学发展、加快发展、率先发展,努力让城乡居民生活得更加美好。会议审议并通过了《长春市国民经济和社会发展第十二个五年规划纲要(讨论稿)》和《中共长春市委长春市人民政府关于加快经济发展方式转变、促进"三化"统筹的意见》。

(石　磊)

【组织工作】 2010年,全市组织工作坚持以邓小平理论和"三个代表"重要思想为指导,深入贯彻落实科学发展观,全面落实党的十七大、十七届四中全会、全国全省组织部长会议和长春市委十一届六次全会、全市经济工作会议精神,切实加大领导班子能力建设、干部人事制度改革、实施"人才长春"战略和基层组织创新力度,统筹推进各项工作,进一步加强组织部门自身建设,不断提高组织工作科学化水平,努力实现"三服务、两满意"目标,把探索实践组织工作科学化贯穿于各项组织工作的全过程,以开展创先争优活动带动整个组织工作上水平,注重突出重点、统筹推进,各项工作取得了明显成效,为推进全市经济社会平稳较快发展提供了坚强组织保证。

强化领导班子和干部队伍建设 坚持把握正确的考核导向。研究制定了两个考核办法。研究确定共同指标、类别指标和特色指标,形成了"三位一体"的分类考核指标体系,变过去用"一把尺子"考核到底为"多把尺子"衡量,增强了考核的差异性。在评价标准上引入定量评价,采用主要经济指标份额变动指数和平均增长指数考核办法,解决发展基础和起点不同、横向与纵向难以同时比较的问题;采用重大项目建设业绩和责任跟踪考核办法,解决业绩责任不清、潜绩与显绩难考核的问题;采用五档折算计分办法,解决考核指标数据难以直接比较的问题。在考核方式上,实行预考核、集中考核、补充考核"三段式"考核评价,避免了对不同班子和领导干部考核评价不好衡量的问题。同时,构建科学的考核评价机制,实行百分制量化考核,科学划分权重,合理量化计分,把考核结果落实到具体分数上;引入市委委员评价,充分体现市委的集体领导;整合部门考核资源,由组织部牵头,市直12个部门参加,提高了考核的准确性和权威性。在考核范围上,实行开门评价评议,增加了征求意见、访谈约谈和民意调查等环节,解决了考核工作单一封闭的模式,使考核结果更加真实可靠。坚持把握正确的用人导向。就是坚持"德才兼备、以德为先"的用人标准。围绕继续深化领导班子和领导干部"一学两创"活动,研究制定了激励领导班子和领导干部干事创业的措施和办法。坚持把握正确的作风导向。主要是为推动经济社会发展,加大干部治庸治懒力度,形成良好工作作风。重点开展治理跑官要官问题研究,系统总结梳理跑官要官现象,查找分析问题原因,提出有效治理的对策措施。围绕贯彻全国干部监督工作座谈会议精神,认真组织学习中央4个干部监督制度文件,不断加大宣传力度,强化执行情况检查,研究制定了《县(市)区、市直部门有关事项报告操作办法》、《市直部门及直属单位党委(党组)书记离任检查操作办法》、《市直部门党委(党组)书记"一报告两评议"操作办法》等配套制度。开展干部选拔任用工作监督检查,覆盖面达到100%,突出干部选任工作全过程监督和群众满意度测评,提高了干部选任工作公信度。

积极推进干部人事制度改革 1、强化干部人事制度改革的宏观指导。制定下发《进一步深化干部人事制度改革的若干意见》,明确思路,对干部人事制度改革做出总体规划和安排。细化重点改革突破项目,研究起草《加大竞争性选拔干部工作力度暂行办法》、《完善干部选拔任用初始提名办法》、《市管领导职务拟任人选和推荐人选表决暂行办法》、

《关于调整不称职局级领导干部的试行办法》和《选调生管理工作暂行办法》等5个制度文件的征求意见稿。加大改革措施的实践探索力度，研究重点改革突破项目试点方案，选择“一县(市)一区”进行规范选任提名和扩大竞争性选拔工作试点。2、加大重点改革突破项目实践探索力度。在规范提名上，探索了全委扩大会议推荐市直部门正职预备提名人选和县(市)、区党政正职后备人选，推荐市直部门正职后备人选10名、县(市)、区党政正职后备人选20名，为县局级领导班子建设提供了人才储备。在竞争性选拔上采取公推竞岗的方式，依岗设置资格条件，取消了笔试环节，改进面试试题命制方式，实行开放式驻点调研、竞岗答辩，从推荐15名初步人选中，通过层层差额选拔出1名副局长，在全市产生了良好社会反响。同时，按照省委要求，制定全市公选实施方案，科学确定公选职位和资格条件，成立公选工作机构，实现省、市、县公选工作有效对接。市县两级共拿出139个岗位参加公选，其中，市管领导职位22个，在公选过程中注意抓住最突出最关键的考试考察环节和流程，突出公选测试的实战性和应用性，强化考察工作的真实性和准确性，有效提高公选工作的科学化水平，圆满完成联合公选报名组织、笔试、面试、人选考察等项工作。3、开展民调和“一报告两评议”情况调研分析。坚持在市县两级全委会上实行“一报告两评议”、县(市)、区委书记党建工作专项述职制度的基础上，按照“一报告两评议”满意度排序和民调测评结果，把县(市)、区评议靠后的2名~3名新提拔干部和满意度测评低于60分的3个用人单位作为重点调研对象，逐一分析研究，查找梳理分值偏低的主客观原因，分析影响选人用人公信度的因素。同时，结合年度考核，对市直部门党委(党组)干部选拔任用工作及新提拔干部进行评议，努力做到“一报告两评议”全覆盖，推动深入整治用人上的不正之风。推进干部教育培训改革创新。从全市“十二五”干部教育培训工作的需要出发，研究制定了《2010~2020年长春市干部教育培训改革意见》，坚持完善干部教育管理制度，切实强化干部教育的宏观管理。按照市委《关于在全市开展“建学习型政党组织、作学习型党员”活动的实施意见》的要求，为强化机关干部的学习培训工作，在全市机关干部中开展了“学理论、读经典、强修养”活动。科学确定培训内容和培训方式，探索“理论灌输、党性教育、传统教育、廉政教育、基层实践、拓展训练”相结合的教育模式，增强了教育培训的针对性和实效性。创新培训载体，整合培训资源，实施乡村干部素质提升工程、民营企业主培训工程，优选培训项目，办好专题培训班，打造培训精品，实现干部教育培训与中心工作的深度融合。2010年共举办各类培训班10期，培训干部1 000多人次。

着力抓好年轻干部培养和储备 1、抓好优秀年轻干部储备。根据长春市经济社会发展需要，市委组织部重新确定一批县局级后备干部名单。圆满完成2010年选调生的考试录用工作，对全市第一批选调生进行跟踪调研，采取半结构化面试方式，选拔20名优秀选调生到乡(镇)、街道任科级干部，同时遴选了20名优秀选调生充实到县(市)、区直部门工作。2、强化年轻干部培养锻炼。2010年，全市扩大的下派挂职规模，结合市直部门处级干部领导职数，共选拔了100名市直机关优秀干部到县(市)、区挂职工作，使一大批年轻机关干部在基层接受锻炼和考验。启动了第4批援藏干部和首批援疆干部选派工作，选派的6名援藏干部、20名援疆干部已全部到岗工作。3、建立来自基层一线的党政领导干部培养选拔链。着眼为全市未来各项事业发展培养基层骨干和后备力量，在基层储备年轻干部485名。研究制定《长春市选调生管理工作暂行办法》，规范日常管理、培养锻炼、跟踪考察、选拔使用等工作。坚持把基层作为市直机关干部的重要来源，结合吉林省联合公选，面向基层选拔市直机关处级领导干部40人，树立良好工作导向。

加强基层组织建设 按照中央和省、市委部署要求，把开展创先争优活动贯穿于基层党的建设工作全过程，并以此为契机，切实加强基层党组织建设，最大限度地提高党的建设科学化水平。1、深化基层党组织服务民生工作。2010年主要是在形成工作的常态化、机制化、系统化上下功夫。建立基层党组织服务民生大厦。市委制定下发《关于建立党组织服务民生指导服务中心（党组织服务民生大厦）的指导意见》，10个县(市)区和4个开发区正在建设基层党组织服务民生大厦。开通“长春市基层党组织服务民生网站”，全年点击量18.82万人次，进一步拓宽了基层党组织与群众沟通联系的渠道。抓好基层党组织服务民生工作落实。市委制定《关于做好2010年基层党组织服务民生工作的指导意见》，各级党组织注意突出服务重点，组织创业技能培训5 634次，结对救助困难户25 756户、帮助48 520户群众协调解决供暖问题。2、不断提高党的基层组织建设科学化水平。以抓好村党组织换届为带动，深化“三项工程”工作。研究制定《关于村党组织和村民委员会换届选举工作意见》，通过“两推一选”、“双向进入交叉任职”，选优配强村级“两委”班子，村党组织班子年龄结构、知识结构得到改善。围绕深入推进“三项工程”，研究制定《长春市农村基层组织建设“三项工程”考评方案》和《考评细则》，确定6大项19个重点量化考核指标。围绕落实“一定三有”政策，通过为村党组织书记办理养老保险、实行“三项补贴”制度、建立“双选双聘”机制等措施，继续抓好村党组织书记待遇等问题的解决。全市大力推进村级组织活动场所建设，各地共投入建设资金8 550万元，新建村部262个，改扩建村部投入使用的168个，已实现上级提出的全覆盖目标。以“三有一化”为统领，全面加强街道社区党组织建设。创新党组织设置形式，理顺管理体制，强化党工团妇带建促建，扩大党组织和党的工作在城市基层的覆盖面。制定《关于做好社区干部关怀帮助激励工作的意见》，通过完善街道党工委领导体制、配齐社区党组织专职副书记、配备党务工作专干、改善和提高社区干部待遇、强化素质培训、探索建立规范化考核管理体系、抓好社区办公和活动用房建设、加大经费特别是党费投入，逐步实现“有人管事、有钱办事、有场所议事”，为社区党建“三有一化”奠定基础。以扩大组织覆盖为重点，加强“两新”组织建设。制定《关于在全市开展“学汇通、强党建、促发展”活动的意见》，努力扩大党组织和党的工作的覆盖面，新建非公有制经济党组织146个、新社会组织党组织50个。此外，以强化培训为重点，加强党员队伍建设，实施党员教育培训“十大培训项目”。统筹推进机关、学校、医院、科研院所等企事业单位创先争优活动。3、在抗洪抢险救灾和灾后重建中把创先争优活动引向深入。抗洪抢险救灾作为创先争优活动的最大实践，相继下发《关于在全市抗灾救灾工作中进一步发挥基层党组织战斗堡垒作用、领导干部骨干带头作用和共产党员先锋模范作用的通知》、《关于全市各级党组织、领导干部和广大共产党员在防汛抗洪救灾中“筑堡垒、作表率、当先锋”的通知》、《关于在防汛抗洪救灾工作中加强对党员和领导干部专项考察的通知》等3个文件，组织基层党组织和广大党员在抗洪救灾和灾后重建工作中筑堡垒、争先进、当先锋。各级领导干部深入一线靠前指挥。市县两级领导分片包干，划分责任区，在农安县、德惠市、九台市、双阳区等重灾区，与当地干部群众奋战在抗洪第一线，发挥了表率作用。及时下拨党费并组织捐款支援灾区。市县两级共拿出党费120万元，号召组工干部捐款11.9万元，主要用于支援抗洪抢险救灾、灾后重建家园和帮助解决灾区党员、群众生活困难所需。在抗洪抢险一线考察领导干部和党员。县（市）、区委组织部门在第一时间第一现场考察各级领导班子、领导干部和后备干部的表现，听取受灾群众的反映和意见，把考察情况作为评价班子、干部的重要依据。全力做好灾区水毁房屋重建和修复工作。制定下发《关于市直机关党组织在创先争优活动中对部分受灾群众因洪灾倒塌房屋实施包保重建的通知》，由市委组织部牵头，组织市直86个部门机关党组织，包保150户因灾倒塌房屋的重建，每户落实重建资金2万元，帮助灾区做好水毁房屋重建、修复等工作。

长春基层党组织服务民生网站开通仪式

大力推进人才工作和人才队伍开发建设 1、大力推进产业人才高地建设。在轨道客车产业建设一级产业人才高地。起草《长春轨道客车产业人才高地建设意见》，实施“轨道客车产业技能人才培养”项目，为配套企业免费培养10名青年高级管理人才，资助培养200名技能人才，设立“轨道车辆设计与制造”重大科技专项，组织有关部门到欧美等地，帮助企业引进高速动车组方面顶尖专家。深化玉米产业人才高地建设。积极为大成集团构建创新、融资平台，整合了玉米产业研究开发的科研机构、大专院校和企业优质人才。引进省石化院投资1.3亿元，在园区建设省生物化工产业公共技术研发中心，搭建生物产业研发、孵化和信息平台。做大长春经成生物产业创投基金，加大人才创业资金扶持力度。组建长春生物及新材料产业技术创新战略联盟，首批联系专家20余人，为项目建设提供高端人才支撑。加强校企合作和产学研合作。协调市科技局和南关区，实施“十校（所）、百企”企业科技特派员行动计划，筹备吉林大学与长春锐利科技有限公司产学研合作暨南关区科技产业人才高地启动仪式；指导高地建设主责部门，通过建立健全专家科研工作站、开放实验室等一系列措施，推进校企合作，引导人才向产业一线流动。2、加大紧缺高层次人才开发培养力度。围绕重大项目建设需求开发引进急需高层次人才。通过开展重大项目紧缺高端人才需求调研，摸清了重大项目建设人才需求底数。编印《长春市高层次紧缺人才引进目录（2010）》，面向全社会进行发布，明确引进人才的专业和数量，提高人才引进的针对性。实施博士团服务基层行动计划。研究制定博士团服务基层工作方案，指导应届博士毕业生到基层单位实习锻炼，并通过双向需求认定、工作实践考核等方式，引进一批优秀博士人才。建立域外长春籍人才资源共享平台。加强优秀高技能人才培养。协调市人社局起草《关于实施紧缺职业（工种）高技能人才补贴培训工作意见》和《关于引进重大项目急需高技能人才鉴定审核办法》，开展享受市政府特殊津贴高技能人才评选工作。3、推进海外人才引进“百人工程”。落实国家“千人行动”计划，制定下发《长春籍海外人才资源情况调查表》，做好调查统计和数据录入工作，建立长春籍海外人才信息库。走访高新区“海外学人创业园”和市科协“长春博士联合会”，总结海外人才引进方面的经验做法。召开海外人才代表座谈会、“第六届华侨华人专业人士恳谈会”，加强与海外人才的沟通互动，发布人才工作信息，建立海外人才信箱，推动海外人才引进工作，全市共引进海外人才40余人。4、狠抓全国人才工作会议精神贯彻落实。把全国人才会议精神和《规划纲要》明确的重点工作任务细化分解落实到全市各成员单位。结合长春实际，编印《会议精神学习指导手册》。确立并启动以建设人才改革管理综合试验区问题为主课题，以深化一级产业人才高地建设问题为辅课题的重点人才课题研究工作，会同市直有关部门组成6个课题组，通过走访企业，发放调查问卷等多种形式，对汽车、玉米、轨道客车和战略性新兴产业人才需求以及工作中存在的瓶颈问题，进行深入研究分析，寻求有效对策。同时，结合长春市“十二五”经济社会发展规划，正在着手修订全市《人才长春建设规划》，启动县（市）区、开发区人才规划编制工作，努力形成全市人才规划体系。5、进一步创新人才工作运行机制。加强对全市人才工作的推进指导，加大工作部署、调度和检查力度，采取“部长领题”、“党办主任领题”、“处（科）长领题”的方式，实施人才工作专项调研制度，破解制约难题，探究基本规律。加强人才工作宣传，《吉林日报》刊发长春市人才工作系列报道27篇，中组部《人才工作通讯》刊发长春市人才信息1篇，《吉林组工信息》刊发2篇，《吉林人才工作》刊发6篇，进一步提高了长春市人才工作知名度和社会影响力。

（杨　勇）

【宣传思想工作】 2月3日，全市宣传工作会议召开。总结2009年工作、研究部署2010年工作。表彰了2009年度“全市宣传思想文化工作创新奖”和2009年度全市优秀基层宣传工作单位、优秀基层宣传干部。

开展“解放思想、改革创新、转变方式、科学发展”主题活动 1月22日，召开“解放思想找差距，振奋精神促发展”专题座谈会。会后围绕主题活动，集中组织开展理论宣传和新闻宣传，推进活动进一步向深度和广度发展。同时，在开展“解放思想、改革创新、转变方式、科学发展”主题教育实践活动中，着力抓好学习研讨、跟踪调度、宣传引导和督查指导，在解决影响和制约经济发展方式转变思想认识问题、结构调整问题、“三化统筹”问题、自主创新问题、平台建设问题、机关作风问题上取得显著成效。

开展“建学习型党组织、做学习型党员”活动 深入推进学习型党组织有形化建设，在全省学习型党组织建设工作座谈会上长春市介绍了经验。4月21日～22日，举办全市建设学习型党组织专题研修班。9月15日，由市委宣传部起草、以长春市委办公厅、长春市人民政府办公厅名义印发了《长春市建设学习型城市推进工作方案》，以学习型党组织建设推动长春市学习型城市建设。11月11日，组织召开全市建学习型党组织经验交流会暨学习型城市工作推进会。

市委理论中心组学习 4月2日，召开全市进一步解放思想加快经济发展方式转变动员大会暨市委中心组学习（扩大）会议，深入学习贯彻全省党员干部专题研讨班重要精神，对长春市加快经济发展方式转变进行动员部署。7月12日，市委理论中心组以“解放思想、改革创新、转变方式、科学发展”为主题召开学习（扩大）会议。7月30日课题组承担并完成了《长春服务业发展报告》。《长春服务业发展报告》获得第四届长春市社会科学优秀成果奖一等奖。10月29日，市委中心组以“发展现代服务业、培育城市新的产业支撑”为主题召开学习（扩大）会议。12月20日，吉林省委宣传部副部长马克率省委宣讲团成员来长春市开展十七届五中全会及吉林省委九届十一次全会精神宣讲。

营造科学发展、加快发展、率先发展的浓厚氛围 围绕解放思想、创先争优、奋战150天市容环境综合整治、大走访等重大活动，围绕“三化统筹”、“三动战略”、长吉一体化、重大项目建设、“暖房子”工程、创建全国文明城市等重点工作，围绕东北亚博览会、汽博会、农博会、电影节等大型活动。中省直媒体宣传的力度不断加大，全年刊（播）稿件1 000余篇。人民日报、新华社、中央电视台总结宣传了长春市基层党组织服务民生工作新机制、转变经济发展方式、学习型党组织建设方面的经验做法。妥善处置了“天元商厦火灾”、“出租车罢运”等多起突发事件报道及网上涉长舆论事件，有效引导交通拥堵、城市供暖、物价房价等社会热点，维护了社会稳定。组织开展抗洪抢险救灾集中宣传报道，中央、省市各级各类媒体共刊发反映长春市抗洪抢险救灾的宣传报道1 800余篇（条）。联合长春市地方志编纂委员会编辑出版《长春力量——2010年全市抗洪救灾工作实录》。8月12日，成功举办“风雨同舟·共建家园——长春市抗洪抢险救灾文艺晚会”。晚会现场，189个单位为灾区捐款逾1.7亿元人民币。7月8日，举行《创富长春》创刊暨系列活动启动仪式。

开展宣传工作 总结宣传了纪长秋、翟树全、王绍精等重大典型，在全市引起强烈反响。通过《我们的榜样》栏目，总结宣传一批各行各业典型，弘扬了积极向上的社会风尚。3月31日，中共长春市委、长春市人民政府做出《关于开展向翟树全同志学习活动的决定》，引起强烈社会反响。4月15日，举办翟树全同志先进事迹报告会。借助全国“两会”、“亚运中国行”长春站宣传等契机开展对外宣传，展示了长春良好形象。3月11日，召开全市对外宣传工作会议，学习贯彻全国和全省对外宣传工作会议精神，总结2009年对外宣传工作，研究部署2010年对外宣传工作。会议传达了全国、全省对外宣传工作会议精神，印发了《2010年全市对外宣传工作要点（征求意见稿）》和《主题系列外宣活动方案》。4月26日，举办“中国有座城市叫长春”全国散文大赛颁奖典礼暨全国书画大赛启动仪式，出版发行《“中国有座城市叫长春”散文作品选》。8月～10月，推进党委新闻发布工作。12月26日，由新华社《瞭望东方周刊》联合中国市长协会《中国城市发展报告》工作委员会主办的“2010年度中国最具幸福感城市”在长沙揭晓，长春市继2008年、2009年后第三次蝉联该奖项，并因此获得“中国最具幸福感城市”金奖。长春市委宣传部借此机会集中组织开展系列对外宣传活动，集中推出“幸福感城市——长春”专题报道，进一步树立了长春城市品牌形象。

创建全国文明城市 4月2日，召开“全市创建全国文明城市动员大会”，对新一轮创建全国文明城市作出部署。对照《全国文明城市测评体系》，把创城任务进行细化分解，责任落实到单位和

长春市"创文明城，做文明人"主题活动推进会

个人。会上下发了《中共长春市委长春市人民政府关于深入推进全国文明城市创建工作的实施意见》。5月21日，召开"奋战150天市容环境卫生专项整治行动"动员大会，明确市容环境综合整治的"十大工程"任务。组建9个专项指挥部和10个分指挥部来确保"十大工程"的实施和推进。6月18日，组织召开"'创文明城、做文明人'主题活动推进会"。就深入推进"奋战150天市容环境综合整治"和"创文明城、做文明人"主题做进一步部署。10位来自不同工作岗位做出感人事迹的市民获得"好市民"称号。7月2日，市创城办发出139万封致全体市民、中小学生、部队官兵、出租车司机的一封信，号召广大市民努力为建设全国文明城市贡献力量。8月5日，中央文明委测评组对长春市进行文明指数测评，面对激烈的竞争，长春市艰难地实现了位次提升，在省会、副省级城市中排名第17位，在东三省省会城市中位居首位。11月26日，召开全市奋战150天市容环境综合整治暨全国文明城市创建工作总结动员大会，对创城工作进行了总结部署。

思想道德建设 坚持一手抓市容环境整治、一手抓市民素质提升，深入开展"创文明城、做文明人"活动，市容环境明显改观，市民素质显著提升。长春市的市民巡视员队伍建设和管理工作成效显著，先后3次在全国精神文明工作培训班上介绍经验，其做法被中宣部收入宣传思想文化工作案例选编。积极开展"寻找身边好人"和道德模范推荐评选活动。5月6日，在全市组织开展"寻找身边好市民"活动，通过发动广大群众推荐、评议身边好人，形成学习、关爱、崇尚、争当好人的浓厚氛围。全年共评选表彰20位"好市民"。5月17日，在南京召开全国未成年人心理健康教育现场交流会上，长春市作了心理健康教育工作的典型发言。创办全国首家加强和改进未成年人思想道德建设专项报纸《走向成年》，中央文明办副主任王世明亲自为专刊命名，全年共推出12期专刊。9月8日，在文化广场举办2010中国长春首届东北亚艺术周—"激扬青春·相约东北亚"青年大学生专场文艺演出。10月18日，举办全国道德模范与身边好人现场交流活动暨长春市第三届道德模范颁奖典礼。12月21日，经长春市委、长春市政府批准，长春市文明基金正式成立。截止到12月29日，文明基金共募捐善款362万元。当日，长春市文明基金对包括纪长秋、张子良家人在内的部分生活困难的道德模范和"好市民"实施首次帮扶。

推进文化事业发展 公共文化服务和精品创作得到加强，社区、广场休闲文化活动形成常态，"欢乐庄稼院"建设取得新的进展。9月8日，由长春市委宣传部会同有关部门倾情打造的反映长春元素的电视剧《把日子过好》在央视八套成功播出。12月4日，举办"欢乐庄稼院"活动启动仪式，表彰全市15家"欢乐庄稼院"示范点。2010年，长春市共建成"欢乐庄稼院"示范点476个(其中续建257个)，送文化下乡1 000多次，送电影下乡2万余场，送法律下乡600余次，送卫生下乡300余次，送科技下乡1 500余次。12月21日，在长春市委宣传部大力支持和推荐下，农安县电影公司、双阳区广播电视中心、绿园区合心镇于家村农家书屋3家单位被评为全国"服务农民、服务基层文化建设"先进集体。

推进文化产业发展 出台并推动落实《推进东北亚文化交流平台建设的实施意见》，出台了文化产业推进计划，成功举办多项文化节庆会展活动。出台推进文化产业集中发展区、创意产业园区、特色文化街区、文化创意项目和孵化器建设，积极促进文化产业要素集聚、业态融合以及政策、体制、机制创新，文化产业增加值达到196.7亿元，占长春市地区生产总值5.9%。5月29日，举行长春高新技术产业开发区动漫软件服务外包产业园、国家新媒体产业基地合作园奠基仪式。5月28日～6月2日，举办第六届长春国际动漫艺术节。世界动画协会副会长艾德·迪斯洛契斯先生、中国动画学会常务副会长欧阳逸冰先生和美国、日本、韩国、法国、德国、加拿大、保加利亚的16位国际动漫游戏顶级专家、学者、教授和知名编剧、导演、制片人出席了展会论坛。5月29日～6月6日，成功举办首届长春图书博览会。本届图博会共展销图书20余万种、期刊1 000余种、音像制品与电子出版物1 000余种，累计销售图书码洋2 600余万元，吸引读者52万余人次。6月18日～21日，举办第三届中国(长春)华夏文化艺术节暨2010中国(长春)文化产业博览会。6月23日～7月11日，吉林省东北风二人转剧团代表东北地区6 800家民营院团赴京参加"首届全国民营艺术院团优秀剧目展演"。展演期间，市委常委、宣传部长王振华亲自随团到北京组织协调宣传工作，大力宣传和展示长春市民营院团改革发展成果。8月26日，市委常委会提出全力建设好净月文化产业发展区，力争到2015年文化产业增加值达500亿元。9月1日～8日，成功举办首届中国(长春)东北亚文化艺术周。本届艺术周以"多元多彩、共融共享"为主题，以演出、论坛、展览三大板块、共16项活动将长春文化活动推向高潮。本届东北亚文化艺术周不仅搭建了长春与东北亚各国文化交流合作的新平台，也为打造"国际级、区域性、品牌化"文化艺术盛会积累了宝贵经验。

开展"宣传思想文化工作创新奖"评选 制定出台《"长春市宣传思想文化工作创新奖"评比表彰办法》，按流程有序组织开展评奖活动，评选并表彰了朝阳区委宣传部《建立完善工作机制，保障学习型城区建设长效化有形化》等8个2010年度"全市宣传思想文化工作创新奖"项目。

(孙国志)

【政策研究】 **重大课题研究** 注重超前思考和谋划关系全市改革发展的重大问题，切实增强调查研究的全局性、实效性和可操作性，一批调研成果直接转化为领导决策，提高了调研成果的转化率。1、积极参与中共长春市委十一届七次全会筹备工作。起草完成了市委、市政府《关于加快经济发展方式转变、促进"三化"统筹的意见》，提出了6个方面31条意见。成为推动"十二五"时期全市工业化、城市化和农村现代化统筹发展的纲领性文件，对于指导今后5年乃至今后一个时期全市经济社会健康发展、加快发展和科学发展具有重大意义。2、对长吉一体化战略进行系统深入的研究，形成了《关于推进长吉一体化发展的思考和建议》，提出了"建立推进长吉一体化的组织机构、编制长吉区域经济一体化发展规划、建立长吉合作机制、将九台撤市变区"等推进措施和对策建议。其中，关于交通通讯同城化、产业互补等相关内容和建议已成为吉林省委、省政府的决策，为明确长吉一体化发展的基本方向，为加快推进长吉一体化发展发挥了基础性的作用。3、围绕编制"十二五"规划进行系列调研。完成了《长春市"十二五"时期经济社会发展环境和趋势研究》的调研报告；参与起草了《长春市民生发展规划纲要》，提出了未来五年的民生发展思路、目标、主要任务、重点工程及保障措施，成为全市民生工作的纲领性文件；对长春市的汽车、轨道客车、农产品加工、光电信息、生物医药、材料与制造、新能源等重点产业进行了深入调研，完成了《关于培育和发展战略性新兴产业的研究》的报告；与市商务局共同研究起草了《长春市商业发展第十二个五年规划》、《长春市外经贸发展第十二个五年规划》和《长春市区域经济合作第十二个五年规划》。这些相关研究，为科学制定全市"十二五"规划，提供了基础性、前瞻性研究论证。4、对加快长东北发展的政策体系进行了研究。研究制定了支持长东北加快发展的相关政策，形成了"向省政府申请将长东北批准为全省综合配套改革试验区，争取先行先试权"的建议，完成了《长吉图背景下，推进长东北先行先试的战略研究》。

专题调研 1、对构建长春大都市圈课题进行研究。深入调研了当前长春与周边城市合作现状，对提高长春辐射带动作用面临的主要问题及制约因素进行了全面分析，在此基础上提出了构建长春大都市圈的战略构想，形成了都市圈区域范围(2+3+18)和做强一城、构筑双核、引领一群、融入两带的发展思路，以及构建都市圈的工作重点、对策措施。2、对伊通河综合治理工作进行研究。完成了《中共长春市委、长春市人民政府关于伊通河综合治理的指导意见》，并协助伊通河综合治理工程筹备组完成了《伊通河综合治理工程总体方案及长春市伊通河综合治理工程实施方案等7个附件，以市政府文件的形式下发。3、对农业现代化发展问题进行研究。与长春市农委、长春市统计局城市调查队共同进行了调研，形成了《关于加快我市农业现代化发展进程问题研究》，对长春市农业现代化发展阶段进行了判断，并提出了加快长春市农业现代化进程的发展思路及任务。4、对西南工业区综合服务区发展问题进行研究。完成了《长春市西南工业区综合服务区改造的指导意见》、《长春市朝阳经济开发区经济社会发展战略构想》，为进一步优化长春空间布局结构，实现西南工业区可持续发展提供了有益的参考。5、围绕全市经济社会发展的热点难点问题，完成了《长春市交通情况的对策建议》、《供暖方式的比较分析研究》、《关于"马路拉链"问题的对策建议》、《基层党建经费缺乏问题的研究》、《长春市域城市特色的研究》、《长春市部分非公企业党建工作的调研》、《关于在全国率先打出"情感文化"品牌，进一步彰显长春城市特色和文化魅力的研究》等一大批重点课题。

创新工作 1、积极配合市委组织部、市委宣传部、发改委、工信局、商务局、工商局、文化局等部门，共同完成了《长春市中小企业及民营企业经营管理者培训情况调研报告》、《中共长春市委关于实施千名民营企业家培养提升工程意见》、《综合运用工商职能进一步推动和促进农村改革发展》、《关于长春市党建工作情况调研》、《关于开发区转变发展方式的研究》、《长春市2010年中介工作要点》、《长春市人民政府关于规范商品市场发展的意见》、《关于加快净月文化产业发展区建设与发展的若干政策意见》等一大批重点课题和政策文件。2、提高信息质量，为领导决策提供信息服务。共编辑出版《决策参考》6期，刊出文稿50篇。编发《领导决策》6期。共报送政务信息75篇，其中，《关于新能源汽车发展情况的调研报告》、《长春交通情况的对策建议》、《十五个副省级城市经济指标比较分析》等信息获得市委、市政府主要领导批示。3、评选表彰优秀课题，调动全市上下搞调研的积极性。对2009年度各部门、各单位申报的280余篇课题进行专家评审，从中评选出135篇优秀调研成果，同时优中选精，从获奖的调研成果中选编30篇调研报告汇编成书，印制了《2009年全市优秀调研成果选编》，为党委政府决策提供参考。4、加强市委决策咨询工作，提高决策的科学化和民主化水平。积极做好市委决策咨询委的服务、协调、联络、组织、调度等各项常规工作，对长春市经济社会发展的重大问题进行决策咨询，特别是对《十二五规划》

提出了很多宝贵的意见和建议，促进了市委、市政府决策的科学化、民主化。

（于文新）

【统战工作】 2010 年，长春市统一战线工作紧紧围绕加快发展改善民生、建好城市、促进和谐的大局，强化统战工作的战略观、全局观，以坚持创新实践、促进科学发展”活动为统领，努力在立足大统战、推进大开放、服务大发展、促进大和谐、彰显大作为”上作文章，在实现各领域统战工作有创新、有亮点、有特色上下功夫，不断提高统战工作的科学化水平，为全市经济社会保持平稳较快发展提供广泛的力量支持。

服务经济发展 1、开展“引进资金项目、引进海外人才、引进名商名人”活动，服务加快发展。围绕长吉图发展战略，协同长春市工商联举办了“2010 长春·全国知名民营企业‘长吉一体化’峰会”。围绕建立“长东北综合保税区”、“长东北开放开发先导区金融支撑体系”进行了洽谈对接，共有建立德惠农机商贸园、轨道客车配套基地等 12 个项目成功签约，投资总金额 205 亿元。为农博会引进项目 2 个，总资金 6.6 亿元。全年经统战系统牵线搭桥引进项目 112 个，其中亿元以上项目 23 个，到位资金 191.29 亿元。2、开展走访对接活动，推动民营经济加快发展。以“走百企、纳百言、解百题”活动为载体，深入民营企业了解情况，协调有关部门，帮助解决发展难题，提高企业发展创新能力。支持长春市工商联与建设银行等 8 家金融机构达成了授信放款协议，开展了 6 次银企对接，为 150 余家非公有制企业提供了融资及咨询服务。加大对中小企业自主创业项目的帮扶力度，征集了“脱毒马铃薯产业化”等 20 多个项目，在中国·长春创业（就业）博览会上推介，取得了较好的市场效果，进一步推动了全民创业促就业。3、开展学习教育活动，促进民营企业家健康成长。一季度，完成了全市非公经济组织深入学习实践科学发展观活动，组织召开了总结表彰大会。三季度，指导全市非公有制经济组织党组织和党员中开展创先争优活动。在长春市范围内选树了 35 个典型，对长春迪瑞集团等 11 户抗洪救灾贡献单位进行了通报表彰，使党的工作在“两新”组织中的影响力、凝聚力不断增强。4、开展“感恩行动”，助力改善民生。开展了统一战线“凝心聚力、情暖春城”感恩行动，135 户非公有制企业同 208 位“老革命、老党员、老模范”结成帮扶对子。引导统战成员支援抗洪救灾，组织了“情系灾区、光彩暖心”——非公企业抗洪救灾感恩行动和“两岸情深、爱心捐助”赈灾活动，直接捐款捐物 498 万元，长春市统战系统共为灾区捐款捐物达 1 500 余万元。全年开展送戏、送医、送药“三下乡”活动 50 余次，援建了农村小学 5 所，捐款捐物共计 578.6 万元。

多党合作制度化建设 1、开展建言献策活动，服务经济发展方式转变。围绕长春市制定和实施《十二五规划纲要》和“三化”统筹战略、长东北先导区建设、民企转变经济发展方式、发挥外埠商会桥梁和纽带作用等重大发展问题，组织民主党派、工商联深入调研，以专题议政会、党外专家学者论证会、民营企业家及外埠商会代表座谈会等平台，积极建言献策，提出有针对性的意见和建议，得到了长春市委、市政府主要领导的肯定。创办《净言快报》，将统一战线成员关于经济社会发展的意见建议及时提交长春市委和市政府主要领导，创新了统一战线成员建言献策、反映社情民意的平台。2、加强党外代表人士队伍建设，为统一战线可持续发展提供人才保障。坚持以高标准、高层次、高水平，大规模培训党外代表人士。全年共举办各类培训班 19 期，千余人次参加了集中培训。指导民主党派抓好基层组织换届工作，发现和掌握了一批政治合格、素质优良、有一定代表性的党外代表人物，为市县两级人大、政协和民主党派换届人士安排做好准备。召开了合作共事座谈会，党外领导干部履职尽责、发挥作用的意识不断增强。3、拓宽党外干部选拔安排使用的途径，为党外人才施展才能提供舞台。以全国加强党外代表人士培养使用工作经验交流会议精神为指导，推进党外干部安排工作。组织党外干部积极参与全省公开选拔领导干部，推进了在政府部门、政协、人大及其专门委员会中配备党外干部工作。结合“长吉一体化”战略的实施，在长东北开发开放先导区，建立党外人才服务经济建设实践基地，围绕长东北开发开放先导区建设开展了视察和论证工作，得到了有关部门

统战成员举行了“情系灾区、光彩暖心”非公企业抗洪救灾感恩行动启动仪式

的好评。

加强引导完善机制稳定民族宗教领域 1、大力推进民族团结进步事业发展。开展民族团结进步创建活动，突出宣传长春市民族工作取得成就和各类先进典型，进一步营造各民族团结和谐的社会氛围。加大民族乡村帮扶工作力度，积极协调中华海外联谊会，为双阳区、榆树市等地民族乡村建立10所“海联新农村卫生室”，支援了民族乡村新农村建设。2、强化抵御境外宗教渗透协调机制建设。根据全省抵御境外宗教渗透专项工作会议精神，建立了抵御境外宗教渗透网络体系，协同公安、安全、民族、宗教等有关部门处理了多起突发事件，维护了宗教界的团结和社会稳定。3、协助宗教团体加强自身建设。结合“和谐寺观教堂”创建活动，召开了“五坚持”（坚持思想政治学习好、坚持独立自主自办原则好、坚持民族团结社会稳定好、坚持引导信教群众参与振兴长春实践好、坚持奉献回报社会好）评比活动经验交流会和总结表彰大会，对县（市）区、开发区所属的28个党政宗教工作部门和31个爱国宗教团体（场所）进行了表彰，提高了宗教团体和宗教界人士的政治素质、团结意识，也为基层宗教工作部门开展工作提供了方法。

构建平台架设桥梁 1、广泛开展海外联谊，壮大海外“人脉”资源。启动了“长春金桥”工程，引导海外华侨华人助力长春发展，创建长春市统战系统扩大开放、联谊交流、引资引智的“品牌”活动。在东北亚博览会期间，长春市海外联谊会副会长黄永谦组织了180家外商参展。2、加强长台两地交流互访，促进两地人民情感互融。组织了以长春市长崔杰、副市长钱龙生等领导为团长的5个招商考察团组赴台交流合作，协助长春市政府分别在长春市和台湾南投县举办了长春净月潭与台湾日月潭潭水互融仪式，增进了长台两地人民的相互了解。首次开展了“魅力长春”入岛宣传活动。接待了台湾主流媒体——旺旺中时集团一行9名资深编辑记者对长春市为期一周的采访，扩大了长春市在台湾岛内知名度和影响力，深化了对台宣传工作。

（王庆军）

【老干部工作】 截至2010年末，长春市共有离休干部6 154人。其中，红军时期1人，抗战时期312人，解放战争时期5 841人；享受地厅级以上待遇的300人，享受县（处）级待遇 3 396人，一般干部2 458人；分布在机关1 251人，事业单位2 250人，企业单位2 653人。全市有专兼职老干部工作人员1 578人。

落实政治待遇 2010年，长春市委老干部局进一步加强离退休干部党支部建设和思想政治建设。以优化重组基层老干部党支部、规范组织设置和制度、配齐配强党支部书记骨干为切入点，抓好组织设置方式创新、活动方式创新、班子建设和制度建设创新，大力推进创建工作。县（市）、区以抓好老干部党建联系点、党员联络站为重点，选树典型，推广经验。大力宣传受到中组部和省委表彰的先进离退休干部党支部和离退休干部先进个人的事迹，营造了向先进典型学习，争当“五好”党支部良好氛围。举办了全市离退休干部党支部书记理论培训班，辅导了全国“两会”精神和老干部普遍关心的政治、经济和国际关系问题。通过以上工作，切实把老干部的思想和行动统一到中央和省、市委的要求上来，进一步加强了离退休干部党支部建设和思想政治工作。

落实生活待遇 1、解决了离休干部的住房货币补贴问题。2、建立了特殊困难离休干部帮扶机制。3、认真抓好利用社区资源为老干部服务的试点工作。4、进一步完善了离休干部医药费保障机制。5、认真落实了吉财社[2009]664号《关于调整离休干部公用经费标准的通知》精神。6、解决了市级离退休干部调研交通补助费问题。

落实老干部管理服务工作 2010年，从深化细化管理服务工作入手，重点抓了以下工作。1、完善和坚持领导干部联系老干部制度，切实帮助他们解决实际问题。2、实行了“包保制”管理服务，共同做好服务工作。3、认真落实“四必访”、“四到位”的工作制度。4、充分发挥离退休干部党支部的管理服务作用。5、积极推进利用社区资源为老干部服务工作。2010年，还组织市直50多名副局级以上退休干部赴青岛进行健康疗养。认真做好老干部来信来访工作，确保了老干部队伍的稳定。

老年教育、老干部活动和关心下一代工作 2010年，召开了全市老年教育工作领导小组会议，提出“抓普及，提高办学覆盖率；抓提高，巩固城区办学成果；抓管理，推进老年大学（学校）规范化建设；抓创新，不断提高办学水平”的工作要求。各级老年大学（学校）认真落实会议精神，进一步扩大了办学规模，加强了规范化建设。长春老年大学成功举办了第六届艺术节，组织参加了书博会、东北亚博览会的专场文艺演出。在全国老年大学文艺汇演中，参赛节目获得了好成绩。大学校园网建设水平进一步提高，开展2 000多人次的网络知识培训，“十百千万”工程进一步推进。完成了全国老年大学协会关于《发展社区老年教育与建设学习型城市研究》课题的子课题研究报告，全市老年教育工作中取得了新成绩。在老干部活动阵地建设上，长春市老干部局开展了示范性老干部活动阵地建设。一些县（市）、区以此为契机，加大老干部活动阵地建设力度，积极改建或扩建了老干部活动场所，老干部活动阵地建设水平有了新提高。积极推进建立县（市）、区老年书画研究会。2010年，全市各级老干部活动中心开展春节联欢会、书画展、文艺演出等大型活动120余次，协会活动300余次，进一步丰富了老干部精神文化生活。

（于长胜）

【信访工作】 2010年，紧紧围绕全市改革、发展、稳定的大局，深化思想认识，强化工作责任，创新工作机制，采取有力措施，加大工作力度，深入排查，化解矛盾纠纷，着重解决群众反映的热点、难点问题，及时地化解了大量的信访突出问题，有效预防处置群体性事件，各项量化指标全面下降，信访总量下降28%，进京非正常访数量下降55%，到省访集体访数量下降51%，到市集体访数量下降

17%。2010年长春市信访工作被吉林省政府评为“吉林省信访工作目标责任制优秀单位”荣誉称号。

加强领导带头作用 市委、市政府从维护稳定、构建和谐社会的大局出发，把信访工作作为贯彻执政为民理念的重要途径，摆上重要位置。市委、市政府领导坚持定期研究信访问题，及时部署信访工作。省委常委、市委书记高广滨多次对信访督查、畅通信访渠道、非正常上访治理工作作出批示，阅批群众来信100余件。市长崔杰作为市联席会议总召集人，专门研究信访工作10多次，阅批群众来信900余件。2010年市级领导包保的26件重大信访案件已经全部办结。

专项活动成效显著 2010年作为“集体访积案化解提速年”，按照省、市统一部署，集中化解了一批时间跨度长、案情复杂、处理难度大、久拖未决的信访问题。对排查出230件集体访积案，以长春市联席会议文件形式分别落实了包案领导和包案第一责任人，确保了集体访积案问题件件有人管，事事能落实。各县（市）、区对本级的信访积案能够及时进行调度，研究解决疑难积案。230件信访积案中，已经化解225件，结案率98%。

信访问题得到有效办理 2010年，全力提高初信初访的办理质量，提高一次性办结率。切实解决重点疑难信访问题，最大限度减少疑难信访问题的存量。本着关心信访群众、爱护信访群众、帮助信访群众的精神，严格落实首办负责制，首办责任人对群众信访必须跟踪到底，对应该解决的问题件件立案管理，及时进入处理程序；对信访诉求，以政策为依据，以法律为准绳，严格把握政策界限，严格依法依政策来处置；对重大和紧急信访案件，及时介入、及时调处，确保问题一次解决到位；对上级转送、交办的案件，按时做出处理意见；对没有道理的，耐心细致地做好宣传解释工作，防止因工作方法简单激化矛盾。同时强化责任意识，耐心倾听，热情解答，认真受理，主动协调，做到事事有回音，件件有交代，当年访当年清，确保问题不积压，矛盾不积累。2010年，群众到市集体访结案率94%；群众到省集体访结案率92%。

创新工作理念 为贯彻落实党的十七届五中全会及吉林省委关于做好新形势下群众工作的重要精神，进一步完善党的群众工作机制，拓展群众工作载体，开辟了解民情、解决民生问题的新途径。长春市出台了《关于做好新形势下群众工作集中开展大走访的方案》和《长春市人民政府关于局长接待日实施暂行办法》。大走访活动立足群众所需，重在解决问题。各单位组织大走访活动重点突出，行动迅速，注重实效，取得了阶段性成果，为基层、企业、群众解决问题15 522个。11月23日，市交通运输局、市房地局、市政公用局和市民政局按照要求，率先组织开展了局长接待日工作。广大干部群众对市政府实行局长接待日的举动大加赞扬，普遍认为这种面对面的形式不仅有助于解决问题、化解矛盾，而且真正能够拉近党和政府与百姓之间的距离。

依法信访形成氛围 在信访条例宣传活动中，以“深入贯彻落实《信访条例》，扎实推进信访工作法制化进程”为主题，围绕“畅通信访渠道，维护人民群众的合法权益，维护信访秩序”这一主线，从规范信访工作行为和规范信访人的行为两个方面出发，充分借助新闻媒体和各种舆论工具，突出宣传重点，把党和政府为民排忧解难的举措宣传出去，把信访部门为维护群众利益和社会稳定所做出的努力宣传出去，把基层信访工作的成功经验宣传出去。宣传群众依法信访、依法维护自身合法权益、以理性合法的方式表达利益诉求、自觉维护信访工作秩序的做法，使广大群众和社会各界全面、正确理解《信访条例》，并正确行使权利和履行义务，努力建立“畅通、有序、务实、高效”的信访工作新秩序，营造出“保护合法信访、解决合理信访、教育无理信访、惩处违法信访”的良好氛围。

夯实信访基础工作 各级各部门高度重视信访基础工作，不断改善信访部门的接访环境，注重加强信访干部队伍建设。按照中央和省、市部署要求，努力推进联合接访大厅建设，整合信访工作资源，积极开展联合接访工作，提高了矛盾纠纷的调处能力。已有3个市（县）、5个城区新建或扩建了联合接访大厅，全面开展联合接访工作。同时，加大了信访干部的培训力度，举办全市信访干部培训班2期，信访干部的政治业务素质和工作能力得到了普遍提升。各级信访部门结合“创先争优”活动，把表彰的先进工作者作为学习榜样，在全市信访系统进行广泛宣传，增强了信访干部的学习力、执行力、创造力和约束力，进一步提高了全市信访干部队伍的整体素质。

（赵岩松）

【档案工作】 2010年，长春市档案局（馆）紧紧围绕档案工作服务中心、服务大局、服务民生这一主线，用科学发展观引领和创新事业发展，认真履行了档案行政管理和档案保管利用两种职能。12月，长春市档案局被国家档案局中央档案馆授予“2006年～2010年全国档案法制宣传教育宣传普及奖”荣誉称号。

档案资源体系建设 依法加强和规范文件归档、档案接收征集工作。对市直部门2009年度文件材料归档工作进行监督指导和验收。接收市直部门满10年的档案进馆，完成了指导市农博会、民博会、电影节、市污染源普查办、政府机构改革中职能发生变化的单位、撤销单位、全市助产机构档案的整理归档和移交进馆工作。经市政府批准，派人赴日本和韩国征集与长春有关的档案资料17件册，其中，文字内容772页，图片154幅，DVD光盘1张，填补了部分馆藏空白。同时对长春市友好城市仙台和蔚山进行了工作访问和交流。

档案利用体系建设 1、进一步完善服务民生档案数据库体系。建立和完善了工人调配、职称评聘、农转非、涉外婚姻登记、收养子女、离退休人员、大中专毕业生报到、复转军人安置、干部插队落户、公务员录用、干部任免等多个涉人档案数据库，总数据达到200余万条。2010年，市档案馆共接待各类利用者5 738人次，利用档案资料7 989卷（件）；互联网上利用30 907人次。2、举办“长春市远程利用档案培训会”，全面推进区域内档案信息远程共享工程。区域内档案馆馆藏信息远程共享利用模式在全市11

个国家综合档案馆之间全面开展，远程出具档案证明132份。3、长春市档案局与市社保局联合开发了“社保档案利用安全系统”，并于7月1日在双方服务窗口同时启用。这套系统采用激光条形码技术，在认证终端进行智能识别，确保了档案馆证明的安全性和准确性，使国家社保资金和普通职工的权益得到了有力地保护。4、强化档案文化建设。完成了根据馆藏档案印信编辑的《“印”证长春》一书的选材、考证、编写说明等工作，该书已正式出版。

档案安全体系建设 1、加强档案安全保密工作。长春市档案馆和宁波市档案馆结成互为重要档案数据备份基地并顺利完成了第一次数据备份。这是贯彻落实国家档案局对档案工作提出的新要求，也是确保档案数据安全的一项重要举措。结合落实《吉林省档案局关于开展全省档案安全保密专项检查的通知》精神，加大了档案安全保密检查的力度，长春市档案局(馆)自身结合档案安全体系建设进行对照检查和整改。安装了楼外红外摄像头5个、安全门3个、闭门器62个，对消防设施设备进行了定期维护，维修更换灭火器具56个，更换了二次供水压力表和消防水泵微电脑控制器，消除了存在的安全隐患。在汛期，长春市档案局紧急布置全市档案部门安全度汛工作，特别对县(市)、区档案馆安全提出了明确要求。吉林省档案局检查组对市档案局(馆)的档案安全保密工作给予了充分肯定。2、完成了2010年度国家重点档案抢救任务，整理扫描历史档案3 300卷，裱糊历史档案1 200张。

档案行政监管 1、开展新成立机构和发生职能变化的机构以及撤并机构的归档范围和保管期限表审批工作，2010年，已有8个单位重新审批了归档范围和保管期限表，一个新成立单位编制和审批了归档范围和保管期限表。12月，国家档案局督查组对长春市贯彻落实国家档案局8号令情况进行专项督查，对长春市取得的工作成果予以充分肯定。2、建立专项工作(活动)文件材料归档工作督办制度。为此，长春市档案局建立了《专项工作(活动)文件材料归档工作督办制度》，采取跟踪和递进的办法，对督办范围内的专项工作(活动)，依次下发《专项工作(活动)文件材料归档工作通知书》、《专项工作(活动)文件材料归档工作督办单》和《档案执法责令改正通知书》。实施以来，已对第五届民博会、第十届中国长春电影节、创博会、第六次人口普查等重大活动组织单位送达了《通知书》，推动了这些专项工作(活动)文件材料归档工作。3、加强林改档案管理工作。与长春市林业局联合召开全市林改工作暨档案培训现场会，这对严把林改档案验收关，确保林改成果，为林改工作留下宝贵历史记忆起到了积极的促进作用。

档案信息化建设 1、中国首批版式技术产品在档案系统试用单位经国家档案局确定，长春市档案馆被列为全国6家试点单位之一。2、加快档案数字化步伐。完成1.5万件档案的鉴定、扫描和整理任务；建立馆藏出生人口证明档案数据库，录入13 200条数据；完成目录开放校对鉴定近3万件。3、《档案数字化的长春模式》一书获第四届长春市社科优秀成果著作类三等奖；2项科研成果获得2010年度国家档案局优秀科技成果三等奖；2篇学术论文在中国档案学会举办的“2010年档案工作者年会”征文评比活动中被评为优秀成果。

(刁艳梅)

【党校工作】 **教学工作** 2010年，共举办党政领导干部培训班9期，培训学员338人次；举办公务员培训班46期，培训学员2 911人次，全面超额完成了各项教学任务，较好地发挥了“干部培训主渠道”作用。教学布局方面，按照“一个中心、四个方面”教学布局的总体要求，不断更新教学内容，优化课程体系，初步形成了以理论、知识、能力、党性“四统一”的教学内容体系。在县局级领导干部培训班中，积极推行自主选学培训模式，大大提高了培训针对性。在公务员在职培训中，实行分类小班授课，分别配置不同的专题课程，取得了非常好的培训效果。在课程内容设计上，完善了政治理论、管理科学、依法行政、公共管理、人文修养等十几个单元模块，构建了80多个专题组成的全新课程框架，新课更新率达80%。年度外请报告的次数由原来的8次～10次增加到22次。同时，通过大力推行研究式教学、“两段式”培训、菜单式选学，积极探索现场教学、学员论坛、研讨交流等灵活多样的教学模式，教学吸引力和感染力大幅提高。建立了10家“长春市干部教育现场教学基地”，“市党员干部廉政教育基地”在市党校落户，为拓展培训空间奠定了良好的基础。培训渠道方面，以“树名师、创党校品牌”为切入点，把优秀师资和精品课推向社会，逐步树立了党校的教学品牌。成立了合作

全市干部教育培训工作会议

交流中心，先后与43家省（市）党政机关、企业事业单位、办学机构联合举办各类培训班次142期，培训规模达1.7万人次。与江西、山西、河北、内蒙等省市区合办、互办班次7个，对“大协作”办学模式进行了有益探索。下半年向中央电大和省人社厅申办了市委党校奥鹏学习中心和市委党校创业培训基地，先后在吉大、师大等高校举办了10期大学生创业培训班。

科研工作 紧紧抓住市情研究这个中心，完成了市发改委两项课题《“十二五”期间长春市重大民生问题研究》和《“十二五”期间长春市县域突破问题研究》。围绕市委、市政府的重点工作和重点项目，积极组织教员和学员开展调查研究活动并将调研成果引入课堂，先后到市直20多个部门及14个县（市）区和开发区进行了深入调研。积极开展课题研究式教学，组织学员结合本职工作开展调查研究，学员结业前形成《调研报告汇编》，并呈报市相关部门作为决策参考，使党校多视角全方位的科研活动更加贴近长春市的现实。围绕市委市政府的中心工作，筹备了以“解放思想，改革创新，转变方式，科学发展”为主题的全市党校系统理论研讨会。《学报》坚持为现实服务的办刊方向，注重选题策划，开辟了“低碳经济”、“长吉一体化”等紧扣理论及实践热点的专题研讨，开设了《学员论坛》、《地方问题研究》等密切联系市情的栏目，突出了咨询服务的作用。

（纪雪雁）

【党史工作】 2010年，中共长春市委党史研究室深入贯彻落实全国、全省党史工作会议和党史研究室主任会议精神，坚持围绕中心、服务大局，不断加强和改进党史工作，提升科学化水平，充分发挥了以史鉴今、资政育人的根本作用。

编纂党史书刊 组织编写了《中国共产党长春市历次代表大会》(1949-2009)，该书全面记载了建国后中国共产党长春市委在长春市召开的历次代表大会的工作报告、决议、市委班子、纪委班子等情况，真实记录了中共长春市委的历史沿革及重大事件的决策过程，是长春市第一部翔实准确反映历届市委工作情况的资政书籍，为全市各级党委、广大党员和干部研究历史、反思过去、把握规律、服务现实、开创未来提供了一份珍贵的历史资料。全书65万字，3月份由长春出版社公开出版，发行1 000册；组织编写了《中国共产党长春市第十一届委员会文献》(2009年卷)，这是一部全面反映2009年度长春市党的建设和经济社会发展重大成果的资料性文献书籍，全面真实地记录了中共长春市委践行“三个代表”重要思想，落实科学发展观，促进经济社会平稳较快发展的历程。全书74万字，9月份由长春出版社公开出版，印发2 000册。组织编写了《长春大事记》(2009年卷)，全面记录长春市大事成果，集中体现长春市党务公开、政务公开和干部公开。全书11万字，9月份由长春出版社公开出版，发行5 000册；全年完成了6期《春潮》双月刊的编辑出版，发行6 000册。

普查革命遗址 2010年初，制定了革命遗址普查方案，召开了工作部署会，7月15日听取各县（市）、区党史办的普查进展情况汇报，与会人员研讨交流了下一步的打算和保护利用的意见、建议。年底前，按要求完成普查工作，全市共普查革命遗址84处，其中，重要历史事件和重要机构遗址7个，重要历史事件及人物活动纪念地10个，烈士墓55个，纪念设施8个，已损毁的遗址4个。市级文物保护单位2个，市级爱国主义教育基地2个。

业务指导工作 认真学习领会中央和上级党史部门精神，履行工作部门的职能，以高度负责的态度开展对县（市）、区党史机构的业务指导。1、针对专项工作，深入基层走访调研，具体指导。如上半年，室负责人带领室务会成员到各县（市）、区开展调研，对革命遗址普查、县级党史正本和大事记编纂提出指导意见。2、组织理论学习，从思想层面提高全系统党史工作者的认识水平。6月份，中央10号文件下发后，领导班子做出决定，迅速在全市党史系统内开展学习活动，及时学习和领会中央和上级党史部门的有关精神。3、召开党史办主任会议，听取汇报，分类指导。7月15日，召开党史办主任会议，对革命遗址普查和学习中央10号文件情况提出指导意见。

资料征集工作 开展了《2009年度中国共产党吉林执政实录》、《吉林党史工作概览》和抗洪救灾等资料征集工作。同时，通过发征集函、通知、电话沟通等方式，在全市范围内征集2009年要闻大事上千条，文献资料上百份和党史人物传记30多个，为编写《长春大事记》《市委文献》《中共长春党史人物传》搞好党史宣传打下基础。

（陈 磊）

【市直机关党的工作】 2010年，机关党的工作深入贯彻落实科学发展观，认真按照党的十七届四中、五中全会，全国机关党建工作会议和市委十一届六次全会的部署和要求，牢牢把握服务中心、建设队伍两大核心任务，不断提高机关党建工作科学化水平，各项工作取得了一定的成效。

党组织建设 1、开展大规模党员干部培训工作。制定下发《市直机关建设学习型党组织实施意见》，其中对市直机关党员干部的教育培训提出了明确要求，即除参加上级组织的各项培训外，还要以部门为单位，对所属党员干部进行以学习业务和技能为主的培训，并依据各单位培训情况下拨党费，作为激励政策，调动自主培训的积极性。以集中办班的方式，加强对新党员及党的积极分子的系统培训。2、继续举办“机关干部讲堂”，建立理论题库。坚持以分层指导、分级考核为原则，推进机关的理论学习。为深入推进“机关干部讲堂”，在2010年初制定的《市直机关建设学习型党组织的实施意见》中，对各部门领导干部带头做理论和行政业务辅导提出了明确要求。集中组织市直机关466名党员干部参加了理论知识测试，将测试成绩作为评选创建学习型党组织先进单位的重要依据。3、认真组织实施机关干部自学工程和读书活动。广泛开展“学理论、读经典、强素质”读书活动，加强市直机关党员干部的学习跟踪考核。召开市直机关“多读书、强素质、促发展”系列座谈会，并广邀新闻媒体,加大宣传力度。开办了"书香长春学习网",已为市直和县(市)、区机关党员干部发放数字图书阅读卡近2万张。4、积极建设网上"理论超市"。组织开展"建学习型党组织,筑书香长春"数字图书进机关活动,投资17万元,为机关在职党员干部和离退休党员及县(市)、区机关中层以上党员干部下发电子读书卡,提供近200万种电子图书、8 000余种电子期刊、1 000多种电子报纸、3 600个网络讲座,以及百余万篇博硕论文的网上阅读学习平台。同时,为市直各单位建立数字图书馆100个,为副局级以上领导干部建立个人数字图书馆1 000个,为党员干部在学习内容、方式、时间上提供了更多的选择。

党内民主建设 1、认真制定《党务公开实施方案》。为积极推进市直机关党内民主政治建设,最大限度地扩大党员群众对党的工作和党内事务的知情权、选择权、参与权和监督权,切实保障党员的民主权利,调动和发挥党员群众参与党内事务的积极性、主动性、创造性,根据中央及省市委关于推行党务公开制度的部署,在市直机关党工委和各直属党组织中全面推行党务公开工作。2010年初制定下发《长春市直属机关党务公开工作实施方案》,明确14项党务公开内容,6种公开形式,4个公开环节和6项工作制度。2、在长春机关党建网开办"机关党员论坛",为群众来信、建言献策、在线调查等项,党员干部可进行即时工作交流。3、推行机关直属党组织"公推直选"工作。在市直机关直属党组织换届选举中推行以"公推直选"的方式,选举产生基层党组织领导班子成员。下发《关于在市直机关直属党组织换届选举中全面推行"公推直选"的实施意见》,对采取组织推荐、党员群众举荐和个人自荐相结合的方式,公开推荐直属党组织委员、书记和副书记候选人,召开党员大会或党员代表大会直接选举直属党组织委员、书记和副书记提出明确要求。

基层党组织建设 1、积极推进机关党建工作创新。2010年,改变了市直机关党建工作目标责任制考核方式,采取日常工作网上考核,特色性和创新性工作立项申报,并集中汇报评比的方式进行。制定下发了《长春市直属机关党建工作创新奖评比表彰办法》,评选"长春市直属机关党建工作创新奖"和"长春市直属机关党建工作创新(提名)奖"。这种方式得到了机关各直属党组织的积极响应,2010年度共有78个直属党组织申报了党建工作创新项目,占机关总数的90.1%,市委办公厅等20个部门获得机关党建工作创新奖。同时,加大机关党建工作创新考核赋分比重,将机关党建工作创新内容纳入机关党建工作目标责任制考核,并给予占总分20%的赋分权重。2、认真学习贯彻《中国共产党党和国家机关基层组织工作条例》是机关党建工作的重要任务。为此,专门下发通知,同时将《条例》原文发至每位党务干部,组织他们认真学习,领会精神。3、广泛开展"三走进、三联手、三促进"活动。围绕增强机关党建工作的示范力、影响力和带动力,推动机关党员干部深入基层,了解下情,转变作风,强化素质,增强服务的针对性和自觉性,提高机关服务质量和效能,在市直机关基层党组织中集中开展了以走进农村、走进企业、走进社区,联手抓党建、联手解决发展难题、联手扶贫帮困,促进发展、促进民生、促进和谐为内容的"三走进、三联手、三促进"活动。通过开展此项活动,机关党组织、党员干部与基层单位和群众的联系更加紧密,促进了机关作风的转变,结对双方党建工作水平得到共同提高,取得了锻炼队伍、推进中心工作的实际效果。4、开展基层党组织服务民生活动。组织机关基层党组织围绕落实本部门民生行动计划,设计活动载体,强化保障措施,落实任务责任,调动和发挥机关党员干部的积极性、主动性和创造性,为各部门民生行动计划圆满完成发挥组织保障作用;扎实开展"服务民生、践行宗旨"主题实践活动。全面落实每个党支部、每名党员领导干部至少帮扶一户特困户工作任务,采取集中行动与日常帮扶相结合的方式,组织开展了包保城市特困户、包保在乡老兵、做特困学生"代理家长""万户特困户结对救助"等活动。2010年,市直机关基层党组织和党员干部共走访慰问帮扶对象2 659户次,送去慰问金1 239 262元,帮助困难群众解决就业、就学、就医、住房及日常生活等各类问题632件;开展领导干部"一帮一"助学活动。对机关副局级以上领导干部包保贫困学生重新进行了分工,明确了任务,落实了责任,市直机关副局级以上领导干部与特困学生建立"一帮一"助学对子475对,到特困学生学校家中走访慰问至少2次,捐助学金237 500元;深入开展"党组织关爱党员、党员服务群众"活动。对机关生活困难党员进行全面摸底调查的基础上,对34名机关贫困党员进行了集中走访慰问,送去慰问金47 000元。

作风效能建设 1、开展"三满意"机关创建活动。制定下发了《关于在市直机关深入开展创建"三满意"机关活动的实施方案》,细化了活动标准、主要任务和保证措施,明确了创建"三满意"机关的努力方向;致力于创造良好的舆论环境,在《长春日报》开设"三满意"机关创建活动专版,并举办了"三满意"机关创建活动故事会,通过长春电视台转播实况,在全市范围内组织巡讲,以身边人、身边事感动教育身边人;通过创建活动,各部门服务态度进一步改进,工作效率进一步提高,纪律作风进一步转变,基本实现了"三满意"目标,围绕机关作风效能建设提出各自的措施办法,进行公开承诺,进一步强化"三满意"机关建设。2、继续深化机关党风廉政建设。通过市直机关党风廉政建设网、发送手机短信等现代教育形式,深入开展廉政文化进机关活动,营造机关廉政文化氛围,增强党风廉政教育的实效性;针对各部门自觉克服特权思想,认真纠正不正之风,树立"廉洁、务实、高效"部门形象的情况、针对工作中的"热点"问题,增强工作透明度,公开办事制度,接受群众监督的情况等10个方面加强对联系点的监督检查,督促联系点建立制度、健全机制,逐步建立决策、执行、监督相分离的制约机制。抓好廉洁自律有关规定的落实。对领导干部违反规定收送现金、有价证券、支付凭证和收受干股,以及以赌博和交易等形式收受财物、利用婚丧嫁娶等事宜收钱敛

长春市创建"三满意"机关工作会议

财等6个方面的问题加强监督检查，深入治理；认真做好来信来访和案件查办工作，2010年，共受理群众来信13件，其中，本级初核5件，转基层4件，待查4件，审理立案案件2件。接待来访(电话)32件(次)。对群众来访做到事事有着落，件件有回音。对反映机关干部违纪问题的，进行了认真调查。注意充分发挥信访主渠道作用开展信访监督，对群众来信来访中反映的问题，经调查与事实不符或虽然存在问题但尚不构成违纪的，按照要求进行提醒谈话和诫勉谈话，全年进行提醒谈话和诫勉谈话8人次。3、严格监督执行"五不准"的工作纪律。即：不准迟到早退、擅离职守，不准在工作时间和工作日中午饮酒（有公务接待任务除外），不准在工作时间上网闲聊、玩游戏和进行网上股票、基金交易，不准在机关或下基层时打麻将和参与其他形式的赌博，不准酒后驾车。

和谐机关创建活动 1、认真抓好"三争一建"活动。以争做文明单位、争创文明窗口、争当文明公仆、建文明和谐机关活动为主线，大力加强机关精神文明创建工作。2、积极开展丰富多彩的机关文化活动。深入开展了"全民健身活动"，继续组织举办职工篮球、乒乓球、羽毛球、围棋、象棋、游泳比赛和书法、绘画、摄影展等机关文化体育活动10余项，成立了市直机关摄影协会和市直机关长跑协会，活跃了广大干部职工的业余文化生活。

党建工作目标责任制 1、促进部门领导重视机关党建工作。要求各部门将特色性和创新性工作立项申报，并集中汇报评比的方式进行。创新项目汇报评比会上，一些部门主管领导甚至主要领导亲自汇报党建工作，使党建工作专项述职制度有效扩展到市直机关各部门。2、改进机关党建工作考核办法。改变了市直机关党建工作目标责任制考核方式，采取日常工作网上考核的方式，既提高了工作效率，又为市直属机关党组织提供了方便。3、进一步加强机关党建工作信息化建设。在党建工作信息化建设上，加大对长春机关党建网的更新改造，实现了网络信息化办公和管理手段的新突破，提升了机关党建网络信息化功能。4、对党务干部开展菜单式培训。结合贯彻《条例》、党员发展、公推直选等具体问题，帮助他们了解掌握党建工作规章、规定及具体程序，提高政治业务素质。

（陈　刚）

【保密工作】 2010年，从全市保密工作实际需要出发，突出重点、深化教育，严格检查、完善制度，加强防范、规范管理，开展了一系列工作。

传达贯彻市委保密委员会会议精神 3月10日，市委保密委员会召开会议，贯彻落实中央和省委保密委员会会议精神，研究部署全年保密工作任务。对2010年全市保密工作提出了具体要求。1、召开全市保密工作会议。3月16日，召开2010年全市保密工作会议。会上，总结了2009年保密工作；传达了市委副秘书长赵明在2010年市委保密委员会会议上的讲话精神；全面部署了2010年保密工作的具体任务。2、召开军工科研生产单位保密工作会议。3、召开全市保密工作协作组会议。

保密宣传教育工作 1、全面部署"五五"保密普法验收工作。2、发挥保密法制宣传教育网站的作用。全年网站点击率已达16.8万次，收到较好的宣传效

长春市开展《保密法》宣传教育活动

果。3、充分发挥保密教育资料的宣传阵地作用。开展形象化保密教育。组织全市30多家单位、50余场集中播放警示教育案例片，近5 000人次观看接受教育；与省保密局联合举办了“吉林省暨长春市保密专题报告会”。全省各地区单位分管保密工作的领导及保密干部共1 400余人参加了会议。4、积极开展商业秘密保护调研工作，提升重点骨干企业市场竞争力。

抓好计算机网络保密管理 1、组织计算机网络窃密与反窃密技术培训班。2、建立信息系统及涉密信息设备使用管理台账。台账内容包括涉密信息系统、非涉密信息系统、涉密计算机、涉密磁介质及涉密信息设备的使用管理登记和每次保密检查情况记载等。3、开展计算机信息系统保密技术专项检查。4、开展保密技术产品调研，加强保密技术检查工具配备。5、制定保密科技工作“十二五”规划。

履行保密部门依法行政管理职能 1、重新界定行政管理范围。2、规范定密工作，坚持定密报告制度。3、做好信息公开保密审查工作。制定《长春市国家保密局关于信息公开保密审查管理的暂行规定》，并以市委办公厅和市政府办公厅名义转发。4、突出做好涉密载体清理检查工作。及时制定方案，明确相关要求；开展涉密载体定点复制单位保密检查；开展清理取缔涉密文件资料非法交易工作，制定了《长春市清理取缔涉密文件资料非法交易工作方案》，明确相关职责，部署具体工作。5、做好国家统一考试的保密工作。起草《关于加强国家统一考试及其他有关考试保密管理工作的通知》；强化国家统一考试保密工作的监督指导职能；树立服务意识，为承办考试主管部门开展保密工作提供业务指导。

（计晓庆）

长春市人民代表大会常务委员会

【概况】 2010年，长春市人大常委会认真行使《宪法》和法律赋予的职权，有效发挥了地方国家权力机关的职能作用，有力地推进了长春市民主法制建设和依法治市进程，促进了长春市经济社会平稳较快发展，为“十一五”规划的圆满完成做出了应有的贡献。在立法工作方面，全年共审议制定、修改地方性法规11件。根据监督法的规定，对市政府和各县（市）、区人大及其常委会报送的64件规范性文件进行了备案审查。为增强立法的科学性、民主性，常委会坚持提前介入贯穿于立法调研、草案起草的各个环节，有效地提高了立法工作的效率，把发挥人大代表、专门委员会和法制委员会统一审议的作用贯穿于法规审议的始终，克服了立法中的部门利益倾向，维护了法制统一。常委会努力扩大人民群众的参与度，充分运用立法听证会、座谈会等形式，直接听取立法顾问、专家学者和社会各方面的意见和建议；每一件法规草案都由《长春日报》和长春人大信息网向社会公布，广泛征求社会各方面意见；每一件法规草案都印发至半数以上市人大代表，广泛征求意见，切实增强了立法的科学性、民主性。在监督工作方面，常委会坚持围绕中心、突出重点，把推动市委重大决策部署的贯彻落实作为人大监督工作的重中之重，把事关全局、事关长远、事关人民群众根本利益的问题作为监督重点，综合运用多种监督形式和手段，切实加强对“一府两院”的监督。全年听取和审议市政府专项工作报告9项，作出决议、决定7项，组织开展视察、检查和调研15次。在决定重大事项方面，常委会对事关全市经济社会发展和人民群众关心的重大问题，及时作出决议、决定2项。在代表工作方面，市人大常委会把密切同人大代表的联系作为一项经常性工作来抓，在完成了对全体非职务代表走访的基础上，又走访了部分职务代表，增强了代表的代表意识和责任意识。深入推进“代表进社区、进村屯”工作，密切代表与选民的联系。积极组织部分代表就“十二五”规划草案以及规划编制中涉及到的重大问题召开座谈会，认真听取代表们的意见、充分发挥代表在“十二五”规划编制和完善过程中的作用。强化代表工作指导，组织市人大代表和驻长的省人大代表对长春市农业产业化、开发区建设、统筹推进全省工业化等情况进行专题调研，推动了相关工作的开展。重视对人大街道工委工作的指导，举办了人大街道工委干部培训班，召开了人大街道工委工作经验交流会，促进了人大街道工作健康发展。注重保障代表知情权，通过召开政情通报会，及时向代表通报常委会和“一府两院”工作情况。同时，通过邀请代表列席常委会会议、组织人大代表参加常委会有关活动，促进代表知情知政，发挥代表作用。

【制定地方性法规】 2010年，市人大常委会共审议制定地方性法规4件，修订地方性法规7件。2010年8月27日，长春市第十三届人民代表大会常务委员会发布第30号公告。《长春市散装水泥管理条例》经吉林省第十一届人民代表大会常务委员会第二十次会议于2010年7月30日批准，自2010年10月1日起施行。2010年6月18日，长春市第十三届人民代表大会常务委员会发布第29号公告。《长春市房屋登记条例》经吉林省第十一届人民代表大会常务委员会第十九次会议于2010年5月28日批准，自2010年7月1日起施行。2010年10月27日，长春市第十三届人民代表大会常务委员会发布第32号公告。《长春市市政设施管理条例》经吉林省第十一届人民代表大会常务委员会第二十一次会议于2010年9月29日批准，自2010年11月1日起施行。2010年12月8日，长春市第十三届人民代表大会常务委员会发布第33号公告。《长春市房地产开发经营管理条例》经吉林省第十一届人民代表大会常务委员会第二十二次会议于2010年11月26日批准，自2011年1月1日起施行。2010年12月9日，长春市第十三届人民代表大会常务委员会发布第34号公告。《长春市人大常委会关于修改〈长春市妇女权益保障条例〉的决定》经吉林省第十一届人民代表大会常务委员会第二十二次会议于2010年11月26日批准，自公布之日起施行。

【法律监督】 2010年，市人大常委会围绕法律法规的贯彻实施积极开展了法律监督。8 月，为推动传染病预防、控制工作，保障人民群众身体健康和生命安全，常委会听取和审议了市政府贯彻执行《中华人民共和国传染病防治法》情况的报告，并围绕加强领导、加大投入、进一步完善传染病防控体系等提出了建议。市政府及相关部门认真落实审议意见，积极完善防控措施，加强防控队伍建设，提高防控能力，使长春市传染病防控工作整体水平得到了稳步提升。10 月，常委会对市政府贯彻落实关于加强净月潭风景名胜区生态环境保护的决议情况进行了视察，充分肯定了市政府在退耕还林、林相改造、关闭采石场、恢复生态等方面所取得的成效，建议市政府要继续加大对破坏生态环境行为的整治打击力度，加强对净月潭生态环境的建设与保护，为全市人民创造更加优良的生态环境。市人大常委会还配合全国和省人大常委会对长春市贯彻执行《中华人民共和国妇女权益保障法》、《中华人民共和国农村土地承包法》、《中华人民共和国义务教育法》等法律法规的情况进行了执法检查，促进了相关法律法规在长春市的贯彻执行。

【工作监督】 2010 年，市人大常委会围绕中心、突出重点，把推动市委重大决策部署的贯彻落实作为人大监督工作的重中之重，把事关全局、事关长远、事关人民群众根本利益的问题作为监督重点，切实加强了对“一府两院”的工作监督。6 月，市人大常委会听取和审议了市政府关于增产 15 亿公斤商品粮工程建设情况的报告，建议市政府抢抓机遇，加大基础设施建设投入，加强农业研发推广，创新适应现代农业发展的体制机制，确保实现全市增产 15 亿公斤商品粮目标。6 月，市人大常委会听取和审议了市政府关于全市就业工作和首届中国·长春创业(就业)博览会综合情况的工作报告，结合审议，对首届中国·长春创业(就业)博览会进行了视察，充分肯定了市政府为做好创业和就业工作所做出的努力及取得的积极成果，建议市政府继续坚持发展带动就业、创业促进就业的工作思路，多渠道开发就业岗位，不断完善就业援助措施，积极推动就业和再就业工作。8 月，市人大常委会会议审议了市政府关于 2010 年国民经济计划和财政预算上半年执行情况的报告、2009 年市本级预算执行和其他财政收支情况的审计工作报告，审查并批准了 2009 年财政决算。针对预算和审计工作实际，建议市政府加大对重点项目、重点企业的引导扶持力度，大力培植涵养税源，确保收入可持续增长，发挥公共财政的导向作用，优化支出结构，进一步加强预算监管，提高资金使用效益，科学编制预算，推进部门预算公开，同时强化审计监督职能，健全长效监督机制。8 月，市人大常委会听取和审议了市政府关于城市公共交通发展情况的报告，结合审议，对长春市城市交通管理情况进行了视察，充分肯定了市政府在推进城市公共交通发展方面所取得的成绩，建议市政府深入落实公交优先发展战略，加大对公交发展的政策扶持力度，强化对公交行业的规范与指导，促进城市公共交通与城市经济社会协调发展。9 月，市人大常委会对长春市部分重点工业项目建设情况进行了视察，建议市政府要坚持实施投资拉动战略，不断提高经济可持续发展能力，抓好重点企业，做大做强优势产业，大力拓宽投融资渠道，进一步优化产业和区域发展的规划布局，实现生产要素的集约利用。9 月，市人大常委会对《关于为青少年成长营造健康网络环境的议案》办理情况进行了视察，建议市政府要把为青少年营造健康网络环境作为一项系统工程常抓不懈，各有关部门要明确职责，齐抓共管，加大执法力度，坚持疏堵结合的原则，真正为青少年营造一片绿色的网络环境。10 月，市人大常委会对四环路改造、长春西客站、长春站交通换乘中心、城市生活垃圾处理中心等城建重点工程建设情况进行了视察，对市政府在城建重点工程建设上取得的成绩给予高度评价，建议市政府科学谋划好“十二五”规划的城建重点工程，切实强化质量意识，建立长效管理机制，把城市建设得更加美好。11 月，市人大常委会专门安排在供暖数周后，对《关于在我市尽快组织落实暖房子工程的议案》办理情况进行了视察，常委会充分肯定了长春市暖房子工程建设取得的阶段性成果，建议市政府加大建设力度，如期完成三年建设任务，严格按照建设标准，科学使用资金，加强监管，保证质量，真正把好事办好，让人民群众生活得更加幸福。2010 年，市人大常委会还对汽车产业开发区建设、低碳经济、春耕生产、国土、水源地保护、气象和集体林权制度改革等工作情况进行了视察和调研，配合全国和省人大常委会调研组，对科技创新和企业技术改造、散居少数民族权益保障等情况

市人大常委会主任祝业精等领导视察全市重点工程建设情况

进行了调研，促进了长春市相关工作的开展。

【决定重大事项】 为深入推进普法和依法治市工作，不断提升长春市社会法治化管理水平，进一步加快长春市法治化建设进程，全面落实依法治国基本方略，4月29日，市十三届人大常委会第十九次会议做出了关于开展"法治长春"创建活动的决议。为切实加强社区矫正工作的基础建设、制度建设，推动长春市社区矫正工作深入开展，6月29日，市十三届人大常委会第二十次会议做出了关于全面试行社区矫正工作的决定。这在国内尚属首次，也是长春市推进社区矫正工作的创新举措，为全国推行社区矫正工作起到了示范作用，受到了国家司法部、省委政法委和市委的充分肯定。

【人事任免工作】 市人大常委会坚持党管干部原则与依法任免的有机统一，全年共任免本级国家机关工作人员112人次，其中，市人大及其常委会14人次，市政府10人次，市中级人民法院52人次，市人民检察院36人次。

【长春市第十三届人民代表大会第三次会议】 长春市第十三届人民代表大会三次会议于2010年1月11日至15日召开。会议听取和审议了长春市人民政府工作报告；审查和批准了长春市2009年国民经济和社会发展计划执行情况与2010年国民经济和社会发展计划草案的报告及2009年国民经济和社会发展计划；审查和批准了长春市2009年预算执行情况和2010年预算草案的报告与2009年本级预算；听取和审议了长春市人民代表大会常务委员会工作报告、长春市中级人民法院工作报告、长春市人民检察院工作报告。会议补选吕相林、方曙光为长春市第十三届人民代表大会常务委员会副主任；会议补选李万成、李怀生、张连义、邱志方为长春市第十三届人民代表大会常务委员会委员；表决通过了关于各项报告的决议。472名代表出席了本次会议。法律规定的列席人员和由市人大常委会决定的列席人员列席了本次会议。

【长春市第十三届人民代表大会常务委员会会议】 2010年常委会共举行7次常委会会议。2010年2月22日，市十三届人大常委会举行第十八次会议。会议共有5项议题：1、审议表决《长春市人大常委会2010年度工作要点（草案）》；2、审议《长春市散装水泥管理条例（草案）》；3、听取和审议市政府关于市十三届人大三次会议议案办理方案的报告；4、审议《长春市人大常委会2009年立法计划执行情况的报告（书面）》；5、人事事项。经市人大常委会会议表决，通过了《长春市人大常委会2010年度工作要点》、《关于市十三届人大三次会议议案办理方案的报告》，通过了人事免职事项。会议听取和审议了关于提请审议《长春市散装水泥管理条例》的议案及说明，审议了《长春市人大常委会2009年立法计划执行情况的报告（书面）》。2010年4月28日～29日，长春市十三届人大常委会举行第十九次会议。会议分别由市人大常委会副主任吕相林、宛祝平主持。会议共有6项议题：1、审议制定《长春市散装水泥管理条例》；2、审议《长春市市政设施管理条例（草案）》；3、审议长春市第十三届人民代表大会常务委员会代表资格审查委员会关于对补选的市十三届人大代表的代表资格审查结果的报告；4、补选吉林省第十一届人民代表大会代表；5、审议表决《长春市人民代表大会常务委员会关于开展"法治长春"创建活动的决议》；6、人事事项。会议听取了《长春市散装水泥管理条例（草案）》审议结果的报告、关于提请审议制定《长春市市政设施管理条例》的议案及说明、关于补选吉林省第十一届人民代表大会代表的议案、关于提请作出《长春市人民代表大会常务委员会关于开展"法治长春"创建活动的决议（草案）》的议案及说明，听取和审议了关于对补选的长春市十三届人大代表的代表资格审查结果的报告。会议表决通过了《长春市散装水泥管理条例（草案表决稿）》，表决通过了《长春市人民代表大会常务委员会关于开展"法治长春"创建活动的决议》。会议接受钱龙生辞去长春市副市长职务，决定任命陈巳为长春市副市长。补选耿强为吉林省第十一届人民代表大会代表。会议还通过了人事事项。2010年6月28日至29日，长春市十三届人大常委会举行第二十次会议。会议共有7项议题：1、审议制定《长春市市政设施管理条例》；2、审议《长春市城市房地产开发经营管理条例（草案）》；3、听取和审议长春市政府关于增产15亿公斤商品粮工程建设情况的报告；4、听取和审议长春市政府关于全市就业工作和首届中国·长春创业（就业）博览会综合情况的报告；5、审议表决《长春市人民代表大会常务委员会关于全面试行社区矫正工作的决定》；6、审议表决《关于批准设立长春高新技术产业开发区人民检察院的决定》；7、补选吉林省第十一届人民代表大会代表。会议听取了关于对《长春市市政设施管理条例（草案）》审议结果的报告、关于提请审议制定《长春市城市房地产开发经营管理条例》的议案及所作的说明，听取和审议了长春市政府关于长春市就业工作和首届中国·长春创业（就业）博览会综合情况的报告、市检察院关于提请审议批准设立长春高新技术产业开发区人民检察院的议案、市人大内务司法委员会关于提请审议《长春市人民代表大会常务委员会关于全面试行社区矫正工作的决定》的议案及所作的说明、市人大人事代表选举委员会关于补选吉林省第十一届人民代表大会代表的议案。会议表决通过了《长春市市政设施管理条例（草案表决稿）》、《长春市人民代表大会常务委员会关于全面试行社区矫正工作的决定》、《长春市人民代表大会常务委员会关于批准设立长春高新技术产业开发区人民检察院的决定》，补选刘桂凤为吉林省第十一届人民代表大会代表。2010年8月25日～27日，长春市十三届人大常委会举行第二十一次会议。会议共有9项议题：1、审议制定《长春市城市房地产开发经营管理条例》；2、审议修改《长春市妇女权益保障条例》；3、听取长春市人民政府关于城市公共交通发展情况的报告；4、听取和审议长春市政府关于《中华人民共和国传染病防治法》贯彻执行情况的报告；5、听取和审议长春市第十三届人民代表大会常务委员会代表资格审查委员会关于对补选的市十三届人大代表的代表资格审查结果的报告；6、听取和审议长春市人民政府关于2010年国民经济和社会发展计划上半年执行情况及下半年主要工作安排的报告；7、听取和审议长春市人民政府关于2009年财政决算和2010年预算上半年执行情况的报告；审查批准长春市本级2009年财政决算；8、听取和审议长春市人民政府关于2009年度市本级预算执行和其他财政收支情况的审计工作报告；9、人事事项。会议听取了长春市人大法制委员会关于对《长春市城市房地产开发经营管理条例（草案）》审议结果的报告、市人大内务司法委员会关于提请审议修改《长春市妇女权益保障条例》的议案及所作的说明、长春市十三届人大常委会代表资格审查委员会关于对补选的长春市十三届人大代表的代表资格审查结果的报告，听取和审议了长春市政府关于城市公共交通发展情况的报告、长春市政府关于《中华人民共和国传染病防治法》贯彻执行情况的报告、长春市政府《关于2010年国民经济和社会发展计划上半年执行情况及下半年主要工作安排的报告》、长春市政府《关于2009年财政决算和2010年预算上半年执行情况的报告》、长春市政府《关于2009年度市本级预算执行和其他财政收支情况的审计工作报告》、长春市人大财政经济委员会《关于长春市本级2009年财政决算的审查报告》。会议表决通过了《长春市城市房地产开发经营管理条例（草案表决稿）》、长春市人大常委会《关于修改〈长春市妇女权益保障条例〉的决定》、长春市人大常委会《关于批准长春市本级2009年财政决算的决议》。会议还表决通过了人事事项。2010年10月27日，长春市十三届人大常委会举行第二十二次会议。共有2项议题：1、审议制定《长春市人大常委会2011年立法计划》；2、人事事项。会议听取了市人大常委会关于提请审议制定《长春市人大常委会2011年立法计划》的议案及所作的说明，表决通过了《长春市人大常委会2011年立法计划》。会议还表决通过了人事事项，听取了拟任命同志所作的表态发言。2010年11月17日，长春市十三届人大常委会举行第二十三次会议。会议共有2项议题：1、审议表决《长春市人大常委会关于召开长春市第十三届人民代表大会第四次会议的决定（草案）》；2、人事事项。会议作出了《关于召开长春市第十三届人民代表大会第四次会议的决定》。会议表决通过了人事任职事项，任命滕佳材为长春市副市长。2010年12月28日～29日，市十三届人大常委会举行第二十四次会议。会议共有11项议题：1、听取和审议市人大常委会代表资格审查委员会关于补选长春市十三届人大代表的代表资格的审查报告；2、听取长春市人大常委会关于召开长春市第十三届人民代表大会第四次会议的意见；3、审议通过长春市十三届人大四次会议主席团和秘书长名单草案；4、审议通过长春市十三届人大四次会议常务主席名单草案，副秘书长名单草案，大会日程草案；5、审议通过长春市十三届人大四次会议列席人员名单；6、听取和审议拟提请长春市十三届人大四次会议审议的长春市人民代表大会常务委员会工作报告（审议稿）；7、表决长春市人大常委会关于修改部分地方性法规的决定；8、听取和审议长春市人民政府关于提请审议修改部分地方性法规的议案和说明；9、听取和审议长春市政府关于市十三届人大三次会议议案办理情况的报告；10、补选吉林省第十一届人民代表大会代表；11、人事任免事项。会议听取和审议了长春市十三届人大常委会代表资格审查委员会关于补选长春市十三届人大代表的代表资格的审查报告、长春市人大常委会关于召开长春市第十三届人民代表大会第四次会议的意见、长春市人民代表大会常务委员会工作报告（审议稿）、长春市政府关于市十三届人大三次会议议案办理情况的报告、长春市人大常委会关于修改部分地方性法规的议案和说明、长春市政府关于提请审议修改部分地方性法规的议案和说明、长春市人大人事代表选举委员会关于提请补选吉林省第十一届人民代表大会代表的议案。会议表决通过了长春市人民代表大会常务委员会工作报告（审议稿）、长春市十三届人大四次会议主席团和秘书长名单草案、长春市十三届人大四次会议常务主席名单草案、副秘书长名单草案、大会日程草案、长春市十三届人大四次会议列席人员名单草案、表决通过了长春市人大常委会关于修改部分地方性法规的决定。会议补选李树国、王伟为吉林省第十一届人民代表大会代表。会议还表决通过了人事任免职事项，听取了拟任命同志所作的表态发言。

【代表议案和建议】 长春市十三届人大三次会议确定《关于在我市尽快组织落实暖房子工程的议案》、《关于加强城市交通管理的议案》、《关于为青少年成长营造健康网络环境的议案》等4件议案为大会议案，常委会主任会议确定《关于尽快解决环城路及出城口道路两侧占道经营问题的建议》、《关于提升城市同热能力加速小锅炉房并网改造的建议》等10件建议和重要代表建议。为不断提高代表议案、建议办理质量，常委会在着力做好交办、督办工作的同时，加大对议案、建议办理情况的视察、检查工作力度，邀请代表及议案领衔代表直接参与议案、建议督办工作。2010年来，常委会先后听取了长春市政府关于议案办理方案和办理结果的报告，责成有关专门委员会对议案办理情况进行督办，并多次对议案办理情况进行视察。对重要代表建议，由有关专门委员会进行重点督办。长春市十三届人大三次会议期间代表提出的3件议案，1件办理完毕，2件完成了当年办结进度，247件建议、批评和意见已全部办理完毕。常委会还对评选出的优秀议案、优秀建议及代表议案、建议的优秀承办单位进行了表彰。

【市委人大工作会议】 5月26日，市委召开人大工作会议。省委常委、市委书记高广滨对全市人大工作给予充分肯定，并就进一步做好人大工作做重要讲话。高广滨指出，要站在全局和政治的高度，进一步增强做好新形势下人大工作的自觉性；要围绕新形势新任务，充分发挥人

中共长春市委人大工作会议

大及其常委会在推动长春经济社会发展中的重要作用；要进一步加强党对人大工作的领导，努力开创人大工作新局面。市人大常委会主任祝业精就落实高广滨书记讲话精神讲了4点意见：1、坚持党的领导，牢牢把握正确的政治方向；2、坚持依法监督，不断增强监督实效；3、加强代表工作，充分发挥代表作用；4、强化自身建设，提高工作能力和水平。市委常委、常务副市长隋忠诚，市中级人民法院院长宋利菲，市人民检察院检察长徐明分别代表市政府、市中级人民法院、市人民检察院在会上发言。

【全市政情通报会】 2010年7月29日，常委会组织召开了全市政情通报会。会上，副市长肖万民受市长崔杰委托做了《关于2010年上半年全市经济社会发展情况的通报》，市人大常委会、市中级人民法院、市人民检察院以书面方式向市人大代表做了工作通报。常委会认为，上半年，市政府、市中级人民法院、市人民检察院，认真按照省、市委全会精神及市十三届人大三次会议确定的各项任务，真抓实干，攻坚克难，各项工作都取得了好成绩，出色地完成了上半年的各项计划和任务。希望市政府下半年牢牢抓住重大项目建设不放，务求实效；加强对规模以上工业企业的服务保障；更加重视务实地抓好金融工作；集中精力做好"十二五"规划的编制工作；扎实有效地做好改善民生工作。希望全体市人大代表进一步增强使命感、责任感和紧迫感，紧紧围绕长春市"加快发展、改善民生、建好城市、促进和谐"的工作大局，围绕改革发展稳定的重大问题，围绕关系人民群众切身利益的热点难点问题，围绕制定"十二五"规划，积极履行代表职责，发挥代表作用。

【接待群众来信来访】 常委会认真做好信访接待工作，2010年，共受理和接待人民群众来信来访1 800余件次，通过受理信访和对重大信访案件实施跟踪督办，促进了群众合理诉求和突出问题的解决，维护了公民、法人和社会组织的合法权益。

【宣传工作】 市人大常委会积极拓宽人大宣传平台，在做好日常宣传报道工作的同时，认真开展"访代表听民声"、"设立人大街道工委"等专题宣传，认真开展了长春市第十四届人大新闻奖评选工作，为做好新形势下人大工作营造了良好舆论氛围。2010年，是长春市地方人大设立常委会30周年，为了隆重纪念长春市地方人大设立常委会30周年，认真回顾和总结30年来，常委会的发展历程及经验，进一步推进新形势下长春市人大工作的创新发展，常委会精心组织开展了"五个一"系列纪念活动（召开了"纪念长春市地方人大设立常委会30周年座谈会"，举办长春市"人民之歌——纪念长春市地方人大设立常委会30周年专场文艺演出"，举办了"纪念长春市人大常委会设立30周年图片展"，编辑出版了《坚实的足迹——长春市人大常委会设立30周年回顾》，制作了《坚实的足迹——长春市人大常委会设立30周年回顾》电视专题片），全面总结和回顾了30年来所走过的光辉历程，展示了市人大及其常委会30年来取得的光辉成就和为长春经济社会发展做出的巨大贡献，热情讴歌了市人大及其常委会、各级人大代表依法履职的精神风貌和良好形象，更加坚定了我们坚持和完善人民代表大会制度，努力做好人大工作的信心和决心，有力推动长春市人大工作。

（单大维）

长春市人民政府

【概况】 2010年，全市实现地区生产总值3 329.0亿元，比2009年增长15.3%。人均生产总值达43 936元，折合6 635美元。全市一般预算全口径财政收入563.4亿元，比2009年增长25%；全市地方财政收入180.8亿元，比2009年增长26.8%。完成全社会固定资产投资总额3 001.5亿元，比2009年增长31%。实现社会消费品零售总额1 286.7亿元，比2009年增长18.1%。城市居民人均可支配收入达17 922元，比2009年增长11.5%；农村居民人均纯收入6 665元，比2009年增长17.7%。

【农业农村】 2010年完成农林牧渔业总产值474.7亿元，比2009年增长4.8%。粮食生产喜获丰收，粮食播种面积115.0万公顷，粮食总产量达796.1万吨，比2009年增加65.3万吨。全市蔬菜种植面积10万公顷，比2009年增长3.1%；蔬菜总产值78亿元，比2009年增长32.2%。肉蛋奶产量分别达236.6万吨、46.8万吨和12.7万吨，分别比2009年增长4.5%、9.6%和0.8%。农机化速度进一步加快，农业机械总动力达427万千瓦，比2009年增长9.4%。特色经济作物快速发展，全市无公害农产品和绿色食品基地发展到101个，全市经过认证的有机食品达到36个，绿色食品标志产品达102个，无公害农产品达424个，无公害农产品产地认定58个。

【工业经济】 工业经济继续呈现快速发展势头，全年规模以上工业增加值完成1 476.2亿元，比2009年增长20.9%。完成规模以上工业总产值5 750.8亿元，比2009年增长28.3%。其中汽车制造业累计完成产值3 705亿元，比2009年增长31.2%，占规模以上工业总产值的64.4%。汽车、轨道客车、玉米化工三大世界级产业基地建设实现历史性突破。一汽轿股、一汽大众整车扩产改造项目建成投产，一汽丰越主厂房实现暖封闭，一汽通用新车正式下线，全市整车产能接近200万辆。高速动车组生产基地一期建成投产、二期完成厂房建设，机车厂搬迁改造完成主体封闭，时速380公里的新一代高速动车组正式下线，轨道客车产销量达到1 125辆。大成百万吨化工醇车间开始设备安装，60万吨淀粉糖生产线建成投产。战略性新兴产业快速发展，先进装备制造、光电信息、生物医药、新能源、新材料五大战略性新兴产业投资增长了1倍以上。光电子信息工业完成产值75.3亿元，比2009年增长32.1%；先进装备制造业完成产值271.5亿元，比2009年增长33.1%。40户重点工业企业完成工业总产值4 030.3亿元，占规模以上工业总产值的比重达70.1%，全年完成新产品产值2 556.4亿元，比2009年增长30.4%，新产品产值率达63%，比2009年提高18.2个百分点，工业经济日益呈现出节约、集约、内涵式发展的良好态势。

【服务业发展】 2010年，实现服务业主营业务收入5 494.1亿元，比2009年增长33.6%。旅游产业呈现旺盛发展势头，全年来长春市旅游人数达2 637.6万人次，比2009年增长16.3%；旅游总收入350.4亿元，比2009年增长23.2%。举办各类会展活动167项，其中，展览85项，会议(论坛)36项，其他活动46项。会展业参展人数达2 000万人次，直接收入20.9亿元，带动其他相关产业收入188亿元，分别比2009年增长17.4%和17.5%。兴业、华夏2家区域性银行进驻长春，全市银行类金融机构发展到22家，金融服务能力进一步提升。金融机构存款余额达5 038.4亿元，贷款余额达4 616.8亿元，分别比年初增长15.7%和19.5%。4家商务综合体、4个区域性批发大市场开工建设，全市在建和建成的商务综合体总数达到15个、区域性批发大市场总数达17个，一个服务全省、辐射周边3 000万人口的商贸物流服务体系正在加快形成。

【改革开放】 2010年，长拖集团与中国机械工业集团有限公司实现战略重组。长春钢铁总厂等18户进入破产程序的国有企业完成改制任务。奥普光电、大成糖业、安洁环保3家企业成功上市。国务院正式批准汽车产业开发区晋级为国家级经济技术开发区。全年新批外资项目(企业)80个，其中投资总额超千万美元项目25个。实际利用外资26.7亿美元，比2009年增长9.6%。其中，直接利用外资7亿美元，比2009年增长9.2%。对外贸易快速增长，实现进出口总额132.2亿美元，比2009年增长54.7%。其中，进口112.2亿美元，比2009年增长50.3%；出口20亿美元，比2009年增长85.4%。

【城市建设】 四环路正式通车，亚泰大街跨解放大路、西南湖大路高架桥竣工投入使用，长春市道路新建和扩建长度322.9公里，128条道路完成大中修。北郊污泥处理场建成运行，蘑菇沟生活垃圾处理中心投入使用。全面启动新一轮伊通河综合整治，37项工程顺利实施。新建扩建长东北、新立城、净月一批生态湿地，城市周边新增湿地面积18.32平方公里。长春公园、动植物公园完成改造，国际汽车公园正式对游人开放，全市园林绿地面积达到13 147公顷，公园绿地面积达4 249公顷，建成区绿化覆盖面积达15 190公顷，建成区绿化覆盖率达38.58%。地铁1、2号线工程立项获得国家批准，轻轨4号线重点区段试通车。新增新能源公交车100辆，更新常规公交车333辆。连续实施5期交通调流，通过错峰上下班、主干线限左、大面积推广单行线等方式，城市交通拥堵状况得到有效缓解。集中开展奋战150天市容环境综合整治，标准化改造5个重点商圈、15条主要街路、31条二级街路，整修545栋沿街老旧楼宇，规范8 605处商铺牌匾，拆除117万平方米违法建筑，清理72处擎天柱广告、2 265辆公交车体广告、6 021处违规广告，新植街路32条，改造绿地57块，彩化街路100条，深入治理了露天烧烤、占道经营、超载超限运输等一系列城市管理顽疾，市容市貌大为改观，城市形象明显提升。

【社会事业】 新建、加固中小学校舍121.3万平方米，保暖改造10.8万平方米。城乡结合部1.1万名中小学生实现班车接送。城区中小学全部配备校园保安。全面完成改制校清理规范，7所义务教育阶段改制校全部退回公办。制定实施了特殊教育3年提升计划，孤独症教育康复中心、聋哑学校新建改建项目完成年度计划。建筑面积21万平方米的一汽高专当年开工、当年投入使用。全年完成各类职业教育培训40万人次。人民大街站前段、南广场等5条历史文化街区启动改造，杂技宫、艺术剧场完成保护性修缮投入使用，伪满皇宫等21处历史文物通过全国重点文物保护单位专家组评审。增加公共卫生投入，基层卫生机构全面推行基本药物制度，药物价格下降21.4%，单处方均值下降47.2%，就诊患者人次提高50%。60家社区卫生服务中心、145家乡(镇)卫生院完成标准化建设。城镇居民医保、农村新农合人均补贴均由80元提高到120元，报销比例均提高5%以上。5.3万名孕产妇女接受出生缺陷干预，出生人口素质稳步提高。5家120急救中心进驻119消防站，院前急救能力得到提升。

【改善民生】 新增城镇就业10.8万人，

"零就业家庭"保持动态为零。城镇登记失业率为3.65%。职工月最低工资标准提高170元。企业退休人员月均养老金提高141元。重度残疾人低保金上浮20%。城市居民年人均可支配收入增加1 850元，农民年人均纯收入增加1 003元。通过实施政府助保，263名在乡知青进入社保体系、3 521名困难群众接续养老保险。11 638名被征地农民参加养老保险。朝阳区、双阳区、净月开发区新型农村养老保险试点顺利推进，3.8万名60岁以上农民开始按月领取养老金。深入开展"万户特困户结对救助"活动，17 271户贫困家庭得到多种形式的帮扶。221名城区低保家庭尿毒症患者获得免费透析治疗。534名先天性心脏病、唇腭裂患儿得到医疗救助。694名城区低保、低保边缘家庭大学生分别获得10 000元和5 000元的助学补贴。2 754名贫困群众得到法律援助。城区低保对象基本殡葬费用全部由政府承担。建立了低保补助和物价水平挂钩联动机制，5月、10月和12月先后3次为城区低保、低保边缘群众发放临时物价补贴。11月紧急出台蔬菜交易税费减免、主要蔬菜品种购销补贴政策，暂停天然气等生活必需品的价格调整，有效抑制了物价快速上涨的势头。启动建设4家公办养老机构，100个社区老年日间照料站投入使用。新建购买廉租房30.5万平方米，改造棚户区248万平方米，接收改造29个散旧弃管小区，352栋城区D级危房住户全部搬离并得到妥善安置。"暖房子"工程超额完成计划，撤并改造小锅炉房521座，扩建调峰锅炉房6座，清淘供热地沟67.5公里，改造供热管网315公里，新增集中供热能力3 055万平方米，部分区域供热能力不足、运行不稳定问题得到初步缓解。节能改造老旧楼宇1 155栋、面积达到600万平方米，近10万套住宅保温能力明显提升，得到群众广泛好评。安装散旧楼宇楼道保温防盗门16 036樘，覆盖率接近90%。制定实施供热特许经营管理办法，近50%的供热面积实现质量在线监控。

【抗洪抢险】 7月下旬至8月5日，长春市连续遭到4场大暴雨的袭击，而且主要集中降在石头口门、新立城两大水库流域上游。石头口门水库上游的新安、官厅雨量站，12小时降雨量分别达143.2毫米和255.9毫米，二道区莲花山气象站点12小时雨量达243.1毫米。由于暴雨时间间隔短，雨量集中、灾害性强，直接造成长春市江河水库水位暴涨，全市19座大中型水库最多时有11座超汛限水位、9座开闸泄洪。第二松花江、饮马河、伊通河、双阳河均发生了30年～50年一遇洪水，石头口门水库最大入库洪峰达2 163立方米/秒，对沿河两岸及水库下游群众生命财产安全构成极大威胁。全市受灾乡(镇)79个，受灾人口93.4万人，转移人口15.35万人，倒塌房屋6 785间，农作物受灾239 578公顷，绝收面积91 364公顷，大量水利工程受损，直接经济损失51.09亿元。面对特大洪水的袭击，全市立足防大汛、抢大险、抗大灾，以确保人民生命安全为首要目标，精心组织，科学调度，多措并举，全力抗洪。7月28日，市防指启动了全市防汛抗旱预案二级响应，下发了《关于石头口门水库上游191米高程以下村屯转移的紧急通知》，要求第二松花江沿江各县（市）积极迎战4 500立方米每秒洪峰，并做好迎战丰满水库更大泄流的准备，转移可能受洪水威胁的群众，并抓紧补充抢险物料，确保抗洪抢险需要。市政府投入926万元，紧急抢购铁线、编织袋、条形布等抢险物资和交通工具，及时调拨到出险县(市)、区，以满足抗洪抢险需要。针对石头口门和新立城两座大型水库调度，积极与省防指协商，石头口门水库放流7月23日为500立方米每秒，26日加大到600立方米每秒，29日又加大到700立方米每秒，近20天弃水15亿立方米，最大限度提前了腾空库。新立城水库也在短时间内弃水2.5亿立方米。通过科学调度，石头口门水库削峰幅度达66%，新立城水库削峰幅度达67%，在50年一遇洪水情况下，两大水库上游水位、最大泄流量不超过20年标准，有效减少了上下游损失。经过全市上下共同奋战，圆满完成22万名受灾群众紧急转移安置任务，取得了域内221座水库无一垮坝、1 094公里国堤无一溃堤的重大胜利，把灾害损失减少到了最小程度。

【政府自身建设】 自觉接受人大及其常委会的法律监督、工作监督和政协民主监督，广泛征求人大代表、政协委员和各民主党派、无党派人士对政府工作的意见、建议，办理人大议案3件、政协建议案1件、人大代表建议236件、政协提案328件。开展"解放思想找差距，振奋精神促发展"、"创先争优"、"三满意" 机关创建、"万人评议机关"等主题实践活动，政府各部门推动发展、服务群众、促进和谐的能力不断提高。召开第3次市政府接受监督改进工作大会，主动邀请人大、政协、法院、市委宣传部及政府内部监督部门通报批评政府工作缺失、行政败诉案件以及违纪违规问题，政府各部门逐项进行整改并建立了标本兼治的长效机制。深入推进政务公开，保障人民群众的知情权和监督权。认真落实政府读报、读网制度，及时解决媒体反映的各种问题5 800多个。

（林小林）

【"12345"市长公开电话】 1、投诉量首次出现负增长。2010年，市民呼叫"12345"总量为4 759 977次，同比历史最高峰减少19.6%，并开始呈现下降姿态，首次出现负增长。同时，市长公开电话受理渠道又拓展了7个，受理市民投诉达到348 909件，比2009年增加20.3%。其中，"12345"电话记录215 592件，比2009年增加9%；新闻媒体及网站等渠道受理133 317件，比2009年增加27.9%，增加幅度为历年之最。2、局长接待日最受社会欢迎。历数2009年市长公开电话1 900余次的宣传统计，媒体关注度最高、报道持续时间最长、宣传篇幅最大、百姓赞誉最热，当属市政府组织开展的局长接待日工作。从2010年11份局长接待日和信箱留言办理工作启动以来，先后起草《关于逐步实行局长接待日工作的通知》、《关于规范局长信箱市民留言办理工作的通知》，及时规范工作，并全力组织推进，3次局长接待日接待市民 3 700 余人次，受理反映问题 1 477 个，其中现场解决 121 个，受到市领导高度赞扬。3、服务能力提升历史新高度。面向社会招聘 10 名受话人员，吸纳了能够用英语、日语或朝语会话的人才，改变了“12345”人员的结构，服务水平开始向城市国际化接轨；利用现有场地采取增人不增坐席的办法，科学安排，使受理主平台的 18 部坐席在工作时间内全部开通，节假日和午间值班各增开一部，受理能力同比增加 53 061 件，增幅为 20.1%。4、办理手段有了重大的变化。首次实行对一般投诉、重复投诉、重要事件和急办问题进行层级管理的制度，在与市民生活联系密度高的网络单位开展假日网上处理急办的业务，建立起无线值班的应急处理体系，2010 年共处理急办问题 7 751 件，其中当日办结 7 764 件，办结率达 98.9%；继续坚持通过社会中介抽查评价工作的做法，并将办理结果由书面通报各单位“一把手”改为短信通报，交办处理 257 664 件市民反映，出现场和召开协调会 139 次，直接解决了 72 个重点难点问题，使向市民反馈率 92.7%，市民满意率 80.6%，接到感谢电话和表扬信 542 件，锦旗 16 面。5、读网工作当年铺开当年评优。继政府读报后，又承担起读网工作，搭建起由“12345”办公室组织协调，政府各部门承办的工作体制和机制，起草出台了《政府读网实施管理暂行办法》，下发了《关于进一步规范网民留言办理工作的通知》，全面规范了工作，并在实践中严把质量关口，使读网工作扎实推进，处理问题 568 件，当年就被人民网评为先进单位。读报工作依然保持良好的发展势头，主动发现率保持在 93.6%以上，读报发现处理 5 589 件，督办解决舞厅混乱、黑食品加工点等 22 个重点问题；在《长春日报》开辟《政府第一时间读报》宣传专栏，媒体回应宣传率同比提高 8%。6、信息利用率历史空前。市领导对市长公开电话的信息采用率高于往年，刊发各类简报信息 297 期，签批 324 条，签批率达 109%，突破了市长公开电话的记录；市民反映的汇报已被列为市政府全体会议的内容；每逢重大的节日以及特殊的天气，市长都要调度“12345”的情况；“大干 150 天的市容综合整治行动”，市民反映成为市容综合整治办公室开展工作的重要依据。“12345”信息成为政府决策的有效支撑，有利地促进了政府工作，使长春市出台禁止鸣放庆典礼炮的法规，解决了企业代码证不予年检等问题。

（蔡 波）

【决策咨询工作】 2010 年，共完成各类课题、报告、调研材料、意见建议等 30 余项，成稿总字数约 20 余万字，其中，《建立举市创新体制，采取超常规创新措施，实现 10 科技起飞》，获长春市优秀调研成果二等奖；《双阳区中长期发展战略研究》获长春市优秀调研成果三等奖。

重大决策课题研究 完成市政协党组交办的长吉一体化常委议政会综合报告；《净月文化创意产业开发区规划纲要》，成为净月开发区、市委宣传部向市委常委会建议的基本内容；《二道区莲花山地区城市化规划方案》。

重要咨询论证 对长春经济技术开发区规划提出修改建议；对长春市工交口、县域经济及农口市情调研课题提出修改补充建议；对榆树市城市设计提出修改完善建议；修改西部新城发展情况向市领导汇报稿；向吉林省委政研室提出吉林中部城市群发展的思考与建议；对榆树环城工业集中区发展提出建议；对“十二五”专题研究报告 10 余份逐一提出修改补充建议；对西部新城发展方向、产业定向等提出建议；对全市金融业发展的文件稿提出修改建议。主持拟写朝阳区现代服务业试点方案；为全市民生工作“十二五“规划进行多次调研提出相应建议，并对各部门专项民生规划提出修改意见；对“十二五”期间全市发展的空间布局提出框架意见交市发改委参阅；对九台市、二道区、双阳区抓住长吉一体化机遇加快发展分别提出建议；对长春经开区服务业发展规划提出咨询意见；对米沙子铸造园规划提出咨询意见；对榆树市“十二五” 发展提出咨询意见。协助长春市发改委对“十二五”专题研究报告进行多次调研并提出修改补充建议；完成对绿园区西部新城开发区五年规划的修改和补充。

提出重要建议 关于普及太极拳运动的建议；关于将印染厂改造为文化创意产业园的建议；向市长崔杰提交关于建设“东方乐都”的建议；向副市长隋忠诚提出加快科技成果转化与高技术产业发展的建议。

（梁永红）

【民生工作】 2010 年，围绕“生存性、安全性、发展性”民生需求，着力破解民生难题，全力打造“暖房子”、散旧楼宇防盗门安装、“爱心透析”、“民生慈善助学”等重点民生工程，突破既定 96 件民生工作目标，创造性完成 110 件惠民实事。

民生计划 以市政府名义印发了《2010 年民生行动计划》，涵盖十大民生工程 96 件民生实事。就业增收计划，新开发就业岗位 12 万个，城镇新增就业 10.8 万人；新增就业见习基地 100 家；创办民营企业 3 500 户，免费推荐创业项目 1 200 个；新发放小额贷款 5 000 万元；新建农村青年“创业创富”见习示范基地 20 家，提供创业小额贷款 5 000 万元。社保提升计划，基本养老保险新增 10 万人、失业保险新增 5 万人、医疗保险新增 10 万人、工伤保险新增 5 万人、生育保险新增 2 万人；解决国有、集体企业和自收自支事业单位参加养老保险遗留问题。社会救助计划，市区集中五保供养年最低补助标准由 2 500 元提高到 3 500 元（双阳区由 2 500 元提高到 3 000 元）；投入 1 100 万元，慰问、帮扶困难职工 3.5 万户；对低保家庭新升入全日制普通高等学校的学生，每生给予 1 万元（双阳区 6 000 元）的助学补贴。住房保障计划，购买廉租住房 2.5 万平方米，建设廉价住房 30 万平方米，棚户区改造配建廉租住房 30 万平方米，改造农村泥草房 4 万户。教育均衡计划，完成改制校清理工作；投入 5 000 万元，实施特教学校改建计划，投入 2 000 万元，在兴隆山镇新建一所 1.2 万平方米义务教育学校。健康行动计划，新农合基本实现在乡人口全覆盖，低段、高段报销比例分别提高 5 个百分点、10 个百分点，提高到 4

万元；投入450万元设立“爱心透析中心”；投入6 000万元，建立“儿童重症抢救”、“传染病重症治疗”、“疾控检验”中心。城市安全计划，深化“安全建设年”活动，加强“六张防控网”建设，新建监控探头2.5万个，实现重点区域、街路、场所全覆盖；严惩交通违法行为；开展重点行业安全生产专项整治。环境改善计划，新建10个绿化精品、50处大块绿地，彩化美化100条主要街路；新建续建同心湖、兴隆湖、苗圃、光明4个公园，建成三佳湖公园、国际汽车公园，建设郁金香园等一批特色园中园；建设长东北、净月、新立城、波罗湖、太平池、南部、石头口门七大生态湿地。文化繁荣计划，推进文明城市创建活动。举办广场文化活动200场、公共讲座40场、艺术精品演出6场；实现全市广播电视村村通；举办第十届中国长春电影节、第八届长春文化艺术周、第三届长春市社区艺术节、农民文化节、冰雪旅游节等活动。便民惠民计划，加强基础设施建设，推进畅通工程，妥善解决水、电、气、热等供应保障问题。轻轨三期实现试通车；调整延长公交线路5条，投放新能源公交车100台，更新公交车辆200台；改造民用二次供水设施260处；发展燃气用户2万户，完成燃气管网改造100公里；实施“暖房子”工程，完成500个小锅炉房并网改造，新增集中供热面积550万平方米；建立楼道亮化长效机制；完成物业弃管散旧楼宇防盗门安装试点工作。

发展规划 在全国十五个副省级城市中率先编制《“十二五”民生发展规划》。市政府成立了由市委常委、常务副市长隋忠诚任组长，市直部门主要领导为成员的规划编制工作领导小组。由市民生办牵头，联合市决策咨询委员会、市委党校、市委、市政府政策研究室、国家统计局长春调查队共同参与编制工作。在经过大量调查研究和广泛征求人大代表、政协委员、各责任部门意见、建议基础上，形成了《〈长春市民生发展规划纲要(2011—2015)〉(讨论稿)》。《规划》共分5个部分：1、“十一五”时期民生工作回顾；2、“十二五”民生发展基础、趋势、总体思路和原则；3、“十二五”期间民生主要目标和工作任务；4、十大重点民生工程；5、保障措施。

启动“大救助”工作 2010年1月28日，市委、市政府举行了全市2010年“大救助”工作启动仪式。与会领导为回迁居民代表发放了回迁房钥匙，为“万户特困结对救助家庭”代表发放了电饭锅，为残疾人代表发放了轮椅。

亮点工程 “暖房子”工程，为改善居民供暖条件，提升长春城市形象，“暖房子”工程作为重点民生工程被列入《长春市2010年民生行动计划》。4月份，市政府拟订《长春市既有居住建筑节能改造工程实施方案》，全面启动实施改造工程。经统计，长春市现有4 750万平方米既有居住建筑不达标，其中有800万平方米不具备改造价值。截止到2011年1月17日，全市共完成老旧楼宇保温工程1 155栋，630余万平方米，受益居民超过10万户，受益人口至少40万人。散旧楼宇防盗门安装工程，为进一步改善市民居住条件，市政府决定本着政府引导，市、区补贴，个人分担，居民自愿的原则，在市区开展散旧楼宇防盗门安装工作(市、区、个人资金承担比例为4:4:2)。截至年底，全市共完成安装防盗门15 523樘，投入资金2 173.22万元。工程惠及全市217 322户居民，近65万人受益。“爱心透析中心”建设工程，为切实减轻低保家庭尿毒症患者经济压力，挽救患者生命，市政府投入450万元，在各城区建立“爱心透析中心”，免费为全市211名低保家庭尿毒症患者透析，被患者誉为“救命工程”。“民生慈善助学”工程，为了让市区低保和孤儿应届高考学生顺利升学，市委、市政府决定适当提高助学标准，新标准为：市区(不含双阳区)低保家庭和孤儿考生每人资助10 000元，低保边缘家庭考生每人5 000元；双阳区低保家庭和孤儿每人6 000元，低保边缘家庭考生每人3 000元。截至年底，已有683名学生得到救助。

(孙宪法)

【人力资源和社会保障工作】 2010年，长春市人力资源和社会保障局机构改革后正式组建运行的第一年。全市人社系统按照“思想上形成共识、工作上形成合力、制度上形成统一、文化上形成风格”的总体发展方向，在不断促进思想、业务、队伍“三融合”的同时，实现了运行效能、工作业绩和服务水平的“三提高”，全市人社工作呈现出热点工作取得新进展、难点问题实现新突破、创新领域打造新亮点的特点，圆满完成了2010年度各项目标任务。

就业再就业工作 全年新增就业10.8万人，下岗失业人员再就业8.2万人，其中，大龄就业困难对象再就业12 293人，小额贷款当年新发放1.05亿元，城镇登记失业率为3.65%。1、成功举办了首届创业就业博览会。2010年5月20日～22日，以“创业促就业，福祉千万家”为主题的首届长春创业就业博览会成功举办。博览会开幕式与“2010全国民营企业招聘周启动仪式”同时进行，全国共有23个省、自治区和直辖市及67个城市组团来长春市参加活动，参会代表达1 100多人。本届创业就业博览会集招聘活动、项目推介、高峰论坛、成果展示、技能竞赛、政策咨询、典型演讲、英模表彰8大板块于一体，推出了5 000个创业项目，提供岗位5万多个，求职者与用人单位签订意向用工协议6.3万余人。本届博览会，是国内首个以创业就业为主题的综合性博览会，也是吉林省迄今为止规模最大的人力资源交流合作平台，在改善和提高民生工作水平方面做出了有益探索，得到国家人社部和各级领导的充分肯定。2、积极推进高校毕业生就业工作。2010年，长春市将高校毕业生就业工作纳入全市就业工作的重要内容，调研起草了《长春市高校毕业生就业情况调研报告》，全面掌握了全市高校毕业生的基本情况，对如何扶持和扩大高校毕业生就业能力和水平提出了有针对性的意见和建议。全年为高校毕业生提供就业岗位3.5万个，服务大学生40万人次，新建就业见习基地55家，吸纳见习生5 630人；全面开展了“一村一名大学生”、“三支一扶”和“大学生充实社区服务”工程。2010年，应届毕业生就业率达到85.7%，未就业高校毕业生实现就业11 698人。3、全面做好就业困难群

长春市暨榆树市抗洪救灾农民工就业援助现场招聘会

体就业工作。以基层劳动保障平台为依托，通过全方位，多层次地促进就业援助、岗位对接、创业带动等各项工作，推动了困难群体就业工作的深入开展。2010年，全市共援助零就业家庭293户，保持零就业家庭动态为零，以公共服务和社区为主要方向，重点加强了对公益性岗位的开发与管理，全年开发公益性岗位1 750个，安置就业困难人员1 286人，公益性岗位总量稳定在2.3万个。4、扎实做好劳务输出工作。通过开展"春风行动"、"送岗到乡直通车"等系列活动，共实现农村劳动力转移就业95.7万人次，其中异地转移就业83.3万人次。特别是针对遭遇的洪涝灾害，及时开通了"灾区农民工就业援助直通车专线"，帮助5万名受灾农民转移就业，实现了被动救灾向主动就业的转变。5、开展职业技能培训工作。全面推进"特别职业培训计划"，充分发挥了职业培训促进就业的基础作用。全市共培训失业人员25 047人，创业培训11 031人，农村劳动力技能培训31 920人，在职职工培训36 028人，新成长劳动力培训4 175人，累计完成各项培训10.8万人。6、全面提升就业工作基础服务能力。全市65个街道、97个乡（镇）、377个社区全部组建了劳动保障机构，创建省级充分就业社区24个；人力资源市场和人才市场共举办各类招聘洽谈会312场，接待求职者近百万人次。

社会保障工作 全市城镇从业人员参加基本养老保险人数达到117.6万人，完成了2010年度退休人员调待工作，全市月人均养老金达到1 265元，养老金按时足额发放率和社会化发放率100%。全年共为1 843名遗失档案职工补建档案，解除了已参保职工的后顾之忧；朝阳区开展的新型农村养老保险参保率达到72%，在吉林省9个试点地区中参保率最高。全市城镇基本医疗保险参保总数达390.2万人，其中，职工医保参保总数达151万人，居民医保参保总数达239.2万人。在医疗保险政策方面，制定出台了《关于调整和完善城镇基本医疗保险有关政策的通知》，将居民参保补贴标准由80元提高到120元，同时，开展了城镇居民基本医疗保险门诊统筹试点。通过降低城镇职工基本医疗保险住院乙类药品和乙类诊疗项目个人自付比例，共惠及参保人员18.5万人次，涉及基金支付2 276万元；通过提高居民医保住院报销比例5%，惠及参保居民62 074人次，涉及基金支付1 475万元；提高大额医疗费用救助最高支付限额，共惠及参保人员954人次，涉及基金支付3 460万元。全年新增4项基本医疗保险门诊大病病种，医疗保险门诊大病病种达到12种。在医疗保险服务方面，启动了"长春医保票据专递"项目，突破性解决了企业跨银行缴存的自动化问题，全年免费邮递票据65万份；搭建了医保远程服务应答系统，开发了欠费、变更和消费提醒等15项医保手机服务功能，在国内率先创建了"医保掌上服务大厅"业务，免费为全市参保企业和社区协理员发放"零负担"手机2万部。全面推进农民工参加工伤保险"平安计划"，全市工伤保险新增参保5.9万人，参保总数达到97.9万人。出台了《关于调整全市工残职工伤残津贴标准和生活护理费标准的通知》，相应提高了工伤职工待遇。生育保险新增参保8万人，参保总数达95.6万人，出台了《长春市城镇居民生育保险试点实施方案》，自2010年1月1日启动了居民生育保险国家试点，共有2 447名生育妇女享受了此项待遇，涉及基金支出228万元。

工资收入分配 事业单位实施绩效工资稳步推进，全市义务教育学校、卫生系统事业单位绩效工资实施率达到100%，有效调动了关键岗位和重点岗位工作人员的积极性。完成了53 142名机关事业单位在职和退休人员的工资审批，对14 126名公务员进行了健康体检，组织205名优秀公务员赴异地健康疗养。企业工资管理工作进一步加强，及时调整最低工资标准，全市最低工资标准由650元提高到820元。下发"企业工资信息调查软件"3 934张，问卷调查1 687份，涉及职工37.3万人，生成1 291个职位（工种）、40个外商投资企业职位(工种)、6个学历等级、10个年龄段、8个工龄段、9个专业技术等级、14个国民经济行业、4个隶属关系、10个登记注册类型、35个家政(社区)服务业岗位，共5 603个人力资源市场工资指导价位。对全市3 022户企业、27.9万名职工的人工成本情况进行了抽样调查统计，经筛选、汇总、修正后，形成了2010年度长春市行业人工成本参考水平和人工成本预警线。拟订了2010年长春市企业工资增长指导线，上线为20%、中线(基准线)为15%，下线为8%。

人事制度改革 探索开展了聘任制公务员招录工作，出台了《长春市行政机关聘任制公务员管理暂行办法》，被确定为吉林省聘用制公务员录用与管理试点地区。全年招录公务员 313 人，聘用制公务员 7 人，完成了全市物价系统和城区规划、国土部门的“推公”登记工作，争取吉林省人民政府批复长春市参照公务员管理单位 81 家，共计涉及 2 561 人。制定了《长春市 2010–2012 年公务员培训实施方案》，全年培训公务员 13 405 人，继续教育培训 9.5 万人。积极推进政府奖励工作规范化、制度化建设，开展行政奖励项目 12 项；进一步健全完善了绩效评估指标体系，完成了 2010 年政府绩效评估工作。以长春市委、市政府办公厅的名义制定下发了《关于进一步规范事业单位公开招聘工作人员的实施意见（试行）》，采取面向社会公开招聘、不定期定向招聘和人才引进“绿色通道”，全年为事业单位招聘各类人才 656 人。完成了吉林省人社厅在长春市朝阳区、市图书馆开展的事业单位岗位设置试点，全市事业单位聘用合同签订率达到 100%。完成了 2010 年计划分配军队转业干部培训任务，共培训 189 人，为自主择业军转干部发放退役金 6 841 万元，医疗保险和采暖费 1 055 万元。2010 年，长春市共接收军队转业干部 263 人，其中，计划安置转业干部 185 人，自主择业转业干部 78 人，随军、随调家属 123 人，军转安置工作继续保持了部队、地方和转业军官的“三满意”。

人才队伍建设 制定了长春市企业人才需求目录，授权一汽集团等 13 家重点企业开展异地人才引进工作，为企业自主配置人才创造了条件。全市有 8 家企业获得 231 万元人才开发资金资助。在全市评选享受国务院津贴人员 8 人、吉林省有突出贡献的专业技术人员 16 人、享受长春市政府津贴 100 人。加强企业博士后科研工作站和博士后科研创业基地建设，审办博士后科研工作站 3 个，新建博士后科研创业基地 2 个。积极吸引高层次海外留学人才，加强“长春海外学人创业园”建设，“长春海外学人创业园”的留学回国人员达 289 人，留学人员直接创办企业 196 家，2010 年产值突破 13 亿元。在职称评审工作中，共评审高级专业技术人员 1 147 人，中级专业技术人员 1 620 人。围绕汽车、农副产品深加工、生物制药、信息和光电子等长春市主要产业，全力加大引智工作力度，全年共组织实施引进国外人才项目 37 项，聘请外国专家 194 人次，审批各类培训团组 33 个，派出培训人员 85 人次，获得国家各类专项经费资助 300 多万元。审批和办理外国专家来华工作许可 69 个，发放（延期）外国专家证 238 个，全市有 1 位外国专家获“国家友谊奖”，2 位外国专家获“长白山友谊奖”，10 位外国专家获“长春友谊奖”。全面深化技工院校改革，全市技工学校毕业生就业率达 98%。在吉林省率先建设了职业技能公共实训鉴定基地，全年组织职业技能鉴定 6.8 万人，培养高技能人才 7 026 人。

劳动关系和劳动者权益维护 组织开展了劳动关系促和谐系列活动，探索建立了部门联合、上下联动、全社会共同发展的和谐劳动关系新局面，健全了劳动关系协调工作组织领导体系、法律法规体系、管理服务体系和三方协调机制，全市劳动合同签订率达 97.3%，企业用工备案率达 91%。在劳动人事调解仲裁工作中，全面推行了案前调解制度，指导 3 387 户企业建立了劳动争议调解组织，全年共处理劳动人事争议案件 767 件，当期结案 739 件，结案率达到 97%。按照“信访积案化解提速年”活动方案要求，共核查调处信访积案 38 件，接待职工群众来信来访 1 260 件，涉及职工 2 382 人次，比 2009 年同期减少了 48% 和 42%。劳动保障监察“两网化”管理试点进展顺利，全年共巡视检查用人单位 750 家，查处投诉案件 280 件，涉及劳动者 6.8 万人，案件回复率为 100%。共为劳动者讨回欠薪和抵押金 2 912 万元，责令单位为劳动者补缴养老保险费 87 万元，涉及劳动者 82 万人。督促用人单位办理职业资格证书 2 321 份，与劳动者补签劳动合同 35 136 份。组织开展了清理整顿人力资源市场秩序、建筑领域农民工合法权益检查、整治非法用工大检查等系列专项行动，全市共取缔非法职业中介 8 家，检查建筑工地 74 个，建筑栋号 418 个，检查“四小”企业 619 户，查处违法案件 182 件，清退童工 5 名。

（李　钢）

【外事工作】 2010 年，市外办及时调整工作思路，对外，充分考虑到全市经济社会发展需求，有针对性地开展对外交往，牵线搭桥，引资引智，同时大力实施“引进来”战略，利用大型展会和项目合作等平台，邀请国外重要经贸、政要、文化等团组访长，促进了交往合作。对内，进一步加大服务的措施力度，切实做好因公出国管理等工作，认真参与筹办大型国际性活动，深入企业开展外事服务调研，积极争取国外援助和贷款，全市外事工作形成了较好局面。

护照和签证工作 加强护照管理，护照回收率达到 98%。实施了电子护照项目，进一步简化办事手续，取消了护照押金制度。参加了美、英签证工作会议，及时调整长春市因公出访美、英签证工作做法。利用网站及时公布签证工作要求和最新签证信息，指导出访单位做好签证申办准备工作。

领事认证工作 进一步健全了领事认证工作制度，更新完善了领事认证办理程序和收费标准。走访了省司法厅、省外办、市司法局和市属 6 家公证处，加大领事认证工作的宣传力度。全年共为赴韩国、俄罗斯、比利时等 28 个国家的各类人员办理了领事认证 12 886 份，查获伪假和不符合规定的公证文书 12 份。

促进对外交流合作 2010 年，为市级领导率团出访欧美、东南亚等国家和地区，加强友好联系，开展经贸合作，参加国际中小企博览会、举办“长春日”等推介活动，在旅游、医疗、汽车、运输和友好交往等方面达成一系列合作协议。同时，接待了美国小石城政府代表团、德国沃尔夫斯堡政府代表团和日本仙台政府代表团等多个国家和地区的重要经贸、政要、商会和企业团组，安排参观考察和相关商务活动，组织企业参展参会，为项目合作牵线搭桥。

全面推进友好城市建设 邀请美国小石城市政府代表团对长春市进行了友好访问，成功举办了与日本仙台市缔结友城30 周年纪念活动。通过文化、教育、经贸和市民互访等项目及雕塑展、汽博会和东北亚博览会等交流平台，密切了与德国沃尔夫斯堡市、俄罗斯乌兰乌德市、朝鲜清津市、瑞士卢嘉诺市及日本金崎町和千岁市等友好城市和友好合作城市的联系。同时，进一步拓宽了友好交往渠道，与美国韦恩郡和圣安东尼奥市、保加利亚普罗夫迪夫市、俄罗斯克拉斯诺亚尔斯克市、韩国仁川市和浦项市及泰国的巴真府建立了友好合作城市关系。

俄罗斯“汉语年”活动 联系俄罗斯驻沈阳总领馆和长春理工大学等5所高校，举办了以“魅力汉语，感受长春”为主题的在长俄罗斯留学生汉语演讲比赛等系列活动，得到市领导充分肯定。为进一步推广汉语，深化中俄友谊，推动长春市与俄罗斯交流合作。

长春市市长崔杰与韩国浦项市市长朴成浩交换两市建立友好交流关系意向书

组织走进国外友好城市活动 精心筹划、周密安排，成功组织两次市民代表团出访国外友好城市活动，分别前往日本和新西兰、澳大利亚。受到当地各界的热烈欢迎和高规格接待，举办了“长春日”等形式多样的民间和官方交流活动，取得圆满成功。

举办第十届“飘雪的冬季，共同的家园”外国友人才艺表演 为把本届晚会办得成功且具有纪念意义，市外办联合市委外宣办、净月开发区和长春电视台，组织吉林大学等10余所高校对晚会进行了精心筹备，于2010年12月14日在长春电视台完成录制。整台晚会由14个节目组成，演职人员来自法国、俄罗斯、印度等11个国家，120余人。晚会节目注重突出中国民风民俗，融入不同国家元素，表演形式多样，内容精彩纷呈，普遍受到好评。

经贸合作 在对外交往中，注意了解企业需求，加强对合作项目的调研，精心部署出访和接待工作，周密安排商务考察活动，搭建经贸合作载体，充分发挥外事工作渠道多、联系广的优势，牵线搭桥，促进中外项目合作。组织召开12个市直单位参加的俄罗斯独联体问题专题座谈会，深入研究长春市及相关企业与俄罗斯及独联体国家开展合作的潜力和存在的问题。充分利用出访和外宾接待等工作平台，为长春市中远快递有限公司车载电脑设备项目、长拖农业机械公司大型机械生产项目、大成集团大气环保项目、旭阳集团儿童汽车安全坐椅项目、长春职业技术学院320万元电子实验室设备项目及天鹅湖旅游开发和双阳御龙温泉等项目找到合作伙伴。在接待保加利亚普洛夫迪夫市政府代表团期间，联系协助省建设集团、亚泰集团和宏海商贸有限公司等10家企业与外方就建筑、红酒销售、商业连锁、化妆品生产和医疗设备等方面进行了5次商务洽谈，初步达成了合作意向。积极安排市领导及相关企业部门会见了澳洲锦龙投资有限公司、美国G2投资集团、韩国乐天集团、韩国希杰集团、韩国浦项集团、日本HI-LEX集团、泰中文化经济协会、日本群马县绿市政府代表团和菲律宾菲华商联总会等多个代表团，就汽车、物流、地产、农业、钢铁、医药和文化等方面合作进行了洽谈，并安排考察了长春市部分企业和开发区，积极促进中外开展实质性合作。同时，还利用出访机会，与葡萄牙葡中商会、丹麦中国商会等机构建立了良好的合作关系，为长春市对外经贸合作开辟渠道。

加大为企业服务力度 1、积极探索民营企业循因公渠道出访途径。研究制定《长春市民营企业循因公渠道办理出国手续管理暂行办法》，以解决民营企业人员出国政审难的问题。2、大力开展APEC商务旅行卡的宣传和推广工作，对欧亚集团等5家大型国企和皓月集团等7家民企进行了重点走访调研，宣传商务旅行卡的办理工作，受到企业欢迎。3、积极开展外商投资环境问卷调查，向在长春市注册的400家外企发放了调查问卷，根据调查结果，形成了《关于长春市外商投资环境的调查报告》。

积极申报奥地利联邦政府贷款 经市外办牵头与奥地利联邦商会驻沈阳办事处积极联系争取，长春市共有5个项目符合奥地利政府对华贷款原则。1、市卫生局系统医疗设备更新项目，总金额600万欧元，涉及单位有市中心医院、疾控中心、儿童医院和传染病院，该项目已获得财政部批复，进入招标阶段。2、一汽高专和长春技师学院教学设备更新项目，总金额1 700万欧元。该项目的省、市手续全部办理完毕，并已经上报国家发改委备案。3、吉大一院的医疗设备更新项目，总金额2 000万欧元，该项目已经办理完省财政厅保函和省发改委项目建议书，上报国家发改委批复。4、市卫生局系统第二、第三期医疗设备更新项目，总金额1 000万欧元～2 500万欧元，涉及单位有市二院、市中医院、市口腔医院、市心理医院、肝胆医院、市烧伤医院和宽城区医院，该项目正在履行市内手续。5、市公用局供热管网改造、设备引进及市政道路养护大型设备引进项目，总金额3 000万欧元，该项目正在进行前期可研论证。

积极争取国外无偿援助 长春市水灾期间，经与德国西门子公司积极联系，为灾区争取到2 000套照明设备和6台净水处理器等价值70多万元人民币的救灾物资。加强与日本总领馆的沟通联系，由日本政府利民工程无偿援助68万元人民币，用于二道区杂木小学的校舍改建工程于11月顺利竣工，可容纳10个教学班300余名学生就学。

全面参与大型国际性活动 组织专人参与了冰雪节、消夏节、汽博会、东北亚博览会、农博会、雕塑展和电影节各项大型国际性活动的组织筹备工作。积极邀请外宾参展参会，做好接待、翻译、礼宾和会务等各项工作，完成长春市政府布展任务。成功举办首届外国友人运动会，有来自66个国家的316名运动员报名参赛，对扩大长春市国际知名度、树立城市形象起到积极作用。

强化外语网站实用功能建设 紧紧围绕长春市委、长春市政府中心工作，及时发布重要政务、外事、经济、文化和展会等信息。英、日、俄、韩4个外文网站累计发布动态信息2 300余条，70万字，中文网站累计发布信息900余条，40万字。创新设立了“长春－小石城”专题栏目，《首届外国友人运动会》专题栏目和《视听栏目》，在4个外语网站增设了“在长外国人常见问题部答”等内容。认真开展长春市英文版电子地图建设工作，制定工作方案，完成前期调研，确认5 000个数据点。对5个语言网站的2010年长春市对外经济合作重点项目和会展计划及海外华侨华人专业人士回国创业研习班等重点栏目进行更新。参加“第四届中国政府网站国际化程度测评结果发布暨研讨会”，长春市外语网站荣获“优秀外文版奖”。

（朱东来）

【侨务工作】 2010年，按照“开拓创新、真抓实干”的工作标准和“围绕中心、服务全局”的工作要求，牢固树立大局意识和服务意识，立足侨务自身工作职能，创新进取，团结协作。

第6期华侨华人专业人士回国创业研习班开幕式

举办第6期海外华人华侨专业人士回国创业研习班 第6期“华人华侨专业人士回国创业研习班”于2010年8月22日至24日在长春举办。本期研习班以“聚集海外精英人才，拓展科技延伸合作”为主题，举办了创业辅导、项目对接和参观考察等活动。本期研习班共邀请来自美国、加拿大、德国、日本、澳大利亚和俄罗斯等10个国家和地区的47位华侨华人专业人士参加活动。征集海外高新技术合作项目14个类别共77项。海外华侨华人专业人士分别与长春市3个国家级综合开发区、1个省级汽车产业专业开发区的相关部门、企业、大专院校和科研院所进行了广泛深入地洽谈与对接。研习班得到了长春市委、长春市政府的高度重视。市委常委、常务副市长隋忠诚和市委常委、组织部长杨子明分别出席了研习班开幕式和“海外人才代表座谈会”等相关活动。本期“研习班”以推进人才引进和技术合作项目对接为重点，组织了包括政府人才工作部门、科技部门、人事部门、开发区、大专院校和科研院所和企业等50多个部门共同参与。此次活动以长春市委组织部人才工作领导小组为核心，以国务院侨办引资引智重点支持单位长春高新区海外学人创业中心为载体，围绕长春市创新创业项目对人才技术的需求和吉林省“百人计划”组织设置活动，取得了较好的效果。长春市开发区企业、大专院校和科研单位共同推出国外智力引进项目100项，涉及汽车、电子信息、生物医药、现代农业、环保、校际交流和合作研究等领域，人才聘请意向36项。为深化人才智力项目的对接合作，在长春市共组织考察和对接活动4次，在哈尔滨、大庆组织考察对接活动2次，海外专业人士全面地与两地企业、开发区、大学和科研单位进行了交流与对接。海外47位专业人士的77个项目全部找到了洽谈对象，其中，在长春实现成功对接并达成合作意向的项目共8项；举办学术报告会1场；达成人才引进意向3人次。第6期华侨华人专业人士回国创业研习班的成功举办为海外人才集聚长春，拓展科技延伸合作创造了机遇，为侨务部门利用侨务资源服务地方经济发展提供了积极探索的条件，也为长春扩大开放、促进创新型社会发展提供了有力的智力支持。

第六届海外华侨华人专业人士恳谈及项目对接会 2010年6月21日至25日，国务院侨办和吉林省政府在长春市举办了“吉林省第六届海外华侨华人专业人士恳谈及项目对接会”。长春市政府高度重视，责成市侨办具体落实相关筹办工作。主要完成了以下几项工作：1、筛选出长春市重点对外经济合资合作项目和人才引进项目；2、通过电子邮件、传真、长春外事网及时将海外项目向社会和有关单位发出。3、认真开展了会前对接工作，使海外项目与长春市有关单位成功实现对接。4、精心组织了长春市相关领导和50家企业全程参加了对接活动。

切实做好侨务基础工作 1、侨务扶贫工作。重点解决散居社会贫困归侨侨眷生产生活问题。通过走访慰问，帮助长期患病，丧失劳动能力，房屋回迁，子女升学困难的贫困归侨侨眷解决临时性、突发性生活困难问题。2010年共对90户贫困归侨、侨眷进行生活救济，发放侨务扶贫资金9万元，对6名贫困归侨家庭学生进行助学资助，资助金额达到1万元，同时把34户有住房困难的贫困归侨、侨眷纳入到全省保障性住房和泥草房改造计划中。积极争取国务院侨办和省侨办等上级机关的支持，推动长春市基层侨务扶贫工作的开展。2010年充分利用省侨办领导来长春市慰问贫困归侨的契机，争取到省侨办扶贫经费5万余元。2、侨务信访工作。全年共接待侨务信访20余件（次），性质以房屋动迁、经济纠纷和生活困难为主，结案率达到85%，有效促进了涉侨稳定工作。3、侨务身份认定工作。对长春市高考、中考三侨考生和归侨、侨眷身份进行认定，共认定12名高考考生，10名中考考生，147名归侨、侨眷身份。均上网公示，无一差错。

进一步促进侨务捐赠工作 侨务捐赠工作是侨务工作为社会经济发展服务的重要组成部分，但长春市开展侨务捐赠工作起步较晚，受捐项目较少，为了进一步做好这项工作，2010年，加大了开拓侨务捐赠工作渠道的力度和受捐项目的推荐工作。1、继续通过国务院侨办和省侨办渠道向海外华侨华人慈善基金会推荐捐赠项目。2、继续做好已向长春市捐赠的海外华侨华人慈善基金会和捐赠人的工作，建立并巩固长春市接受海外捐赠渠道。经积极联系协调，2010年争取到29.6万元和16万元两笔捐款，分别用于农安县山东窝棚小学校舍改建项目和吉林大学10名贫困大学生资助项目。

推进"侨爱工程——万侨助万村"活动 "侨爱工程"是国务院侨办为广大海外侨胞、归侨侨眷关注民生、扶危济困、回馈社会、奉献爱心，以及参与、支持国内经济和社会发展提供服务而搭建的平台和桥梁。"万侨助万村活动"是侨爱工程的品牌项目，就是引导海外侨务资金和技术服务新农村建设。2010年，市侨办与新农村办联合制定长春市开展"万侨助万村活动"的实施方案，认真组织新农村建设项目的调研活动。选定南关区幸福乡八一村为活动试点，积极争取到为该村小学捐赠人民币5万元，建立了学校小乐队。

（朱东来）

【地方志工作】 2010年，长春市地方志工作以"解放思想、开拓创新、提质增效、转型升级、存史鉴今、服务发展"为总体工作思路，以创建"和谐班子"、创造"突出业绩"为载体，坚持更充分地融入东北亚现代文化名城建设的进程，更深入地挖掘"宽容大气、自强不息"长春城市精神的内涵，更自觉地为长春"科学发展、加快发展、率先发展"服务，紧紧围绕全市经济社会发展的大局，进一步发挥"存史、资政、教化"的作用，形成了"六位一体"（志、鉴、库、网、馆和开发利用）协调发展的工作局面。

志鉴编修工作 截至12月末，共审查出版了《环境卫生志》、《统计志》、《道路志》、《园林绿化志》、《科技志（上）》、《科技志（下）》和《分水村志》等7部志书，一轮志书收尾工作全面完成。完成了《九台市志》的复审和《净月开发区志》的终审工作。长春市地方志编纂委员会于2010年7月5日成立了长春市志、鉴审查验收小组，明确其指导、审查各县（市）、区年鉴、志书的工作职责，通过强化质量监控，进一步提升了志鉴管理水平。积极推进二轮修志工作。召开了3次分卷分口会议，征求修改意见，解决编写过程中出现的问题。根据省地方志里要求，完成了7卷本改为3卷本的结构框架和篇目设计工作，资料长编打印完毕，并开始按3卷本的要求删减压缩文字。截至年底，工业部类完成80%初稿，商业部类完成50%初稿，超额完成年度计划。2010年版《长春年鉴》于12月末出版。2010年6月3日，召开了全市县（市）、区地方综合年鉴工作现场会，明确要求：已经开展编纂工作的县（市）、区，要坚持"质量第一"，保持连续出版；未开展编纂工作的县（市）、区要落实省、市政府文件精神，尽快启动。2010年11月9日，长春市地方志编纂委员会年鉴工作处处长侯曙光被中国地方志指导小组评为"全国方志系统先进工作者"荣誉称号。2010年11月15日，在全国地方志系统第二届年鉴评奖中，长春市年鉴喜

全市县（市）区地方综合年鉴编纂工作现场会

获丰收，其中，《长春年鉴》(2009)获得地市级(含副省级城市)地方综合年鉴一等奖；《宽城年鉴》(2009) 获得县区级地方综合年鉴一等奖；《朝阳年鉴》(2009)获得县区级地方综合年鉴二等奖。

纪念长春建城210周年宣传教育活动 2010年是长春市建城210周年，市地方志编委会联合市委宣传部、长春日报社联合举办了“纪念长春建城210周年宣传教育活动”。其中，于7月5日推出的有奖答题活动，吸引了社会各界1 500余人参加，掀起了一股纪念建城、了解长春、建设长春的热潮。7月31日，颁奖典礼在长春世界雕塑公园隆重举行，市委常委、副市长郑文芝、吉林省地方志编委会副主任严寒等领导出席会议并为获奖单位和市民颁奖。这项活动充分展现了全体市民对长春的认同感、归属感、自豪感和我们这座城市强大的凝聚力、向心力。在举办答题活动的同时，市地方志编委会与媒体展开深度合作，广泛开展纪念活动。7月8日建城纪念日，长春日报、长春晚报、新文化报等在长主要媒体以“唤起城市记忆，弘扬长春精神，共建美好家园”为主线，推出了纪念特刊，电视台播出特别节目，把纪念活动推向了高潮。各报刊还与市地方志编委会合作推出了10余项城市文化专栏，在广大市民中引起了强烈的反响。其中，长春晚报开辟的“城市记忆”专栏受到了省委常委、市委书记高广滨的高度关注，并批示要以“城市记忆”栏目为基础，“把更多的‘老照片’征集起来，编辑成册，作为长春建城210周年献给人民的一份礼物。”

方志馆筹建工作 为了推进方志馆建设，7月26日，市委常委、副市长郑文芝和市政府副秘书长卢福建专程到市地方志编委会听取了长春方志馆筹建情况汇报，9月15日，市政府副秘书长卢福建召集协调会推进各项工作，体现了政府对方志馆工作的高度重视。市地方志编委会将方志馆建设做为“一号工程”来抓，成立了方志馆建设筹备小组，并会同地方史学专家和业界资深人士共同开展了资料收集和现场踏查工作，依靠自身力量形成了《市方志馆建设工程整体方案（草案）》，为建设工作积累了大量资料。

《长春力量——2010年全市抗洪救灾实录》出版 2010年12月27日，由市委宣传部、市地方志编委会、市水利局和长春日报社联合编纂的长春市首部采用志书体裁和风格即时记述域内年度性重大事件的书籍——《长春力量——2010年全市抗洪救灾实录》结集出版。该书共30万字，100余幅图片，客观、全面、系统记述了2010年夏天长春市遭受的特大洪灾，以及全市党政军群团结奋战、顽强拼搏，取得抗洪抢险救灾斗争全面胜利的历史画面。充分展现了吉林抗洪精神的强大力量，丰富和弘扬了“宽容大气、自强不息”的城市精神。该书主旨不仅在于存史以资政，鉴往以知来，更是为了揭示深蕴其中的更深层面的东西——长春力量，以长春力量砥砺长春人。

依法修志工作 1、为纪念国务院《地方志工作条例》公布实施4周年，5月18日，市委常委、副市长郑文芝在《长春日报》发表署名文章:《坚持依法修志 坚持修志为用 在长春科学发展进程中展示独有文化魅力——写在<地方志工作条例>颁布4周年之际》。不但强化了政府依法修志的责任意识，提升了社会对地方志工作的关注程度，更极大地激励了全市方志人的工作热情。同时，长春市地方志编委会在《长春日报》以整版篇幅对《条例》和长春市地方志工作进行解读与回顾。这种大规模的宣传活动，引起了社会各界的重视，使长春市“支持地方志、修好地方志、用好地方志”的氛围更加浓厚。2、长春市地方志编委会以国务院《地方志工作条例》公布实施4周年为契机，加快《长春市地方志工作管理办法》出台工作。6月3日，长春市地方志编委会会同市法制办召开了《管理办法》修改座谈会，广泛征求意见，并根据法制办的意见逐条修改、完善内容。

（崔玉恺）

纪念长春建城210周年有奖答题活动颁奖典礼

【接待服务工作】 2010年全市的接待服务工作，紧紧围绕全市的中心工作，积极为全市经济和社会各项事业又好又快发展服务。全年共接待来长视察、考察、参观学习的各类团组544批次，6 157人次。其中接待如中共中央政治局常委、全国人大常委会委员长吴邦国、原全国政协副主席王忠禹、顾秀莲、全国政协副主席孙家正、厉无畏等国家领导人5位；副省级以上领导68位；司局级领导570位。圆满完成了市委101个团组、市人大122个团组、市政府149个团组、市政协68个团组、市纪委69个团组的接待任务。接待内蒙古自治区呼伦贝尔市、吉林省四平市、广东省河源市、山东省济南市、浙江省、云南省德宏州、新疆自治区乌鲁木齐市等大型党政代表团13个。“三省一区”政协人口资源环境研讨会、东北华北八省(区、市)机关事务工作第十二次联席会、全国部分省市决策咨询工作联系会议等大型活动6次。接待大公司大企业的董事长、总裁38位。同时完成了长春市领导的各项公务接待活动500余次。积极参与完成了“2010年中国长春冰雪旅游节暨净月潭瓦萨国际滑雪节”、“2010全国民营企业招聘周启动仪式暨长春创业(就业)博览会”、“中国国际轨道与城市建设发展高峰论坛”、“2010年长春图书博览会”、“第七届中国长春国际汽车博览会”、“第十届中国长春电影节”、“第六届东北亚投资贸易博览会”等大型会展活动11项,圆满完成了组委会交办的任务。受到组委会领导的好评和广大来宾的赞誉。为长春市与各城市建立长期合作交流,充分发挥全国各城市接待系统网络作用,按照市领导的意见,圆满完成长春市党政代表团赴北京招商考察活动及原长春市人大常委会主任李述出访河南省、四川省、海南省等陪同出访,做好生活、工作安排等任务,做到精心策划,细心周密安排,为出访团圆满完成任务,保证出访各项活动的顺利开展,得到领导的好评。充分发挥对外窗口作用。

(聂福荣)

中国人民政治协商会议长春市委员会

【全体会议】 1月6日,政协长春市第十一届委员会第三次会议召开。市政协主席张元富作常务委员会工作报告。副主席张晓华作十一届二次会议以来提案工作情况的报告。1月7日,政协长春市第十一届委员会第三次会议第二次全体会议召开。听取市政府、法院、检察院工作报告的说明。1月8日,政协长春市第十一届委员会第三次会议第三次全体会议召开。听取各民主党派和工商联及部分委员大会发言。1月9日,政协长春市第十一届委员会第三次会议第四次全体会议召开。大会同意薛康、方曙光辞去副主席职务,大会选举王占石、侯治富为市政协副主席,孙文杰、张东威为常务委员。审议通过政协长春市第十一届委员会第三次会议决议。

【常委会议】 1、市政协十一届十一次常委会议于1月8日召开。听取各讨论组对政协工作报告及其他报告讨论情况汇报;协商提出有关人选候选人建议名单;协商通过市政协十一届三次会议选举办法(草案);协商通过市政协十一届三次会议总监票人、副总监票人、监票人建议名单;协商市政协十一届三次会议决议(草案)。2、市政协十一届十二次常委会议于3月26日召开。传达全国政协十一届三次会议精神。审议通过市政协常委会2010年工作要点。审议通过人事事项。3、市政协十一届十三次常委会议于7月9日召开。围绕“关于推进长吉一体化”课题开展专题协商。4、市政协十一届十四次常委会议于9月17日召开。围绕“数字化长春建设”课题开展专题协商。审议通过《关于推进数字长春建设的建议案》。5、市政协十一届十五次常委会议于12月24日召开。审议通过政协长春市第十一届委员会常务委员会工作报告(审议稿)和政协长春市第十一届委员会常务委员会关于市政协十一届三次会议以来提案工作情况的报告(审议稿);审议通过政协长春市第十一届委员会第四次会议议程(草案)、日程(草案);审议通过政协长春市委员会第四次会议大会秘书长、副秘书长建议名单;听取市政府办公厅关于提案办理情况的报告;审议通过人事事项。撤销、免去13名委员,增补14名委员。

【政协职能】 在市政协成立60周年之际,市委召开政协工作会议暨市政协成立60周年纪念大会,对进一步加强和改善党对人民政协的领导,开创全市政协工作新局面提出了新要求。配合市委认真总结市政协60年积累的宝贵经验,紧密结合深入贯彻落实胡锦涛总书记在庆祝人民政协成立60周年大会上的重要讲话精神和《中共中央关于加强人民政协工作的意见》,制定颁布《关于推进人民政协履行职能制度化、规范化、程序化建设的若干意见》,进一步规范、完善了政治协商、民主监督、参政议政的内容、形式、程序和保障机制,对全市各级党委、政府重视和支持政协工作提出明确要求,作出更具操作性的规定。市政协认真贯彻落实市委《意见》精神,完善制度,创新机制,规范程序,增强了履职实效,提高了政协工作科学化水平。

【长吉一体化议题协商】 把推进长吉一体化作为重点协商议题,认真谋划,精心组织,深入调研,科学论证,形成1个综合研究报告和6个专题报告,召开常委会进行专题协商。委员和专家对长吉一体化的总体框架、战略定位、发展目标、先行先试突破口、中部城市群建设、体制机制创新等方面,提出贴近市情、操作性较强的意见建议。市委、市政府主要领导对课题高度重视,始终关注,提出要求,参加政协常委会听取委员专家建议,面对面交流意见,对研究成果给予充分肯定。对长东北开放开发先导区建设进行重点视察,提出整合各方面规划,明确功能区定位,把好引进项目质量关,注重体制机制创新,把长东北打造成最有活力、最具竞争力的新型工业化示范区等建议。

【为“十二五”规划建言献策】 2010年初开始谋划,请专家作辅导报告,就“十二五”发展方式战略性转变、经济结构战略性调整、体制改革战略性突破,以及吉林省、长春市发展面临主要问题和对策进行深入学习研讨。7月开始集中40多天时间,发动全体委员和民主党派、工商联成员,开展为“十二五”规划建言献策活动,多领域、多层面、多角度提出468份意见建议,召开专题议政会,15位委员和专家学者就调整经济结构、转变发展方式、发展现代服务业、壮大民营经济、调节收入分配、加强科技创新、加快科技成果转化、改善民生、提升开发区城市功能、保护生态环境等方面提出建议。中共十七届五中全会后,市政协理论学习中心组召开扩大会议,深入学习领会全会精神,准确把握“十二五”面临的新形势、新要求,组织委员对长春市国民经济和社会发展第十二个五年规划纲要征求意见稿进行学习研究，召开座谈会向市政府集中反馈。委员们提出的意见建议70%得到吸纳，有的直接写进规划纲要。

【促进民生】 市政协确定对长春市食品安全开展民主评议，组织委员深入生产、加工、流通各个环节实地考察，采取科学方法，由国家统计局长春调查队入户调查，面向社会问卷调查，内容涉及市民生活、食品安全的31个方面148项指标和问题。广大群众积极参与，发出问卷2 200份，收回有效问卷2 029份。从各方面摸清食品安全情况，分析问题，研究对策，召开专题民主评议大会，提出加强和改进食品安全管理、打造食品安全放心城市等6个方面的建议，为改善民生、促进食品安全作出贡献。对保障性住房建设、司法行政工作、义务教育均衡发展、基本药物制度实施、中医药发展、少数民族教育及宗教场所建设等进行调研视察。对《房地产开发管理条例》等4部地方法规开展立法协商，提出修改意见42条，采纳38条。担任党政部门、司法机关和相关行业特约监督人员的委员，认真履职尽责，反映群众诉求，维护公平正义，促进社会和谐。充分运用政协信息网络广集社情民意，收集信息386条，编发专报128期，向全国政协、省政协和市委、市政府报送了一批各界关切、群众关注的重要信息。其中关于妥善解决“三失”(失地、失业、失宅)农民问题等16条信息得到市长崔杰等领导批示，受到市委、市政府表彰。参与全市抗洪抢险救灾、支援青海玉树地震、甘肃舟曲特大泥石流赈灾工作。市政协领导带队组织机关干部赶赴榆树参加抗洪抢险救灾，广大委员和机关干部以各种方式献策出力，捐献款物数百万元，与全市人民齐心协力、众志成城，为夺取抗洪抢险救灾斗争胜利和灾后恢复重建作出努力。市政协筹措款物帮扶资助困难学生，包保城乡贫困户，为困难群众伸援手、献爱心、送温暖，组织相关部门深入包保乡村、解决实际困难，指导新农村建设、创建农家书屋。

市政协主席张元富带队到榆树市慰问抗洪一线官兵

【城市建设】 组织委员主动开展数字长春建设专题研究，与市政府相关部门密切合作，深入考察，研究论证，形成3个专题报告，提交了《关于推进数字长春建设的建议案》，召开专题常委会协商。委员们认为，数字城市建设是现代化城市科学管理的必然选择，是建设绿色宜居城市的重要组成部分，并提出了数字长春建设的总体思路、近期和远期目标，推进数字城市管理总体方案，以及建立高效管理体系、制定相关规章与标准、加快应用数据库建设等建议，得到市政府赞同和采纳，将数字长春建设作为一项战略任务列入“十二五”规划。广大委员始终高度关注城市建设，2010年共提交相关提案142件。为抓好提案办理，组织了城市出入口建设、城市交通管理、石头口门水源地污染治理等调研视察。主席会议对完善城市出入口建设的提案进行重点督办，提出进一步搞好城市出入口规划、建设和管理的具体建议，并协调有关方面解决长吉高速公路长春东出口收费站改扩建工程拆迁等问题。

【文化事业发展】 大力发展文化事业和文化产业，加快建设东北亚现代文化名城，弘扬城市文化，提升软实力，对于增强长春发展竞争力具有举足轻重的作用。广大委员提交建立公共文化服务体系、打造地方工业文化品牌、历史文化街区保护开发并重、巩固本土文化特色、多元拓展创意产业等20余件提案。与有关方面联合开展软课题研究，提出构建多元城市雕塑文化体系、塑造长春特色的文化品牌、加大雕塑城发展的政策扶持和资金保障等建议。参与2010长春图书博览会，组织书画名家笔会、政协委员逛书博会和展会招商活动，为首届书博会圆满成功作出贡献。坚持多措并举，整合发掘资源，编辑出版《百年大马路》等文史资料，广泛征集长春历史人物、非物质文化遗产、文庙恢复完善、福利院发展历程等专题史料，积极筹备文史资料电子化储存，更好地发挥存史资政的作用。举办祭孔大典，开展溥仪研究学术讨论，传播国学文化，举办踏查长春学术论坛，探索有效保护城市历史文化遗产的新路。联合省、市有关单位和部门开展送文化、送健康、送科技进乡村、进社区活动，举办感恩环卫人、护士节等15场公益演出，捐赠数万元药品，图书1 000余册，书画、剪纸等2 000余幅，深受群众欢迎，社会反响良好。

【扩大对外交流】 以市政协港澳友好促进会为平台，在珠海召开“携手港澳，聚焦长吉图”主题座谈会，向港澳委员、友好促进会成员和港澳工商界人士详细解读长吉图发展战略，探讨合作商机，促进他们更加关注长春发展，增强来长投资合作意愿。首次组织政协委员友好经贸考察团赴台湾考察访问，与海峡两岸商务协调会、海峡两岸商务发展基金会、统一集团等有关方面人士就加强经贸合作进行广泛深入交流，建立联系渠道，达成投资合作意向，开创市政协对台交流新局面。受市委委托，市政协领导率长春市经贸友好代表团赴南美三国访问，与巴西圣保罗州博依都瓦市签署友好交往备忘录，与阿根廷米西奥内斯省洽谈友好交流计划，探讨建立友好城市的意向。在圣保罗等地举行城市推介会，拜会中国驻巴西大使和代办，介绍长春快速发展的成就，以及资源优势和城市特点、发展前景，就推进长春同巴西等南美国家开展友好交流、建立友好城市等达成共识。引荐、接待新加坡丰隆国际集团、香港经纬集团、港峰集团、台北世贸中心等一批知名企业来长参加东北亚博览会等活动，开展经贸考察洽谈，促成一批投资合作项目。其中，香港港峰集团、厦门华荣泰公司分别与净月开发区签订港峰净月商务综合体、华荣泰商业综合体项目合同，投资总额达60亿元人民币。参加全国政协、省政协和副省级市政协组织的会议、论坛、研讨等活动，交流经验，开阔视野，宣传长春，促进合作。在东北内蒙古三省一区政协“东北老工业基地区域经济发展政协论坛”上，作了东北地区加快发展低碳经济的发言，提出把发展低碳经济纳入东北地区经济合作框架、建立低碳经济示范区、建立区域性碳排放交易市场、争取国家财税政策支持、共建东北地区低碳技术发展平台等建议，得到会议重视。与南京、武汉、杭州、西安市政协定期开展文化交流，拓宽长春市与历史文化名城交往的渠道。

【市政协成立60周年】 举办“风雨同舟，继往开来”文艺汇演，市、县(市)区政协委员、各民主党派工商联成员自己创作和演出了主题突出、特色鲜明、气势恢宏的大型文艺节目，赢得社会广泛赞誉。组织人力、物力，发动历届委员，从上万幅珍贵的历史资料图片中精选出版《历史的足迹》纪念图册，多层面、全景式真实再现60年的光辉历程。从数百篇征文中选编《风雨同舟》纪念文集，从不同时期、不同视角讲述几代政协人与人民政协荣辱与共的不解情缘和奋斗足迹。组织“闪光历程”大型书画笔会和剪纸艺术作品展览。国家和省、市媒体对纪念活动进行大容量的集中宣传，扩大人民政协的社会影响，营造政协事业发展的良好氛围，增强政协委员热爱政协工作、做好政协工作的责任感和使命感。

【自身建设】 坚持以建设学习型政协组织为主线，以提高政协工作科学化水平为目标，以制度建设为保障，以务实创新为动力，进一步加强自身建设。重视发挥民主党派、工商联在人民政协中的重要作用。2010年，各民主党派、工商联提交团体提案25件，4件被列为重点提案；在政协全体会议、常委会议、专题会议上发言数十人次；在为“十二五”规划建言献策活动中，提交建议275份。扎实开展“服务民生，践行宗旨”“建学习型党组织，做学习型党员”“创建三满意机关”和创先争优活动，全面加强机关党建工作和精神文明创建工作，大力营造团结、务实、和谐、清廉的良好风气，为履行职能提供优质服务和有力保障。

（胡永辉）

市政协在珠海市召开“携手港澳——聚焦长吉图”主题座谈会

市纪委　市监察局

【纪委全会】 2010年2月5日，中共长春市第十一届纪律检查委员会召开第六次全体会议。传达学习和贯彻落实十七届中央纪委五次全会、省纪委九届六次全会和市委的部署。总结2009年全市党风廉政建设和反腐败工作，研究部署2010年工作任务。市委常委、市纪委书记刘实代表常委会作了题为《深入推进纪律作风、反腐倡廉和纪检监察系统自身建设、为长春经济社会平稳较快发展提供有力保证》的工作报告。

【案件查处】 2010年，全市纪检监察机关共受理信访举报3 241件(次)，新立案943件，结案965件（含上年未结案件），给予党政纪处分969人，涉嫌犯罪被移送司法机关处理41人，通过办案为国家挽回经济损失近400万元。

【反腐倡廉教育】 1、运用多种形式开展反腐倡廉教育工作。深入开展典型示范教育，评选了全市“十佳勤廉标兵”和“十佳勤廉典型”。开展“廉洁从政专项教育”，通过专题学习、知识测试、廉政征文等多种形式，认真组织学习《廉政准则》。开展算账对比和警示教育，13.4万人次到净月监狱接受警示教育。组织了全市5 000多名处级领导干部廉政教育测试。2、全面加强反腐倡廉宣传工作。组织刊发新闻稿件2 300多篇，在多家媒体开设专栏，对“三满意”机关创建、“群众大走访”、党风廉政责任制检查等活动进行专题报道。对“十佳勤廉标兵”、“十佳勤廉典型”，在全市组织先进事迹报告会，在各级媒体进行主题性宣传。3、深入推进全市廉政文化“六进”活动，以巡回演出、演讲、宣传窗、书画展等多种形式，扩大教育对象覆盖面。广泛开展“廉政格言警句对联征集”、“廉政书画作品”评选、廉政文艺汇演等活动，征集廉政文化作品 2 000 多件。4、建立了长春纪检监察系统网络舆情监督体系。创造性地建立了网络舆情预警体系、引导体系和信息研判体系，在全国开辟了舆情监督体系建设先河。以“长春信息港”、“人民网·强国论坛”、“新华网·发展论坛”等为重点，对网络舆情进行全面监督。抗洪抢险期间，组织发表的《冲不垮的吉林人》、《危难时刻党与人民在一起》等网评文章，被中央纪委收藏并转载，获得中央纪委高度评价。5、开展多层次、多类别的党风廉政培训工作。立足创新培训方法，全面加强培训教材和师资队伍建设，开展了自办培训教材编纂工作，建设兼职师资队伍，实现教材编写、备课、讲授“三位一体”。

【惩防体系建设】 1、推进干部人事制度改革。制定了《进一步深化干部人事制度改革的若干意见》。2、深化财政管理体制改革。完善部门预算管理制度，规范部门预算编制，建立部门预算项目支出评价体系；完善国库集中支付制度，在 5 个市级预算单位进行了公务卡试点；完善政府采购制度，推动公共工程和公共服务实行政府采购，建立统一的电子化政府采购系统。3、制定了《长春市企业投资项目核准暂行办法》，规范了投资行为。4、开展了廉政效能风险管理。市直部门确定涉权事项 1 286 项、风险点 5 647 个，制定防控措施 6 450 条，规范业务流程 1 811 项，健全完善相关制度 1 016 项。5、加强对惩防体系建设的组织协调和监督检查。组织各县(市)、区委书记、市直重点部门的“一把手”，就如何扎实有效地推进惩防体系建设开展工作论坛；坚持抓点带面，总结了市质监局“产品人品一起抓、勤廉成果一起要”，构筑“四个防控体系”的经验做法，并积极探索“制度 + 科技”预防腐败新路子。6、启动了制度廉洁性评估工作。有重点地查找地方性法规、政府规章和各类规范性文件中的廉政风险点，压缩权力巡租空间，减少腐败发生机率，努力从制度层面铲除腐败滋生蔓延的土壤和条件。

【党风廉政建设】 1、开展了落实党风廉政建设责任制检查工作。各级党委、政府和各部门认真组织学习中央新修订的《关于实行党风廉政建设责任制的规定》。市委、市政府主要领导及班子成员带队，对县(市)区、开发区、市直部门 28 个单位落实党风廉政建设责任制和惩防体系建设情况进行了检查考核。有 7 名党员干部因违反党风廉政建设责任制规定受到责任追究。2010 年末，省委书记孙政才带领省委检查组检查落实党风廉政建设责任制情况，对长春市工作给予高度评价。推行党风廉政建设责任制向街道社区延伸工作，朝阳区作为省纪委工作试点，工作经验在全省推广。2、贯彻《廉政准则》，加强领导干部廉洁自律。市委下发了《长春市贯彻落实 < 廉政准则 > 的实施意见》。结合贯彻落实《党员领导干部廉洁从政若干准则》，组织召开了 2010 年度市委管理领导班子民主生活会。加大“小金库”治理力度，会同有关部门制定了全市性社会团体和市直国有及国有控股企业“小金库”专项治理重点检查方案。加大因公(私)出国(境)监管力度，制定了《长春市因公出国(境)经费先行审核管理暂行办法》，严密了因私出国(境)审批流程。对全市各级党政机关、人民团体及事业单位小汽车使用情况进行了调查摸底。积极落实党员领导干部报告个人有关事项制度，严格执行领导干部述职述廉、诫勉谈话、函询等谈话制度。3、全面推行“三项制度”，加强农村基层党风廉政建设。落实重大事项民主决策制度。实行村级组织“七步工作法”决策程序，加强上级对下级的监督。全市建立村级民主决策台账 3 000 余套，民主决策重大事项 718 件。各行政村普遍成立了村民理财小组、村务公开监督小组、村民监督委员会等监督组织。落实“三资”委托代理服务制度。全市有 117 个乡(镇)街道 1 676 个村完成了“三资”清核工作，清出不规范发包、违规耕种、违规违法占用土地 6.48 万公顷，收回违规违法占用土地 650 公顷。全市乡(镇)均建立了“三资”委托代理服务中心，70% 乡(镇)实现了政务服务中心规范化建设。落实“勤廉双述”民主评议村干部制度，对村“两委会”成员普遍进行了民主评议。落实“三项制度”，有效规范了村干部用权行为，促进了农村党风廉政建设和基层政权建设。

【纠风治理】 1、加强了强农惠农政策落实及减轻农民负担情况的监督检查。查处违反强农惠农政策和加重农民负担案件 95 件，给予党政纪处分和组织处理 94 人。2、深入纠治教育乱收费、乱办班问题。制定了《义务教育阶段中小学招生行为六不准》，查处教育乱收费、乱办班案件 36 件，给予党政纪处分和组织处理 66 人。3、加强了对高考考风考纪的监督检查。全市抽调 335 名纪检监察干部参加高考考风考纪监管工作。4、深入纠正医药购销和医疗服务不正之风。对全市新型农村合作医疗基金管理和使用情况开展了专项检查。查处医药购销领域商业贿赂和医疗服务不正之风问题 20 件，给予党政纪处分和组织处理 36 人。5、巩固清理评比达标表彰活动成果。对全市各级党政机关 2009 年以来受到表彰等情况进行了全面统计摸底，取消庆典、研讨会、论坛活动 19 个，节约经费 77 万元。6、进一步加强政行风建设。开展了“百家窗口看行风”暗访活动，“政行风热线”受理解决群众反映问题 237 个。“政行风热线”栏目共播出 86 期，接听咨询 332 个，受理投诉 64 件，办结率达 100%。7、严肃查处纠风案件。查处食品和药品安全案件 1 335 件，涉及金额 268.26 万元。8、加强四项基金监管。纠正和查处违纪违规问题 19 个，涉及专项基金金额 268.84 万元，给予党政纪处分和组织处理 4 人。9、开展对供热企业的纠风专项整治行动。对“暖房子”工程建设进行有效监督，确保了工程在入冬前保质保量完工。

【整治和建设经济发展软环境】 1、召开全市经济发展软环境建设暨创建“三满意”机关、“十佳勤廉标兵”表彰大会。6月30日,召开了全市经济发展软环境建设暨创建“三满意”机关、“十佳勤廉标兵”表彰大会。会议总结了2009年以来全市经济发展软环境建设工作;对8起干扰破坏经济发展软环境典型案件进行了通报;对2009年创建“三满意”机关活动先进单位、先进处室和“十佳勤廉标兵”进行了表彰;部署今后一个时期软环境建设工作。2、实行了《规范行政执法部门到企业检查实施办法》。积极推行“部门联检、处室并检、归类合检”的行政执法检查方式,进一步规范各行政执法部门到企业的检查行为。3、开展了“大走访”活动。全市各级各部门共走访基层单位12 172个,走访企业和个体工商户143 199个,走访群众494 984户,征求意见建议16 427条,为基层、企业、群众解决实际问题15 522个。4、行政审批制度改革不断深化。对市直51个具有行政审批职能部门保留的115项行政许可、217项非行政许可审批和58项年审年检项目进行了归类梳理,推进行政审批权相对集中改革。全市41个具有行政审批职能的政府部门已全部组建审批办公室,有32个部门共计75项行政许可、110项行政审批和31项年审年检项目进驻了市政务中心和各分中心集中办理。积极探索“一门受理、并联审批、统一收费、限时办结”的行政审批模式,起草了《长春市基本建设项目并联审批实施方案》。加快行政审批电子监察系统建设。组织建立了集政务信息、审批服务、电子监察为一体的综合网上审批管理服务平台,有22个部门的审批办开展网上审批。市政务中心8个审批服务大厅实现了监控面100%全覆盖。5、清费减负工作进一步深入。对64项行政事业性收费项目进行了清理。其中,取消9项,暂停8项,降低收费标准47项。清理经营性服务收费项目12项,其中,降低收费标准4项,暂停5项,改变收费方式3项。6、全面开展“万人评议机关”活动。全市参评部门平均满意度为96.8%。全市参评处室平均满意度为98.01%。7、积极开展效能监察。认真落实《政府部门效能监察十项制度》和《长春市影响机关效能行为责任追究办法(试行)》,对违反效能监察制度的55人进行了责任追究。下发了《关于在市直有关部门开展专项效能监察的方案》,对全市14个重点部门开展了效能监督。8、涉软案件查处力度不断加大。全市纪检监察机关立案调查79件,办结79件,给予党政纪处分60人。

【执法监察】 1、加强对扩大内需促进经济增长各项政策措施运行情况的监督检查。对全市33个扩大内需和专项治理项目运行情况进行了4次普查,保障项目资金安全、达效和全市新增中央投资项目顺利进行,得到中央检查组的肯定。2、执法监察工作进一步科学化、规范化,成效明显。全市执法监察立项64项,其中,市本级7项,全市工程建设领域突出问题专项治理等11个执法监察项目被省监察厅评为优秀项目。3、围绕加快经济发展方式转变、保持经济平稳较快发展开展执法监察。加强对规范和节约用地、节能减排和环境保护、房地产市场平稳健康发展、安全生产等法律法规和政策措施落实情况的监督检查。4、深入开展工程建设领域突出问题专项治理工作,得到中央工程治理办公室的肯定。围绕全市总投资2 138亿元的1 029个项目和查找出的925个问题,督促相关部门整改问题787个,整改率达85.1%;全市调整涉及建设领域监管机构14个,理顺涉及工程建设领域管理职能8项,建立和完善相关制度105项。5、严肃查处违法违纪案件。全市执法监察立案40件,给予党政纪处分37人,其中,市本级立案3件,涉及处级干部2人,副局级干部1人;查出违纪违法金额341.4万元,收缴违纪金额73.35万元,督促行政部门作出行政处罚326件,处罚金额2 266万元,避免和挽回经济损失6 664万元。

【作风建设】 市委、市政府召开大会,表彰“十佳勤廉标兵”,弘扬新风正气。市委常委班子以身作则,带头做出创先争优“五项承诺”。市政府召开了接受监督、改进工作会议。深入创建“三满意”机关活动,开展了9次创建“三满意”机关先进事迹巡回宣讲活动。在全市基层党组织中开展了“三走进、三联手、三促进”活动。深入开展“万人评议机关”活动,整改2009年评议反映的问题6 814个、制定整改措施2 653条,市委、市纪委主要领导分别对评议排名靠后的县(市)区和市直部门主要负责人进行了提醒谈话。深入开展千名处长联系企业、服务千户民营企业和“走百企、解百难”活动,帮助企业挽回经济损失7 300多万元。广泛开展群众工作“大走访”、“大接访”、政府部门“局长接待日”、“万户特困户结对救助”等活动,积极为群众解难题、办实事,全市为民、务实、和谐、清廉的风气进一步形成。2010年末,省社情民意调查中心抽样调查结果显示,市直参评部门平均满意率为96.8%,比2009年提升4.16个百分点。省委常委、市委书记高广滨在全省作风建设电视电话会议上介绍了经验。

【调查研究】 1、围绕落实“三项制度”、推进农村党风廉政建设开展调研。在深入总结分析的基础上,将村级组织决策“六步工作法”进一步细化为“七步工作法”,增加了“报告乡镇党委政府”一步,进而加强了上级对下级的监督。2、围绕落实市委关于创建“三满意”机关活动的部署开展调研。提出了以深入开展创建“三满意”机关活动为载体,统筹推进软环境建设和机关作风建设的思路,得到市委认可并付诸实践,达到了事半功倍的综合效果。3、围绕开展廉政风险管理开展调研。提出了以规范重要权力运行为主线,通过查找风险点、制定防控措施、规范业务流程、健全完善制度,预防违纪违法问题发生。4、围绕社区党风廉政建设开展调研。在朝阳区开展了社区党风廉政建设试点工作,《关于社区反腐倡廉建设的思考》在《中国监察》第18期刊发。在省监察学会常务理事会上作了《加强理论研究,服务反腐倡廉》经验介绍。5、完成了中央纪委和省纪委布置的课题调研任务。撰写的《关于长春市社区反腐倡廉工作的调研报告》被中纪委评为“全国纪检监察系统优秀调研报告”,《关于推进反腐倡廉建设科学化的思考》一文被收入中纪委研究室编写的《反腐倡廉建设科学化初探》一书。6、筹备召开了委局理论中心组学习暨反腐倡廉理论研讨会。编辑了《长春市纪委监察局中心组学习(扩大)暨反腐倡廉理论研讨会材料汇编》,收入86篇调研文章。7、做好民意调查工作。组织协调国家统计局长春调查队,完成了中央纪委和省纪委布置的《党风廉政建设民意调查问卷》和《全省廉政文化建设情况调查问卷》任务。

(王开远)

民主党派

【中国国民党革命委员会长春市委员会】

截至2010年底,中国国民党革命委员会长春市委员会(以下简称市民革)共有基层组织22个,其中,总支委员会7个(下属29个支部),独立支部委员会14个,小组1个。党员总数958名,其中具有中高级职称的801名,占党员总数的80%。各级人大代表和政协委员103名。

参政议政 2010年,市民革在市政协十一届二次全会上提出的党派提案《关于抓住机遇适时发展我市实体经济的几点建议》,被市政协十一届十次常委会评为优秀提案,受到表彰。在市政协十一届三次全会上提出的党派提案《关于加快建设长东北开放开发先导区的建议》、《关于优化我市物业管理的建议》被市政协十一届十二次常委会评为重点提案,并被评为优秀提案,受到表彰;在市政协十一届十三次常委会上《关于推进长吉一体化体制机制的思考和建议》的发言,受到政府相关部门的好评。民革党员中的人大代表和政协委员在各级人大、政协全会上提交提案、建议、议案等39件,均得到有关部门答复和采纳。民革党员费维富撰写的提案《关于加快长春市企业创业板上市步伐的建议》被市政协十一届十二次常委会评为重点提案。民革党员费日晨在市人大全会上提出的《关于建立全民终身健身体系的议案》被转为重点建议,由市政府落实。在市政协组织的“为我市十二五规划出谋划策”的活动中市民革提交建议36件,其中民革党员李明柱《关于十二五期间建立我市地下市政设施系统电子信息库的建议》被评为二等奖,并在市政协常委会作了专题发言;民革党员白建英《关于统筹区域教师资源促进教育均衡发展的建议》被评为三等奖;民革党员杨宁国《关于加快建设长东北开放开发先导区的建议》、秘书长臧菊珍《关于十二五期间促进长春农民增收的建议》、民革党员王静《关于重视长春环境色彩改造的建议》、民革党员费维富《关于扶持中小企业发展的建议》、民革党员董丛文《关于发展我市社区经济的建议》均荣获纪念奖。市民革召开三级人大代表、政协委员和参政议政骨干座谈会,完成《关于稳妥开展城乡建设用地增减挂钩工作促进城乡统筹发展的建议》、《关于切实加强我市城镇职工基本医疗保险基金管理的建议》和《关于加强我市残疾人就业保障金征收使用管理的建议》3件党派提案。市民革共向民革吉林省委、市政协、中共长春市委统战部报送信息共计60余篇。市民革的信息报送量和被采用量均列各市级党派前列,在积极展示民革工作特色,扩大工作影响方面起到了很好的作用。

祖国统一和海外联谊工作 市民革有台胞、台属及有海外关系的党员240名,占党员总数近1/4。他们通过互访、网络、电话等方式,加强与台湾同胞和海外亲人的联系。市民革密切关注台海两岸形势,牢牢把握两岸关系和平发展的主题,积极贯彻胡锦涛总书记关于“建立互信、搁置争议、求同存异、共创双赢”的十六字方针,坚持每月播放一次台情资料片,有针对性地开展对台工作。中秋节前,市民革组织民革党员中台胞台属30余人举行迎中秋座谈会,抒豪情、颂和平、谋发展。2010年,民革党员刘微成功引进吉林同仁医院有限公司落户长春宽城区,预投资5亿元人民币,建筑面积8万平方米;民革党员姜万秀与韩国济州绿色产业庄园营农组合法人投资合作的“马骨、马油系列深加工”项目已经正式签约,拟投资5.6亿元人民币,到位资金2亿元人民币;民革党员王怀忠引进奥莱特集团落户二道区,建成吉林省奥莱特汽车设备有限公司,利税近千万元的高科技工业项目,拟投资1.6亿元人民币,到位资金89万元人民币。

社会服务工作 2010年的“民革北方旅游宣传协作网”于7月和11月分别在济南市和广州市举办“旅游风光摄影展”并进行旅游推介活动,让更多很少感受北国特有风光的南方朋友了解长春,为长春市旅游产业的发展做出贡献。扶贫济困献爱心是市民革的光荣传统,市民革大力支持和鼓励各基层组织发挥优势,开展各具特色的“扶贫济困”活动。2010年,市民革基层组织和个人共资助贫困学生25名,捐款26 000余元。民革宽城区总支从2010年5月起,开展“爱心成就未来”扶贫助学工程,助学基金全部来自民革党员的捐款,现已资助3名贫困学生,为孟家村自立小学送去价值2 000余元的课外读本;民革东北师大总支继续发挥“资助特困生基金”的作用,并建立管理和使用制度,开展资助特困生“春节探亲”活动,市民革组织部分女党员到二道区英俊镇福利院慰问,为老年朋友表演精彩节目,当场捐款1 500元;民革二道区总支党员倪国栋捐款5 600元,为保洁工人购买了500副手套;市民革宽城区总支组织民革党员中的医学专家到区内47个社区进行健康普查、心理咨询、送医送药等医疗服务。在西南地区旱灾和吉林省发生洪涝灾害后的第一时间,民革党员高峰派代表赶往昆明,购买价值10万元的矿泉水,共4 545箱,送往最需要饮用水的曲靖市会泽县驾车乡及重灾区钢厂村等地,解决了受灾最重的两至3个村近两个月的日常用水;市民革领导和机关干部在2010年全省洪灾发生后的第一时间将机关捐献的3 700元交到长春市慈善总会;民革党员朱臣还将自己创作的国画作品作为送给抗洪救灾英雄们的慰问礼物,表达了对抗洪抢险的解放军和武警官兵亲切的慰问和崇高的敬意;民革党员姜万秀在向农安县灾区捐献价值近17万元的服装后,又捐款2 000元;民革党员宋佳伟捐款50 400元;民革党员唐继先捐款35 000元;民革党员宋勇、王建昭分别向灾区捐款各20万元；民革南关区总支募集善款31 500元，购买了灾区急需的棉被、衣服、饮用水、食物等生活物资送往受灾严重的农安县黄鱼圈乡。市民革在吉林省内抗洪救灾献爱心活动捐献物资价值193 900元，捐献善款371 230元。

自身建设 市民革结合全市向优秀政法干部翟树全学习活动，以深刻透彻理解社会主义核心价值体系为目标，在基层党员中开展征文活动，共收到征文20余篇，陆续在《长春民革》上刊登，从中挑选5篇上报中共长春市委统战部；组织召开“珍爱生命、幸福晚年健康讲座”和“国学——三字经”讲座。民革党员韩庆敏发起成立了“民革之家徒步群”，组织20多次净月徒步行活动，成为党员活动的一个新载体。通过以上各方面的工作，市民革干部的职业操守得到加强，工作积极性和业务素质普遍提高，各方面工作都取得了较好的成绩。

（姜　旭）

【中国民主同盟长春市委员会】 截至2010年底，中国民主同盟长春市委员会（以下简称市民盟）共有基层组织39个，其中，盟委27个，直属支部12个，盟员总数2 228人，其中，具有高、中级职称的2 029人，占盟员总数的93 %；50岁以下的盟员1 079人，占盟员总数的48.4%；平均年龄54.9岁；担任市级以上人大代表15人，市级以上政协委员37人。

履行参政职能 市民盟深入实际，精心组织专题调研，注重发挥盟内人大代表、政协委员、政府工作人员和各类特约人员的作用，通过各种专题议政会、座谈会、学习会等形式了解各方意见和建议，形成有价值的提案。在市政协十一届三次全会上，市民盟作了《关于规划和建设长春太阳能城市的建议》的大会发言，提交了《关于建立长春市北方药材良种繁育及科学教育基地的建议》、《关于建造东北亚摩尔（Shopping Mall）——“五国城”的建议》。为中共长春市委召开的民主党派专题议政会提交了《关于“创意长春”的几点建议》。市民盟组织盟员积极参与长春“十二五”规划献计献策活动，共提出建议16项。其中，盟员薛林福提交的《构建“数字长春”，使长春成为更安全、更便捷、更高效和更绿色的城市》的建议获市政协优秀建议一等奖；盟员王秀荣提交的《关于在“十二五”期间大力推进现代服务业问题的建议》获市政协优秀建议二等奖；盟员邹杰华提交的《关于“十二五”时期完善长春市社区矫正的建议》；盟员韩秋红提交的《关于农民工户籍制度改革与创新的建议》获市政协优秀建议三等奖。市民盟为促进城市发展，曾先后举办了“振兴东北品牌论坛”和“长春品牌论坛”，两次邀请品牌中国产业联盟主席艾丰来长做主题演讲。艾丰在长期间，被中共长春市委、市政府聘为“长春市发展战略顾问”。民盟盟员还筹建了长春市品牌促进会，并创办了品牌创意杂志。在2010年8月举行的第四届中国品牌节上，长春获得“2010年中国十大品牌城市”称号，长春市民盟为此做出了积极努力和贡献。

自身建设 2010年，市民盟规范、顺利地完成了基层组织换届任务，为2011年市民盟换届奠定了坚实的组织基础。2010年新成立了2个基层组织；支部变更为委员会4个；民盟长春市直属机关委员会调整重组成立民盟长春市直属机关第一委员会、第二委员会；5个城区总支委员会变更为委员会。组织发展有序进行，全年发展盟员138名，较好地改善了民盟队伍结构。市民盟创新工作思路，不断打造民盟特色，5月为获得省、部级以上重大奖项的盟员举行了庆功会，为刘大有等20位盟员授予“长春民盟岗位成就特别奖”，为洪波等41位盟员授予“长春民盟岗位成就优秀奖”，为鼓励和引导盟员在各自岗位建功立业起到了积极的激励作用，此项活动为全盟首创。发挥专委会作用，开展特色主题活动，为组织建设开拓了新的发展空间。在“三八”节前夕，妇女工作委员会以“经济社会发展与和谐社会建设中女性如何发挥作用”为主题，主办了“妇女发展论坛”，6位盟员就“新形势下女性自身建设及在经济社会发展中的地位与作用”等内容作了精彩演讲。由青年专委会和妇女专委会联合发起的“保护自然、爱我家园”环保行活动，倡导低碳生活，环保从我做起，为促进环保事业做出了贡献。老年节当天老龄工作委员会邀请了吉林大学第二附属医院原中医科主任高鹏祥教授为老盟员做健康知识讲座。文化工作专委会以“黄龙府文化”为专题赴农安调研，形成了《关于把农安建设成为长春“文化卫星城”的建议》的调研报告。卫生专委会组织盟内医疗专家赴绿园区西新镇义诊，使村民们足不出户就能享受专家的诊治。市民盟机关加强信息网络管理，利用QQ群、电子邮件、短信等渠道在第一时间与盟员就盟内重要事项实行互动，加快了信息的传递和反馈，提高了机关的办公效率。年内市民盟网站新增设了《城市发展论坛》、妈妈网页、缤纷天地等专题活动和栏目，在市盟网站上更新信息161条。

社会服务 市民盟一直坚持“把实事做好，把好事做实”的原则，2010年，市民盟继续开展“三下乡”活动，组织多次支农义诊，法律咨询。中秋节前夕，妇女、青年工作委员会和市直二盟委联合到二道区四家子乡敬老院慰问孤寡老人，为老人们送去了价值近3 000元的消毒柜、药品、生活用品等；企业家、高教工作委员会为白山市筹建农村书屋，捐赠新电脑1台、书架3组和价值2万元的图书。5月份与二道区东站十委社区合作共建，组织了提高母亲素质“做智慧母亲，助孩子健康成长”的专题讲座。普教专委会组织东北师大附中语文首席教师冯银江赴绿园区为全区语文教师做“直面中考——中考语文学科阅卷讲座”。青海玉树发生地震灾情的第一时间，市民盟及时向全市盟员发出《民盟长春市委关于向青海玉树地震灾区捐款的倡议书》，号召全市盟员积极捐款，参与到玉树地震灾害紧急救助中来，为灾区民众奉献爱心。经科工作委员会为此特别召开了一次工作会议为玉树灾区捐款。在短短的两天时间里，全市盟员共捐款13.6万余元。在吉林省抗洪期间，企业家工作委员会组织了抗洪救灾捐赠仪式，捐款1.5万元，向灾区人民奉献了民盟人的爱心。市民盟开展“万企联万户回

市民盟回报社会感恩行动仪式

报社会感恩行动”活动，企业家工作委员会具体组织了回报社会感恩行动捐赠仪式，捐款1万元。到东站十委社区慰问了10户生活困难的老革命、老党员、老模范。

（王　霆）

【中国民主建国会长春市委员会】 截至2010年底，中国民主建国会长春市委员会共有基层组织90个，其中，基层委员会5个，总支部23个，支部62个（含总支部下辖支部55个）。会员数1 125人，具有高级职称的234人，占会员总数的20.8%，具有中级职称的531人，占会员总数的47.2%，会员中担任各级人大代表、政协委员职务的共有142人，占会员总数的12.6%。

议政调研 2010年1月，长春市政协第十一届三次全会及人大第三次会议上提交了《关于长春市住房保障有关工作的建议》等3份团体提案、38份委员联名提案和个人提案以及多份议案、意见和建议。在长春市政协十一届二次全委会上提出的《关于促进长春市富余劳动力就业的建议》被评为2009年度长春市政协优秀提案。同时，民建3名政协委员被邀参与了长春电视台《政协论坛》第233期、234期、235期及237期节目的制作，并在长春电视台先后播出16次，获得群众的广泛关注。民建长春市委员会发挥专委会和基层组织的职能作用，组成12个课题调研组，分别就促进长春市农业和农村发展增加农民收入问题、长春市应进一步搞好住房保障问题、长春市应加强和改进食品安全工作问题、长春市应建立立法草案第三方起草机制问题、长春市应尽快消除“城市病”问题、长春市当前做好失地农民保障工作问题、长春市当前应积极应对和降低网络游戏对青少年负面影响问题、长春市应完善和改进社区行政职权划分及落实问题、加强金融机构支持长春市中小企业发展问题、加快开发长春市萨满文化产业资源等问题进行了专题调研。通过全体会员的共同努力，“看天供暖措施”的建议得到长春市政府采纳，切实解决了市民生活中的实际问题；“暂停经济适用房建设”的建议得到长春市政府采纳，有效推动了政府住房保障工作进一步完善；“关于打通长春市对外联系的十条交通线和十个出口的建议”和“关于建立十个战略物资（资源）地下储存、调配中心的建议”得到有关部门采纳，部分内容已列入长春市“十二五”规划总体纲要相关章节及规划期间的150个重大项目中；为长春市政府报送的《关于依法行政建设法制机关的建议》得到长春市法制办的高度重视。围绕“十二五”规划内容，中国民主建国会长春市委员会组织骨干会员共提出相关建议41份，有多项建议被收入长春市“十二五”规划纲要中。

社会服务工作 2010年，民建长春市委继续响应长春市委统战部开展“三个千人”光彩助学活动的号召，全年超额实现了“三个三百”的助学目标，通过多种渠道实现了资助奖励300名各类学校在校生；为各类学校在校生提供300个实训助学和勤工助学岗位；为各类学校毕业生提供300个就业岗位。4月16日，长春市民建在长春理工大学为100名品学兼优、经济困难的大学生提供了捐助。10月13日，在九台市职教中心举行的2010年“三个百人”系列助学活动民建职教奖学金颁奖仪式上，九台市职教中心的100名优秀职教生共获得了5万元的奖学金。4月份，青海玉树地震牵动人心。民建长春市委员会快速响应民建上级组织号召，积极开展“一日捐”活动，共捐款65 930万元。8月份，吉林省遭遇百年一遇的特大洪水。长春市民建会员牵头开展了号召长春市非公企业家参与的“抗洪救灾回报社会感恩行动”；广大会员也积极向长春市防汛抗旱指挥部捐赠急需的救灾专用物资，捐赠物资总价值达6万余元。开展会内帮扶是民建长春市委员会创新社会服务工作的一项新尝试。2010年，在主委陈巳带领下，民建邀请长春市政府有关部门负责人、大专院校和研究机构专家，一起走访视察了多家民建会员企业，切实为一些会员企业提供了帮助。与此同时，还将帮扶目标直接指向有实际困难的会员。对绿园区总支部由于家属长年患病造成身心憔悴，突发双目视网膜脱落的杨玉山开展会内捐款活动，共募得捐款5万余元。

思想建设 为进一步贯彻中共十七届四中、五中全会精神，充分落实社会主义核心价值体系学习教育活动要求，先后组织了学习落实全国“两会”精神报告会、学习和践行社会主义核心价值体系专题报告会等形式多样的学习教育活动。2010年，民建长春市委员会响应民建上级组织要求，开展追思、学习孙起孟同志座谈活动；组织会员收看电视连续剧《黄炎培》活动；借民建中央成立65周年、吉林省民建成立30周年的契机，在广大会员中适时开展了会章会史学习教育活动。2010年，民建长春市委员会在宣传工作方面加大了力度。对网站形式和内容进行了必要的更新、调整。截至年底，会内网站共上传稿件112篇(次)，会外市级以上各类媒体刊登播发宣传报道稿件达208篇，宣传工作取得较好成绩。与此同时，为落实民建中央陈昌智主席视察工作时的讲话精神，进一步扩大政治影响力，2010年底创办了首份会内刊物《长春民建》。

组织建设 2010年7月，按照民建上级组织和长春市委统战部的工作部署，经过认真筹备，陈巳全票当选为长春市民建会主任委员，顺利完成了主要领导的届中调整工作。针对基层组织工作不断发展变化的新形势，民建长春市委员会根据基层组织的不同情况，重点采取"升格"、"合并"、"重组"等方式，努力改善基层组织结构。截至2010年末，已圆满完成15个基层组织的升格、换届工作。在2010年4月民建上级组织的表彰大会上，共有10个基层组织、109名会员受到了嘉奖。2010年，继续吸纳具有代表性的经济界人士及社会各界精英人士入会，加强对拟入会人员的考察和入会前的教育培训考核工作。全年共发展新会员47名，进一步增添了新鲜血液和组织活力。

（邵彤彤）

【中国民主促进会长春市委员会】 截至2010年末，民进长春市委员会(以下简称市民进)共有基层组织35个，其中，县(市)级委员会(榆树市委员会)1个，基层委员会11个，直属支部23个。会员总数1 240人。会员中各级人大代表、政协委员共135人。

思想建设 2010年1月28日，市民进召开十届四次委员(扩大)会议。会议传达了民进中央十二届三中全会精神。全国"两会"闭幕后，市民进全体机关干部参加了民进吉林省委会组织的传达贯彻全国"两会"精神会议，由全国政协委员、省政协副主席、省市民进主委薛康，全国人大代表、民进吉林省委会副主委杜婕传达了全国"两会"精神。为加强统战理论研究，市民进于7月16日召开了统战理论研讨会，会议共收到统战理论文章30余篇，有16篇文章获奖，并已编辑成册。

参政议政 2010年初，在长春市政协会议上，副主委董玉琦代表市民进以《关于农村中小学教师专业化优先发展的建议》作了大会发言，并提交了《关于加强我市社区医疗机构建设的建议》等5份党派提案，委员个人提案17份，在市人大会议上提交了8份个人建议，在省政协全会上提交了2份提案。并完成了《关于加强长春市社会化养老服务体系建设》的建议。市民进向民进省委会申报的《关于加强我省中小学心理健康教师队伍建设的建议》等3个课题已被立项。市民进向长春市政府办公厅报送了《关于限制外地车辆转入我市的建议》、《关于进一步加强我市特殊教育工作的建议》得到了市政府领导的高度重视。市畜牧局就市民进在市人大会议上提出的《关于加大我市宠物医院监管力度的建议》给予面复。此建议，已被长春市人大评为重点建议。8月3日，省、市民进联合到长春市轨道交通集团有限公司开展了专业人才培养情况的调研。双方就国内及长春市轨道交通建设情况，以及未来几年国内和长春市对轨道交通行业人才需求等方面进行了深入交流研讨。开展向"十二五"规划建言献策活动，广大会员集思广益，提出许多真知灼见，经筛选整理出了意见和建议45篇，涉及长春市经济、文化、教育、社会等方方面面。9月1日，在市政协召开"为'十二五'规划献言献策活动"专题议政会上，副主委窦森在会上首先发言，建议切实提高种粮农民的收入。11月18日，《长春日报》以"让沧桑黑土地永葆黑金——政协委员关注黑土地保护问题"为题进行了专题报道。继续开展寻访老长春历史文脉系列活动。经近3个月的筹备，真实记录市民进2009年踏查长春大马路活动的纪念文集《百年大马路》正式印发，并于5月30日和长春市政协共同主办了《百年大马路》首发仪式暨2010年踏查长春学术论坛。市民进2010年下半年连续3次开展了"踏查满铁附属地"活动，参加人员逐次增多，非常踊跃，社会影响越来越大。10月，召开了踏查满铁附属地座谈会，与会40余人均为长春市研究历史文化的专家和学者。

社会服务 3月5日，由市民进联合长春市妇联、长春市总工会等单位共同举办，吉林延安医院承办的为长春市万名职业女性免费健康普查行动启动。对在普查中发现的女性疾病，将减免治疗费用30%。在吉林省民族工作会议暨第五次民族团结进步表彰大会上，会员秀敏荣获"吉林省民族团结进步先进个人"称号，并代表先进个人作了典型发言。会员李宝凤被市委、市政府评为"百

长春市民进与长春市政协共同主办了《百年大马路》首发仪式

名模范女性”；葛艳华被长春市妇联评为“巾帼标兵”。4月17日，“金太阳”杯第四届全国硬笔书法大赛暨书法（篆刻）、绘画、摄影大赛颁奖典礼在长春远东艺术馆举行。此次大赛是由民进长春市委员会、中国硬笔书法协会、吉林省硬笔书法等级考试培训中心等单位共同主办的。大赛共收到稿件6 000余件，共有245名选手获得金奖，24个单位被评为团体优胜单位。10月14日，为期一周的纪念长春建城210周年长春民进第七届全国少儿书画作品展如期在长春市图书馆举办，这次展览在原有基础上，增加了市民进成员的作品。在青海玉树地震和吉林省部分地区遭受洪水灾害后，市民进会员纷纷捐款捐物支援灾区。

会务工作 2010年初，为表彰先进，树立典型、进一步加强自身建设，夯实市民进的工作基础，召开了评选“2008年～2009年度先进基层组织、优秀会员活动”表彰大会。7月19日，民进吉林省2008年～2009年度先进基层组织、优秀会员表彰大会召开。7月30日，市民进新会员培训班开班。11月4日，民进中央首次召开了“全国先进地方组织、先进基层组织表彰大会”。市民进荣获了“民进全国先进地方组织”称号。市民进从2010年上半年就开始积极筹备召开东北副省级城市会务工作交流研讨会，并专程赴民进哈尔滨市委会、民进沈阳市委会、民进大连市委会走访调研，于8月16日至19日，首次成功举办了中国民主促进会东北副省级城市会务工作交流研讨会。

（李 峰）

【中国农工民主党长春市委员会】 中国农工民主党长春市委员会（以下简称市农工党）现有基层委员会1个、总支委员会3个，支部委员会19个。党员758人，其中，具有高级职称的358名，占党员总数的47%；具有中级职称的307名，占党员总数的40.5%，平均年龄42岁。担任各级人大代表和政协委员55人。机关现有专职干部8人。

参政议政 2010年，市农工党紧紧围绕长春市经济与社会发展的总体目标，以民生工作为重点，深入开展调查研究。1、积极参与政治协商，民主监督。2010年，市农工党参加中共长春市委、市人大、市政府、市政协及有关部门举办的协商会、座谈会和情况通报会、提案面复会20余次，先后就长春市经济社会发展、生态环境保护、建设长吉图开发开放先导区等提出了宝贵意见和建议，得到政府有关部门的高度重视。2、重视调查研究，搞好专题议政工作。参政议政工作委员会根据中共长春市委、市政府的中心工作，拟订2010年重点调研课题，明确调研课题负责人制。开展“长吉地区卫生资源一体化”专题调研，并形成了《关于促进长吉地区卫生资源一体化的建议》，这个建议得到了市领导的充分肯定。另外，与农工党吉林省委、省卫生厅、省发改委等单位共同开展了联合调研，先后到长春市卫生局和几所市属大型公立医院了解公立医院改革的运行情况，并结合实际情况，提出推进长春市公立医院改革的一些前瞻性和可操作性的意见建议，供党委、政府决策参考。3、2010年，市农工党充分发挥参政议政专门委员会和信息员队伍的作用，深入调查研究，以人大建议、政协提案形式，积极建言献策。在长春市政协第十一届三次会议上，市农工党共向大会提交团体提案5份，委员个人提案30多份。其中，《关于综合治理东新开河污染》的大会发言，受到了社会各界的广泛关注，《人民政协报》、《长春日报》先后做了专题报道。4、2010年，市农工党重点围绕市委、市政府的中心工作，开展了“我为‘十二五’规划进一言献一策”活动。在各基层组织、广大党员的广泛支持和共同参与下，此次活动共收到党员建议40余篇。建议涉及到医疗改革、交通管理等20多个方面的内容，为长春市“十二五”规划纲要草案的制定做出了积极贡献。5、积极反映社情民意。2010年，市农工党加强了与市政府办公厅信息处的业务联系，通过及时有效地向市政府领导反映意见建议，进一步提高了社情民意工作的质量。2010年共报送41条信息。其中向市政府办公厅报送的《关于在十二五期间加强长春市内交通管理的几点建议》等3条信息，得到了市政府领导的高度重视，市长崔杰先后对建议做了重要批示。世博会前夕，市农工党先后报送了《建议将3G技术应用于世博会参观预约系统，实现世博会“低碳生活”》、《关于将参观上海世博会列为市直机关优秀中青年干部培训项目的建议》等2条信息，由于建议反映问题比较切合实际、客观，被市委统战部直接报送给中央统战部和中共吉林省委的相关领导。

思想建设 2010年，市农工党以庆祝建党80周年纪念活动为契机，以树立和践行社会主义核心价值体系为主题，

纪念中国农工民主党建党80周年大会

以形式多样、内容丰富的系列活动为载体,不断增强思想建设的实效性。1、加强践行中国特色社会主义核心价值体系理论学习。2010年初,市农工党制定了《农工党长春市委树立和践行社会主义核心价值体系三年工作规划》,并组织学习,认真实施,还特邀了农工党中央宣传部石光树部长来长做辅导报告,组织党员参加了省委统战部学习实践社会主义核心价值体系的报告会,积极引导广大党员以社会主义核心价值体系为准绳,明确价值追求和行为规范,进一步提高树立和践行社会主义核心价值体系的自觉性、坚定性。2、以庆祝农工党建党80周年纪念活动为契机,积极开展纪念活动。先后举办了建党80周年庆祝大会、知识竞赛、图片展和征文活动,将纪念活动与树立践行社会主义核心价值体系有机结合,重温农工党先辈们在不同时期留下的宝贵精神财富,进一步增强了全市农工党员自觉拥护中国共产党领导、坚持走中国特色社会主义政治发展道路,努力实现中华民族伟大复兴的信心和决心。3、开展回顾党史、学习党章教育。为继承老一辈多党合作的优良传统,市农工党召开了老党员座谈会、举办了党史报告会,通过学习《农工党章程》,回顾多党合作和农工党历史,继承和弘扬老一辈领导人与中国共产党风雨同舟、团结合作的优良传统,进一步增强广大党员接受中国共产党领导的自觉性。

组织建设 2010年,市农工党加大工作力度,进一步提升了履行参政党职能的能力和自身建设的科学化水平。1、大力加强领导班子建设。结合深化政治交接学习教育活动,坚持集体领导,凡属党内的重要决策、事关全局的问题的重要事项,都遵照"集体领导、民主集中、会议决定"的原则。充分调动班子成员的积极性,发挥班子的整体功能;完善议事规则和决策程序,主要是明确市委会、常委会等会议的议事规则和议事程序,制定和完善相应的工作规范;不断加强学习,努力提高班子成员的政治把握能力、参政议政能力、合作共事能力和组织协调能力,加强团结,合作共事,增强班子的凝聚力;不断加强廉政建设,班子专兼职成员都能做到廉洁自律,秉公办事。2、大力加强后备干部队伍建设。为适应多党合作形势发展需要,市农工党加大了后备干部队伍建设力度,积极做好发现、选拔、培养工作。认真贯彻落实农工党中央《关于加强后备干部队伍建设的决定》精神,建立了30余人的后备干部队伍人才库,努力为后备干部提供学习、锻炼的机会。2010年6月,安排骨干党员23人参加农工党吉林省委举办的骨干成员理论培训班学习;安排11名后备干部参加中共长春市委统战部举办的培训班学习。3、大力加强基层组织建设。在深化政治交接学习教育活动中,市农工党积极稳妥地搞好基层组织换届工作。上半年,逐一走访基层组织及所在单位党委、统战部,协商沟通基层组织换届的人选问题。确保了基层换届工作有序开展,同时,认真落实机关干部联系基层组织责任制,随时掌握基层组织换届中的动态情况,切实加强指导,做好思想工作。4、积极开展了"农工党基层组织活动月"活动。全市各级农工党组织按照要求,多方联动、广泛参与,开展形式多样、内容丰富的活动,提高了基层组织和广大党员的整体素质,增强了基层组织凝聚力,有效推动了基层组织工作的开展。5、大力加强组织发展工作。市农工党按照注重质量、兼顾数量、保持特色、改善结构的工作思路,积极稳妥地发展新党员,全年共发展新党员52名。在坚持发展主体界别的同时,注重发展经济、人口、资源环境方面的专业人士加入农工党,为农工党队伍注入新鲜血液,为更好地履行职能提供了智力支撑和人才保障。6、加强学习型机关建设。2010年5月,市农工党与农工党吉林市委会共同召开了建设学习型机关工作交流会。会议立足党派工作实际,交流学习型机关建设经验,努力探索体现时代特点和符合农工党特色的学习型机关建设新路子,农工党吉林省委主委赵吉光出席会议并对会议给予了充分的肯定。

社会服务 2010年,市农工党把社会服务作为重要的工作来抓,发挥界别优势,积极探索社会服务工作新思路,为社会的和谐进步发挥了积极作用,产生了良好的社会反响。1、大力宣传低碳生活理念,环境与健康宣传周活动取得新成效。在世界环境日纪念活动期间,市农工党开展了以"低碳减排、绿色生活"为主题的环保科普宣传活动。积极组织党内环保系统的专家学者到长春市多所中学,进行环境保护专题讲座,并在人民广场开展了"环境与我们息息相关,健康是我们永恒的主题"的宣传活动,向广大市民发放关于环境保护、健康生活的小册子、宣传单,向群众宣传保护环境对人类健康的意义,倡导人与自然和谐相处的理念,引导市民积极参与健康长春行动,营造推动长春市绿色发展的良好氛围。2、立足社会发展,着力服务民生,社会服务工作取得新突破。2010年3月初,市委会积极组织党内医疗专家到朝阳区永春镇敬老院,为孤寡老人进行医疗咨询和义诊活动。先后为80多位老人义诊,并捐助给敬老院3 000余元药品和生活用品。在西南地区旱灾、青海玉树地震、吉林省洪灾发生后,市农工党机关和各基层支部积极组织党员参加赈灾捐款活动,先后共捐出了价值24万多元的款物。其中,在吉林省发生洪涝灾害期间,市直二支部还带着2吨多重的防疫消杀物资奔赴灾区,为灾区人民恢复生产重建家园奉献爱心。在2010年的招商引资工作中,市农工党注重采取创新联系方式、重视对接模式、参与考察谈判等方法,把项目落到实处,先后引进价值2.2亿元的徐州福华木业有限公司项目和美国RUSH大学的中药研发项目。

(娄国斌)

【九三学社长春市委员会】 截至2010年底,九三学社长春市委员会(以下简称市九三学社)有68个基层组织(其中,9个委员会、53个支社、6个小组),有社员1 676人,平均年龄52.9岁,高级职称占67.7%。担任市级以上各级人大代表、政协委员共60人。

学习践行社会主义核心价值体系 2010年,是九三学社长春市委开展树立和践行社会主义核心价值体系学习教育活动的第一年,本次活动为期3年。市九三学社把学习和树立社会主义核心价值体系作为首要任务，通过重大历史事件纪念活动开展征文，通过社章社史教育树立典型，通过丰富多彩活动示范引领，提高广大社员对社会主义核心价值体系的认识理解。在学习实践活动中加强领导，制定学习教育活动实施方案。结合纪念九三学社成立65周年及长春市九三学社成立56周年开展社史教育。

参政议政工作 注重政协提案的质量，九三学社长春市委提出的《关于整治违法违章建筑，建设美好、整洁、宜居长春的建议》、《供热计量收费的建议》被市政协十一届三次会议列为重点提案。其中，《关于整治违法违章建筑，建设美好、整洁、宜居长春的建议》作为第一份党派提案在《长春日报》全文发表。市九三学社集体提案《关于长春市牧业创新的建议》，得到长春市牧业局满意答复；举办第三届九三高层论坛，论坛的主题是《聚九三智慧，谋长春发展》，东北师范大学委员会的丁四保、杨青山两位教授分别做了题为《感知长春、品味长春》及《长吉一体化概念设计与推进情况》的报告，为加快经济发展方式转变、调整经济结构，促进长春经济又好又快发展出谋划策。《九三长春高层论坛》首次走进大学校园，在社会引起较大反响；承担长春市农村科技服务体系建设计划项目，分别为《长春市农产品质量安全溯源系统的研发和应用》项目和《长春市民生科技研究》软课题；组织成员开展《"我为长春发展献一策"活动》和《我为"十二五"规划提建议活动》，收到建议100余篇。报市政协57份，其中3份被市政协列为重点，并在市政协召开的《为"十二五"规划献言献策专题协商会》上发言；加大培养新社员参政议政意识，规定每位新入社的成员都要提交一份针对长春经济发展的高质量的调研报告或社情民意；发挥好网络在参政议政工作中的作用，市九三学社QQ群、短信平台、网站等都在参政议政工作中发挥了重要作用。

组织建设 开展走访调研送温暖活动，2010年春节前夕，市九三学社领导和机关干部先后走访慰问了45位老领导、老社员和机关离退休人员。组织发展与加强培训相结合，提高社员整体素质，2010年内共发展新社员114名，平均年龄37岁。社省委和省社会主义学院联合举办新社员培训班，共有58名新社员参加了培训；截至2010年底，九三学社长春市委完成了一汽集团委员会等23个基层组织的换届工作。

社会服务 进一步开展与双阳区"九三村"的共建工作。市九三学社组织相关部门及部分相关企业家代表，前往九三村进行考察调研。2010年4月青海玉树发生地震，市九三学社成员向灾区人民伸出援手，捐款共计人民币159 000元。7月，吉林省遭遇百年不遇的洪涝灾害，广大社员为灾区人民捐款捐物达50余万元，并组织医疗专家前往灾区为受灾村民诊治常见病、灾后传染性疾病，并对灾后卫生防疫方面的知识进行宣讲，同时对受灾村民进行心里辅导和治疗；协助九三哈尔滨市委《哈尔滨市加大企业技术研究开发经费投入对策研究》软课题科研任务开展调研。5月，市九三学社对长春市2008年规模以上工业科技经费筹集额，按大、中、小规模。资金来源、新产品销售收入等分类进行了数据收集，并按照国有、私营、外资、其他分类，包括企业总数、有科技活动企业数、科技人员数、仪器设备总额等指标进行了统计。此项工作一方面充实了长春市调研工作第一手材料，另一方面增进了与兄弟市委的协作与友谊；继续做好招商引资工作。为贯彻中共长春市委《第九届中国长春国际农业·食品博览会》招商引资工作精神，市九三学社成员参与联系的招商引资工作金额达人民币9.2亿元。其中，美国大生能源有限公司计划在高新开发区投资的30万吨秸秆柴油项目达人民币8.9亿元。2010年九三学社长春市委被九三学社中央评为社会服务工作先进集体。

（黄晓音）

九三学社长春市委举办第三届高层论坛

人民团体

2011 长春年鉴
CHANGCHUN ALMANAC

人民团体

长春市总工会

【概况】 2010年，长春市总工会（以下简称市总工会）紧紧围绕"加快发展，改善民生，建好城市，促进和谐"大局，以实施"五个工程"为载体，开拓进取，务实创新，各项工作取得显著成绩，充分发挥了工会组织在推动科学发展、维护职工权益、促进社会和谐中的重要作用，为实现长春"十一五"发展目标做出了积极贡献。

【群众经济技术工作】 在全市职工中开展了针对性强、行业特点鲜明的各类劳动竞赛，先后开展了落实《装备制造业调整和振兴规划》立功竞赛、园林职工技能比赛、建筑行业技能大赛、班主任工作优秀成果大赛、卫生系统护理技能大赛等，极大地激发了广大职工投身长春市经济建设主战场的积极性和创造性。在长春市职工经济技术创新活动表彰大会上，表彰了金牌工人100名，首次表彰工人技师10名，王洪军式自主创新团队50个，创新能手30名；有10个先进集体和10名先进个人被授予长春市"五一"劳动奖状、奖章。在长春市女职工中深入开展女职工建功立业活动，有8个单位和12名个人分别荣获吉林省"五一"巾帼标兵岗和巾帼标兵称号；有5个集体和5名个人分别荣获长春市"五一"劳动奖状和奖章。在2010年"环卫工人节"之际，为12名环卫职工颁发了长春市"五一"劳动奖章。

【推荐选树先进模范】 隆重召开了吉林省暨长春市庆祝"五一"国际劳动节大会，长春市有14人获得吉林省"五一"劳动奖章、2个单位获得吉林省"五一"劳动奖状、6个单位获得吉林省"工人先锋号"；评选表彰了长春市"五一"劳动奖章132人、长春市"五一"劳动奖状单位40个，35家单位获得长春市"工人先锋号"。积极做好全国劳动模范推荐评选工作，长春市有20人被国务院授予全国劳动模范称号，长春市全国劳模王洪军，在全国劳动模范和先进工作者表彰大会上代表全国劳动模范宣读了《倡议书》，中共中央总书记胡锦涛亲自给予颁奖。组织开展了基建交通系统"十大优秀农民工"评选活动，选树了项目经理、服务员等新时代农民工典型，隆重举办了"十大优秀农民工"颁奖晚会暨农民工艺术节活动。

【做好困难劳模民生工作】 建立了困难劳模低收入补贴制度，将困难劳模低收入补助标准提高100元；协调落实困难劳模民生资金400万元；为453名困难劳模办理了免费的市民基本医疗保险，5户困难劳模住房回迁问题得到了解决。长春市投入11万元，为长春市401名70岁以上的劳动模范进行了免费体检。长春市劳模管理工作在全国总工会召开的劳模管理工作会议上做了经验介绍。

【职工"素质提升"工程】 在长春市企事业单位和职工中广泛开展了"创学习型组织，做知识型、技能型职工"活动和职工教育培训工作。通过开展创建"王洪军式高技能人才自主创新团队"、高技能人才传艺、劳模技能传承等活动，培养了一批知识型职工队伍和创新人才。与长春市委宣传部联合开展了职工职业道德"双十佳"评选表彰活动，表彰了一批"双十佳"活动的先进集体和个人。

【发挥工会"大学校"作用】 按照长春市委、市政府关于开展"书香长春"全民阅读活动精神，为长春市10家国家级"职工书屋"和20名劳动模范，赠送了价值5万余元的书籍。加强农村职工队伍建设，全年举办6期"名校义培"培训班，组织名校教师免费培训农村初高中骨干教师140人，《工人日报》对长春市开展"名校义培"活动进行了宣传报道。组织长春市各大医院的医学专家、医护人员，为500多名农民开展了"名医义诊"活动，受到乡村医护人员和广大农民的欢迎。

长春市职工乒乓球比赛

【职工文体活动】 先后举办了"唱响长春，劳动者之声"激情广场消夏晚会系列演出、"长春市庆祝五一国际劳动节职工京剧名家名票演唱会"、组建长春市职工艺术团等。会同长春市体育局等5家单位，共同举办了"发展全民健身，重拾广播体操"大型公益活动，全市近万名职工群众参加了广播体操体验活动。与长春市体育总会等共同举办了长春市职工乒乓球比赛，有73支代表队、近500名职工参加了比赛，组织开展了重工系统职工羽毛球比赛等丰富多彩的职工文体活动。积极配合东北亚博览会，组织了长春市职工首届元宵节花灯展，长春市近200家企事业单位参加了活动。组织召开了庆祝"三八"国际劳动妇女节100周年大会暨全市女职工百年巾帼文艺汇演，充分展示了长春市女职工的风采和良好精神风貌。

【帮扶救助工作】 举行吉林省暨长春市总工会2010年送温暖活动救助仪式，仪式当天为困难劳模、困难职工、困难农民工送去了200多吨的米、面、油。组织长春市市直机关副局级以上领导干部，对结对子的特困职工进行走访慰问，为帮扶对象送去了价值20余万元的慰问金和物品。组织动员全市各级工会深入开展"送温暖"活动，在"两节"期间，共投入750余万元，走访慰问困难职工家庭2.5万户。在11家民营医院建立了困难职工爱心医院，使万余名困难职工得到医疗优惠；开辟了农民工平安返乡绿色通道，在农民工返乡高峰期间设立农民工售票窗口；开展了为坚守在长春工作的农民工举办免费看电影活动；开展在"两节"期间，吉林省、长春市总工会领导为一线工作的农民工拜年、送水饺活动。据统计，长春市各级工会组织日常帮扶救助困难职工和困难农民工1万人，投入资金350万元。职工互助保障活动稳步推进，为6 261人次履行保障给付518万元。市总工会被市委、市政府评为民生工作突出贡献单位。

【"创业促就业"工作】 各级工会组织以下岗失业人员和农民工为重点，开展了"五一促进就业行动"、"全市创业就业博览会项目推荐活动"、"千万农民工援助行动"和"家政服务工程"等活动。加强以"拓展岗位、提升技能、借款支持"为主要内容的就业服务体系建设，开展了"春风行动月"、"就业援助周"、现场招聘会、岗位对接会等活动，市总工会提供100万元用于支持困难职工自主创业无息借款。据统计，全市各级工会组织共创造城镇就业岗位12 955个；安置城镇新就业人员6 174人；安置下岗失业人员再就业2 516人。市总工会被长春市政府授予全市促进就业工作先进单位称号。

市总工会领导到工地慰问农民工

【农民工大培训】 组织开展以安置就业为目标的农民工大培训活动。市总工会以帮扶中心和长春职工大学为依托，在各县（市）、区建立了下岗失业人员培训基地、就业安置基地、创业培训基地、技工实训基地100余个，建立10个"下岗失业人员技能培训示范基地"，对4 500名下岗失业人员和农民工开展了就业技能培训。在农民工集中的大企业、大集团创建农民工培训基地，针对农民工开展"送岗下乡、签约培训"活动，利用农闲时节，开展下乡培训，把就业技能和上岗知识送到农民工家中。

【农民工维权】 市总工会加大了对困难农民工的帮扶救助和法律援助力度。组织各级工会帮扶中心，为困难农民工生活帮扶和维权服务共7 098人次，对3万余名农民工进行了就业指导、职业介绍、政策咨询等服务，举办了万名农民工免费体检活动。市总工会被全国总工会授予"千万农民工援助行动"先进单位。

【关注新生代农民工】 市总工会积极关注长春市新生代农民工问题。组织开展了长春市部分企业新生代农民工问题的专题调研活动，下发调查问卷1 200余份，召开了企业工会主席、县（市）、区、开发区工会、新生代农民工代表等各层次座谈会10余次，提出了新生代农民工当前面临的实际困难和亟需解决的问题，形成《关于我市部分企业新生代农民工问题的调查报告》，上报长春市有关领导和部门。

【"金秋助学"活动】 坚持开展"金秋助学"活动。各级工会组织共发放助学款433.76万元，资助困难职工和困难农民工子女3 835人，其中资助困难农民工子女540人，发放助学款65.3万元。

【抗洪救灾工作】 面对2010年罕见的洪涝灾害，按照全市统一部署，组织动员长春市各级工会组织、广大职工和工会干部积极行动起来，协助党和政府做好抢险救灾工作。组织动员长春市职工为灾区捐款捐物献爱心活动，吉林东光集团有限公司、长春轨道客车股份有限公司、长春际华三五零四厂等基层工会，捐赠200余万元的救灾款和物资，及时送往灾区。建立了灾情报告制度，发出6期灾情报告，积极做好灾区困难劳模、特困职工和农民工的帮扶救助工作。据统计，长春市各级工会组织在抗洪抢险中帮助转移受灾职工群众13万多人，安置受灾职工3.7万人，救助受灾职工3.6万人，长春市各级工会捐款捐物共计313万元。

【厂务公开与民主管理】 市总工会会同长春市纪检委、市委组织部、市国资委等单位，组织召开了长春市"五最佳"活动总结表彰会，推荐选树了4个市级"五一"劳动奖状单位、6名市"五一"劳动奖章个人。按照《吉林省厂务公开民主管理工作评估实施方案(试行)》的要求，会同全市厂务公开民主管理成员单位，对长春市部分企事业单位进行了督查，全国厂务公开互检组对长春市厂务公开民主管理工作给予了较高的评价。推动《吉林省企业事业单位民主管理条例》的学习宣传，召开了学习贯彻座谈会和推进会，举办了高校党政工领导学习《条例》培训班和研讨会。加强了对联合职代会工作的规范化建设，建立了区域(行业)联合职代会会前向上级工会报告等5项制度。长春市小型非公企业工会联合会全部建立了区域(行业)联合职代会制度，覆盖企业5 000余家，职工11万多人。

【"工资集体协商"和"共同约定行动"】 组织召开了长春市集体合同、工资集体协商工作推进会，在二道区召开了"工资集体协商"和"共同约定行动"现场会，市总工会推荐的绿园区总工会在全国工资集体协商经验交流会上介绍了经验。全市区域性、行业性工资集体协商工作基本实现了两个"全覆盖"：辖区内50人以下小型非公企业全覆盖、职工全覆盖。据统计，全市工资集体协商签订率达到40%，集体合同签订率达到85%。开展了"关于我市部分企业职工参加"五险一金"情况的调研"，由市总工会主要领导牵头，成立了10个调研组，在全市5个城区和3个产业生产经营基本正常的企业和联合工会所覆盖的小型非公企业中，通过填表调查、召开座谈会、个别访谈及典型单位现场走访等形式，对企业职工和农民工参加"五险一金"的基本情况以及存在的问题，进行了全面调查了解，形成综合调查报告，为领导决策提供参考。

【创建"劳动关系和谐单位"活动】 制定下发了《长春市创建劳动关系和谐单位活动考核细则》，"创建"活动的重点移向乡镇、街道、社区和工业园区，表彰了一批中小企业劳动关系和谐单位。与劳动等部门共同下发了《关于全市劳动争议调解工作的通知》，确定13户企业为长春市劳动争议调解工作示范企业。与长春市委签订了《长春市2010年信访工作目标责任状》，开展职工法律咨询、12351职工维权热线电话接听、反馈、职工信访接待等工作。全年接待职工来信来访360人次，计400余件。市总工会被评为全国"五五"普法先进单位、长春市信访工作先进单位。

【"安康杯"竞赛活动】 以"安康杯"竞赛活动为载体，组织长春市参赛企事业单位1 200户，参赛班组2 000个，参赛职工近35万人。长春市被全国总工会、国家安监局授予全国"安康杯"竞赛活动优秀组织单位称号，市总工会连续8年获此殊荣。在长春市职工中开展了"查隐患、反三违、堵漏洞、保安全"职工行动，有近10万名职工积极参与，共查出隐患400多件，并及时进行了整改。参加了长春市25起安全生产事故的调查和善后处理工作。市总工会被长春市政府评为市安全生产工作先进单位。

【非公企业建会与会员发展】 坚持"党建带动工建，工建服务党建"原则，转发了全总《关于加强小企业工会联合会建设的意见》，组织召开了长春市"双措并举、二次覆盖"工作总结表彰会，表彰了长春市"六好"乡镇、街道总工会、"三好"小型非公企业工会联合会。全年新组建工会组织621家，发展工会会员83 809人。长春市"双措并举、二次覆盖"工作被全国总工会授予先进单位称号。

【职业化工会主席工作】 在长春市职业化工会主席各项工作不断发展的基础上，相继出台了《长春市小型非公企业职业化工会主席考核暂行办法》和补充规定，进一步明确了职业化工会主席的三级考核管理机制。举办了长春市职业化主席工会业务知识专题培训班，对城区职业化工会主席进行了综合考核和岗位交流。长春市职业化工会主席的工作经验在《人民日报》上给予报道，长春市朝阳区的职业化工会主席高立东，在全国总工会职业化工会主席培训班上做了专题讲课。

【职工之家建设与工会干部培训】 开展了评议职工之家活动，长春市有9家基层工会评为全国模范职工之家，9家工会小组被评为全国模范职工小家，市总工会授予50个基层工会为市模范职工之家，62名工会干部为市模范工会干部。加强工会干部培训工作，全年举办工会干部轮训班18期，培训3 040人次；举办专题培训班4期，培训310人次；64名工会干部分别参加了吉林省总工会、全国总工会举办的专题培训班。

【开展"大走访"活动】 市总工会组织全体机关干部在困难职工、困难劳模中开展了"大走访"活动。在为期1个多月的时间里，工会干部先后深入到62户困难企业、1 000名困难职工中去，听取企业的呼声和要求，了解困难群众的疾苦，机关及各县(市)、区、开发区工会干部把80车240吨米、面、油送到困难职工家中，把"党工共建创先争优"活动切实落实到群众工作中来。市总工会在吉林省工会系统"党工共建创先争优"视频会议上作了经验介绍。

【工会自身建设】 市总工会投资60余万元对困难职工帮扶中心进行了装修改造，扩大了面积，改善了条件；全市工会经费收缴工作进展顺利，通过经费税务代收，为基层工会返还 2009 年 ~ 2010 年度工会经费 7 685 万元，市总工会被全国总工会授予全国市级工会财务工作先进单位称号；工会经费审查工作在全省经审工作考核中，被评为经审工作先进单位；工会信息工作被长春市委评为“全市党委系统信息工作先进单位”；长春市委党刊《当代长春》年内两次重点宣传展示了市总工会工作成果。

（杜宝同　王　健）

长春市妇女联合会

【概况】 长春市妇女联合会(以下简称市妇联)紧紧围绕全市中心工作,紧贴长春市妇女工作实际,在服务大局、服务妇女、服务基层中，积极推动解决党政关注、妇女儿童急需的民生问题；在协调、整合各方资源中切实维护妇女儿童权益,圆满完成全年工作任务,取得了可喜成绩。先后荣获国家级表彰 9 项,省级奖励 6 项,市级奖励 9 项。国家、省、市新闻媒体共报道市妇联工作 563 次，连续 7 年获得长春市直机关岗责考核优秀,得到长春市委、市政府及吉林省妇联领导的高度评价。

【“创先争优”活动】 长春市妇联党组把“创先争优”作为新形势下加强妇联组织自身建设、推动妇联工作创新发展、夯实党的群众基础的新要求。积极参与全市“三服务三满意”机关主题实践活动,使爱岗敬业、服务妇女群众成为妇联干部的自觉行动。为全面贯彻落实中共中央总书记胡锦涛在纪念“三八”节 100 周年大会上的讲话精神，科学谋划工作目标和任务,党组决定从 5 月下旬开始,由班子成员分别带队，深入到 10 个县（市）区、4 个开发区进行为期 2 个月的专题调研,在如何把妇联组织建设成为“坚强阵地和温暖之家”,扎实推进基层组织建设等方面形成了共识。同时,将“大走访”与“党群共建创先争优”活动紧密结合,先后走访贫困老兵、贫困家庭、妇联老干部、代理孩子,慰问物资总价值 1 万多元。走访中,党组提出不仅要送去温暖和关怀,更要将基层妇女的需求和问题带上来,作为今后工作重点加以突破和解决。

【服务经济建设】 2010 年,市妇联创新工作思路,广纳社会资源,在全面调研妇女儿童民生需求的基础上,坚持社会化、项目化、品牌化的运作方式,抽调干部组成公益项目领导小组,研究确定 50 个妇女儿童公益项目。为保障项目推介的全面落实,利用媒体向社会大力宣传推介,在《长春日报》整版刊登 50 个项目内容,争取社会各界的支持参与;同时,细化项目指标,明确项目责任主体部门,走访企业、争取资源、宣传项目,紧紧抓住纪念“三八”百年这一契机,成功举办了项目推介暨签约仪式。与会企业代表共 50 多家,其中,有 16 家企业与市妇联签订了意向性投资协议，争取项目资金 1 603 万元。这项工作在吉林省妇联系统项目实施中排名第一。

【巾帼创业就业行动】 1、围绕全面实现长春市民生计划中创业促就业的工作目标。全年新开发就业岗位 5 000 个,城镇新增就业妇女 3 500 个，下岗失业妇女再就业 2 200 人,完成就业技能培训、创业培训 3 782 人次。2、开展“万名妇女干部牵手万名妇女创业就业” 项目，全市 2 532 名妇联干部与困难帮扶对象实现对接。3、有效利用“巾帼小额借款”项目,投入小额借款 50 万元,创建了“妇女手工艺品生产研发基地”开发 55 项具有关东特色的手工艺品项目，为 300 名妇女提供手工艺编织技术，带动 3 000 多名下岗失业妇女创业就业。4、依托巾帼家政服务中心，打造了一支稳定的家政服务员队伍，并于 5 月份举办了全市家政服务员风采大赛，进一步提升了长春市家政服务业的技能和水平。

【服务新农村建设】 围绕推进农村妇女增收致富目标,继续深化“双学双比”活动,扎实推进“巾帼信息桥”项目、“妇女小额贷款财政贴息”项目和“小额信贷促增收”项目。积极争取创建资金,全年新建巾帼信息服务站 150 个。积极争取国家和吉林省有关政策支持,以“联合、联动、放活”为切入点,在全市启动了农村长春妇女小额担保贷款财政贴息项目,协调市财政局给予 30 万元工作经费,并以长春市政府名义召开项目工作推进会，现已发放妇女小额担保贷款 5 253 万元(1 319 人),占小额担保贷款总数的 60.2%;深入开展小额信贷促增收活动,全年为农村妇女提供小额信贷扶持资金 3.5 亿元;继续加大无息典型资金扶持力度,投入无息扶持资金 60 万元,重点帮扶带动 120 名女党员、乡土妇女人才和妇女典型，为农村妇女在新农村建设中

省委常委、市委书记高广滨在绿园区雷锋社区视察妇女创业就业工作

更好地发挥主体作用搭建平台。2010年,长春市农村妇女"双学双比"工作被评为全国城乡妇女岗位建功先进集体。

【妇女儿童民生工作】 2010年,市妇联推出了一系列服务妇女儿童民生的新举措。1、修改完成《长春市妇女维权保障条例》,结合妇女群众急需解决的突出问题,对《条例》中涉及女性健康保健、劳动权利保障、家庭暴力等妇女权益的法律保护进行了补充修改。2、全力做好2001年~2010年妇女儿童发展规划终期评估督导工作,确保"两个规划"如期完成。同时,制定《2011年~2020年长春市妇女儿童发展规划编制工作方案》,保障妇女儿童发展新一轮规划纳入全市"十二五"规划中。3、把整合资源作为社会化维权的有力措施。长春市100%乡(镇)街道、社区(村)全部建立了妇女儿童维权站。同时,充分发挥"巾帼司法顾问团"的作用,开展"妇女维权大接访"和"送法下乡"活动,为妇女提供法律咨询和服务。全年接待群众来信来访380件,处理3件典型案件。4、把服务妇女儿童民生作为实事化维权的重点。全面启动关爱妇女儿童健康行动。向各界妇女发放免费体检卡、优惠治疗卡价值300万元;协调项目资金50万元,设立女性关爱基金,建立少女救助中心;设立健康体检车,5 000余名妇女接受了免费检查,近千名妇女得到优惠治疗。积极争取联合国儿童基金会和国务院妇儿工委联合实施的"受人口流动影响的儿童保护项目"基金19万元,3 600名儿童受益。5、成功举办"代理妈妈"活动15周年征文暨牵缘仪式,新代理贫困儿童500名,为30名来自农村家庭的春蕾女童免费提供学费宿费33万余元,弘扬了"代理妈妈"的奉献精神。市妇联在抗洪救灾工作中,为灾区捐送米、面、油、药品及过冬物资等生活必需品,总价值52.4万元。

【"三零社区"创建活动】 2010年,市妇联继续加大"三零社区"创建力度,拓展活动领域,把这项活动延伸到农村,与长春市综治办下发了实施方案,细化了工作目标。在农村,全面实施"零妇女专业合作组织空白示范村"创建项目,提出了达到"八有"和"三个百分百"的标准。2010年,全市381个社区已有268个社区达到了"三零社区"创建标准,占社区总数的70.6%;农村1 676个村,综合达标335个村。全国人大常委会副委员长、全国妇联主席陈至立、副主席孟晓驷来长春视察、指导妇女工作,并给予高度评价。《中国妇女报》和长春多家媒体给予报道。

【"和谐家庭"创建活动】 继续深化"和谐家庭"创建活动,围绕建美好城市、促和谐发展,组建了巾帼志愿者协会;开展"低碳家庭、时尚生活、善用资源、爱心捐书"活动;成功举办了由5万名中小学生及近万户家庭参与的"绿色家园,健康生活"长春市中小学生环保创意作品大赛。市妇联在奋战150天开展市容环境综合整治行动中,全市广大妇女开展了"清洁环境、美化家园、妇女在行动"主题活动,组织广大妇女、各级妇女干部、巾帼志愿者积极参与伊通河西岸拔草护绿和捡拾垃圾主题实践活动,为美化长春做出了贡献。全年举办家庭教育大讲堂报告会50场,培训家长3万人次;依托"星星泉安全自护教育基地",开展"安全自护教育进校园行动",深入到17所农村学校,35所城区中小学,公益培训中小学生近5万人次。

【"三八"节百年纪念活动】 2010年,市妇联紧紧把握"三八"国际劳动妇女节100周年的有利契机。成功举办了系列纪念活动:以长春市委、市政府的名义召开了表彰大会,隆重表彰了"十大杰出女性、百名模范女性",弘扬了长春女性精神,彰显了妇女发展的辉煌成就;举办了"百年妇运,盛世华章"各界妇女庆"三八"联欢会,成立了长春市妇联文化艺术团,丰富了长春市妇女群众的文化艺术生活。开展了"温馨三月、关爱女性"系列服务活动,与基层妇联上下联动,共举办了70多项纪念活动,充分展示了春城妇女事业发展的成果。

【自身建设】 坚持"党建带妇建",在"党群共建创先争优"中把妇联组织建设成为党开展妇女工作的"坚强阵地"和深受妇女群众信赖和热爱的"温暖之家"。1、"妇女之家"创建活动实现全覆盖。下发了《关于加强党建带妇建,在全市妇联组织中深入开展创先争优活动的实施方案》和《关于在全市党群共建创先争优活动中,建设村(社区)妇女之家的意见》,编印了3本工作手册;在朝阳区召开了全市党群共建创先争优"妇女之家"建设现场推进会,推广朝阳区创建"妇女之家"的经验和做法,全市100%的社区已建立了"妇女之家",实现了妇女阵地建设的全覆盖。2、农村妇女进"两委"工作实现新突破。第八届村级组织换届选举是推进妇女参与民主管理、民主决策的有利契机。从2010年初开始,市妇联积极争取政策、出台意见、着力推进女性进村"两委"工作。2010年,长春市1 676个村中,已有1 676个村换届完毕。农村妇女进"两委"比例达到98.4%和80.5%,比上届提高13.5%和17.4%,分别高出全省平均水平3.7%和12.8%,实现了每个村委会中至少有1名女性成员的目标。3、妇联干部能力建设实现全面提升。在全市妇联系统开展了"创建学习型妇联组织、做学习型妇联干部"主题实践活动,举办6期"专家大讲堂";依托党校建妇联培训基地,举办基层妇女干部培训班;全年开展大型调研2次,形成调研报告20余篇,各县(市)、区举办妇女干部培训班10余期,培训妇女干部2 000人次。

(柳　影)

共青团长春市委

【概况】 截至2010年12月,全市共有团员519 701人。基层团委714个,团总支2 388个,团支部21 213个。2010年,认真落实团中央十六届三中全会、团省委十四届四次全会和市委十一届六次全会的部署,以服务发展、服务社会、服务青年为工作理念,以加强全市团组织的服务能力建设为重要任务,推进分类引导教育,促进青年就业创业,抓好团组织服务民生,维护青少年合法权益,加强团的基层组织建设，使团组织的各项工作更加贴近党政中心，更加符合社会需要，更加体现青年特点，带领全市广大团员青年努力为建设繁荣和谐开放美丽长春贡献力量。

【青少年思想教育工作】 结合长春市实际，不断完善以少先队体验教育、中学生成人教育、大学生实践教育、职业青年公共道德教育为主要内容的工作格局；深入开展社会主义核心价值观教育，抓住“五四”、“七一”等重大节日契机，引导青年学党史、知国情、做奉献；不断探索教育引导的新路径、新形式，坚持教育引导和成长服务相结合，把引导青年健康成长和服务中心工作相统一。围绕全市文明城、健康城的创建工作，广泛开展文明校园、健康校园、平安校园的创建活动。深入开展青年马克思主义者培养工程和大学生创业教育；大力推进城市精神学习实践活动，激发广大青年热爱长春、建设长春的热情。积极选树优秀青年典型80名，用榜样的力量激励青年。

【青年创业帮扶活动】 广泛开展青年技能培训和创业帮扶行动，针对下岗青工、进城务工青年、大学生、创业青年等不同群体，组织开展创业意识教育、专项技能培训等活动，全年举办创业教育报告会115场，累计培训和教育青年1万余人。与高新区联合建设长春市青年创业园，借助高新区的项目、资金、政策、园区等优势，为青年创业提供“3+N”服务。引导青年科技创新，举办长春市首届青年科技创新创业大赛，发放创业奖金120万元，帮助36个科技创业项目成功落户青年创业园。积极拓宽青年创业融资渠道，为城乡创业青年发放小额贷款7 944万元。大力实施团员带富工程，新建20家农村青年创业创富见习示范基地，为农村青年创业提供项目、技术、市场开发等相关支持。引领企业青年岗位创效，命名表彰30个市级青年安全生产示范岗，31名青年安全生产卫士。全市共有8个集体荣获省级“青年安全生产示范岗”称号。

【服务和谐长春建设】 构建团组织服务民生体系，通过民生行动计划年度发布制度，使团组织服务民生工作纳入了全市中心工作的平台。团市委首次被评为全市民生工作先进单位。2010年，全市团组织围绕4个方面集中做出了17项民生承诺，件件得到落实。以创建全国文明城为主题，开展社区青年文化节、大学生校园文化节、红领巾科技文化艺术节、乡村青年文化节等文化活动，开展广场文艺演出30场。充分发挥青年文明号的示范带动作用，以“青年文明促和谐”为主题，开展“信用建设示范”、“优质服务月”活动，35个青年集体被评为市级青年文明号，8个集体被评为省级青年文明号。稳步推进志愿服务工作，成立长春市志愿者联合会，在全国首创以公益性岗位招募方式聘用了40名志愿者管理员，成立了长春消防志愿者等13支专业化志愿服务队伍，着力打造了文明行动、健康行动、助老行动、绿化美化行动和农民工子女关爱行动等重点项目，建立绿化美化基地10个、助老志愿服务基地22个、关爱农民工子女志愿服务基地15个。

首届青年科技创新创业大赛新闻发布会

【服务青少年成长成才工作】 开展“共青团与人大代表、政协委员面对面”活动，筹建了青少年网络不良习惯矫治中心，组建了网络监督志愿者队伍、网瘾青少年矫治宣讲团等专业队伍。强化12355青少年服务电话功能，受理各类咨询投诉案件2 740件，受理青少年侵权案件56起。开展维权讲座103场，吸引2万余名青少年参与。扎实做好困难青少年群体的帮扶工作。深入开展结对帮扶双百行动，与807名困难青少年结成帮扶对子。开展“手拉手”红领巾书屋创建行动，为农村小学建设红领巾书屋53个，捐助课外书12万册。组织实施了青联百万助学基金助学行动，面向社会募集助学金135万元，新建希望小学1所，发放免费体检卡、上网卡、图书借阅卡各1 000张，免费订阅全年《中国少年报》5 760份。针对英雄模范及服刑人员子女开展“一对一”心理辅助，为87名青少年提供心理健康辅导和生活、学业帮扶。

【共青团长春市委十五次代表大会】 3月21日～23日，共青团长春市委第十五次代表大会在长春召开，大会回顾总结了过去5年长春市团的工作成果和基本经验，对未来5年工作进行了科学谋划，选举产生了由47名委员、20名候补委员组成的新一届委员会。全市各条战线团员代表和优秀青年典型代表共计350人出席此次大会。在3月23日召开的团市委十五届一次全会上，选举程宇为共青团长春市十五届委员会书记，赵心锐、姜晓东为副书记。

【青联工作】 充分利用市青联对外联系的窗口作用，拓宽外联渠道，与多个国家和地区开展青年双向交流活动，更好地向外界展示长春青年、推介长春。2010

长春市首家农民工团工委成立大会

年先后接待了台北市长春国际青年商会代表团、日本仙台青年会议所、韩国京畿北部联盟访问团、朝鲜青年同盟代表团、日中友好协会青年代表团等多个国家和地区的青年组织代表来访。组织长春青年出访韩国、香港等地，进一步深化青年间的文化交流。在做好青联委员日常协调沟通工作的同时，积极为委员搭建服务社会、服务青年的公益平台，充分发挥青联委员在服务民生工作中的示范带动作用，组织委员广泛参与贫困青少年帮扶救助工作。

【团的自身建设】 不断加强团的基层组织建设。在乡(镇)、街道、社区、村团组织开展达标创优工作，全市25个街道、33个乡(镇)实现达标。着力提高全市非公企业建团率，联合市委组织部召开了全市非公企业党建带团建大会，新建非公企业团组织663家。探索农民工团工委建设，深入挖掘农民工联系的社会机制，以同乡、同业、同校等为纽带，建设3大类8个农民工团工委。积极推动团建创新，试点开展了乡(镇)、街道团组织格局创新，探索构建了大团工委工作格局。按照"以服务促团建"的思路，推动青年创业创富见习基地建团、"团员中心户"建设、"青少年民生服务站" 建设、"团员青年谈心日"等23个创新项目，提高了团建工作的活力。建设了长春共青团组织网络管理平台。围绕加强团干部队伍建设，开展了"五学两创"主题实践活动，通过"全团读书"、"一团一题"调研等活动的开展，全面建设学习型团组织。全年培训社区团干部187人。深入开展党团共建创先争优工作，制定了长春共青团创先争优活动实施意见，提出了"四个好"、"四个带头"的创争要求，部署了"四比四看"的重点活动载体，动员各级团组织在工作实践中"争创先进强基础、服务发展做贡献"。此外，全市广大团员青年积极参与抗旱、抗震、抗洪等救灾工作。全市各级团组织和广大团员青年累计为灾区捐款284多万元。组织长春各界青年慰问抗洪抢险部队官兵专场文艺演出，并赠送价值4万元的慰问品。

(侯昕雨)

长春市工商业联合会

【概况】 2010年，市工商业联合会(以下简称工商联)以深入学习实践科学发展观为统领，牢牢把握全市"加快发展、改善民生、建好城市、促进和谐"这一中心任务，充分发挥工商联"统战性、经济性、民间性"的综合优势，重点在服务经济社会发展大局、强化非公有制经济人士思想政治工作、探索为民营企业服务的长效机制、实施"民企助力民生行动"、加强工商联自身建设等方面狠下功夫，较好地完成了年初确定的各项重点工作任务。

【十四届四次执委会议】 2010年3月12日，长春市工商联(总商会)召开第十四届四次执委会议，中共长春市委副书记李树国出席会议并做重要讲话。市政协副主席、市工商联主席宋勇作了题为《解放思想，振奋精神，合力推进工商联工作迈上新台阶》的工作报告。会议通过了市工商联人事任免事项。增补了14位常委、9位执委。

【"长春·全国知名民营企业'长吉一体化'峰会"】 由全国工商联支持，长春市政府主办的"2010长春·全国知名民营企业'长吉一体化'峰会"于2010年9月15日至9月17日在长春举行，本次峰会以"抓机遇、促转变、求共赢"为主题，重点在宣传"长吉一体化"、引进战略性投资者、促进战略性合作三个方面。共邀请新华联、娃哈哈、宝龙、翰华等全国50余家具有战略性投资意向的知名民营企业、金融机构和私募基金参会，通过政策解读、高峰论坛、项目对接、融资洽谈等方式，促进合资合作。市工商联将工作重点放在对接服务上，通过举办政企高层经济合作恳谈会、融资合作洽谈会开展"载体式"对接服务，会前向县(市)区、开发区发布参会客商投资意向等信息开展"信息化"对接服务，有针对性的为县(市)区、开发区牵线搭桥开展"牵线式" 对接服务工作，会议期间共促成汽车、地产、金融、动漫、园区等方面12个战略性合作项目签约，签约金额达205亿元。

【奇石古玩艺术品展示交易会】 市工商联通过近半年的筹备组织，于2010年6月9日至6月13日在长春欧亚卖场会展中心成功举办了第五届 "长春奇石古玩艺术品展示交易会"。此次展会设立八大展区共320个展位，展出面积12 000平方米，参展客商达600多人，交易会汇聚来自海内外的大量收藏珍品，展会的规模和档次均远超历届。展会期间客流量累计10余万人次，销售总额6 500余万元，受到参展商和市民的好评，取得了较好的经济效益和社会效益。

【建立融资服务平台】 市工商联将“融资服务”作为2010年服务民企的创新性重点工作。组织开展了帮助中小企业协调1亿元贷款、引进1家中小企业担保公司、引进1家中小企业股权交易所的“三个一”工程。加强了与建设银行、民生银行、浦发银行、工商银行、中信银行的沟通与合作，探索建立战略合作机制。2010年与建设银行和民生银行签订了框架合作协议。年内累计举办6次银企对接活动，为150余家中小民营企业提供了融资及咨询服务，帮助吉林省施乐商务机器有限公司等五家民营企业获得银行贷款1亿多元。通过牵线搭桥、走访洽谈和跟踪服务，引进了投资1亿元的瀚华担保股份有限公司长春分公司和1亿元的小额贷款公司，已经落户长春经开区；引进了滨海国际（天津）股权交易所中小企业股权交易平台，股交所长春分公司即将落户长春高新区。

【招商引资工作】 市工商联组织开展了“域外企业进县区”活动，重点根据德惠市的产业优势，为德惠市招商引资搭桥铺路，促成了北京市工商联饮料食品行业商会投资德惠市的京企食品工业园项目。组织和动员县（市）、区工商联、行业商会、外埠商会协助当地政府开展招商引资工作，相继建议并组织召开了“外埠工商人士·长春高新开发区”新春交流座谈会、“在长外埠商会·经济开发区座谈会”、“开发长东北－投资德惠”等对接洽谈会。据统计，县（市）、区工商联协助地方政府共引进10余个项目，引资额达80余亿元，到位资金9亿多元，得到了县（市）区、开发区的好评。

【教育培训工作】 积极配合长春市委组织部开展了民营企业经营管理者培训情况调研，并以此为契机对非公有制经济人士教育培训工作进行了进一步的调研和分析。为使培训工作有的放矢和卓有成效，市工商联重点依托和发挥市工商联2009年创办的“长春财富俱乐部”，以专题化和专业化为原则，围绕项目开发、品牌战略、资本运作、互动发展等方面开展了5期专题教育培训活动，培训民营企业家500多人（次），取得了较好的效果。

【宣传工作】 市工商联把筹建长春市工商联网站作为宣传工作重点，已经得到了长春信息港的大力支持，基础设计工作已经完成，网站建立的筹备工作进入实质性阶段。加强与长春市委宣传部和相关媒体的沟通联系，大力宣传长春市的民营经济、民营企业家以及工商联的工作亮点，宣传内容和宣传层次进一步提升。

【非公仲裁工作】 围绕为民营企业创造良好的法制环境，市工商联与市检察院开展了联合服务活动，市工商联主席宋勇为市检察院做了《长春市民营经济发展报告》，引起了较好反响；与市检察院向民营企业联合下发了1 000份调查问卷，联合召开了两次座谈会，共同确立了市检察院“十户院企共建企业”和“百户包保企业”，促进了民营企业发展环境的进一步优化。按照全国工商联的要求，继续抓好非公有制企业民商事纠纷仲裁试点工作，加强了专家咨询委员、仲裁员、调解员、联络员“四支队伍”建设，已达180多人。与长春市法制局共同协商探索建立“长春民商事仲裁调解中心”的组织架构。市工商联连续3年被全国工商联评为“非公有制企业民商事纠纷仲裁优秀试点城市”。

【民企助力民生行动】 市工商联从2008年开始在全市工商联系统实施了“民企助力民生行动”。2010年，作为首届中国·长春创业（就业）博览会创业项目征集责任单位之一，市工商联共征集了纯中药“镇痛宁注射液”生产项目等8个创业项目。在第六届民企招聘周活动中，市工商联共组织300家民营企业参加了这项活动，提供就业岗位8 570个。各县（市）、区工商联还引导民营企业安置就业2 358人。组织开展了“民营企业捐建贫困校、商会建立助学基金”的捐资助教活动，华阳集团出资30万元帮建了九台市城子街镇小学，长春福州商会筹集30万元成立了助学基金，民营企业和商会组织捐资助学345人、资金近百万元。青海玉树地震和长春市特大洪水发生后，市工商联向全市工商联系统和商会组织下发了抗震救灾和抗洪救灾通知，并认真做好组织、引导和动员工作。

市非公经济代表人士与劳模在“民企助力民生、回报社会、感恩行动”现场结对子

据统计，全市工商联系统累计向玉树灾区和长春市受灾地区捐款捐物折合人民币 6 700 多万元。

【参政议政工作】 按照《吉林省民营企业生产经营固定观察点工作方案》的总体要求，市工商联在会员企业中择优选定了百户民营企业作为“吉林省民营企业生产经营情况固定观察点”,并做好长期跟踪和联系服务。通过对“百户观察点”有关情况的调查、汇总和分析,形成了多篇参政议政材料,《2009 年长春市民营经济发展报告》入选吉林省民营经济发展报告,《非公有制经济发展方式转变问题研究》已经作为市工商联重点调研课题上报市委统战部，并把促进长春市民营经济发展方式转变确定为政协大会发言的主题。根据市政协的安排,市工商联组织了非公人士为长春市制订十二五规划建言献言活动。共征集 54 篇建言稿，有 2 人在市政协建言大会上作了口头发言。

（沙显光）

长春市台湾同胞联谊会

【概况】 截至 2010 年底,长春市台湾同胞联谊会(以下简称“市台联”)共有台胞 120 人,台属 2.6 万余人。基层组织 2 个。

【举办联谊活动】 2 月 26 日,市台联同省台盟、省台联共同举办 2010 年台胞台属元宵节联欢会。省台联会长谢翠霞、省台盟主委王天戈、市台联会长孔令智及在长台胞台属 120 余人欢聚一堂，话统一，共庆佳节。台胞台属们表演了自己准备的歌舞、诗朗诵、魔术和器乐独奏等精彩节目；开展了有奖猜灯谜并穿插进行了幸运抽奖活动。联欢会自始至终呈现出欢乐、祥和、团圆的节日气氛。9 月 29 日,市台联同省台联、省台盟共同举办台胞台属中秋联欢会。长春市委统战部常务副部长赵安武、副部长杨连仲、市台联副会长吴音及在长台胞台属 110 人欢聚一堂,喜迎中秋。长春市委统战部常务副部长赵安武在致词中首先代表中共长春市委统战部向在座的台胞台属致以节日的祝贺，并希望全市广大台胞台属充分发挥自身优势，努力拓宽对台招商引资渠道，为长春经济社会又好又快发展和实现祖国统一做出新贡献。联欢会安排了游艺活动和精彩的文艺演出。

【组织青年台胞台属夏令营】 8 月 8 日至 12 日，市台联在辽宁西中岛举办 2010 年青年台胞台属夏令营,在长青年台胞台属及部分对台干部 40 余人参加了夏令营活动。夏令营 3 天时间里,采取寓教于乐的方式，让营员们开展观海上日出、赶海拾贝、海滨浴场戏水、篝火晚会、沙滩排球等活动。通过夏令营活动使青年台胞台属们开阔了视野，陶冶了情操,增进了彼此间的友谊和凝聚力。同时受到一次生动的爱国主义教育。

【举办台胞台属骨干培训班】 市台联同市社会主义学院于 7 月 8 日至 9 日,举办台胞台属骨干培训班,40 余名台胞台属骨干参加了培训。培训班上，省台联会长谢翠霞就胡锦涛总书记在纪念《告台湾同胞书》发表 30 周年座谈会上的重要讲话和 2009 年以来台湾政局及两岸关系发展两方面内容向大家作了专题辅导。通过培训学习,进一步提高了政治思想觉悟,坚定了对祖国统一的信心。大家在交流中表示要加强同岛内及海外亲人的交流交往，在新形势下充分发挥自身优势,更有针对性地做好台湾人民工作,为两岸关系和平发展贡献自己的力量。

【自身建设】 1、加强机关自身建设,不断提高机关干部的政治素质。抓好机关干部的政治学习，掌握党的有关对台政策，了解岛内局势及两岸关系的发展变化,把握对台工作的正确方向;树立为基层和台胞台属服务的意识，发挥好桥梁和纽带作用,加强同台胞台属的联系,帮助他们解决力所能及的困难，使广大台胞台属感受到党和政府的亲切关怀以及台胞台属之家的温暖。2、走访基层和重点台胞台属。台联机关利用春节、中秋节等传统节日和平时下基层的机会，走访重点台胞台属，了解他们的生活和工作情况，征询他们对台联工作的意见和建议,尽量并及时解决他们提出的困难。从 10 月底开始,副会长吴音带领机关同志重点对吉林大学党委统战部、东北师大党委统战部、双阳区委统战部、长春工业大学党委统战部、高新区党委等单位进行了工作调研,并走访了 8 位副会长,台胞台属 30 余户。

（徐 昕）

长春市残疾人联合会

【概况】 2010 年,长春市残疾人联合会(以下简称“市残联”）认真落实中央和省、市关于发展残疾人事业的总体部署,坚持以“两个体系”建设为中心,以落实国办发〔2010〕19 号文件、省残联发〔2009〕88 号文件精神和农村残疾人工作为重点，着力满足残疾人民生需求和尊严性需求，切实加强残疾人事业发展的体制机制建设，为残疾人服务的能力明显提升，残疾人民生状况得到进一步改善,全面完成了“十一五”规划目标任务,各项工作实现新的突破,稳步推进了残疾人事业发展。2010 年,长春市残联被省残联评为社会保障工作先进单位,被市政府评为人力资源和社会保障工作先进单位,并连续 3 年被市委、市政府评为民生工作先进单位。市残联机关首次进入市委、市政府年度岗位责任制考核评比优秀行列。

【残疾人康复救助】 1、全年为贫困精神病患者免费送药 4 524 人，超额完成计划指标 13 %;为贫困重症精神病人提供住院救助 1 141 人次，超额完成计划指标 14%。全市对贫困重症精神病人已实现“有一助一”,对躁狂型有社会危害的精神病人实现“有一管一”。长春市新增治疗、托管精神病患者 1 100 张床位扩建工程正在收尾；建筑面积 1.5 万平方米的安宁精神病托管中心已经竣工，新增托管床位 700 张，现已进入试运行。2、为减轻贫困孤独症儿童家庭负担,鼓励、扶持孤独症儿童康复训练及养护机构的发展,长春市出台了《关于关爱救助

"爱心轮椅——助行行动"轮椅发放仪式

孤独症儿童的意见》,对城区在机构进行康复训练的6周岁以下孤独症儿童,按照每人每年4 000元的标准给予补贴。绿园区采取公建民营方式建设的建筑面积为10 000平方米的孤独症儿童康复训练学校已经开工。3、2010年,圆满完成了"爱心永恒·启明行动"项目的收尾工作,并与"百万贫困白内障患者复明工程"顺利接轨,全市贫困白内障患者免费复明手术实现"有一助一",基本消除白内障患者因贫致盲现象。长春市创建"全国白内障无障碍市"工作正在等待国家验收。

【残疾人就业援助】 1、2010年,全市共免费培训有技能需求和就业愿望的残疾人8 953人,其中,带传培训农村残疾人5 185人,基本实现"有一培一"。举办大型残疾人就业招聘会3次;实现城镇新增残疾人就业2 937人;累计征集创业项目102个,其中,组织参加中国长春首届创业(就业)博览会,征集残疾人创业项目20个,市残联被长春市政府授予"促进就业工作先进单位"称号,有10人被评为"十大杰出创业残疾人"。2、根据《吉林省残疾人社会保障工作三年推进计划(2010年~2012年)》的要求,市残联会同有关部门在全市开展"残疾人扶贫就业基地"和"残疾人创业带头人"评选工作,并落实残疾人扶贫就业基地建设资金及残疾人创业带头人奖励扶持资金110万元。在地税部门的支持下,全年收缴残疾人就业保障金8 199万元,同比增长34%。

【残疾人社会保障】 1、实施农村贫困残疾人危房改造工程,投入资金650万元,为全市564户农村贫困残疾人实施了危房改造。落实城区"三无一靠"成年重度残疾人救助项目,与市民政局、财政局联合下发了《对依靠父母供养的成年重度残疾人生活补贴办法》,全年投入98.34万元,对城区867名"三无一靠"成年重度残疾人按照每月100元的标准给予生活补助。投入助残助学资金99.3万元,资助了545名贫困残疾学生和残疾人子女接受各类教育,解决了他们因家庭贫困入学难的问题。2010年,全市重点推进"阳光家园计划",利用中残联专项资金205万元,建立托养机构3家,日间照料站25家,通过机构托养、日间照料和居家托养等形式托养智力、精神和重度残疾人2 419名。2、2010年"两节"期间,全市各级残联共走访慰问残困户7 569户,投入资金175.5万元。实施"暖房子"工程,市残联拨出6万元资金,为绿园区、宽城区200户残困户免费送煤,各区也积极采取措施,确保了贫困残疾人温暖过冬。8月,长春市遭受了罕见的洪涝灾害,市残联积极做好抗洪救灾工作,对受灾比较严重的德惠、榆树、农安、九台四县(市),分别给予5万元的救助扶持资金。

【残疾人特别救助】 1、2010年,全市累计投入175万元,为1 000个肢体残疾人家庭免费进行卫生间无障碍设施改造,为1 900户盲人家庭配发居家无障碍器具;与电信企业合作,为5 000名聋人配发手机"爱心卡",有效提升了残疾人的生活质量。2、全年免费发放轮椅6 332辆,使城乡贫困肢体残疾人轮椅需求得到一次性解决;同时,制定了关于非贫困残疾人购买轮椅给予补贴的优惠措施,实现了全市肢体残疾人轮椅需求救助全覆盖。

【残疾人农机互助组试点项目】 2009年~2010年,长春市开展的农村残疾人"农机互助组"试点工作,被中残联评价为"农村残疾人扶贫工作新模式"。两年来,共投入资金315万元,组建了186个农机互助组和2个农机修理部,入组残疾人贫困户686户,扶助残疾人739人,每户每年可实现增收1 000元以上。

【条件设施建设】 1、2010年,市残联成立了长春市残疾人综合服务中心,为残疾人提供了常态化、窗口化一站式服务。2、积极为残疾人学习驾驶机动车创造条件,成立了全国首家残疾人驾车体验中心,首批222位残疾人已取得机动车驾驶证。3、在全国率先成立了残疾人展能创业孵化基地,首批入驻孵化基地的残疾人创业项目8个,安置32名残疾人就业。4、双阳区顺利通过国家对"全国社区康复示范县(区)"创建工作的验收。5、配合有关部门落实省及国家"创建全国无障碍建设城市"验收工作,受到专家好评。

【宣传文体活动】 1、在"全国助残日",全市残联组织共举办内容丰富的活动20余项,在全市城乡唱响了扶残助残的大合唱。"国际残疾人日"前夕,市残联与

残疾人在驾照颁发仪式上接受采访

市公安交警支队联合主办了全国规模最大的“残疾人机动车驾驶员驾照颁发仪式”，长春电视台播出了反映残疾人驾车的专题片《幸福的尊严》。2、2010年，受中残联、省残联委托，长春市承办了全国残疾人文化活动周启动仪式。来自全市城乡的13支残疾人代表队，表演了丰富多彩的文体节目；市图书馆向盲人捐赠了2 000张图书卡，省、市残联为残疾人捐赠图书1 000余册；中央电视台《新闻联播》、《人民日报》等各大媒体报道了启动仪式盛况。3、长春市十分重视残疾人运动员的培养，全年共组织参加国内外残疾人体育赛事8次，获得奖牌61枚，其中：金牌25枚、银牌15枚、铜牌21枚。在广州亚残运会上，长春市选手王文波获得男子F35/36级铁饼冠军，实现了吉林省亚残运会金牌零的突破。

【残联自身建设】 1、市残联以加强残联组织文化建设为载体，结合“大走访”活动，深入到2 586个企业和贫困残疾人家中进行走访，并启动实施“理事长接待日”，全面了解残疾人状况，总结梳理残疾人反映的共性问题104个，集中解决残疾人的实际困难和问题279个，深受广大残疾群众的欢迎。2、为进一步推进残疾人基层组织建设，市残联制定了《关于残疾人基层组织建设的实施意见》。全市163个乡（镇）、街道和1 687个村配备了残联专（兼）职残协主席和联络员；381个社区建立了残疾人协会；残疾人证办理实现了“窗口化”快捷服务，截至2010年末，已办结第二代《残疾人证》11.27万个。3、2010年，成立专门协会和助残志愿者工作办公室，出台了《关于加强专门协会和助残志愿者工作的意见》，进一步加强对两支队伍的规范管理，同时提供扶持资金17万元，使这两支队伍更加活跃，在残疾人事业发展中发挥更积极的作用。长春心语志愿者协会，争取到100万元的思科助学金使用权，使全市更多的残困学生得到资助。4、2010年，市残联顺利完成了市残疾人福利基金会的机构重新组建和体制转换，使残疾人基金会工作得到进一步增强。争取到著名书法家姚俊卿先生为市残疾人福利基金会捐赠55幅书法作品，著名聋人画家于兵等一批书画家也为市残疾人福利基金会捐赠画作。

（李建昕）

长春市红十字会

【概况】 长春市红十字会（以下简称市红十字会）理顺和健全基层红十字会管理体制，加强基层组织建设，截至2010年，全市共有红十字基层组织1 273个，其中，大中小学校193个，团体会员单位1 080个。会员总数239 376人，其中，成年会员53 713人，青少年会员185 663人，志愿工作者17 016人。

【积极开展救灾行动】 1、为西南旱区募捐。2009年秋季以来，中国西南地区旱情持续加重，遭遇历史罕见特大旱灾。市红十字会立即向全市发出了募捐呼吁，通过开展多种方式的募捐活动，共募集救灾款13万余元，为西南旱区人民送去了长春人民的一份爱心。2、为玉树地震灾区募捐。4月14日，青海省玉树县发生7.1级地震，市红十字会紧急发布救灾募捐呼吁，动员全市社会各界，向灾区人民奉献爱心，共接收捐款990余万元，有力地支持灾区的重建工作。3、为吉林省、长春市洪水灾区募捐。自吉林省、长春市多个地区发生洪灾后，市红十字会想方设法为灾区筹措救灾物资和药品。共为灾区募集价值400余万元的消杀、常用药品和400余万元的重建资金，用于帮助灾区群众灾后防大疫、治疗常见病和恢复重建。

【关爱生命关注健康】 1、按照《长春市建设“健康城市”三年（2010年~2012年）行动规划》的要求，在全市高危行业、社区和大、中、小学校，开展应急救护知识普及工作，普及人数达到1万人以上。2、按照中国红十字会总会《中国红十字事业2010年~2014发展规划》的要求，加大红十字救护员的培训力度，在企业、学校、社区培训了200名合格的红十字救护员。3、为扩大自救互救知识普及活动的范围，市红十字会借书博会、汽博会和世界急救日平台，举办了“自救互救”知识讲座，为广大市民传授自救互救知识，发放自救互救知识宣传资料6万余份，参加讲座活动的市民达1万余人。

【开展救助行动】 1、“红十字博爱送万家”活动。春节前夕，与各县（市）、区、开发区红十字会联合组织开展了“红十字博爱送万家”活动，为部分困难家庭发放了价值11万余元的大米、保暖内衣等救助物品，得到了社会各界、特别是困难群众的认可和欢迎。2、“一元钱献爱心”活动。2010年初以来，市红十字会开展了以“一元钱献爱心”为重点的募捐活动，

市红十字会在吉林大学体育馆组织召开纪念"5·8"世界红十字日活动

通过义卖、明星现场签名商品拍卖、汽博会、农博会、商场摆放募捐箱、企业捐赠款物等方式，共为300名贫困家庭肿瘤患者赠送价值100万元的高科技太空抗肿瘤国家新药—"神舟三号"，为400户贫困婴幼儿家庭免费发放了价值100万元的奶粉，向市儿童福利院捐赠了价值36万元的幼儿营养米粉，为5名家庭贫困矮小患者免费发放了价值30万元的药品。

【打造红十字特色项目】 1、纪念第63个世界红十字日。为弘扬"人道、博爱、奉献"的红十字精神，按照市委、市政府《长春市民生行动计划》的要求，市红十字会决定开展爱在行动·募捐行"一元钱献爱心"、爱在行动·安全行"自救互救普及"活动。5月8日，市红十字会在吉林大学南校区体育馆举行了活动启动仪式。2 000余名红十字志愿者和省、市新闻媒体的记者参加了活动。2、开展特色志愿服务。在中考、高考期间，为了帮助考生及家长圆满顺利地考试，组织了红十字志愿者在省实验中学等10个考点设立了"红十字志愿者爱心服务站"。为考生和家长免费提供学习用品、饮用水、海绵坐垫、解暑药品、寄存物品等服务，使考生及家长在炎炎夏日得到了一份"凉爽"。另外，组织了红十字小记者参加汽博会采访活动。30名红十字小记者在采访活动过程中，采访了市长崔杰，并参与了对汽博会的新闻报道，成为汽博会的新闻报道工作中的一道靓丽的风景线。3、打造"达家邦"红十字品牌。在为吉林省、长春市洪灾地区募捐过程中，一位市民为灾区捐款2 000元，留下一个名字——"达家邦"。市红十字会立即联合长春晚报社对这位市民的做法进行了报道，宣传"达家邦"的无私奉献、互帮互助、宽容大气、自强不息的精神。通过一系列活动，"达家邦"正成为长春市的红十字品牌，《工人日报》头版头条给予了宣传报道。

（李　力）

长春市个体劳动者私营企业协会

【概况】 截至2010年末，长春市个体劳动者私营企业协会（以下简称个私协会）有会员234 546户。其中，个体会员184 102户，私企会员50 444户。协会工作人员8人。机构设置：办公室、宣传教育部、会员服务部、组织联络部、党委办公室。所属各县（市）、区、开发区、直属基层协会18个。

【基层组织建设】 认真贯彻全国个私协会基层建设工作会议精神，巩固"基层组织建设年"工作成果。各级协会注重抓了理事会建设和发挥理事作用。九台市个私协会、农安县个私协会2010年初分别召开了个体劳动者私营企业会员代表大会，完成了换届工作。并分别聘请了当地政府领导担任名誉会长。绿园区个私协会在4月3日召开了个私协会理事会，贯彻落实市个私协会工作会议精神，部署本区协会工作。汽车产业个私协会与汽车零部件企业联合会共同组织大型联谊会。为了调动协会理事的积极性，使其更好地发挥作用，他们举行了理事、副会长单位授牌匾仪式，收到了很好效果。在组织建设中，光复路个私协会被中国个体劳动者协会评为基层建设先进单位，农安县个私协会被中国个体劳动者协会评为基层建设示范单位。

【宣传教育】 1、开展诚信教育。组织开展了第5个"7·18"诚信日宣传活动。"7·18"当天，榆树市、农安县、德惠市、双阳区等协会分别展开了宣传活动，社会反响很好。经开区协会在北方市场门前举行了诚信宣誓活动，北方市场总经理做了争做诚信业户的动员讲话。宽城区协会与太阳城市场主办方一道进行了大型诚信签约仪式，签约诚信业户达千余户，地板行业业户现场做了优惠活动。汽车产业开发区协会当日下午在汽车城百货大楼门前以文艺演出的形式，进行了诚信宣传活动。车辆协会组织理事会成员进行了"诚信是经营和发展之本"为主题的座谈会。2、开展"防艾"宣传活动。按照市"防艾委"和市委宣传部关于防艾宣传工作部署和市工商局要求，协会具体承担了全市个体工商户和私营企业及从业人员的防艾宣传工作，成立了领导小组，制定了工作方案发放防艾扑克600付，张贴宣传画7 000份。建立了外来打工人员名册，加强了监测和宣传力度。

【服务会员】 按照中个协关于开展"会员服务活动年"活动部署，主要做了以下几项工作：1、设立和规范服务窗口和推出服务菜单。参照中个协制定的《会员服务菜单示范文本》，市个私协会统一制定了《会员服务菜单》,各基层协会针对当地情况和特点,推出了有特色、可操作的服务菜单,并制作成宣传板放在服务窗口,既方便了会员又宣传了协会。2、开展了融资服务。5月11日,市个私协会组织了近200多名会员参加了省个私协会和吉林银行组织的中小企业融资洽谈会,二道区个私协会临河街市场业户当场签订协议,九台市个私协会把融资部门请到九台市,专门为会员进行现场融资服务。汽车产业个私协会与汽车零部件企业联合会合作,协调有关部门和协会理事共同出资设立了“汽车零部件企业贷款担保基金”,向20多家企业发放贷款3 000万元,深受会员企业的欢迎。3、做好培训和评定职称。汽车产业协会为会员举办了2次培训班,就再创业再就业知识技能,优惠政策和劳动合同法及实施条令等方面进行了培训,共有200多会员接受了培训。另外,还进行了“个体私营企业管理师”考务工作。德惠市、九台市共有6人报名参加考试,最后取得高级职称4人,中级职称2人。4、信息服务。农安县个私协会把国家关于支持个体私营经济发展文件和省市扶持个体私营经济发展以及再就业再创业的优惠政策等打印成册,对发放到全县个体私营企业,同时进行和走访调查,期间为会员解决困难和问题83件。高新区个私协会对所有会员信息进行整合,建立了QQ信息平台,会员间经营信息互联交流。同时还与长春职业技术学院与企业会员之间搭桥,提供就业信息。净月经济开发区个私协会自主创办《净月会员之窗》会刊,通过会刊建立信息平台,为会员提供资讯服务。5、完成高校毕业生就业见习基地工作。市个私协会积极落实国家总局和中个协提出的实施“三年百万高校毕业生就业见习计划,做好毕业生就业创业工作”建设目标,协调鸿达集团、吉广集团、五六七八集团3家企业,承担了见习基地任务。

【社会公益活动】 1、元旦春节期间,各个私协会普遍开展了慰问贫困业户、敬老院和部队官兵等社会公益活动。宽城区个私协会副会长王大勺吉菜酒店总经理王子奇出资2万余元参与慰问和扶困助学等活动。《新文化报》、《长春晚报》、吉林电视台等媒体都进行了报道。朝阳区个私协会坚持数年与部队搞共建活动,2010年被市委、市政府授予长春市军民共建先进单位荣誉称号。2、“4·14”青海玉树地区发生地震灾害后,市个私协会向广大会员发出号召,采取各种形式向灾区人民献爱心。南关区、汽车产业开发区、长江路开发区等个体协会会员自发组织了为地震灾区捐款活动,累计捐赠近百万元物资。3、省内发生严重洪涝灾害后,市个私协会认真贯彻落实市委、市政府的部署,动员组织广大会员为灾区捐款。全市个私协会会员以各种方式捐款10 706 967元,其中各级协会直接组织捐款3 428 511元。榆树市个私协会利用媒体向全市个体私营企业发出“全力抗洪灾,携手建家园”慈善募捐倡议。经开区个私协会与北方市场、吉林人民广播电台联合举办了大型义捐活动,将业户捐献的25万元的物资直接送到了永吉县口前镇灾民手中。汽车产业开发区个私协会在一汽集团文化宫、汽贸市场、奔驰路市场等地举行现场捐赠活动,共捐款24万多元及近千箱方便面矿泉水。

【党建工作】 截至2010年末,市个体私营企业协会党委所属党组织共有49个,其中:党委1个;党总支8个;党支部40个。共有党员405人。按照市非公有制经济组织创先争优活动指导小组的总体部署要求,在所属基层党组织和党员中开展了创先争优活动。协会党委注重从实际出发,紧密结合各个基层党组织的特点,区别不同领域和行业,分类提出开展创先争优活动的具体要求,形成发展主题突出、创建特色鲜明、竞相比学赶超的生动局面,实现了组织创先进、党员争优秀、群众得实惠的活动效果。中东集团党委紧紧围绕企业的中心工作和企业特色精心设计特色鲜明、务实管用的活动主题。绿园区个私协会党总支、经开区个私协会党总支、长江路开发区个私协会党总支引导广大党员立足岗位争优秀,通过设立党员服务台、党员挂牌服务等措施,在党员中开展经营承诺、履行诚信公约等,增强党员责任意识,发挥党员作用。9、10两个月分别接受了省市工商局主要领导及市创先争优活动领导小组的检查,得到了充分肯定。

（刘国忠）

长春市消费者协会

【概况】 2010年,长春市消费者协会(以下简称市消协),紧紧围绕中央和省、市关于扩大内需、促进经济平稳较快增长的决策部署,以宣传“消费与服务”年主题为主线,以“保障民生、扩大内需、服务经济发展”为目标,积极维护消费者合法权益。

【“消费与服务年”主题活动】 2010年,全市工商行政管理机关、消费者协会,围绕“消费与服务年”主题活动,通过集中开展消费维权法律知识现场咨询、开设“维权直通车”、“维权案例曝光”、“维权在线访谈”、更好地推动全市消费者权益保护工作向纵深发展,进一步提升工商行政管理机关、消费者协会的社会影响力。通过举办专题座谈和论坛等形式向消费者宣传工商行政管理机关和消费者协会的消费维权工作。市消协在欧亚车百等企业举行了《倡导消费维权、畅谈服务人生》座谈会,就日常工作所遇到的疑点及难点问题展开了热烈的讨论,积极探讨行之有效的解决途径;突出正面宣传为主,提振消费信心,加强消费教育,鞭挞侵权事件。

【“3·15”消费者纪念活动】 3月15日,全市各级工商、消协开展“3·15”纪念活动。市消协与南关区消协协作,在重庆路亚泰富苑门前设立了“全市纪念‘3·15’消费者权益保护日大会”的主会场,副市长高学章在纪念活动启动仪式上做了重要讲话。市消协联合政府职能部门、法律事物所等5家检测机构及有关公用企业,设立宣传咨询服务台,发放宣传资料,受理消费者投诉、解答消费者咨询。同时,对消费者举报问题快速反应,现场解决，就地曝光。全市“3·15”现场共计接待消费者咨询、投诉1.2万余人次，受理消费者投诉145件，现场解决13件，为消费者挽回经济损失12万余元，发放宣传单56 280万余份；《消法》宣传册2 000余份，展示各种假伪劣商品500余种。吉林电视台、长春电视台、长春交通之声广播电台、《长春晚报》、新浪网站等多家媒体进行了报道，有效宣传了消费维权工作，成为对城乡广大消费者集中进行消费教育和消费引导的大舞台。

【“三送”活动】 积极开展以“送知识、送技能、送服务”为主要内容的“三送”活动。为使消费教育更有实效性，各级消协充分发挥流动教育课堂作用，采用多种服务形式，深入企业、社区、农村、部队、学校，进一步增强了经营者守法经营和保护消费者权益的意识，也使民众增加了消费知识。

【消费维权工作】 1、针对消费热点与消费者权益容易受到侵害的问题，就“汽车消费”、“中介服务”等领域频发的问题，及时发布消费警示28条，消费提示830余条。2、针对维权难点加大市场调研。先后对商品房销售、食品安全、农资产品质量安全、汽车销售服务、洗染服务、教育消费、农村消维权状况和消费环境进行了调查。并公布了“消费维权十大难点”。此外，针对银行“储蓄变保险”等13个行业58个问题进行了调查调研；针对58个典型投诉案例进行以案说案警示教育。3、加大农村消费引导。组织“四县一区”工作人员深入到8个自然村、1 500户农民家庭进行了“消费与维权状况”实地调查。同时，市消协与双阳区消协共同举办了“农村消费与维权状况”座谈。以商品比较、展示和交流等方式进行消费维权知识教育。4、继续推进了消协基层组织“一会两站”规范化建设。重点对117个消协分会全部向以乡（镇）和街道为依托进行“整合改制”；对1 542个站点对照国家工商总局“8个基本条件”等相关要求逐一规范，统一了“一会两站”的工作职责和受理处理工作程序，进一步推进全市“维权网络”规范化建设。5、建立消费环境质量通报制，着力解决只注重一般监督而难以实现综合治理的问题。市消协同工商和消保等部门联合，组织开展了“和谐消费诚信年”、“三农维权服务月”、“消费环境体察周”等活动，还分别组织对全市涉农、涉安、涉险、涉学、涉医等方面的消费环境质量进行了体察调查，并通过组织召开消费维权新闻发布、行业点型案例点评进行观点通报。

【社会监督工作】 全年各级消协组织或参与有关部门对商品服务的监督检查31次，开展消费调查45次。1、组织开展了系列消费体察活动。针对消费热点和消费者投诉集中的问题，组织开展了邮政服务、旅游服务、银行服务、通讯服务、商业服务系列消费调查和消费体察活动。2、继续深入开展对不平等格式条款点评活动。重点对民众反映呼声大的通信、房地产、金融、商业、农资、公用服务业等领域开展了“回头看”活动。针对一些不公平条款等16个问题进行了市场调研，其中，有4项调研所形成的破解建议已被企业和相关部门采纳。同时与有关行政主管部门密切协作，通过走访、调查、劝谕等形式，纠正了一批明显的不平等格式条款。3、积极开展商品比较试验，做好消费前引工作。针对消费者在消费中难已识别商品问题，消协参与组织开展了对“烟花爆竹”、“食品包装材料”等9大类的商品质量进行比较试验，共抽检477个批次，涉及到200多个品牌，为消费者选择节能和优质产品提供了参考依据，同时也促进了企业的自律。4、继续参加长春市“诚信兴商宣传月”活动，并组织消协系统在活动中积极发挥宣传教育作用。

【投诉和救助工作】 1、认真受理消费者的投诉。2010年，全市消协系统共受理消费者投诉3 568余件，使消费者免受经济损失约410余万元。接受消费者投诉咨询电话3.5万余人次，处理消费者投诉信33件。2、同21城市消费维权组织建立了信息互通、互动、联手维权机制。市消协同21城市消费协组织建立了信息互通、互动、联手维权机制，加大了对异地投诉处理的力度。3、推进消费者投诉和解机制。各级消协积极拓宽投诉解决渠道，发挥人民调解制度的作用，促进了消费争议的解决，保护了消费者的合法权益。4、建立法律援助维权制度。2010年同长春市常春律师事务所达成合作共识，推出了难点消费争议诉讼免费制度。该所对消协认定的难点投诉纠纷实行零收费代理制度，实行“一站式“服务，打造破解消费维权难点平台。5、积极推进消费维权信息化建设，全市消协系统统一了“投诉受理系统数据软件”，组织了4期培训，规范了投诉数据及时的填报，提高了工作透明度。

（钟　萍）

长春市归国华侨联合会

【概况】 长春市共有归国华侨1 130人，新归侨30人，侨眷5万人，基层侨联组织11个。2010年，长春市归国华侨联合会（以下简称市侨联）紧紧围绕长春市的中心工作，认真履行侨联的“参政议政、维护侨益、海外联谊、侨界群众工作”四项职能，坚持国内、海外工作并重，老侨、新侨工作并重，为促进社会和谐、推动长春市的建设发展做出积极贡献。

【为长春市的发展建设服务】 1、扩大内联与外联，创造联谊新格局。2010年市侨联积极开展联络联谊活动，号召归侨侨眷向海外亲属和朋友“发一封信、打一个电话、发一条信息，为长春建设和发展谏一句良言，献一条计策。并组团走出去，邀请海外内外侨胞来长考察，广开渠道，广泛联谊，推介宣传长春，扩大长春知名度，招商引资引智。组织侨联常委和机关人员“走出去”赴国外考察，扩大海外交流。7月，应英国华商联谊会、瑞典华人华侨联合会和挪威奥斯陆市政厅的邀请，以长春市归国华侨联合会副主席张尚诚为团长的长春市侨联代表团访问了英国、瑞典、挪威，中国驻瑞典大使馆领事杨帅奇先生会见了代表团全体成员。瑞典华人华侨总会会长柳少惠先生代表瑞典华人华侨总会与长春市侨联签订了合作备忘录。代表团在英国期间，受到当地媒体的高度重视，在《星岛时报》的华人世界栏目刊登了此消息。在陪同考察、接待宴请期间，为长春市招商引资、招贤引智牵线搭桥。2、发挥侨联委员及广大归侨侨眷的作用，募集捐款、奉献爱心。2010年，市侨联继续坚持开展“光彩事业”、“千人牵手”、“亲情中华”等活动。组织各级侨联为贫困学校捐赠教学、办公、生活物资。在2010年长春市发生洪灾之后，市侨联向各级侨联组织、全市归侨侨眷及其海外亲属发出捐款捐物奉献爱心援助灾区的倡议。广大归侨侨眷，海外侨胞踊跃捐款、捐物。10月15日，长春市侨联在“支援灾后重建，奉献赤子爱心”捐助活动中，向九台市龙嘉镇中心学校捐赠了14台电脑。吉大捐11台，师大1台，理工2名，南关区1台，二道区1台(新)。11月18日，长春市侨联驻会副主席张尚诚、吉林大学文学院党委书记陈密等侨联和吉林大学领导，赶赴松花江洪涝灾区农安县黄鱼圈，向黄鱼圈村小、八里营子村小、天启王村小、潘家坨子村小等几所小学的学生捐赠校服378套。

【拓展侨界群众工作】 1、加强爱国主义教育，不断发扬归侨侨眷爱国主义的优良传统。市侨联配合响应中国华侨历史协会的号召，组织60岁以上归侨开展了“老归侨口述历史”活动。2、积极创造条件，组织归侨侨眷开展各项活动。9月，组织开展了“侨界英才长白行”活动，请侨界英才宋柏林等介绍了归国创业，为家乡、为祖国现代化建设做贡献的体会与经验。鼓励和调动全市归侨侨眷为长春市发展建设奉献力量。

【依法维护侨益】 1、全心全意为侨胞服务。2010年，市侨联共接待归侨侨眷和海外华侨来信来访近30件次。坚持开展“为侨服务送温暖”、“送温暖、献爱心”、“亲情中华”等系列活动。坚持深入基层，重点对贫困户进行调查、走访、慰问。每逢春节，坚持走访部分归侨侨眷知名人士及归侨侨眷贫困户，重点关注归侨侨眷的住房、生活经费、医疗费、子女升学、就业等实际问题。在走访慰问贫困归侨侨眷活动中，捐助贫困户食品衣物等物资。为海外华侨在长春的亲属解决各种困难。2、依法维护归侨侨眷合法权益贯彻落实《归侨侨眷权益保护法》和国务院“归侨侨眷权益保护法实施办法”，通过举办培训班、座谈会等形式，广泛宣传《归侨侨眷权益保护法》等政策法规。深入了解和树立新归侨典型，走访新归侨，相继与多位回国创业的新归侨典型进行座谈，协助解决他们的实际困难。依法切实维护侨商的合法利益，努力搭建侨资侨属企业与政府之间、与金融机构之间、与海外侨商之间的沟通交流平台。10月，组织召开纪念《归侨侨眷保护法》颁布20周年座谈会，全市各级侨联代表将如何贯彻侨法，维护侨益的工作经验进行了交流。

【积极参政议政】 组织侨界代表人士参政议政，为长春市发展献计献策。侨界人大代表、政协委员，深入到侨界群众中，加强调查研究，了解侨情民意，深入研究侨联工作与国家、地方经济社会密切相关的问题，积极参与涉侨法律法规的制定修改和有关调研检查活动，在参与人大视察、执法检查、局级干部评议等活动中，深入了解长春市经济发展，发挥侨联自身优势，为发展社会主义民主政治，反映侨界的建议和归侨侨眷海外侨胞的心声，为长春市建设东北老工业基地的振兴献计献策。2010年在人大会上提出的《加强城市基础设施建设，提高城市承载能力》的建议，受到政府重视，建委等部门给予面复，受到媒体关注。制定出台了《关于进一步加强侨联参政议政工作的意见》，强化侨联组织参政议政，维护侨益职能。发挥各级侨界人大代表、政协委员作用，同时引导侨界群众的爱国热情、保障侨界群众有序的政治参与。

【侨联自身建设】 1、坚持不懈加强侨联机关干部队伍建设。2010年，以建立“学习型、创新型、务实型”机关为目标，以解放思想大讨论为动力，不断地完善机关政治学习和业务学习，树立讲学习、讲人格、讲正气之风，不断提高机关服务水平和工作效率，建设侨胞之家。强化“安全四防责任制”、“办公室管理”、“财务管理”等规章制度。进一步强化职能，改进运行机制，转变机关工作作风，不断增强为侨服务意识，提高执行党的侨务政策的水平。2、加强侨联基层组织建设，健全侨联工作网络。市侨联县区级基层侨联组织现有11家。为了抓好社区侨联组织建设，组织重点单位负责人参加全国大中城市侨联工作交流会，汲取各地经验，指导基层侨联工作。2010年，指导长春市工业大学、宽城区侨联换届，为落实基层组织的人员编制等问题反复多次与各级领导协调。积极筹建长春市侨商会，深入到侨商企业远东集团、铭贵集团等走访调研，并分别与10位侨界企业家逐一商谈筹建侨商会常务理事会等事宜，以推进长春市侨商会的顺利组建。各基层侨联组织都已在各自区域，发挥了党联系侨胞的桥梁纽带作用，为长春市经济建设作出了贡献。

【侨联宣传工作】 市侨联把宣传工作紧密地与全市的中心工作及侨联的工作实际相结合，加强对《归侨侨眷权益保护法》及《归侨侨眷权益保护法实施办法》、《反分裂国家法》等侨务方针、政策及政治理论的宣传。通过《长春侨联》等各种媒体来反映侨界动态，宣传党和政府对侨工作方针等，大力弘扬侨界的优秀人物和事迹，加强对华人、留学人员爱国爱乡和支持祖国、家乡建设的宣传报道，从而推动侨联工作的开展。全年上报信息30余条。

【做好企业职工信访工作】 市侨联根据市委、市政府的指示精神，耐心接待认真处理来信来访，按照党的政策，组织工作人员妥善处理历史遗留问题。尤其在办理华侨经济开发总公司国企改制工作中，积极与政府相关部门协调，209名职工获得了养老保险和经济补偿。至此，13年华侨企业的历史遗留问题得到解决。在2010年10月刚刚闭幕的全国侨联信访工作会上介绍了经验，受到中国侨联的肯定。

（刘英佳）

军 事

军　事

长春警备区

【概况】 长春警备区隶属于吉林省军区，受吉林省军区和长春市双重领导，是长春市的军事领导部门和兵役机关。2010年，是长春警备区建设全面发展、成效显著的一年。坚持以科学发展观为统领，以建设学习型党组织，打造实干型、创新型党委班子为重点，以提高遂行"两多"任务能力为重点，强化"窗口"意识，扎实推进警备区"自身建设年"活动，努力破解重点、难点问题，兵员征集、民兵组织整顿、民兵应急能力建设以及国防教育等各项工作取得了长足的进步。

【征兵工作】 2010年，长春警备区按照上级指示要求，认真贯彻落实征兵有关法规政策，针对征兵工作中出现的新情况新问题特别是农村兵难征的实际，积极采取有力措施，圆满完成了任务。1、实施坚强有力地组织领导。先后组织召开了征兵工作有关会议，制定警备区首长包保责任制和机关干部蹲点监督指导机制；总结2009年征兵工作的经验做法，对2010年征兵工作提出具体要求，区分任务，明确责任；同时对全市负责体检政审的工作人员进行培训，提高业务技能，增强职责意识。2、进行广泛深入地宣传发动。充分利用广播、电视、报纸、网络等媒体和设立咨询站、制作宣传板、张贴宣传海报、发放宣传单，做到了"电台有声、电视有影、报纸有字、手机有信"；深入厂矿、企业、学校、社区、村屯对适龄青年进行面对面宣传，帮助他们算清"经济账"、"前途账"和"成长教育账"。同时，把10月20日至26日定为征兵宣传周、25日定为征兵宣传日。3、制定切实可行的保障措施。深化领导问责制。从警备区到各乡（镇）、街道都把征兵工作由政府行为上升为"党委工程"、"一把手"工程，层层签订责任书，积极开展"一村征集一名合格兵"活动。提高义务兵优抚金标准。各县（市）、区普遍都做了调整，最高的达到1万元。加大奖惩力度。人武部协调地方政府，采取了奖惩措施。罚款由县（市）、区财政部门直接从专项经费中扣除，并把完成征集任务与单位争先评优、干部选拔任用挂钩。4、严把关口确保征集质量。体检实行"封闭式体检"，工作人员"挂牌上岗"、适龄青年"持证上站"、进行"编号体检"。同时严把政审关、学历关、年龄关。5、加大廉洁征兵力度。坚持党委管征制度，做到公开举报电话、公开合格人员、公开定兵人员"三公开"。

【民兵组织调整改革试点】 2010年，沈阳军区、省军区赋予了长春警备区民兵调整改革试点任务。长春警备区按照上级指示要求，结合地区和单位实际，采取有力举措，通过压缩民兵队伍规模、优化民兵组织结构，将原来的作战、勤务保障、应急、其他四类队伍调整为作战支援、勤务保障、应急队伍三类，圆满完成上级赋予的调整改革任务，受到了上级的充分认可。在组织实施中，长春警备区重点做了以下工作：1、深化认识，理清试点工作思路。4月中旬，召开由各人武部部长、政委、军事科长及一汽集团、中铁十三局、4个开发区有关领导共计40余人的协调部署会，部署了年度民兵调整改革试点工作任务。2、突出重点，狠抓民兵整组工作质量。突出"两支队伍"建设。每个人武部重点建好两支分队，一支是民兵应急分队，一支是民兵专业救援分队，确保一有情况能在第一时间拉得出、用得上。严抓基层规范化建设。进一步改善基层武装部的办公条件，配备健全资料设施，统一制作各种工作图表，完善应急预案，使基层武装部全部达到规范化建设标准。拓宽编兵渠道、科学合理编兵。扩展在民营企业中的编兵规模。共在60余家民营、私营企业中编组基干民兵，在30家企业中成立民兵组织。突出专业特点和科技含量。注重在一些大专院校、科研院所和科技密集型企业中编兵。3、着眼任务需要，加强装备器材建设。3个人武部完成了重点应急营应急行动装备配套和战备携行物资的实物储备；7个人武部完成了1个应急连和1个应急救援分队的应急行动装备配套和战备携行物资器材储备；1个人武部完成了1个应急连和防空团指挥机构的应急行动装备配套和战备携行物资器材储备；4个开发区和一汽集团公司各完成1个应急连应急行动装备配套和战备携行物资器材储备。

【抗洪抢险】 7月下旬以来，长春市连降大到暴雨，境内松花江、伊通河、饮马河、双阳河等河流和丰满、新立城、石头口门水库水位上涨，造成部分地区洪涝灾害，给人民生命财产安全带来严重威胁，榆树市、农安县、九台市、德惠市、双阳区、朝阳区、宽城区、南关区、二道区等地区农田、房屋受到不同程度的损坏，抗洪防汛形势十分严峻。在灾情面前，长春警备区党委积极贯彻落实省军区和市委、市政府的指示要求，迅速组织广大官兵第一时间开赴抗洪一线，从7月21日到8月9日，长春警备区共打捞化工原料桶1 735个，转移群众27 339人次，加固堤坝9 056米，为长春市抗洪救灾工作取得阶段性胜利做出了突出贡献，受到了省军区首长机关和地方各级党委政府的充分肯定。1、反应迅速，组织有力。面对无情的洪水，警备区党委快速启动预案，及时加强请示报告，积极主动协调，确保了抗洪安全有序地进行。2、领导带头，身先士卒。在洪灾面前，警备区各级领导起到了很好的模范带头作用。此外,人武部领导也都冲锋在前,关键时刻起到了很好的带头作用。3、科学指挥,锤炼队伍。广大官兵面对自然灾害,科学处置,沉着应对,人武部和民兵应急分队在抗洪抢险中都总结出打捞化工原料桶、解救转移群众、加固堤坝、动用调配兵力等救援的方法和措施,充分检验了民兵应急分队的建设标准和应急能力。4、成效明显,反响很大。省委常委、长春市委书记高广滨等有关领导对民兵应急分队在抗洪中的表现给予了充分肯定,特别是对长春警备区作用的发挥给予认可。同时灾情发生后,警备区立即组织宣传报道,朝阳区民兵应急分队抗洪的先进事迹在央视一台播出,其他的抗洪事迹分别被军区政工网、《吉林日报》、《长春日报》、《新文化报》等各大报刊媒体刊登。

【双拥共建及国防教育工作】 2010 年,长春警备区以争创全国双拥模范城“七连冠”为契机,大力开展拥政爱民活动,协调驻长部队参加抗洪抢险、“包保百名老功臣”、“创文明城、做文明人”、“慈善救助双日捐”等活动,协调市教育局为驻长部队解决部分军人子女入学。组织警备区干部参加救灾捐款和“慈善救助双日捐”活动,累计捐款 4.3 万元。农安县、德惠市人武部被省委、省政府、省军区评为拥政爱民先进单位。组织民兵参加新农村建设,双阳区人武部、榆树市先锋民兵连,绿园区人武部政工科长袁旭和九台市东湖镇武装部长刘贵双被省政府、省军区评为支援新农村建设标兵单位、先进单位和先进个人。抓好国防教育阵地建设和教员队伍建设,在市县两级党校进行国防教育专题讲座 47 场。6 个单位和 4 名个人被省委、省政府、省军区评为“国防建设突出贡献奖”集体奖和个人奖。

(张国权 李世博 纪大勇)

武警长春市支队

【概况】 2010 年,武警长春市支队深入贯彻落实科学发展观,紧密联系实际,狠抓工作落实,圆满完成了各项任务。

【思想政治建设】 1、培育核心价值观。开展培育当代革命军人核心价值观主题教育活动,出台了《核心价值观行为规范》,分勤务类型、分官兵层次抓教育。坚持领导上大课、中队抓小课、网络抓监督、日常抓活动、岗位抓实践等方法。2、保证官兵思想稳定。对基层所有战士进行了心理测查,对心理指数偏高的 52 人进行跟踪回访,出台了《关于进一步加强心理工作意见》,编写了心理常识和行为训练手册,拍摄“信任之旅”等 3 种心理健康游戏,刻录成碟下发部队。3、增强政治工作反应速度。在执行“7·28”抗洪抢险任务中,迅速下发抗洪指示、处突预案、保障计划、教育提纲、宣传口号、群众纪律规定,组成党员抗洪突击队,组织部队学习防汛知识、开展抢险救援训练;部队及时捐款 7 万余元,中央、省市、网络新闻媒体先后 20 多次报道武警长春市支队抗洪事迹。

【执勤战备工作】 1、狠抓军事训练。抓好执勤业务大练兵训练考核、执勤百日安全、勤训轮换和应急小分队会操,扎实搞好“一点一策、一哨一策”的专勤专训,加大单兵处突训练力度,坚持把训练纳入职责、纳入奖惩。2、狠抓正规化建设。扎实开展“三共”、“三个一遍”、隐患排查整治活动,高标准抓好吉林省总队执勤正规化等级评定试点、交叉对检工作,规范了执勤软件、细化了专勤专训内容,加大“两看”目标的钢网墙、刀刺网和 AB 门的建设力度,结合任务实际,开展 4 次执勤隐患专项整治,解决各类问题 11 处。3、狠抓处突战备。抓好首长机关室内战术作业和部队紧急拉动的训练演练,担负临时性警卫、押运、押解勤务 150 余起,完成了长春市出租车司机停运的备勤任务,第六届东北亚博览会、第九届农博会、第十届电影节的安全保卫任务。7 月 28 日,长春市支队紧急出动 150 名官兵,执行二道区抗洪抢险任务,成功解救受困群众 1 200 余人,抢运被困物资 200 余件。

【安全稳定工作】 1、从严管理。全面学习贯彻新《条令》,扎实抓好《条令》学习月活动,采取学原文、对照查、搞辅导、抓养成、岗位练等办法,分机关、基层两个层面,干部、骨干、战士三个层次,出台了《严格行政管理若干规定》,抓好新《条令》的学习贯彻。2、扭住关键。突出车辆、枪弹、干部、士官、内部关系、小散远直差等薄弱环节,落实“6·4”、“7·5”敏感期安全管理措施,坚持支队、大队、中队三级测评制度,深化“四个正确对待”教育成果,开展士官专项教育整训活动,出台了士兵探亲(请)假和单独执勤点、车

擒敌表演

辆安全、伤病员管理实施办法。3、落实责任。坚持主官负主责，分管负专责，机关对口负责，做到一人一责、一事一责、一岗一责，坚决实行“一票否决”制。严格落实“封存战备车、少动常用车、蹲点做火车、雪天封班车、不开私家车、回家不带车、GPS跟踪车”要求，签订了《车辆安全管理责任书》，并坚持不定时抽查、跟踪检查。

【基层组织建设】 1、突出抓培训。组织基层主官和机关干部，围绕新《三十条》和《考核工作资料汇编》搞培训，由部门领导分别辅导了军事行政、政治教育、后勤保障工作的指导检查方法，在直属队抓好机关考核试点，规范了机关考核的方法、程序、标准，完善了《党委机关考帮建实施办法》。2、突出抓帮建。按照“五个一遍”要求和考核“七步法”，突出干部、动态、弱项、制度、险点、风气，成立由主官带队的考核组，利用1个月时间，对所有中队进行复查复考，并由3名副职领导带3个工作组，到每个中队蹲点指导，增强了基层党支部的自建能力。3、突出抓干部。坚持把保持基层干部稳定性作为重点紧抓不放，深入开展“四个正确对待”、“戒骄防满”等专题教育，抓好“一对好主官”、“优秀干部”、“好军嫂”、“好家庭”评选，坚决保证基层干部的休假率和休息权，提职立功受奖大幅向基层干部倾斜。

【综合保障能力】 着眼形势任务需要，加大以战地野炊、战地宿营、卫勤保障和车辆紧急出动等应急保障科目训练，加大战备物资储备，投入10万元，先后为基层购置微波炉、燃气加热器、电热岗台、电风扇等保障用品，主动抓好流行病预防，组织千余名官兵进行健康体检，防止了“非战斗减员”。大力加强基层基础设施建设，投入150余万元，抓好16个单位的营房搬迁、改造、设施配备和政治环境建设，官兵住用质量进一步提升。抓好炊事员、军械员、驾驶员、卫生员业务培训，加大养犬助勤、养猪种菜力度，邀请专业人员进行培训，汇编了实用常识手册，投入2万元购买优质犬具，制定了《基层指导性食谱》。

（张　菁）

人民防空

【概况】 2010年，认真贯彻第五次全国人民防空会议和沈阳军区8号文件精神，牢固树立和落实科学发展观，着眼形势和任务的需要，树立“正视差距、不甘现状、抓住机遇、乘势而上”的决心，以指挥工程建设为龙头，带动机关基础性建设上水平；以人防工程建设为重点，夯实人防建设基础；以信息化建设为核心，提升人防现代实力，全市人防工作取得了可喜的成绩。

【专业队整组】 市人防办与长春警备区司令部联合下发了《全市群众防空组织整组和训练的通知》，结合本地情况，改善队伍结构，提升队伍整体素质，在训练中坚持做到时间、人员、内容、质量四落实，效果明显。2010年全市共整组6 615人，训练防化专业队73人，各类专业队的应急拉动和救援作业能力有了很大提高。

【预案修订工作】 2010年，市人防办加强了人防专项预案修订工作，指导各县（市）、区制订了《跨行政区相互支援预案》，该预案对长春市在相互救援机制建立、各救援队伍应急能力建设、支援与被支援单位的协同关系等方面进行了明确。全市人防的战备能力和综合应急水平明显提高。

【通信警报建设】 对市人防办视信传输系统进行了升级改造，市人防办视信传输系统已达到上级部门要求标准，信息保障能力得到极大提升；人防地上指挥中心、指挥所信息化工程建设项目已被国家人防办批准立项，计划投资4 500万元；全市新增电声警报器和1套警报统控系统，警报预警报知能力明显提高，城区警报器鸣响率达100%，覆盖率达96%。

【人防结建工作】 1、建立了市、区、县人防执法联动机制。市、区、县人防部门积极配合，进一步加强执法检查力度，依法收缴、使用人防易地建设费，全年未发生一起漏建、免建、少建、破坏人防工程设备设施和违法违章行为。2、人防政策性收费达到法定标准，全市人防部门的政策性收费实现了足额收缴。全年共收缴4项费用100万元，易地建设费2 600万元。3、人防结建工作更加规范。完善了《长春市结建工作规范》，对审批程序、项目申报要件及审批权限、时限做出了明确规定，建立了规划、设计、施工、质量监督和竣工验收工作流成图，严把规划、设计等准入关口，对在建项目基本上做到了全过程跟踪、动态化监控，确保了在建工程的质量。4、防护工程建设量明显增加。按照“以建为主，重在建设”的原则，积极抓好亚泰樱花苑、力旺格林春天等一批大型结建工程项目，全市共签建防空地下室74项。

【法制建设】 进一步推进人防法制建设，全面推行“三段式”执法模式，规范行政执法行为，形成了“合法执法、程序正当、过程公开、权责统一”的行政执法制度体系，在依法解决重、难点问题上取得了新进展。1、搞好宣传。继续深入贯彻国发4号、沈阳军区及东北三省8号文件，积极向各级领导宣传人防的政策，全市各级领导人防法规意识明意增强。2、加大执法监督力度。采取日常巡查与联合执法相结合的方式，依法对拖欠人防结建费、破坏人防设施等违法行为进行查处，有效地遏制了一些开发商和建设单位多报少建、降低建设标准、降低收费标准和偷逃结建费等违法、违规行为，确保了人防工程的建设标准，使人防工程建设的数量和质量明显提高。

【开发利用工作】 2010年，市人防办及时完善了防火、防汛、治安、值班等各项安全管理制度，加大了对市本级所属商城和俱乐部的检查和改造力度。全市共投入40余万元，整改消防隐患14项，组织消防演练10次，组织消防安全培训2次，开展消防宣传20次。针对存在问题，各商场建立健全了24小时值班制度，配备了必要的防护物资，制订了应急方案，清理了疏散通道，确保了人防工程安全使用。2010年，全市用于人防工程加固改造和维修维护资金达到160余万元，人防工程维管率达到97%，完好率达到85%。新开发早期工程1项，开发利用率达到80%，全市人防大中型平战结合工程共完成产值56 051万元，税收2 385万元，利润6 876万元，收取使用费3 550万元。

【人防宣传教育】 2010年，市人防办开展了内容丰富、形式多样的宣传教育活动。1、人防"五进"工作扎实有效。通过向各级领导定期赠送人防报刊、组织人防知识答题、举行人防专题报告会；在企业、社区建立人防宣传基地；利用人防网站宣传；组织女童自护夏令营活动；在学校进行人防知识竞赛、疏散演练、人防运动会、开设"三防"知识教育课；积极开展向国家、省、市有关刊物组稿、投稿活动等形式，人民防空的社会影响力不断提高。2、以人民防空创立60周年为契机，组织开展了系列活动。全市共展出549块展板、条幅95幅、彩旗260面、设立彩虹门13个，分发宣传单、宣传手册、人防知识购物袋共30 000多份，组织文艺汇演1次，受教育民众达10余万人，公众的国防观念和人防意识不断增强。

【"准军事化"建设】 按照"准军事化"建设纲要的要求，开展一系列的活动和建设。1、在长春警备区教导基地开展了军事日活动，建立了军事日长效机制。活动的方式新颖多样，入脑入心，通过军事日活动激发了"团结拼搏、甘于奉献、开拓创新、唯先是夺"的精神。2、严格整顿机关软、懒、散的作风，加强制度建设和纪律约束。对机关办公秩序、物品摆放、环境卫生进行了规范，对机关纪律进行了明确，从一人一物一事抓起，机关人员的时间、纪律观念明显增强，工作效能明显提高。3、积极开展政治理论和业务知识学习，抓好各类培训。先后在全市范围内组织开展了人防法制培训班，输送多名业务骨干赴武汉通信学院参加全国人防空情预警仿真系统和全省人防综合信息管理系统培训。4、重新修订了机关准军事化建设的制度，狠抓了各项规章制度的落实，进一步加强了人防机关行政、财务、保密和车辆管理工作。

（陈英义）

政 法

政　法

综　述

2010年，全市政法机关积极应对错综复杂的国际国内形势，统筹推进社会矛盾化解、社会管理创新、公正廉洁执法等重点工作，集中力量解决了一大批影响社会和谐稳定的源头性、根本性、基础性问题，为全市经济社会平稳较快发展创造了良好的社会环境和法治环境。

维护社会稳定　全面落实维稳措施和领导责任，在化解社会矛盾、夯实基层基础、打击刑事犯罪、维护国家安全等方面取得了明显成效。积极推行社会稳定风险评估机制，预防和减少了在决策、审批等前端环节因工作不当产生的社会矛盾纠纷。巩固提高了“联调联动”综治民调工作模式的整体效能，进一步完善了县、乡、村、组四级排查调处工作网络，调整充实了全市综治协管员队伍，形成了党委、政府统一领导，相关部门协同配合，人民群众广泛参与的化解社会矛盾工作格局，大量社会矛盾纠纷在基层和萌芽状态就得到了有效解决。2010年，长春市信访总量、集体访、进京非正常访都比2009年大幅减少，分别下降28%、17%和65%。全市政法机关密切配合，始终保持对严重刑事犯罪的进攻态势，提高了打击犯罪的整体合力。各级公安机关全年共破获刑事案件19 910起，比2009年上升5.0%；命案破案率达到96%，为历史最高。两级法院共受理各类案件77 500件，审结69 358件，结案率为89.49%，法定审限内结案率为99.17%。两级检察院共受理提请逮捕刑事犯罪案件3 788件5 304人，经审查批准逮捕3 109件4 325人；受理移送审查起诉案件4 507件6 741人，经审查提起公诉4 054件5 967人。国家安全机关深入开展隐蔽战线斗争，提高了敌情、社情调查分析和预测预报能力。“双清”工作长效机制进一步落实，教育转化工作扎实有效，网上宣传斗争工作水平大幅提高，有力维护了全市社会政治稳定。

保障经济发展　全市政法机关紧紧围绕加快发展、改善民生、建好城市、促进和谐大局，充分发挥职能作用，主动服务和保障经济发展，相继推出了一系列便民、利民、惠民措施，依法妥善处理了一批经济领域的纠纷、案件，取得了良好的法律效果、社会效果和政治效果。认真贯彻落实宽严相济的刑事政策，依法慎用强制措施，通过调解的方式解决了大量涉企矛盾和问题，依法保障了项目建设、企业生产经营和员工生计，增加了社会和谐因素。大力加强对民营企业、中小企业、新兴产业的支持、帮扶和保护力度，积极解决困扰企业的涉法问题，切实保障各类市场主体的正常经营发展。深入开展“服务金融企业，维护金融安全，打击金融领域犯罪，促进全市经济平稳较快发展”专项活动，建立服务金融企业“绿色通道”，不断加强金融企业的安全防范工作，有效维护了金融企业稳定发展。深入开展了“大走访”活动，集中时间、集中精力、集中解决了一批群众关心的热点、难点问题。

创新社会管理　市委、市政府针对社会管理的薄弱环节和共性问题，出台了关于建立社会风险防控化解机制的相关工作意见、实施方案和问责办法，科学细化了社会管理中的各类风险事项，落实了工作任务和工作责任，对改进社会管理、维护社会公共安全工作作出了具体部署。各级政法机关结合本部门实际，主动找准参与社会管理的切入点，进行了积极地探索实践，形成了一些很好的制度、机制。市直综治各成员单位认真履行职责，公共安全监管能力、公共应急管理水平、社会治安防控能力明显提升。依托市网通公司，建立了综治工作信息联网平台，实现了市、县、乡、村一体化信息共享功能，大大提高了对灾害、事故、疫情、案件、纠纷等信息的掌控、研判、处置速度。进一步加强了校园(幼儿园)及周边安全防范工作，在所有中小学校全部配齐了专职保安员，加大了校园周边的人防、物防、技防建设力度。大力推进“天网工程”建设，年内累计新增可视监控探头33 261个，超出省政府既定任务的33%，全市探头总量达到了7.3万个。在重点街路、城乡结合部、自然村屯的案件多发部位，设置了1万个报警编码牌，极大地方便了群众报警求助。“平安之声”联防互助网管理使用逐步规范，在长春市发生洪涝灾害期间发挥了重要作用。流动人口服务管理、刑释解教人员安置帮教、预防青少年违法犯罪工作扎实有效，消除了大量影响社会和谐稳定的隐患。

加强队伍建设　各地和政法各单位把队伍建设作为根本和保证，加大了学习型党组织建设力度，加大了队伍的教育、管理、监督力度，提高了执法水平和执法公信力。深入开展“三满意”政法队伍建设活动，组织开展了以“忠诚、为民、奉献、清廉”为主题的社会主义核心价值体系教育活动，认真开展了“人民性”教育和警德、警风、警纪“三警”教育活动，确保了政法干警始终坚持“三个至上”、做到“四个在心中”。部署开展了涉法涉诉信访积案清理、超审限案件执法检查、纪律作风建设明察暗访工作，推动了执法规范化、正规化建设。加强了政法机关干部挂职交流工作，选派了15名发展潜力比较大、有培养前途的优秀政法后备干部在全市政法系统进行跨部门挂职交流，激发了政法队伍生机和活力。进一步加强新形势下政法宣传工作，大力宣传王绍精、翟树全等一批政法综治基层先进典型。长春市已故综治协管员王绍精被中央政法委列为全国综治系统重大优秀典型，荣获“中国十年法治人物——特别贡献奖”，被省、市委评为模范共产党员称号。

（李志国）

公安

【概况】 2010年，全市公安机关围绕全市经济发展大局，围绕“社会矛盾排查化解、社会管理创新、廉洁公正执法”三项重点工作和“平安建设”、“警务信息化建设”、“执法规范化建设”、“和谐警民关系建设”、“队伍正规化建设”，充分发挥维护稳定、打击犯罪、服务发展、保护人民的职能作用，全警同心，顽强拼搏，开拓创新，业务工作和队伍建设取得了新发展和新进步。全市未发生重大有影响的政治事件，大要案件实现“零积案”，交警畅通工程和消防三级管理成为长春公安品牌，队伍正规化建设稳步推进，推行基层所队准军事化管理，民警综合素质明显提升，公安基础建设和装备水平迈上崭新台阶，所队和警种办公用房建设、警务车辆和微机配备及公安科技、经费保障、从优待警等工作实现跨越发展，为维护长春市的政治和治安稳定做出了贡献。

【维护社会政治稳定】 全市公安机关以圆满完成一系列重大安保任务为标志，切实强化政治敏感期的安全防范，较好地把握了斗争主动权。强化情报信息侦控，突出企业和高校维稳，海天案件、涉日游行和重点人稳控工作周密细致到位，中央领导和外国首脑来长视察等警卫任务实现大事不出小事也不出。把预防和处置群体性事件摆上重要位置，完善矛盾排查和应急处突机制。妥善处置了“7·01”出租车集体停运、“12·05”千人聚集砸车等一批重大群体性事件，有效避免了事态扩大升级。涉警信访案件攻坚战也取得明显进展。通过实战磨炼和检验，全局快速反应和现场处置水平明显提高，驾驭复杂局势能力得到了增强。

【严打整治斗争】 坚定不移地做强打击犯罪这一主业，以保持重大有影响案件“零积案”为标志，累计投入5 000余万元，重点推进刑侦、技侦、网侦三大支柱建设。刑事技术办公楼投入使用，DNA实验室和指纹比对、现场勘查等装备投入实战并发挥重要作用。坚持“黑恶必除、命案必破、侵财必刹、逃犯必追”的原则，成功侦破以郝树春为首的78线果品批发市场涉黑团伙、“1·17”农安县女中学生失踪案、“5·02”站前公交车站点张子良被杀案等一批重大有影响案件。全年共破获刑事案件19 910起，比2009年上升5.0%；命案破案率达到96%，为历史最高，比2009年提高4%。相继开展打击繁华商圈侵财、打击驾摩托车抢夺、打击考试作弊器材、整治非法广告、打击“三非”外国人等专项行动。特别是追逃行动战果显赫，共抓获历年网上逃犯629名（命案逃犯48名），比2009年提高67.5%。

【警务信息化建设】 以公安部大情报系统暗访测试排名第一为标志，信息化建设卓有成效。积极争取和协调，完成机构审批、警力配置和人才招录。统筹资金1.2亿元，完成情报中心建设和器材设施购置。全员投入，连续奋战，省厅确定的35项建设任务已全部完成。注重大情报系统的实战应用，治安、网安、户政和各县（市）、区局依法强制推行旅店、网吧和流动人口的信息登记上传，日均上传信息由不足20万条上升至近100万条，累计录入情报信息总量达到1.2亿条。公安部两批次开展大情报系统暗访测试，指令签收率、目标发现率和轨迹反馈率全部达到100%，并列全国省会城市第一名，受到了公安部和省厅的通报表扬。

【防控体系建设】 市公安局以推进天网工程“两个全覆盖”为标志，治安防范工作卓有成效，年内累计新增可视监控探头33 261个，超出省政府既定任务的33%，全市探头总量达到7.3万个。坚持打防结合和综合治理方针，基层派出所做实社区警务，加强治安巡逻，人口分层管控模式初步建立。巡警、特警科学布防，动态巡控，经保、文保大力推行可视监控，整治中小学校和幼儿园安全隐患行动成效明显。研发移动警务终端，基层应用效果良好。开展110报警求助编码定位系统建设，安装报警牌1万个，提高服务群众、快速反应和接处警能力，取得良好社会反响。通过一年来的建设和发展，长春市治安防范的科技水平和服务现实斗争水平有了新提升。

【社会治安整治】 对打击“黄赌毒”旗帜极其鲜明，态度极其坚决。治安和禁毒等部门开展4次专项整治和集中清查行动，坚持上限处罚，相继查处了“英皇”夜总会、“五月花”酒吧等一大批涉黄涉毒大型场所，高压震慑之下，一批违法经营场所自行关停，社会治安环境得到明显净化。打击征地拆迁诈骗、打击黑车、打击扒窃等专项工作均取得突出成果。消防部门和基层派出所深入落实消防三级管理责任制，持续开展大力度的专项排查整治，省政府督办的3家重大火灾隐患单位得到彻底整改，全年火灾起数同比下降25%。交警部门科学应对，全力“疏堵保畅”，先后6次进行大规模交通调流，强力整治严重交通违法行为。长春畅通工程连续7年被评为全国模范城市。

【公安队伍建设】 扎实开展“深化人民性教育”、“三满意”机关创建、基层党组织“争先创优”和“十个一”爱民实践走访活动。顺利完成处级干部竞聘、非领导职务晋升和职务套改等工作。圆满完成“世博”安保及援疆维稳，抗洪救灾等应急任务。深化“五法一例”学习活动，推行网上执法办案单轨制，二道区分局被评为全国执法工作先进基层单位。教育培训工作更加贴近基层和实战。长春市警察协会正式成立。纪委深入贯彻《领导干部廉洁从政若干准则》和“五条禁令”等纪律规定，强力推进警用和涉案车辆专项治理，加强现场督查和民警维权，服务中心工作效能明显。全力加大基础建设和警务装备投入，全力落实各项从优待警措施。

（鲍艳名）

【交通管理】 2010年,交警支队按照市公安局党委的总体部署,以“一降两保”为主线,以“五项建设”为载体,积极推动各项工作的深入发展。交警支队新班子调整后,延续了各项工作的良好发展势头,在全市新增9万台机动车的情况下,依然保证了道路交通的井然有序,极大地促进了五项建设的成果转化和不断深入。

科学优化交通组织,深化交通安全成果,平安建设促进了全市交通形势的和谐稳定 1、实施大规模单向交通提高了路网通行能力。全市新增单行线71条,单行线总数达123条。新调整的几大单行循环体系中,行车延误最少降低12.5%,平均车速最高提升23%,区域路网整体通行能力提高约15%,道路承载能力显著增强。2、多种交通限行措施优化了交通流的时空分布。“错时上下班”使人民大街、解放大路、自由大路、西安大路高峰流量削减20%;实施人民大街、自由大路、吉林大路尾号限行、微型面包车限行等举措,削减交通流达7%;对主干道路96处路口实行方向性交通限制,大大减少了支路对主干道路通行速度的影响;不同的货车限行措施,使货运流和客运流的时空分布更趋合理;新增11条公交专用道,进一步提高了公交车辆运行效率。3、超前预案、多策并举保证了长春市2010年冬季降雪天气的交通顺畅。10月份支队就制订了《应对恶劣天气、意外事件的应急预案》,以雪为令,全警上路。设置处级干部岗,支队班子成员和所有处级干部早晚高峰深入一线,参与路面管理;招募100名志愿者,成立了“雪天车辆助推志愿者服务队”,形成了“千警上路、百员助推”的良好应对态势,保证了入冬后几次强降雪期间的交通顺畅。4、深入开展150天整顿市容环境交通专项治理行动,交通秩序管理工作得到进一步加强。严格规范了货运车辆行车秩序,纠处货车违法行为2.5万件,货车栏板全部切割至1.5米以下。对酒后驾车、闯红灯、越线行驶等违法行为从严治理,全队全年共查处交通违法行为69万件,扣留车辆7 051台,扣留驾驶证2 465本,拘留酒后驾车违法行为人269人,集中培训交通违法行为严重的违法驾驶员5 400余人。在150天交通专项治理中,被市政府授予“交通管理先进单位”光荣称号。5、交通事故防范措施的不断完善稳定了全市交通安全形势。与政府有关职能部门配合,深入开展道路交通事故隐患排查治理工作。筑牢事故预防交通安全第一道防线,有效加强车辆驾驶员源头管理工作。2010年,长春市共发生道路交通事故65 846起(其中一般程序以上事故2 360起),死亡567人,伤2 712人,直接经济损失1 087余万元。比2009年同期分别下降了17.08%、6.12%、20.56%和8.08%。特别是死亡人数连续7年保持下降、特大事故比2009年同期下降了78.6%。6、圆满完成了各类大型交通安全保卫任务体现了公安交警的良好形象。全年共完成中央首长及外国元首、来宾来长的级别任务37次,完成省、市领导公务活动341次,各类大型经贸文体活动50次,动用警力28 000人次,确保了各类交通安保任务的万无一失。

加大科技投入,强化基础配备,信息化建设加快了交通管理现代化进程 1、基础通讯装备的加强提升了交警单兵作战能力。购置350兆手持机250台,车载电台50台,一线民警手持台配备率达到了100%。2、普及计算机应用促进了办公自动化的快速发展。新增320台计算机全部配发到基层大队,公安网计算机配备率达到100%;下载安装电子签章客户端1 000余个,民警数字证书拥有率达到100%;涵盖每名民警的计算机“四会”培训考核,使支队计算机应用水平在全省交警系统名列前茅;车驾管、交通违法及交警队信息平台全面升级,提高了科技应用水平。启用驾驶员电子考试系统,实现科目一、二无考官自主考试,提高了考验质量。车管所整体建设已基本达到一等车管所标准。3、公安网网速升级改造提高了办公效率。支队公安网网速已从100兆提高到1 000兆,信息查询、违法处理及其他数据传输速度大大提高。交通指挥中心共摄录各类交通违法行为15.5万件,交通违法非现场处罚率有所提升。4、公路卡口建设助推了全市治安防控体系的完善。长伊、长双、长吉及皓月、兰家检查站共5处进出城交通卡口,已全部安装使用了机动车缉查布控系统,为甄别各类违法嫌疑车辆,加强治安防控提供了保障。同时市内新增电子警察13处、灯控路口50处、视频监控162处,交通监控能力显著加强。

深化勤务改革,健全考核机制,执勤执法规范化建设提高了交警队伍的执法水平 1、多种勤务模式的科学整合提高了勤务效能。利用交通拥堵报警电话、路况信息员等多渠道及时搜集路面信息,提高了处警效率;增配100台巡逻摩托

女警汇报演练手势操

车，增强了对交通拥堵、交通事故的快速反应能力；增加500名协勤员，缓解了现有警力的不足，形成了“以警带协、以协助警”的勤务模式，强化了交通疏导力量；严格勤务管理，实行“零容忍”制度，提高了路面见警率和管事率，勤务效能显著提升。2、全面开展执法示范活动把执法规范化建设引向深入。将11处规范执法示范岗创建活动，延伸至所有基层单位，增选示范大队1个、示范中队3个、事故处理示范单位15个及示范车管所1个。规范执法、文明执勤已在全队蔚然成风。支队优秀民警王代军的工作经验和先进事迹，被省公安厅在全省交警系统推广。支队车管所民警赵海龙被确定为全国交警系统执法标兵。3、交通事件快速处理能力的提高让队伍更具活力。支队协调省保监局，共同起草并出台了《长春市机动车交通事故快速处理快速理赔办法》，实行了“互碰自赔、一方全责”的快速理赔机制。支队发挥摩托车机动灵活的特点，快速抵达和处置交通事件。支队新增配了事故清障车，整合了清障中队人员，建立了处置车辆严重故障的专业部队，提高了交通问题的综合快速处理能力。

坚持以人为本，完善服务措施，和谐警民关系建设提升了交通管理服务民生的工作质量 1、重点商圈的停车规划受到周边群众和商家的欢迎。在重庆路、桂林路、欧亚商都及卓展购物中心等商圈开辟道路一侧或两侧增设停车泊位，共新增路边停车泊位1 850个，停车矛盾得到进一步缓解。2、改革交通事故处理机制提高了办案质量和服务质量。建立集人民调解、法律援助、事故仲裁、事故法庭等“四位一体”的事故处理机制。全年发生交通肇事逃逸案件90起，破获82起，破案率为91.1%。其中死亡重大逃逸案件发生46起，破获45起，破案率为97.8%，有社会影响的、上级督办的案件全部如期侦破，有效化解了群众矛盾。3、增设服务网点缩短了车驾管业务的服务半径。在南关、宽城、朝阳、二道、绿园、双阳6个区大队开通了部分车驾管业务，在原有5处交通管理服务站的基础上，又新增了名车广场、华阳汽贸两处交通管理服务站，并完善网上车管所建设，打造覆盖全市的服务网络格局。积极推进残疾人驾驶证报考业务，全年已有128名残疾人通过考试获得了机动车驾驶证，赢得了残联及社会各界的广泛好评。4、加大宣传教育力度切实为百姓提供良好的服务。全年国家级新闻媒体发稿9篇，省级发稿311篇、市级发稿1 000余篇。通过长春电视台播出《交通警示》栏目152期。支队交通短信服务平台共发送信息484万余条，其中，包括车辆年检、驾驶人年检、车辆违法、驾驶证记满12分、恶劣天气预警、道路施工改造绕行等信息，极大地方便了短信平台用户。支队电子诱导屏累计发布信息754条，通过交通之声广播电台开办了《交通信息早知道》等全新栏目，方便市民提前选择出行路线。

建设小机关，做强大基层，队伍正规化建设为新时期交通管理工作的深入发展提供了队伍保障 1、精简机关、充实基层提升了队伍的战斗力。精简机关民警56人，事业干部12人，充实一线，强化了基层力量；通过“一推、一考、一面试”的方法，公开选拔了一批优秀民警，对考试员岗位进行了交流。2、干部调整进一步增强了队伍的整体合力。变动提拔了30名年富力强的处级干部。通过考试公开选拔了145名科级后备干部，使基层大队领导干部平均年龄下降6岁，增强了队伍的朝气和活力。3、政治建警、从优待警强化了执法为民的思想基础。深化“三无”所队创建工作，积极开展爱民实践活动，全年组织干警培训考试2 121人次。坚持从优待警，为一线民警增配了700套保暖皮衣皮裤，为出勤民警增加了540万元出勤补助，调动了全队民警出勤的积极性。

（潘　东）

【消防工作】 2010年，消防支队坚持以科学发展观为指导，突出筑牢社会单位消防安全“防火墙”建设，大力打造公安消防铁军，提高了部队“五化”建设水平，促进了消防事业和部队建设的双发展，确保了队伍和火灾形势的双稳定，圆满完成了各项消防安全保卫任务。

消防工作社会化得到强力推进 支队以全面构筑社会单位消防安全“防火墙”为主线，开展了消防安全管理“一助七”活动，制定7类社会单位《消防安全管理标准》，突出城市消防工作重点，开展“六大商圈”整治，精心打造大连万达购物中心等7个行业消防安全“四个能力”建设试点单位；打造重庆路商业街消防安全“四个能力”建设精品街路工程，并召开长春市社会单位消防安全“四个能力”建设现场会，积极推广试点单位的先进经验和做法，“四个能力”建设在全市人员密集场所、消防安全重点单位全面展开，政府主导的消防安全工作责任制在长春市得到有力推进。

消防执法规范化建设成效明显 支队积极开展消防监督执法示范单位创建工作，狠抓法律文书点验、执法质量考核评议、执法案卷展评，通过定期开展监督执法培训、每月组织业务考试，全面提升了消防监督队伍的整体业务水平。朝阳区大队作为全省惟一的单位，被评为全国消防监督执法示范单位；南关区大队被总队评为全省消防监督执法示范单位。同时，支队抽调精干力量成立防火“攻坚组”，破解消防监督工作中的“急、难、险、重”问题，为78家单位提供消防服务，解决问题269项，节约资金650余万元。

消防宣传教育更加深入 着力推动消防宣传“六进”活动，宣传、普及消防安全常识，长春市第一实验小学被评为“全国消防宣传教育示范学校”。同时，支队努力拓宽消防宣传途径，在电视台建立“警钟119”栏目制作播出影视广播节目90余期；组织官兵每周做客交通之声、长春人民广播电台直播间，向广大市民传播消防知识，解答群众关心问题；在《人民公安报》、《吉林日报》等中央、省市主流媒体共上稿936条。积极创新消防宣传形式，支队与央视名牌节目《城市之间》联合举办消防竞技比赛活动，承办了第二届农民消防运动会和“全民119——特别挑战”活动，有效提高了全民消防安全素质和自防自救能力。在“长纺”等火灾现场，人民群众积极自救逃生，消防宣传教育的效果得到了很好验证。

消防安全防范能力明显提升 以提高城市火灾防控能力为重点，积极部署开展了可燃装修材料整治、六大商圈消防安全整治、集中拆除影响灭火救援障碍物、建筑消防设施和消防控制室专项整治、高层地下建筑和商场、市场消防安全整治等58项专项行动。全年，处罚单位1 261家，三停158家，查封236家，拘留57人，罚款1 317.14万元，拆除影响消防安全的障碍物586处。突出农村消防工作难点，加大社区消防安全管控力度，大力推广“一乡(镇)一车一站”、“一村一泵一队”的农村消防安全工作模式，召开农村消防工作经验交流会，提升防控农村火灾整体能力，得到国家七部委农村消防工作检查组的高度认可。

灭火救援攻坚能力明显增强 2010年，支队成功完成灭火救援战斗任务4 803起，抢救遇险群众1 230人，疏散3 079人，抢救财产损失4 564万元，圆满完成了农博会、汽博会、亚运会火炬传递、东北亚博览会等42次消防安全保卫任务。特别是在2010年抗洪抢险救灾行动中，支队全体官兵第一时间投入到抗洪抢险救灾战斗中，在松花江流域打捞化工原料桶、永吉县清淤以及双阳区、二道区、农安县、德惠市等各战区的抗洪救灾工作中充分发挥了尖刀作用，部队战斗力和执行力经受住了严峻考验。支队被评为“吉林省防汛抗洪抢险救灾先进集体”。

思想政治服务保障能力明显增强 开展积极向上的警营文化活动，组织“警营消夏文艺汇演”，举办学习践行胡锦涛总书记“三句话”总要求成果汇报演出，鼓舞了官兵士气。继续培树特勤大队先进典型，发挥示范引领作用，特勤大队作为集体代表，被评为第七届“感动吉林十大人物”称号；特勤一中队中队长助理孙军荣获第二届全国公安消防部队“十大杰出消防卫士”荣誉称号。2010年，支队有1名官兵荣立一等功，1名同志荣立二等功，123名同志荣立三等功。

后勤综合保障能力大幅提升 2010年，支队共争取经费达2.36亿元，其中，业务经费6 900万元，专项经费1.67亿元；新建消防站6处，占地总面积达71 000平方米，建筑总面积达24 000平方米，总投资额达8 880万元；投入7 956.9万元购入执勤战斗车辆75台，各类消防器材12 935件(套)。一次性载水量达677.2吨，一次性总载泡沫量48.6吨。及时提请市政府划拨2 800万元专项资金，专门从瑞士订购了一批大型组合破拆工具装备部队，极大地增强了城市的消防安全保障能力。积极调集器材，为圆满完成抗洪救灾、灭火救援等工作提供了强有力的后勤保障。加强资产管理，推行资预结合的模式，总队在支队召开了资产管理与预算管理相结合现场会，推广了经验。

(宫 健)

消防灭火

检 察

【概况】 2010年，全市检察机关努力践行科学发展观，全面落实“三项重点工作”，各项检察工作取得了新的进步。

【依法打击刑事犯罪】 坚持“严格执法，区别对待，注重效果”，在执法中更加自觉地贯彻落实宽严相济的刑事政策，把化解社会矛盾贯穿于办案始终，做到办案不忘稳定，执法促进和谐。对主观恶性深、社会危害性大的严重经济犯罪、暴力犯罪和黑恶势力犯罪，体现从快从重，依法严厉打击；对主观恶性不大的轻微刑事犯罪，依法从宽处理。积极探索检调对接、刑事和解不起诉、不起诉公开审查、不捕案件答疑说理等业务改革，把宽严相济刑事政策落到实处。全年共受理公安机关、安全机关提请逮捕刑事犯罪案件3 788件5 304人，经审查批准逮捕3 109件4 325人；受理移送审查起诉案件4 507件6 741人，经审查提起公诉4 054件5 967人。狠抓轻缓刑事政策的落实，努力减少社会对抗。全年对636名涉嫌犯罪但无逮捕必要的犯罪嫌疑人定罪不捕；对349名犯罪情节轻微的犯罪嫌疑人依法不起诉。

【查办和预防职务犯罪】 全年共立案查办贪污贿赂犯罪234件，比2009年上升9%。其中，大案147件、要案82件，查处厅级干部4人。全年查办渎职侵权犯罪案件133件，比2009年上升25%，其中，重特大案件86件，要案13件。组织开展了工程建设领域突出问题专项治理、商业贿赂专项整治、集中查办破坏社会主义新农村职务犯罪、查办严重破坏环境和资源职务犯罪4个专项活动。共查办工程建设领域案件81件、商业贿赂案件90件、涉农职务犯罪案件90件、危害能源资源、生态环境渎职犯罪案件16件。在继续抓好国企和大项目建设职务犯罪预防的同时，把预防触角扩展到大型民营企业，引导企业规范经营。市检察院与市政公用局、大唐吉林发电有限公司、吉林银行和中水东北勘测设计有限公司等4家单位签订了预防职务犯罪共建协议。2010年，举办预防职务犯罪法制讲座66次，受教育人数达14 100人次，制作了预防职务犯罪宣传展板，在26个单位巡展，收到了积极的反响。

市检察院领导到市重点企业走访调研

【加强对诉讼活动的法律监督】 坚持诉讼监督与指控犯罪并举，着力监督人民群众反映强烈的执法不严、司法不公问题，促进公正廉洁执法。2010年，全市检察机关共监督侦查机关立案63件，追捕25人，追诉48人。列席审判委员会就重大疑难案件的定罪、量刑发表检察意见。加大受案和审查力度，突出对执行环节和行政诉讼案件的监督，既强化抗诉，又主动做好息诉工作，共受理民事行政申诉案件228件，立案217件，提出抗诉21件，提请抗诉22件，提出再审检察建议24件，息诉150件。纠正监外执行罪犯脱管漏管，开展看守所安全管理大检查专项活动，针对监管场所存在的不安全隐患发出书面《检察建议》10份，查办监管场所职务犯罪7件8人，收监脱管罪犯2人。

【开展控申接待工作】 继续坚持领导包案制、首办责任制、信访督查制、责任倒查制；开展联合接访、下访、巡访活动，畅通群众诉求渠道。以息诉罢访为目标，着力在解决问题上下功夫，全年两级院共处理来信来访2 329件，做到件件有人管，事事有回音。大力开展信访积案清理工作，息诉多年遗留的信访积案28件，积案办结率达到93%，有力地缓解了涉检矛盾，确保了“两会”及重大节日等敏感日期无涉检进京上访。

【服务经济社会发展】 全市检察机关以服务科学发展、加快转变经济发展方式、继续创新服务的方式方法，在增强服务效果和提高服务水平上下功夫。严肃查办破坏经济发展的犯罪案件，维护市场经济秩序；结合办案，对影响经济发展和社会稳定的突出问题开展专项调研，为党委政府决策提供参考；深入企业，提供法律咨询服务。2010年，两级院共办理破坏经济发展的各类犯罪565件，针对社会热点问题撰写调研报告68篇，帮助企业协调解决问题和困难107个。进一步抓好《关于为150个重大项目建设服务的意见》落实，服务全市重大项目建设工作。对龙嘉国际机场扩建工程、轻轨三期工程等重点建设项目的招投标活动进行监督，提供法律咨询26次，对196个投标单位进行了违法记录查询。全市检察机关加大了服务民营经济的力度。市检察院设立了联系民营经济机构，制定了《长春市检察机关为民营经济服务的意见》和《长春市检察干警服务民营经济守则》。与市工商联共同召开民营企业家恳谈会，对256户民营企业进行问卷调查，选择了100多家民营企业作为联系点，发放联系卡、监督卡，主动走访，为企业排忧解难。满足企业发展需求，编印了《检察机关服务企业法律知识读本》赠送企业，提供法律服务，受到了民营企业的欢迎。省检察院将市检察院的做法在全省检察机关推广。

【监督机制建设】 加强内部监督机制建设和执行力度，确保检察权依法正确行使。树立监督者更要强化自身监督的理念，积极推行职务犯罪案件逮捕权上提一级改革，加强对基层院自侦活动的监督。市检察院共办理基层院报捕职务犯罪案件73件75人，经审查批准逮捕61件63人、不捕12件12人。健全和落实当事人权利义务告知、不起诉不抗诉案件答疑说理、重信重访案件公开听证及检察文书说理制度。完善人民监督员制度，全年组织人民监督员监督“三类案件”23件。扎实开展案件评查工作，对2004年以来办理的242件自侦、不捕、不诉以及涉检信访案件进行评查，从中找出薄弱环节和制度漏洞，促进了执法规范化，有效防止了违法违规办案和安全事故的发生。

【队伍建设】 1、切实推进思想政治建设。深入开展“恪守检察职业道德、公正廉洁为民执法”教育活动、“迁新址、焕新貌、创新业”主题实践活动、创建“三满意”机关活动和创先争优活动。在创先争优活动中，全体干警结合自身工作岗位作出公开承诺，接受监督，增强了干警的群众观念、大局观念和责任意识。在抗洪救灾工作中，灾区的检察干警们连日坚守在抗洪一线，安全转移受灾群众3 100余人，搬运土石方500多立方米，协助发放救灾物资23吨。全市检察干警累计为灾民捐款近30万元，有30多名

市中院召开“迁新址焕新貌创新业”活动暨创先争优活动动员大会

干警受到记功奖励。2、切实推进执法能力建设。两级院采取集中培训、业务竞赛、岗位练兵等方式，开展大规模正规化培训。市检察院举办了中层干部培训班，组织全市 20 名干警到北京大学参加高端人才培训，对两级院 2005 年以后参加检察工作的 218 名干警进行了半个月的封闭培训。同时，选派后备干部到公安、法院和基层院挂职锻炼。在全国优秀公诉人业务竞赛活动中，市院张颖被评为“全国优秀公诉人”。在全省检察机关侦查监督优秀检察官业务竞赛中，长春市包揽个人前三名。3、切实推进党风廉政建设。市检察院邀请省纪委监察厅作专题辅导，把《廉政准则》纳入党组理论中心组和各支部学习内容。根据《廉政准则》要求，重新制定了《廉洁从检十二条严禁》规定。组织机关中层以上干部参加《廉政准则》知识考试。认真组织开展“反特权思想、反霸道作风”专项教育活动，承办了“检察机关反腐倡廉教育展览”。加强正面引导，选树先进典型。市检察院吴慧清同志被评为全市十大勤廉标兵和全省勤政廉政优秀党员干部。重新聘请了 50 名第三届检务监督员，采取明察暗访的形式对基层院的执法活动和工作纪律进行监督。对干警违法违纪行为共立案 2 件，追究刑事责任 1 人，辞退 1 人、诫勉谈话 5 人。4、切实推进基层院建设。大力推进《基层检察院建设实施意见》、《检察信息化建设规划》、《检察科技装备发展规划》的落实。坚持市检察院班子联系基层院制度，在基层院开展了“抓特色、促规范、创品牌”活动，推进标准化建设试点，带动了全市检察工作整体水平的提升。

（梁峥华）

审 判

【概况】 2010 年，市中级法院坚持“三个至上”指导思想，坚持为大局服务、为人民司法，全力推进社会矛盾化解、社会管理创新、公正廉洁执法 3 项重点工作，不断适应长春市经济社会发展的新需要，努力满足人民群众对司法的新要求和新期待，各项工作取得明显成效。全市法院共受理各类案件 77 500 件，审结 69 358 件，结案率为 89.49%，法定审限内结案率为 99.17%，比 2009 年上升了 0.47 个百分点。其中，市中级法院受理各类案件 11 612 件，审结 10 442 件，结案率为 89.92%，法定审限内结案率为 97.63%，比 2009 年上升了 2.02 个百分点。

【依法打击刑事犯罪】 依法从严惩处危害国家安全犯罪、黑恶势力犯罪等重大犯罪，依法严厉打击扰乱社会治安、侵害群众利益、破坏市场秩序以及贪污贿赂等犯罪活动，审理了范日旭非法集资、合同诈骗案，农大学生郭力维杀人案等案件。集中开展的金融诈骗、非法集资等涉众型犯罪专项打击活动。对符合适用缓刑的案件严格规范审理，缓刑适用率为 5.31%；对刑事附带民事诉讼和自诉案件，加大调解工作力度，调撤率达 45.27%；在配合公安机关开展追逃专项行动过程中，制定的宽严政策被市委政法委采纳。市中级法院被评为“全省法院系统致力平安吉林建设模范单位”。市中级法院受理一、二审刑事案件 680 件，审结 587 件；一审判处 5 年以上有期徒刑、无期徒刑和死刑 322 人，占判处罪犯总数的 78.96%。

【开展量刑规范化工作】 全面开展了针对交通肇事、故意伤害、抢劫等 15 类犯罪的实证研究，修订了《量刑指导意见》、《量刑程序指导意见》，将 15 类犯罪案件量刑纳入庭审程序，全面推行量刑规范化工作，赢得了社会各界的好评，并在最高法院介绍了经验。注重与公安、检察、司法等部门的协调沟通，召开了全市法院量刑规范化现场会和量刑规范化庭审观摩活动，扩大了社会各界对量刑规范化工作的了解和支持。运用规范化量刑审理一审案件 2 714 件，息诉服判率达到 96.25%，比 2009 年上升了 2.03 个百分点。

【服务经济发展】 坚持调判结合、调解优先，依法妥善审理调结构、扩内需、保民生中发生的各类纠纷，保障经济社会稳定发展。商事审判不做简单的极端化判决，从经济发展的大局出发，最大限度地保障企业正常生产经营，采取诉前财产保全措施，审理了涉案金额达 8 000 余万元的国家开发银行诉东亚夜视公司案；针对婚姻、家庭、继承类案件总结推广了专门的调解方法；开展了“春耕生产服务月”活动。较好审理了登喜路商标侵权案等知识产权案件，调撤率为 62.26%。民三庭被省高院荣记集体二等功，被省妇联评为“巾帼文明岗”。市中级法院获得了“全国维护妇女儿童合法权益先进单位”、“长春市社会主义新农村建设先进帮扶单位”、“长春市拥军优属先进单位”等荣誉称号，被市委荣记集体二等功。市中级法院受理一、二审民商事案件4 141件，审结3 786件，案件调撤率为23.85%，结案标的额21.37亿元。

【化解行政争议】 通过诉讼前调解、诉讼中协调和诉讼外沟通，最大限度地化解行政主体与行政相对人之间的矛盾纠纷。在全市法院范围推行行政审判白皮书制度，加强与行政的良性互动，与行政机关建立了相关工作信息互通、重大行政决策诉讼风险评估、协调配合等机制，拓宽、放大了行政审判工作辐射面。在长吉一体化等大项目建设中，施行提前介入机制，协助相关部门查找法律风险点，预防矛盾纠纷。市中级法院审结一、二审行政案件294件。协调后和解、撤诉的占5.78%。

【健全执行工作机制】 积极探索执行分权、节点控制、监督制衡、阳光操作的分段集约改革。制定了《执行程序中重点环节需要注意的问题及相关要求》、《规范执行程序中若干执行行为的规定》，通过强制规范促进执行能力的提升。对规避执行的行为进行专门调研，并制定了相应反制措施。出台了《加强立案、审判与执行工作相互配合的规定》，构建化解执行难的内部合力。开展了“创建无执行积案先进法院”和“委托执行案件专项清理”两项活动。市中级法院受理执行案件1 128件，执结880件，执结率为78.01%，执行标的额到位率为31.90%。被省委政法委、省高院评为“吉林省集中清理执行积案活动先进集体”，被最高法院评为“全国集中清理执行积案活动先进集体”。

【依法规范减刑假释工作】 创造性的启动了减刑、假释工作人民监督员制度，聘请了21位人大代表和政协委员为市中级法院减刑、假释工作人民监督员。对2010年假释的部分罪犯进行了回访，深入到假释罪犯的社区、居住地、派出所了解情况，到罪犯的家里了解生活情况，对罪犯进行说服教育，督促其认罪悔过。坚持减刑假释案件听证，对职务犯罪和严重暴力犯罪的减刑假释案件采取开庭审理方式，确保司法公正。

【“立案信访窗口”建设】 在全市法院开展“立案信访窗口”建设活动，设立了标准统一的诉讼服务中心，并在中心建立首问负责、服务承诺等9项制度，完善诉讼引导、立案审查等8项功能，提供诉前调解、判后答疑等全方位服务，确保“人人得到接待，事事得到答复，件件得到落实”。市中级法院提供咨询查询服务5 000余人次，对100余起案件当事人进行释法明理，组织判后答疑60余件。全省法院立案窗口建设工作现场会在长春市召开，市中级法院的做法受到最高法院检查组的充分肯定。

【“大调解”机制】 注重从源头上预防和减少涉诉矛盾纠纷，坚持关口前移，强化工作延伸，通过整合社会资源，加强与其他矛盾调处主体的配合协作，构建了人民调解、行政调解、诉讼调解“三位一体”的大调解格局，并在医院、交警队、劳动仲裁等部门，设立诉前调解室，有7 665件案件进入诉前调解程序，调解成功4 216件，既减轻了群众诉累，又把矛盾化解在案外。

【有效化解信访积案】 开展了“信访积案化解年”活动，建立两级法院协调配合机制，组织召开了十四次全市法院信访工作集中调度会；全面建立从承办人直至院长的立体息访责任体系，推行班子成员定期接访、带案下访、包案息访制度，全市法院院长接待1 255件次，听证案件128件。完成了省高级法院下达的信访积案化解率90%的工作目标。实现了连续3年在京非正常访零登记，受到了省、市领导的肯定。

【开展司法救助】 对于符合司法救助条件的当事人，只要符合救助条件，材料齐全，都及时给予审批；对不符合条件的，也向当事人明确说明情况，严格把关。市中级法院对55件经济确实困难的案件当事人减、缓、免交诉讼费121.65万元。落实《长春市2010年民生行动计划，认真执行《长春市刑事案件受害人救助资金管理办法》，严格审查申请人情况，确保确有困难的刑事案件受害人得到国家救助，对23名申请人提供刑事被害人救助资金40.5万元；严格执行《长春市执行专项救助基金管理办法》，市中级法院共为34件案件的35名申请人提供救助款54.1万元。所有救助款已全部发放给申请人。

【开展“三维权”、“五走进”活动】 出台《关于进一步加强维护国防利益和军人军属合法权益工作的意见》，设立涉军案

法官们走进军营为官兵们解答法律疑难

件绿色通道，成立涉军案件合议庭，审理涉军案件128件，挽回经济损失845万元。实施维护农民工劳动权益的十条措施，审理涉农民工案件426件，挽回经济损失863万元。实行未成年人犯罪案件集中管辖，审理未成年人犯罪案件572件，非监禁刑适用比例达51.21%。主动加强判后帮教对接工作，定期进行回访考察，促进了未成年人改过自新。在送法律“进学校、进军营、进企业、进社区、进农村”活动中，全市法院到近百所院校为3万余名师生开展法制讲座；走访驻军部队46次，为5 000余位官兵提供法律服务；走访286家企业，举办座谈会和讲座；深入699个社区、乡（镇）、村屯，针对民生热点问题，及时提供法律帮助。

【开展“审判管理推进年”活动】 加强案件审限管理，严格审限审批程序。建立法院综合工作绩效评价机制，对基层法院单项工作实行排序，加强对下指导，定期对审判执行差错案件进行评析，定期编发《审判质效评估通报》。开展“审判执行差错案件评析”和“千起案件评查”活动，两级法院共自查案件1 950件，复查案件236件。成立了司法鉴定专家咨询委员会，规范司法鉴定工作。市中级法院司法统计工作整体及全部审判管理单项工作均名列全省各中级人民法院首位，受到省高院通报表彰。

【法院信息化建设】 坚持“科技强院”方针，努力在公正、高效、便捷、为民上下工夫，推进硬件和软件的升级完善，提高信息处理能力。重点加快人民法庭的信息化建设。实现法庭与基层法院联网、专网电话和内网信息共享、庭审全程录音录像和远程取证。本着节能降耗、公开透明、堵塞漏洞、强化服务的原则，制定完善了行政管理的一系列规章制度。运用GPS系统加强车辆管理。

【队伍廉政建设】 签订党风廉政建设责任书，落实领导干部“一岗双责”职责。加强廉政警示教育，由服刑人员现身说法，增强教育效果。深入推进惩防体系建设，自查廉政风险点，制定防控措施，初步形成了以岗位为点、程序为线、制度为面的廉政风险防控机制，得到市纪委和省高级法院的肯定。召开加强软环境建设专题研讨会，实行明察暗访制度，改善司法作风，规范司法行为，促进了经济发展软环境建设。加大自查自纠力度，建立了法院内部审判管理与纪检监察联动查处长效机制，对发现的违法违纪苗头，早处理，早纠正。被市纪委评为“全市反腐倡廉教育工作先进单位”。

【机关建设】 以“三满意”机关建设活动为主线，结合政法系统“三满意”政法队伍建设，结合法院系统“人民法官为人民”活动，深入推进社会矛盾的化解、社会管理创新与公正廉洁司法三项重点工作。组织开展了“法院精神、法官形象、司法良知”主题大讨论，组织全体党员重温入党誓词，开展“争创党员先锋岗”活动。认真开展“向感动吉林十大人物之一的翟树全法官学习活动”，培植法官公正、廉洁、为民的司法核心价值观。市中级法院被评为“市直机关工会工作先进单位”和“市直机关先进基层党组织”，农安县法院哈拉海法庭翟树全法官荣获第七届“感动吉林”十大人物之一，荣立省高级法院一等功，被长春市委、市政府授予“扎根基层、执政为民的好法官”荣誉称号，获得长春市第三届敬业奉献道德模范，市勤廉标兵。

【加大司法民主与公开力度】 自觉向人大报告工作，主动接受政协民主监督，加强与人大代表、政协委员的联络，邀请人大代表、政协委员列席审委会活动6人1次，旁听研究案件6件，开展邀请人大代表、政协委员视察法院日活动3次，并完成了人大代表、政协委员千人大走访活动。邀请人大代表、政协委员、人民陪审员参加听证，人大代表建议、政协委员提案全部办结，并将整改落实情况当面向代表、委员回复。完成了新一届人民陪审员选任工作，进行了岗前培训，全市法院共邀请人民陪审员参审案件3 419件。开通了长春法院网，探索公开裁判文书，设立网上民意沟通信箱，公布了14个业务部门的便民诉讼服务电话。院长公开电话共接听1 083人次。制作《百姓与法》节目30期，已播出26期，并在节目中新开设了答疑热线。

【创建学习型法院】 出台了《关于创建学习型法院、培养研究型法官活动方案》，举办了“法官学术论坛”。召开专项业务会议，以会代训。选派优秀法官外出培训学习，组织年轻法官到立案、信访窗口岗位锻炼学习。安排优秀法官开观摩示范庭。设立了“审判、执行专家人才库”，建立“法官教师”队伍，通过传、帮、带的形式，推动队伍整体素质的提升。

（吴　丹）

司　法

【概况】 2010年，长春市司法行政工作以“创新发展年”为主线，紧紧围绕市委、市政府中心工作，认真贯彻落实中央政法委提出的深入推进社会矛盾化解、社会管理创新、公正廉洁执法3项重点工作。法律服务、法律保障、法律宣传等各项工作齐头并进，为促进全市经济发展、维护社会稳定做出了贡献。在省司法厅开展的绩效考评活动中，长春市司法局连续第八年被评为先进市（州）司法局。

【社区矫正和安置帮教工作】 选定绿园区和农安县先行试点，全力构建社区矫正和安置帮教组织领导、目标考核、制度保障、教育矫正、监督管理和帮扶救助六大工作体系，探索建立社区服刑人员和刑释解教人员多元化就业渠道，召开了全市社区矫正和安置帮教工作现场会，总结推广了“一区一县”社区矫正工作“三个纳入”和安置帮教工作“四个纳入”的成功经验。从市属劳教所抽调22名民警参与社区矫正和安置帮教工作，增加了社区矫正和安置帮教工作力量。全市14个县（市）区、开发区的156个乡（镇）（街道）全部试行社区矫正工作，累计接收社区服刑人员1 058人，接收释解人员3 159人，重新违法犯罪率控制在0.3%以内。市人大常委会作出了《关于全面试行社区矫正工作的决定》，这是中国地方人大通过的第一个具有地方法规性质的关于社区矫正工作的规范性文件，得到了司法部和省、市领导的充分肯定。

【监所管理教育改造工作】 扎实开展安全稳定、教育改造、刑罚执行等各项工作，努力提高监狱劳教工作水平，认真开展监管安全竞赛活动，进一步健全完善防控、排查、应急处置、领导责任和研判“五个机制”，落实各项监管措施，加强人防、物防、技防三道防线，做好对重点人员、重点部位、重点环节及“三大现场”的管控，加强突发事件应急演练，提高安全防范能力，市属监狱劳教所，连续第八年实现“四无”和“六个零”目标。认真贯彻监管工作首要标准，努力创新教育转化载体和形式，教育转化质量进一步提高。加强了服刑在教人员职业技能教育，先后开办商品营销员、家电维修、农产品经纪人等培训班，服刑在教人员获得社会承认的职业资格证书。积极开展社会帮教活动，协调长春市慈善会与监所联合开展了“慈善助春蕾，亲情促改造”帮教资助活动，对特困服刑人员和劳教人员进行了救助，发放了救助金。认真组织开展部级现代化文明监狱创建工作，监狱软硬件建设水平进一步提高。

【法律服务工作】 扎实开展“法律服务提升年”活动，积极介入长吉图开发开放先导区建设、企业改制重组、全市重大经济活动及民生工程等，为“全省泥草房改造”、“煤矿棚户区改造”、“百镇建设”等大型民生工程及西部风电、东北亚铁路、汽车产业园等大型项目提供了全方位的跟踪法律服务。深入开展“千名律师解千难”、“走进基层，服务民生”、“法律六进”等主题活动。全市律师全年办理案件 9 531 件。全市政府法律顾问团列席参加政府各种会议 306 次，完成各级政府交办任务 239 件。全市公证机构全年办理案件 87 288 件。全市司法鉴定机构全年办理案件 1 300 件。法律援助工作实行律师专业分组对口指派和“点援制”相结合的新模式及异地维权机制，与全国 42 个城市建立了协作关系，努力为社会弱势群体提供优质高效便捷的法律服务，全年完成法律援助案件 2 522 件，超额完成了市政府民生行动计划目标。148 信息网络平台全年发布信息 830 余条，登陆人数 96 万人次，受理法律咨询 5 200 人次。行政审批窗口全年完成审核及年检注册项目 541 件，及时办结率 100%。优秀调研成果被市委、市政府表彰和奖励。圆满完成了 2010 年国家司法考试长春考区考务工作。

市司法局深入开展法律援助活动

【社会矛盾化解工作】 加强调解组织建设，整合人民调解资源，注重矛盾纠纷预防，构建了四级人民调解组织网络体系，全市已建立各类调委会 2 597 个，其中在法院、公安、医疗、信访等行业建立人民调解组织 90 个，实现了人民调解与行政调解、司法调解的有机结合。在宽城区 171 个企事业单位中全部建立了人民调解组织，实现了全覆盖。全年共调处矛盾纠纷 34 618 件，成功率达 96.9%。为预防和减少矛盾纠纷，加强矛盾纠纷大排查工作力度，全市全面开展了对重点领域、重点区域、重点人群矛盾纠纷的大调解和大排查活动。全年组织开展矛盾纠纷大排查 7 732 人次，调解疑难复杂矛盾纠纷 2 112 件，防止群体性上访 332 件，防止群体性械斗 130 件。被司法部评为人民调解宣传工作先进单位。积极组织律师参与涉法、涉诉、信访接待，全年组织 380 名律师到市、县两级党委、政府信访部门上岗值班 315 次，解答处理法律咨询 2 000 余件。完成了省司法厅交办的 22 件重大涉法信访案件。

【普法依法治理工作】 突出各级领导干部、公务员、企业经营管理者、青少年和农民 5 个重点，深化“法律六进”活动，扎实开展“法治创建推进年”活动，全面启动“法治长春”创建活动，以整合宣传资源和培训队伍为载体，大力开展“五五”普法神州行长春媒体系列宣传活动，为普法依法治理规划营造了“条块结合、立体多元、普治并举”法治宣传教育网络，大力构建“三级联治”格局，完善“三级联创”制度，完成了对全市“五五”普法、“四五”依法治市工作和全市第二批 50 个“民主法治示范村”、30 个“民主法治社区”的检查验收。全面开展“法律进军营、校园、社区”活动。被市委、市政府、长春警备区评为拥军优属先进单位。“五五”普法期间，依法治理成效明显，被省依法治省办公室推荐为“全国法制宣传教育先进城市”。

【公正廉洁执法工作】 认真开展创先争

优,“认识新变化、推动新发展”主题研讨,“解放思想找差距、振奋精神促发展”主题活动以及“三满意”机关创建等,探索建立“三位一体”立体宣传格局,广泛开展“百日集中宣传”活动,隆重召开了“长春市司法局恢复重建30周年纪念大会”,表彰了一批爱岗敬业、公正执法的先进典型。成立了律师协会党委,建立完善了律师行业党的组织体系,扎实开展“创先争优”活动,强化律师行业党的思想建设、组织建设、作风建设、制度建设和反腐倡廉建设,先后得到了省委组织部、省司法厅、市委组织部创先争优领导小组的充分肯定。加强反腐倡廉教育,推进软环境和政行风建设,广大干警职工和法律服务工作者公正执法执业、廉洁从政意识明显增强。

【干部队伍建设】 立足干部队伍实际,市司法局党委严格把握程序、严密组织实施、严明工作纪律,坚持把择中选优贯穿始终,把公开透明贯穿始终,把强化监督贯穿始终,对处科级干部进行了较大规模的调整交流和选拔任用,共交流、提拔和晋升260人。一批德才兼备、作风过硬的优秀同志通过竞争上岗脱颖而出,优化了队伍结构,树立了正确导向,促进了事业发展,在局内外产生良好反响,受到了市委组织部和市委政法委的高度评价和充分肯定。

【对外协作交流】 2010年,随着全市司法行政事业的蓬勃发展,对外交流协作活动日益增多,市司法局接待了重庆、广州、沈阳等二十几个来长春市司法局参观考察的团(组)。同时,长春市司法局也曾派出学习考察组赴先进地区学习考察。2010年4月,应台湾台北市中山法律推广学会邀请,经国务院台办和司法部台办批准,由市司法局主要领导带领10个县(市)、区司法局长组成考察团,赴台湾就公证制度进行了考察。在台期间,考察团受到了台北市中山法律推广学会、台北市地方法院及台湾“立法院”的热烈欢迎和盛情接待,加强了海峡两岸司法界的沟通与交流,考察活动取得圆满成功。

(周晓亮　熊　强)

城建　环保

城建　环保

综　述

2010年，长春市建设系统按照市委、市政府的部署，克难攻坚，狠抓落实，完成了各项任务，城市建设取得了较好成绩。1、完成重点项目建设计划。围绕提升城市承载能力，投资62亿元，重点实施了“十路、八桥、两出口、两车站”建设工程。地铁1号、2号线立项获国务院批准；轻轨4号线伪满皇宫至南四环段试通车；长吉城际铁路正式通车。国道102线长春至德惠段一级公路、省道长吉北线长春至九台段一级公路、长松高速公路长春连线工程建成通车。新建农村公路880公里。2、建筑与房地产业快速发展。积极扶持建筑企业发展，全市建筑企业达到1 300户，从业人员32万人，分别比2009年增长9.7%和10.3%。15项工程在哈尔滨、沈阳、长春三市优质观摩工程活动中荣获金、银奖，27项工程在哈尔滨、大连、长春三市建设安全联检活动中荣获金、银牌。完成建筑业总产值700亿元，实现增加值320亿元，分别比2009年增长14.8%和13.1%，增加值占全市国民生产总值比重达9.01%。认真落实房地产调控政策，推动房地产业健康持续发展。完成房地产开发投资542.8亿元，施工面积2 773.8万平方米，分别比2009年增长22.3%和31.1%。房地产投资占全市固定资产投资的比重达到25%。加强了房屋交易市场规范管理和住房公积金监管，住房公积金归集额达到46.11亿元，个人贷款额达到32.75亿元，分别比2009年增长24%和18%。物业管理面积达到6 474万平方米，接收改造弃管小区29个。对117万平方米未登记住宅进行备案，办理房屋产权211万平方米。3、生态环境进一步改善。启动了新一轮伊通河综合整治，37项工程顺利实施。实施了串湖水系、宋家排水明沟、小南排水明沟综合治理，新建改造污水管网131公里。4县(市)污水处理厂竣工投入使用。新建长东北、新立城、净月生态湿地，实施了伊通河境静园、城市风情园、动植物公园、长春公园、南湖公园、文化广场改造工程。新植绿地57块、街路32条，彩化街路100条，新增绿地617公顷。规范牌匾10 964处，拆除6 093块违规户外广告、清理2 265辆公交车体广告。加大城管行政执法力度，清理取缔马路市场、违章占道经营、露天烧烤3.5万处。加强道路机械化清扫。城市生活垃圾处理中心(一期)、北郊污泥处置场建成投入使用。4、民生工程有效落实。大规模实施了“暖房子”工程，撤并改造小型锅炉房584座，扩建调峰锅炉房6座，改造供热管网418公里，新增集中供热能力3 055万平方米。既有建筑楼体保温改造1 155栋、610万平方米，近10万套住宅保温能力明显提升。安装热计量面积221万平方米。制定实施供热特许经营管理办法，重点对52 %的供热点进行在线监控。拆除棚户区及危旧房253万平方米，2.5万户居民住房条件得到改善。建设保障性住房5 686套、28万平方米。发放住房租赁补贴1亿元、43 373户。实物配租解决374户住房困难家庭。开工建设第五净水厂，改造二次供水外网22.3公里、内网249公里，接收二次供水设施260个，基本完成引松工程维修改造任务。天然气外环高压管网一期工程竣工，新建、改造燃气管线320公里，新增燃气用户6.3万户。调整延长公交线路6条，更新公交车333辆，投放新能源公交车100辆，更新出租车2 300辆。对运营的1 120辆公交车安装采暖装置。5、规划与国土保障能力增强。《长春市城市总体规划(2010～2020)》通过国务院各部、委的审查。编制完成了《长春市城市综合交通体系规划》。中心城区445平方公里控制性详规方案基本完成，从战略规划和空间布局上明确了城市发展的方向和重点。加强了规划监管，拆除违法建筑117万平方米。城科会就城市基础设施重大项目开展了一系列卓有成效的研究、咨询和论证工作。新一轮土地利用总体规划大纲通过国土资源部审核，并上报国务院审批。新增建设用地5 426万平方米，供应国有建设用地3 208万平方米，合同成交额307.5亿元，上缴市财政255亿元，再创历史新高。收储土地447万平方米，新增耕地11 259公顷，有力地保障了经济社会发展。城开、润德两大融资平台创新融资方式，拓宽融资渠道，强化融资能力，全年融资56亿元，保障了重点项目开工建设。

（周卫涛）

城市规划

【规划编制】 为落实国家振兴东北、长吉图开发开放以及长吉一体化战略，促进区域城市协调发展，补充了区域协调发展和城乡统筹规划，明确了以长春市为核心的区域城市圈层结构，进一步促进区域经济产业、生态环境、基础设施等方面的协调发展。同时将长吉一体化内容纳入总体规划，统筹考虑长吉之间的城镇群体组织。到2020年，长吉经济区将构建“两核、三带、四轴、十群”的区域发展新格局，建设以长春、吉林为核心的长吉一体化都市圈，充分发挥长吉都市圈的核心带动和辐射作用，引领全省的城市化进程，努力打造东北亚区域的重要都市。1、组织完成了总体规划的修改和报批。长春市《城市总体规划(2005～2020)》编制完成上报国务院后，依据相关部委意见，对城市总体规划进行补充完善。通过召开《长春市城市总体规划(2010~2020)》专家咨询会，进一步明确了修改后总体规划的各项原则，落实了绿色宜居城市的规划目标。新一轮城市总体规划于9月29日通过了第四十二次城市总体规划部际联席会议的审查，已经由住建部上报国务院审批。2、推进乡(镇)总体规划。为了使26乡(镇)总体规划更好的结合"十二五"规划以及切合发展实际情况，专门向各区、开发区、乡(镇)政府对乡(镇)总体规划(草案)中需要补充完善的内容征求意见，进一步提高乡(镇)规划编制的科学性，建立了城乡协调发展的规划体制。3、补充完善控制性详细规划。2010年着力推进了控制性详细规划的细化完善工作，推进了依据控制性详细规划进行规划管理的步伐。在整个中心城区已经实现了按控详规划(草案)提出规划条件，使全市的规划管理进入新的阶段。2010年，按照市政府的计划，市规划局还加大力度深入研究伊通河全段综合改造建设规划，配合规划展馆的规划研究工作，聘请国内著名设计大师完成规划展览馆设计方案，使规划设计成果水平再上一个台阶。4、推进县(市)总体规划的编制。农安县、九台市城市总体规划纲要已完成；榆树市、德惠市城市总体规划成果已完成并已向省政府报批。5、加强交通设施建设研究。完成了《长春市未来五年交通发展规划(草案)》，明确了工作目标，确定了工作任务，为长春市未来五年交通基础设施建设提供了有力保障。

【规划管理】 1、实施集中拆除违法建筑行动。作为2010年，市委、市政府提出"奋战150天工作市容环境综合整治行动"任务之一，按照统一部署，制定了《违法建筑拆除整治专项工作方案》。共下达拆违公告和通知书近40 000件，出动4 800多人次进行宣传动员和督促自拆、助拆。全市已拆除各类违法建筑近117万平方米，超过了计划的60万平方米，极大地改善了城市市容环境。2、做好规划服务，确保重大建设项目的规划落实。在服务2010年150个重大项目工作中，认真开展项目前期调查，主动联系项目投资建设主体，开辟绿色通道，全力为推进大项目建设提供规划服务。在需要市规划局提供规划服务的127个项目中，有80个项目已经核发了各类规划许可。坚持依法行政，严格执行规划行政许可流程，认真执行受理报件和核发许可的规定，按时完成棚户区改造项目、廉租房、廉价房、商务综合体等项目的受理、综合协调、核发许可工作。核发《建设用地规划许可证》543件；核发《建设工程规划许可证》486件；全年办理的建设用地规划许可面积3 100公顷，比2009年增长40%，办理建设工程规划许可面积2 170万平方米，比2009年增长25%。

【历史街区和建筑保护】 经省政府批准，长春市具有了第一批包括人民大街、新民大街、伪皇宫、南广场、一汽厂区和生活区以及沙俄铁路共6处历史文化街区，并启动长春市申报历史文化名城的工作。2010年重点恢复整治5处历史街区，通过学习先进城市的经验，强调保护特色历史风貌，改善居住环境，恢复经济活力，在此基础上恢复建设南广场、人民大街北段、汽车厂生活区等具有独特风情的历史街区。并且具体制定了历史街区修复建设的具体规划和实施措施。这项工作已经得到人大代表和政协委员的肯定。

【雕塑规划建设管理】 2010年第十一届国际雕塑作品邀请展由汽车产业开发区承办。确定邀请来自5大洲26个国家和地区的雕塑家来长春现场创作31件作品。国内确定送展24件雕塑作品。9月29日，在长春国际汽车公园举行了开园仪式和第十一届中国长春国际雕塑作品邀请展揭幕仪式。2010年长春市在雕塑艺术馆中建设了王克庆艺术博物馆，共收藏王先生捐献给长春市政府的雕塑作品76件，另有绘画作品35幅，手稿、用品等100余件，作品图片50余幅收入馆藏。同时还发行了《王克庆艺术作品集》。

【测绘管理】 根据全省测绘工作会议的要求，组织落实长春市"十二五"基础测绘规划编制，对"十二五"基础测绘规划涉及的任务进行分解，召开了动员会落实任务，明确了工作职责。长春市的"十二五"基础测绘规划的初稿已编制完成，待吉林省测绘规划批准后，进一步补充完善并定稿后上报市政府批准。按照规划，全年进一步推进了基础测绘和提供地理信息服务的工作，奠定了建立数字城市的技术基础。

【专项治理】 按照国家、省、市关于工程建设领域突出问题专项治理工作的总体部署，深入开展了建设领域突出问题专项治理活动。对3年以来政府投资和利用国有资金500万元以上、及非政府投资3 000万元以上的项目以及2年以来的所有房地产项目，逐个进行了清理检查，发现在1 846个项目中不同程度存在问题的有221个。截至2010年底，已经全部整改到位的有194个，追缴罚款105万元。

(王国志)

城市建设

【概况】 2010年，长春市城市建设工作紧紧围绕加快"三城两区"建设发展、保障和改善民生，完成城建重点工程投资61.9亿元(不含轻轨、村镇建设和政府投资代建工程)，比2009年增长23.8%，是历史上投资最多的一年。

【"十路、八桥、两出口、两车站"建设工程】 四环路顺利实现通车；对洋浦大街、达新路、西部主干道、迎宾路、临河街、西三环路等6条道路进行了改造；完成了远达大街北延长线拆迁和机场大道高架桥(远达大街－洋浦大街)拆迁年度任务，并开始施工；南湖中街打通断头路年底前可完成排水设施建设。建成了亚泰大街上跨解放大路、南湖大路高架桥；北四环路下穿北亚泰大街桥、硅谷大街互通立交桥完成了主体工程；凯旋路上跨北四环路高架桥年底前完成主体工程；亚泰大街与光复路高架桥、飞跃路下穿京哈铁路桥、一匡街下穿长白铁路桥

亚泰大街上跨解放大路高架桥

完成年度拆迁任务，其中，飞跃路下穿京哈铁路桥开始施工，一匡街下穿长白铁路桥年底前可完成混凝土框构预制。吉林大路出入口(含长石公路)拆迁已基本结束。长白公路出入口居民拆迁基本完成。长春站综合交通换乘中心枢纽北广场完成主体工程，提前实现主体封闭；长春西站综合交通换乘中心南广场完成主体工程的35%，实现年度目标。轻轨三期工程的伪满皇宫至南四环段达到试通车条件；地铁一号线立项已获国务院批准；长吉城际铁路征地拆迁已结束；哈大客运专线及其联络线征地已完成。

【主要交通节点改造和打通断头路工程】 对卫星路与东岭街等7个路口进行改造，打通了桦甸街断头路；公平路跨伊通河桥年底前完成主体施工；繁荣路跨伊通河桥主桥已基本完成，年底前完成桥梁下部结构部分；远达大桥改造工程完成了桥梁下部加固；孟家广场改造完成拆迁任务。

【道路大中修及维护工程】 全年完成道路大中修128条，维护及小修街路543条，街路精细化改造15条，维护桥梁32座，商圈道路维护84条。

【环境建设改造工程】 伊通河综合改造全面启动，干管截流改造、公平桥和繁荣桥等12项工程开工建设。完成了串湖水系综合治理及污水截流工程(翟家明沟)和宋家明沟、小南明沟的污水管线铺设。城市生活垃圾处理中心一期工程正式启用，可日处理生活垃圾2 600吨。长春公园、动植物公园改造基本完成；新建大块绿地64块，59公顷。深入开展了150天市容环境综合整治行动。共完成老旧楼体保温改造1 155栋，500多万平方米，老旧楼体清洗、粉刷273栋；高标准改造精品街路15条；完成了吉林大路、长白公路出入口和宋家、小南等明沟的年度改造任务；建筑工地围挡和现场管理水平全面提升。通过开展整治行动，城市面貌、人居环境、市容景观大为改善。

【村镇建设工程】 完成乡(镇)市政基础设施投资新建改建道路(不含村村通公路)463公里，新建桥梁113座，新建改建排水管线(含明沟)130万米，新建供水管线230米，新装路灯1 582盏，新建改建卫生厕所10 565座。

【建筑业】 全年完成建筑业总产值700亿元、增加值320亿元，同比分别增长15%和13%。依法加强招投标监督管理，项目应招标率、应公开招标率、管理率均达到100%。全市开工建设工程3 313个，总建筑面积2 632万平方米，签订合同额1 396亿元，新签订合同额725亿，结转合同额671亿元。从业人数达到28万人，上缴税金6.7亿；市外承建工程数量达到807项，产值达到304亿元；产值超亿元企业达到39家，一级以上企业施工产值占总产值的65%(含开发区建设项目)。1、“双拖欠”工作。全年共清理解决拖欠工程款5 700多万元，启动农民工工资保障金解决农民工工资800万元，建设主管部门协助劳动监察部门清理解决农民工工资2 200万元。经过两次大规模在建工程检查，查出拖欠隐患单位33家。2、加快信用体系建设。建立“无拖欠诚信工地”制度，长春市城市建设主管部门与各工程主体签订《无拖欠诚信工地承诺书》105份，在长春市83个施工现场设置了“无拖欠诚信工地”标牌，扩大了建筑农民工的投诉举报渠道，使拖欠问题进入“阳光”程序。完善了“长春市建筑市场信用与监管平台”，使统计、查询、录入、导出功能更加强大，并拟与政府投资信用监管平台实行对接。3、实行重大项目领办制度。建筑业主管部门对工程项目会签实行全程领办制度，用最短的时间完成施工许可证手续。并且扩大领办范围，除现有4类工程，还将涉及到水、电、燃气、交通等民生项目纳入其中，优先办理、集中审批、限时办结，为这些项目提前开工争得宝贵时间。为加快办事节奏，对轻轨、“暖房子”等项目，在一次性收费等方面实行一事一议、特事特办，最大限度地方便服务对象，确保重点工程项目提前开工建设。全年共为56家单位领办，涉及项目达到1 300多项(含暖房子1 000项)。4、提高建筑队伍素质。建筑业主管部门全年共组织建筑农民工培训鉴定6期，培训鉴定3.5万人，开展外墙保温人员培训306人。长春市城乡建设委员会与市人力资源和社会保障局、市总工会和共青团长春市委共同组织的“吉林建工杯”第三届建筑业职业技能大赛，有38家企业、189名建筑工人参赛，46名选手获奖，其中6名获奖选手获得“五·一劳动奖章”。5、建筑企业市场化程度高。对于本地企业采取扶持政策，建筑业主管部门充分贯彻吉林省住房和城乡建设厅“企业提升计划”，积极开拓国内市场，为企业发展提供优质服务。建筑业市场地域范围、涉足专业领域不断扩大,业务遍及10多个省份,多个国家和地区,“走出去”企业数量不断增多,2010年全市有30多家施工企业在省外施工,产值达到280亿元。由于长春市建筑市场环境不断好转,“请进来”企业不断增多。2010年共受理外省入长备案企业142家,入长建造师备案760名,技术人员1 452人。单项工程拟投标备案443项,中标113项。分公司备案到期上网公示36家。建筑业主管部门优化各类出入长办事指南,制定了“外地施工企业办事流程图”。

(周卫涛)

城市管理

【市容管理】 2010年,按照市政府的统一部署,与市法制办、市工商局等部门密切配合,坚持高标准规划,严格法定程序,科学组织拆除,平稳有序推进户外广告牌匾整治工作。全市共拆除户外广告6 093块,其中,楼顶广告833块、大型墙体广告969块、跨街广告79块、擎天柱广告72块。组织各城区、开发区拆除牌匾11 411块,更新牌匾8 605块。由于组织严密,调度有序,监管到位,户外广告整治工作未发生一起安全事故,未引发一起暴力抗法事件。打击非法广告工作保持平稳态势,重点在巩固成果上下功夫,见成效。1、发挥市公安局城管治安支队和各区公安分局城管治安科作用,实施源头打击,深挖制贩假证照的团伙窝点。2、充分发挥专业队伍的作用,提高清刷覆盖质量。3、加强与电信部门沟通,提高追呼停机非法广告通讯号码的数量。4、在市区主要街路两侧设置公益信息栏,畅通市民生活信息发布渠道。全年共破获非法广告刑事案件44起,拘留58人,捕诉28人;清刷覆盖非法广告22万余处、追呼停机电话号码126个,设置公益信息栏16个,有效遏制了非法广告的传播和蔓延。综合整治占道经营成效显著,坚持堵疏结合、强化长效,形成了“以区为主,部门联动,区域包保,高位监督”的工作机制,各类违规占道行为得到有效控制。全年清理取缔马路市场176处,清理违章占道生产加工21 883处,清理摊亭床185处,教育规劝违规人员10万余名。在整治活动中,坚持以人为本,注重宣传教育,共走访重点业户1 000余家,发放《致全体市民及经营业户的一封信》7 500余份,最大限度地得到了市民和经营业户的理解和支持。

【环卫管理】 1、加强清扫保洁工作。“夜扫”作业范围由95条街路、327万平方米增加到113条街路、430万平方米,重点部位实行24小时保洁;新增多功能道路洗扫车21台,机械化清扫面积由975万平方米增至1 350万平方米,机械化清扫率由22.6%提升至31.4%。2、创新垃圾收集运输模式。将垃圾压缩车调度权直接下放保洁分队,初步解决了生活垃圾滞留时间长的问题;新增移动式垃圾转运箱16个,提高了区域垃圾收运能力。3、加强了公厕管理。维修改造公厕179余座,粉刷公厕291座,在128座公厕周边实施了绿化,公厕完好率、开放率达98%。4、强化建筑垃圾管理。与建委、交警等部门紧密配合。对全市83处出土工地实施了重点监管,查扣处理违规车辆731台次。5、开展了“春风行动”。对居民区、背街小巷和城乡接合部进行全面清理,累计出动保洁员21万人次,车辆3 680台次,清理各类垃圾12 700多吨,清刨冰雹430个,清掏旱厕粪便180多吨,环境卫生质量得到明显提高。1月至4月份,长春市降雪12场,降水量40毫米,高于2009年同期水平;11月至12月,较大降雪7场,降水量66.1毫米,是2009年同期的2倍多。坚持“以雪为令,雪降即动,雪中清雪,夜间清雪,先通后清”的原则,采取人工清雪与机械清雪相结合的方式,累计出动环卫工人36.5万人次,出动各类清雪机械5 428台次,基本做到了小雪当日、中雪5日、大雪7日清运完毕,为保证交通畅通,维护长春市正常的生产生活秩序发挥了重要作用。蘑菇沟垃圾场一期工程2010年10月19日建成并投入使用。工程总计爆破山体150万立方米,开挖土方312万立方米,完成生活区、调节水池等配套设施5 020.82平方米(建筑面积),铺设防渗系统26万平方米,建设防洪系统3 575米,修筑进场道路8.7公里。蘑菇沟垃圾场的投入使用,从根本上解决了长春市垃圾处理能力严重不足的问题。实施了三道、裴家两个垃圾场的增容工作,实现了新老垃圾场的有序衔接。此外,进一步强化了生活垃圾处理费收缴工作,全年收缴生活垃圾处理费3 011万元,比2009年同期增长43%。

(刘少群)

拆除户外市容广告

城市公用事业

【概况】 2010年，市政公用局承担着民生行动计划中的16项工作任务，围绕"两个支撑，一个建设"的主线重点展开：1、通过法律支撑明确市政公用工作定位。2010年围绕市政设施、供热管理相继制定出台了3部法规。11月1日，《长春市市政设施管理条例》正式颁布实施，新《条例》涵盖了市政设施规划和建设管理、城市道路及其设施管理等10个方面共83条，为市政设施规范化、精细化管理提供了法律依据。8月份，制定出台了《长春市机动车停车场管理办法》，正式接受公共停车泊位1 950个，对加强机动车停车场管理，规范车辆停放，维护交通秩序起到积极作用。"暖房子"工程开始实施后，《长春市供热特许经营实施办法》经市政府第31次常务会讨论通过，于11月1日起发布实施，标志着长春市正式建立起规范的供热市场准入和退出制度。正在起草过程中的《长春市燃气条例》初稿已经完成，12月份正式报市政府常务会审议。市政公用行业各专项规划也进行了调整充实，《长春市燃气专项规划》已完成数据采集工作，《长春市主城区城市照明专项规划》初稿也已经完成。2、通过技术支撑丰富了市政公用监管手段。2010年，市政府投资2 000万元开始进行地下管网普查和系统平台建设，力争用3年时间把城市管理纳入数字化、网格化、信息化轨道。10月21日，市政公用综合监管信息系统基础硬件调试完毕，进入试运行阶段。市政公用综合监管信息系统一期工程，完成了供热在线监控、市政管线综合管理、12319城建投诉受理3个系统的调试运行。2010年采暖期，市政公用综合监管信息系统对全市6 000万平方米供热运行情况，实现在线实时监测，约占长春市供热总面积的52%，涵盖了长春市5个电厂，400余个换热站、38个锅炉房。完成了44个供热企业，60个热源点，857个换热站、53 000余用户的信息录入，建立了44个供热企业的供热档案。3、建设暖房子工程提高了城市生存能力。2010年年初，省委、省政府、市委、市政府启动了"暖房子"工程，"暖房子"工程作为一项系统工程，围绕"一个建设、三个改造、一个监管"的重点任务全面推进，即，热源能力建设、既有居住建筑节能改造、供热管网改造、分散采暖锅炉房改造和供热质量监管。2010年，城区供热整体水平显著提高，暖房子工程成为市民的暖心、放心、畅心工程。

【市政设施】 1、全力抓好市政设施维修养护工程，提升城市承载能力。①道路桥梁维修养护工程。2010年对市区510条道路进行了小修；对109条道路进行了大中修；对33座桥梁进行了维护；对17座桥梁进行了检测。处理了城市道路的坑槽，翻浆、沉陷、步道方砖凸凹不平，边界石倾斜的等病害，保证道路的完好。改造更换街路牌3 000套；采用新工艺对市区道路上10 000套凹凸不平的排水检查井井具进行了调整。②排水设施维修养护工程。清掏疏通市政排水管网3 120公里，清掏污水检查井75 426座，雨水收水井73 818座，明沟清淤11条，共计3 816米；翻建改造市政排水管线6 495.2米，翻建及调整污水检查井及雨水收水井1 000多座；维护改造34处弃管住宅区排水问题，清掏弃管住宅区排水管线29 023米，检查井4 176座，翻建改造排水管线2 858米。解决建设街小肥羊门前、三角广场、锦水路市公安局附近、大经路平治街口等35处较严重积水位置。2、精心打造惠民便民工程，改善居民生活环境质量。对影响百姓出行街路和弃管小区市政设施进行了改造，共改造道路22条，面积完成总面积27 710平方米；铺设方砖路面52条，面积27 715平方米。弃管小区工程。完成弃管小区工程有乐群东宿舍、职工新村社区、南岭解困小区、绿园安居小区、朝中宿舍、南湖大路附近小区共6处。管沟复原工程。截至10月底，复原道路67 731平方米，复原方砖50 157平方米。复原土路408平方米，复原边界石5 412米。3、积极开展奋战150天市容环境综合整治行动，改善重点街区面貌。按照奋战150天市容环境综合整治总指挥部的部署，市政设施维护管理中心对重庆商圈、桂林商圈实施改造，共完成7条街路，罩面11 401平方米，调整检查井155座，调整雨水井37座，边界石砌筑5 361米，方砖铺设16 399平方米，大理石铺装5 961平方米，台阶翻建105立方米，安装造型美观景观灯33套，LED节能环保灯具43套。对拆违后裸露地面进行铺装，已完成方砖铺装面积7 849平方米，新建火烧板420平方米，新建挡墙280立方米，界石砌筑318米。4、城区防汛取得圆满胜利。2010年的7、8月份长春市区降雨量为482毫米，是长春气象台1951年建站以来的第3位。连续3次大暴雨使城市基础设施经受住了考验，全市道路交通和市民生活受到严重影响，设在维管中心的城区防汛指挥部，科学组织、奋力抢险、严防死守，有力地保证了国家财产和人员的安全。市政设施维护管理中心被评为全省防汛抗洪抢险救灾先进单位。5、应急响应，市政抢险及时到位。长春市市政公用设施抢险大队2010年在城区防汛抢险、人民大街塌陷抢险、光复路大火抢险、大经路楼房倒塌抢险等应急抢险过程中发挥了积极的作用。7月29日，人民大街慢车道、紫金花饭店对面的管线破裂造成的路面塌陷，抢险人员、设备半个小时到达现场，实施抢修。8月1日，接到救援饮马河指示，抢险大队迅速组织20人抢险队伍，出动4台移动泵站前往长吉公路南线饮马河大桥抗洪现场，坚守了100个小时，直至灾区恢复供电，区域内泵站可以正常运转；8月20日长春大街和大经路交汇处的管线破裂造成的路面塌陷进行抢修；在大经路楼房倒塌事故中，抢险大队的抢险设备第一时间到达现场。

【"暖房子"工程】 2010年初，省委、省政府决定启动"暖房子"工程，长春市结合加快发展、改善民生、建好城市、促进和谐四大重点工作，精心组织，大力实施了这一工程。列入2010年"暖房子"工程的目标任务的项目，都已全面超额完成，经2010年采暖期供热以来2个多月的实践检验，供热保障能力、热网运行的安全稳定性、用户室温改善等多方面情况表明,"暖房子"工程的实施,对提高长春市供热整体水平起到了重要作用。1、加快集中供热能力建设。针对热电一厂、热电二厂热网超负荷和部分区域供热能力不足的实际情况,长春市决定加快集中供热能力建设,改扩建6座热网调峰锅炉房,新改扩建11座大型区域锅炉房,重点解决一热、二热热网安全稳定运行、新建项目用热和拆并分散采暖锅炉房所需热源。为此,按照"暖房子"实施方案确定的新改扩建热源项目,协调相关供热企业,调整了原来的计划。并与供热主管部门签订了目标责任书。为落实热电厂方面的热源保证,一热、二热、三热、四热等4家热电厂还与市长签订了目标责任书。各项目单位自筹资金,迅速落实各项工程,市供热主管部门按项目进度计划跟踪督导,市领导多次现场检查,及时帮助企业解决工程中遇到的问题,到2010年采暖期开栓前,除永春锅炉房需稍后完工外,机车厂锅炉房,东岭锅炉房,滨河西锅炉,柴油机锅炉房,长白锅炉房等其他5座调峰锅炉房都按期完工,具备供热调峰运行条件,在热电一、二厂热网范围内新增1 220万平方米的供热和调峰能力。为了满足新建用热项目和拆并小锅炉房的供热能力需求,长春市还加大了对城区内新、改、扩建的11座区域锅炉房的支持和督导力度。到10月15日,新改扩建的天嘉锅炉房、远达锅炉房、绿地锅炉房、二二八厂锅炉房、西中华锅炉房、普阳街锅炉房、迎宾路锅炉房、新城锅炉房、长东北锅炉房、铁路锅炉房、嘉润热力锅炉房达到投产供热要求,新增1 375万平方米供热能力。此外,在2010年~2011年采暖期投入使用的还有宇光能源公司新上的2台单台230吨蒸汽锅炉。这样,城区集中供热热源共新增装机容量2 138兆瓦,可以保障3 100万平方米以上的供热面积。2、配套推进既有居住建筑热计量和节能改造。按照省"暖房办"的要求,长春市本着解决供热问题与市容环境综合整治相结合,重点解决老旧楼、群众反映突出供热问题的原则,制定了既有居住建筑热计量和节能改造方案。由市建委会同各城区组织实施房屋围护构的节能改造,由市政公用局会同各城区组织实施热计量改造,在"方案"审查、产品、材料选购、施工、监理等环节,严格把关,确保工程质量。到10月20日,列入年度计划的热计量和节能改造工程全部完工。年内共完成既有建筑节能改造1 155栋610万平方米,其中有427栋,221万平方米房屋配套实施了热计量和节能改造,超额10.5%。完成了吉林省下达的200万平方米热计量和节能改造任务。为保证改造的楼栋真正暖起来,各城区还为大量没有楼道门的楼房安装了防盗门。按照热计量设计要求,结合管网热平衡,对部分严重老化的供热二次网和楼内采暖系统,同步采取措施进行了更新改造。为加快推进供热计量改革,在2010年采暖期到来之前,长春市制定出台了《计量供热收费价格标准》,有12个既有住宅小区(供热面积145万平方米),试行按热量收费。按照文件规定,已经先按面积预收了热费,采暖期过后,按用热量多退少补。3、扎实推进分散采暖锅炉房并网改造。年初以来,市、区供热主管部门组织供热企业、街道、社区对列入计划的分散锅炉房全部进行了现场调查,取得了并网改造所需的详细资料,根据热源能力、路由条件,施工条件等情况,分别编制了可研方案,协调原供热单位给予配合,出色地完成了任务。2010年~2011年采暖期,长春市共并网分散采暖锅炉房204座,另外,有380座锅炉房设施已经严重老化,但由于热源能力、管网条件等原因,暂不具备并网条件。为解决好这些供热点居民采暖问题,由各城区协调相关供热单位按照确保达标供热的要求,对锅炉、管网、包括楼内采暖系统进行了维修改造。到2010年~2011年采暖期开栓之前,长春市并网改造分散锅炉房达584座,按省下达分散小锅炉房并网改造305座任务,超额91.48%,使351 492户居民采暖条件得到不同程度的改善。4、大力实施供热管网改造。2010年,长春市完成供热管网改造418公里,按吉林省下达管网改造154公里任务,超额171.43%。为了提高热网运行的均衡稳定性,热电二厂实施了出厂母管改造工程,2010年~2011年采暖期投入使用后,对热网的均衡稳定运行起到重要作用。同时,还有21家区域锅炉集中供热企业对已严重老化、故障率高的集中供热主、支线管网进行了改造,这些热网运行情况也明显好于往年。此外,结合小锅炉房并网改造和既有建筑节能改造,还对部分管网已经严重老化,跑冒滴漏严重、供热效果差、群众反映突出的小区,楼前管网和楼内管网进行了更新改造。各城区在全面普查的基础上,组织企业对1 485栋污水浸泡的地沟进行了清掏。并网的项目单位或供热单位,对采暖管道进行了更新、改造工程量达67.5公里,楼内采暖系统状况明显改善。同等供热条件下,住户室温明显提高。5、整顿规范供热秩序。加强了对供热市场的监管。①出台了一系列规范城区供热秩序的文件,《长春市供热特许经营实施办法》,自11月1日起发布实施,正式建立起规范的供热市场准入和退出制度;按照国家和省政府的要求,由市发改委和市政公用局共同出台了计量供热价格标准,在推进建筑节能和供热技术进步等方面在东北省会城市中率先迈出了关键的一步;针对供热企业和热用户反映的供热价格及相关问题,由市发改委和市政公用局联合下发了《关于规范长春市城区供热价格及有关问题的通知》;针对市民反映比较突出的室温不达标退费问题,由市政公用局、市发改发研究制定了《住宅供热温度检测和退费有关事项的通知》,使供热质量状况的认定和责任追究更切合实际,更有约束力;全面推行供用热格式合同,市、区两级供热主管部门进一步强化供用热合同的签订和履行各个环节的监督,加强违章供用热行为的查处。②建立市、区两级供热管理体制。上个采暖期结束后,市、区两级供热主管部门结合实施暖房子工程,对存在突出问题的小区、供热点进行了全面排查,共排查出189处(供热面积860万平方米、涉及居民13万户)存在供热质量不达标、设施严重老化、房屋保温差,以及存在供热纠纷的小区、供热点,对解决这些问题,市长崔杰、副市长王学战高度重视,要求市政公用局和各相关城区限期解决，并多次召集会议，了解工作进度，协调解决关键问题。市政公用局会同各城区结合暖房子工程项目的实施，采取并网、改造设施、实施托管等措施，使这些问题全部得到妥善解决。在采暖期供热运行服务的监管上，各城区、开发区对辖区内所有供热点运行情况，实行跟踪检查、监督，随时受理居民投诉、测温，进一步提高了供热管理的及时性、有效性。③建立了市一级供热信息化监管平台，结合市政公用数字化平台建设同步落实，5 座热电厂、17 座区域集中供热锅炉房，110 个换热站实施了在线监测，覆盖供热面积 5 000 多万平方米。发现异常情况，市、区供热管理部门可以随时调度，督促相关供热企业立即进行整改。通过实施"暖房子"工程，长春市供热保障能力明显增强，2010 年～2011 年采暖期按期开栓率达到 97%创历史最好水平，保证了城区供热局势的基本稳定。全市 6 座热电厂有 4 座持续正常供热，热电二厂、热电四厂在 12 月上、中旬虽发生临时设备故障和"棚煤"故障，但由于及时抢修，并及时启动调峰热源，未对热网用户正常生活造成大的影响，"暖房子"工程改扩建的调峰热源，在保证热网安全运行和供热局势稳定方面，发挥了关键作用。市区 52 座区域锅炉房和多数分散采暖锅炉房运行正常，故障率明显低于往年，用户室温状况普遍好于往年。自 10 月 25 日至 12 月末，市长公开电话和市、区供热管理部门受理供热投诉 4 620 件，比 2009 年同期减少 24%，"暖房子"工程的惠民效应，得到广大市民的肯定和认同。

【供热大走访】 按照市委、市政府《关于做好新形势下群众工作集中开展大走访活动的方案》，2010 年 11 月 19 日，长春市市政公用局"供热大走访活动"再动员部署会议召开，全市规模的供热大走访工作启动。这是长春市有供热发展史以来，第一次大规模地深入群众的工作走访和调查。供热大走访活动从 11 月 15 日开始，到 1 月 16 日结束。通过走访，6 个工作组共访问 220 个社区 13 045 户住户，发放调查问卷 14 300 份、供热知识手册 5 100 份，新查找出供热问题 64 处，均已妥善处理。

【城市供水节水】 加强集中式生活饮用水设施的水质监测，按季度对二次供水设施管理单位进行巡回检查，共采集化验水样 7 867 份，处理供水安全隐患 3 处，有效地保证了供水安全，未发生水污染事件。2010 年由长春水务集团接收改造 260 座散小泵站。重点工程建设稳步推进，长春市污泥处置工程于 10 月投产运行，实现日 400 吨污泥处理能力，从吉林省建设厅为企业争取到 500 万元资金支持。长春市第五净水厂进入全面建设阶段，已完成原水管线建设 21 公里，市区配水管网完成 27.56 公里。南部污水处理厂再生水工程完成了 12 公里输水管线工程，已向二、三热电厂供水。基本完成引松工程维修改造任务，达到通车调水要求，可进一步保障全市的原水需求。1 150 个市政供水单位实现了计划用水管理，计划用水管理率 99%，计划用水量占城市非居民用水量的 80%。其中 85%的用水单位实现了计划内用水，全市全年计划节水量达到 590 万立方米，全年收缴超计划用水加价水费 150 万元。计划节水管理范围和计划节水量略超 2009 年，加价水费收缴总额低于 2009 年。开展 2010 年"吉林省暨长春市全国城市节水宣传周"活动，扩大全社会节水宣传。切实提高用水效率和用水效益，主要用水设施维护到位，完好率达 90%以上，节水器具安装使用率达 99%，现代节水技术、工艺和设备不断推广应用，全市工业用水重复利用率达 70%以上，工业万元产值取水量降至 35 立方米左右，污水日回用水量约 2.5 万立方米，冷却水循环率接近 100%，节水减排效果明显。

【城市燃气】 大力推动燃气行业立法及制定专项规划。2010 年，《长春市燃气专项规划》已完成数据采集工作，《长春市燃气条例》也已完成草案初稿，进入调研论证，预计 2011 年正式颁布施行。完成年度民生工作任务，新建燃气管网 220 公里，改造燃气管网 100 公里，进户 2 000 个。全年共新增燃气用户 63 000 户。解决 8 000 户燃气安装历史遗留问题。新建天然气汽车加气站 6 座。加大燃气行业安全生产管理，在元旦、春节、五一节、十一黄金周期间多次组织燃气安全生产专项检查，坚持以"谁检查，谁签字，谁负责"的原则，对发现问题限期责令整改，使安全检查工作落到实处。督促燃气企业落实安全生产检查制度及值班制度，明确企业领导要亲自抓安全生产工作。严格审查燃气经营企业经营资质，顺利完成经营许可换发。对 23 家燃气经营企业，48 个燃气经营站点换发了《燃气经营许可证》，并与燃气行业的安全检查相结合，在审查经营资质的同时，对企业的安全生产条件也进行了现场查验。

【城市亮化】 2010 年，加强城区 65 935 盏功能照明日常维护管理，确保了整体亮灯率达 98%，在东北亚博览会、农博会等重大活动期间主要街路亮灯率达 100%，12 条精品街路实施了重点亮化、美化。完成了三、四环路之间 2 个规划区域的街路照明工程。完成了《长春市主城区城市照明专项规划》初稿，结合现有城市照明现状，对城市实施了一纵一横一街路 2 个区域的城市照明设计，即人民大街、解放大路、明康路、南湖公园、伊通河风光带。2010 年 10 月，开始准备重点夜景照明工程建设，聘请了国家低碳照明研究中心、北京清华城市规划设计研究院的专家共同进行综合景观照明设计，实施方案几经修改，市委、市政府多次听取了专题汇报，最后确定对人民大街、解放大路、民康路、东南湖大路等 4 条街路两侧、南湖公园水域及周边设施、伊通河风光带、东方广场周边楼体实施亮化美化。一期工程从 2010 年 12 月正式开始施工，21 家施工单位同时进场，各施工单位克服严寒天气带来的不利影响，在未出现一起安全事故的前提下，如期完成了 277 栋楼体的亮化。

【极端气候条件下公用事业保障】 2010 年采暖期开始以来，尤其是 12 月 10 日至 16 日、12 月 22 日至 24 日，长春市普降暴雪，持续低温，最低温度达到 -27度，城市公用事业面临了严峻考验。为了保证全市人民安全、温暖过冬，市政公用行业全力做好水、气、热供应。市政公用局要求水务集团及时恢复“城市供水安全应急办公室”职能，全面负责城市供水的指挥、调度和组织落实。水务集团成立了由 12 个单位 233 人组成的 49 支应急抢险队伍，配备抢修设备 43 台，其中 9 个单位还成立了由 89 人组成的 21 支预备队，储备抢修车辆及设备 14 台。第一次寒流过程，城市供水正常。城市燃气保障方面，入冬以来，长春市最高日供管道天然气 120 万立方米，日均需气量 105 万立方米，天然气供应基本满足全市天然气用户的需求。因全市煤制气最大生产量为 43 万立方米 / 日，第一次寒流到来时，煤气需求量急剧增加到 51 万立方米 ~ 53 万立方米，日均需求量 50 万立方米，部分煤气用户在用气高峰，无法正常使用煤气。对此，长春燃气公司紧急启动了天然气混空补充煤制气供应系统，并向中石化东北油气分公司申请增加供气量。东北油气分公司在启用新敷设的长岭 - 八屋 - 长春供气管道时，发现管道阀门控制器失灵，无法正常开启。12 月 13 日，紧急空运阀门控制器并连夜进行更换，到 14 日零时全市供气恢复正常。城市供热保障方面，受大雪及持续低温天气影响，大唐长春热电二厂于 12 月 12 日下午 5 时、华能长春热电厂于 13 日上午 8 时上煤系统发生“棚煤”故障，致使供热运行受到严重影响，热网供热参数严重偏低。其中大唐长春热电二厂供水温度一直在 65 度左右波动，最低时曾下降到 53 度，华能长春热电厂出厂供水温度一直在 40 度左右波动，最低曾下降到 30 度。按 12 日 ~ 15 日气温，以上两厂供热运行曲线，出厂供水温度至少应达到 85 度至 90 度，最佳应达到 95 度。由于上述情况，造成 2 个热网低温运行，涉及长春市的经开区和朝阳区、南关区、二道区、宽城区、绿园区等 6 个城区部分区域，大量热用户室温偏低，投诉急剧增加。大唐长春热电二厂、华能长春热电厂的供热问题，引起省、市领导高度重视，12 日晚 8 时，崔杰市长到热电二厂察看故障情况，要求立即启动供热应急预案，采取一切必要措施，保障居民正常生活不受大的影响。大唐长春热电二厂在故障发生后，立即组织应急突击队，轮班疏通上煤漏斗，增加锅炉给煤量，并加投优质煤，到 14 日晨 2 时，出厂供水温度达到 82 度；华能长春热电厂组织 60 人疏通上煤系统，并投用 700 余吨柴油，提高锅炉出力，到 15 日 18 时，出厂供水温度已升至 90 度。由于长春市在实施“暖房子”工程中，大力进行供热能力建设，改扩建热电联产调峰热源，新增调峰供热能力 1 200 万平方米，在本采暖期处置突发故障、保障热网安全稳定运行的关键时刻发挥了重要作用。

【市政公用行政执法支队】 2010 年 9 月 30 日，长春市市政公用局正式成立长春市市政公用行政执法支队，属参照公务员法管理的事业单位。通过日常巡查、隐患排查、执法监察等手段共发现、处理市政公用设施问题 10 116 件，其中，发现处理道路病害 4 076 处，处理管线冒水 1 357 处，处理各类井具丢失（安全隐患）3 754 处，处理其他市政设施情况 929 件。共受理各类投诉 19 294 件，其中受理 12345 市长公开电话投诉 6 691 件；受理 12319 监督服务热线投诉 4 271 件；受理服务热线投诉 8 882 件；受理市长公开电话读报信息平台交办件 799 件。依法对全市区域内 1 000 多个施工现场的围挡设施、交通引导和警示设施、淤泥残土清运情况、管线会签情况、施工现场的内外环境等方面进行了监管，对管理不合格的 135 处工地依法予以停工整改，改正后经执法人员检查合格后继续施工。勘察公共责任险事故现场 742 个，查处各类违法案件 1 520 起，立案 466 件，收缴罚款 370.842 万元，追缴道路挖掘复原费 500 多万元，为燃气企业挽回损失 60 余万元，帮助供水企业追缴水费 500 多万元。在依法开展执法工作的同时，执法支队还积极配合行业处室的管理开展执法调查工作，2009 年 ~ 2010 年和 2010 年 ~ 2011 年采暖期配合供热管理处开展了 50 余次的集中执法调查行动，为解决供热纠纷提供了大量翔实的依据，为规范供热市场秩序做出了贡献。为完成政府交办的暖房工程，给供热行业管理处室提供行政裁定依据，2009 年 ~ 2010 年采暖期共完成了 1 339 户居民 2 678 次的室温检测工作，保障了群众的合法权益。为加强地下管线的安全管理，组织开展了涉及公共管线安全行为的专项执法检查工作，重点检查全市区域内建筑工地、重点工程工地的管线会签、现场管理等情况，有效地遏制了破坏地下公用管线的违法违规行为。开展了市政公用设施百日专项整治活动，严厉查处破坏市政公用设施的违法违规行为，共查处违法行为 177 起，拆除 120 条街路人行步道上的障碍物 645 处，专项整治效果显著，切实保障了市政公用设施的完好。执法支队认真完成“全市奋战 150 天市容环境综合整治活动”的各项工作任务，共开展 4 次治超行动，共出动执法人员 599 人次，执法车辆 273 台次，检查 605 辆车，处罚超重车辆 69 辆，卸载货物近 3267 吨，罚款 35.89 万元，超限超载行为得到了有效控制。按照局“200 条街路城市伤痕专项普查行动”的工作要求，支队承担了 89 条街路“城市伤痕”的专项普查工作，支队在不影响正常开展执法巡查工作的情况下，按期完成了普查任务，共查出 89 条街路上的“城市伤痕”2 045 处，其中市政方面的“伤痕”1 765 处、其他产权单位的“伤痕”280 处。为了规范道路挖掘施工现场管理，支队组织了 20 余家挖掘单位召开了文明施工现场会，树立了文明施工现场管理的典型，全面推进了市政道路维护文明施工。支队还利用 3 个月的时间开展了清理城市道路障碍物专项行动，重点清除人行步道和商圈周边道路的障碍物，共对 12 条精品街路和 5 个商圈近 136 家涉事单位和个人下发了整改通知，在规定时间内自行拆除障碍物 86 家，集中强制清除 50 家 265 处障碍物，并在清理过后进行跟踪监管，防止出现死灰复燃的情况，巩固了工作成果，消除了道路安全隐患，保障了市民通行安全和良好的市容环境。

（于克冰）

房地产业

【住房保障】 2010年，长春市政府本级投资建设的团山小区顺利竣工并投入使用。该工程总投资5.38亿元，建筑面积20万平方米，为3 181户低保、低收入住房困难家庭解决了住房问题。这是长春市迄今为止最大的住房保障工程。11月2日，省、市领导亲自为入住百姓颁发钥匙并视察小区，对小区工程质量、配套设施建设给予高度评价。2010年，圆满完成了全市保障性住房续建工程和分配任务。市本级和各城区、开发区购买了770套、3.7万平方米廉租住房，5 686套、28万平方米按份共有产权廉租住房的建设工作全面展开，已有3 200套、16.6万平方米按份共有产权廉租住房建设项目进入了施工阶段，部分主体已封顶。开展公共租赁住房建设试点工作，全年建设公共租赁住房336套、2万平方米，向42 825户人均收入900元、住房面积16平方米以下的困难家庭发放了租赁住房补贴，发放资金1亿元。

【棚户区及危旧房改造】 2010年，全市拆除房屋200.34万平方米，完成年度计划100%；拆迁居民18 693户，工企单位151家；拆除违章建筑4 102处、2.38万平方米；其他45.45万平方米；完成66个棚户区及危旧房改造项目审批。在联合国人居署举行的2010年“世界人居日”庆典活动上，长春市棚户区改造项目获得“中国人居环境范例奖”。

【物业管理】 改造“老、旧、散”住宅区物业管理试点取得成功，出台了《关于加强“老、旧、散”住宅区物业管理工作的实施意见》，在全市部署推广工作；扎实开展住宅小区标准化物业管理，有37个物业项目分别被国家和省、市评为物业管理示范住宅小区（大厦）；开展物业服务企业信用等级评定活动，物业管理企业诚信服务意识明显增强，服务水平明显提高；新建物业项目物业服务招投标工作顺利推进，促进了物业服务行业公平竞争；简化物业专项维修资金使用审核程序，资金使用效率明显提高。2010年受理物业专项维修资金使用申请89件，维修总费用1 015.23万元，划拨维修资金517.72万元，涉及受益业主9 643户。项目申请通过率为100%，与2009年相比，使用审核率增长456%。

【房屋安全管理】 2010年，长春市开展危险房屋安全隐患大排查活动。排查存在安全隐患房屋3 457栋，进行安全鉴定1 134栋，确认需要立即拆除和停止使用的461栋，其中，C级109栋、D级352栋，已拆除144栋。全面开展危险房屋出租专项整顿活动，清理危险出租房屋89户；及时妥善处置了滨河小区阳台脱落、锦水路服装厂院内楼房沉陷等突发事件；加强汛期危旧房屋管理，对重点区域、部位实行24小时严密监控，确保第一时间组织排险解危，成功避免了多起房倒屋塌伤人事故；建立了公共场所房屋信息库；向全市拨用房产使用单位送达了房屋安全鉴定通知书；查处了30多件公共场所房屋私自拆改结构案件。

【未登记房屋确权】 2010年组织召开两次联合审批会，有45个项目、101栋、50万平方米的房屋通过审核，共完成344.2万平方米未登记房屋确权工作。其中，住宅124.2万平方米，非住宅220万平方米。超额完成了全年200万平方米的确权工作任务。

【房地产市场管理】 加强房地产市场监管，清理整顿了全市2009年以来取得预售许可的118个商品住房项目，发现问题立即纠正并限期整改；妥善处理了商品住房销售中的纠纷和矛盾。严格商品房行政审批，颁发销预售许可证190件。加强房地产租赁市场管理，建立了非住宅租赁房屋动态管理系统，通过普查，确认全市非住宅建筑面积3 343.6万平方米，13 654件，租赁面积1 013.4万平方米，为房屋租赁管理工作深入开展奠定了基础。2010年新增出租管理户584件，管理面积250.5万平方米。为了进一步繁荣房地产市场，满足广大市民购房需要，举办了第18届长春房地产暨相关产业产品展示交易会和长春市首届存量房展示交易会，两展会都达到了预期效果。2010年，长春市房地产交易保持良好势头。全年房屋销售交易124 765套、面积1 213.69万平方米，同比增长0.5%；金额492.31亿元，同比增长26.1%。其中商品住房登记销售71 310套；销售面积705.36万平方米，同比下降5%；销售金额349.03亿元，同比增长23%；二手住房成交36 648套，成交面积298.01万平方米，同比增长0.4%；金额43.41亿元，同比下降5.2%。

【法规建设】 为加强对城市房地产开发经营活动的监督管理，规范房地产开发经营行为，2010年11月26日经省十一届人大常委会第二十二次会议批准通过了《长春市城市房地产开发经营管理条例》。为加强物业专项维修资金的管理，保障物业共用部位、共用设施设备的维修和正常使用，2010年10月29日，经市政府第32次常务会议通过，出台了《长春市物业专项维修资金管理办法》，进一步规范了物业专项维修资金缴存、使用和管理。

【住房制度改革】 2010年，公房出售政策进行了调整。对2000年以前承租的公有住房继续执行1998年的房改优惠政策；制定了《关于调整公有住房出售有关政策的通知》，规定购房人自愿购买的四成新以下房屋可以出售，简化了公房出售居室朝向差价的计算方法；允许营业执照过期、吊销或注销的单位用原单位公章进行房改。全年公房出售60万平方米，10 850户，累计出售公有住房2 825.7万平方米，占可售公有住房总量的83.35%。启动了市属单位离休职工的住房补贴工作。制定相关政策，明确对逝世的离休人员发放住房货币分配补贴，离休人员住房货币分配补贴资金已到位2 850万元。2010年全市住房货币分配补贴资金6 472万元，3 236人，累计货币分配补贴26.89亿元。

【议案、信访、市长公开电话办理工作】 全年办理省、市人大代表和政协委员建议、提案 32 件;报送政务信息 200 余条,其中,被国办采用 1 条,省政府采用 3 条,市政府采用 19 条;接待群众来访 6 921 批次,17 177 人次,其中,个人访 5 452 人次,集体访 469 批次 11 725 人次。两次局长接待日共接待上访群众 800 人次;办理市长公开电话 7 208 件,读报件 33 件,上级交办信访件 60 件,信访督办件 10 件。

(王迎超)

环境保护

【政务信息】 1、向上级部门报送政务信息 65 条,被中共长春市委评为全市党委系统信息工作标兵单位,被长春市人民政府评为上报省办优秀单位。2、《长春环境保护网》累计编发工作动态 174 条、通知通告 144 条、领导讲话 32 条、环境信息 130 条、环境要闻 64 条、图片新闻 35 条,实时播报空气环境质量信息 365 条、专题报道 8 项、组织网上直播 11 次,群众累计点击阅览 56 134 人次。

【环境信访】 1、组织开展局长接待日、大接访、大走访和环境信访服务进社区活动。办结市长公开电话投诉 5 084 件,办结领导读报平台件 190 件,办结读网件 137 件、环保信访 51 件,办结率 100%,市环保局被中共长春市委、长春市人民政府评为信访工作先进单位。市环境监察支队被国家环境保护部评为全国环境信访工作优秀集体。2、办理省、市人大议案、政协提案 14 件,被市政协评为提案办理工作先进单位。

【投资与规划计划】 积极推进环保重点工程建设,全面完成"十一五"环保规划,圆满完成 17 个《松花江流域水污染防治"十一五"规划》项目建设。其中,工业污染防治项目 7 个、城市污水处理及再利用项目 9 个、重点区域污染防治项目 1 个。

【污染减排】 1、加大对重点排污企业、重点减排项目的监督性监测力度、环境监察力度、指导服务力度,加快推进燃煤电厂脱硫设施和重点减排工程建设,扎实推进结构减排和管理减排,超额完成污染减排任务,实现排放总量控制目标。全年减排化学需氧量 7 661 吨,完成减排任务的 127.7%;减排二氧化硫 15 594 吨,完成减排任务的 210%。化学需氧量、二氧化硫排放总量分别控制在 5.89 万吨和 6.5 万吨。截至 2010 年末,全市累计减排化学需氧量 46 628 吨,完成"十一五"任务的 157%,提前 3 年完成终期目标;累计减排二氧化硫 39 024 吨,完成"十一五"任务的 176.6%,提前 1 年完成终期目标。2、全面完成《长春市政府环境保护目标责任书》规定的污染减排工程建设。长春市燃气股份有限公司东郊制气厂污水改造(技术研发)等 5 个重点污染源治理工程,新立城水库饮用水源地污染治理等 4 个生态环境保护工程,长春市生活垃圾一期处理场等 10 个城镇环境基础设施建设工程,按时限要求完成年度建设任务。城市污水处理能力达 87.5 万吨 / 日,处理率超过 90%。3、按时完成污染源在线监控中心和国控重点企业在线监控设施比对验收。市政府出台实施《长春市污染源自动监控管理办法》,加强自动监控系统的日常运行和维护管理。积极推进污染源监控中心建设,完成与省监控中心联网,实现数据实时传输。全市安装在线监控设备 106 台(套),工业企业污染治理设施和城市环境基础设施稳定运行。

【环境影响评价】 1、加强环评审批管理服务,推动建设项目依法合规早开工、快建设。开展项目对接行动,推动环评审批提速,优化建设项目环保服务。全市有 2 个重大项目通过国家环境保护部审批,有 150 个项目通过省环保厅审批。全年共审批建设项目 3 878 个,项目投资总额 1 461.3 亿元,对 85 个环境敏感项目,委托评估中心进行专家评估。实现规划环评、建设项目环评、"三同时"执行和及时验收率 4 个 100%,被中共长春市委、长春市人民政府评为全市招商引资"九个月攻坚"行动优秀服务单位。2、落实国家环境保护部关于"工程建设领域突出环境保护问题专项治理"的部署,对 2008 年以来规模以上投资项目的环境保护情况进行全面排查。排查 500 万元以上政府投资项目 409 个,3 000 万元以上其他投资项目 655 个。对建设项目环评审批公众参与、信息公开等方面违规行为进行重点排查,排查环评报告书项目 149 个,整改未批先建项目 55 个,整改久拖不验的项目 90 个,整改率达 98.6%。建立建设项目环评诚信公开体系,在长春环境保护网开设《工程建设领域项目信息公开专栏》,建立建设项目审批、验收和诚信体系建设等 3 个信息平台,公开发布环保审批信息 67 条。

【污染防治】 1、全面实施"环保惠民"工程。深入开展"整治违法排污企业保障群众健康环保专项行动",积极参与 150 天市容环境综合整治。推动落实《长春市服务业环境污染防治条例》,强化餐饮服务业污染治理,集中解决油烟噪声扰民问题。全市共出动执法人员 2.1 万人次,组织 22 次联合执法行动,排查各类企业 8 222 家,查处和整治违法排污企业 241 家,督办 423 家服务业企业完成污染整治;限期或停产治理问题企业 143 家,取缔关闭严重违法排污企业 98 家。积极参与露天烧烤整治,限期整治或关闭烧烤店铺 297 家。2、加强城区空气污染防治,实施综合治理行动。加强烟尘超标锅炉治理,落实市政府《关于对违法排污单位进行限期治理和拆除废弃烟囱的通告》,强化锅炉、窑炉及其大气污染防治设施管理,治理冒黑烟锅炉 121 台(套),拆除废弃烟囱 39 根,烟尘控制区覆盖率达到 100%,减少排放烟尘 230 余吨、二氧化硫 60 余吨、氮氧化物近 30 吨。加强扬尘污染治理,开展建筑施工和粉煤灰堆场等场所专项监管,增加对热电厂灰场扬尘污染的监督检查频次,督促落实防治措施。加强建筑施工扬尘管理,排查商品混凝土和沥青搅拌企业 36 家,现场督办治理生产、装卸、运输过程中的粉尘扬撒问题。加强机动车排气污染防治,强化机动车环保检测监管和环保检验合格标志的发放工作,对 14 家检测机构 32 条检测线进行实时视频监控。全年检测机动车 20.65 万辆,发放环保合格标志 18.85

万枚，淘汰老旧机动车 4 151 辆，环保检测在线监控率达到 100%。通过落实综合防治措施，空气环境质量持续改善。监测数据显示：长春市城区空气环境优良级总天数 341 天，优良率 93.4%。优良天数已连续 9 年超 340 天，居东北省会城市首位。城区空气污染指数（API）均值为 70，二氧化硫（SO_2）、二氧化氮（NO_2）、可吸入颗粒物（PM_{10}）等 3 项主要大气污染物的年均浓度，符合国家环境空气质量二级标准。3、落实国家“让松花江休养生息”政策措施，推进地表水污染综合治理，依法治理点源污染、着力减少面源污染、科学防治内源污染，全力改善城乡地表水环境。实施地表水县（市）、区界出入境断面水质监测考核，限期整治超标直排污水点源 16 家。松花江干流镇江口断面水质达到国家三类水体标准，靠山大桥断面水质化学需氧量浓度持续下降。加强城市集中式饮用水水源地保护，围绕石头口门水库、新立城水库水质安全，开展水源地专项执法检查和水源地周边环境因素巡查，加强排污口管理，及时查处污染隐患。投资 410 万元，建成石头口门水库水质自动监测站，采取常规指标和理化指标结合的方式，加密监测水源地水质。积极督导水源地“生物治水”工程，石头口门水库建设湿地 2 460 公顷；新立城水库建设湿地 505.79 公顷。全年水源地安全无蓝藻污染，城市集中式饮用水水源地水质主要指标达标率 100%。完成突发事件应急监测和处置工作，在打捞冲入松花江的化工原料桶、处理德惠市松花江边不明易爆危险化学品等突发事件中，各级环保部门快速反应，积极参与应急监测和安全处置，及时排查、消除污染隐患。4、强化噪声污染综合防治，开展噪声专项整治和“绿色护考”行动。各城区（开发区）共建成噪声达标区 36 个，面积 236.46 平方公里，覆盖率达到 78%。市区区域环境噪声平均值控制在 55.8 分贝，交通干线噪声平均值控制在 68 分贝。

【辐射和危险废物安全监管】 1、加强辐射环境监管，对放射源的购进、使用、储存、退役各个环节实行全程监控。对 45 家放射源应用单位的 600 余枚放射源进行全面检查，检查率 100%；对 7 家单位的 15 枚废弃放射源进行强制收储，收贮率 100%。2、强化固体废弃物监管，对高等院校、科研院所的实验室、化验室和医疗机构等的高浓度有毒有害污染物进行重点检查。建立档案 188 份，检查相关单位 249 家，下达限期整改通知书 88 份。全年办理转移联单 2 104 份，转移处置危险废物 5.42 万吨，危险废物处置率 100%，工业固体废物综合利用率 99.58%。长春市被国家环境保护部确定为创建“中国医疗废物可持续环境管理项目医疗废物综合管理示范城市”。

【环境监察与排污收费】 1、强化现场监察，集中开展重金属企业排查整治、造纸行业专项执法检查、水污染专项整治，组织节假日和夜间检查。全年检查锅炉及环保设备 6 500 余台套，督导 689 家环境违法企业单位完成限期整治，对 372 家违法排污单位进行查处。行政处罚额同比增长 158%，下达环境限期整改执法文书同比增长 239%，收缴行政罚款 413.58 万元。化学需氧量减排监察系数首次达到 2.0 的满分标准。2、强化验收核查，实施建设项目“三同时”监察 2 360 次，完成 114 个建设项目的环保竣工验收。3、贯彻“依法征收、应收尽收、强化追缴”的要求，全年征收排污费 1.34 亿元，完成计划的 111%。排污收费实收额和超额幅度，均突破历史纪录再创新高。市环境监察支队被吉林省人民政府评为全省行政执法先进单位。

【打捞冲入松花江化工原料桶突发事件应急处置】 2010 年 7 月 28 日，吉林市永吉县 2 家化工企业的 7 000 多只化工原料桶被特大洪水冲入松花江，部分装有三甲基一氯硅烷和六甲基二硅氮烷。长春市环保局立即启动《环境污染突发事件应急预案》，紧急部署市环境监测中心站工作人员和监测车赶往百公里外的打捞现场德惠市半拉山松花江边，并立即开展水质监测工作。7 月 29 日凌晨，转移到榆树市五棵树码头继续开展现场监测。在打捞工作过程中，长春市环境监测中心站、榆树市环境监测站、德惠市环境监测站工作人员在松花江长春段设置德惠市半拉山松花江大桥、榆树市五棵树国家水质自动监测站、榆树市五棵树渡船码头、乌金屯松花江大桥 4 个监测断面，对松花江水质每小时监测 1 次，动态掌握水质的变化情况。监测结果第一时间报送打捞现场前线指挥部，为科学决策提供监测数据。全市环保系统累计出动车辆 100 多台次，人员 300 多人次，获得 pH 值、化学需氧量、氨氮、三甲基一氯硅烷、六甲基二硅氮烷、氯乙烯、三氯甲烷等有效监测数据 2 062 个。监测表明，松花江水质符合地表水 3 类水体标准，未出现环境污染。

【德惠市松花江边危险化学品应急处置】 2010 年 8 月 3 日 13 时，德惠市朝阳乡学安村江边发现不明易爆危险化学品。市环保局立即启动《突发环境事件应急处置工作方案》，责成市环境监测中心站、市危险废物管理中心、市环境监察支队第一时间赶赴事发现场进行调查处置。经查，松花江防汛堤边发现的 5 袋透明塑料包装物，每袋重约 2 公斤，其中 1 袋被村民撕开后，灰色粉末状化学品开始发热，抛入江中遇水后开始燃烧，随即发生爆炸。市环保局与市安监局、德惠市政府及公安、消防等部门立即对现场进行安全隔离，并联合会商处置方案。决定将剩余 4 袋危险化学品放回原装铁桶内封闭，转移至江堤背水高处，设立防护围栏及警示标志并派专人看守。同时，建议长春市政府应急办由吉化公司派员组织回收处置。8 月 4 日，吉化公司对 4 袋化学品进行安全回收，彻底消除环境污染安全隐患，村民生活秩序恢复正常。

【农村环境保护】 1、双阳区奢岭镇被国家环境保护部命名为全国生态乡镇；二道区四家乡青山村、农安县合隆镇陈家店村被命名为国家级生态村。2、净月开发区玉潭镇、九台市卡伦湖镇通过国家级生态乡镇 3 年复检；榆树市红星乡等 3 个乡镇通过国家级生态乡镇验收；九台市波泥河镇等 8 个国家级、省级生态乡镇规划通过专家论证。3、争取农村环保专项资金720万元，完成九台市东湖镇长山村等4个村连片综合整治。争取投资860万元，启动规模化畜禽养殖业污染防治试点。

【环境宣传教育】 1、围绕开展“联保共建”活动、实施“环保惠民”工程、推动治污减排工作、落实环保目标责任制等环保中心工作，累计播发稿件310余篇(次)。在《人民日报》海外版、《吉林日报》、《长春日报》等媒体刊发专版10期；在吉林电视台、长春电视台播发环保动态30期；在长春电台、交通文艺台播发环保节目50期。在中国环境管理杂志发表论文1篇。《居民厨房垃圾油回收活动》项目，获国家环境保护部颁发的优秀项目活动实施单位奖。2、制作《未来之城，生态新城——长春》、《全民生活行为——节能减排》、《保护和改善农村环境》等展板并巡回展出。制作分发《低碳减排，绿色生活》环保宣传手册2万册、《农村环保小常识》1万本、环保布袋5 000个。在3台公交车车体发布环保公益广告，在3 000台出租车车顶电子显示屏滚动播放环保公益广告。3、组织开展吉林省暨长春市“六·五世界环境日”大型纪念活动、全国“环保杯”我爱我家漫画大奖赛活动、“以纸换树”活动、“地球一小时”熄灯活动、“节能减排促环保，绿色低碳创和谐”大型公益活动。4、开展教师环保优秀教案评比活动、中小学生环境征文评比活动、中小学生环保知识竞赛活动、中小学生“绿色家园，健康生活”环保创意作品大赛活动、青少年低碳生活调查体验活动、大学生“保护母亲河”主题宣传实践活动、“环境与健康一堂课”活动，全年创建省级绿色学校40所。5、深入开展“绿色社区”系列活动，在18个社区开办“绿色社区大讲堂”，在力旺康景小区召开全省绿色社区现场会。深入社区开展“低碳生活从青少年抓起”主题活动、“低碳新生活，惠及你我他”活动、“绿色关爱·筑建未来”环保活动。6、组织“环保知识下乡”农村环境保护宣传活动，启动“珍爱身边环境，共建生态文明新农村”活动，开展“环保宣传标语上墙”活动、举办农村环保基础知识讲座。

【环境立法和制度建设】 1、市政府第25次常务会议通过，以市政府第8号令的形式，发布《长春市污染源自动监控管理办法》，2010年5月1日起施行。市政府第32次常务会议通过，以市政府第14号令的形式，发布《长春市机动车排气污染防治管理办法》，2010年12月1日起施行。2、制定《长春市环境监察工作年度考核办法》、《长春市环境保护系统财务管理工作规则（暂行）》、《长春市市级生态村考核验收办法（试行）》和《长春市环境保护局消防安全管理规定》。

【环境质量】 2010年，长春市环境保护工作围绕建设“绿色宜居城市”目标，深入开展专项整治行动，扎实推进治污减排工程，积极探索“联保共建”新道路，努力开创“环保惠民”新业绩，不断强化污染综合防治和生态环境保护，城乡人居环境质量持续改善。1、空气环境质量。城区空气环境污染指数（API）年均值为70，可吸入颗粒物(PM_{10})年均值为89微克/立方米，二氧化硫年均值30微克/立方米，二氧化氮年均值44微克/立方米。全年365天，空气质量优级天数43天，占总天数的11.8%；良级天数298天，占81.6%；优良级总天数341天，优良率93.4%。连续9年保持340天以上，列东北三省省会城市第1位。2、水环境质量。松花江干流镇江口断面水质达到国家三类水体标准，靠山大桥断面水质化学需氧量浓度持续下降。石头口门水库、新立城水库等城市集中式饮用水水源地未出现无蓝藻污染，水质主要指标达标率100%。3、声环境质量。市区区域环境噪声平均值控制在55.8分贝，交通干线噪声平均值控制在68分贝。主要噪声源构成比中，交通噪声占44.1%，工业噪声占1.0%，施工噪声占2.9%，生活噪声占50.5%，其他噪声占1.5%。各城区(开发区)共建成噪声达标区36个，面积236.46平方公里，覆盖率78%。4、危险废物处置。全市工业固体废物产生量为474.15吨，综合利用量472.14吨，综合利用率为99.58%。危险废物产生量为12 556.4吨，综合利用量为6 955.5吨，处置量为5 600.6吨，贮存量为0.3吨。医疗废物产生量和处理量均为4 233吨，处理率100%。全年转移处置危险废物54 200吨。5、主要污染物总量减排。全年减排化学需氧量7 661吨，完成减排任务的127.7%；减排二氧化硫15 594吨，完成减排任务的210%。化学需氧量、二氧化硫排放总量分别控制在5.89万吨和6.5万吨。截至2010年末，全市累计减排化学需氧量46 628吨，完成“十一五”任务的157%，提前3年完成终期目标；累计减排二氧化硫39 024吨，完成“十一五”任务的176.6%，提前1年完成终期目标。

（王占龙）

国土资源管理

【国土规划】 完成了土地利用总体规划修编各项工作。《长春市土地利用总体规划(2006～2020年)》已经通过18个部委审核并上报国务院审批；县级土地利用总体规划率先获得省政府审批；在省政府授权下，市政府批准了全部乡镇规划。《长春市矿产资源总体规划(2008～2015年)》通过了省国土厅预审。

【耕地保护】 全面执行严格的耕地保护制度，坚持耕地保护目标化、责任化管理，强化属地保护义务，建立了市、县、乡、村四级纵向责任体系，耕地保护共同责任机制进一步完善。积极开展土地开发整理，全年新增耕地14 549公顷，新增耕地储备库的库存量达到历史最好水平，满足了耕地占补平衡的需要。规范推进城乡建设用地增减挂钩项目建设，朝阳区乐山镇等13个城乡建设用地增减挂钩项目已进入省级备选库，二道区整体推进农村土地整治示范建设项目已获得省政府批准。截至2010年底，全市耕地保有量仍为134.1万公顷。

【新增用地】 加强征地管理，认真执行征地“两公告一登记”和耕地占补平衡制度，确保了新增用地需求。全年共上报征地7 238公顷，获批5 426公顷，获批数

2010年6月18日，长春市召开了主题为“魅力新城、活力长春”的土地推介会

量是2009年的1.4倍，是年初计划的2.7倍，为三城两区、一汽、轨道客车园等一大批重点基础设施、园区建设和工业项目的落位提供了积极的用地保障。

【市场建设】 在全国率先把工业用地预公告制度写入了地方性法规，创新了供地模式，缩短了供地时限，提高了供地效率。第5次更新了市区基准地价，首次确定地下使用权出让的价格标准，进一步完善地价体系。全面推行楼面地价出让，土地资源价值进一步显化。2010年，累计供应国有建设用地3 208公顷，其中，以出让方式供地2 614公顷，合同成交额307.5亿元，实现土地纯收益132.1亿元，上缴市财政255亿元，分别是2009年的2.2倍、3倍、2.8倍和3.5倍。全年共收储土地447公顷，土地储备调节器的作用得到进一步发挥。同时，全面落实强制性的节约集约用地标准，增强批后监管的执行力，土地节约集约利用水平稳步提升。

【棚户区改造】 2010年累计向棚户区改造投入资金15亿元，拆迁居民3 279户，工企单位40家，拆除建筑面积138万平方米，是年初计划的1.4倍。启动实施回迁房建设项目11个，规划总建筑面积29万平方米。按期完成基隆路、旧物市场、南部新城等共13个棚户区地块的回迁工作，安置回迁居民4 775户，为改善棚户区人居环境、维护社会稳定起到了重要作用。

【法制监察】 大力推行全员参与、全面覆盖、全程监管的土地执法监察“三全”管理模式，强化“三定、三包”责任，建立了市、县、乡、村四级责任体系和遍布城乡的五级动态巡察网络，做到早发现、早制止、早处理。进一步完善国土、纪检、法院、检察院、公安等多部门联动机制，形成执法合力，保持了对违法案件的高压打击态势。2010年，全市共清理、制止和查处土地违法案件243件，拆除违法建筑面积7万多平方米，违法用地案件的立案率和结案率均达100%，违法占用耕地占新增建设用地占用耕地总面积的比例下降4.06%，低于年初制定8%的目标。土地例行督察整改工作已基本完成，并得到国家土地督察沈阳局的充分肯定。加大打击违法用地力度，开展了城乡结合部违法用地专项整治行动，违法用地势头得到有效遏制，被纳入全市150天市容综合整治专项行动中。

【矿政管理】 矿产资源管理更加规范，在全市开展了矿业权实地核查，完成探矿权核查34个、采矿权核查392个，全部通过省级验收。加大矿产资源整合力度，参与采矿权整合的2个矿山和应予以关闭的48个矿山已全部落实完毕。完成了地质勘查项目清理工作，全年共注销探矿权27个，废止探矿权33个，矿产资源的规模化、集约化水平明显提高。严格执行矿业权有偿取得制度和矿业权招标拍卖挂牌出让制度，大力推进矿业权市场建设，全年有偿出让采矿权265宗，实现成交价款1 156.4万元，市场在资源配置中的基础作用进一步强化。矿山生产安全保障体系不断完善，建立了地质灾害群策群防机制，落实了突发性地质灾害抢险应急预案和抢险措施，有效保护了人民群众的生命财产安全。加快推进矿山生态环境保护长效机制建设，按照“谁开发、谁治理”的原则，共收缴矿山生态环境恢复治理备用金1 732万元。

【地籍管理】 按照国家和省二次调查办的要求，完成了二次调查数据库整改，建立了二次调查县级土地数据库。并对二次调查成果及时进行整理、编制，形成各类调查档案，完成了二次土地调查验收的准备工作。榆树市、农安县、德惠市、九台市和双阳区先后通过了省级专家验收组的检查验收，取得了农村土地调查和城镇土地调查双优的成绩。市区城镇土地调查的前期准备工作已基本完成，城镇土地调查已全面展开，并建立了上下联动的土地变更调查常态化制度。积极开展城镇三维地籍数据库建设，已完成约30平方公里的三维地籍建库任务。继续开展农村土地确权登记颁证和城镇住房分割登记发证工作。截至2010年底，已完成各类土地登记11万册，其中国有土地登记9万宗，集体土地登记2万宗。

【国土信访】 完善国土信访机制。坚持实行重点时期驻京接访、常年驻省接访、领导包案等管理机制。改变信访工作模式，变被动接访为主动下访，积极协调解决与群众密切相关的利益问题，信访事项的处理质量和效率明显提高，维护了社会稳定。2010年，全市共发生国土信访案件313起，同比增长10.6%，均得到妥善处理和解决，被国土资源部评为“2010年度全国国土资源系统信访工作先进集体”。

【党风廉政建设】 加快推进防腐倡廉长效机制建设。市、县(区)、乡三级国土部门层层签订党风廉政建设责任状,全员签订责任书,并建立了党风廉政档案,党风廉政建设目标责任制得到全面落实。扎实推进预防职务犯罪联系点工作,加强对重要部门的监督管理。国土资源反腐倡廉内控机制进一步完善。不断拓宽违法违纪行为的举报渠道,严肃查处10大类涉土涉矿案件,深入开展商业贿赂专项治理。全年共受理举报43件,初核15件,立案5件,结案4件,给予党纪政纪处分和组织处理7人次,做到了有案必查,查实必究。扎实推进“两整治一改革”行动,完成了对2008年以来土地使用权、矿业权审批和出让情况的清查,对清查出的问题,采取“按性质分类,按职能督办,按区域处理”的方法全部处置到位。

(王小峰)

园林绿化

【街路绿化】 2010年,全市完成新植绿地64块,新植街路20条。栽植乔木23 711株、灌木116 167株、模纹11万平方米,清运残土31万立方米,回填营养土18万立方米。四环路街路绿化工程是2010年长春市重点绿化工程,工程立足乡土树种,以高大乔木为主,进行亚乔木、花灌木、绿篱、花卉的错综搭配、合理密植。整个绿化工程分为A、B、C、D、E、F段。至2010年底,凡具备施工条件的地方都完成了绿化施工任务,共完成绿化面积121 160平方米,栽植乔木6 318株,占总量的15.86%;栽植灌木11 482株,占总量的65.31%;栽植模纹62 736平方米,占总量的44.19%;栽植宿根花卉19 318平方米,占总量的73.14%;栽植草坪85 051平方米,占总量的25.47%。

【出城口绿化改造】 出城口北亚泰大街出口小南立交桥绿化面积40 564平方米,是长春市2010年环城路重点绿化工程。绿化品种。乔木品种有青仟、垂柳、金叶榆、五角枫、山杏、李子、拧劲槭、山桃稠李;模纹品种有珍珠绣线菊篱、小叶丁香篱、金山绣线菊;地被品种为草坪。至2010年底,因立交桥未完全竣工,绿化工程未全部完成。硅谷大街与环城高速公路出口绿化,从前进大街至甲一街,全长7 620米,四板五带,绿化总面积33万平方米,整体规划理念为“凤舞南天”。硅谷大街共栽植乔木3 656株、灌木282 550株、模纹9 584.4平方米、花卉8 294平方米、草坪114 583平方米。至2010年底,硅谷大街两侧具备条件的路段均已进行绿化施工。吉林大路(东环城路至机场高速收费站段)绿化工程,西起东环路,东至长吉高速公路入口,全长约4.5公里,绿地面积约15.2公顷。作为长春市的窗口街路,其地理位置极为突出。全线绿化地块共有25块,其中超过3 000平方米的大地块主要集中在世纪大街两侧、东方广场周边及亚泰足球俱乐部两侧、高速出口两侧较典型的地段。根据施工现场战线长、施工地块多、施工项目多、现场情况复杂等特点,采取分区列号作业、分类施工和分时栽植的施工方法,共完成街路绿地75 480平方米,栽植乔木6 814株,栽植灌木691株,栽植模纹50 144平方米,草坪28 000平方米。

【公园绿化】 南湖公园在湖西林地栽植白桦340株、云杉54株、红叶树232株、水曲柳100株、杏树10株,在桥南水域种植芦苇1 100平方米,在湖西林地和平桥一侧栽植灌木300丛,在大桥护坡补植五叶地锦10 000株,在湖西园路两侧及桥南补植绿篱440延长米,在白桦林风雨廊区域栽植模纹400平方米,在小西湖区域更换草坪15 000平方米,在湖西广场和白桦林等区域扩栽大丽花3 780平方米。长春公园郁金香园引进金色牛津、紫旗、皇家构想等48个品种20多万株郁金香。另外,还栽植青杆8株、蒙古栎11株、樟子松54株、五角枫86株、山楂58株、家杏35株、稠李15株、山桃稠李62株、山丁子8株、紫叶稠李66株、金叶榆86株、石竹10 000株、长春花30 000株、万寿菊5 600株、孔雀草5 200株、串红12 480株、绣线菊模纹400平方米、小叶丁香模纹502平方米、金叶榆模纹80平方米、红叶李模纹55平方米、草坪8 865平方米,移植京桃311株、垂柳68株、银中杨38株、金丝垂柳103株、冬红柳106株、云杉12株。长白山秋色园栽植稠李60株、云杉50株、落叶松90株、白桦25株、九角枫175株、白牛槭120株、紫杉40株、红松127株、槭树类变叶树442株、拧筋槭200株、榆叶梅50株、紫叶李128株,栽植丛生白桦、拧劲槭、五角枫共计93棵,栽植八宝景天、金鸡菊、大滨菊等宿根花

南湖公园

卉 1 608 平方米，34 400 墩。鸢尾园栽植适宜北方气候的鸢尾品种，共栽植玉蝉花、北陵鸢尾、小黄花鸢尾、囊花鸢尾、大苞鸢尾、长白鸢尾、粗跟鸢尾等 14 个品种，371 000 芽，周边用由 8 厘米至 10 厘米长的落叶松杆间隔串钉制成的护栏围护，既美观又起到保护作用。百合园引进红、黄两种颜色百合 27 120 株。野花园栽植了荷兰菊、地被菊、松果菊、一枝黄花、玉带草等宿根花卉组合 452 平方米，9 940 墩。在园内其他位置栽植野花组合和百日草、翠菊等野花近 3 000 平方米。胜利公园完成了 7 万株 1 万平方米美人蕉的育苗栽植任务，选优良植株 3 万余株，淘汰退化植株 4 万余株。栽植女贞篱 2 980 平方米、小叶丁香篱 840 平方米、金叶榆篱 260 平方米、玉簪 8 600 平方米、黄景天 80 平方米、地锦 600 株、草花 610 平方米 18 800 株。与市绿办和新文化报社一起组织百对双胞胎栽植“同根林”，栽植木绣球 2 100 株。御花园补植紫穗槐 1 350 丛、杜鹃 370 株、椴树 45 株、青皮槐 63 株、白桦 155 株、三角枫 890 株、黑松特型 5 株、云杉特型 2 株、锦带 290 丛、山杏 177 株、暴马丁香 40 株、水曲柳 28 株、灌木球 15 株、白三叶 800 平方米、女贞篱 200 米，栽种樟子松 38 株、梓树 75 株、白牛槭 7 株、火炬树 2 000 株、小叶丁香 1 692 米、珍珠绣线菊 183 米、小叶女贞 6 800 米、女贞球 65 株、垂柳 120 株、多季玫瑰 65 株、白三叶 29 200 平方米、白榆特型 20 株、连翘 30 株、沙地柏 260 平方米、茶条槭平剪 341 米，在办公楼前空地栽植金叶榆 24 株、金叶垂榆 21 株、王族海棠 43 株，在健身区域栽植樟子松 43 株、绿篱平剪 647 平方米、草花 614 平方米。文化广场 2010 年按照文化广场改造方案，移植灌木 300 株，其中，连翘 149 株、木绣球 51 株、荚迷 30 株、锦带 20 丛、五角枫球 50 株；移植乔木 256 株，其中，黑松 2 株、云杉 2 株、灯台树 1 株、红松 6 株、紫杉 16 株、其他树种 229 株；移除乔木 106 株，灌木 280 株，起草皮、整理绿化用地 3 800 平方米。栽植樟子松 33 株、山杏 90 株、赤杨 116 株、山丁子 31 株、黄菠萝 31 株、家杏 78 株、五角枫 52 株、红瑞木 94 株、连翘 161 株、锦带 173 丛、榆叶梅 351 株、垂榆 10 株、黄刺梅 530 株，模纹平剪小叶丁香 1 210 平方米、金叶榆 1 310 平方米，草坪改造 8 900 平方米。

【小区和庭院绿化】 2010 年，根据新形势的发展，长春市园林绿化局就小区和庭院的现状，重新修订了《长春市标准化居民小区和单位庭院绿化的实施方案》、《长春市标准化单位庭院绿化标准》、《长春市绿化模范小区考核验收标准》以及《2010 年长春市“绿化模范小区”和“绿化模范单位庭院”评选活动方案》。并根据《2010 年长春市“绿化模范小区”和“绿化模范单位庭院”评选活动方案》对全市小区、庭院进行检查，评选出 10 个“绿化模范小区”和 10 个“绿化模范单位庭院”。

【公园建设】 长春市动植物公园 2010 年 5 月 10 日封园改造，已基本完成改造建设工作，于 2010 年 12 月 10 日试开园。1、改扩建动物场馆。新增加猛兽谷、小动物园、食草动物展区、灵长类展区、禽类动物展区、精品动物展区、繁殖场、动物隔离检疫场、动物医院等 29 个场馆（因气候等因素影响，极地馆、两栖动物爬行馆、小熊猫馆和鹰山等暂时还不具备开放条件）。动物馆舍由改扩建前的 10 个，增加为 39 个。2、增加、增项动物品种。已引进动物 52 个品种，682 头 / 只。由改扩建前的 71 种，增加为 200 种；动物数量由改扩建前的 800 头 / 只，增加为 2 100 头 / 只。观展方式由改扩建前的笼舍、圈养式，改为场景、散放式。3、增加植物配置。新增金叶榆、红叶李、青扦等植物品种 6 种，36 000 余株；草坪 37 000 平方米；绿篱 3 160 米；模纹 1 300 平方米。植物品种由改扩建前的 140 种，增加为 142 种，植物数量由改扩建前的 208 616 种，增加为 256 314 种。公园增设了电子宣传屏、导游图、坐椅、果皮箱等设施，新建的游客服务中心还可以向游客免费提供雨伞、轮椅、拐杖、应急药品等服务。改扩建后的长春动植物公园观展内容大幅增加，观展乐趣大幅提高。充分体现了城市动植物公园的野生动物保护、青少年科普教育、野生动物繁殖研究、游客参观娱乐功能。长春公园“郁金香园”，2010 年 3 月 20 日开工建设，工程施工近 50 天，“郁金香园”建设按期保质保量顺利完成，于 5 月 15 日开园。该园位于长春公园西北角，占地面积 1.1 公顷，是长春市惟一的郁金香专类园。郁金香的花期较短，一般为 10 天左右。为了使广大市民能在更长的时间里都能观赏到郁金香，分两批进行栽植，5 月初和 5 月中旬各栽植一批。对南湖公园“干”字桥进行了拆除，新建船台一处，新建、维修改造了文化广场音乐

胜利公园

喷泉、文化广场绿化、胜利公园湖心岛、儿童公园门卫房、南湖游泳区安全设施等。

【园林绿化精品工程评比】 2010年的绿化建设工程重点突出了精品的理念，集中表现在设计理念新颖、工程建设精致、养护管理到位等方面。8月30日，专家组对长春市新植绿地进行了评议，友谊绿地（朝阳区）、铁道帮子绿地（绿园区）、河畔花园一路绿地（南关区）等14项绿化工程被评为2010年最具代表性的精品工程。

【园林植保】 长春市植物保护站全年共对9家单位报检的58批次、41个品种的219 535株苗木进行了复检（其中乔木16 802株），发现并处置病虫害6种，同时将病虫害情况及处理意见及时告知了用苗单位；对17家房地产开发公司的19个楼盘的绿化工程进行苗木补检，补检苗木74个品种172 681株，对补检中发现的带有病虫害的苗木，对其所属单位下达《园林植物病虫害限期除治通知单》，并全程监督烧毁。建立健全覆盖全市的预测预报网络，共建立预测预报点14个。全年共编发《长春园林植保》简报9期，发布预测预报信息200余条，各类动态简讯近50条，及时反映出全市的园林植保工作的动态，有效地指导防治工作。分别在5月中旬至7月中旬、7月下旬至9月上旬组织全市美国白蛾调查监测工作，采取全市范围人工调查和重点地段设置性诱剂诱捕雄成虫的方式。共对10个公园、825个庭院、1 137条街路的330余万株美国白蛾寄主植物进行了调查。人工调查没有发现美国白蛾幼虫网幕，在全市设置的6个诱捕器中有一个诱到一只白蛾，经鉴定为美国白蛾。监测结果已报给上级有关部门，这是美国白蛾在长春市的首次发现，是一个新疫情、新记录。日本松干蚧调查监测工作分别在5月中旬至6月上旬、8月中旬至9月上旬进行2次，共调查监测寄住植物165 646株。发现染疫黑松4处共108株，都进行了烧毁处理。全年进行病原物培养实验10余种，害虫饲养观察8种。自主发明设计制作双条杉天牛诱捕器4套，取得良好的效果。创下单个诱捕器诱捕到54只成虫的记录。为防止人民大街受害至弱的黑松发生次生性害虫，长春植物保护站在人民大街设置40个诱捕器来监测小蠹虫，将前来危害黑松的松纵坑切梢小蠹引到了诱捕器中，避免了对黑松的危害。

【绿化监察】 2010年，长春市园林绿化局加大了绿化监察工作力度，把预防工作作为工作重点，采取各种有效措施对园林绿化进行保护。长春市绿化监察大队在处理案件过程中，做到措施得当，标准合理，证据确凿，先后侦破并处理了多起重大案件。长春市绿化监察大队全年共出动执法车辆3 160台次、执法人员15 200人次，立案85起，上缴罚没款38万元；接到并处置群众举报122件，群众满意率达90%，处置回告率达100%。

【义务植树】 2010年，长春市园林绿化局积极开展各种纪念林的种植活动。全年共种植“百名厅长林”、“同根林”、“听众林”等各种纪念林12块，共植树7 750株，栽植面积达10.7公顷。

【园林科研】 2010年，长春市园林科学研究所进行了大羽春、极品忍冬、竹柳、抗寒红枣、紫叶风箱果等5个品种树木的抗寒实验，其中只有抗寒红枣由于假植时间过长，成活率不高，其余4种表现正常。长春市园林科学研究所还进行了新优品种推广工作，寒地月季和彩叶、彩枝树种已逐步得到市场认可，先后推广到大庆、哈尔滨、白城、铁岭、内蒙、广东、云南等地。在扩繁工作中，嫁接的大规格密枝红叶李，长势喜人，有的冠福达1.5米，2011年可出圃，为创建长春市的特色街路（金色大道、红叶大街）奠定了基础。

【行政审批】 长春市园林绿化局2010年共办理绿线审批手续18件。所有绿线审批项目都按照《长春市人民政府关于实施绿线管理和绿色图章制度的通知》要求进行了现场勘测，根据实际情况，依照长春市建设“生态园林城市”的主导思想进行了绿化规划设计。同时，2010年加强了对“绿线审批”中指标核定这一环节的管理及监督、指导力度，继续坚持对存在绿化工程建设不规范、不按设计施工等现象的单位不验收的原则，深入现场，服务基层，从而使绿线管理工作在全市的绿化建设上真正的发挥出作用。全年共办理砍伐（移植）、占用绿地手续47件。长春市园林绿化局严格按照《长春市城市绿化管理条例》中树木砍伐的相关规定，在勘查现场的基础上严把树木砍伐审批关，坚持手续不全或不该砍伐的树木，一律不批的原则。2010年市政道桥工程较往年明显增多，由此提交长春市园林绿化局的树木砍伐、移植审批较以往无论从申请数量还是在现场核定难度上都有不同程度的提高，长春市园林绿化局对此类市政重点审批采取了实事求是、积极配合、快事快办的原则，以保障重点工程的顺利进行。

【鲜花扮美春城工作】 为了实施好鲜花扮美春城工作，长春市园林绿化局于4月1日召开了各城区彩化街路和单位门前摆花效果研讨会。会上，朝阳区、南关区和净月旅游经济开发区分别介绍了各自的彩化经验。长春市园林绿化局还就2010年的彩化街路和单位门前摆花工作做出了总体安排。全年共完成100条彩化街路和300个临街单位、商铺门前摆放鲜花的工作任务。

【公园管理】 1、环境卫生工作方面。坚持公园管理精细化，针对公园在绿化养护、环境卫生、商服网点、制度建设、文明服务、服务设施等7方面的日常管理内容，抓好“园务管理、绿化养护”综合评比竞赛活动的开展。每月定期或随机对各参赛单位进行综合考评，及时督促各公园做好环境卫生工作，取得较好的效果。2、绿化、彩化、亮化工作方面。长春市园林绿化局下属公园、广场全年共栽植乔木8 700余株，栽植灌木10 000余株，绿篱4 500余米。3、商服工作方面。2010年年初，长春市园林绿化局同各公园一道完成了商服网点招标工作。同时，又结合各个公园的实际情况和现有的商服网点情况，与公园一道对公园内的商业服务网点进行统一规划，并重点加强了对商服网点环境卫生、安全设施的督促检查，确保商服秩序正规。4、安全管理工作方面。2010 年，为进一步加大公园的安全管理力度，长春市园林绿化局从严落实公园安全工作责任，加强公园重点区域、场所的安全管理，加强公园各类游乐设施安全管理，加强公园消防、施工和养护的安全管理，加强公园经营服务和食品卫生安全管理等 5 方面着手，严格进行督导，并制定了相应的安全管理制度和落实方案。5、公园、广场活动开展情况。2010 年全年组织公园、广场开展长春公园职工“雪雕大赛”、南湖公园“健康徒步走”、儿童公园“春节”、“五一”、“十一”花展等活动，丰富了广大市民的业余生活，得到了市民赞扬。

（王文涛）

伊通河管理

【概况】 2010 年度，伊通河管委会全面落实中共长春市委十一届六次全会对伊通河进行综合治理的指示精神，以《政府工作报告》中涉河任务为重点开展工作。积极开展“认识新变化，促进新发展”等研讨活动，推动具体工作的开展。对伊通河城区段进行全方位管理，取得良好的社会效益。

【防汛排涝蓄水】 2010 年，伊通河城区段有拦河闸（坝）5 座，排涝站 10 座，排水涵洞 12 座，排水暗涵及排洪沟各 1 条，建成段防洪标准达 200 年一遇。根据防汛工作会议精神，汛前设施维护部门对自由闸、四化闸、兴华闸及 10 座泵站进行检修维护，确保正常运行。2010 年汛期，自由闸累计运行 22 次，兴华闸累计运行 79 次，四化闸累计运行 50 次，排涝站累计运行 192 小时。涵闸泵站的安全运行，保证了长春市安全度汛。根据防汛排涝与景观蓄水相结合的原则，合理调度，统筹安排，使伊通河夏季水面清洁，冬季冰面利于开展各项冰雪旅游活动，促进了长春市人居环境水平的提升和经济的发展。

【水体管理】 加强了对伊通河城区段污水排放的调查和监管工作。坚持每周 3 次～4 次巡视检查制度，密切关注各吐口排污情况。每 15 天出《水质监测简报》1 期，全年累计出简报 22 期，及时将各吐口排污情况上报市政府及相关领导。加大监察力度，及时沟通经开管委会、市维管中心、净月管委会等相关排污管理机构，全年封堵漏点 25 处，有效减少污水排入河道，减轻了水体污染。

【行政执法监督】 贯彻执行并大力宣传《长春市伊通河城区段管理条例》，加大执法力度，严厉打击各种违章、违法行为，保卫伊通河建设成果和市容环境综合整治成果。全年处理各类违章 939 件，其中制止非法捕鱼 487 起，收缴、销毁“地笼子”89 个，“挂子”3 000 多米，制止捕鸟 28 起，收缴网具32 套，放飞鸟 100 多只，制止开荒种地90 余起，铲除农作物 4 公顷，清理马路市场 220 余次，清理夜间烧烤 56 次，摆摊设点经商 20 余次，烧纸 23 起，制止乱倒垃圾 45 起，清理绿地、方砖步道违章停车 165 起，协调净月管委会对中海水岸以西绿化带内暂设及建筑材料进行拆除及清理工作，配合公安机关打捞死尸 23 起。集体出夜勤共 15 次。继续发展和巩固义务监督员制度，设立举报投诉电话，全年共接到合理化建议 32 条，接到投诉电话 22 次，召开义务监督员座谈会 3 次，认真听取了监督员和市民在建设和管理方面的意见和建议，对伊通河建设管理水平的提高起到了一定的作用。

【环境卫生保洁】 市伊通河管委会坚持重点工作和全面工作相结合的原则，做到“两扫全天保”，使环境卫生实现清扫保洁常态化、垃圾清运标准化、环境管理规范化，确保伊通河沿岸及园区环境卫生整洁。在冬、夏两季增强清扫保洁力量，加大清运力度，增添环卫设施（修建厕所、设置垃圾箱等设施），实行专人负责，加强对重点区段、重点部位的环境卫生状况的跟踪督查，确保河道环境卫生保洁工作到位。冬季清雪工作做到即下即清，保证市民拥有良好的晨练及休闲场所。

【园林绿化养护】 2010 年栽植树木 15 566 株（丛），科学安排抗旱浇水、病虫害防治、修剪和除草等各项工作，采取“人机结合、加班加点、分段包干、任务分解、督促检查”等措施，全年新植树木、受旱草坪浇水 3 遍以上。出动喷药车 70 余台班，小喷雾器 380 台，喷药面积 520 公顷，有效防治了天牛、蚜虫、白粉病、霜霉病等病虫害。适时、及时修剪了乔、灌木，基本做到了无缺枝断条、无枯死树。人工草坪及时修剪、除杂，使其无明显杂草、老化退化现象。绿篱整形植物枝叶茂密，修剪及时，整齐美观。及时补植、移植树木，栽植花草，美化环境。在伊通河苗木园栽植培育苗木 1.7 万余株，为沿河两岸园区绿化美化提供优质苗源。打造精品园林景观，重点地段精细化养护管理，全面提高养护质量，改善了城市面貌，提升了生态水平。

伊通河美景

【工程建设】 实施伊通河境静园续建工程。境静园位于伊通河南三环桥至卫星桥段伊通河两岸，占地面积111公顷，其中，绿地面积72.2公顷，河道面积32公顷，堤顶路面积6.8公顷。建设内容包括湿地保护区、园林景点、路面铺装、绿化美化工程等。2010年完成园路、广场铺装85 400平方米；栽植乔木48 271株，灌木7 952株、模纹8 982平方米、草坪地被43.5公顷，完成投资5 200万元。继续进行城市风情园提升改造工程。城市风情园位于赛得桥至自由桥西岸，分堤内、外两部分，堤内属新建工程，堤外为提升改造工程。总占地面积22.2公顷，其中，堤内占地9.5公顷，堤外占地11.5公顷，堤顶路占地1.2公顷。建设内容有园林景点、路面铺装、绿化美化工程等。本年度完成园路、广场铺装35 000平方米；栽植乔木3 500株；灌木2 558株，草坪13.05公顷，完成投资1 300万元。

（国　徽）

开发区

开 发 区

综 述

2010年,长春市开发区经济发展呈现高速增长态势,全年实现地区生产总值2 278亿元,比2009年增长19.6%,实现规模以上工业总产值4 887亿元,比2009年增长26.6%,实现全口径财政收入392亿元,比2009年增长33%,实际利用内资完成462.2亿元,比2009年增长28.7%,实际利用外资完成24.8亿元,比2009年增长13%,完成固定资产投资2 262亿元,比2009年增长28.3%。

基础设施 2010年长春市开发区共完成基础设施投资达300亿元,启动基础设施建设工程110项,新增和完善配套面积130平方公里。高新技术产业开发区完成协议征地3 580公顷,全年取得征地批复2 173公顷。拆迁村屯28个1.8万户,建筑面积120万平方米;拆迁温室大棚、林地和鱼塘面积780万平方米;拆迁工业企业98户,建筑面积50万平方米。新建道路55.6公里,完成铺装面积189.7万平方米,完成“七通一平”配套面积50.86平方公里。新增绿化面积491.5万平方米,全区绿化率达40%以上。经济技术开发区完成土地利用总体规划修编,新增建设用地指标4 000公顷,原有的1 987公顷基本农田全部平移,北区全境、南区高速公路以内和高速公路以外、长石公路以北区域全部为建设用地预留地,保障了未来发展的用地需求。征用九台市卡伦镇三盛村120公顷土地,保证了大成集团未来二、三期发展需要。征收集体土地605公顷,实施征地1 306公顷。全面启动了24个拆迁项目,共涉及11个村、6 000余户民宅、100多户规模企业,2010年已拆迁民宅2 247户,工企53户。土地收储和出让进度加快。共收储国有土地150公顷,共出让土地332公顷(其中,工业用地232公顷,经营性用地100公顷),土地总成交价款37.79亿元,其中经营性用地出让收入突破32亿元,创经开区土地出让历史新高。全面启动兴隆新城建设,完成6大类205项基础公建工程固定资产投资33亿元(其中工程本体投资20亿元),是建区以来基础设施建设投入最多的一年,总工程量相当于过去3年的总和。重点完善了北区骨干路网、供水、供电、供热等基础设施配套。生态环境建设取得重大进展。完成鲇鱼沟治理改造工程;新建北区污水处理厂1座,已完成主体工程;完成临河街污水改造;金钱沟河道整治及两侧带状公园建设已经完成方案设计;新建中山公园完成土方工程;政务中心南广场已完成;南区新建10块绿地,全区新增绿地87万平方米。加快兴隆山老镇区改造。投资9.3亿元,建设金色家园、兴隆丽景城回迁楼86栋,共36万平方米(其中廉租房2万平方米),已交工69栋,同时启动了下一阶段80万平方米的回迁楼建设。完成了“奋战150天市容环境综合整治行动”各项任务。投入16.3亿元,重点实施了精品街路建设、园林绿化升级改造、市政公用设施维护、暖房子建设、居民小区升级改造、棚户区改造等九大工程。净月经济开发区坚持适度超前的原则,投入资金15亿元开展基础设施建设。完成了西部新区中央生态景观大道等“三纵六横”主干道建设,完成了东南污水处理厂主体工程建设,完成了净月潭国家森林公园正门景观改造和净月大街等6条精品街路的美化绿化工程,供热、供电、供水、供热和信息等配套建设快速跟进,为项目落位创造了良好的条件。征地拆迁动作大、速度快、效果实。共完成征地1 481公顷,相当于2009年同期的4.8倍;拆迁房屋4 661栋、面积47万平方米,相当于2009年同期的2.2倍,保证重点项目的开工建设。生态保护和建设扩面提质。坚持生态保护和建设的协调推进,完成退耕还林240公顷,栽植落叶松、云杉等树木74万株,完成矿山复绿5处。加快推进三大景观公园建设。其中,净月湿地公园已实现下闸蓄水,净月世界名人主题公园和大顶子山城市观景公园已完成规划设计并相继开工。市容环境综合整治成效显著。集中力量实施11项重点整治工程,全区共拆除违法建筑物280处30 000平方米、构筑物300处60 000平方米;拆除大型擎天柱广告32个、落地广告206块、不规范牌匾420余块;彻底取缔主要街路两侧占道摊点113处。汽车产业开发区加快了新区建设。全年共铺设电缆20公里,架线3公里,供水管线4公里,供气管线2公里,供热管线3.2公里,通信管线2公里。完成了10千伏电路、农电线路迁移工作。完成了东风大街下穿高速公路涵洞等16条道路排水工程。启动了丰越、西湖两个二次变及3个开闭所建设工程,改造了西湖大路5公里6.6万千伏高压线路。改造提升建成区。拓宽翻新奔驰路等6条道路,启动了飞跃路下穿桥工程。3个物业小区得到全面改造,12个物业小区环境得到进一步美化。对岱山公园等3个公园以及所有改造后的街路、小区进行了绿化补植,环境质量不断提升,城市功能进一步完善。南部都市经济开发区争取资金扶持和人员力量投入,加快开发区路网建设步伐,初步形成了以“五纵五横”为框架的大路网体系,为项目落位提供了基础条件。今年开工道路14条,总长16公里,总投资1.48亿。9条道路(总长9.9公里)已实现建成通车。同时,投资1.2亿元,完成了前进大街、乙一路、丙十一路等路段硬化铺装,完成方砖步道3.2

万平方米。投资0.8亿元,对前进大街、芳草街、102国道、乙一路、幸福街等路段实施了绿化,栽种树木1.1万棵,绿篱、灌木2.3万平方米,铺设草坪11万平方米。管网建设成效突出,投资1.5亿元,完成管网建设27.6公里。其中,供水管线完成铺设7公里,供电线路完成铺设2.9公里,供气管线完成铺设3.75公里,供热管线完成铺设7.25公里,通信管线完成铺设11.9公里。宽城经济开发区不断加大了基础设施和配套设施建设投资力度。投资230万元建设了益和物流园道路;投资960万元,建设了丙二路;完成了兴旺路两座铁路下穿桥及挡墙市政道路工程、泵房排水连线和护栏工程;完成了富盈路铁路下穿桥泵房排水连线工程、下穿桥及挡墙市政道路工程;铺装了760米北凯旋路排水延长线、920延长米创业路排水延长管线;维修道路面积13 450平方米,市政管道井117座。在配套设施建设方面:新建了6 500米供水管道,新建了6 000米燃气管道,新建了3座临时锅炉房、2座换热站、10公里供热管道,新建了6 000米通讯管道。占地面积4 000平方米,投资5 000万元的广宁66千伏二次变电站工程投入使用。继续加大区域生态建设,占地面积131 187平方米的农民新居四期工程,征地拆迁工作已基本完成,投资700万元的开发区中心消防站建设工程年底前完成。启动了庭院小区绿化义务植树、古树名树保护工作,对绿地进行了管理和养护,绿化面积8.4万平方米。对辖区街路进行了规范化管理,加大了辖区道路占道和挖掘审批,审批占道4处,挖掘5处。同时,定期对道路及基础设施进行巡视,发现问题马上处理。德惠经济开发区按照"一城三区"的建设思路,完成了北区一平方公里基础设施建设及配套工程;完成了北区规划路网中的主干路甲三路和乙二路、乙三路部分路段及东振兴街1 800米的施工建设,铺设排水配套8 000米,完成了2万延米污水处理厂排污管线建设;完成了南部10平方公里新工业区的测绘及规划编制工作,并完成了起步区1平方公里基础设施建设征地工作;完成了东部新城3.5平方公里的规划编制工作,为新城开发建设及招商工作奠定了基础。米沙子工业集中区在完成1平方公里起步区基础设施建设的基础上,又投资7 500万元,完成了工业集中区二期2平方公里的基础设施建设任务,实现了道路、给水、排水等"七通一平";投资1 500万元的工业集中区三期1.5平方公里基础设施建设已经开始动工;投资1.5亿元的引松入德米沙子净水厂已完成交接,可实现日供水2万吨;投资1 000万元,正在铺设供水管网;投资6 000万元完成了集中区内天燃气站及管网铺设工程;投资1.48亿元的高速公路出口工程和总投资0.95亿元的供热工程正在建设中;投资1.5亿元的一次变工程前期手续全部完毕。农安工业集中区先后投入1亿元完成了农安路向东延伸工程、松源公司南侧道路工程和道路两侧的绿化、供水、供电等配套工程的基础上,又投资300万元进行了中部引水管线的改造加固工程。路网工程基本完成,全区基础设施覆盖面积6.7平方公里,为项目的落位和投产提供了基础保障。双阳经济开发区投资280万元完成了双营乡总体规划提升、净月南湖测绘及控详规划,全年完成拆迁15处,征地60公顷,投资6 000万元扎实推进"五路一桥"工程,投入使用后,将实现南北两区的全方位衔接和资源的有效融合,进一步增强招商引资的吸引力和成功率。

项目建设 项目建设势头良好,产业结构不断优化。全市开发区共开工项目1 199个,计划总投资2 670.6亿元,其中纳入全市100个重大工业项目86个,总投资1 355.2亿元。投资50亿元以上项目8个,投资10亿元以上项目34个。一大批投资大、科技含量高、产出效益好的重点项目相继在开发区落位、完工和投产。高新技术产业开发区开工建设产业项目111个。其中,先进装备制造产业32个,新材料新能源产业6个,生物医药产业9个,光电子产业10个,高端生产性服务业21个。宽城经济开发区把项目建设作为各项工作的重中之重。续建项目13个,新建项目7个,投资27.55亿元。至此,自2007年,开发区工作重心转移到城区北部以来,项目总数已达到98个,总投资296.12亿元。西新经济技术开发区新建续建项目106个,其中,工业项目69个,3亿元以上项目16个,10亿元以上项目6个。南部都市经济开发区项目建设突飞猛进,全年新建、续建、落位项目41个,总投资300亿元,开工总面积达到110万平方米,当年竣工面积30万平方米,当年实现投资39亿元。其中,新建开工项目13个,续建复工项目10个,落位项目18个。双阳经济开发区坚持把项目建设作为开发区实现又好又快发展的突破口,引进内资47.75亿元,同比增长32%;引进外资3 194万美元,同比增长32%;新开工项目17个,全年共签约落地项目8个,计划投资64亿元,重点洽谈项目11个,总投资61.3亿元。榆树环城工业集中区共落位项目6个,总投资32.17亿元。二道经济开发区项目建设形势较好。开发区内全面开工的项目55个,其中,新建项目39个,续建项目16个,工业项目14个,商贸物流项目26个,基础设施项目10个,棚户区改造类项目5个,其中,超亿元的项目28个,5 000万元以上项目9个,3 000万元以上项目18个。

园区建设 特色园区建设加快,产业聚集度不断提高。全市开发区把特色园区建设作为扩大投资、调整结构、提升产业的重要平台,现已规划建设的33个特色产业园区,已有11个纳入省级特色产业园区,7个纳入市级特色产业园区。据统计,2010年共落位项目145个,已开工项目109个。长春兴隆综合保税区作为经开区全力打造的省、市对外开放新平台,申报、建设、招商三条线同步推进,已正式进入海关总署审批程序,以新兴铸管、大陆汽车电子等项目为龙头的35户企业准备落户综合保税区,投资总额达80亿元;投资120亿元的兵装新能源项目已经进入新能源新材料产业园区,现已开工建设并且部分完工投产;生物产业园区以大成100万吨化工醇项目为龙头,米高高效钾肥、帝斯曼预混合饲料等项目进展顺利,大成集团年产100万吨化工醇项目淀粉糖车间投产运营,制氢车间实现暖封闭;专用车产业园区以一汽通用长春基地和生产力促进中心项目为龙头，常春内饰件、爱尔铃密封件、长春派格汽车塑料、三一工程机械等项目进展顺利。现有项目44个，建成5个，在建28个，总投资46亿元；装备制造业园区引进三鼎变压器、东方压铸、长春发电设备总厂等项目22个，总投资31.7亿元，其中已开工5个；新兴产业园区风电、新材料、新能源等新兴产业加速集聚，以国电联合动力、华信城轨配套等项目为龙头，引进项目10个，总投资43.8亿元，其中已开工3个。2010年共签约项目164个。10亿元以上项目9个；5亿元~10亿元项目24个；1亿元~5亿元项目86个。净月经济开发区坚持以现代服务业为主导的思路，围绕总部经济园区等“五大园区”，引进港峰城市综合体、世贸中心、沃尔玛吉林总部等现代服务业项目。2010年，新签约项目41个，签约总金额516亿元，总额及项目平均投资额均创历史新高。净月开发区被国家发改委批准为国家服务业综合改革试点区，并被长春市委、市政府确定为长春市文化产业发展区。莲花山生态旅游度假区产业氛围初步形成。区域内现有国家AAAA级旅游景区—长春莲花山滑雪场、国家AA级旅游景区—莲花山度假村(长春素质教育基地)、萨满欢乐园，鸵鸟山庄、回龙河山庄、秋燕山庄5个景区(点)。2010年旅游业总收入实现5亿元，旅游接待人数80万人。汽车产业开发区文化建设迈上新台阶。国际汽车公园主体全面竣工，成为全国最大、最有品位的汽车主题公园。汽车博物馆主体合拢，汽车广场主题雕塑竣工剪彩，汽车大厦正式投入使用。园区和服务平台建设取得新进展。日系工业园、大众动力总成园、汽车电子园建设初具规模。新能源及汽车电子园全面启动。九台工业集中区除了重点加快工业园区项目建设外，还加大了特色园区建设力度，在采煤沉陷区依山而建的2平方公里的“生态畜牧产业园”已经取得实质性进展。农安工业集中区积极建设中小企业孵化器，聚集中小企业进入园区，对孵化器内企业按照一个大的整体进行统一管理，提供优惠政策，扶持共同发展。五棵树经济开发区园区结合五棵树镇“百镇建设”，对开发区的整体规划进行了调整。调整后的开发区控制总面积为12.43平方公里。在总体规划上，将原来的“一区六园五大基地”，调整为“一城八区”。重新规划后的开发区布局更加合理。

招商引资 开发区作为长春市对外开放的窗口和吸引外资的平台，始终把招商引资作为发展的生命线。全年各开发区积极组团参加省市举行的“北京——世界500强企业专项招商”、“鲁津专项招商”等项活动，积极与央企、大型民企进行对接；参加了净月经济开发区举办的2010中国·长春瓦萨滑雪节经贸洽谈活动等。绿园开发区依托轨道客车产业园引进轨道客车配套企业5户；五棵树开发区利用水稻资源优势进行定向招商引进“古船”米业；农安工业集中区以食品加工业和畜产品深加工、精加工为招商重点，引进6户企业；九台开发区以珠三角、长三角及环渤海区域作为域外招商引资的主战场，分别在3个地区长期驻地招商，同时加强省内企业的招商引资力度；朝阳开发区多次赴上海、南京、宁波、深圳、北京、青岛等地进行招商，接待外地客商投资考察100余人次，引进项目45个，签约项目62个，储备项目20余个，提前完成全年招商引资任务。高新技术产业开发区招商引资势头强劲，发展后劲不断增强。实际利用内资66.8亿元，比2009年增长15.97%；利用外资7.76亿美元，比2009年增长9.76%。引进一批央企项目，与28家央企洽谈合作项目38个，总投资830亿元。西新经济技术开发区招商引资取得新突破。先后组织10余次招商活动，成功举办了“欧美日韩汽车零部件产业峰会”，成为长春市招商历史上规模和层次最高的一次国际招商推介活动。全年共引进工业项目83个，其中，3亿元以上项目23个，10亿元以上项目7个，世界500强项目2个，计划总投资303.2亿元。宽城经济开发区招商引资质量不断提升。引进的优质项目数量多，其中投资亿元至10亿元的13个。此外，开发区还引进了各类总经销、总代理、结算中心等总部企业94户，注册资金15.68亿元。绿园经济开发区招商引资成效显著。全年“走出去”开展主题招商活动5次、考察知名企业100余户。2010年，已有世界500强日本日立公司、青岛威奥轨道公司等5户投资超亿元的客车配套落户开发区，在谈客车配套企业23户。南部都市经济开发区招商引资全年累计接待客商600余人(次)，专题推介(洽谈)50余次。先后与吉盛伟邦、香港钜城、红星美凯龙、绿地集团等12个企业成功签约，签约金额230亿元。农安合隆经济开发区把招商引资作为头等大事来抓，分别参加了在北京、天津举办的农安经济发展论坛，参加了一汽采购年会和第二届广州“外博会”等一系列大型招商活动。开展主题招商活动10次，考察域外知名企业70个，接待各类考察团体20批次。全区签约项目32个，与2009年同期相比增加了12个；签约资金30亿元，比2009年增长了13%。储备项目100个，其中有20个大项目有望签约落地。德惠米沙子工业集中区2010年的招商引资项目建设总数、投资规模、形象进度均创下历史最好水平，2010年落位的工业项目共有75户，引资总额达63.9亿元，占地265.4公顷。

科技创新 坚持科技创新理念，区域创新集群规模初现。高新技术产业开发区长东北科技创新中心建设进展顺利。“国家创新型科技园区”试点正式得到科技部批复；新获批国家标准化示范园区、国家科技企业加速器等园区和基地5个，国字号总数达到16个。“国家创新型科技园区建设方案”通过科技部火炬中心专家组评审；国家标准化示范园区、国家专利技术(长春)展示交易中心、国家创新药物孵化(吉林)基地获得国家批准，创业中心被科技部批准为国家级科技企业加速器和大学生科技创业见习基地。全区国家级园区、基地总数达到近20个。新引进各类研发机构70户，总数达到148户；两年按新标准认定高新技术企业49户，总数达到92户，分别占省、市的40%和70%；承担国家科技计划123项，申请专利1 650项，争取资金突破3亿元，均创历史新高。经开区的海拉车灯、富维－江森公司被认定为吉林省高新技术企业，全区高新技术企业达到20户，新增省级技术研发中心2个。

民生工作 各开发区树立全心全意为人民服务的宗旨，切实抓好民生工程。高新技术产业开发区2010年初制定的82项民生行动计划全部完成。汽车产业开发区按照年初制定的民生行动计划，投资5亿元，全面完成10个方面、107件实事。朝阳经济开发区在民生工作上，为309户低保户统一建立了低保档案，为13户低保家庭分配了廉租住房，免费为17名残疾人进行了康复治疗。全年开发就业岗位570个，新增就业360人，转移就业人数350人，技能培训150人，实现了既定的工作目标。新型农村社会养老保险试点工作取得实效，为1 082名60岁以上老人发放了基础养老金，收取保费191万元，参保率达80.4%。医疗保险覆盖面进一步扩大。城镇居民参保完成51%，共计5 033人。新农合参合率达到了100%。绿园经济开发区民生工作扎实推进。为新立村农民全部办理了合作医疗，为100名新征地农民办理了基本养老保险。按上级要求，共为8户21人办理了农村和城市低保并及时发放低保金，积极做好五保户供养和优抚对象的优抚工作。九台经济开发区民生和社会事业取得较大突破。全区结合"大走访"活动，全面启动了群众创业、就业、稳业系统工程。鼓励扶持群众创业上项目，发展家庭产业；加大培训力度，推进劳动力向工厂转移；拟定了由村民变市民的安置方案；居民新区建设已完成选址、土地报批、规划设计等基础工作。同时把维护社会稳定工作做为民生工作的重中之重来抓，在处理群众信访、安全生产、医疗卫生等方面工作上不断加大力度。开发区设立了信访接待室、法制服务中心，聘用了长期从事信访接待和从事法律工作的资深人员负责信访接待和法律咨询工作。妥善解决了四川籍农民工集体闹事、三盛村村民十几年不断越级上访等一批影响开发区社会稳定事件。开发区维稳工作提高了层次，解决复杂问题能力得到提升。积极组织农民参合、参保，合作医疗参保人数达到10 868人，参保率达到93.85%，被征地农民参加社会养老保险1 687人，占失地农民的57.38%。为全区130户共270人办理了低保，累计发放优扶款28 600元，发放救灾资金112 500元。

（刘国庆）

长春高新技术产业开发区

【概况】 2010年，高新区立足良好的发展基础和新的历史使命，抢抓机遇，加快发展，制定、实施了《新一轮发展战略规划》，总规划面积扩大到210平方公里，其中，南区55平方公里，地处长春市区西南部，与长春南部新城和汽车产业开发区、朝阳区、南关区毗邻，重点发展高端服务业，是南部新城的副中心。北区（长东北核心区）155平方公里（含规划控制面积60平方公里），地处长东北开放开发先导区的核心位置，与宽城区、二

2010年长春高新区经济发展指标完成情况统计表

指标项目		单位	2009年完成	2010年完成	比2009年增长%
技工贸总收入		亿元	1 947	2 802	43.91
工业总产值		亿元	1 899.86	2 732	43.80
国内生产总值(GDP)		亿元	486.33	681	40.03
实现利税		亿元	343.13	487	41.93
出口创汇		万美元	54 339	51 630	–4.99
实际到位外资		万美元	70 700	77 700	9.90
引进内资		亿元	57.6	66.8	15.97
土地出让		万平方米	55	503	814.55
企业发展	新发展外商投资企业	户	15	14	–6.7
	认定高新技术企业(累计)	户	83	90	8.43
	总收入50亿元以上企业	户	2	3	50.00
	总收入10亿元以上企业	户	10	15	50.00
	总收入亿元以上企业	户	74	95	28.38
	社会固定资产投资总额	亿元	305	411	34.75
主导产业技工贸总收入	先进制造技术领域	亿元	1 639	2 444	49.12
	光电领域	亿元	29.8	43.05	44.46
	生物医药领域	亿元	33.13	48.14	45.31
	信息技术领域	亿元	13.9	19.75	42.09
	新材料领域	亿元	47.65	62.15	30.43
	新能源领域	亿元	22.12	31.07	40.46
	高端服务领域	亿元	4.28	6.41	49.77

道区、长春经济技术开发区、九台市、德惠市接壤，是未来长春市产业发展，特别是战略性新兴产业发展的重点区域。2010年，高新区建设与发展取得显著成果，产业发展、自主创新、区域承载和综合服务能力大幅提升，主要经济指标成倍增长，资源禀赋优势进一步形成，基本完成了新一轮发展战略规划"重塑基础"阶段的各项任务。

【主要经济指标】 2010年，高新区实现营业总收入2 802亿元、工业总产值2 732亿元，利税总额487亿元，分别比2009年增长43.91%、43.80%和41.93%；完成国内生产总值681亿元，比2009年增长40.03%；实现全口径财政收入367.6亿元，一般预算收入62.1亿元，分别比2009年增长79.87%、51.09%；完成固定资产投资411亿元，比2009年增长34.65%。全年利用内资66.8亿元，利用外资7.77亿美元，分别比2009年增长15.97%和9.9%；实现出口总额9 158万美元。

【征地拆迁】 2010年，全年签订征地协议面积3 580公顷，取得征地批复面积1 752公顷。拆迁村屯28个，涉及居民1.78万户，建筑面积120万平方米。拆迁工业企业98户，建筑面积50万平方米。拆迁温室大棚、鱼塘、林地面积780万平方米。

【基础设施建设及环境提升】 2010年，高新区新建道路55.6公里，完成铺装面积189.7万平方米。北区远达大街、北四环路、甲一街实现通车，远达大街与绕城高速公路互通式立交桥主体建成通车。北湖大桥桥梁基础完工，铁路专用线已开工，重要交通节点将全部打开。长东北城市生态湿地公园一期2.5平方公里已具雏形，二期工程(2.4平方公里)已开工。腰黄家沟水系水利工程基本完工，完成土方43.1万立方米。南区完成硅谷大街、光谷大街、蔚山路翻建、维修工程，达到长春市精品街路标准。天安、硅谷、高科技3个广场全部建成。三佳湖公园建成开放，体育休闲公园粗造型基本完成，富裕河治理全面完成，成为长春市唯一一条清水河，带状公园建设全面启动。全年新增绿化面积491.5万平方米，建成区绿化率达到41%。全年基础设施建设投入122亿元(含征地拆迁费)，是2009年的1.5倍。

【项目建设】 2010年，高新区落位项目50个(南区23个、北区27个)，总投资323.8亿元，注册资本18.2亿元，购地面积494.1万平方米，建筑面积294.2万平方米。全区在建、续建产业项目111个，总投资1 050亿元，占地面积1 350万平方米，建筑面积1 600万平方米。南区92个(新建40个，续建52个)，总投资650亿元，建筑面积1 300万平方米；北区19个，总投资400亿元，占地面积350万平方米，建筑面积300万平方米。

五大产业重点项目情况一览表

产业领域	数量	总投资(亿元)	占地面积(万平方米)	建筑面积(万平方米)
先进装备制造	32	69.3	119	90
新材料新能源	6	122.2	57	23.3
生物医药	9	18.6	25.9	21.5
光电子	10	24.2	34.8	28.9
高端生产性服务	21	69.5	119	79.1

【引进央企】 2010年，高新区把引进央企作为招商引资的主攻方向和重中之重，与28户央企洽谈合作项目38个，规划总投资额921亿元，占地面积1 400万平方米，建筑面积900万平方米，产值2 986亿元，税收185亿元。中国普天东方通信金融电子研发基地、中国5矿集团招投标公司、中石油东北地区燃气运输总部3个项目完成注册。中国医药集团总公司长生所整体搬迁、中国兵器装备集团天威新能源产业园、中国兵器工业集团公司凌云汽车零部件研发生产基地、中国机械工业集团公司长春机械科学研究院校直中心4个项目开工建设。中国航空工业集团有限公司长春航空科技产业园、中国中信集团公司电子科技总部基地、国控吉林医药物流基地项目、中粮集团华宇现代农业加工储存物流项目和华宇农业研究院农产品研发5个项目正式落位。

2010年高新区引进央企(世界500强)开工项目建设情况一览表

单位:亿元、万平方米

项目名称	项目承担企业	主要产品	占地面积	建筑面积	投资总额	产值	税收	进度
合计			73.4	55.99	144.6	90.5	5.03	
生物所整体搬迁	中国医药集团总公司	生物疫苗	10.4	10	20.4	10	1.5	厂房主体封闭
天威新能源产业园	中国兵器装备集团公司	风电整机等	53	38.59	120	75	3.13	厂房主体封顶
汽车零部件研发基地	中国兵器工业集团公司	保险杠骨架等	5	3.7	3	4	0.27	完成厂房基础
机械科学院校直中心	中国兵器工业集团公司	校直机研发	5	3.7	1.2	1.5	0.13	厂房暖封闭

【培育发展产业链】 2010年,高新区坚持规模化、高端化、国际化发展方向,重点围绕新能源汽车、先进装备制造、软件和文化创意等战略性新兴产业,加快培育、延伸产业链条,加速优势产业集聚。1、电动车产业链不断完善。组建了锂电池工程、电机、动力总成3个研发中心,锂电池研发列为国家科技支撑计划项目;成立了吉林省电动汽车研究院和长春劲能锂电池公司;高新电动车公司与一汽客车合作开发的多款纯电动客车成功申报国家《汽车产品公告》;建立了整车中试和检测基地,整车年生产能力达到100辆,首批生产的30辆纯电动客车投入运营;成立了以高新电动、吉林省元亨实业有限公司、长春供电公司为主体的电动车租赁公司;高新电动车公司与吉林电力公司联合建设了占地4 000平方米,中国北方高寒地区第一个集充电、维护、商务一体的多功能样板式电动车充电站,已投入使用;构筑了从技术研发到整车生产、商业运营相对完整的产业链条。2、有机发光显示产业链条实现重大进展。支持吉林环宇显示技术有限公司和拥有世界最先进有机发光材料生产技术的吉林奥来德光电材料股份有限公司开展合作,打造一流的P-OLED产业化生产基地,助推OLED产业链建设。2010年,吉林环宇公司第一条生产线进入试运行阶段。吉林奥来德公司OLED有机发光材料已形成批量生产能力。双方合作,将形成集产品生产、技术研发、设备制造于一体的OLED有机发光材料产业链条。3、动漫产业链基本形成。高新区规划建设了吉林动漫游戏原创产业园、东北亚文化创意科技园、长春国家新媒体产业合作园、伍陆柒捌长春软件与动漫服务外包产业园、吉林师大创意文化产业园、东北亚国际标识设计和旅游创意产业园等6个产业园和大型游乐动漫主题公园"哆哆国"主题公园,初步构建起集教育培训、原创设计、影视制作、展示交易、文化传播、衍生品开发等于一体,文化、科技、金融协同互动、融合发展、集群发展的产业格局。

【东北亚文化创意科技园】 2010年6月,东北亚文化创意科技园正式启动运营。创意科技园由吉林省建筑装饰集团投资建设,占地面积20万平方米,建筑面积35万平方米,总投资32亿元,计划达产产值30亿元~50亿元。东北亚文化创意科技园以构筑综合服务平台为主,分为动漫游戏、创意设计、软件外包、金融服务、娱乐休闲等区域,建成后可容纳800户企业。园区定位于"为东北亚各国科技文化类企业提供交流、合作、发展的平台,打造地域特色鲜明的、世界级科技文化创意产业园区;为中国科技文化创意产业的发展,积累新经验,探索新模式,走出新路子,成为国家文化创意产业示范园"。文化创意产业园是吉林省规模最大、功能最齐全的科技文化产业园,被吉林省文化厅认定为"吉林省文化产业示范园区"。2010年,总投资5 000万元的动漫公共服务技术平台一期已建成,有80余户企业入驻。

【创新型科技园区建设】 2010年,高新区精心打造创新平台,搭建创新载体,推动区域创新体系建设。1、长东北科技创新中心建设。联合"一院四所四校"结成创新联盟,优势互补,合力共建。搭建了5个专业技术平台,光电子平台即将投入使用,地理所及应化所的平台项目已开工;高科技广场投入使用,7个公共服务平台建设方案已经确定。IPV4/IPV6双栈式IDC数据中心基本建成。科技创新中心建设已列入长吉图实施方案及长春市国家创新型城市试点方案。2、建设孵化基地。占地2.66万平方米、建筑面积3.4万平方米、总投资4 450万元的吉林省高新创业孵化产业园(孵化加速器),二期工程基本完成。全区已建成和正在建孵化基地面积超100万平方米。3、开展青年创业实践活动。组织大专院校学生以及毕业不超过2年的创业青年,参加长春市2010年青年科技创新创业大赛,参赛600多人,项目159个。长春青年创业园参赛项目16个,全部获奖,得到创业扶持资金资助,占获奖项目100%。长春青年创业园被团省委评为省级青年创业园区,被长春市人力资源和社会保障局评为长春市十佳大学生创业园。4、建设创新活动载体。博士后工作站、中俄科技园建设又有新进展,年内15家企业博士后工作站入站博士16位,中俄科技园一、二期工程全部竣工,并与俄罗斯科学院新西伯利亚分院共同举办了科技成果展,100多项俄罗斯高科技成果来长开展项目对接。5、鼓励知识产权创造。制定实施知识产权创造与应用奖励政策,推进技术创新步伐。全年申请专利900项,其中发明专利430项;授权430项,其中发明专利200项;企业获得国家驰名商标1件,省著名商标7件,长春市知名商标4件。新引进研发机构43户,全区研发机构总数达到148户,按新标准认定高新技术企业总数达到92户。"国家创新型科技园区"试点正式得到科技部批复;新获批国家标准化示范园区、国家科技企业加速器等园区和基地5个,国字号总数达到16个。

【培育资本市场】 2010年,高新区成立上市金融办公室,专门为科技型中小企业提供投融资服务。1、股权融资服务。引进基金、风险投资等股权类投资机构17家,集聚基金总体规模达145亿元。设立高新区沃顿财富广场,14户投资机构签约入驻,首期注册资金17亿元。2010年,在105户获得投融资服务企业中,实现股权融资70户,融资2.9亿元。2、债权融资服务。出资500万元,设立高新区科技型中小企业贷款风险补偿专项基金,与省市各商业银行、担保公司分别搭建三方合作贷款,股权、知识产权质押贷款、"银税保"先贷后征大项目贷款、快捷信贷绿色通道以及大额订单质押货款等合作平台。全年协助16户企业申请贷款2.4亿元,其中5户企业通过审核获得贷款2 000万元。3、上市融资服务。引进证券、会计师、律师事务所、资产评估中心等上市服务中介机构40家,储备股份制企业,进入主板、创业板,以及新三板上市辅导程序企业59户,投入500万元,为企业上市融资工作给予资金支持。4、开展融资调研。全年走访企业174户,深入调研36户,筛选有融资需求企业47户。利用向国家银行、担保公司借贷,争取政府无偿支持和企业股权投资等一系列融资渠道，为企业解决发展资金1 100万元。5、金融产品宣传推介。举办了金融创新产品推介会、上市辅导专题培训、产业基金投资讲座、金融服务助推企业发展论坛等，提高企业经营者的金融资本意识、金融资本的使用能力和技巧。

【创新体制机制】 2010年，高新区紧紧围绕新一轮发展战略需求，建立了既有政府职能、又有企业化管理的双重体制和平等竞争、灵活高效的企业化用人机制。1、深化管理体制改革。2、建立企业化用人机制。3、强化竞争激励机制。

【强化企业服务】 坚持以服务为宗旨，不断完善服务功能、健全服务体系，扶持企业快速发展。1、建立政策支撑体系。制定实施了《关于鼓励和扶持企业加快发展的意见》、《关于鼓励和扶持东北亚文化创意科技园发展的若干政策》等扶持产业、企业、投融资发展及企业服务等政策和制度28个，全年兑现政策资金总量达到4.8亿元。2、建立企业服务网络。2010年，建立完善了服务企业责任制度，严格落实项目引进部门、招商综合部门及企业援助中心各负其责的“三段式”服务。成立企业服务中心和总商会，开通企业服务“110”热线，建立协调、落实、督办体系，24小时接收并及时处理企业诉求，全年各部门深入企业提供服务760余次，帮助企业协调解决生产经营困难和问题190余件。3、营造宽松发展环境。对全区90个收费审批备案项目进行清理，减少收费金额144.9万元。压缩审批时限，每个项目平均减少了12个审批工作日。4、提供人才服务。全年组织各类招聘会32场，提供就业岗位8 250个，为企业提供人才3 000多人；完善高新人才网，为1 800家会员单位提供人才服务；进一步充实了人才库，入库人才新增5 000人，总量达到3.4万人。在吉林省软环境评议中，高新区在全市开发区排名第一。

【服务民生】 2010年，高新区制定的82项民生行动计划全部完成。1、启动保障性住房建设。自筹资金5 800万元建设政府保障性廉租、廉价住房906套。向城市低收入家庭发放廉租房补贴款17.32万元，发放低保金和补助金416.4万元。建设农民住宅61万平方米。2、深入开展养老保险工作。2010年，全区新征地农民8 482人，所需保障资金1 312.12万元（按1年测算），按批次全部打入失地农民社保资金专户。年内被征地农民达到领取养老保障金法定年龄人员累计5 137人，累计发放老年基本养老保障金660.42万元。完成新增养老保险6 971人、失业保险3 596人。3、提高医疗保障水平。推行新型农村合作医疗，调整了定点医疗机构，增加了门诊统筹报销项目，参合农民得到更多医疗补偿。2010年，参合农民32 089人，参合率达96.2%，补偿296.6万元，基本实现在乡人口全覆盖。全年完成新增城镇居民住院医疗保险1 000人，续保缴费35 232人，均完成年计划100%。为31户建筑企业、22 112名农民工代办住院医疗保险，代缴保险费66.34元。4、开展全民创业促就业活动。全年开发就业岗位3 122个，城镇新增就业人员2 566人，下岗失业人员再就业1 173人，农村劳动力易地转移就业人员1 173人，高校毕业生就业101人，均超额完成年度计划。解决零就业家庭比率达到100%。5、加强社会服务设施建设。年内兴华学校、富强幼儿园、兴华幼儿园、第一幼儿园，残疾人就业指导和康复服务中心、奋进社区服务中心、卫生服务中心投入使用。市委党校、吉林交通职业技术学院、长春工大、长春师范学院正式落位。警民健身中心、奋进社区服务中心、农民文化活动中心、卫生服务中心基本完工。北京安贞医院吉林分院奠基。6、开展隐患排查治理专项行动。建立完善了“一岗双责”信访稳定工作领导体制，扎实有效地开展了“信访积案化解提速年”活动，认真开展“大走访”和“大排查”，积极化解矛盾，妥善解决重大集体访积案11件，保持了社会和谐稳定。

【长东北核心区规划建设展馆开馆】 2010年6月30日，长东北核心区规划建设展馆竣工，投入试运行。10月28日，规划建设展馆正式开馆。展馆位于高新区北区北四环路和甲一街交会处，建筑面积6 000平方米，共分3层，10个展区。展馆拥有800平方米的室内展示沙盘和148平方米室内LED展示屏，采用国际先进的电子中控系统、同步语音接收系统、电子接收解说系统等，另有360°环幕影院和3D影厅、7个雕塑作品、9个多拼屏投影、46个融合投影机、2个高科技电影厅，达到国内一流、国际水准。开馆以来，共接待参观团组130余个、3 000余人次，成为展示高新区新一轮发展战略和长东北开发建设成果的重要平台。

（田莎莎）

长春经济技术开发区

【概况】 长春经济技术开发区（以下简称长春经开区）成立于1992年7月，1993年4月被国务院批准为国家级经济技术开发区，2010年，辖区总规划面积112.72平方公里，常住人口20万。

【经济运行情况】 2010年，经济保持快速增长。全年实现地区生产总值603亿元，比2009年增长20%；工业总产值1 500亿元，比2009年增长22.6%；一般预算全口径财政收入48亿元，比2009年增长39%；实际利用外资9.09亿美元，实际利用内资66.27亿元，分别比2009年增长10%、15%；固定资产投资260亿元，其中工业投资143亿元，分别比2009年增长30.4%、28.7%。主要经济指标与“十五”末期相比，地区生产总值、工业总产值、一般预算全口径财政收入增长2倍，实际利用内、外资增长1倍，固定资产投资增长5.5倍。综合实力进一步提升，在商务部国家级经济技术开发区2009年投资环境综合评价中实现了争先进位，排名从连续多年的第14位上升到第13位；在中部9个国家级经济技术开发区中连续4年保持领先，排名第1位。

【基础设施建设】 全面启动兴隆新城建设，完成6大类205项基础公建工程固定资产投资33亿元，是建区以来投入最多的一年。1、重点完善北区骨干路网、水、电、气、热、铁路专用线等基础设施配套。实施建设五大园区间主干路及连接路27条，已完成11条。建成给水主干管道22公里，结束北区无净水历史；促成220千伏玉隆一次变电站建成投运，建成66千伏绵阳1号二次变电站，市电网络建设取得重大突破；兴隆热力五厂、金钱锅炉房建成投运；铁路专用线大成段基本建成，全年新增“七通一平”配套面积4平方公里。2、生态环境建设取得重大进展。对鲇鱼沟排污状况进行了综合治理；新建的北区污水处理厂已完成主体工程；完成临河街污水改造；新建中山公园完成土方工程。3、加快兴隆山老镇区改造。金色家园和兴隆·丽景城36万平方米回迁小区已竣工并具备入住条件，同时启动了下一阶段80万平方米的回迁楼建设。4、“奋战150天市容环境综合整治行动”成效显著。围绕精品街路建设、市容环境卫生等9大工程45项任务，进行了一场全民参与、上下协力的环境整治攻坚战，全开发区广告牌匾规范整治和城市出入口改造两项工作获得长春市市容环境综合整治工作先进单位荣誉称号。

【招商引资与项目建设】 按照产业招商的思路，有针对性地引进汽车及零部件、装备制造业等先进制造业项目87个，投资总额271亿元；仓储物流等现代服务业项目38个，投资总额139亿元；生物化工等新兴产业项目39个，投资总额91亿元。2010年共签约项目163个。全年开工项目126个，其中，新建72个，续建54个。在5月份举行的“长吉一体化100亿元项目集中开工仪式”上，全区参加项目达30个，占长春市集中开工项目的30%。全年竣工投产项目36个。签约项目中，10亿元以上项目9个、5亿元~10亿元项目24个、1亿元~5亿元项目86个。其中，世界500强7户、央企及行业龙头企业20户。特别是全力推进的通用整车、际华长春国际商贸物流园、国电联合动力等项目相继落户，将有力带动一批相关配套产业和企业集群发展。

【特色园区建设】 以产业园区为载体，全力推进重大项目建设，入驻企业迅速增长，产业集聚效应加速显现。生物产业园区现有项目37个，总投资27.4亿元，已建成6个。其中，大成集团年产100万吨化工醇项目淀粉糖车间投产运营，制氢车间实现暖封闭。专用车产业园区现有项目44个，总投资46亿元，建成5个。其中，一汽通用公司总部成功落户长春经开区，投资建设长春生产基地，新车已经下线。长春兴隆综合保税区控制性详细规划已通过市政府常务会审批，489公顷用地全部符合申报要求，已正式进入海关总署审批程序。注册成立的“长春兴隆综合保税区投资建设有限公司”作为建设主体，重点打造保税区“五路一广场”骨架路网，机场路、中山大街下穿铁路工程正加速推进，甲一路公铁立交桥设计及兴隆山铁路站场改造、专用线设计方案已经完成。以新兴铸管、大陆汽车电子等项目为龙头的35户企业准备落户综合保税区，投资总额80.7亿元，签约项目达到19个。装备制造业园区引进三鼎变压器、东方压铸、长春发电设备总厂等项目22个，总投资31.7亿元，其中已开工5个。新兴产业园区风电、新材料、新能源等新兴产业加速集聚。以国电联合动力、华信城轨配套等项目为龙头，引进项目10个，总投资43.8亿元，其中已开工3个。

【重点企业】 新增规模以上工业企业46户，总数达到237户。龙头企业的迅速壮大，带动了整体工业经济的快速发展，产业结构不断优化。汽车及零部件产业高速增长，实现产值686亿元，比2009年增长46.7%；生物化工产业稳步增长，实现产值398亿元，比2009年增长28.6%，其中大成集团成长为长春经开区首家产值超300亿元企业，实现产值340.3亿元，比2009年增长30.9%；服务业呈现加速发展的良好态势，第三产业占地区生产总值比重达22.1%。海拉车灯、富维－江森公司被认定为吉林省高新技术企业，全区高新技术企业达20户，新增省级技术研发中心2个。

【土地利用与管理】 全力破解土地瓶颈。完成土地利用总体规划修编，新增建设用地指标4 000公顷，原有的1 987公顷基本农田全部平移，北区全境、南区高速公路以内和高速公路以外、长石公路以北区域全部为建设用地预留地，保障了长春经开区未来发展的用地需求。并在长春市国土资源局支持下，征用九台市卡伦镇120公顷土地，保证了大成集团未来二、三期发展需要。征收集体土地605公顷，实施征地1 306公顷。加快土地收储和出让，2010年，共收储国有土地150公顷，支付收储资金38.5亿元，相当于前10年的支出总量，为未来发展积累了宝贵的土地资本。共出让土地332公顷，土地总成交价款42亿元，其中经营性用地出让收入突破37亿元，创经开区土地出让历

一汽通用轻型商用汽车新车下线仪式

史新高。

【创新工作机制】 实行运行机制的动态化管理。对长春经开区重点、难点工作，在人员配备、资金保障方面给予倾斜，抽调机关青年干部，充实到拆迁一线，取得了明显的工作成效。对机关、事业单位的30个岗位，面向社会公开招聘，为开发建设注入了新鲜血液。强化了责任落实。成立了督查办公室，对重点工作任务定期调度，加强督办。全年落实督察任务727项，办结702件，办结率97%。提高了服务效能。把优化投资环境作为生命线工程。2010年初，由领导班子成员带队，走访调研区内108户重点企业，对企业反映的11大类74个问题，逐一落实责任部门和完成时限，及时帮助企业协调解决生产运行中的困难和问题。为确保项目顺利开工，主动到项目单位现场办公，全年进行项目集中调度31次，及时解决了大成集团、一汽客车、国电联合动力、华信轨道客车园等项目遇到的120多件问题。启动运行了行政审批服务中心暨民生服务大厅，为企业和群众提供了更加优质高效的一站式办公、一条龙服务。

（杜　萍）

长春净月经济开发区

【概况】 长春净月经济开发区(以下简称净月开发区）位于长春市市区的东南部，距市中心人民广场18公里，地处吉林省东部山地向西部草原过渡地带，属长白山余脉的低山丘陵山地，半湿润季风气候区。开发区幅员478.7平方公里，辖3个整建制镇、2个街道和伪满皇宫博物院、汽车文化园，含净月潭国家重点风景名胜区、新立湖国家水利风景区，常住人口24万人。净月潭景区先后被批准为国家重点风景名胜区、国家森林公园、国家生态示范区、国家AAAAA级旅游景区、国家文明风景旅游区示范点、国家水利风景区。2010年8月，净月开发区先后被国家发改委批准为国家服务业综合改革示范区，被长春市委、市政府批准为长春文化产业发展区。

【“十一五”时期净月开发区经济运行情况】 “十一五”时期，净月开发区按照科学发展观的要求，圆满地完成了“十一五”规划和市委、市政府赋予的各项任务，净月开发区的战略地位、区域价值和城市面貌发生了深刻变化。在党的十七大首次提出“生态文明”这一理念之前，谋划了净月生态城战略构想，提出了把净月开发区打造成为长春市生态核心区、中央休闲区和高端产业集聚区的发展目标；在国家“十二五”规划提出加快推动现代服务业和文化产业大发展之前，提出了“一主三辅”、“不上新的工业项目”、“集中力量发展现代服务业”的理念，使净月开发区成为吉林省惟一一个国家服务业综合改革试点区、长春市第一个文化产业集中发展区。2010年，净月开发区地区生产总值完成332.4亿元，全口径财政收入实现23.2亿元，“十一五”时期累计完成固定资产投资1 130亿元，是“十五”时期的5.6倍。第三产业比重提高了7.3%，其中，现代服务业增加值实现235.1亿元，占第三产业比重达到70.7%，占全市服务业增加值的18%，占全省服务业增加值的8.2%，服务业已经成为推动区域经济快速增长的主导力量，净月开发区成为吉林省惟一一个国家服务业综合改革试点区、长春市第一个文化产业集中发展区。累计完成招商项目221个、实现签约总额2 728亿元；科学开展土地运营，全力推进“大收储”，累计完成土地收储1 679公顷；切实强化“三级管理”，加快推进征地拆迁，累计完成征地4 803公顷、拆迁房屋289万平方米，奠定了加快发展的坚实基础。5年中，吉林省科技文化中心、知合国际动漫产业园、农博园、一汽启明软件园等一大批在国家和省市具有龙头地位的项目相继建成，中海、万科、和黄、保利等知名地产聚集落位，重点产业园区建设已初具雏形，净月开发区正在成为长春市经济转型发展的新引擎和现代服务业提档升级的新支撑。净月开发区始终以打造现代化新城为目标，努力做到规划、建设、管理“三位一体”。突出规划设计的引领作用，投入3 000多万元，开展西部新区战略规划及总部经济园等重点园区规划设计；全面启动基础设施建设，累计投入78亿元，全区配套面积达到45平方公里、建成区面积达31平方公里，推进了中央景观大道等“三纵六横”主干路网建设，开拓了城市发展和产业落位的新空间；提升城市管理水平，实施对全区重要生态广场和精品街路的提升改造，全区新增城市绿地7.7平方公里。加大市容环境综合整治力度，净月区的“三级管理”成为具有全国性影响的城市管理新模式；加强生态保护和建设，提请市人大出台了《加强净月潭风景名胜区生态环境保护的决议》，完成退耕还林15.6平方公里，迁出企事业单位7个，投资2 000多万元对已有70年历史的净月潭大坝进行彻底维修加固，对小河沿子河11.5公里河道进行综合治理，净月开发区的生态建设进入历史最好时期。优先发展旅游休闲，将瓦萨国际越野滑雪节打造成全国知名的精品旅游文化活动，引进了利丁徒步节、瓦萨国际定向赛、万茨博尔公路自行车赛等具有国际影响力的体育赛事，成功举办了具有全国一流水准的长春农博会，对净月潭国家森林公园、伪满皇宫博物院进行了改造升级，两大景点同获“吉林八景”殊荣，并双双成为国家5A级景区；大力发展科技教育，引进了启明国家汽车软件研发中心等多家“国字号”科研机构，建设了省科技文化中心、省自然博物馆等重要科教文化设施，引进了吉林财经大学、吉林建筑学院等高等院校，全区在校人数达到17万人，占全市的42.7%，占全省的36.3%；注重发展宜居品牌，引进国内知名地产企业20余家，建设了高品质的公共设施和高档次楼盘，净月开发区成为长春市名副其实的中央休闲宜居区。净月开发区始终把解决群众生存性、发展性、安全性等民生问题作为重点，坚持每年召开一次民生大会，出台一个民生计划，努力为群众办好事、办实事。加快发展基础教育，高标准新建了中海新湖希望小学、退耕还林小学，累计投入3 800多万元，全面改善中小学办学条件，促进教育均衡发展；加快推进社会事业，开展了33.6万平方米的经济适用房和廉租房建设，累计安置就业7.5万人次，实现养老、失业、工伤、生育保险全覆盖，深入开展慈善助学、大病救助、库区移民扶持等民政工作，形成了综合性、多层次的社会保障和救助体系；加快推进新农村建设，成功开展了伊丹河综合治理、林家村土地整理工程，完成团山水库等11座中小水库的除险加固工程，修建“村村通”油路46公里，改造泥草房305户，完成了5个村9 000多人的安全饮水工程，建设了占地115公顷的无公害蔬菜生产基地，有力地促进了城乡统筹。

【招商引资】 2010年，净月开发区共向北京、台湾、韩国等150多家大企业集团进行了深度推介，先后接待了220个团体、864人次前来考察洽谈。全年项目签约51个，总额达482.5亿元，投资强度达到9 460元/平方米，其中现代服务业项目占新签约项目的85%，涵盖总部经济、商务商贸、创意文化、现代物流和高新技术等各个领域。还有150多个总投资近千亿元的项目储备，形成了现代服务业聚集发展的良好态势。在净月潭瓦萨国际滑雪节经贸洽谈会上，共向18个国家和地区的代表团开展招商推介，共签约项目25个，签约总金额150.9亿元。

【项目建设】 净月开发区把项目建设作为全区工作的主旋律，创造一切条件全力推进。加快项目用地审批，全年批复用地指标230公顷，供应土地103.6公顷；土地出让均价创造了2 583元/平方米的历史最好水平。加大征地拆迁力度，全年完成征地1 512公顷，拆迁房屋7 392栋、79万平方米；强化“三级管理”，共拆除违法违章建筑物、构筑物186 819平方米，违法违章发生率同比下降45%；优化服务质量，坚持每周一次调度会、首问负责、跟踪服务、并联审批等制度，打造项目建设的“绿色通道”。2010年，净月开发区共开工建设喜来登酒店、烟草总部、伟峰总部、知合动漫、正恩孵化中心、万科·惠斯勒小镇等项目78个，完成项目建设投资330亿元。加快推进吉林省科技文化中心、保利歌剧院、长影世纪城二期、幕利亚五星级酒店、瓦萨博物馆等一批新兴科技文化项目，提升了净月区域的文化内涵。

【城市建设】 以提升城市功能和形象为重点，管建结合，拓展空间，保证了城市建设的高品质推进。以西部新区为蓝本，率先在吉林省内启动市政设施详细规划编制，为西部新区高标准建设创造了有利条件；采取了国际咨询的方式，完成西部新区EBD城市设计，为提升净月西部新区形象创造先决条件。全年基础设施投资15亿元，累计完成西部新区中央生态景观大道等“三纵六横”主干道建设12.8公里，中央生态景观大道3.5公里已建成通车，水、电、热、气、信快速跟进，东南污水处理厂主体工程完成建设，市政维管水平全面提升，城市配套承载能力进一步增强。完成了净月潭公园正门主题广场的设计改造以及瓦萨博物馆的工程建设，开展了小河沿子河综合治理，新增公共绿地8万平方米，城市景观环境不断优化。全面开展“市容环境综合整治150天”专项行动。设立了9个专项指挥部，确定了11项重点整治工程，完成了净月大街等6条精品街路的美化绿化工程，净月街区环境优美整洁，城市品质和形象得到大幅提升。

【优化生态环境】 净月开发区把生态建设作为一项百年工程来抓，实现了保护与建设并举、增量与提质同步。有效遏制日本松干蚧等森林病虫害，切实加强高火险期联合检查，实现森林30年无火灾。采取多种措施引导农民自愿还林，全年完成退耕还林240公顷，栽植各类树木74万株，完成矿山复绿5处。完成了净月湿地公园主体工程，强化了净月风景名胜区的生态系统，提升了景区整体品质。与长春市环保局共同实施“联保共建”工作新模式，促进区内企业生态环保工作全面达标，在2010年5月监察部和环保部联合抽检中，净月开发区所有抽检企业全部顺利过关。

【推进民生建设】 净月开发区全面实施了以94件实事为主要内容的民生行动计划。共开发就业岗位20 000个，安置就业13 400多人；新建和改善了全区中小学校舍及教学设施，建立“大学区”管理模式，促进了教育均衡发展；投入130万元改善基层卫生院基础设施，深入开展以防治手足口病、麻疹疫苗接种等重点疾病防控工作，新农合覆盖面进一步扩大；结合国家新一轮的人口普查工作，加强对流动人口管理与服务，计划生育率达到100%。防汛期间，全区共投入500万元，动用抢险人员4 000余名，深入抗洪抢险第一线，确保了水库无一溃坝，汛期过后，积极筹措资金2 000多万元进行灾后重建。加快农业产业结构调整，改善农业基础设施条件，促进农业增产和农民增收；及时完成土地补偿费分配工作，涉及地块全部核查完毕，并支付到村；继续推进农村饮用水安全工程，铺设管网52万米，超额完成了省市下达的任务指标。加快保障性住房和回迁房建设，开展了6次大规模的安全生产专项治理行动，提高失业、养老、工伤、医疗、新农合等各类社保的覆盖面，实现新增参保2 345人，居民医保新增4 171人。妥善处理市长公开电话和群众来信来访，营造了和谐稳定的社会环境。

（贺国峰）

长春汽车产业开发区

【概况】 长春汽车产业开发区（以下简称汽车区）是长春市人民政府与一汽集团合作共建的省级开发区，2005年9月正式成立，汽车区位于长春市区西南部，东起普阳街、长沈铁路，南接公主岭市范家屯镇，西至西新开河，北到景阳大路、支农大街、长春西湖。行政管辖面积110.48平方公里，共管辖2个街道（10个社区），10个行政村。

【主要经济指标】 2010年，汽车区抢抓机遇、克难攻坚，经济社会跨越发展的一年，区内产业实力大幅攀升，全区生产总值实现333.2亿元，同比增长19%；一般预算全口径财政收入实现40.8亿元，同比增长46.7%；固定资产投资实现393.8

亿元，同比增长31.3%；实际利用内资实现75.9亿元，同比增长15%；实际利用外资实现3.6亿美元，同比增长13%。主要经济指标继续位居全市前列，其中利用内资总量、利用外资增速、城镇固定资产投资总量全市第一，固定资产投资增速列4个市直开发区首位。连续3年被评为长春市经济目标责任制优秀奖。

【招商引资】 2010年，汽车区重点开展大型招商活动，招商工作取得新突破。先后组织10余次招商活动，成功举办了"欧美日韩汽车零部件产业峰会"，成为长春市招商历史上规模和层次最高的一次国际招商推介活动。全年共引进工业项目83个，其中，3亿元以上项目23个，10亿元以上项目7个，世界500强项目2个，计划总投资303.2亿元，预计可实现产值486.8亿元。

【项目建设】 2010年，汽车区全面提升产业实力。全区新建续建项目106个，其中，工业项目69个，3亿元以上项目16个，10亿元以上项目6个。大众T99、富奥工业园、模具工业园等30个项目竣工投产。轿车研发中心、大众MQ200变速箱等一大批项目开工建设，丰越扩建项目进展顺利，五大厂房实现了暖封闭。园区和服务平台建设取得新进展。日系工业园、大众动力总成园、汽车电子园建设初具规模。新能源及汽车电子园全面启动。研发中心电动汽车电机、电控技术取得较大突破，研制装配了3台电动车样车，新上一条电机生产线。信息中心成功推出新的产品，得到了市领导的肯定和认可。金融担保中心共为36家中小企业解决担保贷款1.7亿元。

【基础设施建设】 汽车区一直把加快新区建设、改造提升建成区作为全年工作的重点。全年共铺设电缆20公里，架线3公里，供水管线4公里，供气管线2公里，供热管线3.2公里，通信管线2公里。完成了10千伏电路、农电线路迁移工作。完成了东风大街下穿高速公路涵洞等16条道路排水工程。启动了丰越、西湖两个二次变及3个开闭所建设工程，改造了西湖大路5公里6.6万千伏高压线路。拓宽翻新奔驰路等6条道路，启动了飞跃路下穿桥工程。3个物业小区得到全面改造，12个物业小区环境得到进一步美化。对岱山公园等3个公园以及所有改造后的街路、小区进行了绿化补植，环境质量不断提升。

【城市建设】 2010年，汽车区思路进一步拓宽，全面完善城市功能。核心区3平方公里配套设施及环境打造全部完成，汽车新城主体框架初步形成。高力北方汽贸城、汽配商街蓬勃发展，已成为全国有影响力的汽车零部件集散中心。长沈路精品一条街发展迅速，已经拥有奔驰、保时捷、大众、讴歌等11家整车销售店。2010年，全区汽车贸易总额达到109.6亿元，完成了核心商务区、西湖生态区总体规划以及前期招商工作。

【文化建设】 在重视城市发展的同时，汽车区全力打造汽车文化。国际汽车公园主体全面竣工，2010年10月正式开园，成为全国最大、最有品位的汽车主题公园。汽车博物馆主体合龙，汽车广场主题雕塑竣工剪彩，汽车大厦正式投入使用，这些充满汽车文化内涵的景观建筑已经成为汽车区独特的风景。成功举办了第十一届中国长春国际雕塑作品暨首届长春国际汽车公园艺术邀请展，26个国家和地区的31件精品雕塑留驻汽车公园。重新组建了汽车区"解放艺术团"，开展了第三届中国长春汽车节等系列汽车文化活动，进一步提升了汽车区汽车文化氛围。

【民生工作】 按照2010年初制定的民生行动计划，全年共投资5亿元，全面完成10个方面、107件实事。全区城镇新增就业3 964人，下岗失业人员再就业1 870人，农村转移就业1 653人，零就业家庭就业率达100%。城镇居民医保扩面74 000人，新增参保7 919人，养老保险650人。为1 100多个低保户和各类优抚对象办理了医疗保险，累计金额达30余万元。深入开展"大救助、大就业、大查访"等活动，与311个困难家庭结成救助对子，走访慰问优抚对象542人，发放各类补助资金800余万元。中高考成绩继续排在全市前列，在全省率先启动了"全国区域教育优质均衡发展示范区"创建活动。投资1 800万元，完成了13所中小学楼体加固工程。建设廉租住房25 000平方米，完成3 587户被拆迁居民回迁。实施"暖房子"和"爱心门"工程，完成了84栋外墙保温以及150栋室内采暖管更换，安装"爱心门"435个。为一汽困难职工解决廉租房100套。在洪灾期间及时转移受灾百姓567人，发放救灾物资共计180万元。对口支援二道区防汛，援助物资、现金总计140余万元。加强了甲型H1N1流感和手足口病的预防工作。落实奖励人口与计划生育扶助政策，累计发放各类奖励资金40余万元。广泛开展了农民文化艺术节和送文化、体育、健康下乡活动，完成9个国家标准"农家书屋"建设，新增社区体育设施20件。加强社会治安综合治理，及时化解各类矛盾纠纷，有效维护了社会的和谐稳定。

（刘　晶）

长春国际汽车公园开园仪式

长春长江路经济开发区

益和医药物流中心正式落成

【概况】 长春长江路经济开发区(以下简称长江路开发区)从长春市百年商埠长江路商业街起步,并以该路命名,位于长春市宽城区境内,面积77.2平方公里,辖有宽城区站前、南广、新发、东广、群英5个街道和兰家镇11个村,辖区内户籍人口22.5万余人。长江路开发区规划有商贸服务园、工业与物流园2个园区。商贸服务园,主要任务是通过整合市场要素,加快传统商贸服务业提升改造,使园区成为集商贸、服务、文化、金融、休闲娱乐等多功能为一体的现代商贸服务业中心。工业与物流园着重发展现代物流业、生活用品加工制造业和为城市服务的现代服务业,打造全省最大的以生活用品为主的集散中心和影响东北亚的生活日用品加工制造中心。

【经济运行】 2010年,长江路开发区经济发展继续呈现出较快发展的态势,各项主要经济指标同比都接近或超过20%的增长速度。其中,长江路开发区实现地区生产总值80亿元,比2009年同期增长30.7%,实现规模以上工业总产值22亿元,比2009年同期增长72.6%;实现规模以上工业增加值6.2亿元,比2009年同期增长62.3%;实现社会固定资产投资35亿元,比2009年同期增长21.5%,其中,工业投资18亿元,比2009年同期增长26.7%;实现招商引资到位资金27亿元,比2009年同期增长21.1%;实现全口径财政收入11亿元,比2009年同期增长26.4%。

【项目建设】 2010年,长江路开发区管委会把项目建设作为各项工作的重中之重,采取构筑"绿色通道"、现场办公等方式,针对2010年一季度天气寒冷,不便施工的实际情况,抢先抓早,对项目进行逐个调度,按户走访,帮助解决实际困难和问题,在天气转暖后,开工建设的项目远远超过了2009年同期。同时对20个续建和新开工项目落实了包保责任制,长江路开发区管委会副处级以上领导每人保包1个~2个项目跟踪服务,确保了项目建设顺利进行。2010年,长江路经济开发区续建项目13个,新建项目7个,投资27.55亿元。

【基础设施与配套设施建设】 2010年,长江路开发区管委会筹措建设资金,不断加大了基础设施投资力度。投资1 200万元建设了益和物流园道路及森工集团园区道路,兴旺路两座铁路下穿桥已竣工通车;富盈路铁路下穿桥正进行市政道路工程。长江路开发区区域四座铁路下穿桥打通东西通道,"三纵四横"的交通格局已基本形成。配套设施进一步完善,新建了6 500米供水管道、6 000米燃气管道、10公里供热管道、6 000米通讯管道。占地面积4 000平方米,投资5 000万元的广宁66千伏二次变电站工程,现已投入使用。继续加大区域生态建设,6万平方米凯旋公园已竣工。占地1.1万平方米,建筑面积3 000平方米,投资700万元的开发区中心消防站建设工程7月中旬开工,2011年投入使用。

【土地利用和管理】 2010年5月份,对辖区土地利用现状进行了调查。全年共收储面积415万平方米,已出让面积46.95万平方米,获得土地收益1亿元。通过积极努力,充分利用土地资源,融资5.22亿元,缓解了开发区资金压力。

【拆迁控违】 2010年,共拆迁有照房屋163处,15 351平方米,无照房屋30 509平方米,温室(大棚)140 000平方米,并对被拆迁户进行了妥善安置,有力地支持了项目建设。加大控制违章建筑工作力度,共拆除违法建筑286处,总面积达18 000平方米,其中,自行拆除76处,强行拆除210处。并拆除大棚(温室)156处,总面积10万平方米。

【规划环保】 2010年,长江路开发区根据企业实际落位情况,提出兰家镇总体规划和开发区控制性详细规划修改意见,兰家镇总体建设用地控制性详细规划(送审稿)已基本修改完成,保证了开发区企业项目落位需要。铁路专用线项目已经委托西南交通大学建筑勘察设计院设计完成,项目前期的可行性研究报告、设计方案、设计预算已经全部完成,沈阳铁路局已经对方案批复认可。

(李　丹)

对外经济贸易

对外经济贸易

综 述

2010年,长春市商务工作以“扩总量、调结构、保民生、促发展”为目标,积极抓住长东北开发开放先导区建设有利契机,积极利用展会平台,大力开拓国际市场,特别是新兴经济体市场,努力实现全市商务经济的大发展、快发展,全面完成了各项工作任务。2010年全市利用外资完成26.7亿美元,同比增长9.6%;利用内资完成508亿元,同比增长15.2%;进出口总值完成132.2亿美元,同比增长54.7%,在15个副省级城市中增速位列第一。其中进口完成112.2亿美元,同比增长50.3%;出口完成20亿美元,同比增长85.4%;对外劳务承包属地营业额完成2.8亿美元,新派劳务9 385人次。

(赵兴华)

招商引资

【概况】 加大招商引资力度,积极引进重大项目和大的战略投资者,是加速长春市经济总量扩张,推动经济社会平稳较快发展,实现工业化、城市化、现代化建设目标的重要措施。通过“招商引资9个月攻坚行动”,瞄准世界500强、央企和大的民营企业集团,积极开展专业招商、叩门招商、“点对点”招商等,引进一批影响全市经济社会发展全局的重大项目和大的战略投资者。充分利用“东博会”、“汽博会”、“农博会”等展会平台,重点组织好“请进来”工作。

【9个月攻坚行动】 2010年,以招商引资9个月攻坚行动为平台,全市组织了形式多样的招商引资“走出去”活动。市主要领导亲自带队,赴北京、天津、济南、青岛等地进行4次大型招商引资活动,共签约项目52个,签约金额490.7亿元,助推了19个在长投资项目。全年共引进外资企业80户,直接投资合同外资金额7.9亿美元。引进投资超8 000万元以上的内资大项目170个,投资额达458亿元。引进国内外500强企业22户。中航、国电、国药、电子科技、航天科技等一批中央大企业、大集团落户长春。轨道客车产业园、新能源产业园等一批新兴产业园区相继开工建设或投产。利用展会的影响力,发挥外埠商会作用,全年组织“请进来”活动35次,达成协议项目106个,协议引进资金180亿元。“东博会”、“农博会”期间,长春市共签约项目68个,签约金额684.3亿元。

【区域经济合作】 2010年,北京、天津、宁波等20多个省、市经贸代表团先后来长春市开展经贸交流活动。与杭州、青岛、吉林、四平、辽源等市分别签署了《关于进一步加强区域经济合作框架协议》和区域一体化框架协议。

(赵兴华)

对外贸易

【概况】 努力创新发展方式,积极推动外经贸持续稳步增长。继续实行各级领导包保重大项目、重点企业责任制,千方百计稳定一汽、大成、皓月等大企业生产形势,尽快实现长春市外贸进出口的根本好转。积极开拓新兴市场特别是东盟、美洲、非洲、俄罗斯等新兴经济体国家市场。充分利用各种展会平台,加大政府扶持力度,积极组织长春市企业走出国门参展参会。进一步优化出口产品结构,稳定劳动密集型产品出口,扩大机电产品和高新技术产品出口,大力发展服务贸易和服务外包。加大服务外包招商力度,搞好园区规划建设,加强与先进地区联合协作,突出发展汽车离岸外包。继续抓好出口基地建设。积极加快“走出去”步伐。

【进出口情况】 2010年,出口除2月份受春节影响外,其余月份均实现出口过亿美元。进口方面月月实现了50%以上的增长速度。全年机电和高新技术产品出口分别实现9.6亿美元和3.5亿美元,同比增长158.65%和63.8%。轨道客车首次自营出口实现出口额4.4亿美元。对俄罗斯、东盟、大洋洲出口分别同比增长67.88%、1.4倍和6.8倍;汽车带动对伊朗出口增长3.4倍;玉米淀粉带动对印尼出口增长2.6倍;轨道客车带动对澳大利亚、沙特出口增长6.8倍和26.3倍。15家重点企业出口实现15亿美元,占全市出口额的75 %,其中,一汽、大成、轨道客车、大陆汽车出口均过1亿美元。进口仍以一汽大众、一汽进出口为主,约占全市进口额的近80 %。服务外包实现业务总额27亿元,其中,离岸外包业务总额0.8亿元 。

【开拓国际市场】 积极开拓俄罗斯、埃及、巴西等新兴经济体国家市场,建立了友好合作关系,达成了多个合作意向。组织企业参加第4届“中国国际汽配展”和“拉斯维加斯国际汽车零部件及售后服务展”等,均取得较好成绩。成功组织了春秋两季广交会,实现出口成交额4.01亿美元,同比增长10.2%。

【口岸建设】 2010年,机场一期续建工程顺利完工,飞行区等级由4D标准提升为4E标准,可以保障波音747、空客330等大型客机起降。新开通了长春—

台北、长春—台中、长春—青州、长春—釜山等临时航线，使长春市国内外航线总数上升到81条。内陆港集装箱到发量不断增加，功能和作用逐步显现。圆满完成了“东博会”、“汽博会”、“农博会”等大型展会、活动的通关和国际要客的接待任务，对外开放水平进一步提升。

（赵兴华）

2010年长春市商品进出口综合情况统计表

单位：万美元

项　目	金　额			比　重		
	2010年	2009年	同比±%	2010年	2009年	同比±%
一、进出口总额	1 321 424	853 597	54.81			
出口额	199 764	107 087	86.54	15.12	12.55	2.57
进口额	1 121 660	746 510	50.25	84.88	87.45	-2.57
二、出口按商品构成						
初级产品	38 580	35 361	9.10	19.31	33.02	-13.71
工业制成品	161 184	71 726	124.72	80.69	66.98	13.71
三、进口按商品构成						
初级产品	47 603	33 769	40.97	4.24	4.52	-0.28
工业制成品	1 074 057	712 741	50.69	95.76	95.48	0.28
四、出口按企业性质						
国有企业	94 747	43 940	115.63	47.43	41.03	6.40
外商投资企业	53 664	40 968	30.99	26.86	38.26	-11.39
集体企业	1 072	1 009	6.24	0.54	0.94	-0.41
私营及其他	50 281	21 170	137.51	25.17	19.77	5.40
五、进口按企业性质						
国有企业	504 173	305 922	64.80	44.95	40.98	3.97
外商投资企业	603 447	428 174	40.93	53.80	57.36	-3.56
集体企业	38	8	375.00	0.003	0.001	0.00
私营及其他	14 002	12 406	12.86	1.25	1.66	-0.41
六、出口按贸易方式						
一般贸易	130 764	87 023	50.26	65.46	81.26	-15.80
加工贸易	64 257	19 210	234.50	32.17	17.94	14.23
其中：来料加工	10 130	1 847	448.46	5.07	1.72	3.35
进料加工	54 127	17 363	211.74	27.10	16.21	10.88
其他贸易	4 743	854	455.39	2.37	0.80	1.58
七、进口按贸易方式						
一般贸易	1 058 678	707 179	49.70	94.38	94.73	-0.35
加工贸易	25 402	12 124	109.52	2.26	1.62	0.64
其中：来料加工	6 617	3 761	75.94	0.59	0.50	0.09
进料加工	18 785	8 363	124.62	1.67	1.12	0.55
其他贸易	37 580	27 207	38.13	3.35	3.64	-0.29
八、农产品进出口额	92 163	74 799	23.21	6.97	8.76	-1.79
出口额	50 795	43 038	18.02	25.43	40.19	-14.76
进口额	41 368	31 761	30.25	3.69	5.54	-1.85

2010 年长春市进口市场情况统计表

单位：万美元

市场名称	金额			比重		
	2010 年	2009 年	同比 ± %	2010 年	2009 年	同比 ± %
总　计	1 121 660	746 510	50.25			
亚洲	279 673	223 019	25.40	24.93	29.87	-4.94
其中：东盟	19 699	9 684	103.42	1.76	1.30	0.46
欧洲	779 710	478 296	63.02	69.51	64.07	5.44
其中：俄罗斯	2 861	2 729	4.84	0.26	0.37	-0.11
非洲	3 551	183	1 840.44	0.32	0.02	0.29
北美洲	35 929	32 945	9.06	3.20	4.41	-1.21
南美洲	21 004	10 658	97.07	1.87	1.43	0.44
大洋洲	1 793	1 409	27.25	0.16	0.19	-0.03
主要国家小计	1 016 811	690 530	47.25	90.65	92.50	-1.85
1 德国	486 994	312 632	55.77	43.42	41.88	1.54
2 日本	236 998	196 555	20.58	21.13	26.33	-5.20
3 匈牙利	84 587	60 885	38.93	7.54	8.16	-0.61
4 斯洛伐克	81 489	31 690	157.14	7.27	4.25	3.02
5 美国	33 469	32 747	2.20	2.98	4.39	-1.40
6 比利时	23 365	10 597	120.49	2.08	1.42	0.66
7 捷克共和国	21 854	11 391	91.85	1.95	1.53	0.42
8 意大利	18 141	12 034	50.75	1.62	1.61	0.01
9 韩国	15 044	12 008	25.28	1.34	1.61	-0.27
10 法国	14 870	9 991	48.83	1.33	1.34	-0.01

2010 年长春市出口市场情况统计表

单位：万美元

市场名称	金额			比重		
	2010 年	2009 年	同比 ± %	2010 年	2009 年	同比 ± %
总　计	199 764	107 087	86.54			
亚洲	112 546	62 978	78.71	56.34	58.81	-2.47
其中：东盟	19 714	8 151	141.86	9.87	7.61	2.26
欧洲	38 879	18 654	108.42	19.46	17.42	2.04
其中：俄罗斯	2 545	1 516	67.88	1.27	1.42	-0.14
南美洲	9 808	5 199	88.65	4.91	4.85	0.05
北美洲	17 171	9 834	74.61	8.60	9.18	-0.59
大洋洲	12 161	1 570	674.59	6.09	1.47	4.62
非洲	9 199	882	942.97	4.60	0.82	3.78
主要国家小计	121 887	57 227	112.99	61.02	53.44	7.58
1 沙特阿拉伯	25 175	921	2 633.44	12.60	0.86	11.74
2 日本	23 149	20 576	12.50	11.59	19.21	-7.63
3 美国	14 767	7 894	87.07	7.39	7.37	0.02
4 韩国	12 607	16 328	-22.79	6.31	15.25	-8.94
5 澳大利亚	11 887	1 518	683.07	5.95	1.42	4.53
6 德国	11 131	4 771	133.31	5.57	4.46	1.12
7 伊朗	8 347	1 918	335.19	4.18	1.79	2.39
8 泰国	7 380	343	2 051.60	3.69	0.32	3.37
9 比利时	4 217	2 055	105.21	2.11	1.92	0.19
10 印度	3 227	903	257.36	1.62	0.84	0.77

2010年长春市重点进口企业情况统计表

单位:万美元

序号	企业名称	2010年	2009年	同比±%
	小计	1 050 951	686 135	53.17
1	一汽-大众汽车有限公司	478 968	332 810	43.92
2	中国第一汽车集团进出口公司	397 102	251 703	57.77
3	长春轨道客车股份有限公司	54 789	13 959	292.50
4	吉林粮食集团进出口有限公司	38 989	28 303	37.76
5	大陆汽车电子(长春)有限公司	29 445	22 870	28.75
6	长春博泽汽车部件有限公司	9 839	7 433	32.37
7	伟巴斯特车顶系统有限公司	8 297	6 308	31.53
8	一汽丰田(长春)发动机汽车有限公司	6 906	5 725	20.63
9	吉林省福达集团有限公司	4 943	5 359	-7.76
10	一汽-凯尔-海斯汽车底盘有限公司	4 808	3 350	43.52
11	长春奥托立夫贸鸿汽车安全系统有限公司	3 812	2 108	80.83
12	锦湖轮胎(长春)有限公司	3 654	1 850	97.51
13	长春富奥石川岛增压器有限公司	3 248	981	231.09
14	吉林省国际仓储运输有限公司	3 206	1 329	141.23
15	长春海拉车灯有限公司	2 945	2 047	43.87

2010年长春市重点出口企业情况统计表

单位:万美元

序号	企业名称	2010年	2009年	同比±%
	小计	149 096	66 504	124.19
1	长春轨道客车股份有限公司	44 076	528	8 247.73
2	中国第一汽车集团进出口公司	29 104	21 158	37.56
3	大成集团	23 454	13 972	67.86
4	大陆汽车电子(长春)有限公司	10 102	6 766	49.31
5	吉林省吉深进出口有限公司	9 825	0	
6	吉林省长圳进出口有限公司	6 101	0	
7	吉林德大有限公司	4 833	4 523	6.85
8	吉林森工金桥地板集团有限公司	4 112	2 068	98.84
9	吉林粮食集团进出口有限公司	3 661	8 614	-57.50
10	吉林中粮生化能源销售有限公司	3 243	2 213	46.54
11	吉林省长春皓月清真肉业股份有限公司	3 239	2 807	15.39
12	锦湖轮胎(长春)有限公司	2 470	1 447	70.70
13	一汽-大众汽车有限公司	1 985	473	319.66
14	农安县东北杂粮有限公司	1 448	1 012	43.08
15	吉林省纺织品进出口有限责任公司	1 443	923	56.34

长春海关

【税收征管】 2010年,长春关区税款实际入库109.21亿元,同比增长28.94%,创历史新高。其中,征收关税35.34亿元,增长34.02%;征收进口环节税73.87亿元,增长26.65%。全关区共监管进出口货物186万吨,货值168.5亿美元,同比分别下降10.7%和增长43.5%;监管进出境运输工具13.2万辆(架)次,同比增长4.3%;监管进出境人员123.5万人次,同比增长25.1%;监管进出境邮(快)递物品85.8万件,同比下降1.7%。2010年共立涉嫌走私犯罪案件27起,案值929.99万元,涉嫌偷逃税款168.29万元,同比分别持平、下降22.1%、下降68.3%。立案调查行政违法违规案件176起,案值10 436.03万元,涉税1 134.03万元,同比分别增长44.3%、1.11倍、84.8%。实现各类补税2 986.4万元,其中，审价补税 1 636.4 万元。审批减免税货值 2.8 亿美元，减免税款 2.4 亿元人民币。

【提升监管效能】 2010 年，长春海关在充分调研关区各口岸出口商品结构、货运量及监管场所设施条件基础上，制定了关区出口分类通关改革方案，确定了试点范围、实施步骤和保障措施。8 月中旬，在驻机场办事处启动了空运出口分类通关改革试点。11 月下旬，在珲春海关启动了陆路出口分类通关试点。通过建立实时监控和动态调整工作机制，不断深化监控分析管理，长春关区各项监管通关评估指标稳步提升，曾一直相对落后的查验效能指标显著提高。其中，进出口海关作业时间由 2007 年的 14.32 小时下降到 2010 年的 3.52 小时；24 小时放行率由 2007 年的 83.73%上升到 2010 年的 96.88%，查获率由 2007 年的 5.25%上升到 2010 年的 21.22%。2010 年，同长春海关签署跨关区“属地申报，口岸验放”通关改革合作协议的口岸海关共 7 个，经批准开展区域通关业务的企业共 63 家。

【缉私工作】 2010 年共立案调查行政违法违规案件 176 起，案值 10 436.03 万元，涉税 1 134.03 万元，同比分别增长 44.3%、1.11 倍、84.8%。罚没收入 1 173.26 万元人民币，同比增长 1.25 倍。追补税款 1 391.86 万元，同比增长 1.4 倍。通过充分发挥缉私情报先导作用，不断密切与公安、国安、边防等部门的联系，打击非涉税走私取得新突破。2010 年，全关区共立案侦办毒品走私犯罪案件 16 起，抓获犯罪嫌疑人 17 名，查获毒品(冰毒及可卡因)5 273.8 克；查办珍稀动植物及其制品走私案件 7 起，同比增长 5 倍，抓获犯罪嫌疑人 14 名，查获红豆杉树苗 454 株、红豆杉树枝、枝叶 842.5 千克，价值 58.35 万元的虎骨、毛壳麝香、梅花鹿鞭等国家一级保护珍贵动物制品。2010 年，长春海关和吉林省公安边防总队签署了《长春海关吉林省公安边防总队缉私合作备忘录》，对海关和边防部门在边境地区的案件管辖、案件调查、案件移交、联合缉私、情报共享及双方合作机制等方面内容作出了规定，促进了海关和边防部门在打击边境走私工作中的相互合作。

【风险监控】 2010 年，关区风险布控率为 6.94%，布控有效率为 31.66%，比 2009 年同期相比布控有效率提高 13.68%。关区风险管理部门风险分析结果稽查采用占比为 66.67 %，查发问题率为 50%；关区各级风险管理部门向缉私部门移交案件 11 起，经缉私部门处置补税 6.4 万元。全年共稽查企业 115 家，其中，发现问题 36 家。通过完善企业守法便利管理机制，引导企业以规范求生存、以规模求效益、以诚信求发展。年内共办理进出口收发货人报关单位注册登记 347 家、变更注册登记 298 家、办理年审 174 家、下厂核查超期年审企业 30 家、注销企业 82 家、办理专业报关单位注册登记 5 家。

【执法评估和统计分析监督指导】 2010 年累计审核贸易统计数据 200 492 条，纠正错误数据 257 条；审核业务统计数据 10 500 条，发现并及时更正问题数据 22 条。贸易统计和业务统计上报数据继续保持零差错。长春海关对汽车、农产品、铁矿砂等商品进出口情况的专题分析初步形成关区特色，并得到上级领导机关的认可。全年共撰写上报综合评估报告 5 篇次，专题评估报告 8 篇次，全部被总署执法评估网采用。撰写统计分析及监测预警信息 70 余篇，被中办、国办采用 11 篇次，总署要情采用 18 篇次，省委省政府采用 21 篇次，省长批示 4 篇次。

【促进地方经济社会发展】 1、2010 年 3 月 5 日，海关总署署长盛光祖和吉林省省长王儒林在京共同签署了《海关总署吉林省人民政府合作备忘录》。2、积极推进吉林省开展内贸货物跨境运输。2010 年 3 月 16 日，《海关总署关于吉林省开展内贸货物跨境运输试点的意见》下发后，长春海关迅速组织实地考察，积极与上海、宁波海关联系共同制定业务联系配合办法。8 月份，海关总署发布了吉林省开展内贸货物跨境运输试点公告。12 月 7 日，吉林省开展内贸货物跨境运输试运行的首批货物 380 余吨煤炭经圈河口岸顺利通关出境。3、积极推动设立长春兴隆综合保税区。长春海关主要领导、分管领导多次陪同吉林省、长春市政府领导赴总署进行专门磋商和汇报，并派员配合省政府及有关部门开展调研，就综合保税区的功能作用、选址意向和申报审批程序等提出了合理化建议。8 月，海关总署加贸司调研组对综保区进行了考察，对相关筹备工作给予了肯定。4、积极助推吉林省扩大对外开放合作。长春海关与朝鲜税关就中朝建设望江楼和文岳电站进行了工作会谈，为项目建设主动提供政策咨询，确保了电站建设所需进出口物资的顺利通关。同时，积极支持图们中朝互市贸易和中俄国际汽车客运线路的开通，支持通化内陆港、吉林内陆港以及长春内陆港项目建设，为扩大吉林省对外开放合作做出了积极贡献。

【鼓励企业用好用足国家优惠政策】 长春海关积极推动省内加工贸易产业转型升级，为长春轨道客车股份有限公司办理了第 3 次手册延期超 2 年出口手续，为企业节约了通关成本。对吉林市“碳纤维产业化”系列项目、吉林化纤差别化粘胶纤维技术改造项目、一汽大众公司的节能型汽车项目以及中新食品区建设项目，长春海关都因地制宜推出了担保验放、快速转关、提前申报等措施，为企业降低进口成本，提升产品能力积极主动服务。长春海关服务地方经济发展的积极举措和工作成效，得到吉林省委、省政府领导的高度认可。2010 年，省委书记孙政才视察长春海关，对总署和长春海关多年来为吉林省外向型经济发展所做的贡献给予了充分肯定，副省长陈伟根也多次就内贸货物跨境运输等具体工作进行批示，对海关工作提出表扬。

【监察审计】 2010 年，长春海关通过制定出台《长春海关应用海关廉政风险预警处置系统绩效评估实施细则（试行）》和建立通报制度等多项措施，有效推动了海关廉政预警处置系统的推广应用。全年利用系统发现并纠正了操作不当和业务差错等问题96个，补征税款234余万元，追缴税费入库68万元，移交走私违规案件线索13条，移交走私案件涉及货值969万元，健全完善规章制度16项。同时，长春关区承担了HL2008系统3.0版试点运行任务，试点过程中核查问题510个，纠正业务差错49条，追补税款48.3万元，发现风险系统存在的问题11条，提出建议5条，试点工作受到了驻署监察局的肯定。

（费红伟）

2010年长春海关主要业务统计表

项目		单位	2010年	同比±%
进出口贸易总值	合计	亿美元	73.77	29.55
	进口	亿美元	62.13	35.88
	出口	亿美元	11.64	3.75
进出口货运量	合计	万吨	186	-10.7
	进口	万吨	134.48	-14.2
	出口	万吨	51.52	0.1
集装箱	集装箱总数	箱次	85 319	41.2
	集装箱箱载货物	吨	629 257	35.1
货物查验	查验货物报关单	份	3 616	-11.7
	查验率	%	5.01	-12.87
	货物报关单查获	份	695	1.5
	查获率	%	19.85	7.2
企业注册		个	347	14.5
行邮渠道监管	进出境人员	人次	1 235 411	25.1
	其中：旅客	人次	1 055 441	28.44
	行邮物品、快件总数	万件	85.8	-1.7
	其中：行邮物品	件	43.7	-0.5
	快件	件	42.1	-2.8
	没收扣退印刷品	件	16 081	9.15
	没收扣退音像制品	件	1 886	-33.52
加工贸易管理	备案加工合同	份	1 125	10.9
	合同备案金额	万美元	74 542.8	24.6
	经批准内销补税	万元	678.2	-65.5
加工贸易手册实际进出口值	合计	亿美元	16. 04	75.26
	进口值	亿美元	4. 53	52.01
	出口值	亿美元	11. 51	86.50
税收	两税合计	亿元	109.21	28.9
	关税入库	亿元	35. 33	34.00
	进口环节税入库	亿元	73. 87	26.65
减免税	减免关税	万元	10 637	-63.29
	减免进口环节税	万元	15 949	-61.78

农　业

农　　业

综　述

2010年,全市抓住机遇,强化领导,狠抓落实,努力克服自然灾害频发和农产品市场波动的考验,全市农业农村经济继续呈现出良好的发展态势。全市一产增加值实现252.7亿元,比2009年增长3.3%;农民人均收入实现6 665元,比2009年增长17.7%。

农业生产喜获丰收　粮食总产量达到796.1万吨。全市农作物播种面积达到126万公顷,粮食作物播种面积发展到115.0万公顷。长春市蔬菜播种面积达到10万公顷,产量达到480万吨。

农产品加工业快速发展　长春市农产品加工业规模以上企业实现产值820亿元,比2009年增长25.1%。完成重点建设项目108个,完成投资205亿元,比2009年增长20.5%。重点企业大成、皓月、中粮分别实现产值340亿元、105亿元和15.9亿元,比2009年增长25.9%、64.3%和18.2%。全市市级以上龙头企业总数达到132户,规模以上农产品加工企业达到276户。

农产品流通渠道稳步拓宽　长春市较大型批发市场34家,其中,农产品批发市场31家,农资批发市场3家;培育和发展农民专业合作组织1 120个、成员3.36万人,带动农户16.8万个。

农产品质量安全监管力度加大　加强蔬菜、水果市场监管,配合国家和省例行监测8次,专项抽检6次,合格率均达到95%以上。市级例行监测4次,专项抽检2次,合格率均达到96%以上。抽取秋菜样品3 039个,合格率达到100%。完成了418个到期无公害农产品的复审,15家绿色食品企业年检,20个无公害农产品认证申报,12种绿色食品认证申报,查处冒用绿色食品标志产品131个。

农村改革不断深化　全市共落实各项惠农补贴资金22.7亿元,全部及时兑现到户。继续深化农村综合改革,争取省级化债资金4 860万元。村级公益事业建设一事一议财政奖补试点工作取得实效,实施项目1 230个,获得财政补贴资金6 118万元,受益农民199万人。农业政策性保险工作稳妥进行,全市参保农户55.4万户,投保农作物58.36万公顷,农民获得理赔6 556万元。完成了农村土地承包经营权确权登记试点工作。

加强农资市场监管力度　加大了种子、农药、肥料的市场监管力度,全年共查处各类农资违法案件56起,没收伪劣种子5万余公斤,查处不合格农药16.7吨,罚没57万元,为农民挽回经济损失近两亿元。

新农村建设扎实推进　全面实施“百村示范、千村提升”工程。重点加强了167个省级示范村建设,共投入资金2.9亿元,建水泥(油)路290公里,修路边沟16万米,修围墙20万米,建文化广场28个。按照全市“奋战150天市容环境综合整治行动”要求,投入资金2亿元,乡容村貌专项治理行动成效显著,村屯环境有较大改善。4个县(市)全部进入了省级卫生城行列。

(赵亮亮)

种植业

【概况】　2010年,长春市种植业成绩喜人,粮食生产获得丰收,种植业结构不断优化,农业科技推广成效显著,农业机械化水平迅速提升,农业效益大幅度增长。粮食总产量达到796.1万吨。其中,玉米产量638.7万吨,稻谷产量为119.9万吨。

【结构调整】　长春市粮食作物播种面积达到115.7万公顷,占农作物总播种面积的91.8%,比2009年增加1 333.3公顷。玉米、水稻两大高产作物面积占粮食作物面积的92.9%。20个特色经济作物种植园区面积发展到8.2万公顷,比2009年增加0.7万公顷。

【农业科技】　长春市举办各类农业技术培训班3 750场次,培训县乡两级农业技术指导员826名,培训农村一线农业科技示范户7 350个,培训骨干农民7.85万人次,培训政策与技术明白人72.61万人次。全市农作物良种覆盖率达到98%,农业科技推广普及率达到95%。大力开展粮食高产创建活动,长春市落实高产示范片51个,面积达3.45万公顷,对重大配套农艺技术的普及应用起到了重要作用。长春市农业科技进步贡献率达53%。

【农业机械化】　长春市农机总动力达到427万千瓦,比2009年增加37万千瓦,同比增长9.4%;长春市拖拉机保有量及田间作业配套机具数量分别达14万台和40.4万台(套),比2009年分别增长6.1%和10.5%。主要农作物耕种收综合作业水平达64.8%,比2009年提高了13.1个百分点。新建全程农机化示范区4.8万公顷,3年累计建设示范区面积16.3万公顷,累计投入资金6.5亿元。

(赵亮亮)

林　业

【概况】　2010年,长春市林业坚持林业生态建设和产业发展并重的思路,实施工程带动和见缝插绿战略,大力抓好森林资源管护，较好地完成了各项工作任务，林业建设持续稳定发展。造林绿化稳步推进，农防林防护效益进一步提升；森林资源管理得到强化，侵占林地和毁坏林木等违法犯罪行为受到严厉打击；森林防火工作扎实有效，胜利实现了连续30年无重大森林火灾的目标；美国白蛾得到有效监控，日本松干蚧和杨树蛀干害虫的防治成效明显，林木、林地等森林资源得到有效保护；集体林权制度改革稳步推进，主体改革任务顺利完成；林业产业得到发展，2010年，全市林业产业总产值80.99亿元（其中，林业第一产业14.9亿元，第二产业57.7亿元，第三产业产值8.39亿元），实现利税10亿元。林业经济总量进一步提升。

【植树造林和营林生产】 2010年，长春市采取多种形式开展植树造林政策的宣传，营造了造林绿化良好氛围。据统计，全年长春市利用各种新闻媒体报道造林绿化新闻稿件50篇，县（市）、区共印制下发植树造林宣传资料6万余份。2010年4月20日，全市造林绿化全面展开，共投入造林绿化资金1.01亿元，栽植苗木1 300万株，营造林5 180.1公顷，超年计划的3.6%，其中，农防林更新改造701公顷，“三北”四期、日元贷款、荒山荒地等重点工程营造林4 000.1公顷（超年度计划的4.2%），其他造林479公顷，本年封山育林3 466.7公顷。绿化公（乡）路及江河堤防里程总长200公里。“四旁”植树410万株，绿化美化村屯506个（完成年度计划任务的101.2%）。年内，中、幼龄林抚育1 133.3公顷，新增育苗面积140公顷，苗木产量540万株；年末实有母树林262公顷，种子园186公顷。

【机场路风景林带建设】 2010年是长春市建设长春机场路高标准风景林带工程的第二年，为进一步提高工程建设标准，重点对因城际铁路建设尚未施工地段和其他个别地段进行规划设计，对红叶谷、梨树沟等重点节点进行了完善，对受洪涝灾害影响的标段进行了补植，共补植乔木、亚乔木3.5万株，花灌木1.6万株。通过建设和补植，机场路风景林带建设已达到了规划设计标准和要求。同时，为进一步提升环城绿化带生态效益，于5月份对环城绿化带的5处缺苗地带进行了补植，共栽植茶条槭、柳树3 700株，面积3.7公顷。

【农田防护林更新造林】 2010年，长春市共有7个县（市）、区实施农防林更新改造。2009年秋季封冻前大部分县（市）、区就完成了造林整地和地块承包任务，春节一过就着手落实造林苗木和造林工程队，开展了工程管理人员和实施人员技术培训。长春市从4月25日开始农防林更新造林，5月10日全部结束。据统计，2010年长春市完成农防林造林面积700公顷，新造林带1 100条，共栽植杨树大苗160万株。特别是针对长春市农田防护林树种单一、病虫害日趋严重、防护效益下降、长春西北部生态脆弱等实际，在农安县合隆镇投资70多万元，建设了多林种、多树种“三北”防护林示范区，共建设护路林和农防林带16条，栽植云杉、水曲柳、梧桐、黄菠萝、白桦、山杏等20多个树种、39 080株，面积25.2公顷。

【日元贷款造林】 2010年，长春市利用日元贷款，在九台、二道、双阳等9个县（市）、区进行了造林，共完成日元贷款造林1 700公顷，栽植杨树、樟子松、云杉、红松、水曲柳等针、阔叶树10余种，苗木100余万株，进一步改善了长春市大黑山脉和松花江流域的生态环境。

【新农村造林绿化】 2010年，为抓好村屯绿化，4月份下发了《关于进一步落实城区村屯绿化建设任务的通知》，并深入县（市）、区进行指导。各县（市）、区，深入实际研究村屯绿化工作，帮助村镇搞好规划设计，提升了绿化档次，突出了绿化特色生态景观建设。为实现长春市提出的“全市城区重点抓好50个村屯绿化”的目标，各城区加大了村屯造林绿化力度，多方筹集资金，确保了村屯绿化美化资金及时到位。同时，市林业局也拿出20万元资金，以奖代投，调动了城区村屯绿化、美化的积极性。年内全市共完成村屯绿化美化506个，其中，榆树市、农安县、德惠市、九台市、双阳区绿化美化村屯450个，其他城区完成56个。

【森林资源管护】 2010年，全市积极开展了“春季行动”，市林业局会同市公安局、工商局等部门对滥砍盗伐、非法侵占林地、非法经营加工木材等违法犯罪进行了严厉打击。年内全市共查处各类林业案件408起（其中，刑事案件85起，林业行政案件323起），处理违法相关人615人，抓捕地方级网上逃犯11人，行政罚款185万元，收缴非法木材321立方米。利用“爱鸟周”，开展野生动物保护宣传活动，分别于4月22日至28日、4月15日至5月15日在市政府楼内大厅、电业局大屏幕上滚动播放了保护野生动物及爱护鸟类宣传片，悬挂宣传条幅20条。12月，联合团市委、妇联、教育局、长春日报社向全市发出了献爱心、爱鸟护鸟、共建和谐家园的倡议活动。组织干警对伊通河沿岸、西湖、回民公墓等鸟类栖息地的乱捕滥猎野生动物行为多次进行打击，对西一条、青怡坊等花、鸟、鱼销售市场违法销售野生动物及其产品的行为进行整治4次，共收缴粘鸟工具54套、鸟笼200多个，集中放飞野生鸟2 000多只。

【森林防火】 2010年，全市积极贯彻“预防为主，积极消灭”的方针，认真抓好了各项森林防火制度的落实。3月23日、9月15日长春市分别召开了全市春季、秋季森林防火动员大会，对全市森林防火工作进行了动员部署。进一步完善了防火预案，落实了森林防火责任制，加强了扑火队伍培训和森林防火演练。在森林防火戒严期和“清明”、“五一”、“十一”期间，对净月开发区、双阳区、二道区、九台市等重点林区，加大巡护力量，进行了分片包干，严防死守，发现问题及时督促整改。据统计，2010年全市野外用火较以往下降了95%以上，全市春、秋季无重大森林火灾发生。

【森林病虫害防治】 2010年，长春市进一步加强了美国白蛾等林业有害生物的监测，对日本松干蚧、杨树蛀干害虫等林业有害生物进行了有效防控。5 月 26 日，9 月 17 日分别召开了全市林业有害生物防控工作会议。会后组织、指导各县（市）、区进行了林业有害生物防治和监测工作。组织净月、双阳、二道、九台等市区分别于 6 月、9 月（日本松干蚧的两个显露期）进行了防治。据统计，全市共投入氧化乐果、苦叁烟碱等防治药剂 11.5 吨，完成防治日本松干蚧面积 2 458.84 公顷。长春市日本松干蚧防控工作取得了阶段性成果，日本松干蚧发生面积由 2007 年的 2 506 公顷降低到 63.8 公顷，发生面积减少了 2 442.2 公顷，净月开发区已连续 3 年保持无发生状态，2010 年双阳区也达到了无发生状态。同时，治理杨树枝干病虫害 1 266 公顷，栎粉舟蛾面积为 425.6 公顷，落叶松鞘蛾 660 公顷。为抓好美国白蛾监测，2010 年 7 月在朝阳区富锋街道、102 国道与四平接壤处、高速公路南出口、双阳区鹿乡镇和市区设置美国白蛾性诱捕器 17 个，共发现美国白蛾成虫 11 头，为有效防控美国白蛾奠定了基础。

【集体林权制度改革】 2010 年先后组织召开全市林改调度会、推进会以及林改矛盾纠纷调处专题会 9 次，下乡检查督导 60 多次。通过林改全市排查出被蚕食林地 3 786 公顷，已清收回林地 3 760 公顷。全市共排查林权矛盾纠纷 1 400 件，调处 1 378 件，调处率 98.6%；明晰了林改确权方式，全市村组林改确权主要采取有偿转让和家庭承包经营方式两种，其中，榆树市、德惠市、农安县、南关区和九台市的平原区绝大多数村采取有偿转让经营方式确权；双阳区和九台市共有 12 个乡（镇）226 村基本采取家庭承包经营方式确权；城区和开发区基本以股份合作经营方式确权，经济开发区已由区里统一收储。按照要求，长春市共签订各类型林改合同 206 571 份，完成确权到户面积 13 万公顷，确权到户率 98.82%，达到了省里两权落实到户率 85%以上的要求。市林业局与市档案局密切配合，于 2010 年 4 月 7 日联合下发了《关于加强集体林权制度改革档案管理工作的通知》，并于 9 月 2 日联合举办了全市林改档案培训现场会，对林改档案整理进行了培训，规范了林改档案管理。2010 年末，全市 14 个县（市）、区（开发区）均已顺利通过验收，得到了省林改办的好评。

【林业产业科技】 2010 年，积极开展科技培训、送林业科技下乡活动，全年全市送科技下乡 20 次，举办林业技术培训 19 次，培训各类技术人员 9 100 人次，其中培训业务骨干 1 200 人。以九台市波泥河产业园区、长春市苗圃、长春市北方绿化中心苗圃、农安县哈拉海苗圃和德惠市苗圃为重点，搞好指导、帮扶，积极发展了苗木产业；积极鼓励支持农民发展以兰莓、葡萄、苹果、晚香梨、九台晚李为主的果林经济，大力扶持二道区、绿园区发展树莓经济林，促进了农民增收。同时，对净月森林旅游、双阳梅花鹿养殖繁育和深加工等项目进行了帮扶。借助省级“龙头”企业的评选申报活动的开展，总结、推广了兄弟木业、宇平工艺等“龙头”企业的管理经验，有力地带动了其他企业的发展。2010 年，长春市共有省级林业“龙头”企业 10 家，其中，花卉苗木 5 家，森林旅游 1 家，林木深加工 3 家，养殖业 1 家。这些龙头企业的产值均在千万元以上，净月森林旅游、兄弟木业、宇平工艺等年产值均在亿元以上。

【林业行政审批】 2010 年，加强了林业行政审批管理，简化了办事流程，缩减了办理时限，进一步提升了审批效率和服务质量。年内共审批行政许可事项 1 200 件，提前办结率达 100%，群众满意率 100%。特别是在远达大街北沿长线、净月瓦萨博物馆等市重点工程建设项目审批中，审批办的同志提前介入、主动协调、现场办公，确保了市重点工程按时开工。2010 年，林业行政审批办公室被市委、市政府评为创建“三满意”机关活动先进处室，林业行政审批窗口被市里评为优秀窗口。

2010 年长春市林业生产情况统计表

单位：公顷、万立方米、万株

项目 单位	造林								四旁植树	育苗面积		封山育林（面积）		成林抚育面积	中幼龄林抚育面积	幼林抚育作业面积	幼林抚育实际面积	年末母树林	年末种子园
	总计	重点工程造林			有林地造林	低产低效林改造	农防林更新改造	其他造林		本年新育	苗木产量（万株）	年末封山育林	本年新封面积						
		小计	日元贷款造林	三北四期造林															
全市总计	5 180.1	4 000.1	1 700	2 300.1			701	479	410	140	540		3 466.7		1 133.3			262	186
榆树市	850	700	200	500			150			35	80								
农安县	1 777.7	1 166.7	300	866.7			292	319		20	100								
德惠市	239.7	66.7		66.7			173			15	100								
九台市	885.7	666.7	200	466.7			59	160		20	60		1 333.3		666.7				

续表：

单位＼项目	造林 总计	重点工程造林 小计	重点工程造林 日元贷款造林	重点工程造林 三北四期造林	有林地造林	低产低效林改造	农防林更新改造	其他造林	四旁植树	育苗面积 本年新育	育苗面积 苗木产量（万株）	封山育林（面积） 年末封山育林	封山育林（面积） 本年新封面积	成林抚育面积	中幼龄林抚育面积	幼林抚育作业面积	幼林抚育实际面积	年末母树林	年末种子园
双阳区	1 333.3	1 333.3	1 000	333.3						50	200		1 000		333.3			60	110
朝阳区	1						1												
宽城区	5						5												
二道区													466.7						
绿园区	21						21												
净月区	66.7	66.7		66.7									666.7		133.3			202	76
其 他																			

2010 年长春市各县(市)、区林业总产值情况统计表

单位：万元

单位＼项目	林业总产值	第一产业 总计	第一产业 涉林产业合计	第一产业 林业系统非林产业	第二产业 总计	第二产业 涉林产业合计	第二产业 林业系统非林产业	第三产业产值 总计	第三产业产值 涉林产业合计	第三产业产值 林业系统非林产业
长春市	809 938	148 988	146 945	2 043	577 015	343 413	233 602	83 935	83 935	
榆树市	24 380	18 480	17 580	900	5 100	5 100		800	800	
农安县	20 160	13 044	12 951	93	6 706	6 706		410	410	
德惠市	21 077	14 627	14 627		5 670	5 670		780	780	
九台市	27 215	22 430	22 430		4 445	4 445		340	340	
双阳区	237 323	2 219	2 219		233 204	102	233 102	1 900	1 900	
朝阳区	65 517	12 922	12 922		52 500	52 500		95	95	
宽城区	22 000	4 580	4 580		17 420	17 420				
南关区	58 800	27 000	27 000		20 000	20 000		11 800	11 800	
二道区	36 460	7 810	7 810		21 500	21 500		7 150	7 150	
绿园区	23 207	10 337	10 337		8 170	7 670	500	4 700	4 700	
净月开发区	57 935	7 975	6 952	1 050	7 000	7 000		42 960	42 960	
其他单位	215 864	7 564	7 564		195 300	195 300		13 000	13 000	

2010 年长春市各县(市)、区林业机构及人员情况统计表

单位：个、人、元

单位＼项目	单位个数	单位性质 合计	单位性质 企业	单位性质 事业	单位性质 机关	单位类别 国有林场	单位类别 国有苗圃	单位类别 林业工作总站	单位类别 木材检查站	单位类别 病虫害防治站	单位类别 其他	年在册职工及其他人员工资 在册职工总数	在岗职工总数	在岗职工年工资总额	专业技术人员	下岗待安置工人数	离开本单位仍保留劳动关系人员	其他从业人员	年末实有离退休人员数	离休人员年生活费
全市合计	174	174	4	158	12	22	9	112	4	7	20	3 860	2 765	45 187 110	846		811		1 050	9 796 843
榆树市	36	36		35	1	3	2	29		1	1	541	541	700 000	196				161	1 210 000

续表：

项目 单位	单位个数	单位性质				单位类别						年在册职工及其他人员工资								
		合计	企业	事业	机关	国有林场	国有苗圃	林业工作总站	木材检查站	病虫害防治站	其他	在册职工总数	在岗职工总数	在岗职工年工资总额	专业技术人员	下岗待安置工人数	离开本单位仍保留劳动关系人员	其他从业人员	年末实有离退休人员数	离休人员年生活费
农安县	34	34		33	1	3	3	22	1	1	4	850	670	6 700 000	210		80		150	125 000
德惠市	27	27	4	22	1	3	1	19	1	1	2	247	247	4 499 881	50				102	103 645
九台市	26	26		25	1	5	1	16	1	1	2	1 194	588	9 110 000	180		422		184	1 549 300
双阳区	18	18		17	1	5	2	8		1	2	543	256	4 962 296	47		287		245	4 331 238
朝阳区	5	5		4	1			4			1	19	19	950 000	11					
宽城区	2	2		1	1			1			1	28	28	840 000	2					
南关区	1	1			1						1	3	3	130 000						
绿园区	5	5		4	1			3			2	19	19	551 000	17				13	39 000
二道区	6	6		5	1	1		4			1	70	70	1 740 000	13				38	49 200
净月开发区	9	9		8	1	2		5		1	1	233	211	4 039 000	58		22		117	218 320
其他单位	5	5		4	1			1	1	1	2	113	113	4 664 933	62				40	2 171 140

畜牧业

【概况】 2010年，全市畜牧业实现总产值242.3亿元，畜牧业增加值达到103.5亿元，比2009年分别增长6.4%；农民畜牧业人均收入达到2 236元，比2009年增长8%。肉、蛋、奶总产量分别达到236.6万吨、46.8万吨和12.7万吨，分别比2009年增长4.5%、9.6%和0.8%。牧业人均收入占农民人均收入的37%，畜牧业已成为长春市农村经济的重要支柱产业。

【养殖业】 养殖总量持续扩张，畜禽饲养总量达到7.23亿头(只)，比2009年增长21.7%。除奶牛存栏下降10.8%，鹅发展下降2.1%外，其他畜禽养殖量均实现了快速增长。全市生猪发展到1 854.5万头，同比增长5.5%；黄牛发展到533.5万头，同比增长4.4%；羊发展到165.9万只，同比增长2.6%；家禽发展到6.9亿只，同比增长21.3%；蛋鸡存栏达到9 959.8万只，同比增长1.2倍；肉鸡发展达到6.37亿只，同比增长40.2%；肉鸡出栏达到4.3亿只，同比增长15.1%；鹅出栏达到1 611.3万只，同比增长8.4%。

【牧业小区】 继续实施标准化牧业小区(场)建设，饲养进一步向规模化、集约化发展。2010年新(改、扩)建牧业小区(场)492个，至年末，全市已建成牧业小区(场)2 047个，规模饲养量占全市总饲养量的70%以上，集约化经营水平进一步提高。在小区建设中，市政府出台了强有力的扶持政策，各县(市)、区也在土地、用电、税收和资金等方面分别制定了符合本地实际的扶持政策。2010年落实省市县牧业小区奖补资金6 700万元。

【牧业科技】 牧业科技成效卓著。坚持开展畜牧科技培训工作，不断提高企业经营者、专业技术人员和广大养户的科技素质。2010年，全市畜牧管理部门，动物防疫、检疫、监督和兽药、饲料机构，各类畜牧合作经济组织等，推广畜牧实用技术45项，培训农户18.7万户。其中，市牧业局高产奶牛生产技术扩繁推广项目获省技术推广项目一等奖。

【畜禽良种工程】 大力推进良种繁育工程，坚持抓好良种基地建设。从国外引进新西兰赤鹿、新美系大白、新美系长白、新美系杜洛克等畜禽良种5个，东北民猪、双阳梅花鹿、吉林马、农安仔鹅等地方良种保种选育4个，大规模应用于生产的主要畜禽品种达到35个。加强标准化配种站点建设。整改站点43个，取缔无证经营的站点21个，新建了18个省级标准化站点。生猪、肉牛、奶牛、肉鸡、梅花鹿等10大种畜禽繁改基地繁改能力进一步提高，形成了常规品种与经济动物互为补充的种畜禽生产链。全市现有各类种畜禽场163家，其中，祖代种畜禽场17家，父母代种畜禽场146家。全年新建续建各类种畜禽场5个，其中，父母代种鹿场1个；父母代种猪场2个；父母代肉种鸡场2个。良种化程度明显提高，一些主要畜禽品种已经达到或接近国际先进水平。生猪品种主要是长白、杜洛克和约克；肉牛品种主要是西门达尔、利木赞和夏洛莱；奶牛品种主要是荷斯坦；肉鸡品种主要是AA、埃维茵；蛋鸡品种主要是海兰褐；鹿的品种主要是双阳梅花鹿。生猪良种覆盖率达到98%，肉牛良种覆盖率达到96.5%，奶牛良种覆盖率达到82%，肉羊良种覆盖率达到92%，蛋鸡良种覆盖率达到98.5%，肉鸡良种覆盖率达到100%。

【畜产品加工】 全市规模以上畜产品加工企业达到63户，其中，国家级龙头企业6户，省级龙头企业16户，市级龙头企业41户，总资产113.3多亿元，固定资产总额45.32亿元。畜牧产品加工业全年实现产值268.99亿元，比2009年增长21.8%。其中，规模以上企业238.39亿元，饲料企业20亿元，规模以下企业10.6亿元。截至2010年，全市规模以上畜产品加工企业职工人数11 380人，带动农户23.39万户。泰国正大集团总投资79亿元的1亿只肉鸡养殖加工、100万头生猪的养殖加工和300万只蛋鸡养殖等3个项目全部落到了长春市，其中1亿只肉鸡养殖加工项目落在了榆树市；广泽乳业总投资7亿元的5万吨奶酪项目赴法国、美国洽谈成功；与双汇集团洽谈，使总投资8亿元的200万头生猪屠宰加工和熟食深加工项目落在了农安县。全年畜产品加工新建续建项目17个，到位资金7亿元。2010年共屠宰肉牛51.6万头，比2009年同期增长3.2%；屠宰生猪233.6万头，比2009年同期增长4.8%；屠宰肉鸡1.88亿只，比2009年同期增长43.5%；屠宰鸭鹅85万只，比2009年同期下降257万只；屠宰肉兔200万只，比2009年同期增长400%；生产乳制品15万吨，比2009年同期增长1.35%；生产鹿产品720吨，比2009年同期增长9%；生产熟食20.41万吨，比2009年同期增长34.8%。

【七大产业园区建设】 2010年，开展了畜牧业发展三年攻坚战，积极推进千万头生猪、百万头肉牛、3亿只肉鸡、45万吨乳品、1.5亿只鸭鹅、25万只梅花鹿和1 000万只肉兔等七大产业园区建设，提高了长春市畜牧业的规模化、产业化水平。全市63户规模以上畜产品加工企业带动了产业园区建设。生猪、肉牛、肉鸡、肉鹅、乳制品、鹿产品和肉兔等7条龙型经济进一步发展壮大。

【市场销售】 销售渠道和市场网络日益扩大，市场体系不断完善。全市主要畜产品已达900多种，产品销往日本、韩国、中东、东南亚等20多个国家和地区，国内市场遍布29个省、市、自治区。肉牛、生猪和肉鸡具有较大优势。德大肉鸡产品远销日本、韩国等国家；皓月肉牛产品已打入全国大型超市254家，在全国有269家代理经销商，并远销沙特、韩国、欧洲等17个国家和地区。2010年，全市畜产品出口创汇1.45亿美元，比2009年增长52.6%。

【动物防疫】 加强基层防疫员培训，共培训7 800余人次，加大资金投入力度，市县两级财政共投入1 530万元，用于动物春秋防疫工作。重点开展了6项工作。1、夯实动物防疫责任制。建立健全动物疫病防控"双轨"目标责任制，责任、任务落实到人。2、扎实开展动物春秋防免疫注射工作。全市牲畜口蹄疫、禽流感、猪瘟、鸡新城疫、猪蓝耳病五大疫病免疫率达100%，其他7种常规免疫项目均达规定的免疫密度。3、积极开展消毒灭源。认真执行定期消毒制度。针对多雨天气和洪涝灾害后容易暴发动物疫情的严峻形势，各县(市)、区普遍开展了地毯式的大消毒。4、加强疫情监测。认真开展免疫抗体监测和病原学监测，全面分析本地动物疫情潜在隐患，及时掌握动物疫情趋势，做到早发现、早处理。5、继续开展家畜活体检疫工作。加大了危害较大人畜共患病的动物活体检疫。布鲁氏菌病检疫49 530头(只)份(奶牛17 234头，黄牛31 896头，羊400只)，检出阳性奶牛14头，全部扑杀。结核病检疫49 006头份(奶牛17 330份，黄牛31 676份)，检出阳性奶牛9头，全部扑杀。6、9月26日在榆树市开展了突发重大动物疫情防控应急演练活动。吉林省畜牧业管理局、长春市畜牧业管理局、吉林省九市、州畜牧业管理局等及动物重大疫病防控指挥部成员单位共计300余人参加了此次疫情演练及观摩。由于措施得力，全市畜禽疫病死亡率远低于疫病死亡率控制指标，没有发生重大动物疫情发生。

【动物卫生监督】 进一步完善动物疫病可追溯体系建设，切实抓好动物免疫、检疫检测和市场监督工作。产地检疫率、运输检疫率、屠宰检疫率，病害动物无害化处理率，经营动物及动物产品附证率，均达到100%。强化动物卫生监督。认真做好市民举报、市长公开电话和媒体报道案件的查处工作，开展了各类专项整治活动，打掉了一批非法经营窝点。加强了流通环节的肉品监管，深入抓好市场准入准出工作，建立和完善畜产品产销两地联防机制，及时通报疫情，把好审批关，严格实行责任追溯制，在制度上保证了市民用肉安全。

【畜产品质量安全】 强化了畜产品质量安全监管体系建设。加强市县两级畜产品质量安全中心建设，按时完成畜产品质量安全监督抽查工作。完成市本级抽样任务150个；完成国家农业部的畜产品质量安全抽样任务112个，经过检测全部合格。继续开展了无公害畜产品认证工作，2010年新通过认证的13户企业。启动了"瘦肉精"专项治理工作，下发了《关于开展专项治理违法制售使用盐酸克伦特罗活动的通知》和《关于在全市范围内开展"瘦肉精"残留监测的紧急通知》，加大了宣传和打击力度，开展了活体牛羊"瘦肉精"尿样残留检测，有效扼制了违法饲喂"瘦肉精"行为。

【奶站建设】 推进乳业振兴工程，围绕规划的45万吨乳品产业园区建设上规模上水平，加快标准化奶站建设，实现管理的标准化。通过合作社等协作组织强化组织程度，加强培训，统一技术标准和管理规范，建立规范了一系列的软硬件建设标准和管理制度，在全市推广，2010年经省验收合格的新建、改建、扩建奶站6个，争取省财政奶站补贴资金120万元。使长春市奶业生产水平有了较大提升。

【清洁能源工程】 结合牧业小区建设，积极推进清洁生产。同时，推进能源建设。重点抓了国家发改委扶持的5家大型养殖场，利用沼气生产复合肥项目。其中，德惠市的阔源牧业有限公司上了大型沼气池，并已从石家庄购置了复合肥的生产设备；九台市裕民牧业园区建设了有机化肥厂，年处理粪污205万吨，生产有机肥102万吨，对清洁能源建设起到了示范带动作用。并进行了榆树市、德惠市、九台市大型沼气发电和有机肥项目的调研工作。

【饲料开发】 推进饲料开发工程,不断提高饲料加工能力。重点培育优质名牌饲料产品,提高自给能力和市场竞争力。全年生产工业饲料 271 万吨,创产值 51.8 亿元,加工粗饲料 200 万吨。组织实施了粗饲料"百千万工程"。重点抓了吉林省博涵农业科技有限公司、吉林省绿能秸秆开发有限公司等 20 户秸秆饲料开发加工企业,其具备了 300 万吨的生产能力,有效提高了秸秆资源综合开发利用率,推进了资源优势向经济优势的转化。

【畜牧经济合作组织建设】 加强了现代牧业合作经济体系建设,服务水平和功能不断增强。认真总结了长春市双赢生态养猪技术合作社的经验,并召开会议进行推广。同时,切实组织抓好牧业经济合作组织的建设。新建生猪、奶牛等各类合作社 102 个。

【畜牧经济投融资体系建设】 强化了畜牧产业融资体系建设。加大畜牧产业融资体系的构建力度,初步形成了包括政府投资、企业投资、社会投资、私人投资在内的融资渠道。2010 年组织阿满公司依托温州商会成立了浙商担保公司,注册资金 1 亿元,带动社会投入资金 10 亿元。

【畜牧业信息化管理体系建设】 强化了畜牧业信息化管理体系建设。进一步完善了信息化管理软件科目,加快小区基本资料的录入和小区终端的设备安装速度,管理平台已在全市范围内全面启动运行。

【畜牧科技支撑体系建设】 强化了畜牧科技支撑体系建设。进一步完善了市、县、乡、村、场五级技术推广培训体系。全年科技入户达 121 人次,完成任务指标 110 人次的 110%;共举办各级各类技术培训班 12 期,培训 1 100 人次。

【强牧惠牧政策】 认真落实国家、省、市的各项强牧惠牧政策。1、国家扶持政策。国家养猪大县奖补政策。2010 年,农安县、榆树市、德惠市被国家列入生猪大县,享受国家财政奖补政策,每县市获得国家财政奖补700 万元~1 000 万元,用于发展养猪业。国家标准化规模养猪场扶持政策。争取国家资金 1 000 万元,扶持养猪场 47 个。农安县、德惠市继续落实国家能繁母猪保险政策。国家乡镇畜牧站改造扶持政策。争取国家乡镇畜牧站改造扶持资金 125 万元,改造乡镇畜牧站 25 个。2、省政府扶持政策。省政府标准化养殖场(小区)扶持政策。通过省验收的标准化养殖场(小区)192 个,获得省财政补贴 2 200 万元。省政府种猪场补贴政策。对存栏 500 头以上原种猪的原种猪场每个补贴 40 万元,争取省补贴项目 6 个,获得省财政补贴 240 万元。省政府活猪储备补贴政策。每头补贴 100 元。2010 年,长春市阔源、天惠、国安三家养猪场入围,储备量各 5 000 头。获得省财政补贴 150 万元。3、市政府扶持政策。继续落实长府办发[2007]40 号文件,加大对标准化养殖场(小区)扶持力度,对验收合格的每个给予 10 万元补贴。2010 年经验收合格的新建(改建、扩建)健康养殖场(小区)300 个,市财政落实补贴资金 3 000 万元。

(张众人)

2010 年长春市畜牧业发展情况统计表

项 目	2009 年	2010 年	2010 比 2009 增长%
生猪发展(万头)	1 757	1 854.5	5.5
生猪出栏(万头)	1 139.3	1 198.3	5.2
能繁母猪(万头)	60	61.9	3.2
黄牛发展(万头)	510.8	533.5	4.4
黄牛出栏(万头)	242.4	237	-2.2
羊发展(万只)	161.7	165.9	2.6
羊出栏(万只)	66.1	69.4	5.0
鹿存栏(万头)	18.8	20.7	10.1
奶牛存栏(万头)	6.5	5.8	-10.8
兔发展(万只)	513	591.1	15.2
家禽发展(万头只)	5 7029.1	6 9180.8	21.3
蛋鸡存栏(万只)	4 461.5	9 959.8	123.2
肉鸡发展(万只)	45 388.9	63 660.6	40.2
肉鸡出栏(万只)	37 484.2	43 142.8	15.1
鹅发展(万只)	2 878.2	2 817.8	-2.1
鹅出栏(万只)	1 487.1	1 611.3	8.4
肉类总产量(万吨)	227	236.6	4.2

续表：

项　目	2009 年	2010 年	2010 比 2009 增长%
其中 1、猪肉产量(万吨)	103.9	108.7	4.6
2、牛肉产量(万吨)	32.9	33.6	2.1
3、羊肉产量(万吨)	1.1	1.14	3.6
4、禽肉产量(万吨)	87.5	91.3	4.3
5、马驴骡兔犬鹿(万吨)	1.6	1.86	16.2
禽蛋产量	42.7	46.8	9.6
奶类产量	12.6	12.7	0.8
牧业增加值(亿元)	93.8	103.5	6.4
牧业产值(亿元)	216.3	242.3	6.4
牧业人均收入(元)	2 070	2 236	8
畜禽总量(亿头只)	5.94	7.23	21.7

2010 年长春市畜牧业发展情况与副省级城市对比情况统计表

项目	长春	哈尔滨	沈阳	大连	青岛	成都	济南	西安	南京	武汉	杭州	宁波	广州	厦门	深圳	名次
牧业产值(亿元)	242.3	364.2	225.2	167.5	125	203.2	113	58	39.4	73.9	70.6	53.9	62.5	11.9	0.8	2
农林牧副渔总值(亿元)	474.7	785	444.9	629	454.5	470.2	310	192	244.8	281.1	316.3	339	323.4	37.5	2.5	3
占农业比重(%)	51	46.4	50.6	26.6	27.5	43.2	36.5	30.2	16.1	26.3	22.3	15.9	19.3	31.7	32	1
肉类总产量(万吨)	236.6	76.2	86.6	69.2	56.2	105.2	38.1	13.7	12.3	32	31.8	18.8	33	7.2	3	1
禽蛋产量(万吨)	46.8	34.5	60.6	26.2	19	20.8	36	12.4	7.5	16	14.5	8.9	3.3	0.4	2	2
奶类产量(万吨)	12.7	143.1	39.2	13.3	36.2	12.3	31.2	63.4	8.6	6	1	2.2	2.1	0.1	1.1	7
人口(万人)	756.5	992	719.6	586.4	763.6	1 149.1	604.1	837.5	629.8	836.7	689.1	574.1	1035	180.2	891.2	8
人均肉类占有量(公斤/人)	313	77	120	118	74	92	63	16	19.5	38	46	33	32	40	3	1

注：以上数据来源于各城市 2010 年国民经济和社会发展统计公报

蔬菜业

【概况】 2010 年，全市蔬菜播种面积 10 万公顷，蔬菜总产量 480 万吨，蔬菜总产值 78 亿元，分别比 2009 年增加 2.4%、19.4%和 32.2%。其中，城区蔬菜种植面积 19 000 公顷，比 2009 年减少 1 124 公顷；蔬菜总产量 55 万吨，比上年减少 8 万吨；蔬菜总产值 9.5 亿元，比 2009 年增加 13 000 万元。

【温室大棚建设项目】 截至 2010 年，二道区劝农山镇、净月开发区新湖镇、绿园区合心镇 3 个项目区共建温室 906 栋、大棚 1 547 栋、打井 906 眼。其中，二道区劝农山镇项目区建温室 336 栋、大棚 407 栋、打井 336 眼；净月开发区新湖镇项目区建温室 300 栋、大棚 600 栋，打井 300 眼；绿园区合心镇项目区建温室 270 栋、大棚 540 栋、打井 270 眼。上述 3 个项目区已全部移交给当地使用管理。

【棚膜蔬菜建设项目】 2010 年，全市计划新增棚膜蔬菜面积 1 400 公顷，实际完成 1 438 公顷，超计划 38 公顷。为了保证完成这项工作任务，采取了以下措施。1、将任务指标分解到各县(市)、区，并签订目标责任书。2、深入到各县(市)、区及有关乡镇落实任务。截至 3 月底，全市 1 400 公顷建设任务全部落实到 9 个县(市)、区、76 个乡镇。3、召开现场会和举办培训班，统一棚室建设标准。4、督促各县(市)、区研究制定扶持棚膜蔬菜发展的政策措施。5、实行月调度制度。对完成任务好的县(市)、区给予表扬，差的提出批评。6、搞好检查验收。配合省专家组对长春市 2010 年新建的 24 个百亩以上棚膜园区进行检查验收。2010 年，全省补贴 69 个园区，长春市占了 14 个，获得补贴资金 507 万元，占全省补贴资金总额的 25.4%。

【绿色蔬菜基地项目】 朝阳区千公顷绿色蔬菜基地项目一期工程占地 106 公顷，2010 年 6 月 10 日开始施工建设，到 10 月 31 日全部完工。建温室和大棚各 200 栋，修水泥路 8 000 多米，打深井 20 眼，架设变压器 13 台，修建防渗漏公共厕所 8 个，总投资 8 300 多万元。并且于 2010 年 11 月底前全部租赁出去，实现了当年设计、当年建设、当年生产的工作目标。

【秋菜收贮供应工作】 2010年,长春市秋菜收贮供应工作自10月5日开始至10月25日结束。据统计,城区共上市秋菜11 000万公斤,其中,白菜5 000万公斤,秋葱3 000万公斤,其他品种秋菜3 000万公斤。各级政府主管部门主要抓了以下几个方面的工作:1、抓好秋菜测产估产工作。9月中旬,根据秋菜长势情况组织各区对秋菜进行了测产和估产,为政府决策及制定切实可行的秋菜收贮方案提供可靠依据。2、加强秋菜收贮工作的组织协调。市、区和有关乡镇三级成立了秋菜收贮指挥部,实行分工负责制。同时,市农委积极与公安、交通、市容环卫、气象、发改委、商务、工商等相关部门进行协调、密切配合,并代市政府起草下发了“关于做好2010年秋菜收贮工作的通知”,为秋菜收贮工作提供了组织服务保障。3、实行秋菜市场准入制。市农委委托市农产品质量安全与检测中心对全市秋菜基地每两公顷抽取一个样本进行分批检测,共2 000个样本于秋菜上市前全部检测完毕,检测合格率达100%,并根据检测结果,将“秋菜市场准入证”发放到菜农手中。对外埠进入长春市场销售的秋菜采用快速检测的办法进行随机抽检,对检测合格的发放“秋菜市场准入证”,对检测有问题的进行封存,然后进一步进行实验室检测,确实质量不合格的作销毁处理。4、加强秋菜上市的调度。自10月5日起,每天对各区上市的秋白菜、大葱两个主要品种的上市量、上市价格进行统计,做到随时掌握市场动态,随时组织调度,保证了秋菜市场供应平稳运行。5、及时应对天气变化。市农委积极与气象部门联系,及时掌握天气变化情况,并下发了“关于切实做好秋菜抢收工作的紧急通知”,转发了长春市气象局关于“雨雪寒潮即将来临 相关部门注意防御”的通知,要求各县(市)、区加强人员、农机、油料等人力物力的调配,确保秋菜收贮工作顺利进行。6、加强宣传引导。为了让广大市民了解2010年秋菜上市工作的特点和有关政策,特别是针对9月27日有关媒体报道 “药白菜”事件给市民带来的恐慌心理,市农委于9月27日召开了由18家新闻媒体参加的新闻发布会,对社会发布了长春市2010年秋菜收贮的相关信息,并对“药白菜”事件予以澄清,打消了市民的疑虑,维护了社会稳定。

【制定长春市蔬菜产业“十二五”规划】 为确保长春市蔬菜生产可持续发展,市农委完成了全市蔬菜产业“十二五”规划的编制工作。长春市蔬菜产业“十二五”规划共分三部分:1、总体思路。2、基本原则。3、总体目标与年度实施任务。根据未来5年蔬菜消费趋势和总量测算,总体规划建设新菜田10 000公顷,其中,设施菜田7 000公顷,露地菜田3 000公顷。规划期为5年时间,规划每个年度平均实施任务为:设施菜田面积1 400公顷,露地菜田600公顷。2010年12月8日,市政府与省国土厅和省农委签订了万公顷蔬菜基地建设战略合作框架协议,为长春市蔬菜生产“十二五”规划的实施提供了保证。

(张宝贵)

水 利

【概况】 2010年,共完成水利工程建设资金6.2 562亿元。其中,投资9 849万元,完成了12座病险水库除险加固;投资2 516万元,完成了小流域及黑土地治理面积2.7万公顷;投资2.7亿元,新建饮水工程289处,水源工程302处,解决了33.77万农村居民饮用水和3.52万师生饮水安全问题。投资5 500万元,完成了石头口门水库水源地1 260公顷芦苇湿地建设;新立城水库水源地投资3 760万元,完成了505.79公顷的湿地建设,在全面提升防汛抗旱及水资源保障等两大能力的同时,各项水利水产事业得到长足发展。

【防汛工作】 从2010年3月下旬开始,就对水库、江河堤防、涝区等防洪除涝工程进行逐一排查,对重点险工险段、病险工程及时进行了修复,落实了领导包保责任,储备充足的防汛物资,建立了抢险队伍,安装调试了通讯设施;进一步完善了16座中型水库及相关防洪预案。7月下旬至8月5日,长春市连续遭到4场大暴雨的袭击,全市19座大中型水库最多时有11座超汛限水位、9座开闸泄洪。第二松花江、饮马河、伊通河、双阳河均发生了30年~50年一遇洪水。面对特大洪水的袭击,水利系统全员始终战斗在抗洪一线,7月28日,市水利局紧急启动了全市防汛抗旱预案二级响应,并第一时间下发了《关于石头口门水库上游191米高程以下村屯转移的紧急通知》,使191米高程以下群众1 659人安全转移;及时启动了五大围堤转移安置预案,将堤内群众12 226人,紧急投入926万元,抢购铁线、编织袋、条形布等抢险物资和交通工具,及时调拨到出险县(市)、区,以满足抗洪抢险需要。在洪水到来之前,石头口门水库提前开闸,最大限度提前腾空库容,在近20天的时间里,弃水15亿多立方米,新立城水库也弃水2亿多立方米,最大限度的减少了上下游损失;同时要求无效益的、病险的一律空库度汛,有效益的降低水位,留足防洪库容。长春市大中小型水库经受住暴雨洪水的考验,全部安全度汛。10条主要河流的1 528公里无一溃堤,全市无一死亡,最大限度保障了人民群众的生命财产安全,创造了大水大汛无大灾的佳绩。

【河道管理工作】 认真贯彻执行《中华人民共和国水法》、《中华人民共和国防洪法》、《中华人民共和国防汛条例》、《中华人民共和国河道管理条例》及《吉林省河道管理条例》等法律法规,对全市的中小型河流进行综合规划,严格河道采沙许可证制度。加大对采沙业户的监督检查力度,对石头口门水库上游的非法采沙场进行清理,遏止乱采滥挖现象,使水源地栽植芦苇工程顺利进行;对新立城水库溢洪道下游河道内的行洪障碍进行清除;清除了伊通河朝阳区段的非法栽植的阻水林木。对跨越河道的管道、光缆、桥梁进行严格审查、管理,对102

国道桥临时便道桥进行过水能力复核；对应急度汛项目进行审批及工程管理。通过严格执法，加大检查力度，保证了堤防安全，增强了全民护堤意识和防洪观念。

【水库除险加固工程建设】 建国以来，长春市已建成大中小型各类水库221座，其中，大型水库3座，中型水库16座，小Ⅰ型水库52座，小Ⅱ型水库150座，总库容27.08亿立方米。“十一五”期间，全市共有39座水库进行了除险加固。其中，大型水库1座，中型水库12座，小Ⅰ型水库23座，小Ⅱ型水库3座，工程概算总投资44 464.42万元，列入国家第二批病险水库除险加固中央补助项目和《全国病险水库除险加固专项规划》的水库共有36座；地方自筹资金加固的水库3座。2010年，全市在建的病险水库有12座，其中，国家《专项规划》的病险水库11座，地方自筹建设的水库1座。截至2010年已经有37座水库完成了除险加固建设任务，39座水库累计完成综合工程量490.47万立方米。

【农村饮水工程】 长春市农村饮水安全人口为304.71万人，占农村人口总数72%；饮水不安全人口120.29万人，占农村人口总数的28%，其中，氟超标15.1万人，苦咸水13.9万人，其他污染34.54万人，缺水人口56.75万人。年初，长春市计划解决15万人农村饮水安全问题。省里最终下达给长春市的目标任务是：国家和省下达工程建设资金1.95亿元：中央投资1.18亿元，省配套0.77亿元，解决33.77万农村居民饮用水和3.52万师生饮水安全问题，解决饮水困难的人口数是年初计划的2.5倍。2009年11月24日，长春市就对全市农村饮水安全工作进行了布置，落实了工作任务，确定了工程完工时限。1月28日、4月22日和9月2日先后3次召开工作调度会，听取各县(市)、区工程进展情况汇报，全市新建水源工程302处，管网安装工程289处，供水站工程289处。各县(市)、区于5月初就完成了工程实施方案的编制，城区于6月末、外五县(市)区于8月末完成了工程项目的招投标，并先后开工建设。2010年底，各县(市)、区完成了水源井工程，管网、管理房建设，圆满的完成年初制定的目标。

【安全生产情况】 2010年，结合水利行业实际，深入贯彻落实科学发展观，坚持安全发展的理念，围绕全市水利行业安全生产、工程运行管理、水利工程建设薄弱环节、水利勘察设计、病险水库除险加固建设等涉水安全问题，明确责任，强化监管，全市水利安全生产形势总体稳定。年初以来，先后下发了《长春市水利2010年水利安全生产工作要点》、《长春市水利安全生产年工作方案》，紧紧抓住了水利工程建设、运行管理等环节，尤其是在建水利工程的安全度汛工作。同时还进一步加强对全市水利项目违规行为的监管，对绿园区民丰水库除险加固及河道整治工程、伊通河长春市中心城区北段防洪工程违规进行招投标活动进行检查，纠正其违规行为。

【水源地保护工作】 石头口门水库水源地污染治理工程国家批复概算总投资9 177万元，主要内容包括湿地建设2 030公顷，房屋拆迁108户，企业关闭搬迁13家，排污口治理5处，以及划界立标、垃圾清理等项目。经市政府决定增建壅水坝2座、围堤及围堤格22.5公里、涵闸17座，并进行围堤绿化。截至2010年6月末，国家资金到位6 710万元，长春市地方配套资金2 800万元，完成湿地建设2 460公顷，其中，芦苇1 400公顷，荷花60公顷，整理香蒲及泡塘1 000公顷；完成2座壅水坝、20.2公里围堤及绿化、17座涵闸工程建设；完成13家企业搬迁和5处排污口治理；完成垃圾车购置；房屋拆迁已完成37户，正在签订拆迁协议的42户，划界立标工程已完成界碑、界桩、围栏立柱的预制。截至2010年10月末，共设置10公里防护围栏、64公里铁丝防护网，栽植防护林带280公顷，埋设1 000个界桩、160个界碑、100个警示牌，清运1万多吨生活垃圾，取水口清淤1万立方米。石头口门水库芦苇栽植、生态治污模式试验成功后，市里投入3 500万元，于4月28日在新立城水库同样开展湿地建设。现在，已完成了505.79公顷的湿地建设实验，其中，芦苇栽植355.79公顷，乔、灌木栽植150公顷，获得成功;生产路工程11.7千米、田间土埂30.5千米，年末还将完成2座交通桥、2座溢流坝、16座灌排涵洞、8座节制闸、险工段护岸、河道清淤和湿地管理设施等附属配套工程建设任务。2010年，新立城水库三层防护体系初具规模：外层利用栽植杨树、柳树等树种，形成以乔木为主的外环林带，中层重点栽植杞柳等耐涝灌木，形成中层灌木林带，内层范围内引栽芦苇、睡莲、菖蒲等吸附氮磷能力强的水生植物带，水库水质明显好转。

【水利依法行政】 水利系统现行政执法范围包括水资源、水土保持、河道堤防、渔政渔港监督、水源地保护等多个方面，为了加强和进一步改善水行政执法工作，及时完善和调整了依法行政、行政执法责任制工作领导组织，狠抓了执法队伍建设，在结合五五普法，邀请专家学者进行全面学习培训的同时，对现有执法人员进行了重新登记，严把入口关，特别强调新上岗的人员必须进行综合培训，还选派业务骨干参加省内外各类涉水执法培训班，进一步强化了依法行政意识，普遍提高了执法水平。同时，相继建立健全了《水行政执法监督检查制度》、《水行政执法人员行为规范》、《行政执法错案责任追究制度》等多项规章制度，使水行政执法工作更加规范化、正规化。

【水土保持工作】 “十一五”前4年，全市共投入资金7 165万元，投劳88.1万工日，完成土石方量415万立方米，完成水土流失综合治理面积77 551公顷，其中，基本农田6 273公顷，水保林11 219公顷，经济林627公顷，种草46公顷，封禁治理49 889公顷，水利堤防绿化460公里。2010年，长春市完成投资2 516万元，完成江河堤防绿化72公顷，水土保持治理面积26 568公顷，其中，基本农田2 156公顷，水保林4 350公顷，经济林460公顷，种草146公顷，封育治理面积13 637公顷，其他5 819公顷，完成土

渔业大丰收

石方工程量421.90万立方米。

【水产品安全监管】 2010年,全市城区成鱼产量为1 450吨；鱼种产量为150吨。其中，石头口门水库预计渔业产量515吨,约占城区渔业生产总量的36%；新立城水库预计渔业产量450吨，占城区渔业产量32%。各城区渔业产量为485吨。2010年，全市城区实现渔业产值9 710万元，其中都市休闲渔业收入6 230万元(含垂钓业及渔业旅游经济收入)；完成无公害池塘商品鱼标准化健康养殖推广面积66.7公顷，每公顷产7 500公斤，每公顷收益37 500元。年初,制订了《长春市水产品专项整治活动方案》，并开展了渔业生产资料打假活动,确保了长春市春季渔业安全生产。全市《水产养殖生产记录》、《水产养殖用药记录》、《水产品标签》推广面已达到93%左右,石头口门、净月、新立城推广面达到100%。另外，在5月和8月两次对榆树市、德惠市等重点江河地段、石头口门水库、新立城水库、波罗湖、伊通河黄龙府大桥段等重点渔业水域的生态水质进行了监测,监测率达到100%,监测数据已经录入到数据库中。

(韩成龙)

2010年长春市各县(市)、区除涝、治碱、水保、人畜饮水情况统计表

单位:万立方米

市县别	易涝面积(千公顷)	除涝面积(千公顷)				水土流失面积(千公顷)	水土流失治理面积(千公顷)			小流域治理(千公顷)	盐碱耕地面积(千公顷)	盐碱耕地改良面积(千公顷)	人畜饮水需解决量	
		合计	3年~4年	5年~9年	10年以上		合计	水平梯田	水保林				万人	万头
长春市	322.264	302.148	6.63	66.515	229.003	653.15	306.95	18.15	241.05	31.89	41	15.87	165.2 423	39.8 053
城区	31.45	29.2	0.09	7.69	21.42	196.95	103.46	2.69	81.26	13.54	0	0	54.312	6.968
朝阳区	2.51	2.51	0	0.26	2.25	10.31	6.65	0.2	6.45	0	0	0	3.23	0
南关区	0.26	0.26	0	0.19	0.07	5.5	5	0	5	0	0	0	1.672	0.18
宽城区	3.92	2.42	0	0.82	1.6	4.58	4.13	0	4.13	0	0	0	4.2	0.588
二道区	2.66	2.21	0.02	1.12	1.07	22.15	10.33	1.05	8.06	1.07	0	0	3.13	2
绿园区	5.65	5.65	0	3.36	2.29	4.2	3.21	0	3.21	0	0	0	0.94	0
双阳区	15.61	15.31	0.07	1.85	13.39	123.49	57.39	1.18	38.39	12.3	0	0	37.09	2.76
净月开发区	0.84	0.84	0	0.09	0.75	26.72	16.75	0.26	16.02	0.17	0	0	4.05	1.44
榆树市	86.8	86.8	2.27	18.78	65.75	163.41	54.24	0.21	54.03	0.62	1	1	38.46	0
农安县	90	90	1.11	10.72	78.17	104.44	41.77	1.69	37.09	2.02	40	14.87	34.06	8.2
德惠市	67.754	58.038	0	22.765	35.273	78.31	37.84	2.84	23.38	9.27	0	0	22.3 503	22.2 073
九台市	46.26	38.11	3.16	6.56	28.39	110.04	69.64	10.72	45.29	6.44	0	0	16.06	2.43

2010年长春市各县(市)、区机电井情况统计表

单位:万立方米

市县别	打井(眼)		配套机电井及装机(眼)											配套机电井按用途分(眼)			
	本年新增	累计达到	本年新增	累计达到	电井	机井	配套井完成好数量	装机		电动机		柴油机		农田灌溉井	牧业井	人畜饮水井	防病井
								台	千瓦	台	千瓦	台	千瓦				
长春市	522	29 315	522	19 833	13 525	6 308	19 833	19 888	195 961.7	13 580	114 892.7	6 308	81 069	18 292	111	976	409
城区	31	3 590	31	2 880	2 806	74	2 880	2 882	20 214.7	2 808	19 387.7	74	827	2 701		170	9
朝阳区	7	258	7	258	258		258	258	1 715.2	258	1 715.2			245		13	
南关区		25		25	25		25	25	176	25	176			24		1	
宽城区		114		114	114		114	114	995	114	995			106		8	
二道区	10	239	10	239	239		239	239	1 636	239	1 636			220		19	
绿园区	5	201	5	201	201		201	203	2 553	203	2 553			186		15	
双阳区		2 637		1 927	1 853	74	1 927	1 927	12 523	1 853	11 696	74	827	1818		100	9
净月开发区	9	116	9	116	116		116	116	616.5	116	616.5			102		14	
榆树市	165	6 009	165	6 009	4 044	1 965	6 009	6 009	70 761	4 044	49 235	1 965	21 526	5 632	30	347	
农安县	191	8 703	191	2 160	1 742	418	2 160	2 160	17 077	1 742	11 230	418	5 847	1 411	81	236	387
德惠市	79	8 062	79	5 844	2 195	3 649	5 844	5 844	70 316	2 195	19 230	3 649	51 086	5 719		122	3
九台市	56	2 951	56	2 940	2 738	202	2 940	2 993	17 593	2 791	15 810	202	1 783	2 829		101	10

2010年长春市灌区效益及管理情况统计表

单位:万立方米

灌区名称	设计灌溉面积(千公顷)							有效灌溉面积(千公顷)							实际灌溉面积(千公顷)						
	合计			其中:				合计			其中:				合计			其中:			
	计	水田	旱涝	机电站		机电井		计	水田	旱涝	机电站		机电井		计	水田	旱涝	机电站		机电井	
				处	面积	处	面积				处	面积	处	面积				处	面积	处	面积
甲	4	5	6	7	8	9	10	11	12	13	14	15	16	17	18	19	20	21	22	23	24
长春市	348.635	248.575	100.06	445	148.78	18 429	138.435	240.76	191.47	49.29	442	73.98	18 419	113.17	161.258	148.955	12.303	414	42.917	17 976	91.692
城区	38.36	24.84	13.52	169	12.56	2 729	17.78	30.99	20.61	10.38	167	9.42	2 719	16.62	21.846	16.42	5.426	147	5.435	2 676	12.776
朝阳区	3.43	2.07	1.36	4	0.18	245	3.01	3.19	1.83	1.36	4	0.13	245	2.9	1.626	1.36	0.266			225	1.626
南关区	1.35		1.35	11	1.07	25	0.28	1.02		1.02	11	0.74	25	0.28	0.48		0.48	11	0.2	25	0.28
宽城区	4.26	2.18	2.08	33	2.97	114	0.92	3.38	1.76	1.62	33	2.25	114	0.88	1.74	0.81	0.93	33	1.315	114	0.4
二道区	2.46	1.54	0.92	13	1.02	224	1.25	2.1	1.35	0.75	13	0.97	224	0.93	1.58	1.06	0.52	13	0.44	224	1.03
绿园区	6.51	0.36	6.15	45	2.82	196	3.36	5.19	0.36	4.83	45	2.23	186	2.79	3.41	0.49	2.92	45	0.9	186	2.18
双阳区	18.25	17.78	0.47	45	3.68	1 818	8.23	15.01	14.59	0.42	45	2.94	1 818	8.11	12.24	12.24		45	2.42	1 818	6.7
净月开发区	2.1	0.91	1.19	18	0.82	107	0.73	1.1	0.72	0.38	16	0.16	107	0.73	0.77	0.46	0.31		0.16	84	0.56
榆树市	91.795	85.115	6.68	37	19.35	6 009	57.625	72.96	68.34	4.62	37	12.45	6 009	50.39	57.422	53.875	3.547	39	5.332	6 006	46.196
农安县	76.98	10.78	66.2	11	36.88	1 411	31.46	38.66	9.82	28.84	11	5.99	1 411	14.59	6.4	6.4		4	1.81	1 148	2.9
德惠市	99.24	87.25	11.99	158	67.07	5 689	22.86	63.94	59.2	4.74	157	37.14	5 689	22.86	50.78	47.45	3.33	157	24.88	5 566	22.64
九台市	42.26	40.59	1.67	70	12.92	2 591	8.71	34.21	33.5	0.71	70	8.98	2 591	8.71	24.81	24.81		67	5.46	2 580	7.18

2010 年长春市江河堤防累计达到情况统计表

单位：万立方米

市州县市区	合计			主要江河						一般江河			堤防绿化累计长度（公里）
				松花江流域			其他流域			松花江流域			
	堤防长度（公里）	保护耕地（公顷）	保护人口（万人）	堤防长度	保护耕地	保护人口	堤防长度	保护耕地	保护人口	堤防长度	保护耕地	保护人口	
长春市	1 834.87	232 343	89.43	667.99	114 830	43.635	303.6	24 333	16.9	863.28	93 180	28.895	491.86
城区	249.7	23 230	23.78	123.19	11 850	7.75				126.51	11 380	16.03	40
朝阳区	15	2 800	1.2	15	2 800	1.2							10
南关区													
宽城区	20.6	2 000	0.9	20.6	2 000	0.9							
二道区	6.1	1 820	0.9	6.1	1 820	0.9							
绿园区	24	5 650	1.35							24	5 650	1.35	24
双阳区	182.7	10 650	19.3	81.49	5 230	4.75				101.21	5 420	14.55	6
净月开发区	1.3	310	0.13							1.3	310	0.13	
榆树市	344.6	28 333	20.9	41	4 000	4	303.6	24 333	16.9				129.1
农安县	532	62 300	15.8	62	10 100	4.36				470	52 200	11.44	177.05
德惠市	524.77	98 000	16.05	258	68 400	14.625				266.77	29 600	1.425	145.71
九台市	183.8	20 480	12.9	183.8	20 480	12.9							

2010 年长春市易涝区域统计表

涝区名称	易涝面积（千公顷）	除涝面积（千公顷）					现有易涝面积（千公顷）	机电排涝站							
		合计	其中：水田	在合计中				装机						排水面积（千公顷）	
				3 年～4 年	5 年～9 年	10 年以上		设计			实际			设计	有效
甲	1	2	3	4	5	6	7	处	台	千瓦	处	台	千瓦	10	11
长春市	322.264	302.148	101.69	6.63	66.515	229.003	77.225	158	489	63 398	149	443	50 467	174.398	148.05
城区	31.45	29.2	13.66	0.09	7.69	21.42	2.25	21	58	2 846	12	40	1 880	7.2	7.09
朝阳区	2.51	2.51	2.1		0.26	2.25									
南关区	0.26	0.26	0.12		0.19	0.07									
宽城区	3.92	2.42	0.64		0.82	1.6	1.5	4	11	448	4	11	448	1.59	1.48
二道区	2.66	2.21	0.64	0.02	1.12	1.07	0.45	2	8	176	2	8	176	1.18	1.18
绿园区	5.65	5.65	0.83		3.36	2.29		4	12	340	2	7	236	0.46	0.46
双阳区	15.61	15.31	9.12	0.07	1.85	13.39	0.3	11	27	1 882	4	14	1 020	3.97	3.97
净月开发区	0.84	0.84	0.21		0.09	0.75									
榆树市	86.8	86.8	17.4	2.27	18.78	65.75		23	77	6 825	23	76	6 670	29.45	22.68
农安县	90	90	6.69	1.11	10.72	78.17		52	161	32 841	52	151	22 841	49.82	49.82
德惠市	67.754	58.038	48.21		22.765	35.273	66.825	45	141	15 896	45	126	14 346	67.808	48.45
九台市	46.26	38.11	15.73	3.16	6.56	28.39	8.15	17	52	4 990	17	50	4 730	20.12	20.01

2010 年长春市水利工程年供水量统计表

单位:万立方米

单位	合计					蓄水工程				引水工程				机电站			机电井		
	计	农业	工业	城镇生活	另:水电供水	农业	工业	城镇生活	另:水电供水	农业	工业	城镇生活	另:水电供水	农业	工业	城镇生活	农业	工业	城镇生活
长春市	175 517	164 176	360	10 981		19 659	360	6 020		1 290				46 638			96 579		4 961
城区	23 355	17 777		5 578		2 578		5 500						4 595			10 594		78
朝阳区	1 260	1 260															1 260		
南关区	360	360												205			155		
宽城区	1 112	1 102		10		36								800			266		10
二道区	1 462	1 442		20		80								474			888		20
绿园区	3 906	3 887		19		390								1 080			2 417		19
双阳区	9 115	9 086		29		2 020								1 936			5 120		29
净月开发区	6 140	640		5 500		52		5 500						100			488		
榆树市	59 546	56 351		3 195		5 132								5 784			45 435		3 195
农安县	9 598	8 478	360	760		1 868	360	520		840				2 290			3 480		240
德惠市	57 692	57 219		473		5 060				450				29 209			22 500		473
九台市	25 326	24 351		975		5 021								4 760			14 570		975

2010 年长春市水库效益及管理情况统计表

水库名称	库容(万立方米)			大型水库年末来水量(万立方米)	大型水库年末蓄水量(万立方米)	灌溉面积(千公顷)									大型水库绿化面积(公顷)	
	总库容	兴利库容	已淤积库容			设计			有效			实际				
						计	水田	旱浇	计	水田	旱浇	计	水田	旱浇	应绿化	已绿化
甲	1	2	3	4	5	6	7	8	9	10	11	12	13	14	15	16
长春市	275 042.81	102 125.83	4 680	14 007	51 334	89.121	56.781	32.34	42.588	40.208	2.38	24.364	24.264	0.1	11 218	5 282.6
城区	77 920.38	36 237.83	230	4 866	6 000	13.221	9.591	3.63	6.838	6.438	0.4	3.04	2.94	0.1	4 000	3 097.6
朝阳区	553	269	0	0	0	0.18	0.18	0	0.1	0.1	0	0	0	0	0	0
南关区	1 134	268	0	0	0	0	0	0	0	0	0	0	0	0	0	0
宽城区	570	256	0	0	0	0.37	0.37	0	0.25	0.25	0	0.02	0.02	0	0	0
二道区	270	153	0	0	0	0.15	0.15	0	0.11	0.11	0	0.01	0.01	0	0	0
绿园区	1 124	571	0	0	0	0.33	0.23	0.1	0.33	0.23	0.1	0.33	0.23	0.1	0	0
双阳区	13 352.38	4 472.83	0	0	0	5.941	5.911	0.03	3.988	3.988	0	2.63	2.63	0	0	0
净月开发区	60 917	30 248	230	4 866	6 000	6.25	2.75	3.5	2.06	1.76	0.3	0.05	0.05	0	4 000	3 097.6
榆树市	25 394.65	13 284	0	0	0	14.82	14.59	0.23	10.13	10.06	0.07	4.894	4.894	0	0	0
农安县	28 143.88	8 636.9	0	4 986	6 213	7.91	2.61	5.3	3.03	2.41	0.62	0.99	0.99	0	500	440
德惠市	4 110	1 632.1	0	0	430	8.58	6.16	2.42	3.41	3.02	0.39	3.27	3.27	0	46	46
九台市	139 473.9	42 335	4 450	4 155	38 691	44.59	23.83	20.76	19.18	18.28	0.9	12.17	12.17	0	6 672	1 699

工 业

第一汽车
第一伙伴

工　　业

综　述

2010年，面对国内外经济环境的复杂变化和风险挑战，长春市工业和信息化战线，按照“解放思想、改革创新、转变方式、科学发展”的总体要求，以“调结构、转方式、促发展”为主题，全面实施“投资拉动、项目带动、创新驱动”战略，围绕产业调结构，围绕效益抓产品，围绕生产保要素，围绕企业强服务，全市工业经济保持了持续、快速、稳定发展。

工业生产　2010年，长春市规模以上工业企业完成产值5 750.8亿元，同比增长28.3%。按类型划分：轻工业完成产值920.7亿元，增长24.4%；重工业完成产值4 830.1亿元，同比增长29.1%。按所有制划分：国有工业完成产值1 450.9亿元，同比增长30.0%；集体工业完成产值16.4亿元，同比增长-2.7%；股份合作制企业完成产值2.3亿元，同比增长53.1%；股份制企业完成产值1 555.6亿元，同比增长28.6%；外资企业完成产值2 642.1亿元，同比增长26.7%；其他类型企业完成产值83.7亿元，同比增长60.7%。按隶属关系划分：中央工业完成产值3 349.7亿元，同比增长24.4%；省属工业完成产值5.7亿元，同比增长11.6%；市及市以下工业完成产值2 395.4亿元，同比增长34.3%。在市以下工业中：市直工业完成产值1 504.3亿元，同比增长31.5%；区属工业完成产值309.5亿元，同比增长23.7%；县属工业完成产值581.6亿元，同比增长49.3%。

经济效益　2010年，长春市规模以上工业企业实现销售收入5 494.15亿元，同比增长33.6%；实现税金292.3亿元，同比增长18.09%；实现利润470.1亿元，同比增长69.1%。其中：国有企业实现销售收入1 754.3亿元，同比增长54.6%；实现税金81.4亿元，同比增长26.8%；实现利润66.9亿元，同比增长21.6%。集体企业实现销售收入16.2亿元，同比下降12.3%；实现税金9 784万元，同比增长16.8%；实现利润12 132万元，同比增长78.7%。股份合作企业实现销售收入3.1亿元，同比增长184.0%；实现税金911万元，同比增长55.7%；实现利润-1 119万元，同比下降423.4%。股份制企业实现销售收入1 464.4亿元，同比增长36.6%；实现税金46.6亿元，同比增长16.8%；实现利润73.9亿元，同比增长103.3%。外资企业实现销售收入2 175.8亿元，同比增长18.5%；实现税金160.9亿元，同比增长13.9%；实现利润324.7亿元，同比增长75.9%。国有控股企业实现销售收入3 787.6亿元，同比增长27.2%；实现税金234.1亿元，同比增长10.5%；实现利润338.9亿元，同比增长65.8%。全市规模以上工业企业总计1 540户，其中：盈利企业1 109户；亏损企业239户，比2009年减少24户；亏损额15.9亿元，同比减亏41.9%。2010年，按月报口径计算，长春市规模以上工业企业经济效益综合指数达到337.9%，同比提高46.4个百分点；工业产品产销率达到99.73%，同比增加1.10个百分点；总资产贡献率为17.66%，同比增加2.09个百分点；资本保值增值率为190.01%，同比提高83.06个百分点；成本费用利润率为9.3%，同比增加2.1个百分点；流动资金周转次数达到2.4次，同比减少0.5次；产成品资金占用173.7亿元，同比增加14.4%。

2010年长春市30户盈利大户盈利额统计表

企 业 名 称	实现利润(万元)	同比±%
一汽－大众汽车有限公司	2 306 524	76.9
中国第一汽车集团公司	651 601	14.5
长春大成实业集团有限公司	199 647	17.4
大陆汽车电子(长春)有限公司	119 169	182.3
吉林亚泰(集团)股份有限公司	102 163	-23.7
富奥汽车零部件股份有限公司	87 742	43.8
长春轨道客车股份有限公司	63 769	129.8
一汽丰田(长春)发动机有限公司	58 056	104
长春一汽富维汽车零部件股份有限公司	48 982	61.9
李尔长春汽车内饰件系统有限公司	41 065	226.7
福耀集团长春有限公司	38 489	52.6

续表

企业名称	实现利润(万元)	同比±%
长春丰越公司	35 838	403.2
吉林烟草工业有限责任公司长春卷烟厂	28 914	5.2
长春海拉车灯有限公司	28 133	415.2
天合汽车安全系统(长春)有限公司	25 894	15
吉林东光集团有限公司	25 675	397.8
吉林省长春皓月清真肉食股份有限公司	23 512	86.9
长春住电汽车线束有限公司	22 620	50.6
长春佛吉亚排气系统有限公司	21 418	83.9
吉林省吴太感康药业有限公司	20 938	21.4
长春奥托立夫贸鸿汽车安全系统有限公司	19 287	87.6
长春发电设备有限责任公司	18 012	2 776
采埃孚底盘技术(长春)有限公司	17 989	6 317.8
长春市天然气有限责任公司	17 486	141.1
长春生物制品研究所有限公司	16 000	162.2
长春英利汽车零部件有限公司	15 537	395.6
长春华翔轿车消声器有限责任公司	15 061	260.7
长春梅克朗汽车镜有限公司	14 068	470.8
吉林省龙家堡矿业有限公司	13 860	31.7
佛吉亚(长春)汽车部件系统有限公司	13 449	88.7

2010年长春市30户盈利大户利税额统计表

企业名称	实现利税(万元)	同比±%
一汽－大众汽车有限公司	3 576 998	42.1
中国第一汽车集团公司	1 152 283	25.6
长春丰越公司	223 866	342.9
长春大成实业集团有限公司	199 648	17.4
吉林烟草工业有限责任公司长春卷烟厂	174 606	0.1
吉林亚泰(集团)股份有限公司	156 499	-16.2
大陆汽车电子(长春)有限公司	136 871	132.8
富奥汽车零部件股份有限公司	110 497	16.1
长春轨道客车股份有限公司	64 065	130.1
一汽丰田(长春)发动机有限公司	59 821	62
长春一汽富维汽车零部件股份有限公司	57 007	62.9
福耀集团长春有限公司	45 614	46.1
李尔长春汽车内饰件系统有限公司	41 842	164.7
长春发电设备有限责任公司	38 326	27 792.3
吉林东光集团有限公司	37 680	210.7
天合汽车安全系统(长春)有限公司	36 442	22.6
长春海拉车灯有限公司	33 829	222.6
长春住电汽车线束有限公司	27 311	45.3
吉林省长春皓月清真肉食股份有限公司	25 243	87.2
吉林省吴太感康药业有限公司	23 958	22.7
长春奥托立夫贸鸿汽车安全系统有限公司	23 342	79
长春佛吉亚排气系统有限公司	21 641	70

续表

企　业　名　称	实现利税(万元)	同比±%
长春市天然气有限责任公司	19 444	131.2
吉林省龙家堡矿业有限公司	19 255	48.9
长春生物制品研究所有限公司	18 331	120.3
采埃孚底盘技术(长春)有限公司	18 326	6 438.1
长春英利汽车零部件有限公司	17 560	223.7
长春华翔轿车消声器有限责任公司	15 467	197.2
长春梅克朗汽车镜有限公司	14 786	392.9
佛吉亚(长春)汽车部件系统有限公司	13 546	84.2

重点产业　2010年,长春市积极调整产业结构，提出重点发展汽车及零部件、农产品加工、轨道客车三大传统优势产业,大力培育发展先进装备制造、光电信息、生物医药、新能源、新材料等五大战略性新兴产业。全年,全市8个重点产业完成产值5 552.2亿元，同比增长28.1%，占全市规模以上工业总产值的比重达到96.5%。其中,三大优势产业完成产值4 570.7亿元，同比增长30.9%。五大战略性新兴产业完成产值610亿元,同比增长45%,高于全市工业和三大优势产业的平均增速；净增产值190亿元，对长春市工业增长贡献率达14.7%。同时,全市除一汽集团之外的工业企业完成产值达49.5%。

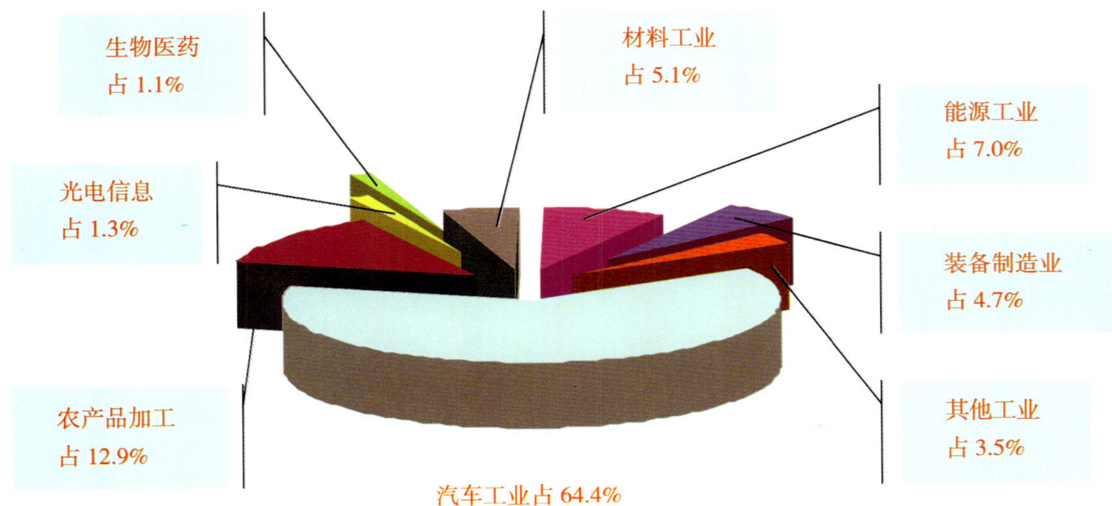

全市重点产业竞相发展,其中,汽车工业完成产值3 704.9亿元，同比增长31.2%,占全市的比重为64.4%;农产品加工业完成产值739.9亿元，同比增长26.2%,占全市的比重为12.9%;生物医药产业完成产值65.1亿元，同比增长6.4%,占全市的比重为1.1%;光电子信息产业完成产值75.3亿元，同比增长32.1%,占全市的比重为1.3%;材料工业完成产值291.5亿元,同比增长30%,占全市的比重为5.1%;能源工业完成产值403.9亿元,同比增长7.2%,占全市的比重为7%;装备制造业完成产值271.5亿元，同比增长33.1%，占全市的比重为4.7%;其他行业完成产值198.6亿元,同比增长33.8%,占全市的比重为3.5%。

重点企业　2010年,长春市规模以上工业企业规模结构不断扩大和改善。产值超亿元的企业户数达323户，同比增加51户,其中:产值超千亿元企业2户，产值100亿元~1 000亿元企业5户,10亿元~100亿元企业32户,1亿元~10亿元企业284户,全市工业企业呈现良性发展态势。其中:30户重点企业完成产值4 273.7亿元，同比增长28.7%，占全市工业总产值的74.3%;净增加产值952.9亿元，占全市净增加产值的75.1%。

2010年长春市30户重点工业企业产值完成情况统计表

企业名称	实现利税(万元)	同比±%
一汽大众公司	16 730 989	26.7
一汽集团公司	12 355 161	31.9
长春大成玉米有限公司	2 950 836	20.5
吉林省电力有限公司	1 900 854	1.0
吉林亚泰(集团)股份有限公司	1 748 718	23.2
长春轨道客车股份有限公司	1 013 886	78.3
长春皓月清真实业有限公司	960 279	50.1
一汽富维汽车零部件股份有限公司	596 626	65.7
一汽天合富奥汽车安全系统长春公司	471 687	56.8
长春丰越公司	441 191	269.1
大陆汽车电子(长春)有限公司	437 197	40.7
吉林东光集团	398 172	45.1
长春富奥江森自控汽车饰件系统公司	367 683	41.9
吉林烟草工业有限责任公司长春卷烟厂	266 093	28.8
大众一汽平台零部件有限公司	215 367	45.2
吉林德大有限公司	208 431	3.7
金锣集团(九台)有限公司	185 899	-8.2
一汽丰田发动机公司	170 025	18.2
李尔长春内饰件系统有限公司	163 108	62.1
采埃孚富奥底盘技术(长春)有限公司	162 020	27.5
吉林森工集团	156 688	39.3
长春大合生物技术开发有限公司	152 424	27.5
新大农安石油化工有限公司	141 356	8.3
佛吉亚(长春)排气系统有限公司	139 944	48
长春旭阳工业(集团)有限公司	124 172	29.9
长春海拉车灯有限公司	123 208	23.0
长春汽车改装车有限公司	55 781	-25.7
吉林省吴太感康制药有限公司	53 668	64.7
长春长客－庞巴迪轨道车辆有限公司	35 332	-77.1
长铃集团	10 194	47.2

重点产品 2010年，长春市28种工业重点产品中，有22种产品产量同比实现增长，特别是重工业中装备制造业产品增势良好，其中，高尔夫轿车、动车组、汽车离合器、数控机床、变压器、重型货车、奔腾轿车等7种产品产量均实现了50%以上的增长，分别达677%、214%、181%、114%、86%、73%、66%和52%；同时农产品加工产品产量也实现了较快增长，其中，畜肉产品增长38%，淀粉糖产量增长30%，蛋白粉产量增长25%。汽车座椅保持2009年产量。有5种产品产量下降，其中，普通铁路客车、百事可乐、二热电公司发电量等3种产品产量下降幅度较大，分别下降91%、31%和23%。

2009年长春市工业30种重点产品产量统计表

序号	产品名称	计量单位	年产量	同比±%
1	中重型货车	辆	275 477	52
	其中:重型货车	辆	236 071	66
	中型货车	辆	39 406	1
2	轿　　车	辆	1 155 436	34
	其中: 奔腾轿车	辆	134 572	52
	捷达轿车	辆	228 005	-1
	奥迪轿车	辆	210 482	48
	睿翼轿车	辆	41 124	
	速腾轿车	辆	112 895	14
	迈腾轿车	辆	79 419	24
	新宝来轿车	辆	174 910	36
	马自达轿车	辆	96 737	-5
	高尔夫轿车	辆	59 138	677
	CC	辆	17 978	
3	大中型客车	辆	4 524	-2
4	轻型货车	辆	86 319	-16
5	改装车	辆	26 887	38
	其中:汽车改装公司	辆	5 108	74
	万荣汽车公司	辆	21 749	35
6	拖拉机	辆	7 113	
7	铁路客车	辆	1 321	-27
	其中:普通铁路客车	辆	78	-91
	动车组	辆	264	214
	城轨客车	辆	979	11
8	锦湖轮胎	万套	404.5	33
9	汽车油箱	只	292 702	6
	其中:考泰斯公司	只	245 067	4
	汽车油箱公司	只	47 635	18
10	汽车离合器	万套	232.6	114
11	汽车安全玻璃	万平方米	592.3	19
	其中:福耀集团	万平方米	555.5	20
	皮尔金顿	万平方米	36.8	3
12	汽车座椅	台份	229 823	0
13	畜肉产品	吨	597 193	38
	其中:九台金锣	吨	160 114	-14
	榆树四海	吨	37 249	21
	农安华正	吨	49 518	-3
14	牛肉(皓月)	吨	125 817	10
15	鸡肉及制品(德大)			
	其中:鸡肉	吨	109 734	-2
	饲料	吨	277 544	-2
16	饮料	吨	278 835	-21
	其中:百事可乐	吨	162 239	-31
	可口可乐	吨	116 596	-2

续表

序号	产品名称	计量单位	年产量	同比±%
17	啤酒	千升	361 446	3
	其中:农安	千升	206 430	5
	双阳	千升	104 407	0
	榆树	千升	31 785	-1
18	彩电	万台	217 012	-3
19	淀粉及制品(大成)			
	其中:玉米淀粉	吨	2 400 000	14
	淀粉糖	吨	2 580 000	30
	变性淀粉	吨	120 000	0
	赖氨酸	吨	708 000	14
	蛋白粉	吨	120 000	25
	玉米油	吨	96 000	5
	饲料	吨	384 000	7
20	煤炭	吨	6 003 741	14
	其中:羊草集团	吨	1 128 000	10
	双顶山	吨	441 032	
	营城矿业	吨	760 657	
21	数控机床	台	52	86
22	变压器	台	381	73
23	油漆	吨	8 980	12
24	卷烟	万箱	32.0	11
25	棉纱	吨	5 110	2
26	亚泰水泥	万吨	2 181.9	16
27	汽柴油	吨	314 192	7
	其中:汽油	吨	156 253	8
	柴油	吨	157 939	13
28	发电量	万千瓦时	1 764 696	13
	二热电公司	万千瓦时	167 130	-23
	热电发展公司	万千瓦时	268 219	-18
	龙华热电公司	万千瓦时	515 630	-16

特色产业园区 2010年,全市共规划和建成特色产业园区47个,其中,纳入全省规划管理的11个,分别为长春汽车产业园区、长春生物产业园区、长春专用车产业园区、中科院长春光电子产业园区、温馨鸟服装工业园区、长春旭阳汽车内饰件工业园区、启明软件园区、长春文化印刷产业园区、吉林省梅花鹿产业园区、皓月国际皮革工业园区和德惠玉米工业园区。长春市授牌的7个,分别为长春市新能源产业园区、长春生物产业园区、长春专用车产业园区、吉林省光电信息产业园区、长春汽车产业园区、长春轨道交通装备制造产业园区、长春农业机械装备制造产业园区。2010年,全市各类产业园区完成工业产值2 200亿元,占全市各类开发区工业总产值的78%;实现工业增加值560亿元,占全市各类开发区工业增加值的80%;利润总额完成210亿元,占全市开发区工业企业利润的81%;上缴税金完成140亿元,占全市各类开发区工业企业上缴税金的84%。全市特色产业园区中的规模以上工业企业户数达1 130户,占全市各类开发区工业企业户数的74%。全市特色产业园区共拥有市级以上企业技术中心105个,承担国家各类科技计划项目数占全省的30%,占全市的50%。累计申请专利1 726项,其中,发明专利832项,授权专利906项;经认定的高新技术企业60户,占全省的35%,占全市的88.2%;实现高新技术产业产值950亿元,同比增长22%,占全省的50%,全市的65%。

中小企业 2010年,全市制定下发了《全市中小企业100强企业、100户成长型企业申报认定实施方案》,《长春市中小企业统计体系建设方案》,组织编制并发布实施了《长春市中小企业成长推进规纲要(2010~2012)年》和《长春市中小企业"十二五"成长研究报告》。积极推动全市中小企业发展。2010年,全市中小企业完成主营业务收入 5 974.1 亿元，增长 35.6%；中小企业户数达到 60 800 户，同比增加 10 260 户；上缴税金 172 亿元，同比增长 42%；从业人员达到 160.1.4 万人，同比增加 21.3 万人，全面完成了省政府下达的指标任务。

工业投资 2010 年，全市坚持以三大优势产业和五大战略性新兴产业为重点，聚焦推出 100 项重点工业项目。全年，全市完成工业投资 1 400.3 亿元，同比增长 28.5%，占全市全社会固定资产投资的比重达到 46.7%。全市一批工业项目相继建成或部分建成投产，成为新的经济增长点。全市 100 个重大工业项目中，已有一汽轿股二期、一汽大众二厂换型改造、轨道客车股份公司高速动车组制造平台项目、长春卷烟厂易地搬迁改造、大成百万吨化工醇一期 60 万吨淀粉糖项目、中冶机械装备制造产业园项目一期、吉林亚泰五、六线等 59 个项目建成或部分建成投产，全年 1 000 万元以上建成和部分建成工业项目达到 1 348 项，可新增产值 700 亿元，对工业经济增长贡献率达 60%。

技术创新 2010 年，以技术中心建设和产学研合作为主线，以“五个一批”技术创新工程项目为依托，积极引导推动企业自主创新能力提升。1、新产品。2010 年，全市规模以上工业企业开发的重点新产品 517 种，新产品完成产值 2 367 亿元，同比增长 28.2%，占全省的 81.7%。全市工业新产品产值率达到 44.8%。2、企业自主创新。2010 年，组织实施了 110 项“五个一批”技术创新工程项目，共投入技术开发资金 18.9 亿元，企业自主创新能力得到明显提高。其中：中国第一汽车集团在节能环保技术、汽车电子智能技术、材料 / 工艺技术、可靠耐久技术、安全舒适技术五大技术领域，打造了自主创新技术平台。长客股份公司在动车组产品技术、动车组制造技术、企业综合管理、配套产品技术实现了四个自主创新技术平台。新一代 380BL、380C 高速动车组系列产品设计基本完成，已进入试制及量产阶段，在转向架技术、网络控制系统、运营速度、大功率牵引等方面均达到世界先进水平。3、创新平台建设。搭建了吉大生物医药产业化促进平台、中科院长春分院新兴产业科技成果产业化服务平台、光机所光电信息产业服务平台、长春理工机电光电信息产品检测公共平台等 9 个公共技术服务平台。同时，积极探索建立产学研合作新机制，组织实施了中软吉大、奥来德、吉大博硕、孔辉汽车等重大科技成果转化项目，开展了数控机床、大政药业、禹衡时代等省校合作院校科技成果转化对接活动，参加第六届中国·湖北产学研合作洽谈会活动，启明公司与清华大学签属车载电子电器平台联合研发中心。4、企业技术进步。2010 年，全市新认定省级企业技术中心 6 户，使全市省级以上企业技术中心总数达到 59 户，其中，国家级 3 户，省级 56 户，位居全省第 1 位，在全国 15 个副省级城市中排名第 13 位。全年，企业科技活动经费支出额达到 78.6 亿元，专利申请 515 项，拥有发明专利 288 项，国际发明专利 19 项。5、驰名和著名商标。2010 年，全市又有榆树钱、天景、希爱、阿满、长铃、吴太 6 件商标，获得中国驰名商标称号，使全市工业领域中国驰名商标达 17 件，吉林省著名商标达 116 件。

节能与减排 2010 年，制定了《2010 年工业节能监察工作方案》，重点对用能 3 000 吨以上企业进行节能监察。并下发《关于在重点用能企业开展能源审计的通知》，对 20 户年用能 5 000 吨标准煤以上的企业进行能源审计。同时，积极开展节能、资源综合利用项目申报及资源综合利用产品认定工作。组织福耀玻璃有限公司和经开热力公司两户申报了电力需求侧项目，并上报了 7 个节能及综合利用项目。另外，组织专家对 38 户初审符合资源综合利用条件并提出认证申请的企业进行初审后并顺利通过省工信厅专家评审，使企业获得认定证书。同时，举办了“长春市 2010 年工业节能信息化培训班”，对各县（市）、区、开发区工业节能主管部门、各重点用能企业的 150 余人进行了专题培训。2010 年，全市万元工业增加值能耗同比下降 8.15%，超额完成了省政府下达的 7.24% 的指标任务。

淘汰落后产能 2010 年，积极推动全市淘汰落后产能工作，建立了包括工商、环保等相关部门在内的全市淘汰落后产能工作协调机制，形成工作合力，确保淘汰落后产能工作的落实。2010 年，全市淘汰小火电机组 4 套，淘汰落后产能 4 万千瓦时，淘汰水泥熟料回转窑 3 套，淘汰落后产能 45 万吨；向国家申报项目 2 个，获资金支持 1 625 万元。

（郭建华）

交通设备制造业

【中国第一汽车集团公司】 截至 2010 年，一汽拥有职能部门 18 个，分公司 6 个，全资子公司 16 个、控股子公司 6 个。其中上市公司 4 个，分别是一汽轿车股份有限公司、长春一汽富维汽车股份有限公司、天津一汽夏利汽车股份有限公司、启明信息技术股份有限公司。一汽在册员工总数 120 291 人。其中，工程技术人员 14 858 人，专业管理人员 12 628 人，服务管理人员 1 601 人，见习期大学生 1 280 人，生产操作人员 73 934 人，未上岗职工 15 990 人。有博士以上 166 人，硕士 3 720 人，大学本科 23 198 人，大学专科 23 791 人，中专及以下 69 416 人。“中国一汽”品牌价值 653.32 亿元，列“世界 500 强”258 位。

主要指标 2010 年，一汽全年实现整车销售 2 558 166 辆；销售收入 2 740 亿元，实现利润 309 亿元；实现利税 566 亿元。进出口贸易实现销售收入 376.72 亿元，同比增长 59.18%；出口 3.2 亿美元，同比增长 42.8%。其中，整车出口 1.44 亿美元，同比增长 18.43%；零部件出口 1.76 亿美元，同比增长 71.87%；进口 38.7 亿美元，同比增长 58.07%。一汽资产总额为 1 726 亿元；所有者权益总额为 697 亿元。

自主工作 自主品牌销量达 103.8 万辆，同比增长 37.7%。解放公司实现销售 25.9 万辆，市场份额上升 1.4 个百分点，其主要产品 J6 月销量跃上 6 000 辆台阶。轿车公司坚持“增长、改变、蓄势”工作主线，奔腾系列销售 13.2 万辆，

一汽职工“爱国歌曲大家唱”文艺演出

同比增长49.6%，超过了细分市场增速22.6个百分点。吉林汽车销售突破15万辆，森雅销售4.8万辆，同比增长447%。天津一汽夏利外抢市场，战略转型攻坚战取得成效。客车公司城市主战消防车市场反响良好。一汽通用整合资源，拓展产品，发展后劲十足。

企业管理 1、体系建设得到强化，工作效率明显提高。组织各子公司和职能部门编写和修订相关规章制度809个，其中，集团公司文件42个，管理效率得到进一步提升。2、体系管理进一步完善，工作方法更加科学。8个委员会的功能作用有效发挥，职能部之间、职能部门与子公司之间的协作与交流更加密切。组建成立了发展部，强化了项目管理。完善服务贸易公司，将整车物流、二手车业务纳入服务公司统一管理。成立新能源车分公司。3、员工素质提升工程全面展开。开展了1 600人次的高级经理轮训及新聘经理、项目经理、技术人员培训。完成39期1 680人次的车间主任、职能部二级经理及员工、委派经理人员培训。开展高级经理任前导入培训，举办管控研修培训。开设33个工种级别培训班，4 863人参加了职业技能鉴定。4、经营控制得到强化，运行质量明显改善。针对业务流程中的11 109个风险点，从管理分工入手。将职能部门风险防范措施纳入职能计划管理系统。发布了产品生命周期管理、品牌管理、战略管理3个核心流程文件，编制了《风险管理程序》。5、绩效管理有效展开。完成了关键绩效指标体系设计，建立绩效管理制度、流程，制定关键指标评分细则。6、财务控制成果明显。扩大了销售信贷规模。完成了成本管理整体规划设计，初步形成了一汽成本分析模式。实施了成本预警机制。7、全过程质量控制取得成效。构建了“中国一汽”品牌质量管理体系框架，建立了新产品质量策划流程。编制修订了质量信息管理文件及重大质量事故报告制度。集团公司对21种车型系列产品的质量目标实施监控，乘用车与商用车主要车型千辆索赔频次分别下降50.4%和14.2%。在J.D. Power发布的2010年中国新车质量研究报告中，奔腾B70在入门高档中型车细分市场排名第一，夏利在紧凑型车细分市场排名第三。8、建立专家人才管理长效机制，实施专家人才评聘。组织实施了新一轮专家人才评聘，共评聘高级专家300人，专家611人。组织优秀专家人才参加国家、省、市、行业等各类评选。1人当选全国技术能手，8人申报国务院特殊津贴，2人获吉林技能大奖，14人获吉林省技术能手荣誉称号，6人当选吉林省有突出贡献的中青年专业技术人才，4人享受长春市政府特殊津贴。2010年，一汽有王洪军、李凯军、杨桂江、罗笔辉等被国务院授予了全国劳动模范称的称号。9、实施了企业年金计划。成立一汽企业年金理事会，制定年金基金投资政策，选择了稳健型资产配置方案，一汽在长单位76 313人申请加入企业年金计划。10、主业重组改制、主辅分离、厂办大集体改革工作。组织进行全民所制企业公司化改建工作，包括组织推进“上海太湖销售中心”等5家企业的注销工作；配合完成改制企业主业重组改制工作会议及向国资委汇报相关材料的准备工作。完成了富奥公司辅业改制国有权益的核减工作；组织报送了一汽第四批辅业改制的国有权益核减材料，并迎接国资委产权局的现场审核并通过国资委产权局审核。

走向海外 1、加大基地建设力度，在俄罗斯、南非、巴基斯坦、哈萨克斯坦，缅甸和埃塞俄比亚等国家基地建设逐步展开，在东盟、安哥拉市场上实现出口规模的扩大和品牌的提升，同时，进一步加强了与SHELL、中石油等中外大型企业的合作。与俄罗斯最大的商用车集团GAZ集团合作，将在俄罗斯建立合资生产基地，在俄罗斯境内生产销售FAW品牌中重型卡车，初步纲领5 000辆～10 000辆。与中非发展基金共同投资，成立一汽非洲投资有限公司，在巴基斯坦，轻型车组装基地已建成，重卡基地开工建设；在巴西，市场研究、产品准备有序进行；在墨西哥，轻型车产品已投入试验；在越南，积极筹备重卡、轻型车、乘用车KD生产；在伊朗，正多方促进重卡、乘用车合作；在委内瑞拉，与中石油联手的中重卡KD项目也顺利推进。另外，在哈萨克斯坦、埃塞俄比亚、缅甸等国家，中重卡、乘用车、轻型车组装项目也已经顺利展开。2、大项目合作不断深化和拓展。一汽成功与国际大公司“壳牌”合作，成为其全球四大供应商之一，在巴基斯坦，一汽重卡已经跃升当地第一品牌；在马来西亚，样车准备顺利进行，并带动重卡出口订单；在国内，SHELL也开始与一汽集团进行中国境内采购项目。在安哥拉交通部卡车采购项目中，与CMEC紧密协作，并在安哥拉主要城市，建立服务维修站，提供设备工具，培训当地员工，实现一汽重卡出口累计6 000多辆。3、推进组装，重整网络，支持出口规模不断扩大。在越南，与长久物流合作，推进终端销售；在安哥拉，委托当地企业承包服务、同时委托国民营圣达服务站派出支持人员，解决售后服务问题。在叙利亚、阿尔及利亚、埃及和秘鲁、乌拉圭、智利等国家恢复销售扩大出口；在墨西哥，与FGL共谋出口，准备重启L501组装；在伊朗，推进中重卡、乘用车战略合作；在哈萨克斯坦、埃塞俄比亚、缅甸，推进乘用车、卡车KD组装。4、零部件出口规模保持持续增长，全年金额1.72亿美元。发动机、驾驶室、变速箱等自主大总成产品成功代替简单零部件成为零部件出口支柱产品。在中东，积极参与当地企业的新车型设计和发动机匹配；在印度市场，做好FM驾驶室的技术和模具转让工作，并以整车特征供货为目标，供货范围由驾驶室和前桥逐步向变速箱和后桥延伸。

社会责任 在人民大会堂发布了一汽第一份企业社会责任报告。坚持发挥央企“顶梁柱”作用，与灾区人民心手相连、守望相助，积极支援西南大旱、玉树地震、吉林和延边洪灾等重大自然灾害的抗震救灾工作，派出民兵分队直接奔赴灾区救援；企业及员工捐款捐物，累计金额达2 100万元。由集团公司及基层单位援建的都江堰解放博爱中学、红旗博爱小学、天津一汽丰田博爱小学、启明信息抗洪勇士希望小学等竣工挂牌；启动了博爱助学基金，帮助灾区学生树立战胜困难的勇气和信心。树立“中国一汽”良好的企业形象。

节能减排 节能减排工作继续强化重点项目和环境保护设施运行监督管理，建立并完善主要污染源在线自动监测系统，全面完成了国资委下达的“十一五”主要污染物减排任务。万元增加值综合能耗(可比价)为0.1675吨标准煤，比2009年下降1.53%，比2005年下降49.01%，超额完成“十一五”节能目标。化学需氧量和二氧化硫排放量分别比2009年下降2.2%和1.3%，污染事件发生率为零。安全事故频率同比有所降低。2010年处理废水770万吨，削减化学需氧量5 026吨；处理烟气99.5亿立方米，削减二氧化硫2 890吨，削减烟尘20万吨；处置危险废物23 600吨。生产并利用再生水117万吨。污染源在线自动监控信息系统投入运行。《一汽客车有限公司长春基地建设项目》等18个新、改、扩建项目环境影响评价文件顺利地通过了各级政府环境保护行政主管部门审批。申请到长春市环境保护专项资金拨款450万元。完善工厂区绿化养护考核办法，通过经济处罚和市场份额处罚方式，一方面调动各单位工作的积极性，另一方面保障了集团公司的利益。制定日常检查标准(7大类，47小项)，加强管理标准化、规范化。

关爱员工 全员平均收入同比增长30.5%。企业年金制度已经建立，扩大了员工体检覆盖度，体检项目更加科学合理。借助西新开发区支持，实施了街路维修，进行了街区改造，扩大了绿化面积，启动了暖房子工程。加大了困难员工帮扶力度，组织高级经理与186名困难员工结对帮扶，积极开展助学、助病、助残工作，两级工会走访慰问劳动模范、困难员工4 116人次，送去慰问金(物)折合人民币445.87万元。重视员工诉求，集团公司领导和相关职能部长，先后与客车公司、一汽天津事业体、吉林汽车、集团公司质保体系等职工代表进行座谈，听取发展建议和意见，员工的主人翁意识得到增强。扶持改制企业责任落实到位，有效解决了改制企业在土地、资源、财务结算等方面的问题。帮助改制企业积极开发市场，改制企业经营发生了巨大变化。2010年，绝大多数改制企业实现了盈利，改制企业营业收入同比增长57%。

(王 亦)

【长春轨道客车股份有限公司】 2010年末，公司职工总数13 253人。其中，具有高级专业技术职称488人、中级专业技术职称869人；高级工人技师76人、中级技师298人。公司设立直属机构26个(其中职能部室13个)，二级机构122个。公司固定资产原值40.78亿元、净值28.50亿元；设备总数为5 276台(套)。生产用地102.25万平方米。全年营业收入107.68亿元、净利润5.03亿元。2010年，公司的生产经营工作取得了重大突破，全面完成了各项指标，经营业绩实现了百亿元跨越，公司发展进入了一个新的历史阶段。

改革改制 1、中国北车重组长客股份和长客集团。按照《公司法》、《企业国有资产法》等有关条款，由长客股份与长客集团签署吸收合并协议并履行相关程序，由长客股份吸收合并长客集团，吸收合并完成后长客集团注销，长客集团的所有业务、资产均注入长客股份，并更名由长客股份持有；长客集团的债权、债务及其他权利、义务均由长客股份承继。2、公司加快推进战略实现和组织转型进程，组织整理发布了最新版本的《公司部门职责说明书1.0版》，使部门分工更加明确。调整了公司工装、工具管理职责，加强了对工装和工具的总体费用控制与专业化管理，确保工装和工具主体责任清晰。调整了质量保证部二级机构设置，强化了质量体系建设和管理、质量检查技术、质量检查职能。围绕动车组检修业务管理机构和生产单位设置组织了调研，提出检修业务管控建议方案，成立了公司直属的动车组检修业务部和动车组检修中心。调整了公司铁运管理业务，撤销原有的客车制造中心铁运车间，设立了生产物控部铁运管理处。组织开展了驻外机构设立、动力厂气体供应站更名等相关工作。

企业管理 1、在精益管理方面，公司以新一代高速动车组生产为主线，积极推进精益改善项目，初步打通了CRH380动车组产品线在公司内部制造系统的各个环节，初步实现了CRH380动车组整体按节拍均衡生产。2、在流程制度建设方面，持续推动流程配套建设和优化升级工作，累计发布流程、规范、办法共772项，为企业管理提供了有力支持。3、在信息化建设方面，通过对SAP系统的不断优化，使新一代高速动车组等上线项目的管控水平明显提升。通过销售和售后服务两个新模块的实施，实现了SAP系统对公司核心业务管理的全覆盖。完成了高速车制造基地信息化网络和通讯、安防、广播、多媒体会议等系统的建设，实现了预期建设目标。公司的信息化建设还被全国计算机用户协会授予“两化融合50佳企业”荣誉称号。4、在财务管理方面，持续完善了全面预算管理体系，通过充分利用信贷优惠政策、采取合理支付手段等多种办法节约利息支出。公司积极开展“四清两降”工作，进一步提高了资金使用效率。5、在对外投资管理方面，公司以资本、技术为纽带，以母子公司管控为方向，启动了对重庆长客公司股权增资工作，完成了中国北车同上海政府合作开发轨道交通装备产业的谈判工作，重新修订发布了对外投资管理办法。6、在审计监察方面，完成了433个效能监察项目，审减金额1 104万元；对5个重点项目进行联合审价，降低了采购成本。大力推进招标采购工作，节约采购资金。为进一步推进各项工作的落实，公司成立了质量与保证体系、现场及5S管理、员工行为和劳动纪律、领导干部考核4个检查组，有效促进了管理工作的落实。公司还不断开展管理创新并取得一系列成果，其中，《动车组核心部件“质量门”管理体系的构建与实施》、《轨道客车制造业基于平衡矩阵的多项目资源配置管理》等项目分别获得第十六、十七届国家级企业管理现代化创新成果二等奖。

生产发展情况 公司面对管理平台提升、产品技术升级、动车组及城铁车提质提能等诸多前所未有的压力和挑战，通过科学组织，建立精益管控体系和“五级”管控模式，强化计划考核的严肃性，创新管理，超前谋划，全面完成了各项任务。公司全年完成铁路客车356辆，城铁客车1 161辆。

自主开发 开发研制了350公里/时以上速度级的CRH380BL动车组、CRH380CL动车组、CRH380B动车组和智能化高速动车组等系列产品，以及250公里/时速度级的改进型CRH5动车组产品。完成了城际列车技术方案设计。同时完成了重庆单轨、西安地铁、广佛地铁、高速磁浮等多个国内城铁项目的产品研制工作。自主开发的100%低地板轻轨车试制成功，完成国产化直线电机车辆项目的产品设计和试制。出口产品方面，完成了巴西、澳大利亚、伊朗、巴基斯坦等国外动车组及客车产品设计开发工作，完成了沙特麦加地铁、泰国BTS地铁、伊朗马沙德轻轨等项目的城铁车设计和试制工作，产品已全部投入量产。组织开展技术开发项目70余项，完成专利申报150项，其中发明专利50项，250公里/时高速综合检测车外观设计获“中国外观设计优秀奖”，并获中国专利金奖提名。高速列车系统集成国家工程实验室项目取得突破。同时公司积极利用各类优惠政策，“高速动车组及城市轨道交通车辆综合试验能力建设”、“中国－沙特铁路项目车辆装备研制”等项目分别获得了国家科技部、铁道部、财政部、吉林省及中国北车的立项及资金支持。此外，完成了列车网络技术平台、RAMS工程设计平台、CAE仿真分析平台、型式试验等平台类建设工作。其中，列车网络技术平台建设通过了专家评审，并成功应用于北京、重庆、长春等多个项目。RAMS工程技术平台成功投入运行。虚拟现实中心的建成及投入使用，为产品创新、虚拟装配等提供了可视化平台。

技术引进消化吸收 公司在消化吸收巩固技术引进成果的基础上开展创新，搭建了以CRH3动车组为基础的300公里～350公里/时速度级动车组技术平台和以CRH5动车组为基础的200公里～250公里/时速度级动车组技术平台。与清华大学、同济大学、北京交通大学、西南交通大学、中科院力学所、解放军总装备部二十九基铁道科学研究院、四方车辆研究所等单位合作，开展车辆动力学研究与转向架参数优化、列车流线型车头空气动力学性能优化与风洞试验、流线型车头强度与模态分析、铝合金车体优化与试验、CRH3型高速列车车下设备舱支架疲劳强度仿真分析与试验、列车网络技术研究与开发、智能化高速列车开发与设计、CRH380BL动车组系统集成与内装效果设计，并与唐山轨道客车有限责任公司联合设计制造了CRH380BL模型车。全面掌握CRH380系列高速动车组的系统集成、铝合金车体、转向架、牵引技术和网络系统等关键技术。开发研制了350公里/时以上速度级的CRH380BL动车组、CRH380CL动车组、CRH380B动车组和智能化高速动车组等系列产品，以及250公里/时速度级的改进型CRH5动车组产品。通过深入开展消化吸收再创新的基础研究，全面推动了250公里/时速度级、350公里/时以上速度级动车组产品的技术升级，支撑了高速动车组技术与产品的持续发展。为350公里/时以上速度级动车组的自主创新与国产化夯实了基础。

市场营销 在国内铁路客车市场上，完成了CRH5型车第三单签约、第四单报批和三级修定价及签约工作，签约额34.35亿元。在国内城铁车市场上，取得了长春地铁1、2号线、重庆轻轨3号

CRH3高速动车组

线、深圳地铁3号线等8个项目896辆车订单，签约额62.39亿元。在国际市场上，取得了巴基斯坦宽轨客车、巴西里约1A线地铁和EMU等3个项目436辆车订单，签约额4.65亿美元。2010年，公司三大市场共取得1 572辆车订单，签约总金额127.56亿元。

售后服务　强化高速动车组售后服务管理。年内共有90组CRH5动车组上线运营，有68组CRH3动车组转向架装车运行。公司适时调整了售后服务机构，先后在哈尔滨、长春、沈阳、北京东、北京西、北京南、石家庄、太原、郑州、青岛、济南等地设立了11个CRH5型车服务站点。在北京南、唐山、武汉、长沙、广州、上海设立了6个CRH3型车服务站点。组织235名维修人员投入动车组的入库检修整备和保障运营工作。组织9个技术攻关小组，彻底根治了CRH5型车惯性问题。在武广、沪宁设4个转向架售后服务站，专门负责新一代高速动车组提供转向架售后服务。城铁售后服务共执行北京地铁2号线、上海地铁6号和8号线等25个项目，共处理现场技术改造784项。围绕上海世博会，制定了上海地铁6号和8号线保障计划，确保在世博会期间运营稳定安全。广州亚运会期间，组成保障团队，确保亚运会期间无故障发生。编制了《城铁客车售后服务用户投诉处理流程》、《城铁客车售后服务部内部配件返修流程》、《售后服务现场工作手册》，做到了事事"有法可依"、业务处理"无盲点"。依托现有网络平台及SAP的成功经验，搭建了《城铁车辆问题档案管理平台》。开发RAMS程序，开展了RAMS管理的培训。在上海地铁6、8号线项目上运用了"FRACAS"报表进行故障信息反馈。

基本建设技术改造　全力加快新厂区建设。5月27日，一期工程实现竣工，完成了6个单体厂房、1个锅炉房、11个辅助站房的建设。其中有3个项目被评为东北地区及省市优质工程称号，新厂区锅炉房被授予"国家百强全国安全与管理标杆锅炉房"称号。从4月起，公司全面实施了新厂区二期工程及国家工程试验室建设，完成了10个单体厂房的建设工作。完成了新厂区试验线、小环线、城轨双线等试验线建设。在确保高速车基地竣工投产的同时，针对城铁市场需求增长和转向架制造能力不足等问题，本着"投资少、水平高、见效快"的原则，着手对老厂区进行提能改造，完成转向架设备搬迁增购和冲压主厂房设备基础等相关工作80多项。完成内饰件、动力回水池、高新开发区空压站及转向架厂房改造等改扩建设计方案20多项。

优化人才结构　通过引进、调整、培训、开发多措并举，为高速车、城铁车提能攻坚和公司发展战略目标的实现提供了坚实的人力资源保障。1、开展人才聚集工程。2010年公司招收187名大学本科及以上高校毕业生，充实到技术和管理队伍当中；招收了1 600多名全日制大专生，充实到CRH380动车组关键生产岗位。进一步提高了队伍素质，确保了动车组生产提能需要。2、深入推进人才培养工程。公司党政工团联合开展了加速人才成长系列活动，共选拔出岗位状元70名、新秀80名、青年操作能手377名、好师徒200多对。1人获得中华技能大奖、4人获得北车金蓝领、221人获得公司操作师、26人获得高级技师、106人获得技师称号。3、积极做好相关培训。针对CRH380动车组、城铁车及CRH5型车等新产品的特点，共开办各类培训班600多个，培训2万余人次，颁发动车组关键工序上岗证8 400多个，发放国际焊接证书5 000多个。针对SAP模块、项目管理P3E、5S管理和精益管理等新手段，组织了中层干部及一般职员的业务培训。为确保用户正确使用和维护公司产品，开办了52个用户培训班，共培训1 371人。4、围绕多个项目同步生产，制定了生产攻坚立功竞赛奖励等政策，有效地提高了激励的及时性，调动了职工生产积极性。

高速车制造基地一期工程竣工暨首辆新一代高速列车"和谐号"380下线　5月27日，公司举行了高速车制造基地一期工程竣工暨首辆新一代高速列车"和谐号"380下线仪式。一期工程主要包括动车组车体厂房、表面处理厂房、组装调试联合厂房、调试整备厂房、仓储库房、涂装厂房、动车组试验线、高速列车系统集成国家工程实验室及厂区配套工程。新增主要工艺装备626台套，总建筑面积28万平方米。一期工程竣工，达到了年产576辆（月产3列、年产36列16辆编组）高速动车组的能力，产值达100亿元以上。新一代高速列车"和谐号"380首辆车由公司自主研发，最高运营时速为380公里，是目前世界上运营速度最快、科技含量最高、服务功能最全的高速动车组。整车设计体现十大技术创新亮点：低阻力流线头型，优良的车体振动模态，高气密强度和气密性车体，大承载高安全性转向架，先进的隔声减震技术，强动力绿色牵引系统，主动控制低气流扰动双弓受流技术，高安全低磨耗复合制动，个性化服务设施，控制诊断监视智能化。时任铁道部的主要领导、中共吉林省委、长春市委、市政府以及中国北车集团公司总经理、北车股份公司董事长等领导出席仪式。与会领导为公司高速车制造基地一期工程竣工揭牌，为新一代高速列车"和谐号"380首辆车下线揭幕。

年产第1 000辆城铁车暨港铁项目首列车下线　12月6日，公司举行年产第1 000辆城铁车暨港铁项目首列车下线仪式。公司生产的1 000辆城铁车中，共有国内外22个城铁车项目。其中的北京15号线地铁车辆，是国内首次采用国产化网络控制系统的城铁车辆，公司因此也成为中国首个实现列车网络控制系统自主化的轨道交通车辆制造企业。港铁西港岛线项目是国内第一个为香港特别行政区研制的地铁项目，是国内轨道车辆制造企业首次成功打入高端城市轨道车辆市场。该车为拥有自主知识产权的A型车创新产品，采用不锈钢轻量化不涂装车体，最高运营时速80公里/时，具有先进性、成熟性、经济性、适用性和可靠性五大特点，填补了国内A型高档不锈钢地铁车的空白。中国交通运输协会城市轨道交通专业委员会高级顾问周翊民、香港铁路有限公司工程总监周大沧、北京市轨道交通建设管理有限公司副董事长张宇、伊朗马沙德地铁公司总裁内贾德、中国北车党委副书记林万里等领导，以及总经理卢西伟等公司领导和部分员工出席下线仪式。

（姜　辉）

农产品加工业

【概况】 2010年，全市农产品加工业以推进重点项目建设为载体，以强化经济运行监控和调度为手段，加大服务力度，密切关注重点项目建设进程和重点企业经济运行走势，切实帮助重点项目建设单位和重点企业解决实际困难。在农产品加工业受到原材料价格和产品价格震幅加剧等诸多因素影响下，保持了平稳较快的良好发展态势。全市农产品加工业实现产值820亿元，同比增长25.1%，占全市工业经济比重达14.3%；实现产品销售率99.82%，同比增加0.8个百分点；实现利润33.9亿元，同比增长29.8%。

【规模企业】 2010年，全市农产品加工业规模以上企业年末户数达到276户，比2009年增加46户，新增产值39.8亿元，占全市农产品加工业新增产值24.1%；在规模企业中，超亿元企业达到65户，比2009年增加10户。其中，大成集团实现产值340亿元，同比增长25.9%；皓月集团实现产值105亿元，同比增长64.3%；中粮生化（榆树）公司实现产值16.1亿元，同比增长23.5%；达利食品公司实现产值7.7亿元，同比增长26.8%；吉星实业公司实现产值5.2亿元，同比增长29.3%；鸿大牧业公司实现产值4.7亿元，同比增长94.8%。大成、皓月、中粮等一大批企业已经成为拉动长春市农产品加工业实现又好又快发展的龙头企业。

【重点项目建设】 2010年，全市农产品加工业重点项目建设克服了金融危机影响，实现了项目建设开工数量多、规模大、质量好的预期目标，重点建设项目实际开工数量、完成投资额均创历史最高水平。全年始终把重点项目建设做为实现产业可持续发展的重中之重，始终坚持请进来、走出去，广泛宣传和推介长春市农产品加工业发展情况，并充分利用市委、市政府主要领导带团赴浙江、广东、香港、北京等地招商契机和东北亚博览会、农博会等载体，大力推介长春市农产品加工业重点项目、特色项目，实现了重点项目建设开工数量、完成投资额以20%以上的速度增长。2010年实际开工建设重点项目101个，同比增加11个，增长12.2%，实际完成投资205亿元，同比增长20.5%；其中超亿元开工项目42个，占全部开工项目41.5%。

【实施名牌战略】 坚持全球市场理念，加大对品牌建设的扶持力度，引导和支持企业创名牌，推动企业实施名牌发展战略，增强长春市产品的市场占有率和竞争力。2010年，全市农产品加工业获得国家工商总局新认定“中国驰名商标”3个，占全市新认定总量的50%。长春市农产品加工业共拥有“中国驰名商标”7个，占全市总量的41.2%。

【制定农产品加工业“十二五”发展规划】 1、发展思路。坚持以科学发展观为指导，统筹城乡发展，实施投资拉动、项目带动战略，全力推进十大加工体系建设；以结构调整为主线，坚持扶优扶强，重点打造产业“航母”，培植壮大龙头企业群体；以科技创新为手段，搞好深度开发，延伸产业链条，提高产品附加值，把规模做大、产品做精、品牌做响，努力把长春打造成“世界级农产品加工基地”。2、发展目标。到2015年，全市农产品加工业规模以上企业产值力争实现2 000亿元，年均递增20%左右，在2011年的基础上翻一番。主要任务是全力推进重点项目建设。围绕十大加工体系，全力推进玉米加工、玉米秸秆、肉牛、生猪、禽类、稻米、蔬菜及食用菌等重点项目建设；培育壮大龙头企业群体。力争培育3个产值超百亿元的企业，20个产值超10亿元的企业，100个产值超亿元的企业，形成龙头企业群体；全面提高农业产业化经营水平。全市参与农业产业化经营农户达75万户以上，覆盖面达到85%以上，转移农村劳动力50万人以上，增加农民收入50亿元以上。

（于长志）

大成化工醇分离塔

君子兰产业

【概况】 2010年，长春市君子兰产业在基地建设、市场开拓、举办展会等方面均取得了新的进展。截至2010年底，全市君子兰占地面积达105公顷，日光温室近千栋，面积近30公顷，养兰1.5亿株左右，从事君子兰生产的专业人员达5万人，规模以上养兰户达到2 500多户。君子兰年产值达35亿元。形成了一汽五十一街区、雁鸣湖、新月、宏大兰地、盛发等几个大规模园区；长春君子兰交易中心已经落成，即将启用；成功举办了首届君子兰迎春花展、第六届中国长春君子兰节、农博会君子兰精品专业展三大君子兰展会。

【产业基地建设】 2010年，长春市君子兰产业园区建设呈现出良好的发展态势。宏大兰地有限公司投资3 000万元，在农安县合隆经济开发区新建了100栋君子兰日光温室，至2010年末，完成了温室主体工程；红丹绮有限责任公司一期君子兰生态产业园，占地30公顷，计划建设温室112栋。2010年末完成了土地征用、招商。长春君子兰花卉交易中心，计划投资1 000万元，在君子兰交易中心旁新建君子兰温室7排14栋，年末完成了各项设计工作和各项审批。这批新建成的君子兰基地，不仅缓解了由于城市改造，原有君子兰花卉基地拆迁，温室面积不足的现状，更进一步实现了长春君子兰由资源优势向产业优势和经济优势的转变。

【市场开发】 在市政府的大力扶持下，二道区英俊企业集团在二道区长新东路3999号新建了长春市君子兰交易中心。工程总投资1.7亿元，占地面积12万平方米，建筑面积3.57万平方米，分A,B两个交易大厅，全部采用地热供暖，消防智能化，24小时监控，场馆内扶梯、客梯、货梯等硬件设施一应俱全，停车场1.5万平方米。这个交易中心，承担了第六届中国长春君子兰节的办展任务。经过多年培育，交易中心将成为东北乃至全国最大的君子兰花卉集散地。

【扶持政策】 2月份，长春市政府正式出台了《长春市人民政府关于加快君子兰产业发展的若干意见》的产业扶持政策。政策共14条，确定从产业发展、市场开发、建设资金等方面进行扶持。为了充分运用好这一扶持政策，让广大养兰人切实得到实惠，市政府又起草了《关于扶持君子兰产业发展奖补资金实施办法》。

长春君子兰

【举办各类君子兰展会】 2010年，在社会各界的积极参与、支持下，成功地组织了3个较大型的君子兰展会。1、举办了长春市第一届君子兰迎春花展。展会时间2月10日～19日，共10天，总计观展人数突破30万人次，现场成交额30余万元。迎春花展，既充分展示了长春市君子兰取得的发展成就，也给养兰户带来了实实在在的效益，展会得到了肯定和好评。2、举办了第六届中国长春君子兰节。展会时间3月19日～23日。展会力求形式上有突破、内容上有创新、组织上有进步。展会分花卉展示、名花评选、精品拍卖、发展论坛等多个版块。在广泛动员本地养兰户参展的基础上，在东三省登门招商，向10余个有养植君子兰的城市、花卉产业发达的城市花卉协会发出了邀请函。展会展位达557个，其中，本市展位500个，外地展位57个。5天展出期间，参展参会人数接近30万人次，现场交易额达1 000万元，签约意向性金额3 000多万元，无论是规模、交易额均创历届君子兰展会之最。3、举办了第九届长春农博会君子兰专业展。向长春市民特别是广大农民展现了长春市君子兰的风采。

（项　微）

烟草业

【概况】 长春市烟草专卖局(公司)负责长春市卷烟市场管理、烟草制品销售和烟叶生产收购等任务，是全国烟草行业36家重点商业企业。吉林省最大的卷烟批发企业。长春市局(公司)内设12个职能部门；在榆树、农安、德惠、九台4县(市)各设一个局(分公司)；在二道、南关、朝阳、宽城、绿园、双阳共设6个分局(营销部)、在市本级设有特业分局(营销部)。2010年，全局(公司)共有各类人员1 352人，固定资产46 490万元。“十一五”期间，长春烟草业在“国家利益至上，消费者利益至上”的行业价值观引领下，多项重要经济指标被连年突破，呈现跨越式发展的良好态势。

【经济运行】 1、综合效益指标。2010年，全区销售卷烟由2005年的23.7万箱增加到27.99万箱，2010年比2005年增销4.29万箱，增幅为18.1%，占全省销量的28.67%。5年来实现年均增长3.38%；实现税利由2005年的2.85亿元增加到9.72亿元，年均增长27.81%，2010年是2005年的3.8倍，占全省卷烟利税的36.31%；烟叶生产水平明显提高，种植面积得到有效控制，实现税利由2005年的2 400万元增加到6 300万元，年均增长22.99%，2010年是2005年的2.63倍，占全省烟叶利税的56.54%。2、品牌销售规模。2010年，全区在销卷烟品牌由2005年的83个减少到54个；2010年，年销售万箱以上规模品牌达到7个，比2005年增加了2个。中华、芙蓉王、玉溪、黄鹤楼、云烟、红塔山六大系列实现销量34 850箱，占总销量的12.57%，是2005年的5.43倍。3、单项经济指标。卷烟单箱销售收入（含税）由2005年的8 894元提高到2010年的16 132元，提高了81.38%；全系统资产总额由2005年的3.31亿元增加到2010年的16.61亿元，增长了5.02倍；所有者权益由2005年的1.44亿元增加到2010年的12.02亿元，增加了7.35倍；成本费用利润率由2005年的13.49%提高到2010年的16.79%，提高了3.3个百分点。

【网络建设】 1、品牌培育。长春烟草以市场需求为导向，先后实施了全方位、分梯次的品牌培育架构和“促一、扩二、增三、限四”的品牌培育策略。2010年，针对二类烟结构偏低问题，采取了“增一补二”品牌培育策略，销售结构得到进一步优化。2010年前10名品牌销量215 000箱，占总销量的77.56%，销售收入289 000万元，占总销售收入的64.22%。2、工商协同。长春烟草不断加大工商协同营销工作力度，成立了协同营销办公室，配备了专职人员，先后与湖北中烟、上海集团等多家单位开展了市场调研、专题座谈、营销技巧培训等协同营销活动，在“品牌上规模、货源有保证”上取得了实效。“十一五”期间，战略联盟产品销售逐年增长，2010年达253 200箱，占总销量的91.34%，比2005年提高了15.83%。3、物流配送。配送系统更新了部分仓储、分拣和配送设备，引进了覆膜包装技术，仓储能力和日分拣能力大幅度提高。在此基础上，强化了物流配送的流程规范、流程控制、流程管理，在提高满载率、减少空转率、实现高效率上有了新的突破。物流费用占收入的比重、单箱物流费用和单箱管理费用三项指标始终处于全省领先地位并接近全国先进水平。4、信息化建设。先后进行了卷烟库存整托盘入库、数字化仓储信息管理、打码到条等十几个项目建设。在抓好财务信息系统、地理信息系统、人力资源信息系统和烟叶信息系统项目建设的同时，进一步完善了“三统一”货源自动分配系统，完善了自动分配程序，认真开展了网上订货，稳步推进了电子商务工作。

【现代烟草农业】 1、合同管理。为了落实“双控”方针，实施了多种控制措施：强化责任控制，层层落实了责任制；强化合同控制，与每个种植户签订了种植和收购合同；强化物资控制，严格按合同发放烟用物资；强化烟苗控制，统一育苗并严格按合同发放烟苗，烟叶种植面积得到了严格控制。同时，严格执行入户预检、对样收购、验收入库制度，保证了正常的收购秩序。2、基地建设。2010年，烟叶系统全面启动基地建设整县推进工作，烟叶集约化种植规模不断扩大。长春产区有万亩乡1个，千亩村18个，300亩~500亩成方连片烟田5块，户均种植烤烟面积达到1.78公顷，比全国平均水平高0.97公顷。3、基础设施。2007年至今，累计投资3 372万元，共建设标准化烟站3座，密集式群体烤房830座，打烟田机井50眼，蓄水池2个，管网16千米，农机具260台套，有力促进了现代烟草农业建设。每项基础设施的立项、申请、公示、招投标、施工、验收，都做到了严细化、痕迹化、规范化管理，达到了国家局规定标准，有力促进了现代烟草农业的发展。

【专卖内管】 1、卷烟打假。针对制售假烟日趋隐蔽化、复杂化、网络化的情况，专卖系统努力保持专卖打假的高压态势，一手抓集中整治，一手抓网络案件经营。2010年侦破网络案件3起，较好地发挥了网络案件的治本作用，长春市局也连续5年被省局评为“卷烟打假先进集体”，并有2人先后被国家局评为“卷烟打假先进个人”。2、联合办案。专卖系统注重行政执法与刑事执法的有机衔接，建立了联合办案工作机制。同时，注重加强与检察院、法院的执法协作，使两院提前介入大案要案，加快了起诉和审判进度。2010年抓捕的16个犯罪嫌疑人，有4人已获刑。公安合力追刑，检法两院尽早起诉判刑，切实增强了专卖打假的震慑力。3、培训教育。专卖系统一手抓业务培训，提高监管办案能力，建立并认真执行内部监管流程，严格规范内部营销行为，切实维护了市场秩序；一手抓执法教育，提高文明执法素质，把规范、文明执法作为队伍建设的重要任务，通过严格的培训教育，切实提高了执法人员文明素质，促进了企业平稳健康发展。

【企业管理】 1、质量管理体系。作为全省试点单位，长春市烟草专卖局(公司)在总结以往制度建设经验教训基础上，通过反复的监审、会审、内审和评审，形成了比较完善的体系文件，内容涵盖了现实工作的各个方面、各个岗位、各个环节，初步实现了企业管理的规范化。这项工作得到了省烟草专卖局和国家烟草专卖局检查组的充分肯定，先后在省烟草专卖局和国家烟草专卖局相关会议上作了经验介绍。国家局组织的36个重点城市互检检查组也给予了高度评价。2、财务预算管理。2010年，长春烟草专卖局(公司)加强财务管理，以缩短与行业先进水平为目标，切实改善财务管理。2010年，在省烟草专卖局公布的行业10项对标指标中，有7项处于省内领先水平，有3项接近全国行业先进水平，实现了物资采购、基建项目和宣传促销工作的程序化、规范化、痕迹化，国家局烟草专卖局检查组给予充分肯定。3、职业安全管理体系。长春市烟草专卖局(公司)完善了职业健康安全管理体系，确保了安全管理责任和工作程序，实施了责任追究制，增强了干部员工的责任感。根据员工思想状态，有针对性地开展安全教育培训，增强了员工的安全意识。同时，强化了安全检查、抽查，及时消除安全隐患。特别强化了重大危险源监管，制定并演练了各类应急预案。

（吕　维）

医药业

【概况】 2010年，长春市食品药品监管系统，认真践行科学监管理念，坚持科学监管、高效监管，狠抓药品市场专项整治，顺利完成食品安全职能调整，大力推进医药产业发展，各项工作取得突出成效。

【医药产业发展】 1、医药产业保持较快增速。全年医药工业完成产值187亿元，同比增长20%；实现销售收入174.6亿元，同比增长19.5%；实现利税15.5亿元，同比增长14.7%。医药工业平均产销率为90.1%。2、招商引资成效显著。华润集团与大格医药、国药集团与隆泰医药达成合作，共投资5.2亿元，分别建立医药物流园区。康奈尔投资1亿元建立医药物流园区。3、强化对企业服务指导。金赛药业被国家发改委授予生物领域国家高技术产业化示范工程牌匾。

【药品专项整治】 把专项整治作为规范药品市场秩序的重要手段，先后开展了7个方面的专项整治。1、中药材和中药饮片专项整治。市药监局组织专门人员对全国知名中药材集散地、对全市736家生产经营使用中药材和中药饮片的单位进行了深入调研，并决定率先在全国开展中药材和中药饮片专项整治。在整治工作中，采取行政执法人员和药检技术人员匹配的办法，组成5个检查抽验组，对493家涉药单位进行了执法检查和质量抽验，占应检单位的64.6%。市食品药品监管局的做法得到了国家食品药品监督管理局认可和肯定，并在全国流通市场监管工作会上做了经验介绍。2、分子筛制氧机专项整治。对9家使用分子筛制氧机系统的省、市医疗机构进行了现场检查，进一步强化医疗机构分子筛制氧机管理，整体提升了集中供氧的质量，确保了患者用氧安全。长春市代表全省接受了国家局专项督察组的检查，受到高度肯定，并在省食品药品监管局大会上进行了经验交流。3、疫苗、生物制品等高风险药品专项整治。对辖区内6户疫苗生产企业涉及的10个品种进行了专项检查，并配合国家食品药品监管局疫苗GMP跟踪检查组，按照WHO风险评估的方法对6户疫苗企业进行跟踪检查。对19家药品批发企业、6家疾控中心、3家医疗机构的药品购进、储存、运输以及进入电子监管系统情况进行了现场检查，重点检查了涉药单位的冷藏储存情况和冷链运输情况，发现问题及时纠正，有效防止了生物制品和疫苗类药品的不规范经营使用行为。4、非药品冒充药品专项整治。全系统组成18个检查组，先后开展了两个阶段的专项整治，检查经营使用单位4 300家(次)，检查品种383种，发现违法产品142种，按规定分别移交工商、卫生、质监等有关部门进行处理。5、医疗机构制剂专项整治。对辖区内39户医疗机构的人员配备、配制环境、质量控制等进行全面检查。对存在问题的企业依法给予惩处，保证了医疗机构制剂质量安全。6、开展特殊药品专项整治。对辖区10户一、二类精神药品定点经营企业进行专项检查，确保企业规范经营；全面核查复方茶碱麻黄碱片销售流向，严查盐酸地芬诺酯原料使用情况，严防该类药品流弊；对特殊药品生产、经营和使用单位从业人员进行培训，提高企业依法生产、经营、使用的意识和水平。7、强化药品购销管理。严格禁止非法购药，严厉打击无资质人员销售药品，对在长药品经营企业及其配送车辆进行备案登记，对企业销售人员统一办理销售人员证件。2010年，已经对126家药品批发企业和97台车辆进行了备案登记，为580名企业销售人员办理了销售人员证，并对销售人员予以上网公示，有效规范了企业的药品购销行为。

【食品药品安全建设年活动】 1、制定方案，有序推进。制定了《食品药品专项推进方案》，经市政府审定后下发执行。各单位依据专项推进方案，制定了7个推进方案和7个隐患排查方案，保证活动有序开展，顺利推进。2、召开会议，动员部署。下发了《关于报送全市食品安全抽检计划的通知》、《关于报送安全隐患排查检查阶段工作计划的通知》等4个文件。召开食品药品专项推进组动员部署会议，各相关部门层层动员部署，分解落实任务，研究制定本部门工作方案，制订具体的工作行动计划。3、认真排查，及时整改。在安全隐患排查检查阶段工作中，食安委各成员单位共出动执法人员18 725人次，出动执法车辆4 744台次，检查食品药品生产经营企业(业户)46 448户，排查重点区域1 544个次，排查重点对象8 874个次，查封不合格食品762公斤，抽检重点品种794个样品，发现各类隐患376个，整改362个，未整改14个，隐患数据已全部录入数据库。

【食品监管职能调整】 与市卫生局食品安全监管职能进行了调整，划转了人员、办公设备、执法车辆等。12月6日起，正式履行餐饮服务食品、保健食品、化妆品监管职能。开展了学校食堂、工地食堂食品安全专项整治，集中解决了一些突出问题。举办餐饮服务监管人员培训班7期，培训755人次。食品安全监管工作逐渐步入正轨。

【基本药物质量监管】 1、周密部署，制订监督检查方案。市食品药品监管局先后3次召开专题会议，成立了基本药物监管领导小组，认真研究基本药物质量监管工作。分别制定了《基本药物生产监管工作方案》和《基本药物流通环节监督检查工作方案》，明确了监管工作的重点内容和重点任务。2、强化监督，确保基本药物质量。全面开展基本药物的处方和工艺核查，共核查了9家药品生产企业生产的15个品种44个文号的基本药物。加强对基本药物生产企业的监督检查，共监督检查48家196个品种。检查13家基本药物配送企业。检查内容包括基本药物购进与验收、储存与运输、销售管理情况等。3、强化抽验，充分发挥技术监督作用。2010年，省抽验计划下达长春市抽验任务1 000批次，同时根据长春市医药市场状况，市食品药品监管局对辖区内部分药品生产企业、批发经营企业、使用单位包括县乡村级经营使用单位进行了监督抽验。4、全面实施基本药物电子监管。药品生产企业有51户企业通过了初审，完成电子入网工作。经营基本药物的批发企业已申请入网进入电子监管的有70家。

【食品安全综合协调】 1、强化综合监督。针对食品安全形势，进一步强化蔬菜销售、私自屠宰加工销售病死畜禽、加工销售腐败变质食品、水污染以及中小学食堂用油等食品安全问题监管，及时提出查处问题和加强监管的意见建议。组织召开食品安全工作调度会，食品安全问题得以较好地查处和解决。利用近2个月时间，对全市食品安全工作进行深入调研，形成了具有较高参考价值和决策价值的调研报告。2、创新监管手段。组织召开了食品安全工作新闻发布会，通报全市食品安全现状和强化食品安全工作的举措和办法，向社会做出承诺，接受社会监督。制定了《长春市食品安全综合检查监督抽验计划》，并按计划组织了食安委相关部门和检验机构开展综合抽验，开展集中抽检2次，共15大类180个品种。制定了《长春市食品安全举报奖励办法》并组织实施。3、开展食品安全整顿。制定了《2009～2010年食品安全整顿工作实施方案》，组织全市集中开展食品安全专项整顿。成立了以郑文芝副市长为组长、食安委相关成员部门主要领导为成员的专项行动领导小组。组织开展清查"问题乳粉"专项整治行动，组织工商、质监、卫生、畜牧、公安等部门，彻底查清问题乳粉来源、流向，并提出追踪溯源、有效解决问题奶粉违法问题。

【药检能力建设】 1、强化监督抽验。注重开展针对性抽验，截至2010年底，共完成药品检体1 280件。其中，生产企业28家98批，批发企业64家236批，药品零售企业192家618批，医疗机构108家328批。对于不合格检品已移交相关部门进行严肃查处。2、开展人员培训。先后派出13人次参加国家局和省局组织的培训班。市食品药品检验所自行组织全员培训2次，接收企业、外单位学员16人次。进一步提高了检验工作水平。3、提高检测能力。在2009年省质量技术监督局实验室认可的基础上，2010年接受省质量技术监督局复审，批准药品检验参数153项，食品、保健食品115项，化妆品20项，成为吉林省第二家有资质承担保健食品、食品、化妆品等检验资格的实验室。

（赵景军）

供电业

【概况】 长春供电公司担负着长春市区及四个县（市）136万客户的供电任务和东北电网的电能传输任务，供电面积2.06万平方公里，售电量129.59亿千瓦时，固定资产76.9亿元。截至2010年，长春电网拥有500千伏变电站2座，220千伏变电站17座，66千伏变电站209座，66千伏及以上变电总容量1 277.43万千伏安，线路回长4 841.603公里。长春供电公司坚持以科学发展观为指导，以创建"一强三优"现代公司为引领，加快推进"两个转变"。相继荣获"全国文明单位"、"国家电网公司先进集体"、"纠风及行风建设先进单位"、国家电监会"供电可靠性金牌企业"、全国总工会"安康杯优胜企业"、"全国厂务公开民主管理工作先进单位"、"长春市民生工作先进单位"、"市长公开电话标兵单位"等荣誉称号。"5·20"反窃电工作获全国电力行业"十一五"防窃电十大成果奖。

【安全生产】 深入开展"责任·素质"年活动，突出标准化建设和精益化管理，确保电网安全稳定运行。在责任落实上，完善安全责任体系，深入开展"安全大检查"活动，10个检查组深入生产、营销、农电、集体企业排查治理隐患，指导客户安全用电。在素质提升上，推进"三评"工作，建立干部安全风险评估档案，对生产员工进行安全等级评定。在生产方式上，推进状态检修，全面应用绝缘在线监测、红外检测、辅助决策、设备健康档案等四大支持系统，220千伏绝缘在线监测和红外应用达到国内先进水平。在应急管理上，出台189个预案，组建专业化应急抢修队伍，建立三级物资储备库，配备数字集群通讯平台，与市政府联合组织大规模应急分步演练，提高了应对突发事件能力。

【电网建设】 长春供电公司始终把电网协调发展融入城市的振兴步伐，为促进地方经济发展保驾护航。1、政企联动深度合作。与长春14个区县政府签署了《加快电网建设促进地方经济发展协议》，将长春电网规划纳入城乡总体规划，经过政企联合执法护建，施工受阻近6年的220千伏合正线全线贯通。2、以规划指导计划。科学制定"十二五"规划，全面启动了与之配套的16项专业规划，主动与一汽集团等大客户进行"十二五"规划对接。3、不断优化电网结构。220千伏玉隆、正阳、三家子新、扩建变电站，以及66千伏广宁、柳影、顺达等新建变电站相继投运，有效缓解了负荷压力。4、工程建设水平实现了新突破。玉隆变作为公司承接长电集团承建的第一个220千伏工程，在国内首次采用66千伏配电装置双列布置方式；在省内首次采用220千伏户外组合电气设备和远方无线监控系统。

【营销服务】 坚持以市场需求为导向，以优质服务为宗旨，全力增供扩销，履行社会责任。1、大力开发市场。在省公司支持下，建成并投运北方高寒地区首座电动汽车充电站，入选省公司10件大事。重点项目办对省、市265个工程跟踪服务，开辟"绿色通道"。中信城智能小区试点工程稳步推进。大力推广清洁能源，推广电采暖20 067千瓦时，地源热泵41.6万平方米。2、加快电能量信息采集系统建设。安装41万只载波表，建立1 083个台变终端档案，实现主站和载波表联调。3、创新缴费渠道。增加支付宝缴费方

整装待发的电力抢修队伍

电力流动服务车进社区为百姓服务

式，与11家金融机构联网缴费，与有线电视联合开发"电费提醒"业务，打造"10分钟缴费服务圈"。解决了哈大电铁跨月缴纳电费难题。4、拓展服务领域。办电服务窗口正式入驻市政务中心。将"天网工程"和视频系统有机整合，实现警企信息共享。

【农电工作】 1、以"创一流"带动管理水平提升。双阳农电步入国网公司一流县区供电企业行列，成为长春第五家一流县区供电企业。榆树市、农安县、双阳区农电通过新农村电气化县验收。2、全面推广标杆管理。国网公司、省公司相继在德惠市、城郊召开现场会，充分肯定德惠市农网综合降损辅助决策系统试点工作，推广长春市农电综合管理经验。榆树市典型供电模式试点效果良好，九台市班组建设发挥了示范作用。玉潭供电所入选"中国20个最美金牌供电所"。3、推进一体化进程。按照省公司部署，出台《推进农供电管理一体化暂行办法》，创新机制，统一标准，加强管理。4、构建现代化管理平台。开发应用风险管理系统，建立政企联动隐患排查机制。实现了客户信息查询和发布。完善电费语音充值卡服务功能，解决了农村客户缴费难题。

【坚持依法治企】 坚持依法从严内部管控，企业抵御风险能力显著增强。1、全面规范整理公司规章制度。形成《规章制度汇编》。对100个法律风险点进行分析，编辑印发《县级供电企业法律风险防范库》，为依法治企提供制度保障。2、贯彻落实党风廉政"一岗双责"。建立和完善了党风廉政责任制目标体系，出台了《领导干部任期经济责任审计实施细则》和《贯彻落实"三重一大"制度实施意见》，提高依法决策能力。3、民主管理纳入依法治企轨道。对公司机构改革等重大事项，均由职工代表联席会议审议通过并全程监督。《集体合同》履约率100%，构建了和谐企业环境。

（苗　威）

民营经济

民营经济

中小企业

【概况】 2010年是“十一五”的最后一年，长春市民营经济暨中小企业(以下简称民营经济)取得了令人瞩目的成绩。2010年全市民营经济完成主营业务收入5 974亿元，比2005年增长227%，年均增长26.8%，净增3 682亿元，占全省的43%。实现增加值1 385亿元，年均增长19.5%，占全市GDP的41%，平均每年增加1.7%。2010年，民营经济上缴税金173.7亿元，比2005年增长308.5%，年均增长32.5%，净增109.3亿元，占全省的42%，占全市财政收入的30.8%。2010年，规模以上民营企业达到2 047户(按最新三上企业统计口径)，比2005年增长105%，净增1 261户，年均增加250户以上。销售额亿元以上民营企业达288户。规模以下工业中小企业达9 300户。民营企业户数占全市企业户数的97%以上。2010年，企业孵化基地建设面积达408万平方米，企业入驻率达到85%以上。2010年，民营经济从业人员达160.1万人，比2005年增长45.3%，增加45.7万人，年均增加91 400人，占全省的34.1%。2010年，民营企业户数达60 800户，比2005年增长55.4%，年均增加4 000户。占全省的53%。个体工商户40万户，比2005年增长57.8%，年均增加26 000户。占全省的33.3%。“十一五”期间，全市民营经济实现增加值占全市GDP的比重比2005年提高8.5%。民营经济上缴税金占全市财政收入比重提高11.8%。民营企业户数年均增加5 000户，个体工商户年均增加2.4万户，从业人员年均增加11.9万人。2010年，长春市民营经济提供经济增量近50%，税收增量的47%，企业增量的99%，城镇新增就业人员的90%，固定资产投资的63%。民营经济已经成为长春市经济增长的重要力量，地方税收的重要来源，扩大城乡就业的主渠道，对改善民生和推动和谐社会建设发挥着重要作用，也为“十二五”加快发展奠定了良好的基础。

【中小企业成长计划】 2010年是吉林省中小企业三年成长计划的第一年，按照省委、省政府的部署，长春市中小企业全面完成了2010年中小企业发展目标任务。2010年，全市中小企业主营业务收入同比增长27%，净增1 279亿元。实现增加值同比增长19%。2010年，中小企业上缴税金同比增长34.7%，净增52.6亿元。企业规模不断扩大，2010年，全市中小企业户数同比增长16.3%，净增10 209户。三上企业户数同比增长14.9%，净增352户。2010年个体工商户同比增长8.8%，净增33 200户。2010年从业人员同比增长10.5%，净增16.3万人。2010年长春市被吉林省政府评为中小企业成长竞赛活动先进市。

【“十二五”规划】 2010年，长春市中小企业局编制了《长春市中小企业“十二五”发展规划纲要》。《规划纲要》提出了全市“十二五”中小企业发展的主要目标。“十二五”期间，全市中小企业主要发展指标增长速度高于全市经济增长速度。到2015年末，全市中小企业经济总量实现翻番，占全市GDP比重达50%；对社会贡献进一步加大；产业结构进一步优化；企业整体素质明显提高；经济效益显著增加；核心竞争力不断增强。具体提出了中小企业经济发展目标、中小企业社会效益、中小企业结构调整3个方面目标。1、中小企业经济发展目标。2015年，中小企业主营业务收入年均增长20%，中小企业增加值增长速度高于全市GDP的增长速度；“十二五”期间，中小企业户数年均增长5%，年均增加2 000户；规模以上中小企业年均增长10%，年均增加150户；个体工商户年均增加9 000户，5年增加45 000户；中小企业孵化基地每年建设100万平方米，5年建设500万平方米。2、中小企业社会效益目标。2015年，中小企业上缴税金年均增长20%，占全市财政收入比“十一五”末期提高7%；“十二五”期间，中小企业从业人员年均增长5%；年均增加5万人。3、中小企业结构调整目标。“十二五”期间，科技型中小企业年均增加400户，5年增加2 000户，科技型中小企业占全部中小企业比重提高5%；全面提升产业集群水平，中小企业集群度5年提高10%；大力建设和完善中小企业特色园区，围绕长春市的支柱优势产业和自然资源，发展一批有长春特色的中小企业园区，围绕特色园区，积极发展“专、精、特、新”中小企业，每年发展特色园区5个，5年发展25个，“专、精、特、新”中小企业每年提升2%，5年提高10%。《规划纲要》提出了“十二五”期间，围绕支柱优势产业、战略性新兴产业、现代服务产业和文化产业、高新技术产业大力发展中小企业，围绕为企业集团、大型企业配套发展中小企业，围绕加速传统中小企业转型成长，发挥长春市资源优势和技术优势发展中小企业等“六大发展任务”；提出了重点实施产业集群推进计划、特色园区推进计划、孵化基地建设推进计划、全民创业推进计划、中小企业成长推进计划、企业产品名牌扶持推进计划等“六大中小企业推进计划”；提出了积极推进中小企业结构优化发展战略、中小企业重点产业基地发展战略、中小企业服务平台发展战略、中小企业项目建设发展战略、中小企业投资发展战略、中小企业体制机制创新发展战略等

"六大发展战略"；提出了建立有效的组织保障,实施有力地政策保障,建立促进发展的资金保障，建立推进工作的制度保障,建立全方位的社会保障,实施强有力的舆论保障等"六大保障措施",全力推进全市中小企业又好又快发展。

【中小企业成长规划纲要】 为认真落实《中华人民共和国中小企业促进法》,全面贯彻国务院《若干意见》和省委、省政府大会精神,市工信局起草制定了《长春市中小企业成长推进规纲要（2010－2012)》，于4月发布实施，用于指导2010年至2012年全市中小企业发展。

【服务体系规划纲要】 2010年,市工信局组织制定了《长春市中小企业"十二五"服务体系建设规划纲要》。规划明确了中小企业服务体系建设指导思想和工作目标,提出了人才服务体系、融资担保服务体系(包括上市育成体系)、创业咨询服务体系、管理诊断服务体系、公共技术服务体系、电子商务服务体系、法律维权服务体系、市场开拓服务体系、事务代理服务体系、信息网络服务体系等十大服务体系建设的构想和实现路径，搭建中小企业十大服务平台，推进社会化中小企业服务体系建设，解决制约中小企业发展的瓶颈问题。

【政策汇编】 2010年,为促进全市中小企业和民营经济发展，使企业全面了解政策信息。市工信局组织编制了《长春市中小企业政策文件汇编》。主要有《中共长春市委、长春市人民政府关于进一步加快民营经济发展的决定》、《中共长春市委、长春市人民政府关于构建大就业格局促进民营经济发展的实施意见》、《中共长春市委、长春市人民政府工业产业升级计划纲要》、《长春市人民政府关于支持新兴产业发展的若干意见》、《长春市人民政府关于进一步促进工业企业上市融资工作的指导意见》、《长春市中小企业成长推进规划纲要（2010－2012)》。同时收录了国家和吉林省促进中小企业和民营经济发展的政策。主要有《中华人民共和国中小企业促进法》、《国务院关于鼓励、支持和引导个体私营等非公有制经济发展的若干意见》、《国务院进一步促进中小企业发展的若干意见》、《国务院关于鼓励和引导民间投资健康发展的若干意见》、《吉林省人民政府进一步加快民营经济发展的决定》、《吉林省人民政府促进中小企业发展若干政策》、《吉林省人民政府中小企业成长计划》。

【成长研究】 2010年3月,《长春市中小企业"十二五"成长研究报告》通过了论证,这是国家工信部"十二五"重点研究课题。5月份国家工信部在长春市召开了课题成果交流会，长春市在会上介绍了课题研究成果，获得国家工信部和与会专家的充分肯定，这个研究报告正在广泛应用到实际工作中，指导长春市中小企业发展。

【省百强民营企业】 吉林省政府评定2010年度百强民营企业，长春市有37户入选。这些企业都是长春市民营经济在各行业的龙头企业。有长春大成实业集团有限公司、吉林省中东集团公司、吉林省长春市皓月清真肉业股份公司、福耀集团长春有限公司、中科英华高技术股份有限公司、吉林省温馨鸟集团有限公司等大型民营企业。

【双百企业】 2010年,为进一步促进中小企业成长和民营经济发展，确定长春市百户成长型中小企业和百强民营企业，作为长春市重点扶持的企业，在政策、资金、技术、人才、项目、信息、市场等多方面对"双百企业"倾斜,重点进行支持,建立并进入项目和信息库。

【资金扶持】 积极做好国家、省专项资金申报工作，为企业争取最大的资金支持。申报长春市中小企业人才培训中心、长春市中小企业服务中心等5家公共服务类项目；申报吉林省纳资达汽车装备制造有限公司、长春市吉发解放汽车零部件有限公司等22户小企业创业类项目；积极申报省里补助地方中小企业平台式服务体系建设服务项目；申报国家中小企业扶持项目4个，可获得国家扶持资金200万元，申报省资金扶持项目33个，可获得省扶持资金870万元,积极为6家业绩突出的担保机构向国家、省工信厅和省财政厅联合申报争取各项奖励政策，争取到各项担保奖励资金455万元；为4家担保机构向国家争取免税政策，可争取减免营业税1 200万元。2010年,共计申报国家和省中小企业专项扶持项目7个，有创业项目、银企保对接项目、固定资产贴息、无偿资助项目和企业管理创新、公共服务类、孵化基地等专项。共为企业争取国家和省专项资金3 597万元,惠及97户中小企业。

【产业配套】 长春市民营企业围绕汽车零部件和农产品加工两大支柱产业和轨道交通装备制造业这一大优势产业加速发展,不断延长产业链,积极为支柱优势产业配套。汽车产业充分利用实施300万辆整车扩能工程的时机，组织民营企业进行汽车零部件配套生产和特种车差异化生产，使民营企业在汽车零部件行业和差异化整车生产及改装车领域的规模迅速扩大,市场占有率不断提高。农产品加工业利用打造长春第2个千亿级支柱产业的时机,加快以玉米精深加工、畜牧产品深加工为重点的加工体系建设,全力推进玉米、肉鸡、肉牛、生猪、肉鹅、鹿产品、大豆、稻米、蔬菜和乳制品10大加工业的发展。依托优势农业资源,大力发展粮、畜、果、菜、药材加工企业,大力发展休闲农业,推进农业产业化经营。加大技术引进和新产品开发力度，提升深加工水平。鼓励发展农技推广、包装储运、贸易营销、农资配送、信息咨询等农业产业化配套服务企业，形成以"服务"促"生产"、以"配套"促"加工"的发展态势。以县（市）为重点，每年培育100户民营现代农业产业化企业。轨道交通装备制造业依托1 000辆高速动车组和1 000辆城轨车项目，积极搞好下游产业配套服务。2010年,汽车零部件、差异化整车、农产品加工业和轨道交通装备制造配套产值分别达到200亿元、150亿元、700亿元和50亿元,三大支柱优势产业产值合计达到 1 100 亿元以上，占民营企业工业产值的 70%。

【龙头企业】 长春市在汽车产业、农产品产业两大支柱产业有近 20 家产值在 5 亿元以上的民营企业。汽车零部件有佛吉亚、福耀集团、一汽制动器、灯泡电线、新立德部件、华翔消声器、华维零部件、英利零部件、汽车改装等细分行业民营龙头企业。农产品加工业有大成集团、皓月公司、德大公司、大合生物、金锣公司、华正农牧业、达利食品等行业龙头企业。农产品加工业的龙头企业几乎都是民营企业，而且发展前景非常好。轨道交通装备制造业有大华机械、北方机械、三鼎变压器等较大型民营企业，但都是装备制造业，而且规模不是很大。真正大型民营龙头企业还没有形成，特别是轨道客车，民营规模以上企业很少，基本是国有、外资和国有控股企业，中小企业在这个产业还没有形成配套规模，产业链很短，但是发展潜力巨大。

【企业上市】 2010 年，按照长府发[2010]2 号文件中"四个一批"的培育计划，在长春市企业中筛选出 150 余户作为培育对象，对其中已确定上市目标的 35 户重点企业进行了逐户调研和分类指导。有 32 户企业列入省"百户上市企业工程"。2010 年实现上市企业 2 户，"奥普光电"于 2010 年 1 月 15 日在深交所中小板正式挂牌上市，首发融资 4.4 亿元人民币；"安洁环保"于 2010 年 7 月 16 日在新加坡证券交易所主板正式挂牌上市，首发融资 1.19 亿元人民币，这也是长春市近年来第一家在境外上市企业。全市上市公司已达 21 家，其中，工业上市公司 15 家，其中战略性新兴产业企业 7 家。

【融资担保】 2010 年，长春市积极搭建融资服务平台，解决民营企业资金不足问题。2010 年长春市正式备案管理担保机构共 41 家，注册资本金 20.7 亿元；全年新增担保机构 5 家，新增注册资本金 3.1 亿元。共为全市 950 户企业提供了 1 200 笔担保贷款，担保金额 75.58 亿元，比 2009 年全年担保额增加 73.9%，全市受保企业年内可新增销售收入近 150 亿元，新增利税 22.5 亿元，新增就业岗位近万余个。积极促成与国开行、建行、交行等金融机构达成合作，签定了总计 10 亿元(国开行 5 亿元、建行 3 亿元、交行 2 亿元)额度。为全市 21 家战略性新兴产业企业贴息 510 万元，该贴息资金将拉动 21 家企业项目投资 9.06 亿元、银行贷款 3.59 亿元、企业预计新增销售收入 27 亿元、利税 4 亿元。组织相关金融机构、担保公司召开"在长金融机构支持中小企业启动生产银企合作签约仪式"，共促成长春市 10 家银行、3 家担保机构与 29 户民营企业就生产流动资金贷款进行了对接签约，现场签约总额 8.3 亿元，将拉动受贷(保)企业新增销售收入 3.5 亿元，增加利税 4 500 万元。重点跟踪调度全市 35 户拟上市工业企业的上市进程，与相关金融机构就长春市工业企业上市过程中的资金需求情况进行衔接，首期给予 3 亿元信贷规模，已对 11 户拟上市工业企业提供信贷支持 3.2 亿元。为充分发挥担保机构的融资桥梁作用和区级政府部门的组织协调优势，长春市担保公司继与朝阳区、绿园区两城区合作基础上，2010 年又促成了市担保公司与宽城、高新两区的担保区域合作。担保区域合作态势良好，本年度内已累计为区域合作平台的 46 户企业提供了 78 笔、2.8 亿元的贷款担保，担保期内受担保企业可增加销售收入 1.5 亿元，新增就业机会千余个。大力引导在长各家担保机构积极开发新的担保品种，大力发挥融资担保的放大和杠杆功能，不断扩大对新兴工业企业融资担保的覆盖面。到 9 月底，仅市担保公司就为长春市光电信息及生物医药等 36 家战略性新兴产业企业提供了 49 笔、4.6 亿元的贷款担保。

【全民创业】 2010 年上半年，省工信厅开展了吉林省首届创业明星评选活动，长春市中小企业局在全市范围内广泛征集符合国家产业政策，经济效益、社会效益显著，发展后劲足的企业经营管理者。经过严格审核，确定长春市宇平工艺品制造有限公司、长春市麒麟商务信息有限公司等 9 户企业法人，参加吉林省首届创业明星评选。通过媒体公示、省工信厅考核程序确定，长春市推荐的 9 户企业法人有 3 人被评为创业明星，有 5 人被评为创业能人，推荐成功率达 88%。

【培训辅导】 2010 年，由市委组织部牵头，市委、市政府政策研究室、市工信局等 5 部门组成联合调研组，以 100 户成长型民营企业为调查样本，围绕企业经营管理者培训工作进行了深入调研，并初步提出关于实施"千名企业家培养提升工程"意见，为下一阶段有针对性的开展民营企业人才队伍建设工作提供了重要依据。同时按照省 2010 年"万名创业者，万名小老板"培训工程的工作部署，长春市共举办"万名创业者、万名小老板"培训 12 期，培训创业者 2 600 人次。2010 年 6 月 18 日，长春市组织 160 户优秀中小企业和创业企业，参观了二道区 5 户具有代表性的创业企业和创业服务单位。8 月份，又两次组织培训专家到皓月集团和长百集团进行讲课，深受企业高层、中层经营管理者的欢迎。9 月份，在市中小企业培训中心，举办了长春市成长型中小企业高级管理者培训班，聘请吉林省博蓝经济顾问事务所首席经济顾问李长有讲授《实施战略经营，实现中小企业快速发展》课程。各项培训项目的开展对开阔培训长春市民营企业经营管理者视野，提升企业经营管理水平和管理素质起到了重要作用。

【孵化基地】 2010 年，全市新建续建工业标准厂房(孵化基地)21 个，其中，新建工业标准厂房(孵化基地)9 个，续建工业标准厂房(孵化基地)12 个，完成投资 27.75 亿元，其中，企业自筹投资建设的 12 个，区企联合投资建设的 3 个，政府投资建设的 3 个，村集体出资建设的 3 个，完成工业标准厂房（孵化基地）111.6 万平方米，同时制定了长春市新兴产业孵化基地建设方案。2010 年全市工业标准厂房(孵化基地)建设任务指标这项工作已经列入市政府重点项目工作日程，属于市政府督查室重点督查的一项工作，是各县（市）、区、开发区年末评优选先的一项重要指标，采取一票否决。为进一步加强工业标准厂房建设工作，出台了《长春市工业标准厂房建设工作指导意见》；为加强工业标准厂房建设工作的督查、调度、考核、管理，工业标准厂房建设提出了实行登记备案制度。2010年开发区、工业集中区，发挥区域优势，以每年建设创业孵化基地100万平方米的速度推进全市创业孵化基地的建设与发展。目前，全市交付使用的创业孵化基地32个，已于上半年在长春信息港上网。

【综合服务平台建设】 2010年，依托长春市信息中心的网络平台和长春市中小企业服务中心的企业信息资源完成“长春市中小企业综合服务平台”的建设工作。建成覆盖全市，以长春市中小企业信息服务网为核心，以县（市）区信息服务网为辅助，以各类网下实体服务单位现有信息系统为支撑的上下互动的大型信息网络和服务平台。市工信局领导及时召开了长春市中小企业综合服务平台建设推进会，使各县（市）、区更加了解平台建设情况，整合各县（市）、区信息资源，为平台建设指明了方向，拓宽了思路，搭建了中小企业特色服务平台。朝阳区特色是“朝阳区创业咨询服务平台”，为创业者提供权威、专业和系统的咨询服务；九台市特色是建立全民创业人才服务中心，打造企业公共服务平台，为中小企业承担政务代理、政策咨询、创业培训等公共服务事项；宽城区特色是打造网络服务平台，建立宽城中小企业信息网，为中小企业提供政策信息、市场信息、融资项目等各项服务。

【民企协会】 2010年初，协会组织40个民营企业会员单位，召开民营企业座谈会。联合省总会计师协会，举办两场税务知识培训，省总会计师协会负责安排场地和聘请老师，4月份为企业免费举办《规避纳税风险大讲堂》活动，协会组织40个单位，80多人参加。11月份举办《2010年税收政策解析与企业纳税筹划培训》，组织10个单位20人参加。6月份，组织17个民营企业家考察广西南宁考察东盟贸易基地总部，了解东盟贸易基地建设情况和园区优惠政策，参观已在深圳证券公司创业板上市的“皇氏乳业”公司，考察越南海宁市大安工业开发区，了解园区的优惠政策。联系协调吉林省信用评价认证中心，对民营企业会员单位优惠价格进行企业信用评价认证，本次活动评选出全市40个民营诚信企业。

【市场开拓】 2010年，长春市积极组织民营企业参加各种展销会、交易会、洽谈会等活动，引导中小企业实施“走出去”战略，开拓国内外市场，不断提高产品竞争力。依托“首届中国·长春创业（就业）博览会”，推介204个优秀创业项目，提供大量创业孵化基地图片和影像资料，并设立政策咨询台，解答中小企业创业政策咨询。组织了中小企业市场开拓工作。积极组织民营企业参加第七届中国国际中小企业暨中澳中小企业博览会，共20户企业参展。本次展会共42个亚欧地区31个国家1 000个展位的国际展区集中同台展示，还有庞大的招商采购团参展，亮相中国中部投资贸易博览会。组织7户企业参加香港国际中小企业博览会，市长崔杰参加了香港国际中小企业博览会并为开幕式剪彩。

【统计工作】 2010年进一步强化中小企业统计工作，组织召开了各县（市）、区、开发区主管统计工作的科长和统计人员培训工作会议，对省千户成长型企业报表、百户重点企业报表、中小企业主要经济指标季度报表和月度主要经济指标报表的填报进行了培训，参加培训50多人。积极落实省中小企业千户成长计划。圆满完成了省下达给长春市的312户省中小企业千户成长计划统计上报工作任务，充分反映企业的实际情况，为政府决策提供依据。

（李光华）

乡镇企业

【概况】 2010年，长春市乡镇企业（不含个体工商户）发展到16 830户。按登记注册类型划分，集体企业208户，股份合作企业5户，联营企业226户，有限责任公司3 137户，股份有限公司175户，私营企业13 060户，港澳台商投资企业8户，外商投资企业11户。按国民经济行业划分，农业企业499户，工业企业8 709户（其中，采矿业179户，制造业8 515户，电力、燃气及水的生产和供应业15户），建筑企业474户，交通运输仓储业886户，批发零售业3 710户，住宿及餐饮业1 315户，居民服务、其他服务业和娱乐业1 140户，其他类型企业97户。长春市乡镇企业从业人员达350 664人，实现增加值3 033 013万元，营业收入9 818 640万元，上交税金212 913万元。2010年，长春市乡镇企业个体工商户总户数达202 216户，从业人员达571 336人，实现营业收入7 191 360万元，上交税金74 087万元。

【规模工业】 长春市乡镇规模以上工业企业582户，从业人员100 437人，实现工业增加值1 468 055万元。

【出口创汇】 长春市共有乡镇出口企业34户，实现出口产品交货值209 819万元，年出口交货值500万元（含500万元）以上的企业18户，实现出口交货值202 603万元。

【固定资产投资】 长春市乡镇企业完成固定资产投资5 200 206万元。其中，新建项目完成4 242 260万元，改建项目完成19 346万元，扩建项目完成723 127万元，其他项目完成215 473万元。固定资产投资资金来源包括，国家及有关部门扶持资金20 671万元，金融机构贷款1 152 911万元，引进资金1 134 220万元（其中引进外资36 666万元），自有资金2 562 024万元，其他资金330 380万元。固定资产投资1 000万元~5 000万元项目512个，5 000万元~1亿元的项目112个，其中1亿元（含）以上项目62个。固定资产完成投资额中，用于设备购置1 710 062万元。

【资金扶持】 2010年积极组织乡镇企业申报省乡镇企业发展专项资金。其中，成大科贸、北方汽车、金航餐饮3户企业共获120万元省乡镇企业发展专项资金。

【对外交流】 组织长春市佳龙农牧食品发展有限公司、长春市田野泉酿造有限公司和德惠市经济局、九台市经济局、双阳区经济局的相关人员赴河南参加了全国农产品加工业投资贸易洽谈会，全方位开展了农产品加工项目、农产品展销和技术合作转化等洽谈合作；组织吉林省成大科贸有限公司赴美国参加美国国际天然及有机食品博览会。

【企业管理】 长春市佳龙农牧食品发展有限公司、长春谷实饲料有限公司、长春市泡子沿淀粉厂、长春市兴华橡胶制品厂、吉林盘古梅花鹿生物科技有限公司、吉林省成华家具制造有限公司、吉林省鉴田环保科技有限公司等7户企业获批为全省乡镇企业(农产品加工业)科技创新示范企业。双阳区鹿乡获批为国家级“吉林省梅花鹿产品加工示范基地”，吉林省阿满食品有限公司、长春大成实业集团公司2户企业获批为“全国农产品加工示范企业”。长春大成实业集团公司、天景食品有限公司、中粮生化能源(榆树)有限公司、吉林省陆路雪食品有限公司4户企业获“吉林省玉米加工明星企业”称号。长春净月经济技术开发区玉潭镇和关东文化园获批为“国家休闲旅游农业示范点”。

【政策法规】 为进一步加快长春市休闲旅游农业的发展，在全市开展了休闲农业与旅游农业基本情况专题调研工作，对全市休闲农业与旅游农业企业进行了全面摸底调查，在此基础上形成了《关于进一步发展壮大休闲旅游农业产业的若干意见》，以长春市政府办公厅的名义下发。这一《意见》的出台，对于加快推进长春市休闲旅游农业产业的发展提供了有力保障。

【“创业杯”竞赛】 按照省乡镇企业创业杯竞赛活动领导小组部署，长春市成立了以主管副市长为组长，副秘书长和农委主任为副组长的“创业杯”竞赛活动领导小组，不断加大乡镇企业工作力度，层层落实责任，积极开展乡镇企业各项工作。长春市人民政府、九台市人民政和农安县人民政府分别获得了2010年度省乡镇企业“创业杯”奖，双阳区经济局获竞赛“组织奖”。其中长春市人民政府连续5年获得“创业杯”奖，是全省惟一一个“五连冠”。

(靳朝辉)

交 通

交　　通

综　述

生产经营持续发展成果显著　2010年，长春市交通邮电行业进一步适应市场经济和社会需求，生产经营持续发展，社会效益良好，取得了显著的经济成果。长春全年铁路货物发送量完成1 049.55万吨，为年计划的109.2%；旅客发送量完成2 752.9万人次，为年计划的101.2%；全年完成运输收入272 054万元，为年计划的106.9%。南航吉林分公司建成了覆盖全国主要城市，连通周边地区和国家的航空运输网络，完成运输周转量3.67亿吨公里，旅客运输量225万人次，货邮运输量2.86万吨，同比增长幅度依次为20.65%、15.41%和21.19%；在册飞机日利用率为9.83小时，同比提高0.7小时；累计盈利15 654万元。长春龙嘉国际机场完成旅客吞吐量475万人次、货邮吞吐量6.2万吨，保障航班起降4.2万架次，同比分别增长22.46%、28.26%和17.21%，旅客吞吐量增速位居东北四大机场前列。长春地区公路客运量10 169万人次，公路货运量9 994万吨。全市共有客运线路1 316条，营运客车2 980台，营运货车85 736台。市区城市公交线路发展到240条，线路总长4 164公里。公共汽电车达到4 229辆，万人拥有公共汽电车13辆。日均客运量200万人次。城市出租汽车15 401台，日均客运量110万人次。全市物流企业发展到2 800多户，社会物流总额达10 785.9亿元，同比增长23.9%，社会物流总费用占GDP的比重为17.8%，同比下降0.14个百分点，低于全国平均水平0.79个百分点。

基础设施建设大规模展开　长吉城际铁路于2010年12月开通，累计完成投资57亿元。哈大客运专线长春枢纽改建工程、哈大客运专线长春西客站工程、长春枢纽长春站改造工程等项目于2010年完成投资13亿元。全市公路总里程达20 429公里。全市公路网密度达99.31公里/百平方公里。长春与周边主要城市和各县（市）通过高等级公路相连，市区主要公路出口均达到一级公路标准。城乡相连，四通八达的公路网络基本形成。

服务质量进一步提高　2010年度，南航吉林分公司扎实开展“品牌服务推广年”活动，以“金达莱”乘务组和“向阳花”地面服务中转组为龙头，带动品牌服务建设。推出了“快速过站中转无忧”服务，着力打造无缝隙空地服务。服务运行品质稳步提升，空中、地面服务满意率分别为98.1%、98.9%。基地出港航班正常率达86.55%，同比提高5.12%，航班正常率在南航股份公司综合排名第一。吉林机场集团深入开展保障航班正常和航班延误应急处置专项整治活动，全年航班放行正常率为89.96%，同比提高3%。长春龙嘉国际机场成立了机场服务质量评价小组，对机场定期评价，发现问题及时整改。在首都机场集团ACI旅客满意度测评中，长春机场分值达到4.68，位居成员机场之首。

生产经营实现安全运行　截止到2010年12月31日，长春站实现无责任较大及以上事故10 160天；无一般B类及以上事故2 105天；无责任人身重伤及以上事故1 824天，实现历史最长安全周期。长春北站实现无责任行车一般A类事故1 776天；无责任行车一般B类事故1 776天；无责任行车一般C类事故1 776天；无责任行车一般D类事故1 776天；连续12个月被路局评为一类单位。南航吉林分公司全年共安全飞行48 698小时/22 632架次，实现了飞行安全19年。公司深化SMS体系建设，大力倡导“违规操作可耻，按章操作光荣”的安全理念，积极开展预见性的安全形势分析和安全提示，层层落实安全责任，及时下发各类安全预警提示，有效把握了安全主动权。吉林机场集团实现飞行安全52年，空防安全17年。构建了安全管理体系（SMS），安全工作规范化、制度化，引入风险防范机制，提高了机场安全运行的管控能力。

（厉彦明）

铁　路

【概况】　吉林省内铁路以长春为中心，有长大（长春至大连）、长滨（长春至哈尔滨）、长图（长春至图们）、长白（长春至白城）等铁路干线向四方辐射。2010年，沈阳铁路局继续加大对吉林省铁路建设的投资，在完成长吉城际铁路建设的同时，迅速推进哈大客运专线建设，不断推进长春铁路建设事业快速发展。长春经济吸引区以运输汽车、铁路客车、粮食、煤炭、石油、钢铁、医药、化肥农药、建材等为主要货运服务项目，以日常旅客、出境、国内旅游、会展、节日旅游旅客运输为主要客运服务项目。2010年，长春境内铁路运输业单位有8个。

【主要运输指标完成情况】　2010年，长春站发送货物62.9万吨。其中，发送粮食4.9万吨、煤1.8万吨、石油0.5万吨、钢铁0.2万吨、化肥农药2.3万吨、其他品类53.2万吨；长春车务段各站发送货物860.1万吨。其中，发送粮食438.5万吨、煤56.4万吨、石油30.8万吨、焦炭68.4万吨、钢铁1.6万吨、化肥农药23.0万吨；旅客发送量长春站为1 947.8万人次，长春车务段管辖各站旅客发送量为737.6万人次。

【铁路重点建设项目】 1、长吉城际铁路新建工程。2010年完成投资19亿元，累计完成投资57亿元，于2010年12月开通。2、哈大客运专线长春枢纽改建工程（路局代建项目）。2010年完成投资2亿元。3、哈大客运专线长春西客站工程（路局代建项目）。2010年完成投资5亿元。4、长春枢纽长春站改造工程。可研批复投资总额15.96亿元，初步设计批复投资总额14.7 875亿元（铁道部5.59亿元，银行贷款9.1 975亿元）。总工期为32个月，2010年4月开工，2010年完成投资6亿元。

【长春铁路办事处】 长春铁路办事处为沈阳铁路局派出机构。因长春铁路办事处地处吉林省政府所在地，专门规定长春办事处负责协调组织落实吉林省委、省政府布置的任务。同时，负责检查督促铁路局授权范围内的基层站段安全生产工作、紧急情况下事故救援的组织协调工作、安全生产事项的协调工作、安全生产情况的评估工作，以及社会养老保险、信访等事项的协调服务工作。2010年，调整长春铁路办事处职能和各铁路办事处离退休管理办公室管理关系。将长春铁路办事处党群工作办公室与综合办公室合并，党群工作办公室职责并入综合办公室；撤销长春铁路办事处武装部，工作职责划入局武装部；离退休管理办公室划归局离退休管理处直接领导和管理。调整后，长春铁路办事处内设综合办公室、财务室、安全监察室。

【长春站】 长春站位于京哈线，按技术作业性质为区段站，按业务性质为客运站，按等级为特等站。车站日均接发列车349列（旅客列车228列，货运列车121列）。车站在岗职工1 035人，其中，干部140人，工人895人。2010年长春站运输收入完成132 019万元，比年度计划超7 039万元，增长5.6%，同比增长5.6%。其中客运收入完成123 564万元，比计划超4 404万元，增长3.7%，同比增长7.8%。截止到9月25日货运分离，货运收入和建设基金共完成8 455万元，比计划超2 635万元。12月25日完成长吉城际联调联试；12月30日，吉林省、长春市、铁道部、铁路局在长春站举行长吉城际铁路开通仪式，标志着长吉城际铁路正式开通。2010年长春站旅客发送量完成1 948万人次，比年计划增长13万人，同比增长59万人次，增幅为3%；全年加开临客383趟，加挂车辆3 386辆，多发送旅客51万人次，增加收入3 661万元。截止到9月25日货运分离，货物发送量完成62.9万吨，比全年计划超22.9万吨。截止到2010年12月31日，长春站实现无责任较大及以上事故10 160天；无一般B类及以上事故2 105天；无责任人身重伤及以上事故1 824天，连续第3年实现安全年，是历史上安全周期最长的时期。

【长春北站】 2010年9月25日长春站货运车间划归为长春北站管理，承办30家企业货运任务。按业务量为一等站，按业务性质为货运站，按技术作业性质为编组站，主要承担哈尔滨、棋盘、四平、大安北、烟筒山方向货物列车改编作业和中转技术作业；办理货运业务及专用线取送作业，是区域性主要编组站。长春北站有正线3条，到发线24条，编发线6条，分类线13条，西部线群联络线1条，专用线59条，换装线2条，禁溜线2条，迂回线1条，安全线2条，机待线7条，机车走行线1条，机车出入库线5条，牵出线2条，站内道岔352组，减速器23组，可控停车器54台，信号楼4个、调度楼1个、驼峰楼1个、半自动化驼峰1座，调车机7台。固定资产原值3 358万元，净值1 147万元。2010年末，车站有职工680人。2010年车站日均办理14 447辆，其中有调办理3 752辆，日均到发列车253列，中转时间2.7小时，全年开行重载组合列车1 170列，拆组列车62列。截止到2010年12月31日，车站实现无责任行车一般A类事故1 776天；无责任行车一般B类事故1 776天；无责任行车一般C类事故1776天；无责任行车一般D类事故1 776天；连续12个月被路局评为一类单位。

【长春车务段】 长春车务段管辖41个车站。京哈线20个，长图线3个，长白线8个，陶舒线5个，长双烟5个。二等站3个，三等站6个，四等站31个，五等站1个，为龙泉北站。管内营业里程554.813公里，（京哈线243.638公里、长图线8.056公里、长白线119.093公里、陶舒线92.224公里、长双烟91.802公里，2010年新增陶舒铁路37.3公里）。2010年4月28日，管内陶舒线闵家屯站拆扒。京哈干线为双线四显示自动闭塞电气化区段，设20个车站；长图、陶舒、长白、长双烟支线为单线半自动闭塞区段，设21个车站。共有专用线245条，站内货物线70条（到发线兼货物线11条），配有调车组车站31个，简易驼峰1座（长春东站），固定调车机5台。全段共有职工2 038人，其中女职工327人。货物发送量完成965.3万吨，比年度计划超60.3万吨，为计划的106.6%；旅客发送量完成805.1万人次，比年度计划超70.1万人次，为计划的109.5%；运输收入完成137 243万元，比年度计划超10 483万元，为计划的108.3%。其中客运收入完成15 685万元，比年度计划超2 645万元；货运收入完成105 212万元，比年度计划超6 742万元。截止到2010年12月31日，实现安全生产389天。

【长春客运段】 长春客运段负责担当长春至吉林、乌兰浩特、通化、图们、白城、北京、广州、西安、上海、齐齐哈尔、临江、集安、伊尔炮、牡丹江、营口、丹东、呼和浩特东、白河、大连、青岛、天津等72.5对列车的乘务工作，其中，直通列车24对（包括动车组2对，跨局直达列车1对，跨局特快列车3对，跨局快速列车8对，跨局普快列车9对，跨局普慢列车1对）；管内列车48.5对（包括管内特快3对，管内快速24对，管内普快10对，管内普慢11.5对）。全段共有职工8 665人，其中干部611人，工人8 054人。固定资产原值4 248万元，折旧2 359万元，净值1 889万元。2010年共运送老兵428批次21 698人次，新兵349批次28 904人次，新老兵运输总计777批次

50 602 人次。2010 年,长春客运段有序应对调图、世博会、亚运会等运输组织工作同时,高质量完成专运任务 63 次,完成临客 46 列,旅游专列 19 列,军临 110 辆。组织加挂硬座 589 辆、软座 80 辆、硬卧 648 辆、软卧 173 辆,旅客输送量为 6 444.64 万人次。运输收入完成 17 018 万元,完成计划的 118 %。截止到 12 月 31 日,全段实现安全生产 526 天。

【长春车辆段】 长春车辆段地处哈大干线 700 公里处,主要承担客车车辆运用职能。全段配属客车 1 748 辆,其中,软卧车 139 辆、软座车 30 辆、硬卧车 624 辆、硬座车 679 辆、餐车 84 辆、发电车 44 辆、代管行李车 99 辆、代管邮政车 14 辆、路用车 33 辆、特种车 1 辆、试验车 1 辆。全段共承担 69.5 对 106 组旅客列车的基地检修和乘务工作。有生产房屋 38 栋,总面积 88 013 平方米。全年厂修计划 163 辆,完成 153 辆。段修计划 816 辆(含行李车 50 辆),完成 745 辆(含 50 辆行李车);扩大辅修计划 190 辆,完成 190 辆;辅修完成 1 890 辆,A1 修 334 辆;新编开行旅游车体 29 组 485 辆;新编开行临客车体 32 组 492 辆;套用开行临客车体 97 组 1 600 辆;加挂用车 720 辆;专运用车 11 辆;军运用车 115 辆;组织恢复临修车 1 387 辆;组织轮对加修 1 362 条;完成了支南车体 22 组 418 辆的编组任务。完成了更新改造项目 AC380V/DC600V 地面电源安装工作,新增 DC600V 客车整备能力 2 列。完成了白城运用库暖气大修,保证了冬季供暖。截止到 2010 年 12 月 31 日,取得了无行车一般 D 类及以上事故 368 天的好成绩,实现了自 2006 年 3 月 18 日段整合以来第一个安全年。无人身轻伤以上事故、无路风问题、无火灾爆炸事故、无设备事故均为 1 759 天。

【长春供电段】 长春供电段担负着京哈、平齐、通让、通霍、大郑、京通、长白、白阿、长吉、四梅、陶舒(委管)、长双烟(委管)、伊白、珠珠共 14 条线路 190 个站 3 104 运营公里线路的生产、生活供电维修管理任务。2010 年共完成接触网施工天窗 444 次、维修天窗 299 次、临时天窗 26 次、配合天窗 415 次,其中综合利用天窗 186 次。绝缘子擦拭 35 074 个(串);绝缘子整治 35 458 个(串);处理动态检测缺陷 274 处;隔离开关接地电阻补强 111 处;曲改缺陷处理 320 处;侵界树木处理 35 504 棵。电力方面,完成施工作业 1 460 项,累计检修电力线路 5 879.50 公里;发变配电设备 7 891 台(座);更换电力绝缘子 2 548 支;安装驱鸟器 330 个;恢复受电电源电缆 1 500 米;电缆加防水护套 210 个。同时,按照路局统一部署,先后完成了长春站接触网设备改造及长吉城际引入长春站施工;公主岭站物流基地供电设备改造施工;通霍复线、珠珠、伊白、白阿等新线电力设备改造工程以及平齐线调度集中电力配套改造等一系列重点施工任务。2010 年,全段运输总有权支出 69 454 万元,节支 34 万元;完成增收节支 106.5 万元,节支 0.3 万元;电损控制在 9.30% 范围内,比计划降低了 0.01%;居民用电户移交 8 353 户,比路局下达指标多移交 2 173 户。电力受电量 11 699.5 万千瓦时,供电量 10 325.0 万千瓦时,损失率 11.75%,力率 98.0%,负荷率 69.0%,利用率 36.0%。发电设备合格率完成 100%,变配电设备合格率完成 97.21%,电力线路合格率完成 96.76%,照明及其他设备合格率完成 93.41%。截止到 2010 年 12 月 31 日,实现无责任重大、大事故 1 749 天;无责任一般事故 116 天;无责任人身重伤及以上事故 116 天;无责任火灾 1 749 天;无轨道车运行事故 1 749 天。

【长春电务段】 长春电务段承担着京哈、通让、长白、平齐、白阿、长吉、陶舒、四梅八条干支线 1 752.310 公里、110 个车站的信号设备养护维修任务。固定资产总产值 97 380 万元。长春电务段有职工 1 472 人。完成路局重点工作 17 项、段重点工作 22 项,完成信号设备大修施工 3 个站、完成公主岭、乌兰浩特、四平站五楼合一设备集中改造工作,新建乌兰浩特北站和穆家店站,完成沈山线 CTC 改造 3 个站、完成平齐线 CTC 微机联锁 6 个站及 84 公里区间自闭改造,完成长春站改过渡施工 52 次、完成道岔大修 138 组、完成秦沈线改造的葫芦岛北站和 4 个中继站的配合施工任务。信号设备综合合格率达 98.88%,设备优质率达 79.90%。完成年总产值 26 166.4 万元。截止到 2010 年 12 月 31 日,实现无行车重大大事故 22 698 天,无责任人身死亡事故 22 698 天,无责任重伤事故 18 076 天,无火灾事故 22 698 天。

【长春工务段】 2010 年,长春工务段正线综合修 630.283 公里。长春站新建长吉城际联络线 1 条 /0.604 公里,新铺道岔 7 组(型号专线 4249);长春站西货场新建货物线 4 条 /3.273 公里,新铺道岔 6 组(型号 TB399–75);长春北站小南货场新建联络线 1 条 /5.466 公里、安全线 1 条 /0.122公里,新铺道岔 3 组(型号专线 4141);小合隆华能电厂扩能改造新建线 3 条 /2.59 公里,新铺道岔 6 组。截止到 2010 年 12 月 31 日,实现了无一般 D 类事故 105 天、一般 C 类事故 10 046 天、一般 B 类事故 9 585 天、一般 A 类事故 22 702 天;无较(重)大事故 22 702 天。无道口责任一般(重大)路外伤亡事故 10 228 天,无责任一般(重大)火灾爆炸事故 22 702 天。

(张耀锟)

公路运输

【概况】 2010 年长春市被评为全省交通运输发展先进市。到 2010 年末,全市公路总里程达 20 429 公里。其中,国道 402.703 公里、省道 876.90 公里、县道 1 020.11 公里、乡道 4 122.876 公里、专用公路 27.31 公里、村道 13 603.02 公里。全市公路网密度达 99.31 公里 / 百平方公里。比“十五”末期提高 18.51%,干线公路好路率保持在 80%以上。长春通往周边主要城市和各县(市)用高等级公路相连,市区主要公路出口达到一级公路标准,城乡相连,四通八达的公路网络基本形成。2010 年共完成货运量

9 994 万吨、货运周转量 2 030 472 万吨公里、完成客运量 10 169 万人、完成客运周转量 450 206 万人公里。到 2010 年末，全市共有公路客运站点 208（不含出租车站点）个，共有公路客运线路 1 316 条，其中：跨省线路 86 条、跨地市州线路 166 条、跨县线路 180 条。全市共有营运货车 85 736 台、营运客车 2 980 台（不含出租车）。全市机动车维修企业达 1 120 户。全市共有驾校 68 所，年培训能力达 10 万人。

【重点路网工程建设】 2010 年，完成了 102 线长春至德惠段 74 公里一级公路、101 线长春至九台段 50.56 公里一级公路和长松高速公路长春连接线 4 公里城市一级道路工程建设，实现竣工通车。榆树市完成年投资 2.54 亿元，完成了榆舒铁路附属工程及一批公路建设项目。农安县配合长松高速公路建设完成境内 88 公里征地拆迁任务。

【农村公路建设】 2010 年，全市计划新建农村公路 500 公里，实际完成 880 公里，超年度计划 76%。同时完成了 44 座农村危桥改造。榆树市、九台市、双阳区实现村村通水泥路。。

【运输场站建设】 新建和改造了一批县（市）、区货运场站。完成农村渡口设施改造 25 处。2010 年建成全省首家集信息、餐饮、业务办理、修车等多功能于一体的出租汽车服务区。

【提高交通运输服务保障能力】 2010 年末，市区城市公交线路发展到 240 条，线路总长 4 164 公里。公共汽电车达到 4 229 辆，万人拥有公共汽电车 13 辆。日均客运量 200 万人次。城市出租汽车 15 401 台，日均客运量 110 万人次。2010 年，围绕城市公交优先发展，调整延长了 6 条公交线路、投放新能源公交客车 100 辆，完成更新公交客车 333 台、更新出租汽车 2 300 辆。改造公交集合式站牌 291 座，新建公交候车亭 326 座。

【依法行政】 深入贯彻落实《全面推进依法行政实施纲要》，推行了行政处罚自由裁量标准，建立了"一体化"交通运输行政审批模式。工程项目法人制、工程招标制、合同管理制、施工监理制等各项制度进一步落实。公路管理、道路水路运输管理、城市公共交通管理、交通工程质量管理、机动车维修和驾驶员培训管理和水上交通安全管理等都取得新的进展。2010 年全面整合交通运输执法队伍，组建了综合执法支队，加大对运输市场监管力度。全市共查处非法经营车辆 2 764 台，查处违规经营车辆 9 301 台。

新公交车投入使用

【交通改革】 2010 年全面推进已与市交通运输局脱离行政隶属关系的 3 户国有企业的改制工作；完成了交通学校移交教育局管理工作；按照国家有关规定，完成了撤销全市 12 个二级公路收费站工作；正在筹备成立地方道路运输管理局。

【交通科技创新】 广泛开展交通新技术、新工艺、新材料的研究、开发和推广应用。先后完成了纤维复合材料增强沥青混凝土、SEAM 沥青混凝土在寒冷地区的应用研究等 6 个科研项目，柔性防撞交通安全护栏等 4 项科技推广项目。完成了硅藻土改性沥青设计与施工指南。开发建设了长春交通信息资源网。交通运输发展的科技含量明显提高。

【完成支援灾区任务】 2010 年 8 月，为支援永吉县灾区重建，市交通运输局组建救援队开赴灾区。经过 11 天的日夜奋战，出色地完成了拦截打涝化工原料桶、调运应急车辆、机械等紧急任务，受到省、市政府的表彰。

（郭　昊）

民用航空

【概况】 吉林省民航机场集团公司（以下简称吉林机场集团）是首都机场集团公司的全资子公司，主要负责国际、国内航空运输保障业务，下辖长春龙嘉国际机场、延吉机场、长白山机场和吉林二台子机场（歇业）。2010 年省内机场共完成旅客吞吐量 580 万人次、货邮吞吐量 6.6 万吨，保障航班起降 5.1 万架次，同比分别增长 22.28%、28.62%和 17.06%，三大指标增速高于行业平均水平。长春龙嘉国际机场完成旅客吞吐量 475 万人次、货邮吞吐量 6.2 万吨，保障航班起降 4.2 万架次，同比分别增长 22.46%、28.26%和 17.21%，旅客吞吐量增速位居东北四大机场前列；延吉机场完成旅客吞吐量 94.3 万人次、货邮吞吐量 4 192 吨，保障航班起降 7 776 架次，同比分别增长

16.71%、34.09%和 7.2%；长白山机场完成旅客吞吐量 10.3 万人次、货邮吞吐量 33 吨，保障航班起降 1 586 架次，同比分别增长 93.61%、46.02%和 100.51%。

【安全管理】 2010 年吉林机场集团安全运行态势总体平稳，未发生机场原因造成的重大飞行、空防和航空地面事故，实现飞行安全 52 周年，空防安全 17 周年。构建了安全管理体系(SMS)，安全工作规范化、制度化，引入风险防范机制，提高了机场安全运行的管控能力；加大对机场不停航施工和机坪运行的安全管理力度。集团修订了《机场不停航施工管理细则》，下发了《机坪运行管理规定》，对施工单位实施有效监管，确保了机场的安全运营；积极开展安全监查，先后多次对省内机场进行安全生产大检查，通过开展安全生产“三项行动”、机场 FOD、标志标识、鸟击防范等专项整治和货物运输安全专项检查，一些安全隐患得到较好解决；加大机场净空保护力度，配合省、市政府，解决长春龙嘉国际机场周边树木影响运行安全的问题；推进机场应急救援体系建设，成立了机场应急救援中心，修订了《长春龙嘉国际机场应急救援综合方格网图》，完善了机场各类应急救援预案，构建了气象灾害预警信息发布平台，加大对应急设备设施的投入，购置了应急救援指挥车、复苏型救护车和顶升气囊等救援设施。多次组织应急救援演练，机场应急处置能力全面提高。

【服务质量】 机场服务工作大幅提升，旅客满意度再创新高。2010 年，在首都机场集团 ACI 旅客满意度测评中，长春龙嘉国际机场分值达到 4.68，位居首都机场集团成员机场之首；深入开展保障航班正常和航班延误应急处置专项整治活动，机场原因造成的航班延误大幅下降，全年航班放行正常率为 89.96%，同比提高 3%；深入贯彻《民用机场管理条例》，成立长春机场安全服务管理委员会，各驻场单位及航空公司作为成员，共同签署《机场安全服务管理委员会章程》，明确了权利和义务；继续推进服务标准化、规范化建设，完善服务测评体系，成立了“长春机场服务质量评价小组”，依据《长春龙嘉国际机场服务质量标准》，对机场定期评价，发现问题及时整改，不断规范服务标准。2010 年，集团所辖机场圆满完成了各类专机以及东北亚博览会、长春农博会及长春冰雪节等重大活动的运输服务保障任务，未发生一起旅客有效投诉事件。

【市场开发】 营销工作成效显著，航线网络持续拓展，航班大幅增加。新增长春－呼和浩特－乌鲁木齐、长春－济南－三亚、长春－台中和长白山－沈阳等 19 条航线，新开通台北、太原和乌鲁木齐等 6 个航点，成功引进韩国“东部快捷”低成本航空公司，开通延吉－清州旅游包机航线，截至 2010 年底，省内运营航线达到 99 条，通达城市 54 个。积极争取地方政府政策扶持，在省航线开通工作领导小组的推进下，省政府初步确定设立航线开发补贴基金，为航空市场开发提供了强大的政策支持；创新市场开发手段，从传统营销转变为重点营销和整体营销，充分利用各方优势，实施区域合作。与黑龙江、内蒙古机场集团公司合作，协调旅游部门，实施“大森林、大草原、大湖泊”精品游项目，宣传吉林省内机场和旅游资源，扩大对外影响，客货市场份额不断增加。继续开发中低端客户群体，拓展客票销售市场。以国家惠农政策为契机，深入开展“机票下乡”活动，使农民朋友享受到更为低廉的票价，得到更多实惠。“机票下乡”活动已覆盖全省，机票销售额比 2009 年同比增长近 3.5 倍。

【基本建设】 2010 年集团基本建设全面推进，基建项目共计 18 项，总投资额 5.8 亿元。截至 2010 年底，长春龙嘉国际机场航站区改扩建工程已竣工，机场气象雷达楼一层主体工程已完成，飞行区西站坪、北站坪扩建工程、机场职工值班宿舍工程均已完工并投入使用，新建除冰坪、特种车库和应急车库等项目已进入前期准备阶段，长春龙嘉国际机场二期建设工程前期筹备工作有序推进；延吉机场航站楼扩建工程立项（代可行性研究报告）获民航局批复，顺利开展前期筹备工作；长白山机场跑道中线灯工程、职工值班宿舍工程等已竣工并投入使用；通化三源浦机场改扩建工程立项和总体规划获得批复并已开工建设。白城、松原机场已完成选址工作。

【长春与台湾首次直航】 2010 年 2 月 6 日，南航 CZ6051 航班从长春龙嘉国际机场直飞台北松山机场，长春与台湾实现了首次直航。

2010 年 7 月 4 日长春至台北正班航线开通

【春运保障】 春运期间，集团共保障航班5816架次、旅客吞吐量65.18万人次、货邮吞吐量6 357.1吨，同比分别增长26.63%、26.89%和51.67%。其中长春机场起降航班4 834架次、旅客吞吐量55.09万人次、货邮吞吐量为5 985.5吨，同比分别增长23.95%、27.16%和52.75%；延吉机场起降航班858架次、旅客吞吐量92 922人次、货邮吞吐量371.3吨，同比分别增长23.81%、15.56%和36.21%；长白山机场运输起降架次124架次，完成旅客吞吐量7 932人次，其中出港7 233人次，进港699人次。

【“机票下乡”售票系统在九台开通】 2010年11月8日，吉林机场集团“机票下乡”售票系统在九台农村商业银行正式开通，这是继“家电下乡”、“汽车下乡”之后，吉林机场集团在国内率先开展的支农惠农新举措。

（祖若珣）

【南航吉林分公司】 南航吉林分公司是中国南方航空股份公司所属分公司之一，成立于1992年8月8日，是吉林省惟一的基地航空公司。2010年共执管13架飞机，其中空客A321飞机5架，空客A319飞机5架，空客A320飞机3架。成立以来，南航吉林分公司始终坚持“安全第一、预防为主”的方针，连续19年保证了飞行安全。分公司始终坚持“为旅客和货主服务，为吉林省经济建设服务”的宗旨，截至2010年底共经营航线37条，其中国内航线27条，国际、地区航线10条；通航城市33个，其中国内城市24个、地区城市3个、国际城市5个。建成了以长春市、延吉市为基地，覆盖全国主要城市，连通周边地区和国家的航空运输网络。

2010年，南航吉林分公司全年共安全飞行48 698小时/22 632架次，同比增加7 330小时/3 067架次，杜绝了飞行、空防和航空地面事故，实现了安全年。

2010年南航吉林分公司取得了较好的经营业绩，全年完成运输总周转量36 705.50万吨公里，增幅20.65%；累计运输旅客225.02万人次，增幅15.41%；运输货邮28 559.3吨，增幅21.19%；在册飞机日利用率为9.83小时，同比提高0.7小时；累计盈利15 654万元。全年新开长春至台北、台中地区航线；长春至乌鲁木齐、太原、呼和浩特、海拉尔、漠河等国内航线；长春至大阪、济州，延吉至清州等国际航线；将长春－长沙－成都调整为长春－济南－成都，将长春－西安直飞调整为长春－太原－西安，将长春－广州全部调整为直飞，长春－上海由每天3班增加到4班。分公司积极响应省政府号召，在全年经营性亏损的情况下，确保了长白山机场不断航。

南航吉林分公司服务运行品质稳步提升，2010年空中、地面服务满意率分别为98.1%和98.9%。基地出港航班正常率达86.55%，同比提高5.12%，航班正常率在南航股份公司综合排名第一。分公司先后为吉林省委、省政府多个代表团及新兵运输等重要任务提供了优质服务，圆满完成了“两会”、“世博会”、亚运会和亚残运会的服务保障工作。分公司推出了“快速过站中转无忧”服务，着力打造无缝隙空地服务，以“金达莱”乘务组和“向阳花”地面服务中转组为龙头，带动品牌服务建设，从管理机制、服务理念、服务内容、服务方式等方面谋求全面创新。

（刘　莹）

2010年12月31日南航吉林分公司实现安全年－相关领导与当天最后一个航班机组合影

城市公交

【城市公共交通】 2010年全市更新公交车433台，共修建公交候车亭50条街，376个点位，1 077座候车亭，新建公交集合式站牌17条街176座；延长公交线路6条，226路、228路、233路、260路、275路、355路；配合交警调流公交线路67条；对全市公交司乘人员进行岗位培训，办班20期，共培训6 000人次；对全市公交车辆240条线路，4 229台车的车身广告，利用9月初至10月末的时间进行全部的清理整顿，并对车辆的漆面，钣金全部重新喷漆，合格后方可运营。加强行业规范管理，规范企业经营行为。对全市26家公交企业，240条公交线路进行企业经营许可，公交线路经营许可上报材料进行审核，制定企业经营许可26份，公交经营线路许可决定书234份，对240条公交线路运营协议重新签发。从业人员资格证档案6 000份。加强城市公交线路管理，规范长春市公交线路号编码，方便乘客识别公交线路。重点处理违章停车、随意停车、非站点上下车、越站甩客、载客加油、不正点发车等问题；全年专项治理检查6次，检查企业26家，公交线路240条，出动参检人员100

人次，共抽检车辆7 072台，累计停车整顿、教育办班学习处罚20人次，处理无营运手续车辆5台，罚款3万元，营运市场秩序明显好转；对全市7家大型超市的免费购物班车下发限期停运通知，已全部停运；对全市公交线路按照30%的抽检，共计检查车辆5 074台。标准化线路检查2次，共计检查车辆8 000余台；定期与各公交线路企业法人签定“安全建设年”营运车辆安全责任书，定期组织驾驶员参加交通安全常识考核，完成上级交办全年各项工作；全年春秋两季开展营运车辆技术安全检验工作，检查营运车辆5 000余台，检验不合格的车辆，及时下发限期整改通知书，整改合格后，方可营运。

【城市出租汽车】 2010年，全年更新车辆909台，确保车辆更新质量、行业形象进一步提升。出租车管理办公室创新培训机制，培训质量得到提高，全年共培训5 411人次。加大查处非法营运，强化市场稽查，市场秩序得到有效净化非法营运车辆明显减少。截至2010年底，累计处理非法营运108台次，并将30台逾期不接受处理的非法营运车辆上缴市财政进行处理，全年实现罚款67万元。场站管理工作保持平稳，完善了火车站出租车管理监控设施和场地基础建设，会同站前出租汽车联合执法大队清理违规行为和非法营运，私自揽客、拒载、不使用计价器等现象基本消除；龙嘉国际机场出租车管理继续实行服务责任制管理，经申请审核共有1 100多台出租汽车1 900多名出租汽车驾驶员取得了在机场出租汽车场地待客营运的资格，机场秩序明显好转。降低取消部分收费，实施石油补贴工作，切实维护行业稳定，群众认可，实现了零投诉。按照全市关于奋战150天综合整治市容环境的统一部署，在全行业开展了奋战150天综合整治出租车服务环境系列行动。先后开展了“展的士风采，做文明服务之星”系列竞赛活动、文明服务竞赛活动、全市出租车公开服务承诺活动、政行风监督员查找不文明行为活动、整治出租汽车违法违规行为专题教育活动、创文明城做文明人活动以及星级驾驶员评比、表彰优秀典型等，从精神面貌、管理效率和服务质量等方面进一步提高行业管理和企业管理水平。强化安全生产保证安全营运，全年出租汽车行业未发生重大交通责任事故。从2010年8月25日开始，对全市出租汽车计价器机打发票进行改造工作，全部免费，将单车机打发票月领购量由12卷降至4卷，降低了司机负担；完善了行业中长期发展规划，启用了全省首家出租汽车服务区，占地面积1.2万平方米，建筑面积6 000平方米，集业务办理、休息、餐饮、修车、检车、兑换零钱等多种功能于一体；免费安装GPS系统和LED顶灯8 332台，超额完成了全年安装5 000台的计划。软环境建设进一步提升，推广规范化服务，推行政务公开，在原有基础上对停车场地和业务大厅进行了改造，由专人负责业务大厅的管理，挂牌上岗，文明服务，重新公开了办事制度和程序，压缩一站式办事程序2项。

（郭　昊）

物　流

【概况】 2010年长春市现代物流业发展迅速，全市物流企业发展到2 800多户，是“十五”时期的2倍；社会物流总额达10 785.9亿元，比2009年增长23.9%，是“十五”时期的4.6倍；物流业增加值达233亿元，比2009年增长16.6%，是“十五”时期的2.5倍，物流业增加值占国内生产总值的比重提高到7%，比2009年提高0.15%，占服务业增加值的比重提高到17.2%，比2009年提高0.28%；社会物流总费用占GDP的比重为17.8%，比2009年下降0.14%，低于全国平均水平0.79%。9户物流企业被评为国家3A级以上企业。

【谋划区域性批发市场建设】 全市自2008年起共规划布局区域性大型市场20个，完成审批17个，其中2010年审批5个。截至2010年12月，已完工的有东北亚国际采购中心、北方汽贸城、中床国际等9个项目；在建的有汽车拆解市场、隆源农资物流园、红星美凯龙家居中心等5个项目；完成项目前期工作的有长春中大木材批发市场、长春海吉星农产品批发市场、车家汽车贸易园等，规划中的项目有双阳鹿产品、兽药批发市场等。至此长春市基本形成4个市场集聚区，即宽城区的农产品和生活用品为主的大型专业批发市场集群；二道区的生产资料为主的大型专业批发市场集群；绿园区的二手车交易市场和农机交易市场集群；西新经济开发区（原汽车产业开发区）的汽车及零部件为主的大型专业批发市场集群。

【东北亚物流合作发展论坛】 2010年9月2日～3日长春市成功举办了2010东北亚物流合作发展论坛，该论坛得到了国家发改委领导和相关国际友人的认可和好评。2010东北亚物流合作发展论坛由国家发改委、吉林省人民政府主办，长春市人民政府承办，哈尔滨工业大学物流工程研究所协办，同时作为第六届东北亚投资贸易博览会专项论坛之一，在东北亚博览会期间举行。论坛共有303位国内外正式代表前来参会，中国国家发改委副主任解振华、吉林省省长王儒林前来参会并发表主旨演讲，长春市市长崔杰在开幕式上致辞。论坛共收到来自东北亚各国政府、学者、企业的发言稿件60余篇，经国家发改委统一审核，筛选，有30篇作为发言材料在论坛期间进行演讲，并汇编成“演讲集”。论坛共收到来自东北地区44个副地级以上城市的重点物流企业和物流项目100余个。

【编制物流业发展规划】 2010年长春市现代物流业“十二五”规划起草完毕，《长春市人民政府关于支持物流业发展的意见》（长府发［2011］3号）正式印发。物流业“十二五”规划阐述了和长春市物流业的发展现状，发展基础和存在的不足，同时明确了未来5年长春市物流业发展的指导思想、基本原则和主要目标，适时提出了未来长春市物流业发展的主要任务，指出了长春市物流业发展的“六二二〇”的发展格局和几大重点物流工程建设，并提出了实施规划的主要保障措施。

【物流信息化建设】 长春市物流产业办联合长春物流协会筹备了长春物流信息网的全面运行工作。长春物流信息网是长春人自己的物流信息网、物流信息平台和资源共享载体。长春物流信息网分别与中国电信、中国银联、吉林九台农商行、吉林大学、永诚保险、中国交通运输协会签约合作。同时，长春物流信息网与香港华联通商务网络合作，将长春物流网加盟到国际物流网络里，实现与国际接轨。长春物流信息平台建设已经进入全国前列。长春物流信息网不只是提供运输信息的单一服务，更重要的是搭建了一个全国乃至全球采购、交流、合作的平台。

长春物流信息网启动仪式

【制定整车物流服务体系推进计划】 根据市委、市政府汽车产能提升300万辆要求，长春市制定了未来5年300万辆整车物流配套服务可行性推进计划。从汽车仓储、运输、零部件供应、交通路网建设、汽车物流园区建设、汽车物流企业建设、物流信息平台建设等方面进行全面分析设计，以符合300万辆整车产能要求。同时，在投资、融资、财政、土地、税收、规划等方面给予汽车物流发展相关政策，以保障汽车物流服务体系的完善和汽车产能的稳定增长。

【开展冷链物流发展情况调研】 2010年国家发改委印发了《农产品冷链物流发展规划》，明确了发展冷链物流的重要性和必要性。长春市物流产业发展办公室联合长春物流协会、吉林大学军需科技学院，组成长春市冷链物流课题调研组，经过省内外考察学习形成《长春市冷链物流发展情况调研报告》。该课题对长春市农产品冷链物流进行了深入分析研究，同时与全国以及先进的省市进行了横向对比，找出了发展中存在的问题，立足长春市实际探讨了发展冷链物流的重要意义，提出了长春市发展冷链物流的几点建议和推进措施。

【物流企业评级评信工作】 长春市物流产业办联合长春物流协会开展长春市"诚信物流企业"评选工作，同时配合国家物流与采购联合会开展A级企业评定工作。截至2010年末，长春市被评为国家3A级以上的物流企业有9家，被评为长春市"诚信物流企业"有48家。评级评信工作已经进入成型阶段。

（崔永哲）

信息产业

信息产业

综 述

信息化基础设施建设 以网通、移动、联通、铁通、中国电信、有线电视网络公司等运营商为主，加快城市信息化基础设施建设。2010年，全市通信光缆总长度达16 500皮长公里，固定电话用户达183万户，移动电话用户达810万户。已建成无线移动2G基站3 100多个，无线移动3G基站2 200多个，第三代移动通讯网络已覆盖主城区和部分县(市)。有3 000多家拥有独立域名的网站，互联网上网人数达150万人。强化了无线电监测网络建设。建成由1个固定监测站和2辆移动监测车组成的长春市无线电监测网，适时对长春市区内的各类无线电信号开展一般精度水平的监测和测向定位，掌握频谱资源的利用情况，及时排除有害干扰，有效地维护了空中电波秩序，保障各类无线通信系统的正常运行。加快了信息化规划和法规建设。根据国家和省政府的有关部署，结合全市实际情况和发展趋势，先后研究制定了《长春市信息工程设施专项规划》、《长春市无线基站设置规划》等一系列法规和政策规定。

电子政务建设 1、加快全市电子政务统一平台——公务员驾驶舱系统后续模块的开发。完善了会议管理、领导活动、档案管理、决策资源网等模块的功能，进行了移动办公相关技术方案的研究和准备。同时，推动了公务员驾驶舱在相关部门的应用。公务员驾驶舱的所有模块在市政府办公厅进行了应用。2、开展国家政务信息资源目录体系与交换体系建设的试点工作。长春市的《长春市基于政务信息资源目录体系支持部门间信息共享与业务协同试点建设实施方案》通过了工信部组织的专家论证，确定了依托社区城市居民个人数据库和企业共享数据库，构建社会大救助服务系统和地方税收联合征管系统，完善长春市政务信息资源开发利用的体制机制和标准规范的工作思路。3、由市工信局协调建委、规划、土地、交通等部门完成了建设工程信用信息公开平台建设，为全市建设工程的信息公开提供了统一的平台。

电子商务建设 1、推动中小企业综合服务平台的建设。启动了长春市中小企业综合服务平台的建设，已经开始试运行。平台以长春市中小企业综合服务网为核心，以县区信息服务网为辅助，以现有信息系统为支撑的上下互动的大型信息网络和服务平台，各系统之间通过技术手段实现信息互动和资源共享，形成统一的政府公益性信息服务网。平台提供查询、答疑、网上培训、网上推介、网上销售等服务，主要采取互动式的方式，为中小企业建立一个对外宣传、交流的平台。2、完成《长春电子商务发展规划》。为了向国家发改委申报长春市为电子商务试点城市，组织人员对全市电子商务发展的情况进行调研，编制了《长春电子商务发展规划》，在通过省发改委高技术处审定后，提交到国家发改委的相关部门。3、完成吉林省信息产业发展资金的申报工作。向吉林省工信厅进行了信息产业发展资金中信息化项目的申报，共申报17个项目，有5个项目得到了资金扶持。4、推进中小企业信用体系建设。组织相关部门到石家庄、成都等城市学习考察中小企业信用体系建设的情况，结合长春市的实际，完成了《长春市中小企业信用体系建设方案》。5、推动信息化和工业化融合的研究。加强对企业信息化和工业融合的研究，完成了《关于长春市信息化和工业融合研究报告》，确定了长春市“两化”融合的重点领域和发展措施。

电子传媒建设 充分发挥长春新闻网、长春政务网、长春社区网和长春外事网的电子传媒作用。1、服务市民，为经济和社会发展提供服务。长春新闻网立足于政治、经济和社会舆论宣传，向社会广泛提供就业、旅游、商务、教育、医疗等信息，较好地发挥了让长春走向世界，让世界了解长春的网络宣传作用。长春政务网突出政务信息公开，市民与政府职能部门互动，企业与市民网上办事等功能，提高政府为社会服务的层次。长春社区网以“便民、利民、为民”为重点，强化办事服务，查询服务、咨询服务、商家发布、百姓互动等功能，以满足社区百姓的各类需求。2、服务社会，构建政府与网民的沟通桥梁。长春新闻网、长春政务网和长春社区网积极搭建政府与企业、政府与网民的沟通桥梁，服务民生工作。民生新闻、百姓呼声、舆论监督、新闻调查等栏目及时反馈群众的所需所盼所求，畅通了政府与群众的沟通渠道。

信息化与工业化融合 1、信息化与工业化融合初步显现。长春市在汽车、农产品加工、轨道客车和装备制造、光电信息等领域全面推进两化融合。计算机辅助设计与制造(CAD/CAM)、计算机辅助工艺过程设计（CAPP)、产品数据管理(PDM)、计算机集成制造(CIMS)、资源计划管理(ERP)、客户关系管理(CRM)、采购供应链管理(SCM)及生产过程自动化控制等信息技术已在各行业中广泛应用。据调查，长春市大型企业100%使用计算机辅助设计，40%以上使用计算机辅助制造技术，中小企业75%以上应用财务管理系统。2、构建了企业各类综合服务平台。长春市先后建设了长春国家光电子产业基地工程技术服务平台、嵌入式软件模拟仿真平台、汽车电子工程技术中心、软件与服务外包人才培训平台、企业基础信息共享平台、物流车辆管理信息平台，这些平台的建设为信息化与工业化的融合提供了有力的支撑。启明信息技术公司的物流车辆管理信息平台，为长春市5万多台物流车辆提供GPS导航服务。3、利用信息网络开展企业间技术研究与开发。为充分利用信息化对技术创新、扩散、传播的优势，长春市一些大中型汽配企业充分利用信息网络平台开展企业间共性技术研究与开发，较好地缩短了创新周期，降低了创新成本。一些企业面向市场需求，加强产学研结合，坚持引进消化吸收再创新，构建产业自主创新体系，强化信息技术的渗透能力，较快地提升了产品的信息化程度。

社会领域信息化建设　1、启动社区信息化服务平台二期建设。在社区信息服务平台一期工程基础上，运用现代信息技术和手段，建立覆盖整个社区的管理和服务信息网络，将社区信息服务平台的应用部门逐步向就业、教育、计划生育等部门拓展，以提高社区公共服务水平，促进服务型政府建设。2、推动农业领域信息化建设。对德惠市农业信息化服务平台建设进行了组织结构的完善，同时，协调相关企业进行项目的持续开发，充分发挥信息技术在强农惠农工作中的促进作用。3、加快公安系统结合“金盾工程”建设。进一步优化公安信息化基础设施，有效地提升了信息技术的应用水平。“天网工程”建设，截至2010年末，长春市共安装各类监控探头7.3万余个。警务信息综合应用平台，实现了对公安主要业务资源的汇集、整合，进一步带动了各警种网上业务的开展。派综系统、刑侦系统、监管系统、交管系统、旅店业管理系统实现了与警综平台的有机结合。特别是受案、立案、破案网上流程的实现，推动公安系统信息化建设和应用逐步向纵深发展。4、推进档案系统的数字化、网络化建设。市档案馆的馆藏档案100%实现案卷目录计算机检索、50%实现文件级目录检索，50%实现重要专题及频繁被利用档案的全文检索，部分县（市）实现了电子档案远程检索查询和应用。5、建成教育系统教育资源库和数字化学习港。长春教育系统通过整合外地优质教育资源、开发本地优秀教师资源，已建成具有地方教学特色的大型教育资源数据库。另外，采用现代信息技术，以教育公共服务网络平台为载体，建成了“长春市数字化学习港”，可以满足10万人注册、1万人同时在线学习。6、公用系统建设了市政公用综合监管系统。该系统以地理信息系统为应用平台，采用宽带网络和数字化技术，对全市市政供热系统实施了动态监控和管理。

（梁占武）

邮　政

【概况】　2010年，长春市邮政局坚持以科学发展观为统领，转变发展方式，推进专业转型，强化团队营销，各项工作得到进一步发展。全市实现业务总收入41 561万元，比2009年同期增长10.10%。完成收支差额3 079万元。

【邮政业务发展】　1、邮务类业务稳步发展。截至12月末，集邮业务实现收入5 796万元。函件业务实现收入6 443万元，同比增长6.9%。报刊发行投递专业完成业务收入2 021万元，累计完成报刊订阅流转额8 081万元。全市金融类业务收入实现21 959万元，同比增长10.03%。2、项目拉动作用明显。全年启动并形成收入项目89个，实现收入1.3亿元。项目对收入的拉动作用明显体现在集邮、函件、代理金融和电子商务专业。集邮专业仅“两节”邮品销售，世博系类和二轮生肖册就实现收入1 320万元。报刊发行专业得到全省21所高校图书馆两个年度的期刊采购权。2010年继续强力推进5个县（市）局发展，采取市县联动，营销项目互动、复制，县（市）局间交流互访等措施，县（市）局发展持续提速，收入增幅连续3年保持快速增长。德惠市和双阳区收入增幅分别列全省县（市）局排名前5位，榆树市、德惠市、九台市邮局收入规模列全省县（市）局排名前10位。5个县（市）局集邮业务均超额完成全年收入目标。

【推进经营转型】　1、推进平台的经营转型。在代理业务、营业和发投3个专业实施扁平化管理，确立以中心所、中心支局、投递部为中心的管理体制。以团队面对市场、开发市场，平台建设取得初步成效。2、推动函件专业的一体化发展。结合企业实际，率先在函件局组建BIU团队和行业营销团队。加强函件业务在区域和市县的联动，调整县（市）局函件经营组织架构，配备专职人员负责名址数据建设维护和分析应用工作。3、转变营销模式，实施团队营销，助力专业化发展。2010年初，长春市邮政局进一步明确营销体系建设工作目标、组织架构和职责分工，确定多元化营销模式，成立长春市邮政局大客户中心和名址建设及项目策划中心，组建BIU团队和49个营销团队，实施团队营销，取得显著成效。全市开发保险公司贺卡收入超过200万元，开发通信类大客户贺卡收入超过150万元。在营销团队建设方面，围绕省公司和市邮政局的重点营销项目、储蓄余额发展、思乡月营销、贺卡等为载体项目，通过培训演练和实战营销，团队营销的整体实战能力迅速提高。在自邮一族、航空机票等6个重点营销项目团队擂台赛中，最初组建的22个营销团队共实现项目收入1 789万元，占活动期间长春市项目收入总额的70%以上。全市“思乡月”销售额实现1 260万元，49个营销团队共为包保储蓄网点存款9 000万元，形象年册和邮政贺卡超额完成省公司计划目标，实现贺卡收入2 624万元，占全市总额的97%。全年营销团队共实现收入8 885万元，占收入比重的21.6%，占邮务类收入的52%。在大客户管理方面，充分利用CRM客管系统，进行客户梳理和维护团队匹配，对客户实行分层分级维护、开发和管理，全年邮务类大客户实现收入6 077万元，同比增长10.8%。

【精细化管理】　严格管控成本，将代办费、招待费等重点成本支出严格控制在预算目标范围，通过流程优化、人员配置、盘活库存等工作，人工成本得到控制，各项支出呈下降趋势。2010年成功削减集邮库存526万元，压缩库存率42%，提前超额完成省公司计划指标。电信库存已达到省公司规定水平。强化损益核算，将全市117个城市营业网点纳入损益核算体系，并合理应用核算成果。人力资源管理工作不断深化。2010年通过撤并低效网点、两网合并、双定工作等8个项目优化了作业组织，实现合理盘减人员、提高运营效率、降低人工成本目标，人员总量与2009年度持平。在管理经营责任书关键指标的设置上，责权利结合得更为紧密，考核频次由季度变为月份，加大中层干部的绩效考核力度。做好双定工作，对营销、内部处理、投递和营业4个工种的作业量及人员配置做了彻底调查与分析。在营业工种运用星级考评结果，解除劳动合同14人。营销队伍建设得到加强。在保持人员总量不变的情况下，一方面通过内部挖潜，选拔营销业绩较好的人员转岗到营销岗位；另一方面通过组建营销团队，将团队作为营销主体，将团队队员作为兼职营销人员，补充专职营销力量。截至12月末，全市有专职客户经理177人，占全部从业人员的5.63%，销售类专职客户经理占专职营销人员比重达76.96%。

【优化网点布局及作业流程】 2010年全市共完成大小工程建设项目90个，完成投资3 089万元。其中，新购置局所4处，装修改造居所57处。同时，房屋资产盘活实现租金收入119万元。完成两网整合、分拣前置和大宗函件作业流程优化等工作。重新优化确定了部站设置、段道调整工作，实行投递岗位计件分配办法。优化大宗函件作业流程，突出包裹的专业职能，生产作业组织流程更加顺畅。推行邮路外包，在5个县(市)、区的6条自办邮路推行汽车邮路外包，节省成本35万元。对长春市地区邮政21处低效网点采取迁址、调整布局等措施，对市内及5个县(市)、区的26个委代办网点实行业务外包，营业平台进一步延伸。以宽城储蓄、同志街营业为示范窗口，分别召开服务现场会，推广优秀做法，班组管理和窗口服务水平显著提高。长春市邮政局和长春市邮政储蓄银行联合召开窗口服务动员大会，开展邮政储蓄、邮政营业争优创先百日竞赛等活动。进一步提升城市投递服务能力，调整作业组织，优化投递网络，完成县(市)局投递网优化达标验收工作。通过建委派驻，2010年新建的334栋楼房安装信报箱21 647个。

【企业文化建设】 2010年，全市开展大规模教育培训，取得了全省储蓄、营业普遍性练功竞赛团体第一、第二的好成绩。全年完成5类、134项、371期培训，累计13 942人次参加了各类培训及考试。全年参加星级考评达到1 001人次。在邮政改革与发展的关键时期，通过开展“创建学习型党组织、党员创先争优”和以“八个一”为内容的党风廉政宣传教育、选树典型和向先进学习活动，开展多层次的形势任务教育、劳动竞赛、文体活动，统一思想，凝聚人心。在全市开展资金专项、防火等大检查活动，采取电话日沟通、召开全市电视电话会议、签订安全责任书等措施，加大网点的安防建设工作力度，全年对各网点实施检查632次，对发现的安全隐患进行限期整改。开通县(市)局“110”远程监控系统。更新安防设备，全市开展11期1 800多人次参加的安全防火知识培训，增强员工的安全防范意识，提高安全防范能力。

（江　琳）

联　通

【重点业务】 2010年，中国联合网络通信有限公司量质并重地加快3G业务规模发展，大力推动宽带、2G业务快速发展，重点业务发展成效显著。3G出账用户达11.9万户，累计净增出账用户10.4万户；2G出账用户达180.1万户，累计净增出账用户24.8万户；宽带累计净增8.6万户，用户达58.2万户，其中2M以上用户占比达到69.8%。通过电子渠道发展3G用户1.9万户。

【通信保障】 2010年，公司新建WCDMA基站73个，达1 052个，全区乡镇覆盖率达45.9%，高速公路覆盖率达75.6%；新建室内分站74个，达854个；新建GSM基站182个，达1 855个，高速公路覆盖率达84%，村屯覆盖率达94%。新增EPON端口29.8万线，4M以上速率端口占比由84.5%提高到96.8%，行政村宽带覆盖率由65%提高到87%。

积极参加“3·15”消费者权益日宣传活动

【网络运行】 WCDMA 网络方面，网络接通率达 98.3%，比年初提升 3.8%；掉话率达 0.43%，比年初下降 0.05%。GSM 网络方面，日话务总量达 40.1 万 Erl，上升幅度达 40.8%；业务信道负载率比年初上升 6%，达 40%；在话务量大幅上升，网络压力剧增的情况下，系统接通率达 96.7%，比年初上升 0.5%。固网长途交换系统接通率达 99.2%，一级干线传输网电路可用率达 100%。

【企业管理】 进一步理顺公司管理体制，分专业线持续调整优化组织结构，顺利实施本地网营维分离和集团客户事业部整合。加强投资管理，坚持资源新建、优化调整、挖潜利用的协调并重，科学配置资产投资。实施企业内部热线服务机制，逐步推进流程优化，开通 1163110 热线，完善 1163119 热线，筹备 1163169 热线，推进经营管理、内部服务的改革实践，运行效率得到进一步提高。深度开发人力资源，实行岗位轮换，促进员工在企业内部的市场化流动。以服务促经营，VIP 拍照客户增加到 9.2 万户，3G 拍照 VIP 客户保有率达 92.7%。有效整治服务投诉热点问题，加大障碍属地化处理力度，服务短板得到了改善，客户感知得到了提高。持续完善内部控制和风险管理长效机制，切实抓紧安全生产工作，全年未发生责任性安全事故，公司抗风险能力得到提高。

（李光辉）

移 动

【概况】 2010 年，中国移动通信集团吉林有限公司长春分公司较好完成了省公司下达的各项目标任务，实现业务收入与客户规模的双提升，网络规模进一步扩大、服务质量进一步提高，行业领先地位得到持续加强。公司先后荣获市委先进党委，市国资委先进纪委、中国质量协会授予的“中国质量鼎”、“中国用户满意鼎”等多项荣誉称号，通过了 ISO9001 质量管理体系、ISO14000 环境管理体系再认证工作。

【深入推进“5+1 工程”】 1、落实“三新”策略，扎实开展“拓新工程”。2010 年，校园迎新期间发展用户 11.2 万户，渗透率达 95%，县（市）、区全年累计新增用户 215.36 万户。在用户规模化发展的基础上，通过科学调整资费设计，赠送通话时长，大力推广幸福家庭计划业务，积极宣传 12593 等长途、漫游优惠政策，开展 G3 无线信息机营销等方式，有效激发话务量增长。2010 年语音业务收入比 2009 年提高 1.6%。新业务方面贴近用户实际需求，通过政企合作、体验宣传、推广 WLAN 业务使用等方式，带动产品的普及和使用，促进数据业务发展。同时，深入开展与铁通公司的合作，开发固网宽带业务，2010 年推广家庭宽带业务 9 021 户。2、全面推进“保高工程”。坚持“保有也是发展”的思想，优化客户经理包保体系，实行中高端客户专人、专责、专职包保机制。2010 年，长春分公司中高端客户数月均值为 36.38 万户。3、夯实“筑基工程”。优化自有渠道，北海路沟通 100 营业厅投入运营，吉林大学动感地带旗舰店建成并投入使用，实现了动感地带品牌宣传、业务推广、校园用户维系等既定目标；全面评估、规范和梳理现有社会渠道，强化酬金管控机制，实现“优胜劣汰、动态管理”，提高社会渠道的整体竞争实力。截至 12 月份，新建指定专营店 16 家，累计达 300 家，完成了 230 个学生代理的协议签署。同时开展违规社会渠道清理工作，实现了垃圾短信投诉及平台拦截量的大幅下降。提高电子渠道业务办理比例，截至 12 月末，新投放、更换自助终端 61 台，有效使用自助终端 145 台。2010 年 12 月电子渠道缴费分流比 92.37%、电子渠道业务办理分流占比 73.31%。4、立足“维系工程”。进一步深化与沈阳铁路局等重要集团客户的合作，确保重要集团整体稳定。规模化推广农信通、手机邮箱、无线商话等信息化产品，增加业务收入。此外，通过企业随 E 行业务营销方案、农村集团彩铃营销等产品推广方案，实现了集团信息化收入规模化增长。加速行业应用项目推广，有效挖掘政府、教育、医疗、农业、汽车五大行业实际需求，开通 12580 电话挂号、车务通、车辆定位等业务。建立完善长春信息港、政务大厅等信息化社会平台。促进智慧校园业务落地，有效拉动信息化收入持续增长。利用行业立项资源促进集团整体粘性及收入水平有效提升，全年共计投资项目 18 项，通过与长春信息中心深度合作实现了由政务应用带动大众市场业务普及的新型营销模式。5、大力推进“树帜工程”。以三大品牌为主线，实施品牌经营战略，开展缴费回馈、积分兑换、名家讲堂等增值活动，提升全球通客户价值感知；开展校园歌友会、K 客争霸赛等活动，将动感地带品牌融入学生校园生活，丰富品牌时尚内涵。通过制定优惠套餐、结合惠农政策等方式，在大众市场传播神州行品牌“实惠、便捷”的品牌理念，同时，在各品牌宣传推广活动中融入 G3 元素，并借助优质户外广告资源和社会热点事件，强化对 G3 品牌及相关产品的宣传和推广。6、积极推进 TD 营销工作，实现 G3 用户规模发展。通过开展“夏日风暴 G3 业务盛情回馈”、“无比·睛彩 CMMB 手机 1 元购”等系列活动，利用 TD 终端和 188 号码促销活动拉动 G3 用户发展。建设自有渠道 G3 体验专区 7 个，拓展 TD 终端社会销售渠道 54 家，深化与苏宁、国美等手机销售企业的合作，构建 TD 终端全渠道营销体系，累计销售 TD 终端 6.1 万部，销售 188 号码 2.38 万户。做好无线信息机的新增用户发展和存量用户维系工作，实现 G3 无线信息机业务规模化发展，累计发展 G3 无线信息机 4.96 万部。其中通过全员劳动竞赛活动发展的 G3 无线信息机数量达 1.4 万台，效果显著。启动 TD 数据上网卡常态化销售，深度挖掘具有无线上网需求的潜在行业和个人用户群体，开展上网卡、上网本用户的到期维系工作，保证整体用户规模的持续稳定。2010 年，累计销售 TD 上网卡 7 441 户。

【优化服务体系】 以提升客户满意度为工作核心，优化服务管理体系，从营业厅、投诉管理、全球通俱乐部等方面入手夯实基础服务。深入宣传“便捷服务，满意100”，落实便捷服务举措，持续关注营业厅服务质量提升，针对服务短板制定改进方案，提高服务水平。加强投诉分析及管理，分解落实重大投诉绩效目标，理顺投诉处理流程，强化升级投诉预警分析，有效降低客户投诉量。优化全球通VIP俱乐部服务资源，丰富网点功能，延伸服务领域，彰显差异化服务，开展俱乐部体验卡服务，提升客户感知。组织高尔夫比赛、全球通VIP讲堂、新年音乐会等全球通俱乐部活动，通过报纸广告、12 580积分换票、营业厅及客户经理宣传等方式，做好活动的宣传工作，稳步提升客户感知。进一步完善检查考核制度，建立一次通报、二次考核机制，围绕公司经营管理、网络服务开展检查工作，以督促问题解决为目标，通过对整改情况的持续跟踪反馈，监督服务质量，堵塞生产漏洞，降低公司经营风险。

【打造“强势网络”保障体系】 全面开展网络建设工作，实现网络同步接入，跟进哈大高铁、长吉高铁沿线基站建设工作，主建、辅建结合，有效缩减投资，减少长春分公司工程建设压力。开展2G、TD网络换型工作，提前完成全部2G底层网472个基站替换和40个TD宏基站替换。落实“2010WLAN迅雷行动”，在顺利推进大学校园WLAN网络建设的同时，积极开展龙嘉国际机场、三星级以上酒店、高档写字楼、火车站等热点地区覆盖。已经完成5个校园、51个热点和46个酒店、写字楼的建设。完成大部分对农行、中行、法院、地震局等重要集团客户的集团专线接入工作。完成全年立项175个有线宽带小区接入工程，使其具备发展用户能力。稳步推进PON网络建设工作，完成38处PON网络机房的选址，首批完成净月、前进、枢纽、汇文等4个节点的施工，已具备使用能力。通过网络的全面建设和升级，提升了用户满意度，为市场发展提供了有力支撑。

（刘学楷）

综合经济管理

综合经济管理

宏观调控

【概况】 2010年,长春市完成地区生产总值3 329亿元,同比增长15.3%。其中,第一产业完成增加值252.7亿元,增长3.3%;第二产业完成增加值1 719.9亿元,增长19%;第三产业完成增加值1 356.4亿元,增长12.6%。全口径财政收入完成563.4亿元,增长25%;地方财政收入完成180.8亿元,增长26.8%。全社会固定资产投资完成3 001.5亿元,增长31%。其中,工业投资完成1 400.3亿元,增长28.4%。社会消费品零售总额完成1 286.7亿元,增长18.1%。全年居民消费价格指数为103.6%。城镇居民人均可支配收入和农民人均纯收入分别达17 922元和6 665元,同比分别增长11.5%和17.7%。

【编制"十二五"规划】 为落实市领导提出的"开门办规划、全民办规划"要求,全市发改系统抽调精干力量,集中精力搞好规划的编制。2010年,共完成了5大类15个重大问题研究,召开县(市)区、市直部门、专家咨询会议10余次,接受采纳社会各界建言献策500多条,纲要文本大规模修改20多次,形成各类汇报稿30余篇。全市总体规划和42个专项规划、4个区域规划共同形成了《长春市国民经济和社会发展第十二个五年规划纲要》。《纲要》科学分析了"十二五"期间长春市的发展基础和面临的形势,确定了未来5年经济社会发展的指导思想和发展目标,提出了空间布局、三次产业发展、城市建设、科技创新、富民工程、社会事业、改革开放、保障机制等方面的主要任务。省委、省政府主要领导对长春市"十二五"规划给予了充分肯定。

【制定并组织实施年度计划】 1、制定年度计划。结合国家和省对宏观形势的总体判断,综合考虑全省和15个副省级城市计划制定情况,统筹安排年度计划指标,先后起草完成了《长春市2010年国民经济和社会发展计划上半年执行情况及下半年主要工作安排的报告》以及《长春市2010年国民经济和社会发展计划执行情况与2011年国民经济和社会发展计划草案的报告》,全面总结了2010年全市经济和社会发展状况,对全市上下理清发展思路、明确阶段重点、出台各项举措提供了基本遵循。2、开展运行分析。针对金融危机影响,加大对全市经济运行状况监测预测力度,相继完成了一季度、半年和三季度经济运行分析,提出保持经济平稳较快发展的合理化建议10余条,为市委、市政府应对金融危机,科学制定各项政策措施提供决策参考。3、推进经济目标考核责任制。按照年度计划安排,对全市各县(市)、城区、开发区等14个责任单位的各项发展目标进行细化分解,继续实施经济目标责任制考核。从年底的考核情况看,各责任单位均较好地完成了2010年度经济目标责任制的各项指标任务,部分指标超额完成。

"十二五"规划专家座谈会

【开展重大问题研究】 面对国际金融危机的严峻考验,市发改委围绕关乎全市国计民生的重大问题开展了多项专题调研,取得了一系列成果。1、加强了对"十二五"重大课题的研究。在客观总结分析"十二五"发展基础和发展环境基础上,先后完成了《关于"十二五"时期长春市经济和社会发展一些重大问题的研究》、《"十二五"期间长春市经济社会发展阶段性特征、制约因素及政策取向研究》、《"十二五"期间长春市生产要素需求平衡问题研究》等多篇研究报告。2、努力抓好城镇化研究工作。①牵头推进长吉一体化。按照省市部署,起草完成《长春市推进长吉一体化实施方案》,明确了长吉一体化的总体目标、空间布局以及合作领域等关键问题。在此基础上,市发改委牵头与吉林市方面共同起草了《长吉两市战略性合作框架协议》，确定了双方的合作基础和原则，明确了未来一体化发展的方向和目标。按照方案和协议要求，市发改委策划实施了197个长吉一体化重点项目，并向省发改委申请支持资金近10亿元。②统筹推进城镇化示范试点工作。在学习借鉴上海浦东新区、成都统筹城乡综合配套改革试验区、长株潭一体化等成熟经验的基础上，编制了《长春市特色城镇化发展规划》，制定了《长春市开展统筹推进城镇化示范试点工作实施方案》，提出长春市开展统筹推进城镇化示范试点工作的基本思路，重点围绕"三城两区"统筹推进城镇化综合配套改革试点工作。3、加强了对重点、热点问题的调研。为加快推进长春市经济发展方式的转变，促进一、二、三次产业协调互动，完成《关于加快推进长春市现代服务业发展的研究报告》；对物流业进行深入研究，完成《长春市汽车物流发展情况调研报告》、《冷链物流发展情况调研报告》。

【协调推动全市医改工作】 1、制定出台医改工作方案。制定并下发了《长春市医药卫生体制改革五项重点任务及2010年度主要任务安排和部门分工》，转发了省医改办《关于印发基层医药卫生体制综合改革试点相关配套实施方案的通知》，将各项任务明确分工，落到实处。2、加大工作推进力度。协调推进医改各项工作，汇总分析医改进展情况和最新动态。认真开展调研活动，深入基层一线，听取医改工作中存在的问题及建议，形成调研报告，并对存在的问题逐条进行分析、梳理，提出解决方案和处理意见。3、在重点领域寻求突破。推进建立国家基本药物制度，历时3个月实现了从试点到全市的全覆盖。通过"721"资金保障模式，确保了基本药物制度的实施和基层医疗机构的正常运转。截至2010年底，长春市实施的基本药物价格与国家指导价格相比下降41.3%；与省招标指导价格相比，下降18.1%。单处方均值由35元下降到16.5元，下降幅度为47.2%。

【推进项目建设】 2010年，全市固定资产投资完成3 000亿元，增速超过30%。1、集中精力推进重大项目建设。全市确定的150个重大项目，开工101个，完成投资630亿元，比2009年增加151亿元，占全社会投资的21.3%，比2009年提高2.1个百分点。其中，一汽轿股二厂完成投资6亿元，已竣工投产；红旗街万达广场完成投资21亿元，已正式营业；轨道客车高速动车组制造项目完成投资25亿元，一期工程380公里高速动车组下线，二期工程试验线投入使用；大成集团百万吨化工醇完成投资22亿元，具备年产60万吨淀粉糖的能力。2、强化项目服务和管理力度。一季度开展集中审批百日工程，二季度开展集中开工百日工程，帮助项目单位落实水、电、气、热、路等各项建设条件。项目开工后，加强对项目的服务和管理，建立业务处室联系制，随时了解项目进程和存在的问题，并及时沟通汇报，帮助协调解决。同时，对于使用中央、省等政策性资金的项目，市发改委严格履行基本建设程序，提高投资效益，优化投资结构。加快绿色通道建设，为项目开工落地创造一切必要条件。3、加强项目谋划和储备。大力实施"2132"项目储备工程，建立长效机制。全年共储备3 000万元以上项目2 000个。其中，亿元以上项目1 000个，5亿元以上项目300个，10亿元以上项目200个。结合"十二五"规划，谋划储备了"十二五"期间3 000万元以上项目2 800个，总投资17 000亿元，为"十二五"时期经济社会发展奠定了坚实基础。4、多渠道筹措建设资金。抓住国家财政政策和货币政策较为宽松的有利时机，强化"发改委牵头汇总、各部门分工协调"的联动机制，最大限度争取国家和省里的支持。全年共有368个项目获得国家和省资金支持，资金总额23.4亿元。其中获得中央预算内资金项目182个，争取资金12.8亿元。利用外资上，奥地利政府贷款600万欧元的医疗项目，也已通过国家审批。

（孙焕荣）

统计工作

【统计服务】 2010年，全市统计调查工作针对国民经济运行情况、重大热点和难点问题进行了深入分析，为保持经济平稳较快增长提供了科学的分析判断和决策依据，树立统计分析权威品牌。1、深入开展调研分析，服务质量明显提高。①加大指标监测力度，做好经济运行监测工作。2010年，撰写、编发《统计内参》16期，对全市主要经济指标完成情况及时做出监测和预警。②正确把握形势，认真对经济发展中有关重大的战略性问题进行分析和研究。形成了《长春市"十二五"规划纲要经济社会发展指标体系设置及测算》、《长春市与经济发达城市经济发展阶段的比较研究及对策》、《长春市社会主义新农村建设进程监测评估报告》、《针对房地产新政对我市房地产市场影响简析》等10余篇研究报告，其中，《长春市"十二五"时期经济社会发展面临的宏观环境及对策》一文受到市长崔杰亲自签批，并被国家统计局网站全文刊载。2、强化服务功能，扩大统计影响力。①发布《2009年长春市国民经济和社会发展统计公报》，向全社会提供了翔实、准确、权威的统计资料。②编印《长春统计年鉴》和《长春市2009年优秀统计论文集》，为党政领导及时掌握经济运行态势，制定科学决策提供了科学、准确的参考数据。③及时采集直辖市、副省级城市等相关城市和地区的统计资料。全面、系统、完整地掌握了城市间国民经济主要指标完成情况。④通过网络平台，及时向公众发布了大量的统计信息资料，最大限度地满足了社团、单位和公众对统计数据和信息的需求。

【人口普查和各项统计调查】 1、人口普查取得阶段性成果。2010年，按照国务院和省的统一部署，长春市开展了第六次全国人口普查工作。在各成员单位的大力支持和配合下，在全市4万多普查员艰辛努力下，主要工作均已完成，已进入资料开发应用阶段。2、圆满完成各项重点、专项统计调查。市统计局按照省局、省总队下发的各项统计调查基层基础工作规范化标准要求，圆满完成包括全国第二次 R&D 资源清查、劳动力和人口变动情况抽样调查在内的 10 余项统计重点调查。调查队完成了部分服务业抽样调查、住户大样本调查、创建文明城调查等 10 余项大型专项调查。

【统计数据质量】 根据省统计局“提升素质年”的总体要求，长春市统计调查工作采取完善制度建设，加强审核评估、开展数据检查等各项措施，全面强化统计数据管理，维护统计数据的科学性、准确性和权威性。1、建立健全统计数据质量控制体系。长春市统计局加大了对基层统计数据质量的审核和评估力度，建立健全了统计数据质量控制体系，从核算、专业、数据源头 3 个层面严格控制统计数据质量。其中，针对长春市 6 城区、4 县(市)的社会主义新农村建设进程进行了测算。调查队按照全面质量管理(TQM)的理念，通过引入 QC 小组模式来构建数据质量控制和管理系统框架，实行对源头数据质量和数据生成过程进行全过程、全方位监控，收到了很好的效果。2、加强县级统计数据质量管理。将县(市)区全年数据质量管理复查、晋级等目标任务纳入全年工作目标，数据质量管理工作常态化、法制化、规范化。加强对县(市)区“三 A”级数据质量管理工作的督导，各相关专业加强对县(市)、区数据质量管理工作的复查考评。

【统计保障能力】 2010 年，全市统计工作高度注重“统计基层基础建设、法制建设和信息化建设”，使得统计保障能力进一步增强。1、统计“双基”建设取得成效。①进一步修订和完善了市局《全员岗位职责》、《2010 年工作目标责任制》、《加强机关建设实施办法》等多项规章制度和例会制度。②强化镇、街道统计所的功能。绿园区镇、街道统计所在完成各项统计工作中发挥了职能作用。2、统计执法能力进一步提高。长春市共检查调查对象和单位 1 527 家，处理纠正统计违法行为 20 余件(分别为警告和限期整改)。3、统计信息化建设步伐加快。①完成了省统计信息网络在长春市的扩建工程，促进了全市信息化工程建设和设备更新。②搭建完成统计调查信息系统新建网络链路，提高了网速，为全局的网络应用提供了安全快捷的保障。③开通了长春市统计信息网。该网信息丰富，统计工作的主要成果均可在该网中体现，待逐步完善后将为全社会了解统计工作和各种统计数据提供一个方便快捷的平台。4、统计人员培训工作取得实效。市统计局在全市范围内继续加强统计从业资格考试报名和培训工作。针对“三上”企业统计报表人员的统计从业资格认证培训，提高了“三上”企业统计人员持证上岗率，进一步规范了统计行为，提高了统计数据质量。

（曹军飞）

国有资产监管

【出资企业经济运行良好】 2010 年各出资企业经济运行继续保持良好态势。国资委系统被评为全市工业经济运行先进单位。1、企业整体经济运行平稳。截至 2010 年末，国资委出资企业共实现销售收入 114.78 亿元，同比增长 32.17%；实现利润 4.07 亿元，同比下降 24.22%。其中，生产经营类企业 2010 年实现销售收入 60 亿元，实现利润 3 亿元，同比分别增长 34.36%和 19.54%；投融资类企业在政府扶持下充分发挥融资平台作用，2010 年实现销售收入 17 亿元，实现利润 4.6 亿元，同比分别增长 45.77%和 21.81%；公益类企业 2010 年实现销售收入 37 亿元，实现利润 -3.6 亿元，收入同比上升 23.59%，利润同比下降 263%，其中轨道公司由于贷款利息和折旧因素，导致企业增亏 3 亿元，另外，公交集团亏损也大幅度上升。2、企业资产质量明显提高。截至 2010 年末，国资委出资企业资产总额 799.8 亿元，同比增长 45.43%；国有权益总额 253.5 亿元，同比增长 12.3%。全年企业资产负债率 53.5%，同比下降 1.6%，企业经营风险正在逐步降低。全年总资产周转率 0.14%，与 2009 年同期基本持平，企业资产周转和盈利能力正在不断提高。

【出资企业实力增强】 2010 年，国资委系统的工作重心实现了明显转移，企业资本扩张能力增强，国有经济结构与布局得到优化。1、资本扩张能力明显增强。国投公司通过参股、控股方式，逐步加大国有资本对各领域的投入；在实现资本扩张的同时，持续盘活改制企业存量资产；着手清查和收缴已改制企业仍在占用的改制时已拨离的非经营性资产，使之在运营中增值。城开集团克服国家清理整顿融资平台给城建融资带来的不利因素，与国资委共同出资 11.6 亿元设立 2 个辅助融资平台。润德集团在起步阶段相继又成立了润德房地产开发公司、商品混凝土公司、实业公司、建设项目管理公司，并积极筹划工程监理公司，为做实集团公司创造了条件。2、公用企业的社会公共服务能力进一步提升。在国资委系统出资企业中，公用企业占绝大多数。为了实现社会效益和经济效益并举，各企业加大了投入力度。天然气公司积极引进新气源，输气量突破 2 亿立方米，日最大输气量达到 84 万立方米，再创历史新高。为进一步提高服务民生功能，增加了管理所、改线队和安检中心等服务机构的数量。燃气控股公司开展了“一站式”服务和“走进社区、服务千万家”活动，解决了近 5 000 户燃气安装历史遗留问题，用户满意率达到历史最高水平。水务集团按照市政府民生工作要求，完成了 260 座二次供水泵站的接收、维护和改造。五水厂提前实现了新老管线替换，降低了大面积停水的概率，保证了供水安全。完成了污水处理厂的污泥处置工程并投入运行。热力集团实行弹性供热，群众投诉率比 2009 年下降 50%以上。公交集团新增 120 辆混合动力公交车上线运营，圆满完成了节能与新能源汽车推广试点示范城市的阶段性任务。轨道交通公司轻轨三期工程各建设项目有序推进；长春市轨道交通建设规划已经国务院批准；地铁 1 号线的安全评价和环评报告得到国家有关部门批准，其他专项报告已编制完成或正在编制，工程设计、配套工程的筹备工作正在进行。

二次供水改造

3、竞争领域企业市场竞争能力得以提高。旭阳集团抓住一汽、一汽大众等整车厂产销两旺的好形势，精心组织生产运营，营业收入、利润总额等主要经济指标实现新突破。投入近 1 000 万元技术改造资金添置设备，提升产能，满足了整车厂准时化供货要求。加强自主研发，为迈腾 CC、高尔夫 A6 等整车新研发的配套产品已实现批量供货。与法国佛吉亚、日本中势公司的合资合作均取得重大进展。积极开辟新市场，投资 1 200 多万元，形成了年产 5 万台科学储粮仓的生产能力，成为集团新的经济增长点。欧亚集团区域市场迅速拓展，龙头地位日益巩固。在白城市、吉林市和辽源市新开设了总面积 13.8 万平方米的 3 个现代百货门店。综超连锁发展持续向好，连锁超市业务已进入省内二线城市经济主战场。同时，企业下大力气调整经营结构、开展特色营销、推动家电下乡，使经营和管理不断迈上新台阶。4、国有经济结构与布局在调整中得以优化。①是全力谋划农机产业发展。2010 年初以来，国资委成立专门工作组，先后 4 次赴北京、洛阳，对中国机械工业集团有限公司和其所属子公司洛阳第一拖拉机股份有限公司进行考察，洽谈合作事宜。于 2010 年 10 月 12 日正式签约。②积极寻求与改制企业共同合作的切入点。长春一机为原长春一机床厂改制企业。考虑长春一机特殊的企业情况和在长春市机床行业的重要地位，市政府决定回购长春一机股权。2010 年 10 月，国投公司与杭州方签订了“股权受让意向协议书”。原七九三厂改制的维鸿东光一度面临生产设备落后、产品结构不合理、市场竞争力和经营效益下降的严峻形势。经国资委积极协调省科委申报技改项目，于 2010 年 5 月成功获得国防科工局批准。③积极推进矿产资源整合。按照国家产业政策，煤炭资源作为基础能源，属国有控制产业，长春市因多种原因，国有经济未能对矿产资源起主导作用。为破解难题，国资委于 2010 年初成立专门工作组，在对长春市所辖煤炭资源情况和采掘企业情况进行通盘摸底的基础上，深入研究资源整合相关事宜，为下一步整合打下了基础。

【科学履行出资人职能】 1、规范股权有序流转。将资产评估作为产权流动的价值依据，强化企业改革中的评估监管，有效控制近 1.42 亿元资产流失。全力支持长春燃气上市公司兑现股改承诺，将天然气公司 20%股权注入燃气控股公司，确保国有股本在上市公司发挥主导作用；通过增资，引进外方资金约合人民币 1 亿元，为长春燃气下一步非公开发行奠定了基础。2、产权交易市场承载功能日益增强。吉林长春产权交易中心由一个为企业改制产权变更服务的单一窗口，发展成被国务院国资委选定的吉林省唯一一家国有产权交易的专业机构和省市国资委认定的国有产权交易和招标代理机构。成为一个承载全省及省外周边的产权交易市场和资本流转平台。截至 2010 年底，累计完成产权交易 1 232 项，资产总额达 368 亿元；登记托管企业 9 389 户，受托股权 1 063 亿元；办理股权交易 11 310 宗，转让股权 88 亿元；通过股权质押协助企业融资 70.8 亿元。同时，提供了技术产权交易、闲置资产调剂、金融不良资产处置、项目融资推介等服务。2010 年，通过公开竞价提升产权转让项目的市场价格，使老长拖的产权以增值 13%成交。3、加强企业内部审计，强化财务监督。企业内部审计工作仍属刚刚起步阶段，工作重点是做好实收资本出资及到位情况，各项保险金、职工住房公积金等费用提取上交情况，以及重大经济活动等方面的专项审计。2010 年，开展内审的 9 户企业共完成内审项目 351 项，提出整改意见 49 条，规范制度 28 项。4、积极探索完善法人治理结构新途径。①以制度规范企业领导人员管理。经市委、市政府同意，国资委起草制定了《长春市市直企业领导人员管理暂行规定》及相关配套文件，并以市委、市政府文件下发，为下一步规范市直企业领导人员管理奠定了基础。2010 年，国资委努力拓宽选人用人视野，针对不同企业的特点，对企业领导人员进行科学的选拔和配备，调整了 8 户企业的 40 名人员，对企业后备人才队伍进行了调整、充实。市直企业后备干部队伍已达到 104 人。②企业董事会、监事会不断完善。抓住部分企业董事会、监事会换届的契机，积极研究更加科学合理的企业法人治理结构框架，增加了外部董事比例，减少了董事会与经理层的重叠。完成了部分企业的董事会、监事会换届，向部分企业分别派驻了外部董事、监事会主席。制定了外派监事管理办法，实现了外派监事管理的规范化、制度化。5、充分发挥激励约束机制的杠杆功能。为进一步完善企业领导人员的激励约束机制，针对公益、投融资和竞争领域企业的不同特点，强化分类考核，重新制定了有针对性的考核指标，使业绩考核更加科学。对签订资产经营责任书的企业进行了专项审计和业绩考核，对影响企业效益的非经营性因素严格审核和逐项确认。被考核企业全部完成各项考核指标，相关指标实现了同比增长。国资委严格履约，兑现了奖励。核定了23户出资企业及其所属企业2010年度工资总额计划。按照“结合现有工资水平，适当提高职工收入”的增资原则，以企业经济效益为基本衡量标准，完成了对部分企业的调资工作，平均增资幅度10.3%。

【法律事务服务工作】 1、出资企业涉法案件处理进度明显加快。2010年，市国资委对企业积压案件进行了清理，出资企业共上报法律积案56件，涉案金额7 000多万元，其中，1 000万元以上的2件，500万元至1 000万元的1件，100万元至500万元的1件。对一些久拖未果的案件理出了头绪，为下一步结案提供了条件。2、与市中级法院形成合力，加速了破产工作进程。2010年，市中级法院、市国资委、企业三方合力攻关。21户企业中的18户企业按市政府确定的标准完成了相关工作。3、运用法律手段协调处理涉法涉诉纠纷。有效解决了“君子兰”后期涉法案件多年无法结案问题。妥善处理了北方市场转让尾款清收问题。长百大楼法律纠纷，商业公司追索债权6年未果，国资委全力协调市中法和省高法，历时1年多，省高法下达了民事调解书，不仅如数追回欠款，还获得了100万元补偿费。同时，协调解决了商业公司所属企业对强制拆迁案提起的诉讼、建工集团所属企业的劳动争议案，应诉同达酒店诉国资委行政诉讼案件等，有效维护了出资人和出资企业合法权益。4、依法规范重大事项处置程序。国资委成立了法律顾问委员会，国资委系统在作出重要决策或出台重要文件时，都充分发挥法律顾问的作用。具体工作中，无论是履行出资人职能的资产处置还是对改革遗留问题的个案处理，国资委都坚持从法律规范入手，由法律顾问出具法律意见书。2010年，处理重大事项的法律意见书近20份。依法规范办事程序，已成为国资委常态化工作手段。

【推进企业改革收尾工作】 截至2010年底，长春市基本完成了改革任务，共有652户企业实施了各种形式的改革，占市直国企总户数的99%以上。1、基本完成企业破产工作。2010年，21户企业中的18户按照政府确定的标准完成了相关工作，共变现资产总额13.32亿元，预计将处置债务总额57.52亿元。2、积极妥善处理国企改革相关问题。对24户企业、5 262名改制前退休人员，以及224户企业、9 972名距法定退休年龄不足5年人员，审核办理了采暖费补贴和医疗保险。针对建设公司因原法定代表人涉案所带来一系列遗留问题，市国资委多次召开会议研究处理办法，并及时向市政府汇报。指导各城区及政府委办局所属企业的改革工作，包括东北华联、市交通运输局所属联运总公司等3户企业。3、加强重点信访个案的处理。2010年，处理和回复市领导签批的信访件58件，回复市人大、市信访局等部门转办信访件45件，反馈市长公开电话交办单518件，对重点个案进行调研并妥善处理。4、厂办集体改革稳步推进。本着事前严格审核、事中层层把关、职工本人签收的原则，全年共向48户省属企业、20户市本级企业3 727人发放经济补偿金4 216万元，合计动用中央和省两级财政补助资金2 529.6万元。

（张 森）

工商行政管理

【概况】 截至2010年末，长春市实有登记注册的内资企业9 457户，比2009年同期增长5.63%；注册资本1 137.15亿元，同比增加7.35%。外商投资企业1 138户，比2009年同期增长9.11%；投资总额75.34亿美元，同比增长16.64%，注册资本45.47亿美元，同比增长24.30%。外方注册资本28.91亿美元，占注册资本总额的63.58%，同比下降13.48%。个体工商户18.41万户，比2009年同期增长10.90%；从业人员34.39万人，同比增长19.87%；注册资金63.53亿元，同比增长17.93%。私营企业5.04万户，比2009年同期增长25.37%，私营企业雇工24.82万人，同比增长35.48%，注册资本金总额672.10亿元，同比增长26.13%。农民专业合作社2 209户，成员总数1.35万人，出资总额34.64亿元。全年新登记内资企业727户，注册资金总额84.38亿元；外商投资企业149户，投资总额5.91亿美元，注册资本2.99亿美元；个体工商户43 199户，从业人员8.03万人，注册资金17.71亿元；私营企业10 495户，雇工5.11万人，注册资本金105.97亿元；农民专业合作社1 371户，成员总数0.96万人，出资总额27.15亿元。

【加强反垄断与不正当竞争执法】 深入整治不正当竞争行为。对给付“销售奖励”、“商业赞助”等商业贿赂行为进行了查处。加强对涉及群众切身利益的水、电、气、交通运输、邮政、电讯及烟草、盐业、殡葬、银行、保险等行业的监管。依法查处了吉林省农电某分公司、长春市某区邮政局的限制竞争行为。查处了长春市某物资经销有限公司在某农电公司指定下的滥收费用行为。分别依法查处了酒类经销企业向酒店服务员回收瓶盖、副食品公司为推销婴儿奶粉而向医院支付赞助费、医院利用召开学术研讨会的机会收受商业赞助费、银行在房屋抵押贷款评估业务中收受房地产评估单位协作费、软件公司为获得项目交易机会，在合同价款外给付服务费等多种形式的商业贿赂案件。加大对“三虚一逃”案件的查处力度，查办了一批虚报注册资本、抽逃出资大案。其中，对一件股东抽逃出资案件的最高罚没款额达200万元。

【直销监督管理】 严厉打击传销，严格规范直销，强化打防措施，保持高压势态。2010年共捣毁传销窝点18个，查办传销违法案件20件。最大的一起网络传销案件罚没416万元。

【消费者权益保护】 2010年，“12315”和各级消协共受理消费者咨询35 000余人次，受理投诉2 967件，妥善调解2 902件，支持消费者起诉23件，帮助消费者挽回损失390余万元。向社会发布消费警示21条，消费提示136条，查处侵害消费者权益案件69件，收缴罚没金额72万元。1、积极开展非食品类商品质量监测。共监测服装、家具等商品8个类别、19个品种、455个批次，发布消费提示10次；组织各类专项整治10余次。2、推进“一会两站”规范化建设。对一些依托工商所建立的112个消协分会，全部以乡（镇）和街道为依托进行整合改制。对已经建立的1 856个站点，依照国家总局提出的基本条件和要求，逐一进行规范。统一了“一会两站”的工作职责和受理处理工作程序，明确了接待、登记、调解、报告、归档和报送等基本工作程序。3、积极创新消费维权机制。同21个城市消费维权组织建立信息互通互动、联手维权机制，实现了消费纠纷跨地区解决。全年受理此类投诉13件，为消费者挽回经济损失5万余元。组织“长春银行业消费者满意度调查”活动，对群众提出的问题及时向银行进行了反馈并提出改进建议。组织召开了“消费者代表与电信企业座谈会”，把在问卷调查和消费者代表明查暗访中梳理出的问题集中反馈给电信企业，推动了相关问题的解决，使涉及电信企业服务投诉明显减少。针对快递行业服务不完善问题，市消协与市快递局达成共识，并向社会公布《快递送货服务须履行提示验货制度》，有效保障消费者交易安全。

【市场规范管理】 全系统查办经济违法案件7 865件，罚没6 302万元。开展打击商业欺诈专项行动。依法查处某邮政局私改化肥合格证，作引人误解的虚假表示案。查办价格欺诈行为，依法查处某服饰店对商品价格作引人误解的虚假宣传案。查办网络欺诈案件，依法查处了两起企业利用互联网进行虚假宣传案。查办欺诈消费者案件，查办了某房地产公司在商品房销售过程中隐瞒事实，欺诈消费者的行为，有力保护消费者的合法权益。1、开展服务领域“预付费式消费卡”专项整治工作，共清理美容美发、洗浴洗染业1 548户，其中办理预付费式消费卡的135户。查处侵害消费者合法权益的案件8件，收缴罚没款1.2万元，为消费者挽回经济损失0.7万元。2、开展房地产及建材市场专项整治工作，重点围绕登记准入、打击商业贿赂、规范房地产业合同文本、打击商品房销售中的虚假宣传等方面，对全市房地产开发企业进行了拉网式清查，共清查房地产开发企业367户，规范了经营行为。3、开展对连锁配送企业的帮扶工作，畅通优质商品下乡渠道。已培育连锁配送企业10家，形成配送网点330个，为畅通优质商品下乡渠道起到重要作用。

长春市工商局执法干部参与录制吉林电视台“3·15”特别节目——与消费同行

【食品流通监督管理】 1、保障流通环节食品安全。核发《食品流通许可证》11 474份。查办食品违法案件126起，查扣不合格食品2 897公斤，收缴罚没款40余万元。检测食品60个品种600个批次。检查食品经营单位168 153户次，排查出食品安全隐患138处并全部整改。取缔无照经营食品场所452处，捣毁黑窝点19处，收缴不符合食品安全标准食品9 449.44公斤。组织抽检食品65个品种630个批次，合格率92.06%，同比提高5.8%。2、抓专项整治。先后开展了节日重点食品、食品添加剂、清真食品、乳制品、肉及肉制品、芽类蔬菜、地沟油、月饼等20余次专项整治。仅乳制品专项整治就先后组织了5次，检查乳制品经营业户49 868户次，清缴问题含乳食品260.75公斤。在月饼市场专项整治中，检查月饼经营户8 451家，查处无照经营24户，查扣不符合食品安全标准月饼570公斤。充分发挥食品安全示范店的引导作用，创建和规范县市（区）级食品安全示范店301户。

【市场主体监督管理】 2010年共检查各类市场主体28 322户次，查处取缔无照经营3 264户。积极参与市容环境综合整治工作，清理出有固定场所餐饮无照经营2 995户、取缔687户。1、开展对高危行业、公众聚集场所、安全生产等重点行业、重点领域的各类专项整治行动12次。查处取缔黑网吧36户、小旅店754户、游艺娱乐场所128户、小餐饮店1 027户、小食杂店807户、小餐饮加工点97户、小修理部143户、小工厂112户、小作坊160户。2、开展“扫黄打非”工作。检查经营图书、音像制品业户及印刷企业1 099余家，共收缴非法书刊120本，盗版音像制品300余张。联合广电、公安部门查扣了非法销售的卫星地面接受设施32套。3、开展考试作弊器专项整治工作，加强了对电子科技市场的监管和巡查，现场收缴考试作弊器2 000余套。

【广告监督管理】 加强媒体广告监测，整治虚假违法广告。坚持对地区内电视、广播及平面媒体共25类广告进行全天候监测，对人民群众反映比较强烈的药品、医疗、保健品、保健食品、化妆品、美容服务、涉性7类广告进行重点监测，共监测省、市两级媒体各类广告859 385条，涉嫌违法广告251 618条，违法率29.28%。2010年共出具广告监测报告16份，向相关部门报送各类涉嫌违法广告典型版本146条，查办违法案件226件。探索开展"广告助农"活动，全年组织投入32.1万元，在全市74个乡(镇)树立助农广告牌27块，组织召开广告助农专题研讨会8次，组织召开广告企业和涉农企业对接会12次，有效提升了长春市农产品品牌市场竞争力，助推了涉农企业发展。

【商标管理】 商标战略取得新成果。长春市被国家工商总局确定为"国家实施商标战略示范城市"，以此为契机，积极打造全市"汽车零部件产业品牌集群"。全市拥有注册商标总量为19 846件。其中，中国驰名商标14件，吉林省著名商标112件，长春市知名商标147件，地理标志注册4件。1、加强商标专用权保护工作，共查办商标侵权违法案件118件。查办了某知名电器公司等企业在广告宣传中擅自使用"上海世博会"标志案件。严厉查处"傍名牌"行为。先后查办了经销假冒"贵州茅台"、"五粮液"、"剑南春"、"洋河"、"芝华士"洋酒等名酒注册商标案；销售侵犯"香奈儿"注册商标商品案；销售假冒"hp"商标的硒鼓和墨盒、销售假冒"现代"汽车配件等案件，有力地保护了商标注册企业的合法权益。2、推进"商标兴农"工作。2010年有红石砬小米、青山烟叶、青山口西瓜等一批农产品申请了商标注册，全市农产品商标注册数量达到1 200多件，有力地推动了农业经济发展。3、服务商标企业新举措，利用"三书一函"为企业提供优质服务。向全市企业推出《注册商标维权服务函》、向相关企业发放《商标注册提示书》、《商标使用预警书》和《品牌建设指导书》。共向企业发出"三书一函"800余封。对企业的引导激励作用明显，积极要求申报驰名、著名和知名商标的主动性增强，有力推进了商标兴市、商标兴企战略的实施。

【信息化建设】 加强基础设施建设和网络安全管理。对基层终端设备进行了全面调研，全方位掌握了各基层所计算机配备和使用情况，组织更换了机房UPS电源，信息中心与专业网络安全公司配合，对局域网络情况进行评估，并对身份认证、访问控制、责任认定、容灾备份等技术进行科学处理，消除网络安全隐患，杜绝事故发生。加快"网上工商"建设。搭建了工商网上年检平台，实现了网上年检、网上名称预审等目标。充分利用3G技术开发了"移动办公"系统。组织培训中心与信息中心联合开发了"远程在线教育培训系统。

(杨俊天)

物　价

【概况】 2010年，长春市各级价格管理部门，为保持价格总水平基本稳定和促进全市经济平稳较快发展做出了积极贡献。长春市价格监督检查局被评为"全省物价系统先进集体"、"全国农产品成本调查工作优秀单位"、"全国价格监测工作优秀单位"、"全省价格认证工作先进单位"、"全省价格监测工作先进单位"、"全省价格调节基金征管工作先进单位"，机关党总支被评为市直机关"先进基层党组织"。

【价格调控监管】 密切关注市场价格变化情况，为政府宏观调控提供依据。2010年1月～12月，长春市CPI涨幅分别为4.1%、3.9%、2.6%、3.2%、2.5%、2.4%、2.9%、4.2%、3.6%、4.2%、5.7%和3%，累比涨幅3.5%，其中1月～7月份涨幅3.1%，在15个副省级城市中位列第5位。下半年，CPI涨幅有所回升，特别是11月份，不仅是年内的最高点，也是自2008年7月份以来的最高点。

【运用价格杠杆引导资源性商品合理消费】 1、调整了非居民天然气价格。按照《价格法》的有关规定，对长春市2家燃气企业提报的价格成本进行专项调查审核，并根据国家调整的天然气出厂价格，按照国家、省要求各地实行顺价加价的精神，经市政府同意，在9月初调整了非居民天然气销售价格，此价格的调整，既弥补了经销企业的新增成本，又保证了天然气的正常供应。2、做好居民天然气及焦炉煤气的调价准备工作。居民用天然气及焦炉煤气的调研测算及成本审核已进入尾声，并形成调研报告，经市政府同意后，启动居民用天然气及焦炉煤气调价程序，经听证同意，并报市政府常务会批准后，调整长春市居民用天然气及焦炉煤气价格。3、调整了车用天然气价格。国家发改委2010年6月1日调整了天然气的出厂价格，工业用天然气出厂价格每立方米上涨0.391元，增加了车用天然气生产经营的成本，长春10家车用天然气经营企业2010年预计亏损700多万元，为此，市发改委会同市燃气主管部门对10家车用天然气经营企业进行了调研测算，经调研测算和征求意见，从11月5日起上调了长春市车用天然气价格，缓解了车用天然气价格矛盾。4、出台了中水价格。为改善长春市环境和节能减排，市发改委通过大量调查研究，按照既要鼓励中水回用，又要兼顾双方利益的原则，多次与中水生产企业和使用中水用户商量协调，出台了中水价格，此价格的出台，确保了长春市顺利通过国家环保模范城市的复检。5、积极推进供热价格改革，在东北4市中率先出台了居民住宅供热计量价格。2010年，市发改委会同市供热主管部门继续对全市供热计量价格进行调研，并按照《省物价局、住建厅、质监局关于实施供热计量价格有关问题的指导意见》,对全市供热计量价格进行了测算,同时组织了10余次的专家论证会及供用热双方征求意见会,于10月9日与市政公用局联合下发了《关于制定居民住宅供热计量试行价格的通知》。本采暖期市发改委与市供热主管部门共同审批确定了在全市约200万平方米的16个住宅小区进行供热计量试点。长春市的供热计量价格在东北4市中是率先出台的,并得到11月6日《人民日报》第4版的充分肯定和好评。继续规范长春市供热价格行为,进一步维护了供热价格秩序。修改了《关于规范长春市城区供热价格及有关问题的通知》和《关于住宅供热温度检测及退费有关事项的通知》。为加强长春市供热管理,维护供用热双方的合法权益提供了依据和保障。

【强化价格服务职能】 1、按照长春市供热计量的管理办法及供热平均成本费用制定了天威新能源有限责任公司的供热价格,协调了吉林嘉润热力公司与天威新能源有限责任公司的供热价格矛盾。2、根据长春市住宅供热计量价格,为大唐热力公司和长房集团物业公司热力供应价格找到了一个平衡点,缓解了两个公司的价格矛盾,保证了热用户的用热需求。3、及时解决了供热企业和热用户之间供热和价格矛盾,保证了企业正常生产和百姓正常的生活。4、走进企业,走进基层,做好调查研究工作。①燃气调研。为贯彻落实国家及省调整非居民天然气价格的精神,了解掌握长春市拟调整非居民天然气价格对工业企业的影响,7月份,市发改委对全市18家较大天然气工业企业用户用气情况及企业生产经营情况进行了调研,为调整非居民天然气价格做好准备。②供热调研。按照省价格主管部门的部署,9月份开展了全市供热企业2008年~2009年、2009年~2010年两个采暖期的供热成本的调查,并与省物价局联合调查了热电一厂热电联产供热成本,通过调查了解到2010年煤炭价格比2009年平均上涨15%~20%,增加了企业供热成本。③供水价格调研。为做好自来水调价准备工作,市发改委开展了自来水和地下水资源价格调查。按照市政府要求,重点调查了长春市地下水成本和自来水成本情况,并提出了具体的意见,为下一步调价工作做好了准备。

【清理收费项目】 2010年长春市根据国家、省、市有关清理整顿收费文件,集中统一审核了行政事业性《收费许可证》和《收费员证》,做到了该收的收回,该更换的更换。经审核2009年度年审收费总金额159 844.10万元,其中,行政事业性收费131 904.86万元,其他收费27 939.34万元;2010年审验,涉及196个收费单位,其中审验收费许可证正本171个、副本196个;办理收费员证156人;取消收费许可证的单位4家,暂停2家;取消收费项目9项,暂停8项,降低收费标准22项。调研长春市企业,发现行政事业性收费中存在问题,做对比分析。

【规范教育和殡葬收费】 规范中小学教育收费项目和标准,制定了长春市《关于规范中小学教育收费项目和标准的通知》,对常规性收费、服务性收费、代收费进行了重新规范。1、申请调整收费标准的民办学校。对3所小学(一实验银河校区,一〇八小学部,二实验东晨校区),4所中学(一〇八中学部,十一高分部,市二实验中学、市二中分部)提出的申请调整收费标准的民办学校,向市领导做了汇报。2、申请明确收费标准的普通高中特长班。对市一中艺术实验班(音乐、美术),市六中艺术特色班,市汽车厂六中艺术特色班申请的收费标准进行了审核批准。该类校存在的问题是超出统招生与自费生7∶3比例要求,但考虑特色教育的发展和普通高中办学方向,原则上对二类高中开展艺术特长班教育予以支持,更有利于普通孩子的自身发展。3、与市教育局一同对长春市公办幼儿园按性质进行了分类调查,长春市有95所公办幼儿园。其中,全额拨款幼儿园(国办园)26所,差额拨款幼儿园(企事业单位办园)28所,自筹资金、自负盈亏幼儿园(公办幼儿园3所、校办幼儿园城区38所)41所,将测算名单已提供给成本调查队,重新规范长春市公办幼儿园收费标准。4、对17所民办中等职业学校进行审核批复。5、规范长春市党政机关办班。对长春市办班(培训)的行政单位的收费对象、收费标准、收费内容、收费依据等情况进行审批。6、清理规范殡仪服务收费项目和标准。下发了《关于清理规范殡仪服务收费项目和标准的通知》,通知规定殡仪服务收费实行公示制度;要保证用户对普通守灵间和告别厅的需求;调整高级火化炉收费由500元/具调到720元/具;调整高档骨灰存放费;从源头上进一步规范了长春市殡葬收费。

【清费减负工作】 1、市发改委起草了《2010年长春市清费减负协调组工作方案》,在协调组财政局、工信局、监察局等成员单位的积极配合下,基本上完成了工作任务,年度完成协调总结。2、分别与省物价局、与市财政局、市治理软环境办公室两次对涉及到的各城区、开发区和市直有关部门进行全面检查,检查中发现有推迟执行国家和省取消、停收的收费项目,执行降低收费标准的政策滞后现象,例如市人防办收取防空地下室易地建设费、人防工程使用、设施租赁收费,对此市发改委向省物价局做了专项请示。3、由市治理软环境办公室牵头,与市教育局联合检查长春市教育收费。长春市教育收费基本上符合国家、省市要求,但个别学校也存在诸如假期补课、中学非毕业班晚自习上课等现象。4、由市法制局牵头,与市财政局联合检查长春市行政许可、非行政许可和年审年检要求,主要检查两个行政事业性收费单位,市质量技术监督局和公安局。5、由市工信局牵头,与市监察局、公安局联合组织开展了为期半年的减负专项治理工作,下发了长春市减轻企业负担专项治理工作实施方案。通过对涉企收费的清理整顿,为企业减负3 456万元;通过简化办事程序,规范行政行为,创新服务模式,开展服务企业专项活动,为企业减轻负担。6、由市财政局牵头,与教育、卫生和软环境联合检查,价格主管部门主要针对降低行政事业性收费标准的目录,重点检查降低收费标准政策执行情况和各部门实际执行标准的准确性，收费许可证注销及变更情况，对违反物价管理规定的问题提出处理意见。

【规范行政事业性收费】 1、对补办社会保障卡收取工本费向省做了请示。2010年，长春市有290多万人参加医保。其中，职工100万人，居民150万人，学生39万人。原收费标准省定每卡30元，2009年9月省财政厅、省物价局和省整治和建设经济发展软环境领导小组办公室联合发布的《关于公布取消部分行政事业性收费项目的通知》（吉财非税[2009]491号文件，取消了此项收费标准。长春市及时执行省里文件，取消了社会保障卡收费。2、关于长春市妇产医院申报全自动尿沉渣收费项目和标准的请示。长春市妇产医院拟购置长春迪瑞医疗科技股份有限公司生产的FUS－100全自动尿沉渣分析仪。由于吉林省执行的医疗收费项目和标准中，没有本项目相应收费项目和标准，特申请此收费项目的收费标准为35元。3、长春市儿童医院是以儿童患者为主的医院，由于儿童有好动、爱哭闹、不配合的特点，所以在静脉输液时，为减轻患儿的痛苦，使患儿早日康复，该院欲使用一次性卫生材料——手托，拟收费标准零售价为0.64元/托。

【清理经营服务性收费】 从2010年6月上旬开始，市发改委对长春市经营服务性收费项目进行了全面清理。1、通过清理，初步确定长春市涉民涉企的经营服务性收费项目共涉及市直部门（行业）和单位49个，收费项目共有77个，年收费总额约为358 072万元。其中，国家有关部委制定收费标准的收费项目有4项，年收费额约为2 713万元（涉企4项，年收费额2 713万元），占收费总额的0.8%；省有关部门制定收费标准的收费项目有48项，年收费额约为74 214万元（涉民25项，年收费额72 308万元，涉企23项，年收费额1 906万元），占收费总额的20.7%；市政府及有关部门核定收费标准的项目25项，年收费额为约281 145万元（涉民22项，年收费额280 403万元，涉企3项，年收费额742万元），占收费总额的78.5%。2、按省文件要求，对省公布降低收费标准的59项经营服务性收费进行落实，此次降标中共涉及长春市13个部门（系统）或单位的31个项目，其中，开展服务并收费的有26个项目，有服务而没有收费的有4个项目，1个项目（城市房屋交易手续费）按行政事业性收费管理。在59个项目中几次降低收费标准后，比照2008年收费情况，长春市降低额度约为1 365万元。3、经分析梳理调查情况，提出清理意见，并得到了市领导的认同。建议改变收费方式，减少收费环节。将燃气安装费、防盗门和对讲门收费并入房价成本，不再单独收费。减少社会矛盾，维护购房者的利益。建议降低4项收费标准，包括人力资源市中介服务收费中的档案保管费、出具无婚姻登记记录证明费、产权交易中心的信息咨询费及有线电视初装费。建议暂停5个项目的收费，包括吉林长春产权交易中心的产权转让申请登记费、市人力资源和社会保障局的求职登记费、用人登记费、职业技能培训费和职业指导费。

【经营性收费价格审批和备案工作】 1、市发改委对3个经济适用住房项目价格、9个停车场收费、公交旅游票价、出租车计价器维修收费等进行了审批，按省市物业服务收费管理的有关规定，对符合条件的十几个住宅小区进行了备案。2、认真履行工作职能，积极做好经营性收费的管理和服务工作。先后清理了规范性文件；分别答复了1个人大代表建议和1个政协委员提案；答复了群众在报纸上反映的6个经营性收费问题；及时受理业务咨询、答疑、接待上访等1 000余人次，为化解纠纷、解决诉求，促进社会和谐稳定起到了促进作用；起草了长春市贯彻省发改委《关于整顿和规范游览参观点门票价格及有关问题的通知》的情况汇报和《关于长春有线电视网络有限公司数字电视基本收视维护费标准执行吉发改收管字[2007]966号文件意见的报告》；完成了长春市公交线路及票价执行情况的调查及民办幼儿园收费等情况的调查；同时积极参与了第三届全国生物产业大会有关筹备统计等工作。3、继续负责与绿园区的项目对接联系和经济目标责任制考核工作。市发改委随时保持与绿园区的联系，详细了解和掌握50万元到3 000万元及3 000万元以上各类项目的前期准备情况及开工进展情况，及时进行调度，10月下旬同省发改委项目稽查部门对长春市绿园区和净月开发区的10余个项目和全年的项目落实情况进行了检查，圆满完成了此次稽查任务。

【居民卫生费和城市生活垃圾处理费两费合一工作】 2010年，市发改委与市容环境卫生管理局、市财政局、市地税局联合下发了《关于实施"居民卫生费"和"居民住户生活垃圾处理费"合并征收费的通知》文件，将居民卫生费和居民住户生活垃圾处理费合并征收。

【规范价格秩序】 1、开展行业专项检查。先后组织开展了稳定春耕生产的农资价格、落实惠企政策的涉企收费、遏制药品价格虚高问题的药品和医疗服务价格、电力行业以及企业和群众反映强烈的教育、物业、殡葬收费、中介及社团组织、各类协会、学会的专项检查。市场价格异常波动时期，及时组织开展了以稳定消费价格总水平为主要内容的市场价格大检查，开展了集贸市场摊位费和超市进场费的专项检查。2010年，市本级立案查处22起重大价格违法案件，收缴价格违法金额151万元。2、加强对敏感时期的价格监管。加强节日市场价格的监管，密切关注节日期间与人民生活密切相关的商品和服务价格动态，严厉打击乘机哄抬物价行为。完善和落实市场巡视、预警报告、应急值班、跟踪监测等价格监测监管制度，确保第一时间把市场价格突发和应急事件信息以及应对措施上报决策层。3、加强市场价格监管和公共服务，维护公平竞争的价格秩序。深化创建价格诚信活动。2010年初下发了《关于开展"长春市价格诚信十佳单位"的通知》，根据考评细则对18家"价格诚信十佳单位”参评单位进行了验收，较好地发挥了骨干企业引导和规范市场价格的作用。深入开展价格公共服务。坚持加强分类指导，拓展服务领域，丰富服务内容，创新服务模式，继续深入开展“价格服务进重点工程”活动。从维权、自律、政策、信息、综合等5个方面对重点工程和项目进行全方位价格服务。健全价格服务信息管理机制。在对全市75个行业569个行政事业和经营性收费单位执收的2千多个收费项目进行分类细化的基础上，收录了5千多个相关价格法规政策文件，建立了服务企业和监督检查信息管理系统。同时，编辑整理了《行政事业性收费项目和标准汇编》、《公共产品价格汇编》、《价格法律法规汇编》、《商业、服务业十类价格警示》和《百姓消费价格指南》等资料，突出重点工程，突出涉民涉农，做好上门价格服务。4、大力开展清费治乱减负工作。2010年初发布了第4批清理整顿的收费项目，进一步完善了清费工作协调机构，落实了部门的工作责任，并根据国家和省的安排，组织开展了治理和规范经营服务性收费，治理中介组织机构收费以及30个重点行业和部门的收费专项治理，积极参与了全市企业减负、农民减负等方面的工作，全面推进清费减负工作。

【推进价格举报工作】 2010年，仅市本级就受理价格举报3 039件（市长公开电话转办2 704件），为群众退款233.4万元。同时，通过对价格举报信息的梳理分析，从中发现苗头性、倾向性、隐患性的问题，提出具有前瞻性、指导性的分析报告，为完善价格政策提供依据。

【农产品成本调查和成本监审】 1、农产品成本调查工作。截至11月中旬，市发改委已完成了《长春市区主要蔬菜生产成本收益情况调查》、《长春市区粳稻玉米生产成本及收益情况调查》、《长春市区农户存售粮情况调查》等10个调查报告，出版10期成本调查简报。2010年长春市部分地区遭遇罕见洪灾，经过走访调查，长春市成本调查点只有一小部分受灾，整体上农作物都处在正常生长状态，对秋收和成本数据不会产生大的影响，完全能保证所需要的生产数据的准确性和合理性。市发改委把调研报告的分析工作作为农本工作的重点，为此在完成调查任务的同时注重了调查报告的撰写工作。市发改委共撰写了10篇调研分析报告，其中《2010年长春市区农户农资购买情况调查》被市政府网站采用，《2010年长春市区玉米粳稻生产成本及收益情况预测调查》被食品科技网采用，《2010年上半年生猪成本收益调查》被大洋网采用，《2010年长春市区存售粮情况调查》及部分分析报告被省内各大媒体转载。历时两年完成了对长春市区百户农民家庭生产收入情况调查，对长春市5个城区100户农民2008年～2009年收入、支出情况进行了对比分析，充分反映出农民收入变化情况及生活支出情况，反映出两年来农民家庭生活收入比重和支出比重的变化，为领导决策提供数据参考。2、成本监审工作。从年初到11月中旬，已对5个行业23家企业（经营者）进行了成本审核，已出具结论报告25个，初步统计审核成本1.5亿元，核减成本4千余万元。2010年市发改委审核了殡葬服务、学历教育、公园门票、医疗及燃气4个行业。在对医院制剂成本监审时，依照有关文件规定，制定了统一的审验项目，统一了方法步骤。在具体工作中针对医院具体情况，严格区分制剂室发生的费用和医院本身发生的费用，利用统一的标准进行费用分摊，坚决把不该是制剂室的费用剔除出去，杜绝医院费用进到制剂室费用来，还原制剂药品的真实成本。同时根据市场价格的变化趋势以及医院采购材料的方式，合理地对原材料价格及数量进行调整，使之更贴近于市场，力争做到公平、公正。在对民办中小学进行成本审核时，本着既要保证教育公平又要促进教育发展的原则，对一实验、二实验、一〇八、十一高等几所民办学校的原始账目、学校现状进行实地成本核算，对超过使用期限、折旧计提完毕的固定资产进行了清理，把超标配置和未达标配置区别开来，按照学校实际情况和未来规划合理确定教育成本，使民办学校的成本处在一个合理的区间内。在开展对殡葬服务收费成本进行审核时，重点对设备采购、设备维护及使用中所发生的费用进行成本审核，对公共成本采用合理的方式进行分摊，对管理中出现的损耗及人员工资进行调整。为保证成本核算的准确性，监审人员克服畏惧心理，到火化间进行实地查看，了解设备使用情况，对电脑里的数据资料及台账逐一进行核对，确定火化遗体的数量。在对市动植物公园门票定价成本进行监审时，除对账目进行审核外，还针对公园申报尚未发生的成本进行实地考察。根据实际情况，派出监审人员到公园察看，重点了解动物饲料配方及喂食情况，掌握了大量的信息。为使预测成本更加准确，聘请吉林农业大学动物学教授组成了专家组，对新增加的动物及其他方面拟增加的成本进行了论证，并通过相关单位咨询了哈尔滨、大连动物园的情况，最终确定了长春市动植物公园门票的定价成本。继续完善对燃气公司的成本审核，扩大了审验年度，企业资料已报送完毕，正处在对财务报表进行核定阶段。

【价格认证工作】 2010年市发改委组织召开了全市价格认证工作会议，制定了《2010年长春市价格认证工作要点》。紧紧围绕工作要点开展价格认证工作，取得了预期成效。1、价格鉴定工作稳步健康发展。2010年重点加强了基础工作，制定了价格鉴定软件的升级工作方案。更新和充实价格鉴定数据库，统一了鉴定标准，降低了工作风险。加强档案管理工作。对刑事案件档案进行了梳理。经与档案管理部门的联系交涉，最终把刑事案件价格鉴定档案永久地保留在档案馆，解决了长期以来存在的卷宗遗漏、丢失等隐患，档案移送工作步入正轨。为了使刑事案件价格鉴定更加规范和严谨，市发改委对受理程序进行了理顺。实行鉴定人员轮流受理制度，受理的委托案件不仅包括由公安机关委托的刑事案件，法院委托的民事案件，还受理了来自法院、检察院、海关、部队委托的刑事案件价格鉴定。此外还受理了来自纪检监察机关查办的党内违纪案件中涉及的财产价格鉴定。针对光复路天元商厦火灾一案，与有关部门密切沟通，制定了详细的工作方案。2010年受理案件的委托机关覆盖面比历年都要大，为国家挽回了大量经济损失。进一步完善了《肇事车辆价格鉴定操作规程》，提高了车损鉴定工作的专业性、规范性和科学性，减少了鉴定部门与事故当事人之间的矛盾。2010年保险理赔争议的委托鉴定有所增加。鉴定标的大部分是疑难物品和高额特殊车型以及老旧车型。还接受了外地保险公司的委托，为化解保险理赔争议起到了积极作用。加强对定点采价单位的协调，提高了汽车配件采价的准确性和时效性，积累了大量的信息资源。特别是对全省各市、州车损鉴定工作提供了大量的汽配信息，受到了同行的赞誉。车损鉴定工作实行了委托受理和外出现场勘察的统一调度及登记制度。加强了业务培训工作，重点是抓典型案例的分析和研讨。加强了档案的清理、分类的管理，制定了查阅、复印卷宗的审批程序。扩大了对外宣传的力度，创建了内部刊物《长春车损动向》。出租车营运损失等鉴定受到越来越多的欢迎，为有关部门调节纠纷提供了有力的价格依据。加强了出租车、运输车辆停运损失的调研工作。《事故车辆财产损失价格鉴定操作规程》(试行)经讨论即将定稿。除了正常业务工作以外，还积极配合开展刑事、治安案件中涉及到的车辆损失价格鉴定工作。为了进一步提高全市价格认证统计直报工作水平，4月份市发改委召开了全市价格认证统计信息直报工作会议。对2010年统计直报工作进行了部署，同时讨论了全市统计直报工作制度和2010年的审核评比办法。市发改委采取了有针对性的措施，不断改进价格鉴定工作，收到了明显成效。①通过实施目标责任制，鉴定结论的质量明显提高，重估率始终控制在3%以内，复核率更是控制在1‰以内。②权威性和时效性在不断增强。在涉及到诉讼的车损鉴定案件中，法院基本依据市发改委的结论进行调节或判决。民事、经济案件涉及到物品价值鉴定，各级法院完全按中心出具的结论裁定。刑事案件和车损鉴定基本上是即办件，特别是刑事案件，时限性要求很高。基本上能够保证当天委托，当天出具鉴定结论，为及时有效地打击违法犯罪赢得了时间。③逐渐培养了一支作风过硬的价格认证队伍。价格鉴定人员业务知识和职业素质不断提高，为开展各项价格认证工作奠定了良好的基础。2、价格认证工作领域不断拓展。专门对二手房交易市场、旧车交易、经营性房屋租赁等领域进行了摸底和调查。制定了开展涉税财物价格认定工作程序和流程，提出了长春市开展涉税财物价格认定工作的基本意见。出租车、特种车营运损失的鉴定工作和委托数量不断增加，在这方面也积累一定的经验。肇事车辆修复后隐性贬值的鉴定工作已经纳入中心车损鉴定工作的业务范畴。3、规范化建设工作稳步提高。修订和完善了《价格鉴证人员工作条例》、《价格鉴证工作人员责任追究制》、《价格鉴定工作程序》等5项主要工作制度。加强了财务工作的管理和监督。采取积极措施，不断提高精细化工作管理水平。要求价格鉴定人员严格按照价格鉴定操作规程办事，必须使用价格鉴定操作软件系统出具价格鉴定结论。在2个鉴定大厅设置了电子显示屏，循环地公布发改委行为准则、价格认证职能、操作规程、收费标准等。市发改委还加强了对外聘人员的管理。在车损鉴定大厅安装了监控和报警设备，加强了对工作人员的监督和管理，对外也起着震慑作用，提高了鉴定人员的安全感，减少了工作风险性。

【市场价格监测】 1、做好常规监测和节日期间的市场监测工作。进一步加强对关系国计民生的重要商品价格动态监测和趋势分析预测，重点加强对粮食、植物油、主副食品、工农业生产资料等重要商品价格的监测预测，共向国家发改委和省价格监测中心采集报送价格监测数据106 326笔，未发生漏报和错报情况。加强对粮肉蛋禽和蔬菜价格的节前和节日期间的价格监测工作，确保重大情况不漏报、不迟报。共向国家发改委采集报送价格监测数据26 355笔，省价格监测数据5 040笔。2、做好价格异常波动期间的价格监测工作。中心共向国家上报应急监测数据80 432笔，未发生漏报和迟报现象。做好市场巡视工作，成立市场巡视小组，每周对重要市场进行调查巡视，重点加强对五大农贸市场、三大超市、生猪市场、成品油市场、钢材市场进行密切监视和巡视，对价格变动进行分析预测，对突发和应急事件在第一时间进行调查了解，并向当地政府报告。共上报市场巡视分析报告10期，价格情况反映13篇，市场巡视人数473多人次。继续做好实时价格应急监测调查系统的督报工作。加强对适时价格应急监测调查系统的督报工作，未发生漏报和迟报现象，共上报适时价格应急监测调查数据968笔。做好汛期的价格监测预警工作。重点加强对粮油、肉蛋菜等生活必需品和防汛救灾物资的价格监测，密切关注市场价格动态，掌握市场价格变动情况，及时有效向党委、政府提供价格行情数据，为加强防汛抗灾调度提供科学决策。主要是在三大超市、五大农贸市场正常上报的基础上，增加了监测品种并将双休日也纳入采价周期。同时加强了对市场的巡视和调度，及时了解和掌握市场的第一手信息，做到快速、全面、准确上报监测信息，共上报监测数据2 820笔。做好重点小农产品的临时价格监测上报工作。根据国家价格监测中心工作安排，从8月15日起，对绿豆、红小豆、大蒜、生姜、八角(大料)等重点小农产品的市场零售价格实行临时监测报告工作，上报周期为每月的5日、15日、25日，共报送价格监测数据50笔。做好政务信息报送工作。专门制定了粮油副食品价格周报和重要商品月报制度，即每周向市委、市政府报送全市粮油副食品价格情况，每月报送重要商品和服务价格情况，如遇价格异常波动，及时撰写价格情况反映，使领导能够随时掌握市场主要商品价格运行情况。同时中心还将重要的价格信息直接发到市长的邮箱，得到了领导的肯定和表扬。共向市委市政府上报地方价格动态信息255篇，被市委市政府采用33篇，省政府采用2篇，被市政府采用上报给国办或省政府的信息14篇，国家采用5篇。做好信息发布工作。进一步加大价格信息发布工作力度，中心不仅在新闻媒体上继续发布粮油副食品主和蔬菜价格信息，还在长春信息港政府网站及发改委网站上发布价格信息，共发布价格信息75 900条。3、进一步做好价格形势分析和调研工作。为深入分析生猪生产、市场等有关情况，准确把握后期市场价格走势，7月初，市发改委对分布于农安县5个乡的15户生猪养殖户进行了问卷式调查，并走访相关部门了解生猪生产的具体情况，在调研的基础上，形成了《长春市生猪市场调查报告》。中心段然纯、袁海鸥撰写的《价格分析预测工作经验总结》入选了2010年全国价格分析预测理论与经验研讨会优秀论文。4、做好动态监测点的储备工作。2010年，中心又储备了一些价格监测点，有大型养殖场、各种养殖户、种植户，这样就保证了上报数据的真实准确，同时也为调研分析农资、粮食、生猪等情况打下了基础。

【价格调整与征收工作】 2010年市发改委提出了价格监测、取消市场入场费等一系列市场监控保证措施。1、监测每日蔬菜总的吞吐量及总的价格波动情况。2、指派专人监测黄瓜、韭菜、西红柿、芹菜、菜花、青椒、尖椒等7个品种的上市量及价格波动情况。待出现大幅波动时对市场价格走势观察及采取调控措施分析。3、密切关注市场猪肉、牛羊肉价格动态。对出现问题及时写出分析报告，建议政府采取切实可行的措施。市发改委制定了《长春市蔬菜等副食品价格过度上涨调控预案》。在全面监控蔬菜猪肉等主要副食品价格的期间，市发改委会同财政局、商务局对蔬菜生猪的情况进行调查。认真落实了各项补贴政策。①对节日蔬菜中心批发市场进行补贴。做好补贴前相关费用的测算。对2月1日至2月15日每日蔬菜中心批发市场入场交易蔬菜的数量，车辆台数进行监测。投入价格调节基金150万元，用于弥补企业因取消车辆入场费用造成的亏损。②建立猪肉储备。为了鼓励生猪生产，建立地方生猪储备，保证春节的猪肉市场供应。市发改委会同商务局、财政局对吉林省天惠牧业有限公司，长春市双赢生态养猪专业合作社，德惠市财源牧业养殖场，吉林省福源牧业有限公司等4家生猪生产企业进行了调查、决定每户补贴生猪1 500头，每头补贴50元，共计补贴6 000头，补贴金额30万元。③调控蔬菜价格。2010年10月以后，由于粮食涨价等因素引起的蔬菜价格大幅波动情况，从11月22日起，对进入长春市蔬菜批发市场的白菜和土豆，每吨补贴50元，并免收所有蔬菜入场交易费（每吨60元），补贴采取日结，现场发放现金的方式。市发改委与财政、商务局等一同落实督促这项政策的实施。截至12月底投放价调基金250万元。其中给经营白菜、土豆业户发放90多万元补贴款。由于采取了这种措施，降低了经营者的经营成本，充分调动了经营者进菜的积极性，使蔬菜上市量增加。据统计，白菜土豆的进场量由补贴前每日180吨增加至350吨，使白菜土豆价格稳中有降，其他蔬菜品种齐全、量增价稳。2010年在征收工作启动之前，市发改委及时协调财政局印制价调基金非税收入缴款书、价调基金机打专用票据和申报表、价调基金工作宣传单共计14万份。并在征收期前将价调基金缴款书和价调基金机打专用票据及申报表、价调基金工作宣传单按各区地税分局所需要数量分送到位，保证了地税局价格调节基金的全面征收。1月~10月份地税局征收价调基金1 144万元，比2009年同期增加159万元，增长幅度13.8%。

（吴丽娟）

质量技术监督

【概况】 2010年，长春市质监局全系统实现全口径收入1.29亿元，比2009年增长11%，先后被国家代码中心评为"全国条码工作优秀奖"；被中国计量测试学会评为"计量诚信优秀单位"；被吉林日报社、吉林电视台等新闻媒体联合评为"年度百姓口碑金奖单位"。

【质量兴市】 2010年，市政府成立了长春市质量兴市活动领导小组，制定并下发了《长春市质量兴市活动方案》。长春市共有28户企业的28种产品申报省局争创2010年"吉林省名牌产品"，已有27户企业的27种产品经省局公示。与市粮食局、长春日报报业集团联合开展了"长春名牌大米"评选活动，共有5户企业的5种产品被评为"长春市名牌大米"，市政府对获得"中国名牌产品"称号的企业每户奖励50万元，对获得"吉林省名牌产品"称号的企业每户奖励5万元。建立了《全市生产领域监管系统》，可以方便、快捷地调出动态的企业信息。共收录全市生产企业2 378户。按照国家局、省局要求，完成了对人造板等10类重点产品建档工作，共建立企业质量档案153户。

【食品质量监管】 2010年，在全市食品企业实施质量安全动态监管责任制，重点对全市肉制品、瓶（桶）装饮用水和米、面、食用油等26类42个单元的食品进行了全面抽样检验，先后检验食品样品2 346个批次，合格2 329个批次，抽检合格率为99.2%。围绕白酒、大米、月饼、葡萄酒、食品添加剂等15种食品进行专项检查。对16户进货台账、质量管控等不规范企业进行及时纠正教育，对21户不同程度违规行为下达整改通知书。在国务院食品安全委员会第五食品安全整顿督察组检查长春市质监局宽城分局，吉林省广泽乳业集团、吉林省阿满食品有限公司时给予了充分肯定和好评。开展了乳制品和含乳制品企业专项检查。对全市139户含乳食品企业进行了系列专项检查，严格进货原料索证索票制度，做到周周批批检验，其原料和成品未发现三聚氰胺超标问题。开展白酒生产企业专项检查。对全市74户白酒生产企业逐一进行了监督检查，要求企业严禁使用"白酒增辣增度剂"生产白酒。开展食品小作坊专项整治。统一印制1 000余张食品生产加工小作坊登记建档表，登记建档小作坊406户，并签订了承诺书。完善本地食品安全突发事件应急预案，构建食品安全突发事件应急机制。为保证在长春市突发食品质量安全事件

长春市质量技术监督局领导到葡萄酒生产企业进行检查

时，能够迅速启动处置联动机制，积极有效地组织应急处置和救援，结合长春市食品质量安全监管实际，制定了《长春市食品生产企业食品质量安全突发事件应急预案》，按照有关突发事故应急预案要求进行全过程的应急演练，强化了监管职能，提高了应对能力，锻炼了质监队伍。

【特种设备安全监察】 2010年，长春市辖区内共有应检锅炉2 533台，定检2 483台，定检率为98%；有应检压力容器4 968台，定检4 871台，定检率为98%；有机电类设备9 411台，均完成定检。全年共排查各类事故隐患154件，整改率达100%；全市特种设备定检率达98%以上，特种设备安全事故率控制在规定比例范围内，实现了预期安全管理目标。2010年，长春市共有特种设备安全监察人员53人，持证率达100%。各县(市)、区局(分局)均有3人以上监察人员持证。建立了辖区监管责任制。监察机构、检验机构均采用了特种设备动态监管信息化系统，对本辖区生产单位、使用单位每年做到巡查一次，对重点单位做到巡查两次。通过隐患排查发现特种设备隐患126处，全部整改完毕，整改率达100%。辖区内未发生特种设备安全事故。

【质量监管】 2010年，共检查1 300户企业，1 405批次产品，合格1 356批次，合格率96.5%。共收到监督抽查不合格报告21份，其中，吉林省质监局监督抽查17份(含拒检2份)，安徽、广西、上海通过吉林省质监局转来4份，全部按规定进行了处理。按照国家质检总局和吉林省质监局的部署，开展了农资执法打假和"家电(汽车摩托车)下乡"产品质量监督与执法打假活动、化肥产品专项检查、液化石油气掺混二甲醚问题专项整治行动、"质监惠农服务年"活动、"质量提升服务进万企"活动、建材市场秩序专项整治等专项整治和专项打假工作。特别是在建材市场秩序专项整治工作中，针对打击"地条钢"生产这个老大难问题，专门下发了《关于坚决遏制违法生产"地条钢"等有关问题的紧急通知》，要求各基层局在当地政府的统一领导下，坚决打击违法生产"地条钢"的行为，取得了一定成效。

【标准化工作】 依据《地方标准管理办法》，对归口市质监局的气体充装站安全技术规范、液体危险化学品常压金属容器(罐体)等4项工业地方标准进行了修订工作。完成了28项吉林省农业地方标准的修订和上报工作，其中，蔬菜类的农业地方标准14项、鹿业养殖地方标准14项。完成净月潭旅游集团5项吉林省服务业地方标准的制定工作。全年共帮助9户企业的20种产品通过采标验收，通过采标，提升了企业的技术标准水平，有力地推动了企业技术进步。如长春蓝天密封技术开发有限公司生产的MT1型密封衬垫板采用日本JISR3453-2001标准后，解决了小型发动机原密封材料产生的腐蚀、粘缸、渗漏技术难题，提高了国产小型发动机整机质量水平，实现产值0.8亿元，利润0.249亿元。2010年共有中东物流、殡仪服务中心、儿童福利院等6户企业申报省级服务标准化试点，并经省批准为2010年度省级服务标准化试点项目。确定吉林汽车制动器厂、吉林亚泰水泥有限公司等8户企业为省级第一批标准化良好行为试点企业。确认并获批准双阳区有机猪、九台市蓝莓等7个项目。2010年，市质监局会同省局标准化专家多次为2户国家级、8户省级标准化良好行为试点企业提供技术指导与服务、组织企业相关人员进行培训学习。全年通过企业申报吉林省名牌及标准化处相关业务工作，共确定了吉林省汽车制动器厂、吉林省北康酿造食品有限公司、吉林天景食品有限公司、长春万惠食品有限公司等6户企业做为帮扶重点。向企业宣传建立质量体系重大意见及认证程序规定等，并向企业优先推荐省内认证咨询机构成为合作伙伴。

【计量监督管理】 开展诚信计量示范单位创建活动。共培育诚信计量加油站32个、集贸市场15个、超市19个、眼镜店15个、医院12个、金银饰品经销店5个，圆满地完成了2010年的工作目标。开展计量惠民行动。专门成立了"公益计量科"，全年共对全市80多家集贸市场和82家社区医疗机构在用的6 000余台在用计量器具进行了免费检定，免收检定费40余万元；为100家超市和集贸市场免费发放了1公斤标准砝码。免费为居民抽查"三表"。"3·15"国际消费者权益日前夕，市质监局联合省市10家新闻、网络媒体继续开展了为长春市城乡居民免费检定在用"三表"活动，各媒体共接待、受理百姓有关"三表"计量方面的咨询、建议、投诉等共计1 300多人次，申请对“三表”进行免费检定的共596户，最终实际拆表检定537块，其中，水表实际拆表检定61块、电能表实际拆表检定458块、燃气表实际拆表检定18块。各媒体共进行相关报道近50余次。召集长春市25家工业企业的负责人和计量管理人员，组织召开了“长春市能源计量工作会议”，组织有关专业的计量技术人员组成了“节能降耗服务队”，开展了“计量专家企业行”活动，将“计量专家企业行”与“能源计量监督检查和节能量化达标评价工作”紧密地结合在一起。根据省质监局确定的15户用能企业名单，逐户进行了走访，发现其中有6户企业处于停产状态，有4户企业不存在。针对这种情况，市质监局根据所掌握的长春市用能企业的情况，增加了没有列入名单的长春华涛汽车塑料饰件有限公司、吉林新立德部件有限公司等10家用能企业作为节能量化评价和能源计量监督检查的对象。2010年，共完成了对15家用能企业的能源计量监督检查和节能量化评价工作，在省局确定的名单无法进行的情况下，超额完成了10家。开展加油机防作弊功能启动、电能表核查、石油密度复测。全市范围内正式开始了加油机防作弊功能启动工作，下发了《关于全面启动税控燃油加油机防欺骗功能及加强税控燃油加油机计量检定和维修管理工作的通知》。截止到2010年12月1日，共对长春市区159个加油站的652只加油枪进行了防作弊功能启动工作。完成省局下达的3 100块电能表的核查检定工作。完成了4次石油密度复测工作。

【基础建设】 技术机构建设。国家汽车零部件产品质量监督检验中心一期工程主体工程已经封顶，一期工程总投资约3 900万元，市财政予以全力支持。2010年，全系统累计投入资金800万元用于检验仪器设备的更新和技术改造，检测领域明显拓宽。开展了检验检测机构整顿活动，各检测机构做到边查找问题，边整改，并通过吉林省质监局考核验收。信息化建设。按照“完善应用、统一网络、集聚资源、提升绩效”的原则，着力构建质监信息化服务平台。投资40余万元，加强了CC12365质量诚信网站建设，在全市72个政府部门网站评比中位列第5名。投入30万元建设市局视频会议系统，实现了与吉林省质监局会议视频系统的互联互通。食品安全监管平台、车载钢瓶电子监管平台也已正式开通并投入使用。人才队伍建设。聘请各方面的专家和系统业务骨干实地授课，全年累计培训技术人员2 000多人次。全系统35岁以下公务员与技术人员参加大专以上学历教育率100%；机关公务员按计划参加培训率达98%以上；技术人员按计划参加培训率达98%以上；需持证上岗人员参加学历教育和业务培训率达100%。

（李洪权　秦晓辉）

安全生产监督管理

【概况】 2010年，市安监局采取扎实有效措施，不断加大工作力度，保持了全市安全生产形势的持续稳定。全年，长春市共发生各类事故7 666起，同比下降2.4%，死亡622人，同比下降1.6%。未发生重特大事故，各类事故死亡人数低于省政府下达年度控制指标14人。

【强化安全生产目标管理】 1、落实目标责任。召开了全市安全生产工作会议，与各县(市)区、开发区签订安全生产目标责任状，并对全年安全生产工作进行动员、部署。加大目标考核力度，对各县(市)区、开发区下达年度控制指标，并对指标完成情况进行阶段性和年终考核。2、明确工作任务。按照国家、省关于继续深入开展“安全生产年”活动和市政府“安全建设年”总体方案要求，由市安监局牵头，市发改委、市建委，质监局以及工信局等部门参加，成立“安全建设年”生产安全专项推进组；制定了“安全生产年”和“安全建设年”生产安全专项推进活动方案，明确工作任务，分解工作目标。3、及时调度部署。组织召开5次市安委会全体会议、3次县(市)区、开发区安监局长调度会议、1次全市煤矿安全生产工作座谈会，研究部署工作任务。制定隐患排查治理统计报告制度，掌握工作进度，推进工作向纵深发展。4、实施计划执法。按照国家安全监管总局24号令《安全生产监管监察职责和行政执法责任追究暂行规定》，结合市安监局实际，制定了年度监管执法计划，经政府批准实施，增强安监工作科学性、规范性和计划性。

【开展隐患排查治理工作】 把隐患排查

春节前夕，市安监局领导带队检查烟花爆竹批发企业安全生产工作

作为全年工作的主线，立足于治大隐患、防大事故，坚持隐患排查治理“抓大不放小”，组织开展了春季安全大检查、隐患排查治理专项行动、“一专四查”专项活动、汛期安全生产大检查、夏季安全隐患排查治理专项行动、“打非治违”专项行动和集中开展安全隐患排查治理行动等综合性安全生产大检查和专项督查。2010年，在企业自查自改基础上，各级政府、各行业主管部门共排查企业31 794户，排查出一般隐患42 350项，整改41 655项，整改率98.36%。1、重大隐患，挂牌督办。2010年各级政府确定挂牌督办重大隐患68项，整改完毕43项，未完成整改的25项做到了整改措施、资金、时限、责任人和应急预案“五落实”。2、高位统筹，加大投入。为有效解决加油站安全距离不足造成的安全隐患，市安监局大力推进加油站阻隔防爆技术改造工作，并将此项工作纳入年度《政府工作报告》。5月17日，市长崔杰组织召开专题会议，决定对非企业原因造成的安全距离不足的加油站给予阻隔防爆技术改造补贴。市政府466万元财政补贴全部到位，已有23个加油站进行了阻隔防爆技术改造，其余20个加油站正在改造过程中，超出《政府工作报告》和《民生行动计划》中下达的指标。全市共投入整改资金约5.6亿元，对一些隐患比较突出的问题进行了集中整治。3、举一反三，深入整改。深刻汲取“11·5”吉林商厦和“11·15”上海火灾事故教训，在全市集中开展安全隐患排查治理行动，通过大排查，切实解决了一批“老大难”问题，省政府督办的3项重大火灾隐患整改完毕，3个存在隐患的煤矿企业停产整顿，7项危化企业重大隐患整改销号。4、联合执法，惩防并举。在全市范围内加强联合执法，集中打击各类非法违法生产经营建设行为，有效防范了各类事故的发生。共组织开展执法行动17 742次，共打击安全生产各类非法违法行为15 749起。

【加大专项整治行动力度】 1、煤矿方面。突出瓦斯治理和防治水害专项整治两个重点，严格落实“一通三防”各项措施；加强巡查、夜查等突击检查，督促企业严格执行矿领导带班下井制度；对于一次造成2人和一次造成1人死亡事故的双顶山矿业有限公司，一次造成2人和一次造成5人死亡事故的营城矿业分公司列入“黑名单”，上网公开曝光；推进小煤矿整顿关闭工作，完成省政府下达的关闭指标3处。2、非煤矿山方面。加强对复工企业的检查验收，在开工采石场全面推行水平分层台阶式开采、中深孔爆破、机械铲装及液压锤二次破碎等先进开采方式，并作为安全生产标准化达标条件，坚决杜绝一面坡开采，禁止使用“扩壶爆破”等落后开采工艺；对非煤矿山企业实行企业法人安全生产承诺制，签订安全生产承诺书，落实安全生产主体责任。3、危险化学品和烟花爆竹方面。对涉及危险化工工艺的危险化学品企业深入开展自动化控制及安全连锁技术改造工作；加强烟花爆竹产品流向登记和供货企业备案管理，严格控制零售网点总量，从原来3 000户减少到1 600户，在市区内全部实行了“棚式”经营管理；对烟花爆竹批发企业库存A级产品全部清理，对违法销售和废弃的烟花爆竹进行了集中销毁，对零售点剩余烟花爆竹实行了统一管理，防止因存储不当引发事故。4、职业卫生方面。完成《全市职业健康情况调研报告》上报市政府，市长崔杰高度重视并作出重要批示，认为“这是薄弱环节，再报加强管理工作意见，并在民生计划中有所体现”。此外，还开展了粉尘与高毒物品治理专项行动、作业场所职业健康监督检查、作业场所职业健康信息统计和职业危害申报等工作。在全国安监系统副省级城市职业健康研讨会上，市安监局介绍经验，并在《安全生产报》上予以刊登。5、工商贸方面。按照监管计划，对市直管的冶金有色、机械制造、粮食收储等行业企业进行定期、不定期的安全检查，督促企业落实安全生产主体责任，开展隐患排查，及时消除安全隐患，有效防止各类事故的发生。

【开展安全生产宣教工作】 1、切实加强法制宣传和培训教育工作。在市文化广场举行《职业病防治法》宣传周活动启动仪式及街头宣传活动，被省卫生厅、省安监局、省总工会、省人社厅等部门授予《职业病防治法》宣传周优秀组织奖。组织企业主要负责人、安全管理人员、特种作业人员“三项岗位人员”安全教育培训，累计培训6 983人，高危行业企业主要负责人、安全管理人员和特种作业人员100%持证上岗。2、开展安全生产月宣传活动。与市委宣传部、市公安局、市总工会等7部门联合下发安全生产月活动方案。各城区、开发区和有关部门、驻长企业围绕“安全发展、预防为主”活动主题，在人民广场周围开展“安全生产咨询日”宣传活动，被中宣部、公安部、国家安监总局等7部门授予“全国安全生产月活动优秀单位”荣誉称号。3、宣传贯彻国务院《关于进一步加强企业安全生产管理工作的通知》精神。以市安委会名义下发文件，召开会议，对贯彻落实《通知》精神进行动员部署。采取向企业免费发放宣传手册、专门辅导、专题考试等多种形式，广泛宣传贯彻《通知》精神。

【提高安全保障能力】 1、进一步完善安全监管体系。2010年，市，县（市）、区、开发区两级安全监管机构全部独立，人员编制265名。全市162个乡（镇）、街道全部建立安监站，充实编制254名，县（市）、区、乡（镇、街道）3级安全监管网络基本形成。2、深入开展企业安全生产标准化工作。2010年，在煤矿、非煤矿山、危险化学品和烟花爆竹、机械等行业继续开展达标活动。煤矿企业已达标11户；非煤矿山企业已有82户达到五级以上标准，开工企业达标率83.7%；32户重点危险化学品企业全部完成标准化自评，13户烟花爆竹企业全部达到二级标准；20户冶金机械企业达到二级以上标准，达标率33.3%。3、充分发挥安全生产专家技术支撑作用。针对安全监管专业人员短缺的实际情况，长春市建立专家库，划拨了专家经费，建立了“专家检查、部门督查、企业整改”的工作机制。通过开展“一专四查”专项活动（“一专”即聘请专家检查安全工作，“四查”即查企业法人安全责任的落实、查企业安全投入的落实、查企业安全培训的落实、查属地政府监管责任的落实），不断提升企业本质安全水平，取得较好效果。

【提高行政审批效率】 1、本着简政放权提高效率的原则，将非煤矿山建设项目“三同时”全部下放到县（市）、区安监局，既方便了企业申请办理许可，也便于县（市）、区安监局对发证企业的日常监管，政务大厅在政务信息上做了报道。2、制定了《长春市安全生产行政许可审批规则》，进一步明确安全生产行政许可审批职责，规范安全生产行政许可审批行为；重新修改和完善了行政审批办事指南、审批工作程序和审批工作制度，使审批工作更加法制化、规范化。全年窗口共接件 1 872 件，受理各类许可申请 1 866 件，不予受理 6 件。办结 1 539 件，退办 294 件，正在办理 33 件，已办结的各类许可申请全部在规定时限内完成，提前办结率达 100%。

（郭义波）

财 政

【概况】 2010 年，长春市财政局充分发挥职能作用，依法加强收支管理，狠抓各项工作落实，全市财政收入实现了较快增长，重点支出得到较好保障，有力地促进了经济发展与社会和谐。2010 年市本级地方财政收入完成 1 029 575 万元，为年初预算的 112.5%，比 2009 年增长 23.3%；市本级一般预算财政支出完成 1 371 709 万元，为预算的 128.2%，比 2009 年增长 17.1%。

【保障重点支出】 2010 年，市财政部门从全市工作大局出发，妥善调度资金，适当加快资金拨付进度，较好地保证了民生等重点资金需要，推进了全市民生行动计划的实施。安排资金 83 480 万元，支持了“暖房子”工程建设。拨付资金 1 200 万元，用于城市供热应急。积极调度粮食风险基金和价调基金，通过实施蔬菜补贴等措施，有效平抑了物价。拨付资金 8 302 万元，支持了抗洪救灾和灾后重建。采取预拨、预下达等方式，保障了养老保险、城镇居民医保、新农合、就业再就业、城市低保、社区卫生等社会保障重点支出。安排资金 1 044 万元，对优抚对象、城乡低保户、五保供养对象等困难群体实行价格补贴，保障了低收入群众基本生活。多渠道筹措廉租住房保障资金，支持了廉租住房建设，对低收入住房困难家庭发放了租赁补贴。筹措资金支持了公交集团购置新能源公交汽车，支持了医疗保障体制改革、市属企业厂办大集体改革、文化事业体制改革、殡葬改革等。拨付粮食、家电、汽车等补贴资金，确保了国家惠民政策的及时兑现。加大了食品药品安全监管、校舍安全、危旧房改造、“天网工程”等公共安全领域投入，提升了城市安全综合能力。此外，在预算安排上适当调整了行政单位人员支出定额，增强了行政机关经费保障能力。

【支持经济发展】 通过财政体制政策，支持了开发区经济发展和基础设施建设。积极筹措调度资金，解决了开发区、工业集中区在土地开发、项目建设等方面遇到的资金困难。安排工业发展资金 3 000 万元，支持了工业强市战略的实施。拨付专项资金 34 800 万元，扶持了汽车产业、轨道客车、信息产业等工业园区建设，以及企业技术创新、民营经济发展和孵化基地建设等。及时拨付扩大内需资金，支持了企业自主创新、产业结构调整和节能减排。强化农口资金整合，加大了深松整地、水源地治理、牧业小区等农业重点工程的投入。争取国债、省债和银行贷款等资金，支持了四环路建设、城市供热管网改造等城市基础设施建设。

【财政改革】 深化综合预算改革，将除教育和车辆通行收费以外的所有行政事业性收费收入全部纳入预算管理，试编了社会保险基金预算，强化了基金管理和监督。提前启动 2011 年市本级部门预算编制工作，改进了编制方法。开展财政支出绩效评价改革试点，初步完成了市科技局、农委、环保局的自评报告，为推进改革积累了经验。积极完善政府采购制度，规范采购预算追加行为，提高了政府采购预算科学性。深化财政国库管理制度改革，启动了公务卡、财税库银联网、非集中核算单位实行集中支付 3 项改革试点工作。启动全市拔尖会计人才培养工程，建立了人才培养基地。强化非税收入管理，提高了非税收入预算编制质量。建立行政事业单位国有资产出租挂牌平台，规范资产出租行为，防止了国有资产流失。加强政府债务管理，规范了政府举债行为。

【财政监督】 开展了“小金库”专项治理工作，组织对扩大内需资金、规划和国土部门专项资金进行了检查。针对会展、

2010 年东北四城市财政论坛

旅游等21项专项资金检查发现的问题，督促相关部门和单位进行了认真整改。加强重点建设项目的招标控制价和预算的评审，全年完成评审提报值95亿元，审减支出9.9亿元。开展了政府融资平台的清理核查，为规范政府融资行为奠定了基础。开展行政事业单位小汽车配备情况调查，区分工作性质和职责范围，核定了业务用车数量和标准，严格了车辆经费支出管理，促进了节约型政府建设。

【争取政策和资金支持】 为确保预算平稳运行，市财政部门加强与上级财税部门沟通协调，配合相关职能部门，加大工作力度，积极向上争取资金和政策支持。2010年上级专项补助资金的额度同比有了较大增长，有效缓解了长春市财力紧张的局面。

（杜　鹏）

国　税

【概况】 长春市国家税务局负责长春市增值税、消费税、企业所得税、储蓄存款利息个人所得税、车辆购置税等中央税、中央与地方共享税的征收管理和出口退税的管理工作。2010年，长春市国税局在职职工2 875人。市局下辖10个城区局（含开发区），4个县（市）局。市局机关内设15个行政处（室），5个直属机构，5个事业单位，1个机关党委办公室、1个离退休干部处、1个机关纪委、1个机关工会。管理纳税人户数为109 276户，其中，内资企业48 518户，外资企业1 262户，个体工商业户59 417户，非企业性单位79户。

【国税收入】 2010年，全市国税系统共组织税收收入367.28亿元，同比增收70.37亿元，增长23.7%。在组织收入工作中，全市国税系统始终坚持依法征税、应收尽收、坚决不收过头税，坚决防止和制止越权减免税的组织收入原则，全面开展经济税源分析、政策效应分析和预测预警分析，强化重点税源管理，牢牢把握组织收入工作的主动权。加强欠税管理。全市14个征收单位把欠税管理与税源管理结合起来，首次实现零新欠的工作目标，创历史最高水平。加强税务稽查工作。全年稽查部门查补税款、滞纳金、罚款60 271万元。完善组织收入考核办法，强化对组织收入工作的考核监控，促进组织收入工作走上经济发展、税源扩大、快速增长的良性循环轨道。

【税收征管】 1、加强征管制度建设。制定《长春市国家税务局非正常户管理办法》，在全市范围内对非正常户实施“一体化”管理，全市国税系统非正常户月均157户，比2009年同期减少42户，下降了21.10%。制定《长春市国家税务局注销税务登记管理办法》，规范注销税务登记纳税人的管理。制定《长春市国家税务局税收征管工作规程》，促进征管工作科学化、规范化水平的提高。2、加快税收征管信息化建设。开发长春市国家税务局征管档案信息系统，11月8日正式上线运行，创新了税收征管资料管理的方法和手段。与神州数码公司联合，开发长春市国家税务局征管数据查询分析系统，涉及征管和科技发展处等5个业务处室120个功能模块，基本满足征管现状分析和相关业务处室业务管理的需要。加强综合征管软件运维。建立信息收集反馈机制，保证业务与技术处理的同步性，提高了综合征管软件的运行质量。3、开展纳税专业化评估工作。对全市烟叶加工、稻米加工、汽车4S店、供暖企业、金属门窗等10个行业的纳税人进行信息采集、数据分析，采用人机结合的方式，结合行业特点开展行业纳税评估工作，规范行业税源管理。开展日常评估，包括一般纳税人辅导期转正评估，福利企业异常评估，企业所得税20%面评估，房地产企业评估，收入较大企业评估，钢构企业评估及十大行业专项评估等，共评估2 100多户，补缴增值税、消费税、所得税3 000多万元。4、加强户籍和普通发票管理。落实属地管理原则，开展日常户籍清理。全年共转户566户，其中，增值税一般纳税人121户，小规模纳税人445户。开展普通发票集中开具试点工作，有效地解决发票串开及大头小尾等发票违法违章问题。

【纳税服务】 1、开展“简放提优”工作。简化办税程序、减少办税手续，下放行政审批权限，提高办税、办事工作的质量和效率，优化纳税服务环境。制定下发《关于明确“简放提优”工作若干问题的通知》，简化办税程序5项，下放行政审批权4项。统一规范建设全市办税服务厅服务设施，对全市14个征收单位办税服务厅的公告栏、公示栏，6类公告、公示内容，便民箱、投诉举报箱，取阅架，办税服务厅各功能区分区标志，窗口工作人员标牌，纳税服务投诉录音电话，触摸屏、LED屏等设备进行了统一配备，创建“功能齐全、环境温馨”的办税场所。加强办税服务厅制度建设，制定《办税服务厅值班长管理办法（试行）》、《局长接待日管理办法（试行）》，促进办税服务管理更加科学、规范。2、开展多元化申报和纳税信用等级评定工作。制定《长春市国家税务局网上电子纳税申报推广方案》，推广小规模纳税人网上电子纳税。认真贯彻落实国家税务总局《纳税信用等级评定管理办法》，与长春市地方税务局联合进行2010年纳税信用等级评定工作，评定产生A级纳税人347户，B级纳税人30 951户，C级纳税人824户，D级纳税人22户。3、建立“手机报”信息服务系统。与中国移动通信集团吉林省有限公司长春分公司合作建立长春国税手机报。4月1日正式开通税务短信服务系统，4、“同城通办”上线运行。制定《推行涉税事项“同城通办”工作实施方案》等4个方案。8月27日，在南关区分局、经济技术开发区分局顺利实现长春市国税局同城跨区第一次认证、第一次购买专用发票和普通发票、第一次收取现金等业务，标志着“同城通办”推行工作初见成效。10月8日长春市区内国税系统“同城通办”正式上线运行，市区内纳税人可以在市区内任何一个办税服务厅办理申报纳税、抄税认证、发票领购、纳税咨询及简易处罚等涉税事宜，服务模式实现“有区域管理，无区域服务”，服务范围实现“四个覆盖、五个通办”（即覆盖国税所有税种，覆盖所有纳税人，覆盖除审

长春市国税局领导在长春国税手机报暨第19个税收宣传月启动仪式上致辞

批、一般处罚类以外的所有涉税事项，覆盖市区所有行政区域；各税种申报缴纳“通报通缴”，专用发票“通抄通认”，各种发票“通验通售”，简易处罚“同标通办”，税务咨询“通问通答”）。

【税收法制建设】 1、依法治税，加强税收法制工作。将依法治税贯穿到税收管理的各个环节，规范税收执法程序和内容，制作5种行政处罚样本，严格按照税务行政处罚相关规定进行处罚。认真落实《税收规范性文件制定管理办法》，对市人大、市政府和有关部门转来的地方性法规、规章和规范性文件的征求意见稿，按照国家有关税收方面的规定进行审查，维护税法的统一。2、加强执法督察。市国税局对全系统18个基层单位的税收执法情况进行全面的税收执法督察，下发《税收执法督察情况通报》及《税收执法督察处理决定书》。加强税收执法子系统考核，深入推行税收执法责任制。制定《长春市国家税务局税收执法考核子系统管理办法》，修订《长春市国家税务局税收执法过错责任追究办法》。加强税收执法质量监控，按月通报税收执法考核子系统考核情况，及时纠正税收执法偏差和过错，初步建立税收执法责任制的制度体系，建立定岗定责、执法督察、过错追究等落实机制。3、加强各税种管理。制定《长春市一般纳税人认定管理工作规程》、《增值税抵扣凭证审核检查管理办法》，认真贯彻落实各项增值税税收优惠政策。全年为水泥生产、垃圾发电、新型墙材等企业办理资源综合利用增值税即征即退和减免税6 000万元，为全市享受民政福利“即征即退”政策的203户企业办理增值税退税10 948万元。加强所得税管理，做好所得税汇算清缴。加强国际税务管理。大力开展反避税工作，制定《长春市国家税务局同期资料管理规程（试行）》、《长春市国家税务局非居民享受税收协定待遇审批、备案操作规程(试行)》，进一步加强对基层税务机关执行税收协定工作的管理。加强车辆购置税管理。认真落实结构性减税政策，启用新版车购税完税证明。

【教育培训工作】 教育培训工作实现创新。从全员研讨培训、专门业务培训、科级任职培训、业务骨干培训4个层面开展基层全员培训，举办所得税汇算、收入核算、出口退税、廉政、车购税等各类专门培训班23期，参加人员1 619人次。抽查14个征收单位344名干部进行考试检验学习效果。在省局组织的全员研讨式培训验收考试中，长春市14个征收单位149名干部参加考试取得好成绩。加强高端人才培养，从2010年起，对考取注册税务师等执业资格证书的干部实行重奖。创新教育形式，成立长春市国家税务局干部业余学校，开发网络培训系统，依托市局网站，建立专门的网上学习考试系统，实现培训资源上下共享。

（姜洪星）

地 税

【概况】 2010年，长春市全口径地税收入158.3亿元，同比增加32.5亿元，增长23.83%，比计划超收6.3亿元，收入总量、增量、进度创历史最高水平，实现了市委市政府“两个高于、一个不低于”和“在全省当好排头兵、在全国争先进位”工作目标。同时，代征“三金两费”5.1亿元。

【税收征管工作】 1、征管基础日臻完善。长春市地税局理清各类纳税人、漏征漏管户和非正常户数量，摸清汇算清缴和核定征收户籍底数，户籍管理质量和税源控管能力明显提高；在基层单位建立二级征管互动平台，实现了市地税局、基层地税局、税务所三级征管要素的适时互动和联动，互动平台点击次数达到45 342人次，累计发布各类报告、信息1 201篇；积极推进专业化评估进程，纳税评估实现了由日常评估向专业化评估转变、由评估数量向评估质量转变，评估企业8 837户，入库税款2.26亿元，评估问题率30.47%；优化核定征收办法，除个体外，对单位纳税人营业税实行查实征收、所得税实行定率征收，既做到还责于纳税人，促进纳税人自觉如实申报，也有效杜绝了核定过程中容易出现的执法风险，全年核定纳税人77 130户，一级监控纳税人核定营业额增长60%。2、征管措施不断完善。升级完善房地产一体化、税收数据综合分析、税务稽查等系统应用平台和房产税、土地使用税信息库，进一步增强信息化应用的针对性和实效性；对大企业集团、重点税源企业、交通运输业进行专项检查，查补税款3.3亿元，同比增长59.8%；充分发挥发票的源泉控管作用，加大发票打假力度，查处

纳税人权益保障中心揭牌

假发票大案要案11起，打掉制贩假票团伙和窝点18个，缴销假发票270万份。分“4条战线”、对“7个行业”集中开展了发票专项整治活动，检查企业8336户，查处非法发票8595份，涉案金额39.1亿元，查补税款7709万元，罚款425万元，移送司法机关4起案件；全市新欠发生率1.84%，同比降低3.1%，绿园区地税局、农安县地税局实现零新欠；清缴陈欠3.86亿元，同比增长283.83%；积极推进社会综合治税进程，研究制定《税收征管保障办法实施意见》，与长春市工信局等10部门确定了涉税信息交换方式、方法以及格式，确保涉税数据信息及时有效对接。

【税收法制建设】 规范执法取得新成效。市地税局印发《税收执法风险预警防范手册》，围绕49个执法风险环节和138个执法风险节点，划分预警级别，明示风险责任和后果，提出防范措施；召开209次税务案件集体审理会议，纠正各类不规范执法行为88起；不断完善执法内控机制，在基层单位建立内审部门或有专人负责内审工作，集中组织税收执法检查，检查企业1410户次，发现540个问题，责任追究325人次，有效解决了税收管理中存在的问题，增强了广大干部的风险意识和责任意识。

【税收服务体系】 完善税收服务体系。市地税局将构建“1444”（1个理念：诚信兴税服务理念；4条原则：规范、公正、透明、效率；4项内容：政策性、执行性、受理性、维权性服务；4个平台：办税服务厅、信息网络、纳税人之家、纳税人权益保障中心）服务体系作为重点工作来抓，以纳税人满意为出发点和落脚点，针对问题抓落实，完善体系抓规范，适应纳税人需求抓创新，有效提升税收服务水平和质量。对新办纳税户实施“1+5”套餐服务，实施3年内首违不罚或按最低标准处罚制度，积极推进以“先教育规范、再限期整改、最后行政处罚”为内容的“三段式”执法；对市政府确定的150个大项目、138户纳税千万元以上企业、50户市领导联系的产业排头企业，逐一建立了税收服务档案，制定了12个方面的服务措施，实行税收服务包保责任制，进行“点对点”服务，对年纳税千万元以上纳税大户，实施行政处罚市局核准制度。开展办税服务厅标准化达标工作，实施“一窗式”受理、“一站式”服务，推行首问负责、一次性告知等制度，减轻纳税人的办税负担，在每个办税窗口统一安装税收服务质量评价系统，切实提高办税服务质量和效能。全年落实税收优惠累计3.8亿元，为地方经济社会发展提供了有力支撑；电子申报企业15383户，通过POS机缴税4039万元，通过财税库银一体化扣税21514户，有效减轻和降低纳税人办税负担和成本；市地税局及基层单位与驻省、市商会以及重点行业协会、街道办事处、工商联、专业市场等联合成立66个“纳税人之家”，建立了为纳税人提供纳税服务、维护合法权益、法律救济、政（行）风监督和协税护税的新平台。

【干部队伍建设】 市地税局组织开展“当好排头兵，党员做先锋”创先争优实践活动、“强化职业道德、预防职务犯罪”教育活动、“提高服务水平、提高业务素质”主题实践活动，有效提升干部的思想觉悟和岗位追求；在全市范围内公开选拔了20名中层副职领导干部；围绕税收业务、法律法规、税收服务等内容，举办各类业务培训班19期，累计培训1400人次；市地税局共选派455名干部参加省局、上海、常德和南京培训班；各基层单位共组织各类培训531期，累计培训20635人次；加强税收理论研究人才培养，调研成果对税收实践的指导作用不断提升；深化党风廉政建设责任制落实，与市国税局联合开展软环境集中整治活动和政（行）风“共建共评”活动，针对“万人评议机关”活动反馈的111条意见建议，开展明察暗访，进行系统通报，落实整改措施，有效解决纳税人反映强烈的问题，树立良好形象，市地税局被市委市政府评为“三满意”机关建设先进单位。

（张婷娟）

审　计

【概况】 2010年，长春市审计局坚持“全面审计，突出重点”的工作方针，强化“质量、创新、服务”意识，认真履行法定职责，完成审计及审计调查项目137户（项），查出违规金额260089万元，管理不规范金额57054万元。已上交财政2454万元，其中查补税款648万元，审计机关直接收缴入库1806万元。按照工作程序，向纪检、司法及有关部门移送案件线索12起，涉及人员10人，涉及金额4594万元。通过审计，上报审计要情、审计专报13篇，有针对性地提出了加强管理、完善机制的建议，有8篇得到了市领导的批示，促进了相关问题的及时解决。通过审计整改，已促进有关被审计单位上缴各级财政资金31 627万元，在市审计局的督促下，被审计单位已追回和归还原渠道资金8 333万元，调账处理金额7 763万元。

【财政审计】 长春市审计局以预算执行审计为切入点，努力构建财政审计大格局，不断提高预算执行审计的深度和广度。1、对市本级预算执行情况进行审计。查出违规金额63 918万元。审计中重点关注了预算的编制、管理、执行及结果，关注了宏观财政政策的执行情况，查找了影响公共财政体系建设的体制性、机制性问题并提出对策建议。2、对区政府财政决算情况进行了审计，重点关注了政府财政决算的完整性、真实性和有效性，查出违规金额55 239万元。

【政府重大投资项目审计】 通过对7个政府重大投资项目实施审计及审计调查，查出工程价款不实、少计少缴税费等违规问题金额37 832万元，核减工程投资4 988万元。1、认真抓好项目建设的竣工决算审计，严把监督关口，节约建设资金。2、对已开工的重点建设工程积极开展跟踪审计，做到事前预防与事中控制相结合，及时发现、预防工程建设各个环节中可能发生的违规违纪问题。3、积极探索，将绩效理念融入工程项目的跟踪审计中，检查投资项目的建设情况和项目建成后的运营状况的实际效果，评价项目建设的直接经济效益，探索评价项目的社会效益和环境效益，从而提升政府投资建设项目审计的层次和水平。4、加强固定资产投资审计，营造良好的审计环境。制定出台了《长春市政府投资建设项目审计监督办法》，为政府投资建设项目审计提供了强有力的工作保障。

【民生资金审计及审计调查】 坚持树立"民本审计"理念，把人民群众最关心、最直接、最现实的问题，特别是关乎社会公平正义、人民群众反响强烈的难点热点问题，作为审计工作关注的重点。1、对长春市牧业小区建设补贴资金、基本养老保险、基本医疗保险的筹集管理使用情况进行审计调查。2、组织县（市）、区审计局对抗洪救灾物资进行审计。3、对县级以上城市中心医院进行审计调查。通过查处和纠正违规问题，规范各项资金的管理和使用，促进资金使用效益的有效发挥。通过审计，发现落实有关政策措施不到位、政策目标未实现以及严重影响和损害群众利益的突出问题，提出审计建议，促进政策落实，推动和谐社会建设。在对4县（市）基本养老保险基金审计调查中，发现部分县（市）存在基本养老保险基金减少、基本养老保险基金未按规定保值增值等问题。省、市、县（市）3级社保经办机构、各县（市）政府及相关部门对审计查出的问题高度重视，并认真进行了整改，确保了基本养老保险政策的贯彻落实。

【经济责任审计】 按照"积极稳妥、量力而行、提高质量、防范风险"的指导方针，坚持从长春市实际出发，不断完善经济责任审计工作。1、实现了经济责任审计对象的"一次性"委托。使经济责任审计由被动变主动、由突击变常态的管理方式，从而强化了经济责任审计工作的计划性、系统性和经常性。2、通过对23位领导干部开展任期经济责任审计，对32位拟提拨的领导干部开展任前审计，查出领导干部应负直接责任的违规金额667万元，应负主管责任的违规金额7 820万元。进一步增强了领导干部经济责任意识、科学民主决策、依法行政的意识，对领导干部自觉遵守财经纪律和各项廉政纪律起到了很好的促进作用，同时为组织部门配备使用好干部提供了依据。3、加强制度建设。通过经济责任审计联席会议先后制定了《长春市市管干部任职前经济责任审计暂行办法》和《长春市经济责任审计对象分类管理暂行办法》等规定，进一步规范经济责任审计工作。

【完成交办审计任务】 1、完成了对18项政府基金的审计，发现了政府基金管理中存在的违规及管理不规范问题，并提出了有针对性的建议，帮助完善管理制度。为市政府宏观决策提供参考依据。2、完成了对长春轨道客车有限公司动车试验专用线征地拆迁补偿情况的审计调查，报告已报送市政府，市领导要求按照审计确认的金额核拨财政资金。

（杨冬玲）

商业　旅游业

商业　旅游业

商业流通

【概况】 2010年全市商贸流通业稳步发展。全市社会消费品零售总额实现1 286.7亿元,同比增长18.1%,城镇消费持续增长,农村消费品市场日趋活跃,农村消费增长快于城镇,全市乡村社会消费品零售总额实现108.3亿元,同比增长18.8%,高于城镇增幅0.7个百分点。汽车消费增长明显,并带动石油及制品消费快速增长,限额以上批零贸易业汽车类销售额同比增长33.8%,限额以上批零贸易业石油及制品类销售额同比增长35%。大企业、大集团带动作用依然突出,全市限额以上批零贸易业实现销售额854亿元,同比增长25.3%,欧亚集团、卓展购物中心、亚泰富苑购物中心等多家限额以上企业零售额增幅均超过18%。

【扩大和促进消费】 1、家电以旧换新工作稳步推进。按照国家商务部等部委及省商务厅的部署,长春市在2010年7月23日正式启动了家电以旧换新工作。经省商务厅招标确定,长春市有12家企业为销售、回收双中标企业,截至2010年底,在各县(市)区、开发区备案并经商务部门审核通过的销售网点达248家;全市共销售以旧换新家电78 981台,销售金额3.26亿元;回收旧家电83 707台,回收金额199.67万元;经商务部门审核通过给予财政补贴881.9万元。2、"家电下乡"工作继续深化。2010年,全市"家电下乡"销售各类家电39万台(件),实现销售额8.98亿元。3、积极开展"汽车以旧换新"工作。成立了由市商务局、财政局、环保局组成的"长春市汽车以旧换新联合服务窗口"办公室,正式启动长春市汽车以旧换新工作。进行大量宣传工作,2010年,登记报废汽车4 533辆,获得国家补贴资金7 183万元,促进汽车消费4.9亿元。3、为促进春节节日消费,市商务局与长春市18家商场以及新文化报社共同开展第六届"黄金季购物节"活动。与市旅游局配合推出了长春冰雪旅游节"购物在冬季"活动。据统计,春节期间12家百货业实现销售46.2亿元,同比增长26.8%,10家大型超市实现7.9亿元,同比增长21.5%。开展了消夏节消夏购物夜活动。在消夏节期间,制定了工作方案,组织长春市大型商场、超市开展消夏节购物夜活动,延长营业时间,开展丰富多彩的文化促销活动,活跃了消夏节的氛围,促进了消费。4、鼓励企业开展"农超对接",实现农产品直接进超市。积极做好"农超对接"试点项目的申报验收工作。市商务局组织长春欧亚超市连锁经营有限公司、长春欧亚新发等两家连锁超市两家企业做好网上填报、准备相关材料,落实省市财政、商务部门的验收,两家企业及对接的农民合作社共获得"农超对接"试点项目补贴资金400万元,提高了超市企业直采农产品的积极性。市商务局与沃尔玛公司共同组织召开"沃尔玛·中国农超对接培训会",推动长春市农产品生产企业进入沃尔玛采购系统。

【推广名优地方产品】 地产品外销市场不断扩展。市商务局组织地方名优产品企业参加了宁波、沈阳"食博会",南昌"绿博会"和北京"吉林商品大集",加大了地方名优商品的外销力度,取得了较好的效果。1、组织参加北京"吉林商品大集"。为促进长春名优产品走出去,长春市商务局组织长春市38家有地方特色的企业参展"吉林商品大集"。在为期10天的大集中,长春市有食品、酒类、保健、纺织、工艺品等5大类近百种特色名优产品参展,展会期间现场销售额308万元;现场签约额2 315万元;意向协议签约额3.68亿元,占居全省80%以上。2、组织参加2010中国(宁波)食品博览会。该展会是由商务部和浙江省人民政府主办的中国食品行业第一展。长春市借助这个平台通过在食品博览会中开展展览展示、产销对接、经贸洽谈等一系列活动,从而推广了长春名优地产品,促进企业加大交流与合作。2010年,长春市商务局组织10户名优地产品生产企业,组成长春市代表团参展。长春展团的展品均为名优地产品,有鲜明的地域特点,深受各地经销商的青睐和宁波市民的喜爱,展会期间长春展团累计意向签约额达1.86亿元人民币,现场销售165万元。

【构建竞争有序的城乡市场体系】 1、做好标准化菜市场验收工作。对全市27户申报"标准化菜市场示范工程"的企业进行了检查验收,并配合省商务厅、财政厅完成复检。经审核,长春市有25户企业合格(其中有3户纳入2010年扶持计划),每户企业最高可获得国家专项扶持资金30万元。2、做好"万村千乡市场工程"验收工作。完成对2009年度国家"万村千乡市场工程"建设情况进行调度和项目验收工作,验收合格标准化"农家店"600户,"配送中心"4个,得到国家"万村千乡市场工程"项目扶持资金560万元。3、再生资源体系建设工作获得双丰收。经过反复努力争取,长春市被成功列为第2批试点城市,有5户企业被批准为试点实施企业。争取国家扶持资金4 100万,列居全国第3位。同时通过积极协调,市商务局起草的《长春市再生资源回收体系建设的实施意见》被长春市政府正式印发。

【全面推进居民服务业工作】 1、加强长

春市家政服务网络中心建设。通过政策扶持，市场引导的方式，进一步推进长春市家政服务网络的市场化建设，该中心已通过省商务厅验收，国家扶持资金已到位。“96616”家政服务热线正式开通，进一步方便了百姓生活。2、继续开展长春市酒家酒店等级评定工作。依据长春市国家酒家酒店等级评定工作方案，重点实施长春市国家三钻酒家酒店的等级评定。长春市5户参评餐饮企业管理人员赴长沙参加了全国酒家酒店评审员培训班，进一步建设和完善了长春市评审员队伍。对长春市原有6家国家特级和一级酒店进行了复评，将复评结果上报全国国家酒家酒店等级评定工作委员会。3、中介服务业和商业示范社区工作进一步加强。丹东路社区被评为全国商业示范社区，长江路等8个社区被评为省级商业示范社区。

（刘义椿）

肉品管理

【生猪无害化处理】 2010年，全市生猪屠宰企业在长春市商务局的指导下，无害化处理车间已按照国家标准建设完成，设备已经安装到位，投入运行。进一步完善了《病害肉无害化处理登记制度》、《病害肉无害化处理操作规程》、《病害肉无害化处理人员守则》、《病害肉无害化处理存放规则》等病害肉无害化处理工作制度，并且强化了监管手段。同时，落实商务部、财政部无害化资金补助政策，确保了病害肉无害化处理制度的有效落实，从根本上解决了被检出的病害猪和病害产品流入市场的问题。

【换发畜禽屠宰企业许可工作】 按照《商务部办公厅关于做好生猪定点屠宰企业审核换证工作的通知》（商秩字［2010］263号）精神要求，规范生猪定点屠宰秩序，保证生猪产品质量安全，保障人民群众吃上“放心肉”，从2010年5月开始，长春市肉品管理办公室在全市范围内开展生猪及其他畜禽定点屠宰企业审核换证工作。各县（市）、区肉管办严格按照省、市《条例》的要求，对辖区内的猪、牛、羊、禽、犬屠宰厂进行审核，对达到相关标准的，换发畜禽屠宰许可证；对达不到要求的，限期整改，经过整改仍达不到要求的，坚决依法予以取缔。长春市肉品管理办公室结合长春实际制定了《生猪等屠宰企业换证工作方案》，明确了审核标准，审核程序及换证的进度安排等，下发了换证通知，各企业按要求及时上报了换证申请及相关材料，换证工作将持续到2011年。

【肉品管理专项整治工作】 按照《2009-2010年全省食品安全畜禽屠宰环节专项整治实施方案》要求，为进一步推进长春市“放心肉、满意肉”工程建设，全面提升肉品质量，认真开展了畜禽屠宰环节专项整治活动，治定了专项整顿方案，成立了以长春市商务局局长为组长的专项整治领导小组，确保这次专项整顿活动取得实效。此次专项整治重点排查了各畜禽屠宰企业，加强对畜禽屠宰企业的日常监管，对屠宰企业标准化建设、生产流程、卫生状况、肉品品质检验及生产秩序进行严格监管，规范企业肉品品质检验行为，建立入厂查验、台帐登记等各项制度记录，生猪屠宰企业全面使用国家统一规定的肉品品质检验证、章；坚决杜绝病死猪入厂和未经检验的肉品流出厂外，检出的病害肉全部进行无害化处理，确保无害化处理率100%，出厂肉品质量合格率100%。各县（市）、区肉管部门同时开展了畜禽屠宰企业专项整顿工作，在各县（市）、区进行了地毯式的执法检查，对发现的问题，坚决依法处理私屠滥宰等违法行为，杜绝病死猪病害肉上市。专项整治期间，长春市共出动执法人员3 000多人次，执法车辆700多台次，对发现的问题就地整改到位，取缔了12处私杀滥宰点，办结投诉举报案件41起，办结率100%。

【重点查处肉品安全问题】 2009年12月2日，《新文化报》刊登农安县合隆镇部分黑加工点经营病害猪肉的报道。2010年3月1日～2日，《新文化报》刊登合隆镇田立峰经营病死猪肠衣的报道。对此，省委常委、市委书记高广滨作了专门批示。长春市商务局责承农安县肉品管理办公室查处此事。农安县委、县政府迅速采取行动，召开专题会议，对打击病害猪肉经营活动进行专题研究，在全县开展“专项打击病害猪肉经营百日会战”，同时成立由主管县长及相关部门领导组成的领导小组，要求全县各乡镇、各部门分兵把口，在全县范围内打一场“打击病害肉经营的歼灭战”，坚决把病死猪肉黑加工点彻底打掉，确保城乡居

市级储备肉投放专柜

民吃上放心肉。

【加强肉品许可管理】 2010年长春市共办理畜禽屠宰、加工肉品经营许可证410份，对授理的待办件做到及时办理，实行限时办结制，严格按照肉品管理条件要求进行现场审验，同时强化服务意识，指导企业如何进行设计规划、标准化建设和品牌化经营，促进肉品行业更好地发展。

【长春市商务综合行政执法试点工作】 按照《商务部办公厅关于开展商务综合行政执法试点工作的通知》(商秩字[2008]7号)精神，经请示长春市政府同意，于2009年3月份正式向商务部递交了申报材料，并于2009年5月11日商务部批准长春市为商务综合行政执法试点城市。市机构编制委员会于2009年12月已正式批准成立长春市商务综合行政执法支队，编制26人，为全额拨款事业单位。市财政局于2010年6月份为执法支队拨付地方财政配套资金202万元。执法支队按照商务部开展试点工作的要求，进行了专业人员培训，改造了办公场所，采购了开展综合行政执法所需的办公设备、交通工具、现场取证设备、快速检测设备、防护用具等。

【肉品应急储备工作】 2010年，长春市肉品管理办公室完成了畜禽屠宰信息系统、重要消费品应急供应企业信息网上数据报送工作和病害畜禽无害化处理统计上报工作，做到报送数据及时准确。针对生猪供应量变化、市场价格不稳定等因素，长春市采取措施，积极应对，进一步加强生猪等畜禽屠宰行业监测，对供长畜禽屠宰企业及主要农贸市场肉品登市量和价格行情进行周监测，重大节日实行日监测制，并及时报送市政府。2010年长春市肉品供应数量充足，价格在合理区间上下波动。上半年猪肉价格与2009年同期比略有下降，6月份开始，猪肉价格平稳上升。为确保元旦、春节猪肉市场供应，市政府在春节期间动用市级储备生猪6 000头投放市场，补贴金额总计30万元。春节期间主要肉品供应生猪平均日登市量3 900头，高峰达5 000多头；牛450头左右；禽3万只左右，充分满足了节日市场需求。春节过后，由于天气寒冷，降雪量大，影响猪肉外运，国家投放储备肉，市民用肉量下降等原因，大约有3个月时间，猪肉价格持续下跌，4月初毛猪价格最低跌至8.2元/公斤，白条肉均价为10.8元/公斤，生猪日均上市量为3 800头左右。从端午节前猪肉消费有所增加，以及玉米涨价增加饲养成本等原因，猪肉价格低位回稳。从6月下旬开始，猪肉价格稳中有升，7月上旬毛猪价格为12.4元/公斤，白条价格为16.3元/公斤，生猪日均上市量为3 400头左右。10月下旬开始，随着天气和外围影响，长春市的猪肉价格有所上升，12月初毛猪价格为13.8元/公斤，白条价格为17.8元/公斤，生猪日均上市量为3 300头左右，能够满足长春市正常需求。

（夏艳新）

供销合作社

【概况】 2010年，长春市供销合作社联合社(以下简称市供销社)有9户所属企业，其中，股权占90%以上的绝对控股企业有7户，参股企业有2户。辖5个县(市)、区供销联社和87个基层供销社。市供销社系统有法人单位113个。其中，地(市)级以上8个，县以上18个，县以下87个。有产业活动单位434个。其中，地(市)级以上14个，县以上41个，县以下379个。主要分布在农业生产资料、棉麻土特产品、再生资源、干鲜果品、日用消费品、农副产品、烟花爆竹、商品批发(集贸)市场等经营领域。市供销社系统商品购进总额完成159 970万元，比2009年下降0.4%；商品销售收入实现170 952万元，比2009年增长4.7%；商品交易(批发)市场交易额实现116 190万元，比2009年下降6.1%。盈亏相抵后利润实现422万元，超全年计划242万元，为全年计划的234.4%。其中，市属企业完成236万元，超全年计划176万元，为全年计划的393.3%；县属企业完成186万元，超全年计划66万元，为全年计划的155%。市供销社系统有商品基地86个。其中，种植业33个，种植面积1 388.5公顷；养殖业53个，联结农户12 513户，帮助农民实现收入79 468万元。有庄稼医院458个，进行测土配方施肥1 332.3公顷。为农民提供技术培训、咨询服务11 425人次，提供种子、种苗服务450.5万元，提供市场信息服务1 450条，发放科技资料18 862份。

【“新网工程”建设】 围绕农资商品、农副产品、日用消费品、再生资源、烟花爆竹等支柱产业，按照合作制和市场导向的原则，通过经营理念、经营方式、经营业态和管理手段的创新，市供销社系统稳步推进“五个体系、一个中心”建设，实现了区域性连锁经营，初步形成了以地(市)为龙头，以县城为中心，以乡(镇)为骨干，以村(屯)为网络终端的、双向流通的农村现代经营服务网络。到2010年末，市供销社系统共组建农资商品配送中心5个，总占地面积15万平方米，总营业面积7.8万平方米，发展农资连锁经营网点370个。建设农村综合集贸市场26个，总占地面积12.16万平方米，总营业面积5.7万平方米，年交易额1.2亿元。组建烟花爆竹配送中心5个，总占地面积2.2万平方米，总营业面积0.8万平方米，发展连锁经营网点490个。组建日用消费品连锁超市25个，总占地面积0.5万平方米，总经营面积0.3万平方米，已全部投入运营。组建再生资源回收市场5个，总占地面积1.5万平方米，总营业面积0.5万平方米，发展再生资源连锁回收网点184个。组建村级综合服务社12个，总占地面积2.5万平方米，总营业面积1.4万平方米，都设有农资超市、日用消费品超市、文化书屋、娱乐健身室等。

【“两协一专”发展】 本着自愿、平等、互利、互惠和“民办、民管、民享”的原则，围绕地域特色、主导产业，市供销社系统坚持用参股的理念，进一步发展和完善农村合作经济组织协会、农产品经纪人协会和农民专业合作社，扩大和充实供销社为"三农"服务的组织基础。充分发挥资本、劳动、知识、技术和管理等要素的作用,将从事农产品流通、中介服务、加工、生产等领域的经纪人或农民,吸纳到"两协一专"中来,引领农民走合作经济道路,发展优质、高产、高效、安全、生态农业。到2010年末,市供销社系统共成立农村合作经济组织协会284个、农产品经纪人协会142个、农民专业合作社65个,拥有会员5 800人,吸收社员6 200人,入社成员出资总额7 022万元,带动农户126 305户,帮助农民实现收入1 068.4万元。

【农产品经纪人培训】 根据省供销社的培训计划,市供销社充分利用贴近"三农"的优势,积极向市科技局、就业局、财政局等有关部门争取相关优惠政策,加大资金投入和培训力度,会同各县(市)、区供销社,做好培训师资安排,大力开展农产品经纪人培训工作,保证参训人员掌握必要的知识和技能,促使农产品经纪人队伍健康发展。2010年,市供销社在九台市九郊办事处举办了第4期农产品经纪人培训班,共有220人参加培训,经考试,有200人获得不同等级的农产品经纪人资格证书,办班效果十分理想,得到了农民的认可和支持。

【社有企业改革】 1、市属企业改制验收。组织专人调阅企业改制原始资料,摸清企业基本情况、资产处置情况和剩余资产情况,对企业改制过程中售出的和剩余的每处资产都建立了档案,并实行专人负责。认真清理改制前签订的、正在执行的经营合同,结合企业经营机制转换,对经营合同内容到签订方式都进一步地加以完善,重新签订了经营合同。完善企业改制验收工作内容,对企业资产处置情况逐项进行指导,并组织机关相关处室按资产处置程序统一开展验收工作,对企业在改制中的资产处置情况和剩余资产情况给予了核实确认。2010年,市供销社已验收完7户改制企业,并将企业处置的每处资产和剩余的每处资产所有原始资料单独装订立卷,分别建立档案,做到了情况清楚、资产明晰、数据准确、资料完整。2、县属企业改革。针对部分供销社改制不够到位的实际情况,市供销社指派专人深入实地进行调查,对有关事宜随时进行指导、监督,并积极与当地党委、政府协调,争取取得他们的帮助与支持。稳步推进县属企业改革,使县级供销社所属企业步入了良性发展轨道。2010年,榆树市供销社完成了果品公司改制工作,安置职工143名,银行债务得到了化解。农安县供销社自2010年3月19日新班子成立后,先后摸清了合隆供销社、龙王供销社、伏龙泉批发站和农资公司、物资回收公司、运输公司6户企业的具体情况,形成了企业资产处置和职工安置意见,待县政府批准后,就进入具体实施阶段。

【化肥储备管理和供应】 2010年初,及时召开各级供销社和所属农资经营企业负责人工作会议,全面分析了化肥市场形势,确定了全年工作目标,明确了工作责任,提出了化肥储备、供应和信息交流等要求。结合实际需要,在5县(市)、区新增加10户化肥经销户作为直接调度点,建立信息分析报告制度,定期对化肥市场形势进行分析。在化肥供应期间,实行每周调度制度,将供应进展等情况及时向国家总社、省供销社和市政府报告。对化肥市场随时进行跟踪检查,针对化肥供应出现的新动向,及时下发《关于进一步搞好化肥供应工作的通知》(长供业[2010]10号)。经过努力,化肥储备管理和供应工作在满足农业生产需要的同时,使全系统没有发生坑农、害农事件,保障了农民切身利益。2010年,市供销社系统共组织化肥44.7万吨,比2009农业年度增长5%;供应化肥41.5万吨,比2009农业年度增加2.4万吨,增长6.1%,占全社会供应总量的60%。

【市场建设】 依据长春市城市规划和"新网工程"建设原则,围绕再生资源、农副产品、农业生产资料等产业,重点开展了市属批发市场建设和改扩建工作。为加快推进市场建设,从高起点、高标准出发,创新工作,超前规划,多方筹措资金支持市场建设,指导企业妥善处理好建设有关问题,积极做好调度和服务工作。同时,加强同有关部门的沟通协调,确保项目建设安全、高效、全面展开。到2010年末,市供销社有6处市属批发市场,其中有5处成型批发市场和1处在建批发市场。5处批发市场总占地面积178 114平方米,总营业面积57 980平方米,年交易额29.45亿元,市场公允价值3.07亿元。长春再生资源物流中心(即旧货市场)正在建设中,预算投入资金5 000万元,已投入2 569万元,在二道经开区购地52 825平方米,拟于2011年初开始动工建设,主要经营消费和生产领域更新换代的、可再利用的设备及商品。搭建起再生资源深加工项目发展平台,实现消除二次污染、美化城市环境、扩大就业岗位、促进经济发展的目的。

【社会保障工作】 通过协商解决、劳动仲裁等途径,积极帮助企业协调解决2件劳动纠纷问题。指导企业对在职职工的人事档案、医疗保险、养老保险、工资福利等进行规范管理,监督企业做好劳动人事和社会保障工作。组织企业做好摸底调查,填报好相关材料,进一步做好改制企业退休人员采暖费补贴和参加医保工作。积极协调国资委等有关部门,认真研究解决改制企业距法定退休年龄不足5年人员的医保问题和采暖费问题的具体办法和措施。积极协调市社保公司、市财政、市军转办等相关部门,认真落实党和政府的各项军转政策,2010年为军转干部申请补发补贴26.6万元,申请养老费财政补贴2.1万元,申请下拨40万元困难补助。按照全市编制工作会议要求,积极协调省、市人力资源保障和市编办、财政局等部门,认真做好机关参照公务员管理和机构编制审核工作。充分发挥党组织和党员干部的表率作用,以真心诚意帮扶困难群众为目标,开展各具特色的服务民生活动。2010年走访慰问4次、送现金4 500元;向玉树灾区捐款4 700元。以关心、爱护干部为出发点,加大历史遗留问题干部的安置力度,对13名干部档案进行了整理,有4名干部得到了妥善安置,解除了他们的后顾之忧。积极落实老干部政治和生活待遇,全年组织老干部活动 2 次。

【保稳定工作】 市供销社高度重视稳定工作，完善依法工作责任制，建立健全协调机制，采取有针对性的措施解决矛盾，为供销社改革与发展营造良好环境。1、妥善处理信访。2010 年，市供销社先后 2 次召开党委扩大会议、5 次专题调度会议，认真分析、研究信访工作。重新整理和修订《市供销社信访工作制度》、《市供销社信访工作领导包案制度》，并与企业签订《信访责任状》，逐级抓信访责任制落实。实现了来市、省、进京上访减量退位，使信访工作进入了良性阶段。全年市供销社共接待群众上访 17 次、253 人，受理市长公开电话 27 次，复查复核案件按时办结率达 100%；受理上级交办的信访案件 3 起，结案率达 100%；认真批阅 4 件职工上访信，群众来信阅批率达 100%，做到了件件有着落。2、开展安全生产。2010 年，是长春市安全生产建设年，市供销社加大安全年建设工作力度，逐级成立了安全年建设领导小组，落实了工作责任制和目标任务。结合系统特点和实际情况，市供销社制定了《长春市供销社 2010 年"安全建设年"活动总体方案》。先后 3 次召开所属企业安全生产工作会议，对"安全建设年"活动工作情况进行调度和落实。全年组织全系统进行联合检查 2 次，对企业安全检查 3 次，共排查出安全隐患 11 个，下达整改通知书 11 份，有效地扼制了事故的发生，保证了全系统没有发生任何安全事故。3、加强涉密管理。加大机关本身和企业档案管理工作力度，组织人员开展集中立卷工作，完成了所属企业文件归档和机关文件归档及保管期限的编制工作。明确保密工作责任，与机关全体人员签订《保密工作责任状》，提高了机关人员做好保密工作的自觉性和主动性。2010 年，市供销社档案归档率、办结率、对企业监督指导率都达 100%，涉密管理工作得到了市档案局的充分肯定，市供销社机关被评为 2010 年度先进集体。

【完成招商引资任务】 按照市政府下达的招商引资任务和省供销社下达的 1.2 亿元人民币招商引资指导性计划，市供销社认真编制招商引资计划，并纳入目标责任统计表。2010 年，市供销社共完成 3 个招商引资项目，即邦农公司百万吨化肥生产项目、果品公司 3 期扩建工程和旧物回收市场在建项目，实际完成招商引资金额 1.25 亿元人民币，为计划任务的 104.2%。

（许 光）

粮食流通

【宏观调控】 2010 年，市粮食局积极开展粮油市场价格监测，密切关注市场动态，有效维护了粮油市场的基本稳定。同时，对城区成品粮油市场、价格及邻省沈阳、哈尔滨等城市的粮食储备、粮食安全政策措施等情况进行了调研，研究起草了《长春市城区保证粮油市场供应和价格稳定的工作方案》、《长春市城区成品粮油应急储备办法》、《长春市城区粳米储备办法》等文件上报市政府，提出了切实可行的保障粮食安全的办法和措施，为政府决策提供了科学依据。社会粮食供需平衡调查和粮油统计有序开展。全年共抽样调查农户 318 户，城镇户 279 户，全面调查国有粮食经营企业 170 户，抽样和典型调查社会用粮及加工转化企业 182 户。2010 年 5 月 4 日和 5 月 17 日，全国人大及省人大农业农村委先后深入到长春市及九台市进行调研，对长春市粮食工作取得的成绩给予了充分肯定。

【粮食收购】 2010 年，农业生产遭遇严重的春旱，但粮食产量仍然达 730 万吨，其中粮食商品量 620 万吨。秋粮上市后，受全球经济回暖向好影响，粮食收购价格高开高走，市粮食局党组紧紧抓住这一有利时机，一方面加强督导检查，组成了由局级领导带队的粮食收购督导检查组，先后 5 次深入到县（市）区、部分粮食收购企业和农户家中，了解收购工作存在的问题，督导检查粮食收购工作；另一方面加强粮食购销信息服务，全年共向粮食收购企业和种粮农民提供粮食市场购销价格信息 1 900 条，较好地为收粮企业和售粮农民提供了粮食供求和市场价格市场信息。截至到 2010 年 6 月 25 日，全市共收购粮食 577 万吨，其中收购玉米 498 万吨，水稻 37 万吨，大豆 4.5 万吨，其他 6 100 吨，较好地完成了 2009 年～2010 年度粮食收购任务。新粮上市后，针对价格高开高走、农民惜售心理严重的实际，市粮食局在加强粮食政策宣传、搞好粮食购销价格信息服务的同时，积极深入基层开展粮食购销督导检查，加强收购工作服务。截止到 2010 年 12 月 31 日，入库新粮 286 万吨，粮食收购工作开局良好。

【监督检查】 2010 年，市粮食局积极开展对粮食流通市场监督检查，重点对大成公司粮食收购情况进行了监督检查，有效地防止了支付粮款不及时等问题。同时，还深入粮食收购企业对收购资格、代储资格、挂牌收购、公示收购价格、质量标准及统计制度执行等情况进行监督检查，对售粮农民的投诉举报及时地进行调查和处理，有效地维护了粮食市场秩序和种粮农民的利益。组织开展国家政策性粮食销售专项检查。主要对长春市大成集团下属的 2 户深加工企业及购买的 18 万吨国家临储玉米的使用情况进行了监管，协助企业先后与市财政局、监察局、发改委和农发行等部门沟通协调，为企业出具使用证明，确保用粮企业得到国家给予的政策性补贴，并收回合同抵押金，得到企业好评，完成了国家临时储存玉米定向销售监管任务。从 7 月初开始，市粮食局对长春市城区范围的 4 户政策性粮食销售出库的国有粮食承储企业和 22 户购买政策性粮食的粮食深加工企业、饲料加工和畜牧养殖企业执行政策情况开展了专项检查。7 月 5 日吉林省政策性粮食销售专项检查工作会议召开后，市粮食局立即成立了长春市政策性粮食销售专项检查工作领导小组，制定了《长春市政策性粮食销售检查工作实施方案》，明确了政策性粮食销售专项检查工作的范围和内容和工作要求，由于准备工作充分，截至 9 月底，共完成交易合同数31笔，共出库国家临储玉米63 801吨。经检查，4户粮食承储企业都能够严格按照交易规则的规定积极出库，没有发现设置障碍或以不正当理由影响出库等行为，完成了对政策性粮承储企业出库情况的检查。2010年长春市城区参加粮食竞拍的购买企业共22户，交易合同数量为138份，成交数量148 715吨，品种为国储和国家临时存储玉米，检查过程中，对每一笔合同的完成情况进行检查核对，并及时为企业出具粮食到货证明，还按要求到饲料加工设备的加工能力进行检查，到养殖企业对其饲养的牲畜、家禽数量进行核实，针对实际情况出具加工能力证明，较好地完成了政策性粮食购买企业用粮情况的检查。做好粮食流通信访和案件查处工作。全年共处理市长公开电话投诉举报2件，农民直接电话举报8件，对被举报的企业提出整改意见，并向举报人及时反馈情况，所有投诉举报均已办结完毕。认真落实市政府法制工作会议和全市依法行政工作会议精神，及时对市粮食局制定的粮食行政处罚自由裁量权标准进行修改，确保粮食行政执法工作的顺利开展。

【粮油检测】 2010年市粮食局把加强城区成品粮油质量监管，确保居民吃上放心的粮油，作为2010年落实市政府民生行动计划的重点工作目标之一。为此，从年初开始，市粮食局就制定了《长春市2010年成品粮油质量安全民生行动计划》、《长春市2010年成品粮油质量安全建设年活动实施方案》，会同市工商局联合印发了《2010年长春市成品粮油市场联合整治实施方案》，明确了工作重点和预期目标、主要任务和具体措施、工作步骤和时间安排、工作要求和组织保障。成立了由主管局长为组长的长春市加强成品粮油质量监管工作领导小组，分批次、分品种、分时段、分区域在全市组织开展成品粮油质量检验检测。截至2010年底，市粮食局共开展了两次专项整治行动，分8次共抽检了211个批次的米、面、油样品，比计划多11个批次。经检测，抽检的粮油样品质量全部合格，从源头上把住了粮油质量入口关，保证了城乡居民口粮消费安全。

【安全储粮】 2010年，市、县两级粮食主管部门始终把搞好农户安全储粮作为确保国家粮食安全和提高农民收益的一项重要举措，加强督促检查，狠抓工作落实，安全储粮水平有了较大幅度提高。1、对全市农户科学储粮仓建设和农户安全储粮工作进行部署，指导农民搞好田间和庭院降水，推广标准化新型储粮仓试点等措施，提高农民储粮水平。经过全市各级政府和粮食部门的共同努力，全市基本消灭了“地趴粮”，没有发生坏粮事故。为了确保安全储粮工作的深入开展，11月18日，在德惠市朱城子镇组织召开了送“科学储粮知识、放心粮油知识、粮食市场信息”三下乡活动，进一步提高农户安全储粮意识，引导种粮农民掌握储粮方法。2、安全生产和“四防安全”工作成效明显。一方面加强督促检查，指导大型粮食企业搞好安全防火和安全生产工作；另一方面，加强对城区粮食企业的安全防火和安全生产工作的调度，特别是对企业开展“安全生产年”活动情况进行跟踪，全年未发生一起安全生产事故。

农户科学储粮仓现场展示

【放心粮油】 积极开展“放心粮油”进农村和“长春名牌大米”评选活动。针对长春市农村人口多、消费量大、市场广阔的实际，市粮食局充分发挥粮油购销、加工企业靠近农村，贴进农民的优势，以购销企业或加工企业为龙头，向农村延伸销售网络，积极建立“放心粮油”配送中心，按照长春市“放心粮油店（超市）”的评选标准，全市有15户粮店通过了“放心粮油店（超市）”的考核验收。同时，继续开展“长春名牌大米”和评选。经过认真的申报、评选，长春金谷米业有限公司和“金谷”牌和德惠市稻香天米业公司生产的“关东稻香天”两个品牌获得“长春名牌大米”称号。为进一步推进“长春名牌大米”品牌建设活动的开展，增强品牌创建意识，全面提升名牌产品的知名度，促进全市稻米经济又好又快发展，在农博会期间组织召开了“长春名牌大米”建设与发展工作研讨会。农博会期间，还组织获得2009年度“长春名牌大米”称号的5家大米企业和长春市军粮指定加工企业组团参加“长春名牌大米”精品展，有效地扩大长春名牌大米的知名度和品牌影响力。

【项目建设】 1、完成了2009年农户科学储粮仓建设项目收尾工作。2009年，市粮食局共争取农户储粮仓12 016套，占全省38%。由于国家项目启动晚，制作、安装时间延迟，面对这种形势，市粮食局积极协调各县（市）、区粮食局、城区相关部门和生产厂家，及时解决运输、安装和使用环节中出现的问题，保证了储粮仓在秋粮收购前能够投入使用。2、积极争取2010年农户储粮仓建设项目。2010年国家和省将扩大标准化粮仓试点范围，市政府主要领导对此项工作非常重视，明确提出长春要加大新型储粮仓的推广力度。1月份，市粮食局在深入调研和召开专题会的基础上，向省粮食局和省财政厅上报长春市农户储粮建设项目实施方案。由于国家分配给吉林省农户科学储粮仓数量有所调整，按照省里要求，10月份，市粮食局再次组织各县（市）、区粮食部门和相关城区农业部门重新核定农户储粮仓建设数量，并协调各地做出配套资金承诺。全市共争取农户储粮仓52 500套（其中城区1 613套），全市农户储粮仓建设项目招投标工作已经全部结束。3、完成了东湖粮库日产400吨烘干机、3万平方米地坪建设项目，已投产使用，粮库仓储设施条件得到进一步改善。

【融资服务】 2010年4月9日，市粮食局、市粮食行业协会稻米分会、市中小企业信用担保有限公司、吉林银行长春凯旋支行联合召开了全市稻米加工企业融资会议，携手为稻米加工企业搭建了一个新的融资平台。这一平台的建立，使稻米行业协会会员之间即可互相担保，银行也可简化审批程序，有效降低了银行承担的信贷风险。同时，银行也在贷款利率方面给予企业一定的优惠。以年贷款500万元计算，企业1年就可少支付利息近10万元。“政保银企”融资合作平台的建立，有效地发挥了政府职能部门的行业管理和吉林银行的融资优势，为解决企业融资难题，促进企业发展壮大、互利共赢、共同发展创造了条件，先后为10户加工能力2万吨以上稻米加工企业放贷2.6亿元，受到银行和稻米加工企业的欢迎。

【体制改革】 国有粮食购销企业产权制度改革工作成效显著。全市153户国有粮食购销企业全部进入法律破产程序后，由于有的县（市）还有部分粮库资产没有处置到位，为了确保粮改工作任务的全面完成，市粮食局在继续督导进入破产程序的企业，加快拍卖进度，尽早实现资产变现的同时，积极配合有关部门，对走完程序的企业，尽快办理企业法人变更手续，理顺产权关系，及时注销原企业银行账户、营业执照等手续。到9月末，已有139户终结了破产程序。其中上划25户，出售45户，政府收储36户，产权待售36户。改制后重新上岗职工2 245人，占解除劳动关系人数的70.8%，国有粮食购销企业职工已全部解除了劳动关系。2010年6月，市粮食局被吉林省人民政府评为全省国粮食有购销企业产权制度改革先进单位。

（刘成军）

旅游业

【概况】 2010年，长春市旅游经济在全国经济回升向好的趋势下总体运行良好，增长动力比较充足，旅游消费保持旺盛，旅游市场较快增长。全年实现旅游总收入350.42亿元，同比增长23.17%，其中，外汇收入13 747.87万美元，国内旅游收入341.33亿元，同比分别增长18.26%和23.42%；全年接待国内外游客2 637.62万人次，同比增长16.29%，其中，接待入境游客人数24.98万人次，接待国内游客2 612.64万人次，同比分别增长15.06%和16.30%。旅游业发展成为长春市支柱产业的趋势日益明显。

【项目建设】 2010年，为满足广大市民和游客对旅游产品不同层次、不同口味的需求，市旅游局继续推进旅游项目的开发与建设。对在建旅游项目，坚持跟踪服务，及时掌控项目建设动态。全年共开工建设项目73项，其中，新建项目19项，续建项目54项，计划总投资362亿元，其中2010年完成投资45亿元，同比增长21.6%。御龙温泉、加莱宝飞行俱乐部和长春国际汽车公园等旅游项目的主体工程均已完工，亚泰集团莲花山休闲旅游度假区、科瑞集团莲花山国际中央休闲区和长春电影博物馆等一批重大旅游项目进展顺利。各县（市）区、开发区重视旅游项目的开发建设，进一步加大引资力度，采取多种形式招商引资，吸引社会资金投入旅游领域开发建设已见成效。

【旅游节庆活动】 2010年，全市旅游业坚持民生取向，消夏节、冰雪节等大型旅游节庆活动异彩纷呈。2010中国长春冰雪旅游节注重突出“大冰雪”的概念，以“激情瓦萨、魅力长春”为主题，历时90

“游长春，度周末”车队出发

天，共开展冰雪旅游、冰雪体育、冰雪文化、冰雪经贸等54项活动。冰雪节期间，全市共接待国内外游客977万人次，实现旅游总收入101亿元，同比分别增长8%和10%。共有19个项目签约，合同利用资金182亿元人民币。2010年，中国长春冰雪旅游节先后荣膺“2009—2010年度中国节庆产业最具魅力品牌奖”、“中国最具魅力的节庆活动”和“中国最具品牌魅力节庆奖”等一系列奖项，冰雪节已成为融文化、体育、旅游、经贸等多领域活动为一体的综合性节庆活动。第四届中国长春消夏节以“休闲消夏、美丽长春”为主题，共组织学术交流、文化时尚、体育健身、休闲生态、商贸会展等5大板块70余项特色活动。消夏节期间，全市共接待国内外游客1 070万人次，实现旅游总收入133亿元，分别比上届增长15%和23%。2010年，长春消夏节先后荣获了中国会展节事财富论坛组委会“最具旅游人气奖”、中国节庆高峰论坛组委会“中国最具特色的节庆活动”奖项和中国节庆产业年会组委会“最具创意策划节庆奖”。

【宣传促销】 针对重要客源市场，组织重点旅游企业和有关单位，先后参加了国际旅交会、国内旅交会、北交会等重要旅游交易展会，全面展示“滑雪之都·消夏名城”的长春城市旅游形象，向公众和旅行商推介长春市的旅游产品。2010年11月，长春市随省政府代表团赴京开展旅游合作，对长春市旅游资源进行了大规模的推介宣传，向北京市免费派发4 000张全市重点景点门票。12月初，又随同省政府代表团赴广东、上海等地开展以“冬季到吉林去滑雪，到吉林过大年”为主题的冬季旅游产品专题宣传推广活动，极大提升了长春市冬季旅游产品的知名度。同时，按照市长崔杰提出的“吸引更多的省内群众来长春度周末”的指示精神，市旅游局启动了“游长春，度周末”活动，在第四届中国长春消夏节开幕式上，组织来自省内各地自驾游爱好者组成了近百辆车的“游长春，度周末”自驾游车队，参加了消夏节开幕式活动及利丁国际森林徒步赛。同时，借助省内电台、电视台、平面媒体和网络媒体，开展了面向全省的系列宣传活动，并以长春旅游网为平台，适时发布信息，组织开展网友体验活动，全方位宣传长春市的旅游资源和自驾游线路，取得了良好的效果。

【旅游市场整顿】 不断完善市场监管措施，规范市场秩序。根据国家、省旅游局整顿和规范旅游市场秩序的要求，对长春市旅行社市场开展了集中整治，维护了旅游市场的良好秩序，有效净化了旅游市场，营造了竞争公平、服务优质的旅游环境，进一步促进了旅游服务质量的提高。2010年，长春市共受理处理旅游投诉22件，投诉结案率100%，为消费者挽回经济损失2.6万元。同时，进一步强化旅游安全管理，在各“黄金周”和“小长假”会同相关部门对全市旅游市场进行了重点检查和抽查，督促各单位完善安全工作预案及安全生产组织机构，预防和杜绝旅游安全事故的发生。

【行业队伍建设】 2010年，长春市新审批旅行社16家，新评定星级旅游饭店2家，新审批导游人员520人。完成了华天大酒店五星级评定、开元名都酒店五星级初评，完成了对松苑宾馆五星级评定的指导及推荐，对斯麦尔宾馆、广源宾馆的三星级评定和对蒂罗尔宾馆、农安宾馆、圣豪宾馆星级评定指导检查。同时，加大旅游培训力度，提高了行业队伍的综合素质。举办了2010年导游人员岗前培训班，共有近百名导游人员参加了培训。完成导游人员年审集中培训和全国导游资格考试招生、培训和笔试，全年共有1 831人报考全国导游资格考试，先后举办了5期导游资格考试考前培训班，聘请大专院校教师对280名学员进行了专题培训，有效提升了长春市导游人员的业务能力和素质。

（邹　健）

会展经济

会展经济

【概况】 “十一五”期间,长春市共举办各类展会近700项,实际收入约55.4亿元,带动相关产业收入约498.7亿元,会展数量由2005年的97项发展到2010年的167项,会展经济总量占全市服务业增加值比重由2005年的不足2%,上升到2010年的13.8%。2010年,长春市拥有大小展览场馆6处,总面积60多万平方米。全市可供举办国际性会议、论坛的场所有10余处、总面积4万多平方米,基本能够满足展会总体需要。自2005年以来,长春市共获得全国性行业大奖80多项,是国内获得奖项最多的城市之一。长春市连续5年被相关权威组织和机构评为最佳会展城市、最有影响力的会展城市、最有竞争力的会展城市。2010年,长春市共举办各类会展活动167项,展会直接收入20.89亿元,带动其他相关产业收入188亿元。在第八届中国会展节事财务论坛暨2009~2010中国会展产业金手指奖年度评选活动中,长春市共获得8项会展大奖,其中,长春市获得“最佳会展城市管理奖”,中国吉林·东北亚投资贸易博览会获得“十大影响力展览会”。在2010全国会展行业年会上,长春市获得16项大奖,其中,长春市获得2010年度中国十大影响力会展城市,长春汽博会获得2010年度中国十佳行业展览奖,长春农博会获得2010年度中国十大政府主导型展会,长春会展办主任宋丽华获得中国会展产业年度人物。

【2010中国长春冰雪旅游节暨净月潭瓦萨国际滑雪节】 由长春市人民政府、中国滑雪协会、吉林省旅游局和瑞典诺迪维国际发展公司主办,于2010年1月2日在长春市举行,共历时90天。本届冰雪节涵盖了圣诞节、元旦、春节、元宵节等中外传统节日,共开展冰雪旅游、冰雪体育、冰雪文化、冰雪经贸等54项活动。其中,“勇士”残疾人越野滑雪赛是市政府与挪威使馆签定的一项国际滑雪赛事,与瓦萨滑雪大赛并列为长春市两大滑雪赛事。本届残疾人滑雪赛共有来自中国、瑞典、挪威等国家和地区的128名选手参与,国内参赛选手由中国残联组织9个省、市的残疾人运动员组成。残疾人滑雪赛的举办,彰显出冰雪旅游节庆活动以人为本、关注民生的办节理念,密切了长春市与北欧各国的联系,使本届冰雪节的国际性进一步提升、内涵更加丰富。净月潭·日月潭——首届海峡两岸书法名家交流展以冰雪节为载体,以长春净月潭和台湾日月潭两个著名旅游景区为纽带,由省、市政府台湾事务办公室及净月经济开发区管委会共同主办。书法交流展共展出书法作品70余件,包括连战、宋楚瑜、蒋孝严等台湾知名人士和书法家的15件作品,获得了大家的一致好评。此外,本届冰雪节还举办了开幕式大型焰火晚会、第三届长春冰雪旅游交流大会、首届吉林省旅游餐饮娱乐行业年会暨第二届长春市旅游餐饮娱乐行业高峰论坛、伪满皇宫博物院雪上马术礼仪表演、“瓦萨之夜”典礼仪式、外国人文艺晚会、“瑞雪杯”青少年书画艺术大赛、“瓦萨天使”选拔赛等活动。冰雪节期间,全市共接待国内外游客977万人次,实现旅游总收入101亿元,同比分别增长8%和10%;共有19个项目签约,合同利用资金182亿元人民币。

【第六届中国长春君子兰节】 由长春市人民政府主办,于3月19日~23日在长春君子兰花卉交易中心举行。展会以“发展·交流”为主题,以“展示成果、推动交流、促进销售”为宗旨,展场面积达6 000平方米,展位达557个,其中,本地参展户494户、外地参展户63户,花展规模居历届君子兰节之首。本届君子兰节参展参会人数突破30万人次,现场交易额超1 000万元,意向签约金额达3 000万元,均创历届君子兰节之最。同时,参展的君子兰精品多,最高价格的一株君子兰叫价3 000万元,上万元一株的君子兰随处可见,并评选出了本届君子兰节十大花魁和40个君子兰金奖花卉。

【首届中国长春创业(就业)博览会】 由人力资源和社会保障部、教育部、吉林省人民政府、长春市人民政府主办,于5月20日~22日在长春国际会展中心举行,历时3天,参观者超过30万人次。本届博览会是长春市首次举办的以创业就业为主题的民生盛会,博览会对招聘企业和求职者全都免费。博览会期间,开展专场招聘活动14场,5 700多家大型国有企业、民营企业,为求职者提供了5万多个就业岗位,25万人登记求职,其中大学生17万人,63 000多人与用人单位达成了意向协议。推出创业项目5 000个,现场展示创业成果700个,这些项目适合大学生、复转军人、失业人员、返乡农民工、残疾人等各类人员创业,最终,有702个创业项目实现了现场对接,18 000多人签订了项目合作意向书。博览会上,长春市114家事业单位计划招聘工作人员627人,现场报名人数达到10 000多人,平均报名比例为17:1;11个市直部门和4个城区,提供了17个聘任制公务员岗位,共有51名求职者参加了现场报名。

【2010中国(长春)国际轨道交通论坛与城市发展高峰论坛】 由中国贸促会、中国城市市长协会、吉林省人民政府、长春市人民政府主办,于5月28日~29日在长春华天大酒店成功举办。本次论坛

以“发展轨道交通，让城市更美好”为主题。论坛共邀请到国家部委的相关领导、专家学者、行业高管、国内外轨道交通组织和机构负责人等业界人士400余人，受到国家有关部委及相关部门的高度重视。中国轨道交通方面的顶级权威人士中国住建部总经济师李秉仁、中国土木工程学会理事长谭庆琏、中国工程院院士施仲衡、中国土木工程学会副理事长胡希捷、北京市副市长、中国工程院院士黄卫、中国铁道部总工程师、中国工程院院士何华武、中国工信部装备工业司副司长王富昌、国家开发银行评审一局局长张庆民、法国轨道交通协会会长卡佩罗都出席论坛并作了主旨演讲。论坛期间还举办了长客股份高速车制造基地一期工程竣工投产奠基典礼和我国自主知识产权的时速380公里新一代高速列车“和谐号”380A首辆车下线仪式。铁道部、中国北车集团和省市领导出席了“和谐号”380A首辆车下线仪式，共同见证了中国轨道交通装备制造史上又一个辉煌时刻。

第六届长春国际动漫艺术节开幕式

【第六届长春国际动漫艺术节暨ChinaJoy Cosplay嘉年华东北赛区预选赛】 由长春市政府、吉林省委宣传部、吉林省文化厅、ChinaJoy组委会主办，于5月28日～6月2日在长春欧亚卖场会展中心举办。本届动漫艺术节以“新创意，新空间，新体验”为主题。总参观人数达23万余人次，签约8个合作项目，共计2 690万元人民币。在展示展销方面，共荟萃了动画、漫画、玩具衍生品等10大类，近3万品种的动漫精品及动漫衍生品，销售总额263万元。Cosplay东北赛区预选赛，共有115支动漫团队2 500余名选手参赛，有32个社团晋级决赛，有3支最佳优秀社团将代表东北赛区晋级7月份上海总决赛。在电子竞技大赛、主持人选拔赛暨“金话筒”大赛中，有8人分获专业组和业余组一、二等奖。原创手机动漫大赛、“金松鼠奖”原创漫画、动画片、flash全国征集大赛等各项比赛，共收到参赛作品1 600余幅，有19幅(部)作品获奖。艺术节期间还举办了动漫游戏高峰论坛，世界动画协会常务副会长艾德·迪斯洛契斯先生、中国动画学会顾问张松林先生、中国动画学会常务副会长欧阳逸冰先生等来自美国、日本、韩国、法国、德国、加拿大、保加利亚、中国的16位国际动漫游戏顶尖级专家、学者、教授和知名编剧、导演、制片人莅临本次动漫游戏高峰论坛，如此规格堪称国内之首。论坛以“后金融危机背景下的艺术教育与文化产业发展”为主题，对世界前沿动漫、游戏理念、技术和应用等进行了深入交流和探讨，打造了一个最具学术性和国际性的交流空间与合作平台。高峰论坛的举办成为第六届长春国际动漫艺术节国际性的重要标志。

【2010长春图书博览会】 由长春市人民政府、吉林省新闻出版局主办，于5月29日～6月6日在长春国际会展中心举行。书博会设主会场和5个县(市、区)分会场，共设展位863个。其中，主会场占地面积2.2万平方米，共使用5个展馆、663个展位，吸引了省内外众多知名出版集团、出版社以及大型发行商、零售商参展参会。本届书博会共展销图书20余万种、期刊1 000余种、音像制品与电子出版物1 000余种；累计销售图书码洋2 600余万元，吸纳读者52万余人次。书博会期间，还开展了文化名人于丹讲座、“快乐阅读、健康成长”六一儿童节主题日活动、“舞韵书香”太极表演、中华经典千人诵读、“书香长春”专场文艺演出、“书香长春”书法名家笔会等一系列的图书文化活动，营造了浓厚的城市文化氛围。此外，组委会还向长春市1 656个农家书屋、1 545所农村中小学、9所特殊教育学校和600名新疆内高班、四川羌族班学生发放了购书卡，向56 090户低保家庭发放了购书补助。

【第四届中国长春消夏节暨净月潭利丁国际森林徒步节】 由长春市人民政府、吉林省旅游局、瑞典诺迪维国际发展公司共同主办，于6月21日～9月27日在长春市举办，共历时99天。本届消夏节以“休闲消夏 美丽长春”为主题，共组织学术交流、文化时尚、体育健身、休闲生态、商贸会展5大消夏板块82项主体活动。消夏节开幕式上，净月潭利丁国际森林徒步赛这一当今世界规模最大的越野徒步赛事成功举办，来自瑞典、挪威、芬兰、美国等18个国家的近300名国外运动员以及国内由市直机关、企业、社会团体等组成的徒步爱好者约4万余人参加了此项赛事。9月18日，瓦萨国际定向短距离赛在净月潭国家森林公园举办，来自瑞典、挪威、俄罗斯等国的200余名国外定向运动员、3 000余名国内定向爱好者参加了比赛，体验了行走森林间的寻宝乐趣。此外，还举办了农民文化节、京剧票友消夏晚会、国际瑞典仲夏欢庆舞会、俄罗斯青少年文艺演出等一系列文化休闲活动。

【2010 长春房地产暨相关产业产品展示交易会】 由长春市人民政府主办，于 6 月 18 日 ~ 22 日在长春国际会展中心举行。本届房交会，以“引导理性消费，建设宜居家园”为主题，开展了房地产政策法规咨询、百姓购房大讲堂等 11 项相关活动。展会期间，房交会参观市民约有 45 万人次。房屋累计成交 2 909 套，成交总面积为 29.92 万平方米，成交总额达 15.59 亿元。

【第七届中国长春国际汽车博览会】 由中国国际贸易促进委员会、中国汽车工程学会、中国汽车工业协会、吉林省人民政府、长春市人民政府主办，于 7 月 15 日 ~ 22 日在长春国际会展中心举行。本届汽博会以“科技环保、绿色家园”为主题，共分汽车展览、汽车论坛和节庆活动 3 个板块。汽车展览总展出面积达到 16.6 万平方米，在参展形式上，各参展企业均以厂家形式组织超强阵容直接参展。参展厂家 132 家，参展品牌 137 个，其中，国内轿车品牌 45 个，国际轿车品牌 40 个，客车品牌 14 个，卡车及工程车品牌 38 个。展出车辆 927 台，其中，概念车 22 台，清洁能源车 34 台，新车发布会 36 场。参展企业来自美国、德国、日本、韩国、法国、意大利、英国、西班牙、香港、台湾等十几个国家和地区，一汽、上汽、北汽、大众、通用、福特、宝马、本田、起亚、奇瑞等一批国内外知名汽车企业悉数参展。展会期间，进场参观汽车展览的观众达 50.9 万人次，最多一天参观人数突破 10 万人次，展会现场销售汽车 5 099 辆，实现交易额 8.2 亿元。展会期间还举办了 2010 中国(长春)国际汽车论坛暨中国汽车工程学会年会，历时 4 天，共设置了(开幕式)高层论坛、技术峰会、技术交流分会和技术参观等 4 个板块内容。第三届中国长春汽车节与汽博会同期举办。期间，成功举办了 5 项活动。从全国征集的 418 份参赛作品中评选出汽车节吉祥物“卡尔”；从全部参加报名的 2 530 人中选拔出 24 名汽车宝贝；从 7 月 1 日启动的“心向汽车城，手印画卷挑战吉尼斯纪录” 活动，7 月 15 日手印画卷在伊通河水面上拼接完成，由来自英国的吉尼斯认证官现场测量，认证结果为手印画卷面积为 3 715.86 平方米，成功挑战吉尼斯世界记录。汽车新装活动，吸引了众多市民观看，开幕当天 30 辆穿着彩绘新衣的奔腾、现代、斯巴鲁、铃木汽车在伊通河参加了汽车新装发车仪式，并在市区主要街路进行了巡游，让人们感受到了汽车时代的新鲜和时尚。以感恩为情感主线的汽车节文艺晚会，将节日气氛推向了高潮。

【第十一届中国长春国际雕塑作品邀请展暨首届长春国际汽车公园汽车文化艺术邀请展】 由长春市人民政府主办，于 8 月 18 日 ~ 9 月 29 日在长春汽车产业开发区长春国际汽车公园内进行，并于 9 月 29 日在长春国际汽车公园隆重揭幕。本届国际雕塑邀请展以“超越·激情·未来”为主题，雕塑作品的征集工作分国内和国外两部分进行。国内先后邀请了中央美术学院雕塑院、沈阳鲁迅美术学院雕塑院和东北师大雕塑学院对长春国际汽车公园的汽车文化元素形态进行了设计。最后评定出以《世界汽车历史车辙》、《汽车奏鸣曲》和《汽车展示墙》等为代表的 24 件作品。国外自 2010 年 1 月，向全球 100 多个国家的雕塑家发出邀请，共收到了 87 个国家和地区 340 名雕塑家提交的初选作品 1 059 件。经过来自北京、沈阳、天津以及长春的专家和有关领导对备选方案进行评审，最终评选出 29 名雕塑家设计创作的 31 件优秀作品。入选的优秀作品来自全世界 26 个国家和地区。此届雕塑邀请展创作的 55 件作品都珍藏在国际汽车公园。

【第十届中国长春电影节】 由国家广电总局、吉林省人民政府、长春市人民政府主办，于 8 月 23 日 ~ 28 日在长春市举行。电影节期间，来自“两岸三地”100 多家民营公司和美国、德国、澳大利亚等外国电影制片公司选送了 437 部优秀华语电影作品参加长春电影节(其中，参赛影片 253 部，参展影片 184 部)，参赛参展影片数量比上届增加了 151 部，创长春电影节历史最高水平，使长春电影节成为名副其实的世界华语电影交流、展示平台。本届电影节还设立了专门的农村题材电影奖项——“金麦穗奖”。活动吸引了业界积极参与，有 98 部国产农村题材影片和 18 部国产科教影片报名参赛参展，体现了国产农村题材影片的大繁荣和高水准；并与北京九州同映国产数字院线有限公司合作，首次在全国 30 个城市的农村数字院线开展电影下乡展映活动，使活动影响直接覆盖了全国大部

雕塑展作品——《自然运动》

分地区。《建国大业》获最佳故事片奖。

【第九届中国长春国际农业食品博览（交易）会】 由农业部、吉林省人民政府、长春市人民政府主办，于8月19日～29日在长春市净月经济开发区长春农博园举行。本届展会以“科技与绿色、交流与发展”为主题，以“促进转变发展方式、推广应用科技成果、拓展扩大经贸交流、示范引领现代农业”为宗旨，涉及展示和活动两大类21项内容。朝鲜劳动党总书记、国防委员会委员长金正日在我国国务委员戴秉国、外交部部长杨洁篪等领导陪同下，饶有兴致地参观展会，评价农博园是他见过的最好的农业园区。展会期间，30多位省部级领导，近百位市州长和司局级领导，300多名专家、学者，有关国外政要和外国使节莅临展会。600多户国内大型采购商及跨国采购商、21个政府组团参会。尽管受吉林省洪灾影响，整个参展参会人数仍达到153万人次。展会总面积106万平方米，其中展馆区27万平方米，展场区79万平方米，创历届之最。展会期间签约项目107个，签约金额折合人民币145亿元，现场交易额6.2亿元，接到订单的展商占展商总数的39.4%，意向性协议金额达66.3亿元，展会经贸交流成果创农博会历史新高。特别是沃尔玛公司与皓月公司共同签署合作意向，双方合作建立牛肉产品农超对接基地，可带动农户3 408户，年出栏肉牛94 000头，可为农户创产值8亿元。展会期间还举办了中国农村合作组织发展研究高层论坛，邀请了国家农业部、国家林业局、中国农业大学等单位的领导和专家出席，由8位国内农村合作组织发展研究领域的专家分别作专题报告。国家农产品加工业发展论坛和玉米产业发展论坛，邀请权威领导和专家就当前农业产业化及玉米产业的尖端问题开展论述，对未来农业产业发展进行了前瞻性的探索。此外，农博会执委会办公室还联合吉林电视台、东亚经贸新闻报社等单位开展了大型慈善公益活动。整个展会期间，现场共募集善款及各类物资折合人民币480万元。

【第六届中国·吉林东北亚投资贸易博览会】 由商务部、国家发改委和吉林省人民政府主办，于9月2日～6日在长春国际会展中心举行。本届博览会以“稳定规模、提升层次”为原则，以“面向全世界、服务东北亚”为宗旨。本届博览会参会客商总数达5万人，其中，专业客商2万人，有来自东北亚5国及美洲、欧洲、大洋洲、非洲和西亚等117个国家和地区的1.2万名境外客商参会。参会政要及客商层次大幅提高。出席本届博览会的国内外124位副省（部）级以上政要中，国家级政要11位，部级政要13位，均创历届博览会之最。展会参展的国内外企业共382户。德国汉高、美国杜邦、日本丰田、韩国浦项等110户世界500强企业，中粮集团、中国外运、大唐集团等107户央企和国内500强企业参会，中国人民银行、中国人寿保险、亚洲开发银行等104户国内外知名金融投资机构，欧洲商会、台北世贸中心等152户国内外知名商协会，法国家乐福、香港华润万家等248户国内外知名采购商参会。本届博览会，对外贸易成交额达5.85亿美元，其中，出口成交额5亿美元，进口成交额0.84亿美元。国内贸易成交额16.1亿元人民币。展会期间，仅吉林省与国内外投资商签订投资合作项目267个，项目总投资额达到1 637.18亿元人民币。其中，引进域外投资1 589.3亿元人民币（含国外投资23.74亿美元）。签约项目中，超亿元项目230个，占项目总数的86%；超10亿元项目36个；超百亿元项目1个。博览会期间，还举办了精彩纷呈的文化交流活动。作为东北亚博览会文化交流板块核心内容的首届东北亚文化艺术周为期8天，共策划举办了15项活动。其中，“相约东北亚”交响音乐会为国内外政要和贵宾奉献了一场音乐盛宴。东北亚艺术交流与文化产业发展论坛有来自东北亚6国的文化艺术界代表，就东北亚区域文化的形成及未来发展趋势、如何创造东北亚地区文化产业新增长点等问题进行了广泛深入的讨论。第二届东北亚国际书画摄影展共邀请到来自中、日、韩、俄、蒙、朝等东北亚6国艺术家的书画摄影作品5 000幅。“中国有座城市叫长春”全国万人书画展共收到全国各地、省内各市（州）以及长春本地的书画作品万余件，居全国首创。艺术周期间，俄罗斯舞蹈表演、国际钢琴音乐会、“我们在长春相遇”交响音乐会等具有东北亚元素的文艺演出，争奇斗艳，异彩纷呈。各项文化活动的举办进一步加深了东北亚各国间的文化交流，形成了极具特色的东北亚文化氛围。

（贾海涛）

金 融

金 融

综 述

2010年,长春市直接融资领域发展势头良好,域外金融机构入驻平稳增加,新型农村金融机构逐步形成集聚态势。金融业全年实现增加值101亿元。金融市场日益繁荣,信贷增量显著,支持长春市经济发展效果明显。

货币信贷运行情况 截至2010年底,全市金融机构本外币存款余额5 038.43亿元,比年初增加684.26亿元,同比增长15.71%。其中,人民币各项存款余额4 985.90亿元,全年新增677.20亿元,同比增长15.72%。从存款结构看,居民储蓄存款余额2 086.30亿元,增加224.96亿元,同比增长12.09%,企事业单位存款1 886.08亿元,增加334.51亿元,同比增长17.64%,其他存款比年初增加130.45亿元,同比增长21.25%。居民储蓄存款和企业存款增速回落,主要原因是利率水平较低,消费储蓄意愿下降,居民投资理财意识和消费倾向增强;企业受新增贷款实行"实贷实付"新规影响,致使企业派生存款减少。全市金融机构本外币贷款余额4 616.75亿元,比年初增加753.01亿元,同比增长19.49%。其中,人民币各项贷款余额4 557.44亿元,全年新增贷款738.19亿元,同比增长19.33%。从贷款期限看,中长期贷款占比继续提高。在全国信贷收紧的情况下,长春市金融机构采取"退票保贷"等方式,对实体经济的资金投放力度进一步加强。全市票据融资余额63.16亿元,比年初减少94.61亿元,同比下降59.97%,中长期贷款比年初增加658.81亿元,同比增长28.95%,短期贷款比年初增加187.85亿元,同比增长10.03%,反映出企业经营活跃度有所提升。随着兴业银行长春分行正式对外营业、华夏银行长春分行获准筹建,到2010年底,长春市全国股份制商业银行分支机构达到8家,全市银行类金融机构达到20家。由哈尔滨银行独资设立的榆树市融兴村镇银行、包商银行发起设立的九台市龙嘉村镇银行已正式营业。

其他金融业发展情况 截至2010年末,长春市共有证券营业机构40家;新增上市公司3家,分别为国内中小板1家,新加坡上市1家,台湾上市1家,上市公司达到22家;新增1家保险机构,阳光人寿吉林分公司落户长春,保险机构达23家;期货公司4家,设期货营业部11家;信托机构1家;银联公司1家;产权交易中心1家;小额贷款公司新获批筹建9家,全年共有8家开业;再担保公司1家。

金融业发展特点 1、基础项目建设、支柱产业、中小企业、民生领域贷款大幅增加。在支持重大项目建设上,中长期基础设施全年贷款余额1 182亿元,比年初增加305.2亿元,占全部贷款新增量的36.4%,主要投向政府主导的铁路、公路、轨道客车、电力等基础设施建设领域。在支持中小企业发展上,贷款比年初增加380.4亿元,占全部企业新增贷款的67.6%。各家银行均设立了中小企业金融服务专营机构,进一步完善了中小企业授信制度,加强了中小企业贷款担保方式和信贷产品创新。在支持居民扩大消费上,消费贷款余额321.6亿元,比年初增加121.8亿元,同比多增74.4亿元,增长59.6%,发展势头强劲。民生领域贷款稳步增长,全市全年投放助学贷款0.8亿元、下岗失业人员小额贷款5.5亿元,直接支持11 094人实现就业、再就业。2、企业上市融资工作取得较好成效。按照"四个一批"(即"改制谋划一批,跟踪培育一批,发展推进一批,推荐申报一批")的原则,2010年对长春市拟上市企业,实施百户工程,分类进行指导推进。企业上市融资取得较好成绩,1月15日,奥普光电成功在中小企业板挂牌,首发募集资金4.05亿元;3月24日,大成糖业控股有限公司成功在台湾发行存托凭证并上市交易,募集资金合人民币4亿元左右;7月16日,吉林安洁环保有限公司在新加坡成功上市,募集资金合人民币8 800万元。长春市已上市公司启明信息完成配股、中科英华完成增发共募集资金10.68亿元。2010年长春市企业通过证券市场实现直接融资19.6亿元人民币。3、积极引进和设立各类股权投资基金,推动小额贷款公司规范健康发展。各类股权投资基金发展迅速,软银公司在长春市高新区牵头设立了"吉林软银欣创投资公司"(注册资本3 000万人民币);"吉林软银欣创低碳循环经济股权投资基金"(规模30亿元,首批到位资金10亿元)。积极为各类投资基金的设立和落位创造条件。全年新增注册完成各类投资基金8家,相继注册完成吉林省国家生物产业基金管理公司、吉林省国家汽车产业基金管理公司、吉林省创业投资引导基金管理公司、亚东投资管理公司、赛普乐创业投资基金管理公司、长春信和股权投资基金管理公司。做为对银行业务的有效补充,实现民间资本的合理流动,为"三农"和微小企业、个体工商业户服务,小额贷款公司对繁荣城乡经济做出较大贡献。长春市小额贷款公司从2009年开始试点,按照严格审核,规范发展的要求,到2010年底,有15家公司获得筹建批复,其中8家公司开业经营,总注册资本2.2881亿元。这8家公司充分发挥"小额、分散、快速、灵活"的特点,积极开展业务,共累计发放贷款4.4367亿元,其中,对第一产业贷款6 520万元,第二产业贷款8 733万元,第三产业贷款2.9114亿元;为个人及个体工商业户贷款 2.5057 亿元，企业贷款 1.5179 亿元。2010 年实现收入 1 987.5 万元，上缴利税 277.7 万元，各公司全部实现盈利，共实现利润 630 万元。

（葛海兴）

人民银行

【各项存款平稳】 2010 年末，全市金融机构人民币各项存款余额 4 986 亿元，全年新增 677.2 亿元，同比增长 15.7%，增幅低于 2009 年末 26.8%。从存款结构看，储蓄存款和企业存款增速均有所减缓。2010 年末，居民储蓄存款余额 2 062.8 亿元，比年初增加 228.6 亿元，同比增长 12.5%，增幅同比下降 9.2%。储蓄存款增幅回落，主要是低利率水平下，居民投资理财意识和消费倾向增强，储蓄意愿降低。据人民银行长春中心支行居民储蓄问卷调查结果显示，2010 年 4 季度居民消费意愿比 3 季度上升 1.25%，为 2010 年以来的最高值。企事业单位存款余额 1 860.2 亿元，全年新增存款 324.7 亿元，同比增长 43.6%，增幅同比下降 28.6%。企业存款增幅下滑主要是受新增贷款实行“实贷实付”新规影响，致使企业派生存款明显减少。财政存款同比少增。2010 年末，全市财政存款余额 215.5 亿元，比年初增加 14.9 亿元，同比少增 20.7 亿元，其中，11 月份当月财政存款净下降 109.7 亿元。

【各项贷款较快增长】 2010 年末，全市金融机构人民币各项贷款余额 4 557.4 亿元，全年新增贷款 738.2 亿元，同比增长 19.3%，高于各项存款增速 3.6%。1、从贷款期限看，中长期贷款占比提高但增势放缓。在全国信贷收紧的情况下，金融机构采取“退票保贷”等方式，加大对实体经济的资金支持力度。到 2010 年末，全市票据融资余额 63.2 亿元，比年初减少 94.6 亿元，同比多减 133.6 亿元。一般性贷款（指短期贷款和中长期贷款合计）新增 839.9 亿元。其中，中长期贷款比年初增加 655.5 亿元，占全市贷款新增额的比重达 88.8%，分别比 2010 年上半年和 2009 年同期提高 10% 和 12.8%。从增速看，2010 年末，中长期贷款余额同比增长 29.1%，低于全年平均增速 13.7%。同时，短期贷款增幅有所回升，短期贷款余额 1 255.1 亿元，按可比口径计算，同比增长 1.7%，环比提高 3.5%，扭转自 2010 年 8 月份以来短期贷款持续负增长态势。其中，2010 年份当月新增贷款 59.6 亿元，同比多增 91.4 亿元，短期贷款的增长也反映出企业经营活跃度有所提升。2、从贷款机构看，全国性金融机构的信贷投放量明显扩大。2010 年，全市金融机构新增人民币贷款 738.2 亿元，其中，政策性银行、国有银行和股份制银行新增人民币贷款分别达到 124 亿元、307.8 亿元和 237.6 亿元，占全市贷款投放量的 90.7%。2010 年末，全市金融机构余额和新增额贷存比分别为 91.4%和 109%。其中，国有商业银行余额贷存比为 70.9%，股份制商业银行余额贷存比为 68.6%。3、信贷支持重点突出，项目建设、“三农”、支柱产业、中小企业、民生等领域贷款增加较多。积极支持重大投资项目建设。2010 年末，中长期基础设施贷款余额 1 182 亿元，比年初增加 305.2 亿元，占全部贷款新增量的 36.4%，主要投向政府主导的铁路、公路、轨道客车、电力等基础设施建设领域。积极支持中小企业发展。各家银行纷纷设立中小企业金融服务专营机构，完善中小企业授信业务制度，积极创新中小企业贷款担保方式和信贷产品，使全市中小型企业贷款比年初增加 380.4 亿元，同比多增 212.5 亿元，占全部企业新增贷款的 67.6%，同比提升 19.6%。大力支持居民扩大消费。2010 年末人民币消费贷款余额 321.6 亿元，比年初增加 121.8 亿元，同比多增 74.4 亿元，增长 59.6%。民生领域贷款稳步增加。全市全年发放助学贷款 0.8 亿元、下岗失业人员小额贷款 5.5 亿元，直接支持 11 094 人实现就业、再就业。

【中长期贷款快速增长潜藏风险】 到 2010 年末，全市金融机构人民币中长期贷款余额、新增量分别占全市信贷总量的 71% 和 88.8%，同比提高 5% 和 12.8%，创自 2008 年以来历史同期最高。上半年共增加贷款 360 亿元，同比多增 100.6 亿元，平均增速达 51.5%，高于同期贷款均速 23.3%，下半年尽管贷款增幅有所回落，但仍高于全市人民币贷款增速近 20%。尽管中长期贷款的增加趋势，有助于重点项目建设，保证投资对 GDP 增长的贡献率，但同时，其快速增长也会为经济金融发展带来不利影响。1、政府主导型的投资过快增长，带动中长期贷款增长，一定程度上影响了市场在资源配置中基础性作用的发挥，使资源向投资领域过度集中，不仅推动了经济结构的重型化，加剧了经济增长的资源约束，不利于经济增长中就业问题的解决，还有可能再次刺激部分行业产能的过度扩张。2、使商业银行的信贷资产结构难于优化。中长期贷款比重的不断提高，使商业银行面临资金运用与资金来源的期限匹配问题，未来的宏观经济变化或行业波动都可能使银行的不良贷款急剧上升，而中长期贷款对象的趋同降低了银行的贷款议价能力，贷款的低定价使商业银行面临较高的利率风险。

【票据融资市场萎靡】 2010 年末，长春市票据融资余额同比下降 52.9%，低于 2009 年同期增速 85.8%。票据融资在解决企业尤其是中小企业流动资金方面方便灵活。在银行贷款门槛偏高，且中小企业常受到“歧视”的情况下，中小企业获得贷款的机会偏少。而票据融资的受限将导致中小企业融资更加困难。此外，票据融资在贷款中的比例减少，也在一定程度上加大金融机构贷款风险。

（杨胜利）

工商银行

【概况】 2010 年，中国工商银行股份有限公司吉林省分行营业部（以下简称“工行吉林省分行营业部”）下辖 21 个一级支行，共 118 个分支机构，在岗员工 3 948 人。全年累计实现拨备前利润 19.16 亿元，同比增加 4.73 亿元，增长 32.81%；拨备后利润 17.51 亿元，同比增加5.08亿元，增长40.82%。计提资产减值准备1.65亿元，拨备覆盖率77.64%，比年初提高20.94%。有效落实安全保卫、内控管理和案件防范各项工作措施，内控评价继续保持在二级水平，实现了连续5年无案件。

【资产业务】 截至2010年末，工行吉林省分行营业部资产余额969.12亿元，比年初增加1.48亿元，增幅0.15%。其中，贷款余额559.73亿元，比年初增加112.94亿元；存放同业余额0.37亿元，比年初减少59.85亿元；其他生息资产余额400.43亿元，比年初下降53.73亿元；债券投资净值4.03亿元，比年初减少0.3亿元；非生息资产余额13.76亿元，比年初增加0.25亿元；存放中央银行款项余额0.13亿元，比年初减少0.11亿元。贷款方面，流动资金贷款比年初增加29.17亿元，增幅25.91%；项目贷款增加45.45亿元，增幅23.83%；房地产贷款增加20.83亿元，增幅51.7%；个人住房贷款增加30.07亿元，增幅47.98%；个人消费贷款增加4.4亿元，增幅107.68%；个人经营贷款增加1.73亿元，增幅65.53%；票据贷款减少18.7亿元，降幅55.3%；累计投放国内贸易融资48.15亿元，余额净增21.24亿元；顺应国家政策导向和经济发展需要，全年新增小企业信贷客户113户，累计投放贷款6.49亿元，年末余额达到5.11亿元。贷款实收利息25.93亿元，同比增加7.39亿元，增幅28.49%，有效拉动了利润增长。

【负债业务】 2010年，工行吉林省分行营业部各项存款余额继续保持同业领先。负债余额951.59亿元，比年初减少3.55亿元，降幅0.37%。其中，存款余额889.75亿元，比年初减少7.23亿元；同业存款余额41.19亿元，比年初增加4.56亿元；其他付息负债余额7.32亿元，比年初减少0.27亿元；无息负债余额13.32亿元，比年初减少0.61亿元。从存款业务分类来看，储蓄存款比年初下降11.77亿元，降幅2.28%；公司存款比年初增长0.17亿元，增幅0.08%；机构存款比年初增长2.87亿元，增幅1.61%；保证金存款比年初增长1.5亿元，增长49.26%；同业存款比年初增长4.56亿元，增幅12.46%。从占比看，储蓄存款占存款余额的54.17%，比年初下降1.11%；公司存款余额占比21.48%，比年初上升0.08%；机构存款余额占比19.44%，比年初上升0.36%；同业存款余额占比4.42%，比年初上升0.5%；保证金存款占比0.49%，比年初上升0.16%。在保持存量优势的同时，多数品种以及整体的增长速度有所放缓。从期限结构分类看，活期存款比年初减少3.15亿元，降幅0.67%，占比52.68%，比年初上升0.07%；定期存款比年初减少4.08亿元，降幅0.96%。定期存款占比47.32%，比年初下降0.07%。

【中间业务和新兴业务】 2010年，实现中间业务收入4.01亿元，同比增加0.67亿元，增长19.92%。除代理及个人理财业务下降1 496万元、投行业务下降695万元外，人民币结算、代理及对公理财、代客资金交易、银行卡、国际结算、担保承诺、资产托管、企业年金等8大类业务收入全面增长。其中，代理及对公理财业务收入增长211%，担保承诺收入增长110%，国际结算收入增长86%，资产托管收入增长58%。完成了与一汽动能公司电算化系统的无缝对接，代理一汽动能缴纳热费9万余户，代收资金2.1亿元；与吉林大学第一附属医院、中日联谊医院联合，成功开发并投产了牡丹健康卡；成功中标吉视传媒企业年金账管人；新增吉粮集团、升德升(连云港)电子、锦湖轮胎等国际业务对公客户近百户；成功办理亚泰集团5 000万美元增资项目；成功办理了到2010年为止工行单笔最大的信用证保兑业务；成功办理了全省金融业第一笔跨境贸易人民币结算业务；成功办理了第一笔福费廷业务，填补了此项业务长期以来的空白。

【风险管理】 不良贷款清收处置进度加快，全年清收处置不良贷款9.14亿元，共有24户法人客户的不良贷款清收完毕，不良贷款余额降至10.87亿元，不良贷款率降至1.94%，首次下降到2%以下。不断强化信贷管理，将风险防线前移，全年退出总省行锁定潜在风险客户贷款1.82亿元。对担保圈贷款进行清理，锦湖轮胎、市土地收购储备中心等11户企业完全退出了担保圈。年末，总行锁定担保圈贷款余额下降11.74亿元。开展“强化管理年”、“内控案防制度执行年”和“内控管理示范行”等一系列管理活动，加强了对重点领域的风险防控。年内对30个营业网点进行了内控过程评价，完成内部审计检查32项，覆盖23家支行、运行风险监控中心等，覆盖面达到辖属支行的100%，提出审计整改意见294条，整改率100%。

【渠道建设】 物理网点的营业环境继续改善，自助银行的地理分布更趋合理，以牡丹卡、灵通卡为主要载体的电子银行功能不断完善，离柜业务占比进一步提高。先后完成了公平路等19个营业网点装修改造，其中，贵宾理财网点7家，一般理财网点2家，离行式自助银行10家。ATM总量同比增加66台，达373台，可用率97.04%；网银自助机同比增加16台，达94台，开机率96.97%。新增牡丹信用卡12.63万张，牡丹灵通卡54.9万张，新增企业网上银行3 152户，个人网上银行18.32万户，个人电话银行5.91万户，手机(WAP)银行17.71万户。全年实现信用卡交易消费额67.22亿元，同比增长72.2%；电子银行交易额1.38万亿，同比增长26.72%。ATM单机日均交易量218笔，日均交易金额16万元。电子银行业务离柜业务占比57.19%，同比提高1.94%。

【综合改革】 按照总省行统一工作部署，顺利实施并完成了远程授权、业务集中和提升营业部竞争力两个改革项目，通过改革分流营业经理130人，分流后台人员177人，各级机构中后台人员得到有效压缩，销售类员工占比提高到26.08%，一线临柜人员占比提高到31.86%。改革后，营业部构建起“管辖支行+特色支行+单点支行+县区域支行”的支行管理架构，实现了支行经营资源集约化管理。

（阎立涛）

农业银行

【概况】 2010年，中国农业银行吉林省分行营业部全辖共有员工3 772人，所辖一级支行16个，二级支行18个，基层分理处120个，基层储蓄所11个。截至12月末，实现拨备前利润39 594万元，完成计划的111.4%，同比增盈19 688万元；实现拨备后利润35 996万元，完成计划的115.9%，同比增盈2 087万元。

【凸显"三农"特色】 2010年，榆树、农安、德惠、双阳4家县域支行设立了"三农"信贷管理部，全行服务"三农"持续深入，服务能力不断增强。截至12月末，涉农贷款余额267 900万元，比年初净增19 989万元。新增授信10 406户，金额29 702万元，新增用信15 288万元，完成计划的153%，位居全省农行第二；农户小额到期贷款回收率为99.58%；累计发放惠农卡772 026张，比年初增加98 667张，实现计划的197.33%，惠农卡激活率97.07%，覆盖率80.45%，实现惠农卡存款12 587万元，惠农卡发卡总量和存款总额均居全省农行第一。

【存款总量持续增长】 2010年末，人民币各项存款余额（不含同业）3 757 591万元，完成计划的86.9%，比年初净增756 420万元，同比增加378 996万元，"四行"增量占比57.2%；外币存款余额5 073万美元，完成计划的969.3%，比年初净增4 410万元，同比增加4 341万元，"四行"增量占比153%。其中，人民币储蓄存款余额2 774 810万元，比年初净增475 781万元，同比增加154 314万元，完成计划的105.7%，"四行"增量占比59.6%，位居第一。全行个人贵宾客户达到6.9万户，比年初增加2.7万户。存款在1 000万元以上的对公客户140户，比年初净增50户，增量客户结构有所改善。

【各项贷款增速平稳】 人民币各项贷款余额1 354 340万元，比年初净增183 578万元。其中，法人客户贷款余额1 112 676万元，比年初净增91 801万元。经总行、省行授信尚未完全用信的客户8户，可投放额度206 781万元。全行AA级以上法人客户贷款余额1 072 024万元，占全部法人客户贷款余额的96%，主要投向行业内支持类客户。全行非农户个人贷款余额121 703万元，当年新增75 280万元，增速61%。全行代理财政部委托清收不良资产26 827万元，完成计划的111.8%。清收自营不良资产5 525万元，实现计划的110.5%，占全省农行清收总额的29.22%，清收绝对额居全省农行第一。

【中间业务盈利能力提升】 实现中间业务收入12 324万元，占全省农行的32.9%；同比增加3 309万元，完成计划的93.7%，占全省农行增量的40.0%。实现人民币结算业务收入6 332万元，占全省农行的35.9%；电子银行及自助银行业务收入1 965万元，占全省农行的39.7%；银行卡业务收入1 101万元，占全省农行的33.0%。尤其是实现投行业务555万元，填补了该项业务的空白。全年电子银行客户规模达到49万户，净增20万户。全年新布放ATM 97台，转账电话263台，电子渠道分流率33.2%。

【风险管控进一步加强】 营业部党委与16个支行一把手签订了《2010年违法违纪案件防范责任书》，各支行与营业网点负责人签订《防范案件责任书》166份，全员签订了《合规经营操作防范案件责任书》和《员工遵章守纪承诺书》。通过把案件发生率纳入综合绩效考核评价体系，实现了风险管理和业务经营同部署、同检查、同考核、同落实。通过会计监管、信贷监管的在线监测，强化了预警机制，实现了规章制度"软件化"和业务流程上的"硬约束"。通过加强安全保卫工作，提高信息技术维护水平，保障了全行的安全运营，为全行加快发展奠定了坚实的基础。

【推进网点建设】 2010年共开工网点建设项目27个，宽城支行营业室、隆泰支行、欧亚支行、吉大银亭等17个项目已竣工；斥资1.3亿元新购入网点、自建网点11个；新租入、扩租网点9个；选择长春市最繁华的商圈，设立了东风大街、吉大南校区、滨河小区等3个自助银亭；通过软转型，完成了37个网点的转型导入，提高了网点的服务水平和营销能力。

（孔庆伦）

吉林银行

【概况】 吉林银行总行设在长春市，在长春、吉林、辽源、白山、通化、四平、松原、白城、延边、大连、沈阳等地开展业务，营业网点349个，在岗员工6 400多人。2010年12月29日，吉林银行第2家域外分行——沈阳分行获准筹建。吉林银行成立3年多来，坚持依法合规和稳健经营，稳步推进各项改革，不断加大产品和服务创新力度，经营规模不断扩大，服务明显改善，效益显著提升。截至2010年末，资产规模达1 478亿元，比成立时增长187%；各项存款余额达1 174亿元，比成立时增长161%；各项贷款余额为790亿元，比成立时增长148%；3年多累计实现净利润近28亿元，资产规模和盈利能力已跻身全国城商行前列。

【打造社区银行品牌】 吉林银行自成立以来着力打造社区银行品牌，推进社区银行服务，"金融服务进社区，便民利民到万家"。全力推广社区银行品牌特色银行卡——"社区一卡通"，扩展中间业务领域，加大电子银行推进力度，提高科技应用水平。同时大力投入自助设备，快速扩展自助银行网络，优化自动柜员机交易界面，为持卡人提供安全、快捷、优质的服务。建立以公交、医保等行业为主要载体的IC卡运营网络，开通电视银行等新的电子服务渠道，全面提升零售业务综合竞争力。狠抓金融产品和服务创新，不断丰富零售银行体系，实现银行卡业务家族化、个人贷款系列化、中间代理

2010 年 5 月 17 日，吉林银行大连分行开业

业务模块化、个人理财功能化、电子银行全面化、社区银行建设便民化。截至 2010 年末，吉林银行拥有自助银行 94 家，自助柜员机 428 台，自动柜员机年交易额 67.72 亿元，银行卡发卡量 316.25 万张，比年初增加 81.40 万张，增长 34.66%，POS 机刷卡金额 33.73 亿多元，吉林银行卡 POS 消费金额 66.05 亿元，增利账户存款余额达 24 亿元，品牌金业务先后在吉林、白山、四平等地开通，全年累计销售黄金 6 290 克。

吉林银行成立 3 年来，已经在长春市的 100 个社区建立了“社区金融服务站”，社区内设立了“社区金融公益岗”，银行内部成立了“社区服务专员”队伍。在具备条件的社区安装了 ATM 等自助机具；定期到各社区，为社区居民尤其是老年人和残疾人办理金融业务，建立社区金融服务热线电话，及时解决社区居民和“社区金融公益岗”的咨询、答疑和投诉处理。吉林银行与社区的联系更加紧密，社区银行功能不断外延，截至 2010 年末，通过社区金融服务站营销的社区一卡通 9.7 万张。

【支持地方经济建设】 吉林银行成立 3 年来，已与长春市政府累计签署了 80 亿元的授信协议，专项用于支持重点项目、重点工程建设，以实际行动践行金融支持地方经济发展的责任。累计向污水处理、城市管网改造等城市基础设施建设项目投入资金 20 余亿元，并与商圈内欧亚集团等大型商贸企业建立了良好的合作关系，为保障民生工程顺利开展、改善投资环境贡献力量。吉林银行针对松原市自然条件及经济发展等特点，为石油行业重点客户设计研发油田鉴证贷款业务，为民营油田企业解决了融资需求，累计为石化产业建设投放信贷资金 17 亿元；不断加大对汽车行业的支持力度，首度在全国范围内开展汽车金融网融资业务，累计为吉林省汽车工业投放信贷资金 13 亿元；向以通钢集团为代表的钢铁工业企业累计提供信贷资金 17 亿元，大力支持钢铁行业发展振兴；为吉林云升、吉林升华、庆丰集团、吉林隆源等多家农资行业龙头企业提供了信贷资金扶持，累计为农资行业授信 20 余亿元，在吉林省农资行业的市场占有率已达到 35% 以上；加大扶持人参行业龙头企业、高科技企业发展，并根据行业实际需求量身定制金融服务方案，截至 2010 年末，已为人参产业投放信贷资金 17 亿元。吉林银行通过投放贷款、开具保函及贷款承诺函等多样化的金融服务方式，累计为吉林省老工业基地建设投放信贷资金 500 余亿元。

【小企业金融服务】 吉林银行小企业金融服务中心根据不同区域、行业、规模小企业特点，继续加大金融创新力度。2010 年小企业金融服务中心迁入新址实现离行式办公，并邀请省工信厅等相关部门派驻人员合署办公，深化合作内涵，提高“万民创业”贷款办理效率。同时积极联合房产、土地、评估、担保等政府部门和中介机构入驻联合办公大厅，要求长春卫星支行向大厅派驻咨询、受理、审查、出账人员，搭建“一站式”小企业金融服务平台。2010 年吉林银行与吉林省工信厅、共青团吉林省委共同签订了《青年创业小额贷款合作协议》，在风险可控的前提下支持全省青年创业，履行社会责任，联合相关政府部门、行业协会举行了吉林银行第二届小企业融资服务对接会；参与首届中国·长春创业（就业）博览会。与省工信厅及房产、土地、工商等部门共同设立了业务咨询台、召开了促进创业（就业）金融服务新闻发布会、吉林省首届创业高峰论坛。并多次协助分支行在当地举办银企对接，取得了良好效果。截至 2010 年末，吉林银行小企业贷款余额达 93.59 亿元，与年初相比，净增额为 30.08 亿元，增幅达 47.36%。

【建设人才工程】 2010 年吉林银行已形成了前台营销职能完善、后台支持保障有力的组织架构和内控管理体系。建立起清晰的职位体系，并打造了三大人才工程。即建设一支高素质的经营管理人员队伍的“精英人才工程”、一支高水平的专业技术人才队伍的“专能培才工程”和一支高质量的技能操作人员队伍的“技能优才工程”。通过流程整合、职责梳理、职位分析和植物评估等环节，达到制度创新、转变观念、转换机制的目的。进一步加大人才引进力度，选人范围也逐步从省内扩展到省外。2010 年，全行共引进各类管理及专业人才 39 名，其中跨区域引进人才 9 名。引进人员中，博士学历 1 人，硕士及研究生学历 6 人，本科学历 28 人。具有注册会计师、注册金融分析师、理财规划师及个人理财职业资格的各 1 人，多数来自国内先进的股份制商业银行。硕士研究生等高学历、高素质毕业生比例不断扩大，管理人员队伍的整体素质得到进一步提升。同时，实施中高级管理人员双向选择、竞聘上岗，积极推进以平衡计分卡为切入点的绩效管理，实施战略落地，走差异化、特色化道路。建立绩效考核管理体系，对员工及工作状态进行综合评价，做到奖勤罚懒，从而提高员工工作效率。

（崔星迪）

农村信用合作社

2010年榆树联社办公地点搬迁至新投入使用的榆树市政务大厅办公楼

【概况】 2010年，长春市农村信用合作社以服务"三农"为己任，以支持地方经济发展为职责，农村金融主力军的地位和作用日益彰显，各项工作成效显著。到12月末，各项存款余额403亿元，比年初净增88.7亿元，增幅28%。各项贷款余额252.3亿元，比年初净增40.3亿元，增幅19%。实现中间业务收入4 143万元。资本充足率达7.72%。实现拨备前利润8.6亿元，同比增加1.7亿元，增幅24%。拨备覆盖率为57.28%，两家农商行和环城联社均达150%以上。五级分类不良贷款余额29.3亿元，不良率11.6%。

【组织存款】 2010年，存款组织工作继续在"增总量、调结构"上下功夫。调整绩效激励机制，绩效工资向低成本存款倾斜，充分调动了干部员工组织低成本存款的积极性，低成本存款占比在2009年基础上继续提高，2010年末，低成本存款占比达60.5%，同比提高3.7%；提高窗口服务水平，全辖9个网点延长了营业时间，长春农商行28家营业网点全面配备了大堂经理，环城联社延伸服务终端，提供大宗现金上门收款服务；抓好阶段性存款，即农户粮食变现、种养大户、商贸运输户、农村外出务工人员回乡存款，仅4季度，存款净增23亿元；通过打造精品网点、改善用卡环境吸收存款。九台农商行按照精品网点标准，对长春开发区等12家支行硬件实施进行了全面更新改造。环城联社对城区4个信用社进行了迁址改造。到2010年末，全辖吉卡存款净增53亿元，占各项存款余额的13%。

【立足"三农"】 鼓励榆树联社努力做到"五个第一"，即农户贷款发放面第一、户均贷款额度第一、农户贷款总量第一、信用户覆盖面第一、"三农"满意程度第一。到2010年末，榆树联社农户贷款余额15.2亿元，农户贷款累放17.6亿元，累收18.9亿元，增幅39%，覆盖面56%，农村市场份额77%，占据长春地区农村贷款市场首位；鼓励和指导九台农商行扩大农户"三权"及大型农机具抵押贷款业务范围；鉴于农安、德惠农户贷款潜在风险隐患较大的实际，鼓励两家联社探索以粮食直补为担保形式发放贷款。

【面向社区】 针对农业贷款基本饱和，加快发展的领域在市区非农的实际，鼓励两家农商行和环城、双阳联社投放非农抵押贷款。到2010年末，4家机构全年非农贷款净增54.5亿元，同比多增20.8亿元。抵押贷款净增19.9亿元，增幅31.4%；及时调整信贷管理思路，针对宏观调控计划限制，采取"腾笼换鸟"方式，大力清收到期贷款和不良贷款，并加快呆账贷款核销工作，在总体规模以内，腾出额度发放一些质量上乘的微小企业贷款、"三农"贷款和城镇居民消费贷款。

【清收工作】 加大考核力度，针对农安、德惠不良贷款清收任务重、难度大的实际，市联社专门制定下发了考核办法，突出考核两家联社不良贷款清收工作。2010年超额完成清收任务1.6亿元，完成计划的219.1%；实行包保责任制，市联社领导和专业处室分别包点，共包保10个基层信用社，全年累计深入包点社40余次，指导、协助包点社不良贷款清收工作，达到了"解剖麻雀、典型引路"的作用；真实反映资产质量。6月～8月，为真实反映风险状况，对不良贷款进行了重新清理，潜在风险得到了充分暴露，资产质量得到了真实反映，不良贷款增加22.4亿元，其中仅农安、德惠两家联社增加近20亿元，占比近90%。而其他2家商行和3家联社仅新增加2.4亿元，客观反映了这5家单位经营管理较好，经受住了考验，为下一步清收工作打下了基础；加大督导力度，发挥领导作用。8月份不良贷款真实反映后，市联社主要领导和专业处室多次深入农安、德惠联社，现场指导不良贷款清收工作，与县级联社共同研究清收办法，积极向省联社争取相关政策。

【财务管理】 2010年召开财务分析会，改变了以往坐在上面听汇报的做法，将会议设到基层网点开，使各县联社都能学习观摩到环城联社好的经验做法，达到了互相借鉴、共同提高的目的。及时跟进专业指导，有效解决突出问题。7月份，财务处与稽查局共同成立了财务会计专业检查辅导小组，对7家县级联社开展了检查辅导，基层信用社检查面达30%；指导各县级联社均配备了业务辅导员及事后监督员，两家农商行、环城、榆树联社都实行了会计委派制和轮岗制，农安、德惠、双阳3家联社也对信用社会计进行了异地交流；加强固定资产管理，依据固定资产审批权限，对县级联社购置、拍卖固定资产项目及时批复或向省联社上报。

【到期贷款回收】 全省农村信用社2010年4季度信贷工作电视电话会议结束后，市联社立即成立了以“一把手”任组长的领导小组，明确工作目标，全面指导4季度工作，工作重点仍然是全力组织到期贷款回收，特别是农安、德惠两家联社不良贷款清收工作。10月25日，市联社召开了全市农村信用社工作调研会议，组织县级联社主要负责人全面分析了2010年工作的有利形势和不利因素，对10项重点课题进行了充分讨论，研究了具体措施。继续实行监测通报制度，进入12月份以后，继续对存款组织、贷款投放、贷款回收实行5日报制度，紧密监测各县级联社主要指标工作进展。4季度，全辖累计收回各项到逾期贷款26.2亿元，旺季到期贷款回收率达89.3%，与2009年基本持平。

【风险防范】 2010年2月初至4月末，市联社稽查局和县级联社内审部门共同开展了2009年度经营成果真实性稽核工作，发现问题107笔，金额2 300万元。并分别于4月、7月、11月初开展了3次序时稽核，检查范围覆盖了全辖机构和网点，累计发现违规问题14 008笔，涉及金额609 781万元，累计给予1 755名责任人经济处罚38.7万元。适时对重要岗位、重点人员、重要业务、关键部位和风险环节予以关注，分别于4月份、8月份对基层24个信用社实施了“空投式”的突击检查，发现问题169笔，金额6 463万元，给予80名责任人经济处罚近2万元。针对农安、德惠不良贷款占比高、清收难度大的实际，分别开展了剖析检查、重点检查和风险排查。同时，结合省联社先后召开的两次案件公开处理电视电话会议，认真开展“一教育、两整改、三检查”综合整治行动；畅通信访渠道，及时核查反馈，市联社全年调查核实信访问题18件，其中实名举报9件，查实3件，涉及违规放贷149笔，金额201万元，提出了处理意见。

【体制改革】 2010年，根据长春市实际，经过广泛调研和充分讨论，确定了组建农商行分“三步走”的战略构想。长春、九台率先突破，环城、榆树、双阳已经达到或接近组建标准，农安、德惠由于不良贷款下沉，计划再用3年～5年左右时间，化解贷款风险，弥补历年亏损，增强盈余能力，进行股份制改造，组建农商行。加大指导力度，紧密监测组建指标，市联社按月监测工作进展，重点指导增资扩股，指导环城联社顺利完成了7个亿扩股工作，与榆树联社共同赴南方5家农商行考察学习，积极引进战略投资者。为突出县级联社市场主体地位，加快构建省县两级法人管理体制，按照银监会年初会议精神和省联社的总体部署，自9月份以来，市联社开展了机构改革工作，12月中旬先后召开了理事会和社员代表大会，讨论通过了关于市联社机构解散、设立省联社办事处的决议。市联社解散、设立省联社办事处工作正在有序进行中。

（肖忠辉）

教育

教　　育

高等教育

【概况】 截至2010年末，长春市共有高等院校41所，其中，教育部直属全国综合性重点大学1所，普通高等院校15所，专科6所，军事院校2所，公安院校1所，司法院校1所，成人院校3所，民办独立院校9所，民办本科院校2所，民办专科院校2所；有一级学科国家重点学科32个；拥有硕士学位授权点723个，博士学位授权点312个，博士后科研流动站64个；国家重点实验室11个，省部委级重点实验室161个。全市高校共有专任教师23 315人，其中，教员2 433人，助教3 157人，讲师8 205人，副教授6 863人，教授4 133人；有中国科学院院士8人，中国工程院院士3人，国家级学科带头人48人，国家有突出贡献的中青年专家17人。2010年全市在校学生366 284人，专科生51 469人，本科生271 383人，硕士生35 364人，博士生7 988人；全年全市普通高校招收学生100 315人，毕业生人数91 596人。

【高校教学改革】 2010年，驻长各高校进一步改革教育教学模式，不断夯实高校人才培养基础。吉林大学不断完善"学科综合环境、研究环境和开放环境"下的创新型人才培养模式；在2010级新生中启动"名师班主任计划"；进一步完善了通识教育核心课程体系，扩大了学生跨专业、跨年级选课的覆盖面，实现了基础教育阶段分类培养向通识教育的转变；吉林大学增加校外学习中心和网络专业数量，扩大了招生规模，加强了各教学环节质量监控，成人教育和网络教育在籍学生共55 566人。东北师范大学完成了历时2年的本科专业评估工作，新成立3个本科专业并对10多个本科专业进行了调整；各专业进一步明确了办学定位和发展思路，并提出了具体的改进措施，同时启动实施了"大类平台课"建设工作，注重实践教学能力培养，学校首批1 800余名免费师范生进入教师教育创新实验区进行教育实习，教学实践能力显著提高；东北师范大学全年共招收网络教育学生15 000人，函授生1 000人，新开发网络课程40多门。利用学校"全国中小学教师继续教育网"进行非学历学习的教师达150万人次。长春理工大学积极探索现代大学制度建设，其申报的"建立高校总会计师制度"项目被列入国家教育体制改革试点项目，是吉林省惟一被列入改革试点的公办本科院校；同时认真组织新增专业申报工作，新能源材料与器件、光电子材料与器件专业被教育部批准为高等学校战略性新兴产业相关本科新专业；成功申报2010年～2012年中央财政支持地方高校发展专项资金项目，有16个教学实验室和3个实践基地被批准立项。2010年吉林农业大学共培训轮训农村乡村干部20余期，总计6 000余人，为地方经济发展培养培训本土人才做出了贡献。长春工业大学自动化专业、计算机科学与技术专业、金属材料工程专业被评为第6批国家特色专业建设点。吉林建筑工程学院继续重视教育教学工作，采取多种措施，狠抓教学管理，保证教学质量，取得可喜成果。

【高校教学成果】 2010年全市高校教学成果显著。吉林大学有9门课程被评为吉林省精品课程，6门课程被评为国家级精品课程；有13个教学团队被确立为吉林省优秀教学团队，4个教学团队被评为国家级教学团队；有13种教材和编者被确立为"马克思主义理论研究和建设工程"教育部高等学校哲学社会科学重点编写教材项目和首席专家（或编者）。长春理工大学新增国家级教学团队1个、国家级精品课程1门、国家级特色专业1个，省级教学团队1个、省级精品课程3门；成功申报省级立项课题17项，其中重点课题5项，获吉林省教育技术成果奖6项。吉林农业大学有1个团队被评为国家级优秀教学团队，1个团队被评为省级优秀教学团队，3门课程被评为省级精品课；出版国家级"十一五"规划教材3部，省部级"十一五"规划教材13部。2010年，全校共有73项教学成果获得各级奖励，其中，全国高等农业教育研究会优秀教育成果奖一等奖1项，省级成果奖25项。长春中医药大学新增国家级精品课程1门、省级精品课程2门、省级优秀教学团队2个、省级优秀课程13门；新增国家"十一五"规划教材副主编2人，编委3人，申报各类出版社"十二五"选题主编19人，承办3次国家级规划教材编写会；获得14项省级教育教学改革课题，1项全国教育科学"十一五"规划课题。吉林财经大学新增了2个省优教学团队、3门省精品课，新建了两个互动式教学实践基地；申请省级教改课题项目计12项，获得省教育教学成果奖9项。长春师范学院科学教育教学论被评为国家级精品课，教育学和数据库应用基础被评为省级精品课程，语文课程与教学论等6门课程通过省级优秀课评审专家组的鉴定，成功申报全国教育科学专项课题2项，省级课题8项，分析化学课程教学团队被评为"省级优秀教学团队"，获国家级多媒体课件大赛奖12项、省级教育技术成果奖7项、省级教育科研优秀成果奖22项。

2010年长春市高校学生在各类比赛中成绩显著。在第21届温哥华冬奥会上，东北师范大学有2名学生代表国家参赛，取得了两枚铜牌的优异成绩。在第三届"东芝杯·中国师范大学理科师范生教学技能创新大赛"中,东北师范大学参赛学生以优异的表现包揽了大赛所有组别一等奖。长春理工大学近5 000人次参与各项赛事12项,其中大学生创新性实验计划中国家级立项45项,有2项入选"第三届全国大学生创新论坛",在全国性大学生竞赛中荣获国家级奖励128项,省级奖97项。吉林农业大学各级高校竞赛等活动中,分别荣获国家一等奖12项、二等奖30项、三等奖60项和省级一等奖4项、二等奖6项、三等奖12项。长春工业大学在电子设计竞赛获省一等奖10项,省二等奖9项,省三等奖7项;数学建模竞赛获国家一等奖1项,国家二等奖2项;省一等奖7项,省二等奖4项,省三等奖11项;机械创新大赛获国家二等奖2项,省一等奖7项,省二等奖7项,省三等奖2项,其中慧鱼组获国家一等奖2项,国家二等奖1项;计算机程序大赛获省二等奖3项,省三等奖3项;工程训练综合能力竞赛获省一等奖4项,省二等奖1项。第五届吉林省"挑战杯"大学生创业计划竞赛金奖1项,银奖3项,铜奖4项,优秀奖8项,在第八届"挑战杯"全国大学生创业计划竞赛中,获铜奖3项。吉林财经大学在中注协CPA境外实习选拔考试中有7名同学获得了境外实习资格,而且全国第1名和第3名均为该校学生;在第二届锦湖杯中国大学生韩国语演讲大赛中获得全国第2名;在全国"挑战杯"大学生创业设计大赛中获得金奖;在全国"昆山杯"大学生创业团队大赛中,取得第23名的优异成绩。在"高教杯全国大学生数学建模"竞赛中获二等奖;吉林建筑工程学院学生参与国家、省、市各项竞赛活动近20项,取得了11个国家级奖项、66个省级奖项。

【研究生培养机制改革】 2010年,各高校加强课程体系建设,推动国际学术交流,创新培养模式,加大学术规范和学术道德建设,取得丰硕成果。吉林大学加强研究生课程体系建设,实施了研究生创新研究计划;推动高水平大学出国留学计划实施,资助研究生赴国外参加学术交流活动;加强校外研究生实践基地建设,推行了"合作导师+社会实践"培养模式。加强学术道德和学术规范建设,加强了对学位论文的"双盲"评审和论文质量评估工作,有1篇博士学位论文入选2010年度全国优秀博士学位论文,9篇博士学位论文入选2010年度全国优秀博士学位论文提名论文,23篇博士学位论文被评选为2010年吉林省优秀博士学位论文。长春理工大学启动了优秀博士学位论文培育工作,有2篇博士论文、5篇硕士论文被评为吉林省优秀论文。吉林农业大学荣获省级优秀博士学位论文1篇,优秀硕士学位论文6篇。长春中医药大学新增药学、中药学两个硕士专业学位授权点,4篇硕士论文首次被评为吉林省优秀学位论文,实现了零的突破。

【人才队伍建设】 2010年全市高校不断创新人才模式,注重人才队伍建设质量,努力打造精英团队。吉林大学加入教育部首批"卓越工程师教育培养计划"高校行列,制定实施吉林大学"基础学科拔尖学生培养试验计划"、"卓越工程师培养计划"和"卓越医师培养计划"实施方案,新增"千人计划"入选者6人,引进双聘院士2人、唐敖庆特聘教授19人、唐敖庆讲座教授28人、匡亚明讲座教授4人、学术带头人14人、学术骨干30人、流动编教授5人。26人入选吉林省第11批有突出贡献中青年专业技术人才,7人入选享受长春市政府特殊津贴人选,新增国家杰出青年基金获得者3人。孙正聿教授获"全国教书育人楷模"提名奖,于吉红教授获中国青年女科学家奖,滕利荣教授获得宝钢优秀教师特等奖,4名教师获得宝钢优秀教师奖。东北师范大学大力实施"人才强校"战略,1名教师成为国家杰出青年基金获得者,另有2位教师当选为第6届教育部科技委员会委员和学部委员,7位教师当选国家自然科学基金评审组成员。长春理工大学不断加大高层次人才引进力度,引进高层次人才45人,加大教师培养力度,积极争取国家留学基金委项目,先后选派15人出国留学,5人到国内重点大学进修,教师队伍中有1人被评为全国优秀科技工作者,7人被评为吉林省有突出贡献的中青年专业技术人才,1人被评为吉林省教书育人楷模,2人获吉林省第十届青年科技奖。吉林农业大学不断加大科技队伍建设力度,整合科研资源,弘扬团队和"传帮带"精神,倡导"专家+平台+项目"的科研模式。以项目为载体,打造能够承担国家省市级不同类别、不同层次项目的创新团队,培育一批具有科技创新意识的中青年专家,建设一支老中青结合、富有凝聚力和创造力的科研创新群体。长春工业大学开展了"国图计划",组织了第一、二批青年教师27人到国家图书馆查阅资料,1人获国务院特贴,3人获省突出贡献,1人获市政府特贴,在第十届国家多媒体课件大赛中,获得国家三等奖1项,优秀奖2项。吉林工商学院积极引导教师提高业务素质,组织了首届教师讲课比赛,开展了国家级、省级和院级教学名师评选推荐工作以及学科带头人、学术带头人、中青年骨干教师的遴选和优秀教学团队评审工作。吉林建筑工程学院注重师资队伍与教学团队建设,学校积极引入高学历人才,并加强师德、师风建设,在吉林省教育厅组织的教学名师和优秀教学团队评选中,陈雷教授被评为省级教学名师。吉林警察学院"名师工程"建设积极推进,3名教师获省级教学名师称号,6名教师入选吉林省中等职业教育人才培养评估专家库。

【高校国际交流与合作】 吉林大学全年签署各类交流协议24个,接待66个团组408人来访,承办第二届"中韩大学校长论坛"、参与组织第二届"中朝大学校长论坛"、2010俄罗斯"汉语年"系列活动,2010年共聘请31个国家和地区的外国专家525人次来校讲学、开展合作研究,韩国专家陈政一教授获"国家友谊奖",日本专家尾崎幸洋教授获"长白山友谊奖";外国留学生规模稳步增长,留学生中研究生规模位居全国高校第5名,本科生规模位居全国高校第10名;出访人员数量持续增长,包括高水平项目派出,汉语志愿者等共派出境1 360

人次；9 月，国家汉办国际汉语教育东北基地、吉林大学国际汉语教师培训基地在吉林大学揭牌，中共中央政治局委员、国务委员刘延东出席揭牌仪式，并为基地揭牌；同港澳台地区 27 所高校签署了校际协议，成功举办第九届“台湾学生北国风情冬令营”活动，开展了“海峡两岸大学生论坛”、“认识台湾高校”及“大学校长讲坛”等多项活动。东北师范大学全年共聘请短期外国专家 363 人次，长期外国专家及外籍教师 27 人，全年派出 100 名学生赴国外学习，派出教师 185 人参加学术会议、学术交流和合作研究等；经国家留学基金委批准，东北师范大学正式成立了外国留学生预科部，首批共招收 23 个国家的 109 名预科生来校学习，此外东北师范大学被教育部批准加入“中非高校 20+20 合作计划”，并与南非比勒陀利亚大学建立了互助合作关系；2010 年，学校共与国外 16 所大学缔结了友好合作关系，并与美国海外基金会建立了合作项目。长春理工大学与美国纽约州立大学布法罗分校共同创办的“国际纳米光子学和生物光子学联合研究中心”正式挂牌，对于加强与俄罗斯等独联体国家高等教育方面的合作具有积极意义；获批国家外专局引进派出项目 6 项，获得经费支持 28.7 万余元，签订合作协议 6 项，与挪威布德大学续签两校合作协议，并在此基础上开拓法学院与布德大学社会学系的实质性合作；全年接待来访团组 33 个，来访人员 75 人次；派出出访团组 21 个，成功举办了“行政自制与行政法治”国际学术研讨会，协办了 IEEE-ICMA 国际学术会议，组织参加国际学术会议 10 余次，出席了俄罗斯“汉语年”中俄大学校长论坛活动，全年聘请长期外国文教专家 13 人，短期外国专家 18 人，外教的年龄结构和学历结构得到根本性改变；有 1 人被评为“吉林省优秀外国专家”，1 人获得“长白山友谊奖”；孔子学院发展迅速，社会影响日益扩大，完成国家汉办项目 1 项。吉林农业大学赞比亚农业技术示范中心项目开工建设，并顺利通过中期验收，承办了第五届世界鹿业大会。长春中医药大学成功承办中日 21 世纪论坛、世中联中药分析专业委员会成立大会暨世界中医药学会联合会中药分析专业委员会第一届学术年会。长春工业大学共接待来自美国、加拿大、俄罗斯、英国、法国、德国、西班牙、爱沙尼亚、日本、韩国等国家的代表团组 20 个，总计 83 人次；同美国奥克兰大学、加拿大温莎大学、日本创价大学、俄罗斯乌拉尔联邦大学等国外院校签署了校际交流与合作协议，正式建立了校际友好合作关系；成功承办了 IEEE 的 CMCE2010 国际会议，扩大了学校影响，提高了学校声誉。吉林工商学院先后接待了来自日本国际学院、英国 NCC 课程教育机构及新西兰奥克兰大学中方代表的来访，组织完成了中外合作办学项目的自评和省教育厅对学院与新加坡特许科技学院合作办学项目的检查评估工作，建立合作办学项目学生出国学习通道，扩大了与外方的进一步交流。吉林俄语专修学院等高校外籍师生参与长春国际形象调查，为长春入选“中国国际形象最佳城市”做出了重要贡献。9 月高校工委承办的“激扬青春·相约东北亚”青年大学生专场文艺演出在东方大剧场隆重举行，通过这场演出展示了长春高校青年学子风采，构建了各国青年文化交流平台。

【科研工作】 各高校积极开展科研项目的申报立项及成果验收、鉴定等工作。吉林大学哲学社会科学教师共承担各级各类科研项目 420 项，同比增长 21.39%，获资助经费 4 064.7 万元，同比增长 91.53%，其中，承担纵向项目 238 项，获资助经费 2 380.2 万元，承担横向项目 182 项，到账经费 1 684.478 万元；科研成果数量质量大幅度提高，一批科研成果获得重要奖项；自然科学研究到校经费总额 8.4 亿元，创历史新高，国拨经费近 1.9 亿元的“油页岩勘探开发利用”和国拨经费近 3 亿元的“深部探测关键仪器装备研究”两个超亿元大项目开始启动，“超高压下凝聚态物质的新结构和新性质”和“若干功能体系的定向设计与构筑”两个国家重点基础研究发展计划（973 计划）项目获得科技部批准立项；依托超硬材料国家重点实验室申报的 086 项目正式启动，获批 303 项国家自然基金各类项目，获批准总经费达到 11 139 万元，7 项重点项目（含重大研究计划）获得资助，其中，外国专家学者基金 1 项；获国家级科技奖励 4 项，其中，获国家自然科学二等奖 1 项，国家技术发明二等奖 1 项，国家科学技术进步二等奖 1 项，国家科学技术进步奖 1 项；获得省部级奖 63 项，其中，一等奖 10 项，二等奖 28 项，三等奖 25 项；新增国家杰出青年基金项目 3 个，新增教育部创新团队 2 个。东北师范大学在文科科研方面，学校作为第一申请单位共获得各级各类科研项目 249 项，获批经费 3 274 万元，其中，纵向课题 182 项，经费 1 813 万元，比 2009 年增长 76%；有 3 项课题分别在国家社科基金重大招标课题、国家社科基金教育学类重大招标课题和教育部哲学社会科学研究发展报告咨询项目上竞标成功；2010 年共发表文科学术论文 1 137 篇，其中 CSSCI 以上级别论文 746 篇，占论文总数的 62%；在理科科研方面，共获批各类科研项目 221 项，合同经费总额 6 425. 9 万元。其中，国家自然科学基金项目实现大幅增加，达 63 项，资助经费 2 222 万元，同比增长 38.5%；科技论文质量和影响力继续稳步提升。在 SCIE 检索收录的 461 篇论文中，高于学科平均影响因子的论文 206 篇，比 2009 年增加 50 篇，占 SCIE 总篇数的 44.7%，增长 13.3%。2004 年～2008 年 SCI 光盘版检索收录的科技论文被引用 787 篇，在全国高校排名第 28 位；被引用次数共计 3 421 次，在全国高校排名第 20 位；此外，有 1 篇论文入选了 2009 年度“中国百篇最具影响国际学术论文”。长春理工大学产业工作取得突破性进展，2010 年实现全资企业收入 1 455 万元，创历史最好水平；高技术产业中心经营业绩增长显著，累计承担科技成果转化项目 16 项，合同额 2 000 多万元；应用写作杂志社平稳运行，发行杂志 36 万册，实现收入 103 万元；长春理工大学工厂销售导光臂近 600 套，完成产值 120 万元，获国家科技部中小企业创新基金专项资金支持 60 万元，被列入吉林省九个一批重点支持企业；与普洱茶研究院合作开发的全自动普洱茶加工设备已进入研制阶段，咖啡豆果胶提取及红外烘干设备研制已经完成，进入产品工艺试验阶段。

【学生工作】 各高校进一步改进和创新大学生思想政治教育工作，把社会主义核心价值体系贯穿高校思想政治教育工作全过程。吉林大学制定实施了《2010"关注学生成长年"工作方案》，推进"名师班主任计划"，承办教育部"全国加强和改进大学生思想政治教育高层论坛，强化了辅导员和班主任队伍建设。各高校进一步完善学校、家庭、社会"三位一体"的大学生思想政治教育工作网络和长效机制。在大学生思想道德教育方面，各高校围绕"成人、成才、成功"这一主题，继续坚持把社会主义核心价值体系贯穿高校思想政治教育工作始终，坚持教育、管理、服务相结合。加强基层学生组织建设，着力加强最基层的宿舍、班级、党团支部、社团组织建设。同时发挥大学生自学组织的作用，如"MMDS"学会、"青马工程"理论协会、"科学发展观践行社"等，形成扶植大学生自学"最新成果"的强大合力和良好局面。吉林大学开展首届"校园青春励志网络文学大赛"，创建全国首例青春励志网络图书馆，建立第10个德育工作创新示范基地—"学生励志网络文学教育先锋阵地"。同时，在高校工委的领导与协调下各高校积极参加各类社会实践、与志愿者活动，参与了长春市书博会、东北亚博览会、汽车博览会和大学生艺术节等多项重大活动。

各高校深入开展大学生"三创"主题实践活动，开创大学生就业新格局。3月～6月，市高校工委邀请创业成功人士、创业培训专业指导师共举办5期大学生"创新、创业、创造"培训班，累计培训2 400余人。4月17日，邀请一汽集团、轨道客车、大成玉米等200余家大、中、小型企业，在欧亚卖场国际展览中心举办了大学毕业生专场就业招聘会，签订意向性就业协议1 600余人。更新大学生就业观念，鼓励和引导毕业生到基层就业，到中小企业、非公有制企业就业和自主创业，同时，加强与人才市场、人才网站间的联系，获取、发布有效用人信息。长春工业大学应对后金融危机，扎实开展就业工作，获2010年"全国毕业生就业典型经验高校"和"吉林省毕业生就业管理工作先进集体"荣誉称号，并多次在各级各类高校毕业生就业工作会议上进行经验交流。长春大学毕业生李田果被评为第四届"省高校毕业生十大创业先锋"。吉林动画学院、长春职业技术学院等部分高校根据客观实际情况和自身的学科特点、学术实力设置专业，撤并了一些市场需求量较小、本身教学力量薄弱的专业，开设了适合就业市场需要、本身教学力量雄厚的专业，并且与合作企业开展"订单式培养"和"个性化培训"工作，不断促进大学生就业。

继续完善家庭经济困难学生资助体系。全面落实国家各项资助政策，积极探索困难学生资助新思路新方法。协调市慈善总会为驻长高校大学生资助返家路费50万元。在帮困助学工作中，在给予大学生物质帮助的同时，着力培养他们自强自立的精神和对社会的责任感，树立感恩社会、乐于助人的慈善意识。

【精神文明建设】 继续深入开展"高校文明杯"竞赛评比活动。4月，市高校工委在吉林大学成功举办了"感动长春—2009年长春市十佳大学生颁奖典礼暨'高校文明杯'竞赛活动总结表彰"大会。同时组织开展了第8个"公民道德宣传日"、"全国第七届公民道德论坛"、道德模范"网上行"等活动，邀请部分道德模范走进校园，举办了翟树全先进事迹报告会。驻长高校积极投身创建全国文明城市活动，大力推进高校"师德"、"学风"建设，和多种形式的校园文明创建活动。吉林大学制定实施《吉林大学2010年精神文明创建活动实施方案》，通过召开专题会议、开展师生员工及学生社团活动等，统一思想、提高认识、推动工作。吉林农业大学以"高校文明杯"竞赛活动为载体，广泛开展群众性精神文明创建活动，加强校园软环境的建设与治理。长春理工大学组织开展"三育人"评选活动，评选出师德标兵5人，"三育人"先进集体7个、先进个人20人，在学校营造了奋发进取、勇于奉献的良好氛围；同时深入推进"创建和谐校园，加强精神文明建设工程"，学校被评为"吉林省依法治校示范校"。长春大学深入落实《长春大学关于进一步深化学"团风"活动的实施意见》，借助"育人讲堂"等平台组织开展学习先进事迹活动；依托"青马工程"培训班和团校，推进青年马克思主义者培养工程；在省大学生思想政治教育评估中取得优秀成绩，学生殷士静被共青团中央、全国学联评为2010年度"中国大学生自强之星"。在长春市第三届道德模范颁奖典礼上，吉林财经大学张爽同学获选道德模范。

进一步深化"送理论、送科技、送卫生、送文化做文明使者""四送一做"社会实践活动。围绕主题教育、社会调查、扶贫接力、服务西部等主题，组织大学生利用寒暑假深入广阔天地，了解国情、增长见识、锻炼才干。深入开展"万名大学生志愿者进社区"主题活动。围绕创建全国文明城市工作，着力打造"创文明城、做文明人——大学生志愿者在行动"品牌活动。全市高校共向九台职业教育中心捐赠各类图书13万余册。

各高校大力弘扬抗洪精神和城市精神，通过系列活动的开展，深化了"青春在城市精神中闪化"主题活动。积极组织驻长高校为灾区捐助善款、奉献爱心。在"风雨同舟·共建家园——长春市抗洪救灾文艺晚会"现场，30多所高校为灾区捐款额达330多万元。在"2010长春图书博览会"期间，全市高校共有10万人参加了开、闭幕式和购书活动。在10月全市血液供应告急的情况下，各高校积极踊跃献血，奉献爱心。

军(警)民共建工作进一步加强。军地双方在党建、教学、人员培训等方面建立了长期合作关系。吉林艺术学院与驻长65319部队签订长期共建协议，结束了吉林艺术学院大学生军训工作长期"打游击"的状态，同时，也为65319部队的军营文化建设提升了层次。各高校积极开展军训"补课"行动，为2009年度因为防治"甲流"而停止了军训的新生进行补训工作，保证了大学生思想政治教育在军训方面不缺课,增强了学生的国防、纪律和自律意识。9月22日中秋节晚上,高校工委组织"长春高校大学生文化艺术团"走进中国人民解放军65319部队开展慰问演出活动。

【安全保卫和政治稳定工作】 各高校切实搞好"平安校园"建设工作,开展了创建"平安校园"评比活动。积极协调有关部门,加大整治力度,优化大学生日常管理和安全稳定教育,完善校园治安防控体系建设,着力推进实施校园消防安全"防火墙"工程建设工作。各高校进一步加强意识形态工作,全面做好涉日维稳工作,有效应对、妥善处置了各类有可能影响政治稳定和社会稳定的事件。东北师范大学完善了学校的信息收集网络,在公费师范生就业、"钓鱼岛事件"、"半岛问题"等敏感时期加强信息收集和研判,着力提高对重点人群的动态管理水平。各高校在强化校园网络建设和管理的同时,深化了网络道德和网络评论员队伍建设,重点解决学生通宵上网、浏览低俗内容等问题,进一步规范了高校电子阅览室的使用。切实加强校园周边环境治理,不断优化学校周边秩序和学生学习环境。重点解决学生在网吧通宵上网、校外租房、意外伤害等问题,确保大学生人身安全和思想稳定。东北师范大学以师生需求为本,推进实施学校法律援助工程,筹建了东北师范大学大学生法律援助中心(附表见275页、276页)。

(陈正东、崔 静、张 鹤、赵志富)

基础教育

【概况】 2010年,长春市义务教育阶段中小学校总数1 746所,其中,小学1 474所,普通初中222所,一贯制学校50所。城区小学200所,城区普通初中63所,城区一贯制学校16所;5县(市)、区小学1 274所,普通初中159所,一贯制学校34所。义务教育阶段中小学在校生总数668 603人。其中,小学421 720人,普通初中210 652人,一贯制学校36 231人,城区小学在校生150 308人,城区普通初中72 394人,一贯制初中22 478人。5县(市)、区小学在校生271 412人,普通初中在校生138 258人,一贯制学校在校生13 753人。普通高中学校65所,在校生141 710人,其中,城区普通高中37所,在校生61 233人,5县(市)、区普通高中28所,在校生80 477人。全市幼儿园678所,在园儿童102 463人。其中,城区298所,在园儿童41 556人,5县(市)、区380人,在园儿童60 907人。民族教育学校19所,在校生6 894人,专任教师953人。其中,朝鲜族学校7所,回族学校9所,满族学校3所。特殊教育学校9所,在校生1 611人,专任教师303人,招生数191人,毕业生192人。

【办学体制改革】 根据国家和省政府关于清理整顿改制校的要求,2010年3月18日,市委、市政府专门召开党委会,决定全部取消改制校,义务教育阶段公办学校不允许招收择校生。2010年4月29日,以市政府名义下发了《长春市人民政府办公厅关于当前进一步规范中小学办学行为的意见》,对规范学校办学行为提出明确要求。2010年6月1日,最后7所改制校全部退回公办。随着7所改制校的退回,长春市不再有改制校。除19所民办学校外,义务教育段公办学校将不再允许招收择校生。取消改制校以后,城区各区党委、政府按照清理规范改制学校前教育经费支出标准核拨公办学校日常公用经费,确保学校正常运转和办学水平不降低;对改制校自聘教师各区可采取适当方式妥善安排;对取消改制学校的原来交费学生,坚决做到"四个不变",即原有班级不变、原有教师不变、原有教学设施不变、原有教学资源不变,确保教育教学质量,直到学生毕业。从整体看,各退回公办的改制学校运行情况良好。

【中小学招生工作】 2010年的招生工作是取消改制校成功与否最关键的问题。改制校退回公办,将空出很多不收费用的优质学位。做好这些优质空余学位的分配,是改制校能否平稳着陆的关键环节。1、坚持各学校原有学区不变,对于空出来的优质学位,每个孩子都可以自愿报名,在户籍所在的辖区内,采取"电脑派位、随机录取"的办法进行分配。2、坚持阳光操作。把学区、空余的优质学位,退回公办学校的招生程序、招生办法、招生时间等,都向社会公布,确保孩子享受优质教育资源的机会均等。3、民办中小学招生,一律实行免试报名入学,严格执行招生时间、招生计划,严格按审批的收费标准进行收费。2010年,城区共招收小学新生23 692名,初中新生29 857名,保障了在长所有适龄儿童少年都有一个公办学位,有效促进了教育公平。

【"大学区"建设】 改制校退回公办后,为推进区域义务教育均衡发展,结合各区实际情况和区域特点,以优质学校为龙头,在原有基础上完善了"大学区"管理模式。市教育局制定下发了《统筹教育资源,实行"大学区"管理模式全面提高义务教育阶段学校教育质量具体实施意见》,全面指导各区"大学区"建设工作。2010年,全市城区共构建了49个"大学区",小学30个,初中19个,"大学区"各项共享工作正在进行中。11月,在宽城区召开全市"大学区"工作交流会。南关区、宽城区的"大学区"还多次开展了"大学区"现场经验交流、展示和深度教育教学研讨活动,为其他城区的"大学区"工作起到引领示范作用。

【推荐生工作】 1、改革推荐生分配办法,按照生均和校均的原则,均衡分配到每一所初中,特别是做到向薄弱学校倾斜,促进了生源均衡。2、推荐生比例在2009年65%的基础上扩大到统招生计划的70%,省重点高中全部接收推荐生。4县(市)和双阳区普通高中统招计划推荐的比例扩大到40%。3、取消了高中复试的环节,由各区教育局完成学生的选拔工作。8所省级示范高中继续进行自主招生改革,比例为统招生计划的5%。4、改革英语中考听力办法,采取计算机自动化测试。中考单独命题,继续实行命、审分开制度,保证命题质量。2010

年，全市共录取推荐生3 753名，有122人被高中自主录取。

【规范办学行为】 2010年，市教育局制定下发《减轻课业负担，规范义务教育阶段学校办学行为“八不准”、“七严格”》、《进一步规范办学行为做好2010年中小学起始年级均衡分班的指导意见》等规范性文件。贯彻落实“减负”和规范办学行为的“七严格、八不准”规定，市教育局与各县（市）、区教育局、各中小学校长签订《规范中小学办学行为，促进义务教育均衡发展责任书》，引导各县（市）区教育局、各中小学校长主动做出践行承诺，主动接受社会各界的监督。学期初，对全市中小学作息时间、执行3级课程情况、教材教辅用书情况、个别民办学校不同程度的违规招生问题等及时进行规范和管理，减轻了学生过重课业负担。2010年，全市中小学起始年级实行了电脑派位，均衡分班，确保了教育公平。

【农村初中办学模式改革】 实施初级职业教育，为农村经济社会发展培养实用人才；全市农村初中全部开展了“绿证”教育；加强57个示范基地建设，参加实践学生10多万人，学生学会4项实用技术。拓宽农村学生就业渠道，农村教育为农村经济社会发展提供了有力支撑，农村学生适应社会发展的能力明显增强。“绿证”教育覆盖率、专业课教师培训率均达100%。

【留守儿童工作】 2010年开展两次留守儿童普查，为全市各中心小学和初中都配备心理健康教师，定期开展生存、安全、法制心里健康教育，开展“爱民工程”、“扶持薄弱学校，扶助贫困学生”活动，加大对贫困留守儿童的救助力度，开展师生间一对一、一对多，学生间一对一、“手拉手”等活动，帮助留守儿童解决学习困难。通过电话、信件等形式，向家长汇报孩子的学习、生活和思想情况，利用假期或春节，召开留守儿童家长会，形成合力效应。把留守儿童工作作为督导检查的一项重要内容进行督导评估。

【扫盲工作】 开展扫盲后继续教育，提高农村人口素质，直接推动了社会主义新农村建设，农村精神文明建设的得到发展。利用假期，采取集中培训、分散讲学、农村实用技术实训等形式，全年开展扫盲后继续教育培训6 000多人，巩固了扫盲成果。

【高中通用技术教育】 适应高中新课改的要求，建设了长春市实践教育学校。实践教育学校已成为国内设备设施最先进、建设规模最大、使用功能最完备的通用技术教学基地。学校占地100多万平方米，建有教学楼、学生公寓、学生食堂、宾馆、游泳馆、滑雪场、旱冰场、篮球场、体育馆等多种教育教学和生活设施，可容纳近千名学生学习和生活。学校以通用技术教育为主，着重培养学生的实践能力，开设有18个通用技术教室和电子控制、汽车驾驶教室。已接纳4 000多名高中学生开展通用技术教育教学活动。全年可容纳25 000名学生学习。其他4所基地学校开设学习项目100多个，全年接纳中小学生4万余人学习；以课堂为阵地，实施综合实践活动，增强了学生的创新精神和实践能力。

【特殊教育】 1、政府高度重视，保障事业发展。2010年，市政府下发了《长春市特殊教育三年发展规划》，在3年内将投入5 000万元用于特殊教育。市教育局制定下发了《落实〈长春市特殊教育三年发展规划〉推进我市特殊教育快速发展具体实施意见》，以保障《规划》顺利实施。2010年10月，在全市特殊教育现场经验交流会上，市政府出资350万元通过“以奖代拨”形式对长春市8家特殊教育学校和4家民办机构进行表彰奖励。2、采取有效措施，推进《规划》实施。依托宽城区培智学校建立了“长春市自闭症儿童康复教育中心”。各城区根据本区特殊儿童、少年分布情况，确立至少1所小学开办“特殊教育辅读班”。依托幼儿园、特教学校对学龄前特殊儿童进行早期干预。大力扶持民办特殊教育机构。提高了特殊教育学校生均公用经费。提高了特殊教育教师待遇。3、突出工作重点，彰显教育特色。2010年，长春市特殊教育学校独立研发了全国聋校信息技术课程标准，承担了全国特殊教育学校信息资源软件的开发工作，占领了全国特殊教育信息技术教育的制高点。多次受到教育部领导的称赞，为全省的特教工作发挥了示范、引领作用。

【学前教育】 2010年，市教育局对全市各类幼儿园进行了全面调查，摸清了学前教育的基本概况、发展现状及存在的问题，为制定“学前教育三年行动计划”和“学前教育‘十二五’规划”提供科学性依据。同时，组织市各相关部门前往北京、大连、沈阳等地进行实地考察调研，吸取先进地区学前教育的先进做法和经验，为撰写长春市学前教育3年行动计划提供借鉴。实施幼儿园分类管理评估，2010年2所幼儿园分别晋升市级示范园和一类幼儿园。举办了长春市幼儿园玩教具大赛，参加全国、省级幼儿园玩教具大赛评比，获国家级一、二、三等奖5项，获省级一、二、三等奖30项。承办了全国2010年～2011年度“心系好儿童”儿童运动健康家庭教育实践活动，受到全国妇联的高度赞扬。

【民族教育】 1、教师素质不断提高。2010年6月，组织全市优秀调讲课评选活动并参加全省民族族中小学优秀调讲课比赛。10月，以培养和发现少数民族教师中的教学新人，有效地提高课堂教学质量为目的，组织了全市民族中小学教学新秀评选。2、各项活动成绩显著。以教育部组织首届全国内地新疆班师生演讲比赛为契机，承担了东北片区的复赛。长春市参赛选手师生分获学生组、教师组第一名，长春市学生代表东北片区参加国家比赛获第4名。组织了全市民族中小学生“三语”竞赛，同时选派5名优胜选手参加第7届全省“三语”基本功竞赛，有3人以第一名的成绩荣获小学低年组、小学高年组、高中组的一等奖，2人获得二等奖，“三语”教学质量领先优势明显。在宽城朝小召开了以“长春市民族中小学学校课程民族化、校本化实践研究”为主题的全市民族中小学素质教育推进现场会。此项实践研究在12月全省民族学校骨干校长培训班上做了经验交流。2010年是吉林省新课程体系下的第一年高考,长春朝中、希望高中新疆班高考升学率实现100%。长春朝中重点率为20%;普本率为72%。内高班本科率98.6%,重点率50%,在东北三省内高班中高考成绩最好。3、新疆班首次扩招顺利完成。根据《关于扩大内新疆高中班招生规模有关工作的意见》要求,长春市希望高中从2010年起到2014年分两批完成内高班的扩招任务。为顺利完成首次扩招任务,在调研论证的基础上,8月,与市财政局联合向省教育厅、省财政厅呈交了经费项目请示,针对扩招基建项目补助经费、生均经费等问题提出合理化建议。

【高中教育】 1、积极推进高中新课程实验。研究确定了下一阶段高中教育及高中新课程实验的发展方向。完善学生综合素质评价制度。依托东北师范大学的新课程管理软件为学生建立完整的综合素质评价电子档案,并在高考前顺利上传到省招生办,成功完成了高中学生综合素质评价与高考挂钩的工作。合理配置课程资源。长春市投资近亿元建有16套高标准、现代化的综合实验室的全市通用技术课教育基地,已经接纳4 000多名高中学生开展通用技术教育教学活动,实现课程资源作用效率的最大化。认真总结3年来的课改经验。11月,启动了新课程实验阶段总结系列活动,总结活动包括课堂教学展示与辨课活动、新课程实验论坛、质量提升研讨会、阶段总结表彰大会等活动,全市有3 000多名教师参加了课堂教学展示与辨课活动,征集到的教师高质量的新课程研究论文有1 100多篇。2、积极促进质量提升。召开教学校长研讨会,对2009年质量工作进行了总结,同时邀请北京专家做高考命题方向的报告,加强高考备考研究,明确备考方向,科学备考。认真做好质量评估,上半年开展了高中各年级质量监测活动,完善高中教学质量监测机制,组织3次高三毕业年级的模拟考试,2010年毕业的07级高中学生学业水平考试9科全优秀率以4.58%、10科全良好率以69.15%均位居全省第一。实施新课程后的第1次高考,全市高分段人数继续保持在全省的领先地位;本科进线率文科达64.88%,理科达76.4%,基本实现了“人人有去处”的目标。

(陈嘉庆)

技工教育

【概况】 2010年,长春市有技工学校18所。其中,技师学院4所,省部级技工学校6所,合格技工学校8所。按隶属关系分,中直企业办技工院校2所,省属技工院校2所,省直企业办技工学校1所;市属技工学校5所;民办学校8所。按经费来源分,财政拨款2所,自收自支16所。在校学生19 249人,其中,城镇生7 268人,农村生11 981人,有高级技工班学生1 012人;毕业生就业率达98%。技工学校有教职员工1 414人,教师942人,其中文化理论课教师635人(高级讲师201人,讲师217人);实习指导教师307人(高级实习指导教师24人),“一体化”教师389人。全市技工学校占地面积336 692平方米,建筑面积282 647平方米;实习实验设备5 074件套,价值9 415.3万元;专业设置达到64个,其中复合性专业12个;年培训能力39 619人次。

【实训基地建设】 技工学校的教学模式是理论教学和实践教学相结合,其课时比例大体为1∶1,有的专业为4∶6,注重学生专业基本技能的训练和与生产实际的结合。在加强校内基本功训练基地建设的同时,充分利用与企业紧密协作的关系,在企业建立稳定的生产实习基地,实行前校后厂、产教一体化的教学模式,保证学生有足够的时间进行实训,加快了由学生向技术工人角色的转变,使毕业生到企业能很快适应工作岗位的需要。

【学校专业建设】 全市各技工学校在市场竞争中,牢固树立品牌意识,以名牌战略,打造精品专业。建立了以数控机械、机电一体化、汽车检测与维修、生物制药等专业为龙头的名牌专业,特别是各学校围绕长春市十大产业对专业技能型人才的需求,积极开发新的专业,努力构建专业品牌的课程体系框架,保证学校在市场中能有核心竞争力,使技工教育跟着市场走,专业设置跟着需求变,为社会培养输送“产销”对路的学生,全年安置毕业生6 000余人,就业率达98%。

【师资队伍建设】 各技工学校结合本校的专业设置和教学情况,不断加大教师的培训力度,通过组织到上级大专院校进修,聘请专家系统讲课,深入企业学习,提高教师专业素质。培养和建立了省、市、校三级骨干教师队伍,培养省、市专业带头人16人。“一体化”教师比例由20%提高到40%。聘任兼职教师200多名,有效地提高长春市技工教育教师队伍的水平。

【办学资金投入】 2010年,长春市人力资源和社会保障局积极协调政府有关部门争取国家职业教育资金项目和城市教育费附加资金落实,技工学校办学经费实现了历史性突破,教育费附加资金得到了落实。按照做大做强的原则,重点扶持了局属4所技工学校,用于增加实训设施、改善办学条件、扩大办学规模。

【教学管理】 长春市在技工学校管理工作中始终坚持按《吉林省技工学校教学管理规程》要求规范组织教学。同时积极引进ISO9000标准化管理的新模式,先后在4所技工学校试点,通过实行科学规范化管理,使技工学校教学管理上了一个新台阶。坚持技工学校理论教学完成后考试考核验收工作,以检验技工学校教学质量。贯彻落实吉林省人力资源和社会保障厅《关于印发〈全省技工院校开展“强素质、树形象、争一流”活动方案〉的通知》精神,全面推动长春市技工院校“强素质、树形象、争一流”活动健康开展,在“大就业、大培训、大和谐”的工作思路引导下,按照“八比八看”具体要求,制定实施方案,求得实效。

【助学金管理】 进一步加强对长春市技工院校助学金、免学费补助资金管理工作，建立资金管理的月调度制度，时时掌握全市受助人数的变化情况，按学期检查资金管理工作，准确计算结余资金的数额，及时做好上报核销工作，严防虚报学生人数骗取国家助学金、免学费补助资金等问题的发生，维护国家助学政策的严肃性，确保财政资金安全。

（李　钢）

职业与成人教育

【概况】 2010年，全市有中等职业学校126所，在校生12.7万人。其中，教育部门所属职业学校101所，在校生10.1万人，劳动部门所属技工学校25所，在校生2.6万人。全市各类职业培训机构169个，国家、省级重点职业（技工）学校26所。开设交通运输、装备制造、信息、农业等13大类112个专业，基本涵盖长春市国民经济和社会发展的各个领域。国家级示范专业3个，省级骨干示范专业11个，市级骨干示范专业点40个。全市中等职业学校教职工8 974人。其中，专任教师5 918人，专业教师3 250人，“双师型”教师1 267人（省级423人，市级844人），市级骨干教师209人。全市中等职业学校占地面积生均约27平方米，建筑面积生均约16.5平方米，全市职业教育开放共享的实训基地15个。2010年，全市中等职业学校毕业生就业率达95%，累计完成培训12.5万人。

【提升职业教育的基础能力】 1、完成了《长春市职业教育改革发展三年行动计划》的编制。2、提高职业学校的建设和管理水平。长春职业技术学院全面完成了国家示范校建设任务，构建和完善了“一主多元”办学模式和“五同”人才培养模式，综合办学实力和人才培养质量得到全面提升；启动了中职示范校建设工程。长春市机械工业学校和长春职业技术学校国家级示范校建设项目立项；顺利完成了长春市交通职工中等专业学校的接收工作，学校教职工和学生得到了妥善安置；加强实训基地建设，投入1 500万元完善了机加、数控、汽车、机电、医护、旅游、艺术、口腔工艺等专业实训基地，极大地改善了长春市职业学校的实训条件，促进了职业学校教学与企业生产的有效衔接。3、农村职业教育有了进一步发展。办学条件得到进一步改善。4县（市）和双阳职教中心投入700多万元购置和改善教学仪器设备，为学生的实训提供了有力保障，为学生实践能力的培养和教学质量的提高奠定了基础。出台了《涉农专业教学指导意见》，指导职教中心结合自身实际，在课程设置、师资配备、教学安排等方面做了科学安排，保证了涉农专业的教学质量，提高了涉农专业建设水平。4县（市）和双阳区共开设涉农专业15个。开展送课下乡活动，分别到榆树市、农安县、九台市和双阳区开展现场教学、课后点评、送课教师与听课教师研讨活动。4、规范民办职业教育。加大民办职业教育支持力度，全员免费培训了教育部门所属民办中等职业学校校长、教学校长和教学管理人员，提高了民办职业学校教学管理水平。依法加强对民办职业学校的管理。成立了由市教育局8个部门组成的联合检查组，对民办中等职业学校进行“规范教育教学行为专项检查评估”，对存在问题的学校下达了限期整改通知书，并对整改情况逐一进行了复查，保证了检查的实效。实行了教研员“民办职业学校联系点”制度，加强对民办职业学校教学工作的指导。5、加强教师队伍建设。完善了教师到企业实践制度，鼓励学校积极探索提高教师实践教学能力的有效途径。如长春市机械工业学校打破专业教师以教研室进行划分的传统组织形式，将专业课教师根据专业类别分配到各实训中心，选派专业教师到企业挂职，使教师的实践教学能力有了显著提高。加大对专业教师的培训力度。市教育局投入200万元专项资金用于教师培训，全面落实中等职业学校教师素质提高计划。组织开展了国家级培训30人次、省级培训211人次、市级培训956人次。通过分层次、有针对性的培训，长春市中职学校教师队伍整体素质有了很大提高。6、有序开展招生工作。长春市中职招生工作有序开展，全年完成招生26 700人（其中灵活学制5 762人）。

【提高职业学校的教育教学质量】 1、进一步加强中等职业学校德育工作。充分发挥德育课主渠道作用，保证德育课课时，使用国家规划教材。组织开展了文明风采大赛，搭建学生充分展示自我的舞台。抓住实习实训的契机，让学生全面了解技能岗位对技术工人的道德要求，对照标准找差距，定目标。切实加强德育工作队伍建设。指导学校做好班主任的选聘、培养和考核工作，并对全市中职班主任进行了培训。2、围绕长春市产业需求积极开展调查研究工作。先后走访了市发改委、工信局、人社局、农委等相关委办局，赴一汽集团、轨道客车、大成集团等112家行业骨干企业进行了考察和书面调研，向企业领导、专家和职工发放问卷1 200余份，收回有效问卷1 020份，举办各类座谈会9次，对84所中、高职院校进行了问卷调查，形成了《长春市蓝领人才队伍建设情况研究调研报告》。编辑出版了《长春市职业教育改革创新项目的研究与实验》一书，推进实验项目带动计划。完成了吉林省教育科学“十一五”规划重点课题、长春市教育科学“十一五”规划主导课题，并经过吉林省教育科学研究领导小组办公室组织有关专家审定，全部结题。 3、强化教育教学的常规管理。制定并完善了《长春市中等职业学校教学管理规程》，编印了《中等职业学校常规教学管理手册》，强化对中职学校常规教学活动的规范和监管。针对长春市骨干专业开设情况，制定了涉农专业、机械制造专业、幼教专业等18个专业实施性教学计划。通过教研员深入学校开展教学听课、竞赛辅导、专题讲座等形式，开展教学改革的指导工作，全年共开展专题讲座6场。开展教学改革示范课的录制和推广，共录制示范课10节。4、积极推进职业教育的集团化办学。12月，召开了全市推进职业教育服务经济发展工作会议，市政府出台了《关于推进职业教育校企合作服务经济发展的意见》（征求意见稿）。会上，长春市汽车、机电、食品药品、旅游、信息、机械制造、农业、医药卫生和长吉图9个职业教育集团揭牌成立，吸纳职业院校、企业、社会组织400余家。职教集团的成立为长春市职业教育校企深度合作搭建了有效平台。5、强化学生的技能培养。开展了“职业教育技能月”活动，先后举办了学生的机械、汽修、计算机应用、英语、护理等专业的师生技能大赛，通过技能大赛涌现出一批优秀的专业教师和学生专业技能状元。派队参加了吉林省和国家组织的技能大赛，获得全国竞赛一等奖14人、二等奖14人、三等奖9人、优胜奖4人，获得省竞赛一等奖46人，二等奖45人，三等奖27人。

【拓展职业教育服务功能】 1、长春数字化学习港建成并投入运行。开通了“长春全民学习网”，可以满足10万人注册、1万人同时在线学习、1千人同时点击视频学习需要。开通了“长春全民学习服务热线—963001”，开展便民学习热线服务。建成了5个社区和2个军营数字化学习示范点。组织编写了《走进数字化学习港》手册，免费发放。2、加大职业教育面向社会开展培训的力度。全年完成培训12.5万人次。依托县(市)职教中心、乡镇“一址三校”等强化了农村劳动力转移、农村实用技术、乡土人才、创业教育、绿色证书和科技致富新户主等培训，全年完成各项培训45万人次。

（陈嘉庆）

德育教育

【德育实践活动】 1、开展了以“快乐阅读、健康成长”为主题的2010全民阅读活动。“六一”国际儿童节，在长春市会展中心举行了“快乐阅读、健康成长”文艺演出，全市3 000名儿童参加了活动，在全市中小学生中掀起了读书热潮。2、举行全国首份未成年人思想道德建设专项报纸,《走向成年》的创刊仪式。3、着力优化网络环境，《中小学生专属网络空间应用与管理研究》课题开题。在长春市各中小学校已建立21个“网脉工程”学校实践基地。4、积极开展“创建文明城市，建设美好家园”主题活动。全市中小学生走上街头、社区，清扫垃圾，美化环境，重点宣传文明礼仪，倡导文明行走、文明乘车，杜绝乱扔乱抛杂物，共建清洁美丽家园，为全国文明城市创建工作营造氛围。5、长春市青少年心理健康教育发展中心正式成立。市长崔杰和省教育厅厅长卢连大共同为中心揭牌。中心的成立为加强和改进未成年人思想道德建设工作，为全面促进青少年心理健康教育的有效开展，起到了巨大作用。

【开展学生阳光体育运动】 1、成功举办2010年长春市高中、职业中专学生运动会。组织并完成了2010年长春市高中生球类比赛，长春市勇夺吉林省中学生运动会12连冠。2、代表吉林省教育厅迎接国家教育部体育卫生工作专项督查。国家教育督导团先后到双阳区、绿园区检查学校体育卫生工作，实地踏查了长春市晨宇希望中学、长春市第151中学等11所中小学校。督导团对长春市的学校体育卫生工作给与充分肯定，认为长春市的学校体育卫生工作经验值得推广，尤其是阳光体育工作模式新、做法实、效果显著。3、成功承办了吉林省中小学校文体工程“2+1”现场会。本次现场会先后观摩了长春市双阳区6所学校和南关区的3所学校。作为农村学校体育、艺术教育，双阳区率先进行了“体育、艺术2+1项目”的探索，且初见成效。9月份，南关区进行了形式新颖、内容丰富、参与人数众多、精彩纷呈的“体育、艺术2+1项目”的综合展示。现场会上，双阳区教育局和南关区教育局就实施“体育、艺术2+1项目”做了经验交流。全省各地级市和县(市、区)教育局的主管局长及主管学校体育、艺术的部门领导共300余人参加了现场会。

【开展健康教育】 1、召开全市学校手足口病防控紧急工作会议和长春市中小学校健康教育暨传染病防控工作现场会。进一步明确了学校的健康教育、传染病防控工作的重要性和工作思路，促进了学校健康教育工作整体水平提高。2、配合长春市健康办开展“小饭桌”治理、“健康与责任”征文活动，配合卫生部门做好乙肝补种、麻疹疫苗接种工作。3、在长春市近视防控中心举行“学生视力普查、建档工作”活动启动仪式。通过普查活动为长春市每个中小学生提供一份视力健康指导、治疗方案，从而做到早发现、早预防、早干预，最大限度控制学生的视力不良率。

【开展素质教育】 1、开展艺术示范校评比活动、召开艺术教育现场会，评出51所艺术示范校。开展各类系列艺术活动，

省市领导与孩子们共度“六一”国际儿童节

推进艺术教育蓬勃发展。2、组织“快乐歌唱健康成长”长春市中小学第17届“千童之声”演唱会和“乐声飞扬快乐成长”长春市中小学第17届“器乐大赛”和第2届校园集体舞大赛，参与面广，质量逐年提高。3、高雅音乐送进校园。省交响乐团演奏家们送来10场精彩演出，深受师生们的欢迎，反响强烈。举行为期2天学校管乐团指挥培训。参加培训的全市中小学音乐教师共计400余人，培训现场气氛热烈。

【开展学生国防教育】 举办了高一新生军训表演大会，近万名新生参加了汇报表演，22支百人方队和1 300人的男女军体拳分别进行了检阅表演，受到国家、省、市和军区各级领导的好评。

（陈嘉庆）

教育科研

【加强课题管理和成果推广】 2010年，市教育局结题79项，征集评定优秀论文300余篇。实施主导课题带动策略，推动全市教育科研水平。副局长周国滔主持的国家级课题《多途径开展中小学心理健康教育的实践研究》，有200余所中小学参与，阶段性成果得到全面推广，在全国产生了较大影响。《长春教育》、《恰同学少年》如期发行，质量进一步提高，发行量扩大，发挥了较好的宣传和服务功能。

（陈嘉庆）

教育行政

【实施中小学校舍安全工程】 2010年，全市校舍安全工程实际开工量136.29万平方米，占全省42％，位列全省首位，极大地改善了全市中小学校的安全条件和办学条件。在2010年洪灾中，长春市受灾学校84所，损坏房屋面积139 558平方米，市教育局启动了灾后修建工作的应急措施，确保了全市中小学校校舍安全和如期开学。

【小学科技教育园地建设】 完成了省“四室”项目学校的装备改造工程，仪器、微机共装备158所学校。24个科技园地已建成并投入使用。举办了首期4种科技园地管理教师培训班。

【强化督导职能】 对全市14个县（市）、区推进教育均衡发展、特别是改制校退回公办进展情况进行专项督导。同时，围绕“加强教师和校长队伍建设”等问题进行专项督导。督导城区学校完成了教育教学管理A类学校达90%以上。完成了各县（市）、区政府和教育部门年度综合督导评估工作。筹备召开了全国城市教育督导协作会第18届年会，扩大了长春市教育督导工作在全国的影响力和知名度。

【民办教育规范管理】 成立联合检查组，对民办学校进行专项检查。对市管民办学校开展了年度检查。拟订《长春市民办教育管理体制调整方案》，对市直属民办学校管理、审批权限进一步下放。

【校级班子建设】 深入开展“一学两创”活动，配齐配强基层校级班子，大力推进干部竞争上岗和公开选拔，促进干部交流和岗位轮换。2010年，市直单位平调干部42人，提拔干部54人，其中，拿出15个岗位进行了公开选拔，形成了良好的用人导向。对全市中小学校长进行全员培训，第4期校长“影子培训”工作扎实推进。组织全市正职骨干校长赴华东师范大学进行高级研修。

【改善教师队伍结构】 通过绿色通道、开辟职业学校短缺人员进人通道，引进高层次急需人才和职业学校短缺专业急需人才。组织市直属单位进行公开招聘，择优招聘教师128名。指导县市区进行教师补充，共招聘422人。招聘农村特岗教师300多名。

【推进城乡教师资源均衡】 2010年，城区共交流教师173人。组织名、优、特教师100多人次到农村学校助教，为农村教师实行菜单式服务。

【教师培训工作】 创新培训模式，探索实施中小学教师校本研修与培训课程建设行动计划。2010年共有4 000余名中小学教师参加了微型培训课程开发。首次通过网络对中小学教师开展了通识培训和40个学科的学科培训。完成5万余名中小学教师参加的专业水平测试，达到了以考促培的目的。多渠道培训长春市骨干教师近千人次。在教育部组织的“百佳语文教师”的评比中，长春市有38人入选，位列全国各省市前3名。组织城市优秀教师为农村教师送课。对农村学校骨干教师进行集中培训。对400名农村英语教师进行外籍教师专项培训。强化职业学校教师培训，组队参加国家、省级各类教师技能大赛，均取得较好成绩。

【教育法制建设】 “五五”普法和依法治校工作取得新成效，有29所学校被评为“长春市依法治校示范校”。长春市有8所学校，被省教育厅评为“吉林省依法治校示范校”。市教育局等12个市、县（市）区教育行政部门被省教育厅表彰为“五五”普法先进集体。

【学校安全工作】 开展应急疏散演练，提高生命教育教师业务素质和中小学生、教职工应急反应能力。开展生命教育教师业务培训。出台《长春市教育局加强校园内部安全管理十项措施》，组织“奋战五十天，确保校园平安”安全大检查、冬季学校安全工作大检查和年终学校安全检查、考评。人防、物防、技防全面加强，全系统各学校均聘请了专职保安、治安员，配备了必要的防御器材，学校公共区域安装了视频监控。市教育局建成了“校安通”应急通信指挥网。全市中小学普遍开设生命教育课，学校的消防安全“四个能力”建设得到推进，受到上级有关部门充分肯定。

（陈嘉庆）

2010 年部分在长高校概况一览表

学校名称	现职校级领导数					在校学生数					招生数					毕业生数					专业教师数					
	均龄	男	女	党员	其他	计	专科	本科	硕士	博士	计	专科	本科	硕士	博士	计	专科	本科	硕士	博士	计	教员	助教	讲师	副教授	教授
吉林大学	53.7	10	2	12	0	64 750	1 784	39 076	17 544	6 346	18 452	564	10 193	6 072	1 623	14 264	582	8 847	3 484	1 351	6 537	348	169	2 235	1 973	1 812
东北师范大学	53	13	1	13	1	23 170	0	14 348	7 699	1 123	6 864	0	3 612	2 866	386	6 109	0	3 538	2 212	359	1 498	0	95	575	455	373
长春理工大学	51	8	0	8	0	21 235	0	17 649	3 260	326	5 505	0	4 387	1 048	70	5 565	0	4 588	934	43	1 272	0	109	589	410	164
吉林农业大学	50	8	1	8	1	18 126	56	15 861	2 065	144	4 637	31	3 798	756	52	4 415	62	3 714	541	98	1051	134	94	400	284	139
长春工业大学	52	9	0	9	0	18 302	3 100	13 559	1 643	0	5 184	1 056	3 567	561	0	5 769	2 252	3 048	469	0	1 045	0	159	420	336	130
长春中医药大学	54.1	6	2	8	0	8 938	0	8 043	846	49	2 461	0	2 141	305	15	1 396	0	1 159	230	7	426	7	42	165	136	76
吉林财经大学	55	7	1	8	0	11 777	0	10 601	1 176	0	3 417	0	2 953	464	0	2 910	0	2 638	272	0	1 008	504	27	261	134	82
吉林建筑工程学院	51.75	7	1	7	1	13 852	1 520	11 988	344	0	4 135	601	3 420	114	0	2 665	431	2 134	100	0	627	0	120	256	187	64
长春大学	49.7	6	1	7	0	15 426	1 298	14 128	0	0	4 117	343	3 774	0	0	3 360	298	3 062	0	0	893	0	95	364	327	107
长春工程学院		6	1	7	0	13 114	1 689	11 425	0	0	3 330	572	2 758	0	0	3 728	3 011	717	0	0	768	1	54	313	302	98
长春师范学院		6	1	6	1	2 4739	4 019	20 505	215	0	6 495	1 341	5 088	66	0	7 314	1 693	5 586	35	0	1028	1 028	303	294	301	130
吉林工程技术师范学院	51	7	1	7	1	8 576	1 102	7 474	0	0	2 395	557	1 838	0	0	2 364	474	1 890	0	0	531	2	166	183	145	35
吉林艺术学院	55	7	0	7	0	6 788	151	6 160	397	0	1 942	80	1 715	147	0	1 362	129	1 127	106	0	472	3	117	146	155	51
吉林体育学院	56	4	2	6	0	6 832	0	6 682	150	0	1 645	0	1 578	67	0	1 506	0	1 476	30	0	395	34	142	88	105	26
吉林工商学院	55	6	0	5	1	13 531	7 512	6 019	0	0	3 825	1 774	2 051	0	0	3 545	3 363	182	0	0	635	0	116	245	214	60
吉林建筑工程学院城建学院	51	3	1	4	0	8 260	0	8 260	0	0	2 101	0	2 101	0	0	1 699	0	1 699	0	0	435	5	118	110	149	53
吉林华桥外国语学院	55	6	1	6	1	7 749	0	7 749	0	0	1 970	0	1 970	0	0	1 455	0	1 455	0	0	0	3	101	170	99	75
东北师范大学人文学院	60	5	0	5	0	9 160	4	9 131	25	0	2 125	0	2 100	25	0	2 235	3	2 232	0	0	557	25	78	231	98	125
吉林警察学院	52.3	7	1	8	0	5 343	4 735	608	0	0	1 577	1 061	516	0	0	1 277	1 277	0	0	0	306	0	105	98	76	27
吉林动画学院	56	10	2	8	4	7 960	0	7 960	0	0	2 894	0	2 894	0	0	1 373	0	1 373	0	0	455	86	125	81	105	58
长春理工光电信息学院	50	7	1	6	2	8 278	0	8 278	0	0	2 000	0	2 000	0	0	2 059	0	2 059	0	0	661	119	199	157	135	51
吉林农业大学发展学院	49	6	2	6	2	10 876	2 529	8 347	0	0	2 563	508	2 055	0	0	3 125	910	2 215	0	0	426	60	94	128	91	53
长春工业大学人文信息学院	55.2	8	2	10	0	8 497	296	8 201	0	0	2 259	118	2 141	0	0	1 754	80	1 674	0	0	413	0	35	172	142	64
长春大学光华学院	55.4	5	0	5	0	9 123	613	8 510	0	0	2 541	241	2 300	0	0	2 141	149	1 992	0	0	691	0	142	163	205	181
长春医学高等专科学校	53.4	6	2	8	0	5 379	5 379	0	0	0	2 093	2 093	0	0	0	2 524	2 524	0	0	0	339	0	107	123	90	19
吉林司法警官职业学院	51	4	0	4	0	2 018	2 018	0	0	0	1 300	1 300	0	0	0	927	927	0	0	0	119	1	16	50	46	6
长春东方职业学院	70	4	1	5	0	2 033	2 033	0	0	0	604	604	0	0	0	530	530	0	0	0	128	6	5	23	48	46
长春信息技术职业学院	58	4	0	4	0	2 421	2 421	0	0	0	1 084	1 084	0	0	0	1 095	1 095	0	0	0	121	0	81	25	9	6
吉林俄语专修学院	46	5	1	6	0	1 361	940	421	0	0	470	320	150	0	0	621	406	215	0	0	143	56	50	20	12	5
吉林交通职业技术学院	54	6	0	6	0	7 370	7 370	0	0	0	0	2 384	0	0	0	2 109	2 109	0	0	0	285	0	78	105	87	15
松花江大学	53	1	3	2	2	1 300	900	400	0	0	330	230	100	0	0	400	280	120	0	0	50	11	15	15	7	2
总计	53.8	197	31	211	17	366 284	51 469	271 383	35 364	7 988	100 315	16 862	71 200	12 491	2 146	91 596	22 585	58 740	8 413	1 858	23 315	2 433	3 157	8 205	6 863	4 133

2010 年部分在长高校教学、科研队伍情况一览表

学校名称	学科带头人		享受政府特殊津贴			突出贡献的专家学者			硕士学位	硕士生指	博士学位	博士生指	博士后	院士数		重点学科		重点实验室	
	国家级	省级	国家级	省级	市级	国家级	省级	市级	授权点	导教师	授权点	导教师	流动站	科学院	工程院	国家级	省级	国家级	省部委级
吉林大学	36	95	662	860	23	14	276	35	285	3 200	195	1 186	37	8	1	23	95	7	97
东北师范大学	5	21	187	35	5	5	79	0	147	531	78	299	12	0	0	5	25	0	5
长春理工大学	6	30	38	0	4	0	26	5	77	394	20	76	6	0	0	1	12	1	8
吉林农业大学	0	0	50	0	3	2	23	0	51	362	16	7	7	0	1	1	10	0	9
长春工业大学	0	9	31	0	4	1	19	0	67	370	0	14	0	0	0	0	9	0	10
长春中医药大学	0	26	34	0	0	0	17	0	22	140	3	70	2	0	0	0	16	1	13
吉林财经大学	0	0	3	0	1	0	2	3	50	145	0	4	0	0	0	0	8	0	0
吉林建筑工程学院	0	4	9	0	0	0	5	2	12	116	0	0	0	0	0	0	4	0	5
长春大学	0	1	11	0	0	2	9	3	0	0	0	0	0	0	0	0	1	2	4
长春工程学院	0	1	15	0	0	0	2	0	0	40	0	3	0	0	0	0	1	0	2
长春师范学院	0	2	6	58	10	0	0	0	6	73	0	0	0	0	0	0	2	0	6
吉林工程技术师范学院	0	1	3	0	0	0	3	0	0	17	0	1	0	0	0	0	1	0	1
吉林艺术学院	0	4	3	0	0	0	6	0	5	86	0	0	0	0	0	0	4	0	0
吉林体育学院	0	0	0	1	0	0	1	0	1	40	0	2	0	0	0	0	2	0	1
吉林工商学院	0	0	0	1	0	0	1	0	0	0	0	0	0	0	0	0	0	0	0
吉林建筑工程学院城建学院	0	0	2	0	0	0	0	0	0	0	0	0	0	0	1	0	0	0	0
吉林华桥外国语学院	0	0	4	0	0	0	2	0	0	0	0	0	0	0	0	0	0	0	0
吉林警察学院	0	0	0	0	0	0	1	0	0	0	0	0	0	0	0	0	0	0	0
吉林动画学院	0	0	1	1	0	0	0	0	0	0	0	0	0	0	0	0	0	0	0
吉林农业大学发展学院	0	4	1	1	0	1	2	1	0	8	0	1	0	0	0	0	0	0	0
长春工业大学人文信息学院	1	0	4	0	0	1	0	0	0	0	0	0	0	0	0	0	0	0	0
长春医学高等专科学校	0	0	1	0	0	0	1	0	0	0	0	0	0	0	0	0	0	0	0
吉林交通职业技术学院	0	0	0	1	0	0	1	0	0	0	0	1	0	0	0	2	4	0	0
松花江大学	0	0	1	1	0	0	0	0	0	0	0	0	0	0	0	0	0	0	0
总计	48	198	1 066	959	50	26	476	49	723	5 522	312	1 664	64	8	3	32	194	11	161

科 学

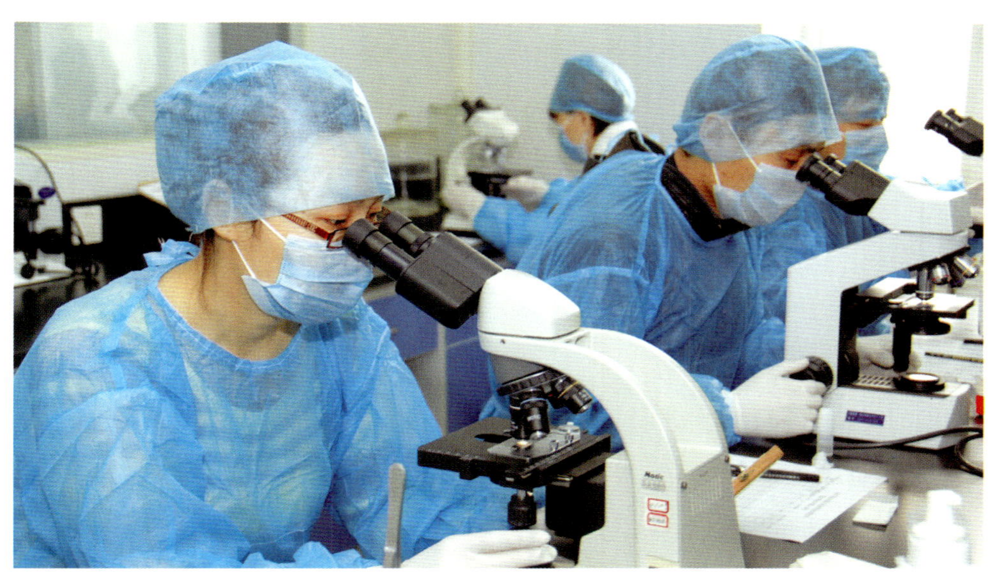

科　学

科学技术

【概况】 2010年,全市有高新技术企业117户,占全省高新技术企业的58%。长春市成功获批科技部国家创新型试点城市和国家私人购买新能源汽车补贴试点城市,被国家科技部授予全国中小企业创新基金实施10周年先进单位、政务信息工作先进单位;市科技局被市政府评为2010年度工业经济运行先进单位,被省科技厅评为2010年度科技管理标兵单位,长春中俄科技园被国家科技部认定为“国家级科技企业孵化器”。局长万载斌被评为“十一五”国家科技计划组织管理突出贡献奖。

【“双百双十”工程】 2010年,“科技成果转化百亿增值工程”重点支持工业、现代农业、生物与医药等重大项目科技成果转化过程中存在的关键技术问题,加快项目产业化进程;“科技创业风险投资促进百户企业快速发展工程”深入实施。以股权投资的方式投资2 000万元与长春高新区、创业乾坤(北京)投资有限公司等合作,共同组建了注册资本金为2.5亿元的吉林省高新技术创业投资有限公司,并同时以股权投资的方式与长春高新区、创业乾坤(北京)投资有限公司等共同创建了长春高新赛伯乐创业投资管理有限公司,为股权投资的企业提供发展战略等专业化服务;以股权投资的方式向长春市万易科技有限公司等企业投资600万元;以优先股的方式向长春先盈科技有限公司投资200万元,向吉林省登泰克牙科材料有限公司投资200万元。组织实施“双十”工程,选择10户左右重点高新技术企业和10个左右重大科技成果转化项目,进行重点支持。

【重大科技专项】 重点启动“轨道车辆设计与制造技术”重大科技专项,支持激光焊接技术在高速动车组的应用,镁合金等轻量化材料在高速动车组上的应用,高速转向架技术、车体耐冲击吸能结构技术、列车网络控制技术等核心技术及关键零部件。新增设“低碳经济发展”重大科技专项,支持节能减排技术领域、新能源技术领域和生物质综合利用技术领域,提升产业核心竞争力,拉动产业链延伸。

【科技惠民工程】 以提升全市医疗卫生服务能力为目标,重点支持医疗卫生重点专科建设项目,打造民生科技,促进社会和谐与科学发展;强化社会主义新农村科技服务体系建设。引导企业、高校院所以及广大科技人员深入“三农”一线,大力推广先进、适用科学技术,组织县(市)、区及市直有关部门开展农业科技培训,全年完成培训227期,培训4万多人次,促进农业生产、农民增收;加强科学技术普及工作。举办了以“携手建设创新型长春”为主题的“2010年长春市科技活动周”,普及科学知识,提高全民科学水平。

【知识产权创造、保护和运用】 2010年,启动“第四批全国企事业单位知识产权试点”工作。东北师范大学等10个单位被国家知识产权局确定为第四批企事业知识产权试点单位;推进知识产权质押融资试点工作。与中国建行吉林省分行签署总额为20亿元“知识产权质押融资合作协议”,引入担保机制进行合作,为长春市开展知识产权质押融资试点工作奠定了良好基础。向省建行推荐了第一批拟开展知识产权质押贷款的8户企业,并与银行方共同进行考察,由长春市中小企业担保有限公司担保,交通银行向长春市达驰物资贸易有限公司进行了固定资产与知识产权的捆绑抵押贷款,其中知识产权质押融资贷款额度115万元;完成“中国长春专利技术展示交易中心申报”工作。长春高新知识产权公共服务中心被评为“国家专利技术(长春)展示交易中心”;积极申请国家“中小企业知识产权战略推进工程”。长春高新区被国家局正式批准为国家实施“中小企业知识产权战略推进工程”承办单位;加大知识产权宣传力度。联合开展“4·26”世界知识产权日大型纪念活动;开展专项执法行动。针对重点大型商场进行执法检查,有关部门配合开展联合执法,努力营造知识产权保护良好环境;扎实开展中国(长春)知识产权维权援助工作。开通12330的维权援助电话,向需要帮助的企业和个人提供免费咨询服务和维权方面的援助。

【国际和地区间科技合作】 对俄科技合作不断深入。国家级国际联合研究中心(长春中俄科技园)二期工程建设进展顺利;对德科技合作得到加强。支持长春光机所、长客集团等与激光加工密切相关的企业“走出去”,与德国相关科研机构、企业开展了高水平实质性合作;长春市20多个项目申报国家政府间科技合作项目、科技部国际科技合作计划对俄专题项目,争取科技部支持达2 000多万元;进一步扩大区域性科技合作与交流。召开2010年长吉图科技合作组织第一次联席会,组织开展长吉图科技合作项目及企业技术需求征集工作,完善长吉图科技信息网络平台建设;举办和组织参加“第十三届中国北京国际科技产业博览会”等重大科技博览会,加强了城市间的科技交流与合作。

【区域创新服务体系】 在坚持政府推动

与市场引导相结合的基础上，积极构建以科技资源共享、科技创业孵化、科技成果转化、科技投融资以及技术产权交易等五大平台为主体的科技创新条件与服务平台，促进科技成果转化。完善已开通的“科技文献共享平台”、“科技成果共享平台”、“技术转移平台”、“中俄、中德国际科技合作网络平台”、“大型科学仪器设备共享平台”和“市政府与科技企业信息互动平台”等六大平台；开展积极有效的产学研对接活动，将企业的创新需求提供给高校院所，引导高校院所按照企业创新需求来组织有针对性的科研开发，实现企业创新需求同高校院所研发方向和地方经济发展需要三者之间的有机统一；促进技术市场繁荣。

【编制长春市“十二五”科技发展规划】 规划编制的重点内容包括长春市“十二五”科学与技术发展总体战略规划和长春市“十二五”高新技术产业发展战略研究、现代农业科技发展战略研究、社会发展领域科技发展战略研究、国际科技合作发展战略研究、知识产权发展战略研究、区域科技创新体系建设战略研究、促进科技成果转化战略研究、科技人才队伍建设战略研究、科学技术普及发展战略研究等9个专题研究报告，共计10项研究内容。总体规划和各专题研究报告列入2010年长春市软科学研究计划，实行定向募集。

【各类科技计划执行情况】 2010年，长春市科技局以加强技术创新、推进高新技术产业化、培育战略性新兴产业为重点，全市共安排科技计划项目212项，投入科技经费6 163万元，其中，科技支撑计划项目22项，2010年投入科技经费635万元；科技基础条件平台建设计划项目13项，2010年投入科技经费1 488万元；科技成果转化百亿增值工程项目12项，2010年投入科技经费242万元；科技创业风险投资引导资金投入科技经费1 867万元；国际科技合作计划项目30项，2010年投入科技经费189万元；科技型中小企业技术创新基金项目13项，2010年投入科技经费350万元；软科学研究计划项目19项，2010年投入科技经费54万元；农业科技服务体系建设计划项目12项，2010年投入科技经费107万元；社会发展科技计划项目8项，2010年投入科技经费98万元；专利扶持计划投入科技经费180万元；重点新产品计划项目15项，投入科技经费220万元；科技特派员行动计划项目20项，2010年投入科技经费175万元；科学技术进步奖42项，投入科技经费91万元；其他计划项目6项，投入科技经费467万元。这些项目完成后，将进一步增强自主创新能力，发挥科技进步对长春市经济和社会发展的推动作用。

【长春市被列为国家创新型试点城市】 2010年，国家科技部下发文件，确定将长春市列为国家创新型试点城市。国家科技部积极支持长春市开展创新型城市试点工作，把推进创新型城市试点作为部省会商优先议题，在项目、基地、人才、政策等方面加强引导和支持。同时，吉林省政府加强对长春市开展创新型城市试点工作的指导，为试点工作创造良好环境和条件。

【长春市被列为国家私人购买新能源汽车补贴试点城市】 2010年，财政部等部委联合下发《关于开展私人购买新能源汽车补贴试点的通知》，长春市等5个城市启动私人购买新能源汽车补贴试点工作，在私家车、出租车领域推广新能源汽车，形成基本成熟的商业化运作模式。

【长春中俄科技园被国家科技部认定为“国家级科技企业孵化器”】 作为国家级科技企业孵化器，除科技部每年有固定资金支持，还可直接享受所得税、房产税、城镇土地使用税、营业税等税收方面政策优惠。长春中俄科技园已累计孵化企业20户，建立4个外国官方代表处，与外方组建4个不同领域的联合实验室和工程技术研究中心。2010年入园企业实现产值4亿元，利税4 000万元。

（朴 兵）

科学技术协会

【中国光学科技馆落户长春】 2010年初，国家发改委正式批准在长春建设中国光学科技馆，该馆已经建成。中国光学科技馆落户长春是新中国光学事业发展历程和成就的集中体现，是长春作为国家光学基地的新标志，是长春城市发展的又一个文化符号。

【开展“海智计划”活动】 “海智计划”是中国科协在全国科协系统组织开展的旨在吸引和发挥留学海外人才的作用、引进智力、人才和开展项目研发、合作与为国服务的一项活动。长春“海外学人”创业园作为中国科协6个工作基地之一，共吸引23个国家和地区的251名海外留学人员归国创业，领办创办191家拥有自主知识产权的高技术企业，注册资金折合人民币7.2亿元。一批高科技企业，留学人员创办企业正迅速成长为吉林省相关产业的骨干企业和地方经济新的增长点，留学人员创办企业年销售收入超过20亿元。同时基地还汇集了一批在技术和学术上具有较高造诣的专家学者，组成了360人的专家库。2010年有6个项目通过了中国科协的评审，获得“海智计划”项目经费的支持。由于工作出色，成绩显著，长春市科协被中国科协评为“海智计划”和外事工作先进单位，这也是全国科协系统惟一获此殊荣的市级科协。

【承办第五届世界鹿业大会】 2010年7月27日，第五届世界鹿业大会在长春召开。世界鹿业大会是第一次在发展中国家召开，本届大会由吉林省人民政府和长春市人民政府共同主办，吉林省农业委员会、吉林省畜牧业管理局、吉林农业大学和长春市科协共同承办。来自新西兰、美国、加拿大、澳大利亚、俄罗斯、英国、越南、韩国、日本、哈萨克斯坦、台湾、香港及内地12个国家和地区200多名鹿业专家、学者及企业家前来参会。会议期间，举行了国际鹿业学术研讨会、鹿产品展示、经贸洽谈、鹿业文化交流和现场

第五届世界鹿业大会开幕式

参观等活动。同时，经过市科协的努力和争取，国际鹿业大会决定，将其秘书处设在长春。中国科协中国农村专业技术协会决定将中国吉林鹿业养殖技术交流中心设在长春。这是国际科技社团和中国科协在长春市设立的第一个国际性专业组织和第一个国家级专业协会的所属组织。

【开展创建社区科普大学工作】 2010年，市科协根据市委、市政府的工作部署，投资16万元，新建了30所社区科普大学，使全市科普大学数量达到74所，覆盖率达31%。同时，为提高质量，市科协加强教学管理，制定严格的教学计划，使各学校年平均授课都达到了60课时。在师资配备上，组建了社区科普大学讲师团，聘请驻长大专院校、科研院所和卫生、法律、消防等部门264名在自然科学、社会科学领域有相当造诣，热爱科普事业，教学经验丰富的科普志愿者担任社区科普大学教师。在课程安排上，各社区科普大学分校除按年初制定的教学大纲完成基本的教学任务外，还根据省、市有关部门的活动要求，安排专题讲座和报告会。开展了《健康知识大讲堂》和《中医大讲堂》系列活动。邀请北京张永国际养生中心的专家倪丽娜教授介绍人类生命的三大杀手发病原因、过程和预防措施，指导学员养成良好健康习惯。围绕长春市开展文明城市创建活动，社区科普大学组织各社区科普大学分校开展“心理健康教育进社区”活动，聘请健康顾问苏美惠女士到各社区科普大学分校进行《心理与健康》巡回讲座。通过心理咨询、家庭教育指导、心理图片展等活动，向社区群众进行心理辅导。仅4月至6月份，就在长春市32个社区举办了各类专题讲座43场，数千名社区居民受益。

【开展“科普惠农兴村计划”活动】 “科普惠农兴村计划”是中国科协和财政部在全国科协系统开展推动新农村建设的一项重要工作。中国科协和财政部每年都要组织对全国各省市推荐的“科普惠农兴村计划”单位和个人进行评审奖励，被评为全国先进典型的都能获得国家项目资金支持。2010年，在“科普惠农兴村计划”项目推荐、评选上，经过国家最终评审，德惠市布海镇瓜菜产业协会和双阳区太平镇山野菜协会、二道区千亩绿色无公害蔬菜基地、九台市粘玉米种植协会的张春海和榆树市秀水镇食用菌协会的李明侠分别获得国家表彰和奖励，2010年获得此项目资金73.4万元(含省科协奖励3.4万元)。3年来，通过市科协推荐，长春市共获得此项目资金支持248.4万元。积极做好跟踪服务工作，对监督受表彰典型的经费使用情况进行监督。中央财政安排的专项资金，都是通过以奖代补和奖补结合方式对评选出的先进集体和个人开展科普惠农活动进行补助和奖励，2010年长春市获得资金70万元，市科协及时对资金使用情况跟踪，确保资金真正用于典型的产业发展上。这些做法得到了省科协的充分肯定，并在全省科协系统进行了推广。

【组织编写出版科普类图书】 2010年，为了规范科普宣传活动，形成具有科协特色和特点的科普工作，组织编写出版了3类科普图书，与长春出版社联合出版《长春科普惠农科普系列丛书》，共16个分册；与长春市农科院联合出版《长春市农民科技实用教材》，包含《农作物生产实用技术》、《蔬菜生产实用技术》、《西瓜甜瓜生产实用技术》和《寒地水果生产实用技术》等共6个分册；与长春市医学会合作出版的《健康科学》系列科普丛书，包括《传染病防治》、《口腔保健常识》、《中毒治疗》、《常见病饮食保健常识》等共4个分册。

【青少年科技创新和科技教育工作】 继续加强对全市青少年科技创新和科技教育活动的组织和领导，开展了多项科技创新和竞赛活动。参加第25届全国青少年科技创新大赛，长春市参赛集体和个人取得好成绩。其中，获得一等奖3项，二等奖7项，三等奖4项。同时，还获得了茅以升科学技术奖、周培源青少年科技创新奖、华东理工大学青少年科技创新奖和中鸣数码科技奖等4项专项奖，有12名高中生获得了大学保送资格；组织参加全国第14届“华杯赛”总决赛(长春赛区)，长春市选手获得4金3银27铜的好成绩。参加第十五届全国“华杯赛”决赛，长春市选手获一等奖68人、二等奖113人、三等奖179人。为进一步推动长春市青少年“华杯赛”活动，市科协设立了“华罗庚奖励基金”。奖励长春市每年在国际国内数学领域重大赛事中取得优异成绩的学生和在数学研究领域做出突出贡献的教师；组织第十届中国青少年机器人大赛吉林省赛区联赛和吉林省青少年航模科技节暨第六届青少年航模竞赛总决赛，长春市代表队均取得好成绩；在全市中小学学生中开展了“我的低碳生活”—青少年科学调查体验活动和专家教授进校园讲科普活动，向部分学校赠送了《科学调查体验活动手册》、《科普宣传挂图》和《科学调查体验活动》资源包。开展了向全市中小学生发出倡议、科普大篷车进校园、节能减排宣传、科学实验展览、专家科普讲座、校园科技艺术节、奇思妙想科学DIY、放飞希望航模大比拼、低碳生活文艺演出等活动。进行了畅想低碳生活,科学幻想画、作文、电子报刊(打印版)、电子板报(打印)等展示活动。活动历时1个多月,共收集科幻绘画作品300多幅。组织参加全国青少年“风力发电科普进校园绘画竞赛”,吉林大学附属中学学生郭子源获得全国惟一一个一等奖,丹麦环境大臣卡伦-艾勒曼女士亲自为他颁奖;组织开展专家学者“进校园、讲科普”活动。邀请全国风电行业知名资深专家和青年风能科技志愿者,就风能资源基本知识、风能发电原理、风能用途以及潜力等绿色能源知识做科普报告,下发丹麦风能协会制作的教育卡通软件“WindwithMiller”,通过专家学者形象直观、形象、趣味的讲解和卡通软件教材生动、可视模型的现场展示,以及寓教于乐的玩教具演示等形式,对青少年学生建立起生态文明的生活方式和节能观念产生了良好影响。

【科技工作者之家建设】 为促进和服务经济社会发展,充分发挥高层次人才的智力优势,全面启动了博士专家“百乡行”活动。博士专家在全市61个乡镇就保护耕地、蔬菜种植、黄牛和猪的饲养等开展技术服务,受到当地政府和农民群众欢迎,效果显著。为促进科技交流,组织40名博士和20家民营企业参加了苏州工业园区科技与人才互动会,双方达成了18个合作意向。为加强高层次人才队伍建设,召开了长春博士联合会第二次代表大会,实现了新老交替,产生了新领导机构。为推动和繁荣学术交流,举办了第二届博士论坛,邀请王家骐等4位知名专家分别围绕长春市经济发展、科技创新、支柱产业发展等做主题报告。筹备举办了第1期长春博士沙龙,围绕“纵论‘十二五’长春市的民生发展”主题,邀请在长高校的博士代表和有关专家进行专题研讨,并将研讨的成果报送市委、市政府。为促进科技与经济的结合,在一汽集团公司建立了全省第一个院士工作站,郭孔辉等4位全国顶级的汽车工程方面的专家受聘进站,开展科企合作,全面支持一汽的技术创新和发展。为调动广大科技工作者参与企业科技创新和技术进步,在全市组织开展了“讲理想、比贡献”活动,为企业提供“四技”服务,有效地促进了企业经济效益的提高。同时,学会、协会建设有了新进展。2010年,长春华侨外语学院、吉林交通职业学院、长春工程学院、长春税务学院、长春职业技术学院、吉林商学院、中国市政工程设计研究院等7个单位经过积极筹备,都成立了科协组织。

(刘晓明)

防震减灾

【概况】 2010年,长春市地震局相继荣获全省市州防震减灾工作综合评比一等奖、全国市级防震减灾工作综合评比优秀奖、全国市级防震减灾监测预报工作评比单项奖;榆树地震台和双阳地震台分别荣获地震观测全国评比二、三名;宽城区科技局荣获全国县级防震减灾工作先进单位、全省县级防震减灾工作综合评比一等奖,朝阳区科技局和绿园区科技局分获全省县级评比二等奖和优秀奖。

【法制建设】 2010年,长春市地震局建立健全了《重大行政决策听取意见制度》等30余项防震减灾依法行政配套制度,形成了规范完备的依法行政和行政执法责任制度体系。建立依法行政长效领导机制。组织开展依法行政“示范单位”创建活动,达到了预期目标。组建了行政执法和执法监督两支队伍,执法人员全部通过了长春市政府法制办组织的行政执法考试,获得了上岗资格。建立了定期考试和年终考核相结合的干部考核评价制度,执法人员持证上岗,亮证执法,依程序执法,全年无行政不作为、乱作为等现象发生。依法逐一排查2010年度全市重点建设项目,对其中符合安评条件的建设工程,开展了送法上门服务。建立了长春市地震行政复议和诉讼的一系列规章制度,明确了行政相对人的行政救济途径,维护了行政相对人的行政合法权利,全年无行政复议和行政诉讼案件发生。完善《长春市地震局执法人员培训制度》,增加了学法用法及考试考核部分内容。组织学习了《行政许可法》、《行政处罚法》以及新修订的《防震减灾法》。

【监测预报】 组织技术攻关,实现了市地震速测速报中心子台的远程无人控制。开发了雷电预警保护技术,保证了台网运行的连续性、稳定性和准确性。会同省内权威专家对“伊—舒”断裂带进行了实地踏勘,组织召开了由省内权威专家参加的分析论证会,形成了“关于伊通—舒兰断裂带对长春南部新城发展影响的报告”,对“伊—舒”断裂带长春段的展布特征、地震危险性、潜在影响等情况进行说明,对活动性相对较强、危险性相对较高的西支断裂,划定了危险区域,提出了相应建议。完成了监测台网的整体改造,实现了宏观站点的科学布局。全市初步构建起以地震速测速报网为主体,宏观观测网为补充的专群结合的地震监测预报工作体系,地震速报时间从原来的30分钟缩短为不到10分钟,地震监测震级下限从3.0级精确到2.0级,地震监测能力位居副省级城市前列。

【震害防御】 编制完成长春市防震减灾“十二五”规划草案。确定了全面预防,城乡兼顾,测、防、救并重的指导思想,确定了到2015年全市基本具备综合抗御6级左右地震能力的总体目标。相继考察沈阳、大连等地的5个地震安全示范区,学习地震安全示范社区建设经验。邀请联合国灾害评估专家委员会委员、中国地震局工程力学研究所首席专家郭迅来长,会同建设工程领域的相关专家,就在长春市推广使用隔震减震技术,建设地震安全社区的技术可行性进行论证,研究起草了《长春市地震安全示范小区建设方案》。积极推进农村民居地震安全工程,截至2010年末,全市已经完成泥草房改造约12万户,农村民居抗震能力明显提高。

【应急救援】 建立完整规范的地震应急预案体系,制定了简洁高效的地震应急

市地震局领导与绿园区领导为长春公园应急避难场所揭牌

工作程序，开通了快捷通畅的防震减灾短信平台，启动了覆盖城乡的地震应急通讯系统和应急避难场所建设，建立了平战结合的军地应急合作机制。先后妥善处理了青蛙聚集和地震谣言事件，排除了地震可能，发布辟谣公告，抑制了谣言传播，社会秩序未受影响。联合市政府应急办、市民政局和绿园区政府在市 87 中学共同组织长春市地震应急避险救援演练。设计了应急避险、紧急疏散、自救互救、政府应急指挥以及多部门协同配合应急救援等多项内容，1 000 多名在校师生，以及地震、消防、公安、医疗、民政、志愿者等多支队伍参加演练。宽城、二道、朝阳、南关、双阳、农安等县（市）、区也分别选择学校或社区开展了不同规模、不同内容的地震应急演练活动。

【社会动员】 先后参加了由杭州市地震局主办的全国中心城市防震减灾经验交流会，由沈阳市地震局主办的海城、岫岩地震预报学术报告会议，由大庆市地震局主办的松嫩平原地震联防协作区会议，由大连市地震局主办的环北黄海防震减灾工作交流会议，通过学习与交流，与业内多家防震减灾机构和多位防灾减灾专家取得了广泛共识，建立了经常联系，达成了合作意向。注册成立了省内首个市州级防震减灾协会，发展吸收了 50 余名国内知名专家为会员。与业内多家防震减灾机构和多位防灾减灾专家建立了经常联系。成功组织赴台地震应急考察交流活动，与台北红十字会签署了防震减灾技术合作备忘录。联合教育、科技、妇联、共青团、公安消防、街道社区以及新闻媒体等社会力量，利用“5·12”、“7·28”等重要时间节点，组织开展了应急避难场所揭牌、防震减灾知识竞赛、地震应急避险演练、《防震减灾知识》讲座、电视专题节目等多项重要活动。《新文化报》、《长春晚报》、《东亚经贸新闻》等多家驻长主流媒体跟踪报道了活动盛况。活动期间，全市共有 1 座应急避难场所挂牌，2 个防震减灾科普教育基地免费向公众开放，50 多位专业人士接受公众咨询，上万名群众参加了不同规模的应急演练，散发各类宣传资料 2 万余张（册）。

（王春光）

社会科学

【概况】 2010 年，组织完成了《新时期长春市政府大信息体系建设研究》、《城乡一体化就业保障制度体系研究》等市级科研课题 8 项。这些课题研究紧密结合长春市实际，针对经济社会发展中的重点问题，突出应用性，对推动大局和中心工作的发展起到了积极作用，得到了领导和相关部门的重视。《城市一体化就业保障制度体系研究》被长春市委、市政府政策研究室的内参转载，得到市领导的肯定。《新时期长春市政府大信息体系建设研究》被长春市政府信息处采纳，直接应用于实际工作之中。长春社科联（院）还资助、指导所属科研类社团完成了 4 项课题研究，组织科研人员参加了长春市政府、市政协和有关部门关于提高科技成果转化率、重视食品安全和“十二五”规划编制等调研活动，撰写专题报告，为中心工作提供理论咨询和智力支持。在组织科研活动的过程中，注重专业和业余结合的科研队伍建设，初步培养了一支有专家学者、科研类社团人员和实际工作者共同组成的骨干队伍。

【社团建设】 2010 年，长春市社科联（院）不断加强社团建设。根据社团建设 5 年规划，从 2007 年到 2009 年，组织开展了以打牢基础建设为重点的“创建标准化社团活动”，达到了预期效果，所属 68 个社团有 90%达到标准化社团要求，6 家经过整改仍未达标的社团被除名。2010 年开始，又以巩固提高上水平为重点，组织开展了“争排头、当标兵”活动，制定了活动方案和考评标准，定期进行检查考核和经验交流，分类指导到位，组织社团骨干思想业务培训，2010 年有 200 多人参加了学习、考查、培训活动。到 2010 年底，所属社团已有 1/5 达到标兵和排头兵标准，有 1/3 达到先进社团标准，整体工作水平有了较大幅度提高。在 2010 年秋季召开的全国大中城市社科类社团工作会议上，长春市有 1 家社团被评为全国的标兵社团，5 家社团被评为全国先进社团。

【社科评奖】 2010 年是第四届长春市社会科学优秀成果奖的评审年，这是长春市 3 年 1 届的社科领域政府最高奖项。长春市社科联（院）做为市政府委派的评奖组织部门，高度重视，全力以赴，从 2010 年 4 月开始到 9 月结束，历时半年，经过认真细致的申报、初审、复审、终审，公示和审批 5 个环节，从 1 300 多项申报成果中评选出 220 项优秀成果，其中，著作类 49 项、论文类 145 项、咨询成果类 24 项、音像制品及电子出版物类2项。

【科研管理】 2010年，长春市社科联(院)着重加强科研管理工作，实行了课题招标和课题自主申报制度。在课题招标上，主要是依照“以我为主”的科研方针，围绕社会主义和谐社会建设和长春市中心工作，配合长春市中心工作和各级领导关注的社会热点和难点问题，确定了17项选题，其中8项科研课题被确定为2010年度立项课题，并确定吉大等8个课题组承担这些课题。《新时期长春市政府大信息体系建设研究》作为长春市政府办公厅的点名课题，给予重点支持。长春市各院校承担课题后，积极开展调研活动，按时跟踪课题进展情况，对课题进行了必要的指导。5项课题已经全部合格，结项完毕，并通过《要报》、《长春社科》等阵地实现转化。

市社科联(院)编写的科普宣传小册子

【科普工作】 在实践中不断探索科普工作新方式。1、与长春电台合作，协办了“新闻早8点”、“理财在线”等节目，每月1期，邀请专家学者对新闻热点和理财方法进行点评。已经播出12期，听众反响强烈。2、举办科普进校园活动.以全面提高广大学生的科学文化素质为重点，2010年11月16日与长春市第四十五中学联合举办讲座。请长春大学教授金海峰以“第三只眼看西游记”为题，对此名著进行了解读。4 000多名学生聆听了讲座，师生反响强烈。长春市社科联(院)还将价值近4 000元的最新图书捐赠给四十五中学，受到师生欢迎。吉林教育电视台、《长春日报》等新闻媒体给予了重点报导。3、长春市社科联、长春市图书馆联合举办2010年度“城市热读”系列讲座活动。每月1期。这些讲座围绕“传承文明、服务社会”这一主题，以全面提升长春市广大公众人文社会科学素养为重点，深受听众的好评。《长春日报》、《长春晚报》等新闻媒体进行了报导。4、编写科普读本。2010年主要充分发展社团力量，与各社团联合编写科普读本。主要是与长春公关学会编辑了《公关知识与礼仪》，与长春税务学会编辑了《个人纳税知识问答》，与长春公安技协会编辑了《家庭防范知识百问百答》等。在公共场合向市场赠阅，得到市民好评。

【刊物编辑工作】 2010年，编辑出版《长春社科》6期，70多万字，共刊发理论解读、学术研究、调查报告、科普宣传等文章180多篇，还开辟了宣传长春经济社会发展成果的专栏专刊，交流到各大中城市，扩大了长春市在全国的影响。长春社科院《要报》紧密围绕长春市的大局和中心工作，组织专稿、特稿，就经济建设、社会发展的重点、热点、难点开展讨论，献计献策，全年编发12期近15万字，为长春市领导提供决策参考，受到了重视和肯定。其中，“长春公积金现状与对策”、“十二五民生问题研究”被长春市政府信息处专报领导，经市长崔杰等领导签批，被有关部门采纳应用。2010年，还与长春师范学院合作，开始编辑《盛京时报·长春资料选编》第3部，这部《选编》的连续出版，受到了历史专家学者和领导好评。

(刘 薇)

文化

文　　化

文化艺术

【概况】 到2010年末，全市共有文化(文物)事业机构228家。其中，艺术表演团体9家(市直3家)，艺术表演场馆5家(市直3家)，公共图书馆12家(市直2家)，艺术馆、文化馆12家（市直2家)，文化站161家，文化艺术科技、科研机构2家(市直2家)，文物保护研究机构1家(市直1家)，文物保护管理机构4家，其他文化事业单位6家，其他文化企业单位1家，博物馆4家(城区2家)，文化市场管理机构11家(市直1家)。公共图书馆总藏量326万册，其中少儿图书馆藏量51万册。全市有文物保护单位326家。其中，省级文物保护单位38家，市级文物保护单位172家，县级文物保护单位116家。全市有各类文化经营场所1 180家(城区758家)。其中，互联网上网服务营业场所824家（城区564家)，文化娱乐场所312家（城区167家)，演出场所29家(城区20家)，古玩(美术品)经营店15家(城区7家)。文化建设取得新成果。2010年，市文化局荣获国家级奖项9个、省级2个、市级8个，推出省级典型经验2个、市级典型经验3个，获市委、市政府部门奖项20多个;长春市文化局获绩效考核优秀、民生工作先进单位，两次获得市委、市政府嘉奖;市委、市政府隆重举行第9届中国艺术节长春获奖作品颁奖晚会，对获奖作品、集体和个人予以了表彰和奖励。

【大型文化活动】 高质量承办了重要节庆会展期间的文化活动。1、圆满完成了上海世博会长春主题日文艺演出等任务。6月6日，以“长春电影”元素为主的大型交响视听音乐会—《我们在长春相遇》，以完美的表现亮相上海世博会、奏响黄浦江畔。两场演出，3 500人的宝钢大舞台场场爆满，不仅把吉林活动周演出活动推向高潮，更增进了世界人们对长春的了解。各媒体对演出给予了充分报道，长春电视台进行了现场直播，东方卫视进行了转播。长春市还将《关云德满族剪纸技艺》和《郭丽布鞋制作技艺》两项吉林省非物质文化遗产在世博会上进行了展示，让世界人民感受了东北萨满文化和关东文化的神奇魅力。2、圆满完成了抗洪抢险救灾的相关任务。主汛期间，长春市文化局组织排查了200多处市级以上文保单位的安全隐患，并向使用单位和各县(市)、区政府发出危险文物建筑通知函。还积极会同市委宣传部、市广电局组织策划了“风雨同舟·共建家园”长春市抗洪抢险救灾文艺晚会，募集善款1.7亿元，再次弘扬了长春城市精神和伟大的抗洪精神，市直文化系统捐款7.4万元。3、承办了全省城市社区文艺展演周。长春市文化局承办了“美丽城市、多彩社区”全省城市社区文艺展演周活动，为各地市州代表队提供了展演的场所、设备、器材、技术和人员支持，长春市获吉林省城市社区文艺展演优秀组织奖。4、完成了其他重要节庆会展期间的文化活动。长春市文化局成功承办了长春冰雪旅游节、农博会、东北亚文化艺术周期间的文化活动，成功策划了李宝凤剪纸艺术展览、东丰农民画展剪彩仪式和中国工艺美术大师彭祖述工作室揭牌仪式。

【文化民生行动】 2010年，长春市文化局作为全市民生工作的责任部门，制定了文化民生“十二五”规划。全年举办广场文化活动300场，举办艺术精品系列演出12场，开展“情暖万家”公益巡演210场，其中“送戏下乡”演出128场，举办公共图书馆讲座50场，建市级欢乐庄稼院示范点15个。成功举办了第八届长春文化艺术周、第三届社区艺术节和农民文化节，期间，共举办各类文化活动1 000余场次，参与群众300万人次。为了让人民群众活出质量、活出尊严，利用重要节庆，长春市文化局组织举办了“迎

长春市第三届社区艺术节文艺演出

新春·送祝福”、“为劳动者而歌·为奉献者起舞”献给节日期间坚守岗位的人们、“艺术成果展演展示系列活动”、“首届中国长春·东北亚文化艺术周—市文艺院团系列专场演出”共4个系列76场公益演出。加大对网吧接纳未成年人的查处力度，有效遏止了网吧接纳未成年人行为。民生任务的落实，较好地保障了广大人民群众基本的文化权利，形成了“主题鲜明、主体突出、内容精彩、覆盖广泛、运行有序”等鲜明特点。各县(市)区、开发区文化惠民活动丰富多彩。二道区举办了“看东方、新二道”广场文化活动，南关区举办了“宜居城市、魅力南关”第四届社区艺术节，德惠市承办了长春市第三届农民文化节。

【艺术创作】 完成了童话剧《梦幻冰宫》剧本创作，复排了传统经典评剧《三女除霸》、《三凤求凰》、《花为媒》，恢复了话剧《高山下的花环》、校园剧《青春跑道》和儿童剧《快乐朋友》、《魔碟》。话剧《九路汽车》荣获全国戏剧文华奖、话剧金狮奖。精心修排了大型现代评剧《宰相胡同》，该剧在第九届中国艺术节上，凭借深刻的思想内涵、精湛的艺术表演、动听的音乐唱腔及恢宏大气的舞台设计荣获第十三届“文华优秀剧目奖”，这是长春市近年来市直属文艺团体在全国戏剧赛事中取得的最高奖项，也是继1996年儿童戏《希望之光》之后，市直属文艺团体时隔14年再次问鼎该奖项。该剧还同时荣获“文华奖音乐创作奖”、“第九届中国艺术节表演奖”，为长春市赢得了荣誉。长春市文化艺术研究选题《吉林新剧种发展现状及对策研究》，被确立为2010年度吉林省社会科学基金项目，是长春市文化艺术理论研究工作首次获省级科研项目立项。杂技宫和人民艺术剧场的修缮竣工以及演出活动的逐步活跃，丰富了城市舞台，有力地推动了“东北亚现代文化名城”建设。

【群众文化建设】 由市委、市政府主办，市委宣传部和市文化局承办，贯穿全年的“唱响长春·共筑家园”主题文化活动5月份启动，先后举办了百余场文化活动，受到群众的欢迎。精选了近年来长春市群众文化建设的优秀作品和项目，参加了第十五届群星奖的角逐，小品《红玫瑰花》、舞蹈《鼓韵》分别获得群星奖作品奖，“加强未成年人思想道德建设项目”获得群星奖项目奖。长春市文化局深入5个城区40多个社区开展调研，两次组织开展送文化进社区活动，起草了《长春市社区文化建设情况的调研报告》、《关于进一步加强社区文化建设的意见》，总结了8个社区文化建设经验材料，在朝阳区成功召开了全市社区文化建设现场会，涌现出一批社区文化建设典型。长春市成功承办了全省城市社区文化建设现场经验交流会，参观了朝阳、南关、二道等城区3个社区的文化建设成果，听取了长春市文化局《创新民生文化理念，共筑社区幸福家园》中心发言，以及朝阳区政府、南关区政府和宽城区青蒲社区的经验介绍。长春市文化局探索出“创新五种理念，强化五项措施，构筑五个家园”的社区文化建设经验得到了省文化厅和与会代表们的充分认可，省、市主流新闻媒体对长春的经验进行了宣传报道。《光明日报》在文化版头条报道了这次现场会。

【公共图书馆】 加强公共图书馆建设情况调研，确立了改造市直两馆的基本思路。长春市文化局立足市图书馆资源优势，先后开展了数字资源进机关、进军营、进老年大学、进万家活动，主动为建设学习型组织、学习型机关、学习型家庭、学习型社会提供文化资源和服务。创建了“书香长春”学习网，长春图书馆相继建立委(办)局数字图书馆100个，个性化数字图书馆1 000个，发放数字图书阅读卡2万余张。登录该网站的机关干部和市民群众可免费阅读200万种电子图书、8 000余种电子期刊、1 000多种电子报纸等数字图书资源。在全国公共图书馆评估定级工作中，长春市图书馆、长春市少儿图书馆被评为一级馆，德惠市、九台市、榆树市图书馆被评为二级馆，双阳区、二道区被评为三级馆。市直两馆双双被中国图书馆协会评为“全民阅读年先进集体”。市图书馆馆长刘慧娟获得全国群文之星称号。

【文化遗产保护】 2010年，全力完成了申报国保工作，长春市21处文物保护单位在专家评审阶段获得通过。邀请国家文物局局长到长春，以《城市建设与文化遗产保护》为题，举办了领导干部“文化大讲堂”，全市400多名领导干部参加了讲座，增强了领导干部的文化遗产保护意识。完成了申报国保单位的“十二五”专项经费，及各县市文管所建设资金项目的申报工作；启动了《长春市文物保护管理条例》起草工作。对地质宫、伪满洲国勤劳奉仕部旧址、八岛小学等文物建筑的修缮，进行了严格审核。加强了文物行政执法，对私自悬挂“国家级重点文物保护单位”、擅自动工修缮改造文物建筑的行为进行了依法处理。启动了第7批省级文保单位的申报工作和第8批市级文物保护单位的“四有”建设工作。开展了高句丽千里长城和伊通河沿岸的文物调查工作，形成了《伊通河流域(长春市区段)考古调查报告》。初步确定了19个非物质文化遗产项目。

【文化市场监管】 深化行政审批制度改革，进一步明确基层审批职能，优化文化“软环境”；制定了《网吧接纳未成年人举报奖励办法》和《关于清理整顿经营性农村信息服务站实施方案》，修订了《关于全市互联网上网服务场所管理的实施意见》，牵头办理了市人大《关于为青少年健康成长营造良好网络环境的议案》，实施了《文化市场行政处罚量化执行标准》，升级了网吧远程技术监控平台，建立了800人的网吧义务员监督队伍。举办第四届全国网吧知识技能大赛长春分站赛，开展文明网吧的评比、文化娱乐场所平安创建活动，净化了社会文化环境。开展文化市场专项执法行动8次，共出动人员6 500余人次，检查场所5 000余家次，处罚违规经营场所210家，取缔黑游戏厅5家，吊销《网络文化经营许可证》2家，网吧接纳未成年人行为得到有效遏制。在努力为未成年人营造文明健康的网络文化空间的实践中，市文化局采取了“守住一个禁区、开辟两片净土、

文化市场行政执法总队揭牌

把握三个环节、创新四项举措”,并在全省未成年人思想道德建设工作经验交流会上作了典型发言,荣获省、市未成年人思想道德建设先进单位。市文化局荣获市第十三届人代会第三次会议代表议案、建议优秀承办单位称号,荣获市政府建议提案办理工作先进单位、全省文化市场管理先进单位和全国文化市场综合执法先进单位。

【文化产业发展】 2010年,市文化局制定了关于大力发展文化产业实施意见,开展了民营文化企业发展情况调研,向省里推荐了4家文化产业示范基地。加强了与重点文化建设项目单位的协调与沟通,掌握了重点文化建设项目的进展情况、存在的问题,提供了帮助。市文化局相关领导陪同市长崔杰考察了上海文化企业,学习了上海发展文化产业的好做法、好经验。长影老厂区恢复改造工程、关东文化园、国家数字电影制作及动漫游戏原创产业园、辽金历史博物馆、光学馆建设等20个文化大项目相继启动和推进,夯实了文化发展基础,促进了长春市文化产业的发展。建立文化企业项目库,加强同金融机构的联系,争取银行对文化产业的扶持。净月文化产业发展区的确立,壮大了文化产业发展基础。

【文化体制改革】 2010年,长春市文化局成功完成了首批改革试点任务,启动了市直艺术表演院团改革和文化市场综合行政执法改革。3月份,市长崔杰主持了市文化体制改革领导小组会议,形成了专题会议纪要,标志着《长春市直属艺术表演院团改革实施方案》的初步认定。5月份,市委常委会两次听取市委宣传部关于文化体制改革工作的汇报,原则通过了《长春市直属艺术表演院团改革实施方案》。12月27日,长春市文化市场行政执法总队在市图书馆隆重举行了成立揭牌仪式,市文化市场行政执法总队是以市文化、广电、新闻出版3支执法队伍为基础而组建的,它的揭牌标志着长春市文化市场行政执法将向更加科学、更加系统、更加全面的方向迈进。

(朱向阳)

文化交流

【与朝韩艺术交流】 2010年4月1日~4月20日,市朝鲜族群众艺术馆副馆长黄海月应邀参加了朝鲜“4·15”国际艺术节,演唱“长白阿里郎”荣获创作金奖。10月15日~10月20日,市朝鲜族群众艺术馆14名专业人员应韩国崇清北道保恩郡青联会的邀请,参加了韩国“大枣庆祝节”,期间,市朝鲜族群众艺术馆专业人员献上一台体现出中国民族文化的歌舞节目,其中歌曲《我们的祖国歌甜花香》、舞蹈《康定情歌》、《变脸》、《欢天喜地》等节目深受欢迎。

【与日文化交流】 2010年1月19日,以新田章教育长为团长的日本金崎町政府代表团一行4人,到市图书馆参加了“金崎町图片展”开幕仪式。本次展览分为风光篇、风俗生活篇、民间交流篇、政府交流篇、友好交流等5个部分,共34块展板,向广大市民展示了金崎町独特的町情町貌、风土人情以及20年来长春市与金崎町交往的历程。6月25日,长春中日交流之窗在女子修养学堂举办了“日本仙台市民间舞蹈团访问演出”活动,日本仙台市的民间舞蹈团一行17人进行了友好访问并演出,日本国驻沈阳总领事馆松本总领事、大谷领事、长春市外事办等领导和相关人员参加了此次活动。7月27日,“长春市与日本仙台市建立友好城市30年图片展”开幕式在市图书馆举行,长春市市长崔杰、仙台市市长奥山惠美子女士、日本仙台市政府代表团一行及市文化局相关领导出席了仪式。8月23日,市图书馆相关人员赴日本参加由日本国际交流基金会组织的“中日交流之窗”工作人员研修。

【杂技艺术交流】 杂技艺术是长春市对外文化交流和占领国际演出市场份额的一张名片,通过杂技艺术交流,不仅较好地传播了中华民族优秀的传统文化,增进了中外友谊,提高了演员的综合素质。1月,长春市杂技团13人赴阿联酋“迪拜”出访演出,历时3个月时间,共演出91场,深受国际友人的喜爱。7月,为纪念长春市与仙台市缔结友好城市30周年,应日本仙台市政府邀请,长春市杂技团演员赴日本进行6天的访问演出,共演出8场,进一步增进了友好城市之间的友谊。8月,长春杂技团赴加拿大进行了为期16天交流,共演出23场,高质量地圆满完成了出国演出任务。

(朱向阳)

文化产业

【概况】 2010年,长春文化产业工作以打造东北亚现代文化名城为目标，以转变经济增长方式、调整产业结构为契机，以文化体制改革为动力，继续采取项目拉动、园区驱动、展会带动、品牌提升等有效措施，不断提升长春市文化产业和产业文化的整体水平，加快推进文化产业发展。全年实现产业增加值196.7亿元，同比增长54%，占GDP比重5.9%，固定资产投资44.3亿元。

【文化产业项目建设】 按照全市“投资拉动，项目带动”的经济发展要求，把文化产业项目建设作为全年产业发展的重中之重，集中精力，继续深入推进“双十工程”。长春科技文化中心、知和国际动漫产业园、关东文化园等一批带动力大、支撑力强、产业链长、产业关联度高的重点项目进展顺利，知和国际动漫产业园已累计投资近3亿元，1期工程于2010年底完工并投入使用。关东文化园1期工程也于年底前开放。长春鑫海印刷厂、长影世纪城2期工程等新项目也顺利开工，增强了产业发展的后劲。

【文化产业园区建设】 文化产业园区作为产业发展的重要平台和载体，在建设和谋划上都实现了新的突破。长春印刷产业开发区园区集聚效应明显，上半年进驻大型印刷企业2户，到2010年底，共有31户企业进驻园区。朝阳区创意产业园已全面启动，进驻企业创意企业40多户。东北亚文化创意科技园已经启动，园区占地面积近20万平方米，建筑面积35万平方米，计划总投资32亿元。尚德森铭新媒体产业园开工，占地面积8万平方米，总投资2.5亿元，形成教育培训、创意策划、投资服务、定制外销、数据服务、生产加工和版权交易为一体的综合产业园。成立长春净月文化产业发展区，出台了《关于建设净月文化产业发展区的意见》等文件。

【文化品牌培育工作】 “知名文化产品”、“名优秀文化企业”评选工作全面启动，通过与工商等部门共同向社会发布公告进行名品名企征集，有432个产品和65个企业进行了申报。通过专家评审、网络投票等形式，评选了宝凤剪纸等“长春市民间工艺品八大名品”。在第四届中国品牌节上长春市被评为“2010中国十大品牌城市”，吉林省林田远达形象集团和吉林方大制衣有限公司入选行业十强品牌。

【文化产业协会工作】 加强对文化产业联合会工作的指导，新成立了文化产业联合会萨满文化协会、动漫产业协会、民间艺术产业协会、书画产业协会等分会。与长春大信会展有限公司共同举办了第三届中国（长春）华夏文化艺术节暨2010第三届长春文化艺术产业博览会，有300多家展商参加，充分展示了长春市文化产业发展成果。长春首届图书博览会共接待读者52万余人次，销售总码洋2 600万元。积极开展了2010长春国际动漫艺术节、长春魔术大赛、吉林省工艺术美术大赛、长春首届收藏博览会、长春第一届休闲博览会等一系列展会和活动，为宣传长春市文化企业、加强行业交流起到了重要的推动作用。

（何　宏）

文学艺术

【第二届东北亚国际书法绘画摄影展暨“中国有座城市叫长春”全国万人书画展】 作为首届中国长春东北亚艺术周的一项重要活动，长春市文联承担了第二届东北亚国际书法绘画摄影展暨“中国有座城市叫长春”全国万人书画展的筹办工作。此项活动于2010年9月1日在吉林省长春市东北亚艺术中心隆重开幕。本次书画展以赞美东北亚地区风光景色、风土人情、经济发展为主题，共设10个展区，展品来自中、朝、日、韩、蒙、俄6国艺术家的油画、国画、书法、篆刻、摄影计11 500件艺术作品。观众达16万人次，艺术品交易额近200万元。东北亚国际书画摄影展、“中国有座城市叫长春”万人书画展、近代大师作品展等3个组成部分使本次展览无论在规模还是层次上创下了空前的纪录。本次书画展开创了中国书画作品展览规模之最，实现了通过传统文化艺术形式宣传推介城市形象、通过大型展览推动、促进本地艺术创作和繁荣艺术品市场的目的，组委会将此次活动已申报并获得“大世界吉尼斯之最”书画艺术展规模之最的称号。

【第六届长春国际动漫艺术节】 5月28日～6月2日，第六届长春国际动漫艺术节成功举办。本次动漫节总参观人数达23万人次，共展出了包括动画、漫画、衍生品在内的10类近3万个品种的动漫相关产品，销售总额达263万元。签约

万人书画展颁奖晚会

年，集团创办的主流网突破了日访问量1万人次的目标，被省新闻出版局列为传统媒体向数字媒体转型试点单位。随着网络平台的不断完善，集团各报与主流网、手机报初步形成报网互动良性作业体系，在提升报业整体影响力的同时，扩大了受众的覆盖范围。2010年，《长春日报》荣获了2010中国报业创新媒体奖，社长张世杰被中国地市报群工研究会授予"全国党报优秀社长"荣誉称号，发行中心被中国报协评为发行工作先进单位，《长春晚报》被市委宣传部授予"优秀基层宣传工作单位"称号。据统计，全年集团共有10个部门、34人受到市以上表彰，有5人当选长春市名编辑、名记者，有14人获省抗洪抢险先进个人称号，有85件新闻作品在全国、省、市好新闻评选中获奖。2010年11月15日恰逢《长春日报》创刊65周年，《长春日报》不仅打造了历史上第一厚报——88版的出版记录，而且出版了3D版，成为国内率先试用3D制版印刷技术的党报。

【经营创收】 2010年，集团超额完成8 400万元的创收目标，同比增长5%。其中，利用党报优势确定的广告经营新项目——形象展示专版，实现收入1 175万元，同比增长71%；报纸发行实现收入2 396万元，同比增长3.4%；以重庆路房产出租为主的其他业务收入实现496万元，同比增长94%；集团清欠办还以回款、抵房、抵物等形式共追回530.7万元陈欠。

【改革创新】 2010年，集团本着先易后难和循序渐进的原则不断深化体制机制改革。《长春日报》按照实行事业体制的要求，重点进行内部机制改革。于4月份进行了分配制度改革，建立绩效考核机制，实行底薪加绩效的分配模式。按照"非公益性事业单位走向市场"的原则，对子报和经营实体进行转企改制，建立新的管理体制和运行机制。3月3日，创刊于1994年的《长春商报》采取股份制合作的方式成功改制，广告、发行反馈良好。《影视图书周报》采取合作办报的方式走向市场，其创办的《电影专刊》已形成专业化影响。创办的《走向成年》教育专刊在全国尚属首家，已走进百所小学。《长春晚报》及发行中心的"转企改制"工作同步进行。12月29日，长春晚报传媒有限公司正式挂牌，标志着《长春晚报》作为集团的全资子公司，已经成为一家集采编、经营、发行于一体的独立的新闻出版单位。印务中心于9月末实行承包经营，年可上缴承包金260万元，结束了印务无创收的历史。发行中心运输部的16名人员自愿改制为民营物流快递公司，发展态势良好。

官兵抗洪抢险

集团清产核资的评估确认工作基本完成，为下一步实行真正的集团化管理奠定了基础。

（朱少波）

新闻出版

【概况】 2010年，长春市新闻出版局开拓创新，努力进取，较好地完成了各项工作任务。2010长春图书博览会成功举办，样板农家书屋建设成果显著，全民阅读活动蓬勃开展，新闻出版事业健康繁荣，扫黄打非工作深入开展，出版物市场规范有序，版权管理工作成绩斐然。先后被省版权局评为省版权工作先进集体，被国家版权局评为查处侵权盗版案件有功单位一等奖，查办吉林省吉大燕子BT网站侵权案件专案组被国家版权局评为查处侵权盗版案件有功单位三等奖，被省新闻出版局评为全民阅读工作先进单位，被市委、市政府评为全市文教工作先进单位、全市会展工作优秀单位、全市优秀会展项目、全市民生工作先进单位。在"2010中国会展行业年会暨第七届中国会展之星颁奖盛典"上，2010长春图书博览会荣获——全国最受关注的会展活动"新世纪十年·中国会展产业大奖"。

【2010长春图书博览会】 2010长春图书博览会由长春市政府和省新闻出版局联合主办，由吉林出版集团、中共长春市委宣传部、长春市新闻出版局承办，于5月29日至6月6日在长春国际会展中心成功举行。本届书博会无论是在展场面积、展位数量，还是在参展单位及图书品种数量上，都实现了历史性突破，在全国同类城市的图书展会中首屈一指。共展销图书20余万种、期刊1 000余种、音像制品与电子出版物1 000余种，累计销售图书码洋2 600余万元，吸引读者52万余人次。期间先后推出了于丹的快乐阅读讲座、出版高端论坛、"舞韵书香"太极表演，中华经典千人诵读等50余项图书文化交流活动，在社会引起了广泛影响。在书博会期间，落实了市政

府为特殊群体发放购书卡和提供购书补助的文化惠民政策。向全市1 656个农家书屋、1 545所农村中小学、9所特殊教育学校和600名新疆内高班、四川羌族班学生发放了购书卡，向56 090户低保家庭发放了购书补助等，总计600余万元。这次的购书补贴与以往不同，不再是把一些图书直接送给特殊群体，而是使他们每一个人成为了选择主体、购书主体，调动了他们读书、购书的积极性。此外，吉林出版集团举办了农业科普书籍推介活动，设立12316热线，组织专家现场解答农民朋友们在劳动生产中遇到的困难与问题；长春市科协举行了“科普惠农”赠书活动，向农家书屋赠送图书2 300多册；长春市总工会拨专款5.2万元，为长春市国家级“职工书屋”和劳动模范购买书籍；长春市教育局为奖励专业发展型学校，投入10万元购买图书；童趣出版公司向全市小生赠送价值30万元的图书。

“书香长春”2010年全民阅读活动启动仪式

【全民阅读活动】 全民阅读活动以“品味书香，文化长春”为主题，通过组织开展读书征文、赠书、诵读以及图书飘流等6大类别，200多项活动，覆盖机关、企业、农村、社区、家庭、军营，惠及百万市民。在2010长春图书博览会举办期间还举办了向青少年推荐优秀图书活动，进一步扩大了全民阅读活动的范围和影响。《“书香长春”2010全民阅读活动方案》以市委、市政府办公厅名义正式下发。1、全民阅读活动全面启动。3月8日，由市政府副秘书长卢福建亲自部署，召开各部门、各县（市）区参加的全民阅读活动专门会议，各部门、各县（市）区积极参与，共组织了230项阅读活动，形成全民阅读活动的安排表。3月24日召开了全民阅读活动启动仪式。2、各项安排扎实推进。各部门按照方案要求认真部署了全民阅读活动。其中，有市出版局等单位举办的图书漂流活动、市教育局开展的“书香校园”系列活动、市总工会开展的书香进企业活动、市直机关党工委开展的“书香进机关”活动、市精神文明办开展的大讨论活动、文庙开办的“国学大讲堂”活动及市图书馆开展“城市热读”活动等等，整个活动在2010年长春图书博览会期间达到了高潮。全年共组织开展了230多项阅读文化活动，形成了区街乡互动、全民阅读的可喜局面，做到了月月有活动、处处有亮点。在全省“第二届农民读书节读书征文”活动中，长春市报送的《发生在农家书屋里的故事》、《小小“农家书屋”作用大》两篇征文荣获一等奖。

【“扫黄打非”斗争】 按照国家、省“扫黄打非”工作领导小组部署，制定了《长春市2010年“扫黄打非”方案》。紧紧围绕查堵和查缴政治性非法出版物、屏蔽和删除利用信息网络传播的各类非法有害信息、扫除淫秽色情和凶杀暴力等文化垃圾、查缴各类侵权盗版出版物、查处取缔各种形式的非法报刊等中心任务，围绕纪念建党90周年和上海世博会等大事、要事，统筹安排，周密部署，扎实开展了春节和全国“两会”前后“扫黄打非”专项行动、打击手机网站传播淫秽色情信息专项行动、迎世博、迎书博等“扫黄打非”专项行动。在专项行动期间，联合公安、新闻出版、文化、工商、城管、广电等相关部门，组成联合检查组，展开拉网式排查，对重点部位人盯车巡、死看死守。2010年，开展4次“扫黄打非”集中行动，主要清理低俗音像制品。共出动执法人员1.4万余人次，检查出版物经营场所2 800家次，查处违规经营单位2 000余家，非法出版物经营摊点56个，收缴盗版音像制品5万余件、书报刊4.5万余册张。通过专项集中行动，进一步净化了长春的出版物市场。举办“4·22”侵权盗版及非法出版物集中销毁活动。对收缴的26万册（张）非法出版物在长春南岭体育场进行了公开集中销毁。在销毁活动现场，启动了以“拒绝盗版，从我做起”为主题的“绿书签行动2010”系列活动，现场的省、市领导向参加活动的500余名中小学生代表赠送了寓意为“有生命力的、纯净的、充满希望的文化环境”的“绿书签”。活动当天，还进行了“拒绝盗版·从我做起”的万人签名活动。加大了大要案的查处力度，查办大案要案8起，其中“1·18”八方链广告联盟淫秽色情网站案件被公安部评为全国侦破“五大利益链”案件之一，长春市公安局网安支队为此被国家“扫黄打非”工作领导小组评为全国打击互联网和手机媒体淫秽色情信息专项行动有功集体；“9·30”经营淫秽光盘案两起案件涉案人员和非法光盘案涉案人员均被移送司法机关追究刑事责任；“11·30”非法出版物发行案现场查获非法出版物5 000余册，450

余个品种，涉案码洋近30万元，为近年来少见的大案。

【出版物市场监管】 严格按照《长春市2010年“扫黄打非”方案》要求，开展集中行动和专项治理，与有关部门密切配合，在“重点地区、重点行业、重点部位、重点时段”，全面加大监管和打击侵权盗版的力度。特别是加强了对农贸市场、校园周边、繁华地段，集中场所、书报刊亭和早晚市场的排查。先后开展了印刷复制行业专项整治、校园周边环境专项整治、出版物批发市场专项整治等集中行动。通过对重点地区、重点部位进行了反复检查，有力地净化了出版物市场。同时，加强了对网络出版活动的监管，会同公安等有关部门严厉打击利用互联网传播有害信息，清理网上淫秽色情等文化垃圾，全年根据国家和省新闻出版局相关文件及明码密码电报，协调市公安局删除相关网页链接近万条。严格市场准入制度，加强对经营场所和法人的真实情况核对，为出版物市场日常监管提供了翔实的第一手资料。严格履行图书批发上市相关规定，进一步完善了样本售前审读制度，努力把好“审读关”，全年登记审读查验各类出版物10大类，1万余种，定期和不定期对每家书店的上架图书抽样检查，对300余种出版物进行了异地调研核实，对百余种，万余册涉嫌非法出版物在上市前进行了查处封存，有效地规范了图书大厦的经营秩序，从源头上确保了长春市出版物市场的净化。

【版权工作管理】 积极开展《著作权法》宣传活动，不断提高全社会的版权保护意识。以纪念中国第一部《著作权法》颁布100周年及中国《著作权法》颁布20周年为契机，以“4·26知识产权宣传周”为平台，充分利用各种媒介，采取多种样式，积极开展了《著作权法》宣传工作，认真解答社会公众的版权咨询，调解版权纠纷，并充分利用局长热线、政行风热线对版权工作进行解答工作。加强对版权行政执法和市场监管，维护良好的版权市场秩序。按照国家版权局和省版权局的要求，把世博会版权保护工作作为2010年版权重点工作，制定下发了《2010年世博会版权保护工作实施方案》。在全市范围内部署开展了打击盗版音像制品专项行动。14个县(市)、区在接到市版权局的通知后，迅速制定各自的行动方案，确定检查重点，落实监管对象，设立举报电话，积极开展了对辖区内正规书店、音像店及卖场的全面检查，对辖区内繁华街区、车站、旅游景点、宾馆、大型商场周边等重点部位的游商地摊清除整治工作。本次行动累计出动执法人员193人次，检查音像经营场所299个，取缔非法摊点6个。全年总计收缴盗版光盘近10万张，行政处罚20家。严厉打击了未经许可擅自复制、发行盗版音像制品的行为，特别是涉外音像制品盗版行为，确保了重点区域、重点部位不发生侵权违法行为，有效遏制了盗版制品蔓延泛滥的势头。

【农家书屋工程建设】 在2009年长春市已完成1 656个农家书屋的建设任务的基础上，把农家书屋工作的重点开始转移到“建管用”三者并重上，特别是在管和用上下功夫。1、在建设上，实施样板农家书屋建设，全市共建立160个在管理、使用等方面都走在全市农家书屋前面的样板农家书屋，有力地推动了全市农家书屋建设再上新台阶。图书博览会期间，市政府为全市每个书屋发放了1 000元的购书券，使农家书屋的图书更加充实和实用。2、在管理上，对全市1 656个农家书屋进行了信息系统网上填报。进一步建立健全书屋的各项管理制度。深入150余个书屋进行了调研，扎实推进农家书屋工程建设稳步发展。3、在使用上，召开了全市农家书屋经验交流工作会议，总结推广了以活动引导使用，以培训促进使用，以典型带动使用的经验。开展了“十佳”农家书屋示范点和样板书屋的评比活动，并把样板书屋建设活动纳入到了民生计划之中。国家新闻出版总署副署长阎晓宏、国家农家书屋工程建设工作督查组先后到长春市检查验收，对长春农家书屋工程建设工作管理、使用给予了充分的肯定。长春市绿园区合心镇于家村农家书屋被中宣部、文化部、广电总局、新闻出版总署联合评为全国服务农民服务基层文化建设先进集体——基层出版发行先进单位。

【新闻出版产业】 进一步强化长春图书批发大厦服务功能，已逐渐成为东北三省有名的图书批散交易中心。积极谋划引导在经开、汽开、净月、高新、南部新城设立图书连锁经营店，在社区超市中增设图书摊位，满足了新建城区市民的文化需求。成功举办第六届“长春(全国)印刷包装机械及纸张展销会”。4月15日～17日，由长春市印刷协会与长春市金泰印刷物资有限公司联合主办的第六届“长春(全国)印刷包装机械及纸张展销会”在长春市会展中心举行。来自全国的110家印刷包装机械、器材、纸张、油墨等知名企业前来参展，展出的印刷包装机械设备技术先进，品质优良，吸引了省内外千余家印刷企业到会参观洽谈。展会展销面积8 000平方米，参观的专业观众人数达到万余人次，现场销售额1 500万元，合同金额近亿元。

（李 镇）

长春出版社

【概况】 2010年，长春出版社出版图书629种(再版图书249)，实现图书发行码洋2.3亿元，年度发行总码洋同比增长13.2%。其中，市场图书同比增长8.3%，教材同比增长39%。坚持正确的出版方向，杜绝违规违纪不良图书出现，一批优秀图书如期出版，其中，《列宁对社会主义的探索》荣获全国城市出版社优秀图书一等奖，《国外生态美学读本》、《中国经济的过去、现在及未来》等图书荣获全国城市出版社优秀图书二等奖。长春出版社作为吉林省新闻出版系统惟一被推荐参评第二届中国出版政府奖先进出版单位的出版社，上报到国家新闻出版总署。

【出版改革】 2010年是出版改革的最

后期限，按照公司化的要求，长春出版社制定并多次修改改革方案，完善法人治理结构，建立起公司化的框架，深化人事分配制度改革，出版改革稳步推进。形成了长春出版传媒(集团)有限责任公司的组建方案，既维护了长春出版社原职工的基本利益，又设计了一套符合现代企业制度要求的运营机制。该方案已上报省市相关部门审议。

【编辑业务工作】 加大组织新编辑业务学习的力度，实行项目负责制，鼓励老编辑带新编辑。成立了6个项目部，分别是社科部、文化部、综合教育部、助学部、少儿部和教学教辅部。重视图书的编校质量，提高编辑编校能力。组织团队参加全国编校大赛，取得了较好成绩，在吉林省名列第一。2010年5月，进行了青年编辑质量测试，参加人员30多名，通过测试，找到了差距，明确了方向。将编辑质量测试制度化，每年举办一次，并作为年终考核的指标之一。经过努力，一批优秀图书如《世界史纵览》、《自然力经济学》等得以出版。申报《自然力经济学》、《辽代文学史》参与国家评奖。参加了城市出版社优秀图书的评奖，《列宁对社会主义的探索》获一等奖，《国外生态美学读本》、《春秋三传与经学文化》、《中国经济现在及未来》、《名家讲解荀子》获二等奖。

【网络出版数字出版取得突破性进展】 1、完成了数字出版所必要的资质办理工作。作为正式的互联网出版机构，为了完善出版范围，长春出版社向新闻出版署提交了《增加业务范围申请》，主要是增加网络游戏出版和手机出版的业务范围，2010年8月成为吉林省首家获批的互联网文化经营单位，取得了“利用互联网经营游戏产品（含网络游戏虚拟货币发行），从事互联网文化产品的展览、比赛活动”的资质。2、长春出版社网站建设有较大改观。长春出版社电子图书馆收录了长春出版社2007年~2010年在发的全部书目，图书总计1 245种。3、取得了两款网络游戏的出版资质。与上海五海信息技术有限公司合作的《幻魔之眼》，已取得新闻出版署的正式批文，成为吉林省惟一一家具有网络游戏出版资质的出版单位，准备上线运营。与深圳正易龙公司合作的《城市部落——棋牌游戏中心》仍在开发过程中，游戏大厅和第一款游戏斗地主基本完成，11月下旬对大厅和游戏斗地主进行测试，同期开发赛制，在12月下旬完成。

【教材经营工作】 2010年，教材中心完成发行码洋9 200万元，同比超出2 584万元，增长39%，各项目组都超额完成计划指标。2010年春季比2009年春季增加发行数近213万册，增加的总码洋超过1 719万元（含教材自然增长部分）。语文教材教辅完成了96种，1 200万字。还编辑出版了随堂同步练习丛书、牛津英语同步练习（含磁带）、《健康教育》(初中版)等配套教辅。

【发行工作】 2010年在极其不利的市场形势下，全年市场图书完成发行码洋12 540万元，同比增长8.3%。1、大力开发各省级店的业务。在原有开发比较好的省级店基础上，大力开发有潜力的大店，建立稳固销售网。2010年重点做了辽宁图批、湖北省店的工作，业务增长很快。2、加强农家书屋的推广工作，适合条件的省份尽力参加。2010年完成吉林省90万码洋，四川省30万码洋，针对辽宁省的工作已经展开。3、全年各片的图书馆配工作有序进行，要求各部把长春出版社的社科类图书推上馆配市场。4、网上书店的开发，重点与当当网谈了合作意向，在保证资金安全的条件下增加铺货量及网页宣传，2010年发货码洋上升很快，实现1 200万码洋。久久图书网是2010年开辟的网站，与之合作良好，2个月内销售《灌篮高手》200套，《柯南原画集》2 000册。5、2010年的长春版同步教辅图书比往年提早上市，品种更优化，数量大幅提升。搞好对品种的优化和客户跟踪、调研。同时把比较稳定的语文、数学同步巩固好，把英语类教辅推上市场。

（李春芳）

广播电视

【第十届中国长春电影节】 第十届中国长春电影节于2010年8月23日至28日在长春市举行。本届电影节确定了“集合华语电影力量，彰显中华文化魅力”、“服务大众、植根民间，开展好农村题材电影评奖展映”和“努力提高长春电影节国际性”的主题，在继续突出华语电影评奖主体的同时，确立了“一主两翼”的总体框架。即在做好“金鹿奖”华语电影评奖的同时，首次增加了“金麦穗奖”农村

2010年8月22日，第十届中国长春电影节新闻发布会

题材电影评奖和国际乡村电影展活动内容。整个电影节活动围绕电影评奖、电影展映、电影论坛、群众电影文化活动、新片推介、开闭幕式和"金麦穗奖"农村题材电影颁奖典礼等7大板块进行。电影节新片发布会、剧组见面会、电影发展论坛、谢晋电影回顾展、国际乡村电影展映、电影歌曲大家唱、群众电影DV大赛、"共享电影盛宴——群众观影活动"以及电影节开幕式、"金麦穗奖"颁奖典礼、闭幕式3场大型专业演出活动将本届长春电影节不断推向高潮,使本届电影节真正为业界内外搭建起"发展电影产业、繁荣文化事业、促进文化交流、展示吉林形象"的平台。同时,本届电影节结合吉林省长春市洪水灾情进展情况,突出了抗洪救灾活动的特殊情节,展现了吉林人民奋发有为、万众一心的精神风貌,体现了电影节与时俱进的时代特征。与往届电影节相比,本届电影节主题更加突出、特色更加鲜明、内容更加丰富、影响更加广泛,收到了"繁荣华语电影创作、弘扬民族优秀文化"的成效。

【"村村通"工作】 广播电视"村村通"工程是1998年国家为解决广大农村和边远山区群众难以看电视听广播问题而实施的工程。2010年,市广电局"村村通"工作办公室先后10次实地到双阳、农安、德惠、九台等地检查、调研村村通工作,加强普查、调度和督导,确保了全市年度任务的顺利完成。按照长春市广播电视村村通"十一五"规划,2010年长春市的广播电视村村通任务是利用卫星直播和有线联网方式,完成长春市共151个20户以上自然村的广播电视有效覆盖(全部在双阳区),由长春市广电局负责组织实施,具体由双阳区广电局负责组织建设。按照任务要求,同双阳区广电局完成了全部盲村的实地勘查、普查和上报,确定了具体技术方案。截止到12月20日,建设任务全部完成,其中,卫星直播覆盖53个自然村,有线联网覆盖98个自然村。按照财政省管县的原则,市广电局负责组织长春市本级广播电视村村通的实施,其他4县(市)广播电视村村通工作由当地广播电视局负责实施,年底前全部完成。各县(市)区广播电视部门都组建了技术服务队伍,特别对广播电视"村村通"设备实行统一发放,逐户登记造册和建档管理,进村入户对农户进行安装、调试,并做好后期跟踪维修服务。

【电影放映】 按照国家公益电影放映"2131"工程及第十届中国长春电影节组委会、2010年市政府民生计划的安排,组织电影放映单位在所属各县(市)、区开展露天公益电影放映。4月30日,市广电局分别与长春市协众农村数字电影院线有限公司和北京世纪东方电影发行放映有限公司吉林省分公司签订了2010年农村20 028场、城区2 000场公益电影放映协议书。同时,多次到该公司进行检查、督促,认为其具备放映条件和能力。5月27日,在文化广场组织了"第十届中国长春电影节群众文化活动暨露天电影放映启动仪式",以此为标志,整个露天公益电影放映活动从5月27日起一直持续到10月。期间,为了提高观众知晓率,让更多人能够观看到喜爱的电影,放映单位在市内主要媒体进行公示。各县(市)及双阳区也通过当地广播电影媒体进行预告。到10月下旬,全年共放映50余部影片(含科教片),22 028场的放映任务圆满完成。

(邱永军)

电 影

【献礼影片《辛亥革命》、《大太阳》】 为纪念辛亥革命100周年,建党90周年,长影集团在2010年开机拍摄了两部献礼影片《辛亥革命》与《大太阳》。《辛亥革命》由长影集团、上影集团等8家单位领衔出品,26家制片和发行单位积极参与。影片全景式展开辛亥革命史诗般场面,生动刻画孙中山、黄兴、袁世凯等历史人物,展现威武雄壮、可歌可泣的历史画卷,力争将影片打造成一部叫好又叫座、具有广泛影响力、较高艺术水准和商业价值的鸿篇巨制。《大太阳》由长影集团与四川省文联等6家单位共同出品,是长影集团2010年度的重点影片,也是长影农村题材电影创作基地精心打造的一部精品力作。该片以汶川地震两年多来灾区重建过程中人们的心灵修复历程为主题,展现了灾难过后受灾群众走过的真实、痛苦、矛盾与挣扎的重生之路。

【首届"大地杯"长影(中国)农村题材电影剧本征集活动结果揭晓】 本届"大地杯"剧本征集活动收到全国剧本950个,经由剧本评审委员会严格评选,通过3轮票选,选出了首届"大地杯"剧本征集活动的获奖作品,特等奖和一等奖空缺,二等奖1名,三等奖6名,提名奖8名。颁奖活动于2010年8月第10届长春电影节期间举行。"大地杯"长影(中国)农村题材电影剧本征集活动由长影农村题材电影基地主办,每两年一届,第2届征集活动于2010年10月启动。

【电影《斗牛》获奖情况】 2010年5月8日,第17届大学生电影节落下帷幕,电影《斗牛》主演黄渤荣获最佳男演员奖。2010年8月26日,第10届长春电影节农村题材电影"金麦穗奖"评比中,电影《斗牛》主演闫妮获最受群众喜爱的女演员奖。

【长影电影博物馆暨长影世纪城二期工程项目启动】 2010年6月29日,长影博物馆暨长影世纪城二期工程项目启动仪式在长影世纪城隆重举行。长影博物馆将以长影60多年历史文化成就为依托,全景展示新中国电影事业的创业史、发展史。它既是电影博物馆,也是爱国主义教育基地、红色旅游胜地,以及传承华夏文明、弘扬民族文化的精神阵地。长影世纪城二期本着总体规划、分期开发的原则进行建设,将建造一个世界顶级的娱乐项目——"华夏翱翔",该项目既可展示祖国大好河山,又可展示华夏五千年文明历程,以及长影独具特色的电影生产加工基地。

【长影乐团参与演出大型交响视听音乐

会《我们在长春相遇》亮相上海世博会】2010年6月6日，上海世博会吉林活动周长春市主题日开幕仪式暨大型交响视听音乐会《我们在长春相遇》在上海世博园宝钢大舞台隆重举行。此次音乐会由长春市文化局承办，长影乐团、吉林省中等集团联合演出。《花儿为什么这样红》、《敖包相会》等一首首耳熟能详的电影歌曲，让观众重新回到了那段激情燃烧的岁月，古筝名曲《渔舟唱晚》、歌曲《我们在长春相遇》等节目向观众展示了长春厚重的文化底蕴和"宽容大气、自强不息"的城市精神。

【长影集团为灾区人民奉献爱心】2010年8月10日晚，长影集团与吉林省慈善总会联合举办的赈灾义演电影音乐会在长春市文化广场举行，为吉林省遭受历史罕见特大洪涝灾害的人民群众捐款。在此次赈灾义演活动中，长影集团共向灾区捐价值150万元的款物，发动现场群众捐款13 982.33元。长影人用自己的实际行动为支援灾区重建工作贡献了一份力量。

《大灾大爱 风雨同行》——长影集团赈灾义演电影音乐会

【长影频道节目获奖情况】《我的电影》在第4届"新农村新农民——中国农村小康故事"评比中获电视专题片好作品（三等）奖;《礼物》获第22届电视文艺"丹顶鹤"电视专题文艺一等奖。

（张瑞光）

2010年长影完成电视剧一览表

剧 名	长 度	编 剧	导 演	主 演	发行许可证编号	合作单位
真情母子	40集	宋秋雁 崔 苇	刘二威	王仙君、赵岩松、江 珊、赵 越	（吉）剧审字（2010）第003号	西安悦视影视文化传播有限公司
国脉风云	30集	孙忠群 李云才	李龙跃	孙 岩、夏 阳、徐亚祺、刘 滢	（吉）剧审字（2010）第005号	吉林省国家税务局
杜鹃的女儿	40集	杨成学 李燕波	刘二威	郭凯敏、李 立、朱鸿嘉、宋 佳 崔 婕、王 琦	（吉）剧审字（2010）第007号	北京天下和讯文化传播有限公司

2010年长影完成科教片一览表

片名	编剧	导演	制片	摄影	作曲	录音	美术
中草药细辛的种植技术	唐守斌	唐守斌	韩永娟	李函奇	王智杨	唐甜甜	安家驹
肝胆疾病的预防与治疗	唐守斌	唐守斌	杨丽影	李 伟	王智杨	唐甜甜	张 伟
农村常见眼病的预防与治疗	李月安	李 伟	韩永娟	李函奇	王智杨	唐甜甜	安家驹
肾病的预防与治疗	李 伟	杨丽影	孟 春	张万山	王智杨	唐甜甜	刘 易
前列腺疾病的预防与治疗	唐守斌 李 伟	唐守斌	杨丽影	张万山	王智杨	唐甜甜	刘 易
早防早治高血压	唐守斌	唐守斌	杨丽影	李 伟	王智杨	唐甜甜	张 伟
股骨头坏死的预防与治疗	李 伟	唐守斌	杨丽影	张万山	王智杨	唐甜甜	刘 易
防治肺结核	唐守斌	李月安	韩永娟	李函奇	王智杨	唐甜甜	刘 易
大豆高台垅栽培技术	王 姝	兰春雨	李宝忠	高 翔	杨 洋	阿 宝	任 伟
兽药使用常识	王 姝	兰春雨	李宝忠	高 翔	杨 洋	阿 宝	任 伟

2010年长影完成故事片一览表

电影类型	片 名	编 剧	导 演	摄 影	主 演	获奖情况
数字电影	情定敖木伦	高洪勋	李达超	梁剑伟	马 俊、隋思思	
数字电影	公媳闹牛	张国庆	刘柏橘	武 斐	李 海、谢紫彬	
数字电影	幸福并不遥远	玲 子	胡 波	张朝阳 张 浩	宋小宁、付俊龙 吴佳佳、许小行	第二届澳门国际电影节"金莲花"优秀制片人奖，2010年山西太原大学生电影文化节"最受大学生喜爱导演奖"，第十届长春电影节金鹿奖最佳数字电影奖
数字电影	山菊	陈 超	张尉林	覃 晓 徐公启	李 部、戴子翔	
数字电影	我的父老乡亲	陈华杰 于 峰	张 津	韦长川	徐 僧、吕启凤	
数字电影	血溅双花	王 标	姜中元 程绍刚	于 琪	黄橙橙、杨树田 张铁鹤、徐广明	
数字电影	十七岁的早稻	陶少鸿	蒋 丛	林国华	花 琨、陶 慧	
数字电影	错还	路云飞 刑键钧 王 靖	路云飞	陈家洛	宿宇杰、蒋 君 王奕盛、朱家三	
数字电影	暖冰	杨玉川	杨玉川	武 斐	白德彰、向 甜 张百爽、张宇彤	
数字电影	归巢	王 靖 元 明	路云飞	陈家洛	李苒苒、王子鸣 蒋 君、朱德承	
数字电影	你追我赶	张 继	丁世强	姜铁军	巴 多、李树生 姜 超、黄小鹏	
数字电影	山洼	郝国忱 田德忠	岳华平 黄炯华	赵 龙	卢海华、谢冰冰 高德军、杜 鹤	
数字电影	震撼	梁 清 李姝妹	梁 清 罗 逊	罗 逊 李冬冰	宋晓锐、梁 清 曲 志、肖 阳	
数字电影	草原歌王	季 华 闫文澜	胡明钢	马伟业	乌日西图、格里杰夫 赵凤霞	
数字电影	丁家兄弟	王 标	姜中元	高 翔	孙 兴、杨树田 张铁鹤、黄橙橙	
数字电影	倮·恋	王 勇 肖尹宪	史风和	耿华东	纳伊莎、牛 犇 铁 政、宋 洁	
数字电影	火药牌女友	丁小强	丁世强	姜铁军	余少群、贡 米	
数字电影	追鱼	王霆钧 蓝春雨	郑来志	陈 平	杨 淼、曹 俊 来 喜、李志强	
数字电影	城管局长	资柏成	卫兆红	武斐斐	刘长纯、祁晓婷	
胶片电影	爱情维修站	王 宁	王 宁	缪健辉	郭 涛、胡 静 英 达、苑琼丹	
数字电影	司法老杨	高 利	胡明钢	胡祖光	巴 音、赵凤霞	
胶片电影	喇嘛山的儿女	万 路 袁玮冰	胡明钢	马伟业	宋 寓、冯 棉	
数字电影	巧娶媳妇	董凌山 谢林明 金 马	金 马 黑 子	艾 政	王晓曦、肖 杰 闫 钊、黄铁宝	
胶片电影	幸存日	阎 然	阎 然	Perryho	倪大红、李 菲 陈晓东、唐 唐	
胶片电影	替身传奇乐翻天		蔡 钧		巩汉林	
	康定情歌	朱 苹	江 平	龙申松 陈友良	苏有朋、居文沛 蒲巴甲、袁 霆 爱新觉罗·启星	"中美电影节"最佳影片奖——金天使奖，最佳女演员奖(居文沛)、杰出新秀奖(爱新觉罗·启星)，第二届澳门国际电影节获最佳男主角奖(苏有朋)、最佳女配角(谢润)、最佳新人奖(爱新觉罗·启星)
数字电影	百姓法官	张晓笛	郑大为	张 川	杜 源、董 娉 张继国、汪 奇	
数字电影	承 诺	马广源	马会雷	杨北松	唐梓翔、王彤羽 易子轩、程媛媛	
数字电影	美丽的黄昏	贺恒祥	郑来志	陈 平	赵悦涵、唐秀君 王庆鑫、杨 淼	
数字电影	薛文化当官	苗 申	戈日泰	宝风祥	刘向京、周子涵	
数字电影	老百姓是天	蔡 政	林洛萍	吕振武	吕 毅、杨 梅	

2010 年长影完成译制片一览表

片名	剧本翻译	译制导演	录音	剪辑	制片	主要配音演员	原片出品公司
孤胆拯救	崔晓东	王晓巍	徐红岩 白静利	赵淑清	赵淑清	王利军、王晓巍 郭金非、杨　波	美国努影像公司出品
驯龙高手	崔晓东	王晓巍	徐红岩 白静利	赵淑清	赵淑清	王　琛、胡连华 杨　鸣、刘大航	美国派拉蒙影片公司 美国梦工场
高度怀疑	崔晓东	刘大航	徐红岩	赵淑清	赵淑清	孟令军、纪艳芳 胡连华、王利军	美国独立电影公司 美国远景无限公司 美国雷电华电影公司
感染列岛	傅羽弘	王晓巍	徐弘岩 白静利	赵淑清	赵淑清	孟令军、牟珈论 王晓巍、纪艳芳	日本东宝株式会社
黑色闪电	张　勇　李　红	王晓巍	徐弘岩 白静利	赵淑清	赵淑清	孟令军、杨　鸣 胡连华、王　森	俄罗斯巴兹洛夫制片公司
悍将双雄	李雪娇	刘大航	徐弘岩	赵淑清	赵淑清	王利军、孟令军 王晓巍、纪艳芳	德国康斯坦丁影片公司
天降美食	崔晓东	王晓巍	徐弘岩 白静利	赵淑清	赵淑清	孟令军、杨　鸣 王利军、杨　波	美国哥伦比亚影片公司
我的名字叫可汗	张　勇	孟　丽	徐红岩	赵淑清	赵淑清	郭金非、牟珈论 孟令军、隋桂凤	印度达摩制片公司

文物保护

【概况】 2010 年，长春市文物保护研究所配合长春市城市建设总体规划，以第三次全国文物普查以及其他各项文物工作为契机，积极及时地调整工作部署，使长春市的文物工作取得了新成绩。2010 年 1 月～4 月，长春市文物保护研究所按照预期工作计划圆满完成长春地区第三次全国文物普查数据整理和上报工作。年初，按照市政府有关文件精神，长春市文物保护研究所向国家文物局增报 13 处长春市第七批全国重点文物保护单位申报文本，使长春市申报第七批全国重点文物保护单位名单达到 31 处 42 组，从数量上超过以往历次。2010 年，根据吉林省文化厅、吉林省文物局相关文件要求，推荐 30 处历史文化遗存进入吉林省第七批重点文物保护单位名单。考古调查方面，2010 年春，长春市文物保护研究所承接了国家文物局长城资源调查办公室重点项目——"吉林省老边岗土长城资源调查"工作，为圆满完成此次调查，长春市文物保护研究所抽调业务骨干组成专项调查队，历时 6 个月、途经 6 县市完成了对吉林省境内老边岗土长城遗迹的野外调查工作。2010 年长春市伊通河治理工程正式启动，为向本次治理工程提供真实、准确的历史文化遗产数量和分布情况，长春市文物保护研究所启动了伊通河流域（长春市区段）历史文化遗产调查工作，并撰写了《伊通河流域（长春市区段）考古调查报告》。根据《中华人民共和国文物保护法》关于文物保护单位"四有建设"的要求，2010 年长春市文物保护研究所继续完善长春市重点文物保护单位的"四有建设"。不仅建立、健全了文物保护单位电子档案，还对 20 处文保单位进行了保护标志说明牌制作、安装与修复工作。学术研究方面，继续编辑出版了一期《长春文物》，由长春市文物保护研究所编写的《长春市一五时期工业遗产调查报告》还获得了 2010 年"第四届长春市社会科学优秀成果奖"咨询成果类二等奖。

【国家文物局局长单霁翔到长春考察文物工作】 2010 年 7 月，国家文物局局长单霁翔抵长对长春市申报第七批全国

长春市委常委、副市长郑文芝陪同国家文物局局长单霁翔考察二道沟邮局中共地下党活动旧址

重点文物保护单位的长春第一汽车制造厂厂址、长春电影制片厂厂址等历史文化遗存进行调研。还为市直机关及文物工作者做了题为“探索中国特色文化遗产保护之路”的专题报告。调研结束之后，单霁翔高度评价了长春市历史文化遗产保护事业的发展。

【长春市第三次全国文物普查工作】 2010年1月～4月，长春市文物保护研究所按照预期工作计划圆满完成长春地区第三次全国文物普查数据整理和上报工作，上报数据质量获得吉林省文物局的高度肯定。2010年10月国家文物局决定开展“第三次全国文物普查百大新发现”评选工作。根据吉林省文物局相关文件精神、结合长春地区三普成果实际情况，长春市向省文物局正式报送长春第一汽车制造厂厂址、伪满洲国国民勤劳部旧址、侯家沟遗址、五台山遗址、小河子遗址共5处历史文化遗存参评本次“第三次全国文物普查百大新发现”。

【第七批吉林省重点文物保护单位申报工作】 2010年长春市文物保护研究所所根据吉林省文化厅、吉林省文物局相关文件要求并结合长春市社会文化生活等方面实际情况与文物建筑保护现状，从历史、科学、文化三方面价值原则出发，向吉林省文物局提交了长春市文物保护研究所推荐的东本愿寺旧址、福顺厚面粉厂旧址、吉林省图书馆、南湖宾馆、鲍家古城址、朝阳围子等30处历史文化遗存进入吉林省第七批重点文物保护单位名单。该批拟定的30处省级文物保护单位在类型上涉及广泛、时代跨度全面、实用与保护价值并重，在数量上几乎与自1961年公布第一批省级文物保护单位开始以来历次数量的总和持平。

【吉林境内老边岗土长城调查工作】 2010年春，根据国家文物局长城资源调查办公室和吉林省文物局的工作部署，长春市文物保护研究所承接了国家文物局长城资源调查重点项目—吉林境内老边岗土长城资源调查，为圆满完成此次调查，抽调业务骨干组成专项调查队，历时6个月、途径6县市完成了对吉林境内老边岗土长城遗迹的野外调查工作，共确认吉林境内老边岗土长城遗迹长度近250公里。

【伊通河流域(长春市区段)考古调查工作】 2010年长春市伊通河治理工程正式启动，为向本次治理工程提供真实、准确的历史文化遗产数量和分布情况，长春市文物保护研究所启动了伊通河流域（长春市区段）历史文化遗产调查工作。经过近5个月的野外调查工作，较全面的掌握了长春市城区内伊通河沿线现存不可移动文物的数量和分布情况、文物的本体特征及其保存状况、文物周边自然与人文环境现状。并根据本次调查结果撰写《伊通河流域(长春市区段)考古调查报告》，以此为长春市伊通河治理工程提供真实、准确的依据。

【“四有”建设工作】 根据《中华人民共和国文物保护法》关于文物保护单位“四有建设”的要求，2010年长春市文物保护研究所继续完善长春市重点文物保护单位的“四有建设”。不仅建立、健全了文物保护单位电子档案，还对松花江林场遗址、七家子遗址、曹家屯遗址、郑家窝堡遗址等20处文保单位进行了保护标志说明牌制作、安装与修复工作，使文物“四有建设”工作依旧走在全省前列。

【学术研究】 2010年是长春市文物保护研究所科研工作成果丰富的一年，除编写《伊通河流域(长春市区段)考古调查报告》、出版《长春文物》外，由长春市文物保护研究所独立主持编写的《长春市“一五”时期工业遗产调查报告》还荣获2010年“第四届长春市社会科学优秀成果奖”咨询成果类二等奖。

（王义学）

图书馆

【概况】 2010年长春图书馆经费总投入1 912.9万元，其中，文献购置费348.8万元，自动化、网络化、数字化设备投入20.5万元，固定资产累计6 754.5万元。2010年，全馆文献入藏总量49 088种，88 681册（件），其中，中文图书22 455种，58 180册；报刊3 960种，5 097份（其中，中文报刊3 926种，5 063份；港台、外文报刊34种，34份）；电子文献21 249种，22 670册（件）（其中，数据库19种；电子图书20 685种，21 502册；电子出版物545种，1 168件）；视听文献536种，1 146件；地方文献158种，498册（件）；特藏文献730种，1 090册（件）。截至2010年底，全馆总藏量2 066 064册（件）。2010年共接待到馆读者1 994 500余人次，办理读者证31 254个，文献外借563 280册次；解答咨询480 432条，代检索课题4 304项，参考咨询、课题服务487项；开展文献宣传活动163次，向读者推荐文献4 371种，6 815册（件）；举办各类读者活动182项，参加人员达119 129人次，其中，讲座53次，7 181人次；展览27次，56 800人次；其他活动102次，55 148人次。开展社会办学项目10个，培训学员25 558人次。

2010年长春图书馆“城市热读”讲座在嘉宾的选取上不断创新，邀请到央视百家讲坛李晓东教授和于涛博士，吉林省政协副主席林炎志先生和吉林省高级人民法院原院长杨庆祥先生等文化名人和政府高层人士进行精彩演讲。同时，在原有的“国学大讲堂”、“关东文化讲坛”、“社会热点”、“影视赏析”、“文学赏析”、“中医大讲堂”等系列以外，开辟“阅读论坛”和“走进东北亚”系列，使讲座主题更加丰富。

2010年，长春图书馆继续致力于构建遍及城乡的区域总分馆制体系，推进共享工程建设，共建立10个分馆，配送文献资源46次，36 399册（件）。同时，与二道区图书馆和多家分馆实现“一卡通”通借通还通阅服务。

2010年1月，长春图书馆荣获由中华人民共和国文化部授予的“国家一级图书馆”称号；2月，荣获由中共长春市委、长春市政府授予的“全市群众文化活动优秀团体”称号；3月，被长春市妇女联合会评为“长春市妇女群众文化艺术示范基地”；4月，荣获由中国图书馆学会授予的“2009 年度‘全民阅读’先进单位”称号;5 月,长春图书馆的“未成年人思想道德建设工程”荣获全国第 15 届项目类“群星奖”;7 月,荣获由中共长春市委、长春市人民政府、长春警备区授予的“科技拥军先进单位”称号;12 月,荣获由吉林社会科学界联合会授予的“吉林省 2010 年社会科学普及周活动先进单位”称号。

【2010 中国图书馆学会年会在长举行】 2010 年 7 月 25 至 29 日,中国图书馆学会年会在长春举行,长春图书馆作为此次年会的协办单位。闭幕式上,中国图书馆学会领导为长春图书馆颁发《感谢状》;长春图书馆荣获中国图书馆学会授予的“2009 年度‘全民阅读’先进单位”称号。同时,迎来百年华诞的长春图书馆借助年会召开之际,举办了一系列馆庆活动。为更好地展现长春图书馆百年风雨历程,全面梳理百年来图书馆在学术研究方面的丰硕成果,长春图书馆精心策划出版《长春图书馆百年画册》、《探索耕耘 追求卓越——长春图书馆百年纪念学术文集》;设计推出《长春图书馆百年》大型图片展等。7 月 26 日,“长春图书馆百年华诞庆典酒会”成功举办,国家图书馆馆长周和平、文化部社会文化司司长于群、吉林省文化厅厅长林君、长春市委常委、副市长郑文芝、长春市政府副秘书长卢福建,以及国家图书馆常务副馆长詹福瑞、上海图书馆馆长吴建中等全国图书馆界领导 160 余人参加百年华诞庆典酒会。

【喜获两项“群星奖”】 “群星奖”是为繁荣群众文艺创作、促进社会文化事业的繁荣与发展而设立的全国社会文化艺术政府最高奖。在第 15 届“群星奖”的评选中,长春图书馆创建的“未成年人思想道德建设工程”获项目类群星奖,馆长刘慧娟荣获“群文之星”称号。

【数字资源进机关、进社区、进万家活动】 2010 年 4 月,在长春市文化局的策划与领导下,长春图书馆开展了“建学习型党组织,筑书香长春”数字资源进机关活动,专门为长春市党政机关领导干部创建了一个数字图书馆平台——“书香长春学习网”,建立 87 个机关数字图书馆和 1 000 个个人数字图书馆,设置资源检索、书目推荐、专题信息、决策参考、个性服务、网上咨询和学习交流 7 个栏目,可提供 260 万种电子图书、8 000 余种电子期刊、1 000 多种电子报纸、百万余篇博硕论文以及国家标准、年鉴、工具书等,并提供检索、查询、下载和原文传递等服务。6 月,长春图书馆举办了“数字资源进社区、进万家”活动,向社区居民发放数字资源阅读卡,让丰富的数字资源惠及更多的社区及家庭。

长春图书馆工作人员指导读者使用图书自助借还系统

【引进“城市街区自助图书馆”和图书自助借还系统】 2010 年长春图书馆引进“城市街区自助图书馆”及图书自助借还系统,替代传统的人工借还服务。通过“城市街区自助图书馆”和图书自助借还系统,市民可以自助借书、自助还书,自助续借、自助查询。凡持有开通图书外借功能读者证的市民均可使用,操作简单,触摸屏按键,方便快捷,借还书过程只需按照显示器上的提示步骤操作即可轻松完成。这标志着长春图书馆从自动化管理向智能化管理迈出了第一步。

【“精彩在眼前——走进上海世博会”巡回展】 2010 年 4 月,“精彩在眼前——走进上海世博会”巡回展启动,长春图书馆精心制作了 34 块展板,介绍世博会的历史以及部分展馆的精彩看点,让广大群众近距离地感受世博、了解世博,让世博真正走近民众。世博会期间长春图书馆将此次展览分别送到德惠市图书馆、九台市图书馆、榆树市图书馆、二道区图书馆等进行巡回展出。

【举办“悦读快乐 阅读成长”青少年故事演讲大赛】 为迎接世界读书日的到来,引导广大青少年养成热爱阅读、博览群书的优秀品质和良好习惯,带动全社会青少年阅读风气的形成,由长春市文化局主办,长春图书馆承办,长春日报社、长春人民广播电台、长春少儿与老年生活广播、吉林童军总会协办的主题为“悦读快乐 阅读成长”的青少年故事演讲大赛于 2010 年 4 月 24 日在长春图书馆院士厅举行。来自吉林大学附属小学、吉林童军总会等百余名师生及家长参加活动。本次大赛主要面向 6 岁至 13 岁的青少年,在为期 1 个月的报名时间内,长春图书馆的小读者及来自吉林大学附属小学、清华路小学、曙光路小学等学校的学生 80 余人报名参赛。亮相决赛的 16 组 30 位选手经过激烈角逐,最终评选出一等奖 7 名、二等奖 10 名、三等奖 13 名。另外,本次大赛所有获奖选手均走进长春少儿与老年生活广播的直播间进

“悦读快乐 阅读成长”青少年故事演讲大赛现场

行现场录制，并陆续在少儿节目中播出。

【向残疾人赠送读者证】 2010年8月25日，由中国残疾人联合会、中华人民共和国文化部主办，吉林省残疾人联合会、吉林省文化厅、长春市残疾人联合会、长春市文化局共同承办，以“绽放生命 共享阳光”为主题的全国残疾人文化活动周系列活动正式拉开序幕。文化部、省市相关领导，长春市各专门协会、长春大学特教学院、长春市特殊教育学校领导，省、市、区残疾人工作者，特教学校师生代表、残疾人代表1 200余人参加活动。启动仪式上，长春图书馆向盲人代表赠送2 000张读者证。

【全民读书月系列活动】 2010年12月，长春图书馆举办以“阅读御寒冬，书香暖春城”为主题的全民读书月系列活动，活动分6大类34项，包括“读书小状元”评选表彰、命题说故事、启动数字资源视频使用帮助、图书选阅指南多媒体演示、播放“城市热读”讲座视频、免费赠送长春网络图书馆阅读卡、专题讲座、用户信息素养教育系列讲座、文化展览、专题文献展阅、知识窗和优惠活动等，吸引万余人的热情参与，广受社会各界好评。

【完成吉林省事业单位岗位设置试点工作】 长春图书馆于2009年被确定为吉林省事业单位岗位设置试点单位，并于2010年末顺利完成了此项人事制度改革任务。按照事业单位岗位设置管理的3个系列，即专业技术系列、行政职员系列、工勤系列，分别确定岗位指数，并按照岗位职能、岗位性质、业务含量、技术标准确定岗位等级，控制岗位总量。全馆共设置岗位195个，其中，管理岗位17个，占岗位总量的8.7%；专业技术岗位165个，占岗位总量的84.6%；工勤技能岗位13个，占岗位总量的6.7%。

（李　超）

卫生　体育

万科·2010长春净月潭瓦萨国际滑雪节
Vanke Changchun Jingyuetan Vasaloppet China Festival 2010

卫生 体育

卫 生

【概况】 截至2010年末，全市有医院医疗机构3 853家。其中，医院170家，社区卫生服务中心61家，卫生院140家，门诊部229家，采供血机构1家，急救中心站1家，妇幼保健所11家，专科疾病防治所7家，疾病预防控制中心14家，卫生监督所11家。全市医疗卫生机构工作人员有55 216人。其中，卫生技术人员39 720人，卫生技术人员中执业医师16 223人，注册护士14 361人，药剂人员2 477人，检验人员1 529人，其他技术人员1 972人。全市每千人口有床位数4.84张，平均千人口有医院、卫生院床位数4.65张，平均千人口有综合医院数2.95，平均千人口卫生技术人员数5.24，平均千人口执业、助理医师数2.33人，平均千人口注册护士1.89人，平均每百居民中住院人数12.26人，每一居民年平均就诊次数为3.54次，平均每百门、急诊人次中住院人数为3.37。

【医药卫生体制改革】 2010年，新型农村合作医疗实现了100%全覆盖，参合率达96.1%，参合总数达363万人。门诊就诊人数达91.4万人次，住院治疗患者28.6万人次，年度筹资总额5.45亿元，年度报销资金总额达5.01亿元。乡镇卫生院、社区卫生服务中心启动新农合门诊统筹报销模式，报销比例达30%，封顶线400元。提高基本药物报销比例，提高5%，乡镇卫生院高段报销比例达75%。

2010年长春市制定了基本药物制度基本模式，确定以药品零售价为参照标准，实施了同城同价的定价原则。确定了“721”资金保障机制。创造性地开展了“三险统一”的报销政策，出台了符合长春市实际的药品供应选配方式。同时根据各医疗机构实际功能，将长春市基本药物目录分别确定为城市社区为388种，区医院为547种，乡镇卫生院为553种，使新农合药物目录和基本药物目录统一使用。适时推进基本药制度。2010年8月首先确定朝阳区、绿园区、九台市社区卫生服务机构和乡镇卫生院做为试点，10月在长春市各城区的社区卫生服务机构、乡镇卫生院和九台市乡镇卫生院实施；11月在开发区、双阳区、农安县、榆树市、德惠市实施。实施基本药物制度后，各级财政累计拨付经费4 471万元。社区卫生机构2010年门诊人均收费水平由69.21元下降到20.35元，下降70.5%，基本药物价格比改革前零售价格下降21.4%。乡镇卫生院药品费用占医药总费用由71.73%下降到59.3%；区级医院门诊量同比增加21.56%，床位使用率增加15%。通过开展健康长春行动计划，长春市比全国提前1年开展公共卫生服务均等化工作。2010年，长春市城乡人均公共卫生服务经费标准分别达到16元、15元，比省内标准分别高出1元。9类国家基本公共卫生服务项目基本达标。规范居民健康档案数272万份，其中新建居民档案数49 318份，城区完成建档率达80%。开展健康教育讲座1 106次，宣传活动5 200次，发放各种宣传资料421 159份，健康教育覆盖率达85%以上。为全市3岁内儿童共免费体检54 798人，体检率达98.26%。新生儿访视率达90%以上，在全市范围内开展孕妇5次免费检查。完善社区心理疾病管理体系，老年人累计建档302 871人。开展为辖区60岁以上老人免费健康体检工作，规范化管理高血压患者为96 315人，糖尿病患者28 187人。在重大公共卫生服务项目方面，对15岁以下的人群已完成补种乙肝疫苗149 369剂次，完成全年任务106.8%。农村孕产妇住院分娩率达98%。750例贫困白内障患者复明手术任务全部完成。按照先易后难、以点带面、稳步推进的原则，制定了《长春市公立医院改革试点实施方案》，确定在长春市第二医院、朝阳区医院全面推进改革工作试点，同时在市属医疗机构中选择性开展改革工作，其中临床路径、单病种限价、优质护理服务示范工程、医院实施后勤社会化管理、效绩评估、人事分配制度等改革项目。

【抗洪救灾】 建立洪涝灾害卫生防病责任体系，成立了7个技术指导组和2个应急机动队，深入灾害较重的乡镇和村屯开展防病和消毒技术指导。先后8次对灾区防病工作落实情况进行督导。全市累计调集专业技术人员6 300人次，开展卫生指导1万余人次，消毒、杀虫、投药1 400万平方米。派出10个医疗队前往抢险一线，开展医疗救治工作。县（市）、区按照属地管理的原则，全力开展救灾防病工作，成立医疗救助点68个，救治灾民1万多人，开展防病宣传80余次。灾期和灾后，长春市传染病和水灾相关疾病发病率均无上升，同时未出现食物中毒和水污染事件，实现了大灾之后无大疫的目标。

【传染病控制】 全面加强传染病控制，重点传染病发病率仍然保持下降趋势，全市未出现传染病暴发疫情。继续做好手足口病的疫情控制工作，2010年手足口病疫情呈现疫情发生早、流行速度快、重症患者多、持续时间长的特点。及时调整防控策略，科学防治，未出现疫情集中暴发、影响社会秩序的后果。手足口病救治工作成效显著，共救治重症患儿414例，市儿童医院保持重症患儿无死亡的纪录。全市实现了较低死亡率的防控和治疗目标。全面开展麻疹消除工作。2010年共接种麻疹疫苗41万人，接种率达98.2%。15岁以下乙肝疫苗接种完成率达98%，顺利通过国家和省里评审。

【健康行动计划】 2010年健康行动计划的主题是“树立全民健康责任”。启动了营养改善工程、环境保护工程和慢病防控行动计划、心理健康促进计划、无烟城市创建活动，实施了市民健康状况调查和儿童孤独症筛查干预项目，开展了“最健康长春人”评选活动。实施特困家庭免费健康体检4 141人，实施先天性唇腭裂修复手术317例、贫困白内障复明手术2 544例、先天性白内障复明手术106例、先天性心脏病151例、儿童窝沟封闭12 921例，为60岁以上贫困老人安装义齿103例。开通心理危机援助电话，免费培训社区心理医生124人，实现了每个社区卫生服务机构都有一名心理医生的民生目标。健康教育工作取得新进展，先后编制了《健康素养三字谣》、《控烟指导手册》、《手足口病防控指导手册》、《糖尿病防控指导手册》等健康教育宣传材料3万余本，抗洪防病系列宣传品35万张(册)，在新闻媒体开设专栏开展健康教育宣教活动，累计受益300余万人次。

【卫生民生】 贫困家庭医疗大救助工作。启动了特困家庭健康体检活动。为进一步做好基层党组织服务民生—万户特困家庭结对救助活动，使贫困家庭能及早发现重大疾病，减少危害，经过精心策划、认真培训、周密部署，在吉林硅谷医院启动“健康长春，温暖2010贫困家庭医疗大救助行动”，全市所有乡镇卫生院、社区卫生服务中心为特困家庭提供免费健康检查。到2010年底，累计体检贫困人口4 141人。启动60岁以上贫困人口全口无牙免费安装义齿项目，已有102名贫困全口无牙老人受益。协助各城区加快“爱心透析中心”建设，南关区和朝阳区已经开设了透析点，为低保户进行免费的血液透析。绿园区、二道区、宽城区医院的房屋和人员均已经到位，待市政府统一购置设备后，就可以开展透析工作。同时，各城区分别派出医护人员前往三级医院进行业务培训，全面提高医护人员的医疗技术水平。“儿童重症抢救中心”、“传染病重症治疗中心”和“疾控检验中心”项目均已通过国家审批，按计划完成审批手续及贷款准备工作。

【医疗管理】 积极推广临床路径管理工作，规范医疗流程、减轻医生负担，维护患者权利。2010年，制定了《长春市临床路径管理试点工作方案》，明确在市医院等7家医疗机构开展临床路径试点工作，各区也安排试点医院全面推广。市妇产医院在全省率先开展临床路径工作，制定了工作规范和流程，健全了工作制度，并在临床广泛推广，收到良好效果。全面参与世卫组织倡导的绿色安全医院行动计划。5月迎接世界卫生组织来长考察，并启动了绿色和安全医院行动计划。世界卫生组织的专家对吉大一院进行了实地考察，并给与了较高评价。加强医疗安全管理，积极开展隐患排查。召开医疗安全工作会议，开展“医疗安全隐患大排查”，对上报的17个安全隐患进行整改，严格落实责任追究制，对于发生医疗事故、特别是一级医疗事故的相关责任人将给予严肃处理。对市管60家医疗机构进行校验，对不符合要求的5家医疗机构的9个诊疗科目进行了注销，对6家医院提出了整改意见。开展“优质护理服务示范工程”活动，将市医院确定为“长春市护理培训基地”，与市医学会共同承担全市护理人员的培训工作。首批将对医疗机构中从业的护工进行培训，切实为患者提供优质的生活护理。开展万名医师支援农村卫生工程。各大医院对外县(市)医院派驻专家40人，累计开展手术30余次，手术示教20余次，会诊120余次，义诊30余次，业务培训20余次，受援医院派往支援医院进行学习和培训80余人次。

【基础设施建设】 2010年，市中心医院和中医院重点改造工程全面启动，市心理医院搬迁工作全面进入实施阶段。德惠市医院、绿园区医院投入使用，乡镇卫生院全部完成改造任务，市直医疗单位总收入比2009年增长18%，住院患者人数增长14%。双阳区被评为国家基层中医药工作先进单位，评选出5所示范中医院、40个中医名科、50名市级名中医和34名基层名中医，有效推动了长春市中医药事业的发展。

【妇幼保健】 继续开展降低孕产妇和婴幼儿死亡率工作，实现了连续5年乡镇卫生院无孕产妇死亡的目标，孕产妇死亡率比2009年下降3.46个10万分点。长春市完成了两纲目标的终期评估。继续推进优生优育促进工程，产前筛查1 956例，筛查新生儿51 027例，新生儿筛查率达90%，步入全国先进行列。对全市504家计划生育服务机构进行校验，有107家通过验收。0月~36个月儿童免费体检项目全面推进，免费体检10万余人。

【卫生监督】 2010年是长春市卫生监督健康权益保障年，市卫生局开展了餐饮安全、妇女健康安全、职业与放射卫生安全、传染病防控、公共场所、生活饮用水和学校卫生安全等10项专项行动，共立案4 150起，罚款金额达599万元，有效地保障了群众的健康权益。继续做好重大活动卫生监督保障工作，实现了“零隐患，无差错”的目标，全年无重大食物中毒事件发生。完成食品监督体系改革，新的食品安全和公共卫生监督管理机制已经建立，并全面开展工作。

【新型农村合作医疗】 2010年，常住人口参合率达98.7%，比民生指标高出3.7%，全年筹集参合资金5.45亿元，在提高个人筹资标准和城市扩建农民基数减少的前提下，参合人数和参合率均居全省领先位置，共有87.5万人受益，累计报销支出3.91亿元。在基金总量允许的前提下，以便民、惠民为中心，经反复论证和测算，对10项补偿政策进行了调整。1、提高报销比例，将低段报销比例由20%提高到30%，高段报销比提高10%；2、报销封顶线由3万元提高到4万元；3、将门诊补偿比例由20%提高到30%，

广泛开展国际卫生合作

封顶线由60元提高到100元;4、将糖尿病等20种慢性疾病的门诊医药费纳入门诊统筹报销,平均报销比由30%提高到40%,封顶线达到5 000元;5、将尿毒症等5种疾病的门诊医药费纳入住院统筹报销,享受与住院患者同样的报销待遇;6、调整了药品目录,将国家基本药物和有批准文号的院内制剂全部纳入报销范围,并对基本药物的报销比例提高5%;7、增加了报销范围,在原有双保双报和新生儿及新筛费用报销的基础上,将院前医疗救护费用和脑瘫康复费用纳入报销范围;8、将700家村级卫生所纳入定点管理,在村里看病即可享受补偿,极大地方便了农民;9、将具备条件的社区卫生服务中心纳入新农合定点管理,为提高健康长春行动计划的内涵建设和特殊疾病干预打下基础;10、进一步简化转诊手续,实行特殊疾病取消转诊、专科疾病简化转诊、常见疾病双向转诊,有力地调整了患者流向,突出了市级医院的诊疗和转诊优势,增加了患者流量和业务收入。同时,对定点医疗机构的资格全部实行动态管理,并逐步探索将省、市两级定点资格为一体的医院进行划分,全面提高各项监管工作。

【对外交流】 2010年,市卫生局直属单位赴日本、德国培训6人次,其中市人民医院郭晶东被录取赴德进修博士学位,成为全国中德合作医学项目中首位博士学历进修者。长春医学高等专科学校加快专升本步伐,全年共培养医学专业学生1 485人,在职各类卫生人才1 528人。各单位全面实施"人才战略"、"名牌战略"引进了一大批优秀的毕业生和专业人才,特别是绿园区、宽城区、德惠市在多年未招录专业人才的情况下,招聘了一批优秀毕业生。

(姜德强)

体 育

【圆满完成亚运火炬传递活动】 2010年,第十六届亚运会在广州举办,吉林省、长春市领导都对亚运火炬在长春传递(本次火炬传递活动,广东省外只有4座城市被选中)高度重视,将其作为重要政治任务来完成,在时间紧、任务重和程序复杂条件下,长春市圆满完成了本次亚运火炬传递任务,实现了组织有序、宣传深入、气氛热烈、安全顺畅的既定目标,扩大了长春市对外宣传和影响。

【竞技体育实现历史性突破】 国际国内大赛取得显著成绩。1、实现了冬奥会金牌零的突破。2010年2月,长春市运动员周洋勇夺第21届温哥华冬奥会短道速滑女子1 500米比赛金牌,圆了几代体育人的冰雪梦想。在本届冬奥会上,长春市共有7名运动员代表中国参加短道速滑、自由式滑雪空中技巧2个大项、10个小项比赛,取得2枚金牌和1个第4名、1个第6名、2个第7名的历史最好成绩。特别是周洋,还会同队友夺得短道速滑女子3 000米接力金牌,并3次打破奥运会纪录,2次打破世界纪录,刷新了我国从未获得冬奥会短道速滑女子1 500米、3 000米接力金牌的历史纪录,为国家争得了荣誉。2、省运会取得运动成绩和精神文明双丰收。第十六届省运会市州组共设25个大项、576个小项、620枚金牌。长春市体育代表团共有1 000余名运动员参加了本届省运会23个大项、548个小项、592枚金牌的争夺。比赛中,长春市体育代表团共夺得金牌444枚、银牌184枚、铜牌190枚、总分16 170分,冠军奖杯21座,体育道德风尚队21支,以绝对优势名列全省第一,再次实现金牌、奖牌、总分、奖杯和体育道德风尚奖"五个第一"目标。3、在国内外重大体育比赛中取得佳绩。长春市及其输送的运动员参加年度国际和全国比赛40项次,获世界冠军17个,全国冠军53个;向国家队(集训队、青年队)输送运动员26人。在塞尔维亚举行的第18届诺维萨德国际马拉松比赛中,长春市选手包揽男女冠军。长春市有8个单位被吉林省体育局命名为"吉林省体育后备人才基地",7个单位被命名为"吉林省重点项目班";长春市体育局被省授

长春市运动员周洋勇夺第21届温哥华冬奥会短道速滑女子1 500米金牌

予“2009年度市州体育突出贡献奖”。4、备战城运会和冬运会。积极做好全国第7届城市运动会、全国第12届冬季运动会备战工作，组建了参赛队伍，确定了参赛项目和目标。

【全民健身活动】 1、提前实现体育民生工作目标。根据年初体育民生计划安排，争取国家、省专项资金近1 000万元，共计投入建设资金近1 200万元，建成了国家级全民健身户外基地——御花园体育健身园，在城区安装了30条健身路径，为13个乡镇、167个行政村安装了健身器材，全面完成了公园、广场等健身器材的维护、维修工作，提前实现市政府确定的体育民生计划目标。2、全民健身活动丰富多彩。为了推动全民健身活动广泛开展，抓好体育普及工作，市体育局以“健康长春—体育伴随你我他”为主题，以22项市级品牌活动和7大分主题活动为重点，坚持“三贴近”（贴近实际、贴近生活、贴近群众）原则，采取“五结合”（大型活动与小型活动相结合、集中活动与分散活动相结合、趣味活动与竞技活动相结合、传统赛事与新型赛事相结合、城市社区活动与农村村屯活动相结合）方式，市及各县（市）区、开发区因时、因地、因人制宜，组织开展了“迎新年”元旦市民徒步走、夏日长春—全民健身系列活动、2010安利纽崔莱健康跑、首届长春外国友人运动会等覆盖城乡、贯穿全年各类健身活动1 000余项次，吸引健身群众近200万人次，增强了市民的健身意识，激发了健身热情。3、国民体质监测工作普及城乡。根据年初确定的按全市人口1.5‰的比例，利用节假日和举办大型健身活动时机，深入机关、部队、学校、社区街道、乡镇村屯和广场、社区，为13 000人提供体质检测、评定和健身指导，提交了《长春市国民体质监测报告》，建立了覆盖城区的15个国民体质监测室，形成了市民体质监测网络。4、全民健身骨干队伍不断壮大。先后举办社会体育指导员、社区体育管理员培训班6期，国民体质监测员培训班4期，体育传统项目学校教师培训班2期，培训1 000余人，使社体队伍更加年轻化、知识化、专业化，健身指导更加科学、管理更加规范、服务更加专业、活动更加丰富。

【高水平体育竞赛精彩纷呈】 1、做好赛事申办工作。以打造品牌赛事为重点，争取国家、省体育部门支持，启动了第8届全国城运会申办工作；申办了全国第12届冬季运动会部分冰上比赛项目、短道速滑世界杯赛、国际雪联越野滑雪中国巡回赛、国际友好城市马拉松比赛、全国第7届城市运动会男子足球U15～16决赛等国际国内大型体育赛事。2、做好赛事承办、举办工作。成功承办了瓦萨越野滑雪赛、全国越野滑雪锦标赛、第8届全国篮球城市领导干部篮球赛、全国老年人羽毛球锦标赛、全国中学生乒乓球锦标赛、CBA全国篮球联赛、中超全国足球联赛、乒超全国联赛、全国女篮俱乐部比赛等国际国内大型体育赛事20余项次；举办了吉林省暨长春市首届羽毛球、乒乓球、公路长跑锦标赛等省市级体育比赛200余项次，吸引国内外5 000余名运动员报名参赛，现场观众达30余万人次。3、加强裁判员队伍建设。以培养中青年裁判骨干为重点，通过邀请国际级、国家级裁判员授课、赛会实践等办法，加强各项各级裁判员培养。共举办培训班13期，培训228人；报批国家级裁判员7人、国家一级裁判员18人，审批国家二级裁判员246人，进一步壮大了长春市裁判员队伍，为举办高水平体育赛事提供了组织和人才保障。4、启动了第12届全国冬季运动会长春赛区筹备工作。拟订了全国第12届冬季运动会长春赛区筹备工作方案、长春赛区组委会、下设机构、职责任务、人员名单、第12届全国冬季运动会长春赛区组委会成立大会方案，赛会各项筹备工作已启动。

健康跑现场

【加快体育产业化、法治化步伐】 1、体育彩票销售量稳步提升。以合理布局、增机扩点、销售安全和规范管理为重点，提高了服务质量，增加了销售额度。2010年共销售5.2亿元，占全省总销售额近40%，位居吉林省首位。2、市直体育系统本体产业稳步发展。市直体育场馆优化资源配置，采取自管、托管和承包等多种经营方式，全年经营创收2 000万元，实现了收支平衡目标。3、争取体育产业优惠政策取得实质性进展。以国家体育产业指导意见出台为契机，学习借鉴国家和兄弟省市经验，起草了《关于加快推进长春市体育产业发展情况调研报告》，得到市长崔杰重视和批示。市财政部门已开始进行调研。长春市体育产业协会筹组报批工作也已基本完成。4、制定完善20个项目体育经营活动标准，加强对新开办体育经营场所行业指导，全市体育经营活动单位增至 646 家，从业人员 13 000 余人。5、抓好以 32 家游泳经营场所为重点的专业技术人员管理，102 名救生员通过年度审核；会同公安部门，加大了体育经营场所安全监管力度。

【体育设施建设】 2010 年，长春奥林匹克公园建设进入实质性阶段。长春市体育局配合高新区完成了奥体公园整体规划、论证、选址、招标等项工作，并就奥体公园先期建设标准、功能达成了共识，已从总体规划转入单体设计、功能完善阶段。各县（市）、区加大了文化体育设施建设力度。榆树市文体活动中心、农安县体育馆相继落成；全省第一个社区体育俱乐部在长春市铁西街道落户，填补了区域性缺失公共体育设施的空白。长春市东西南北中、点线面相结合的体育设施建设新格局得到进一步完善。投资 600 万元，对长春体育场消防工程、五环体育馆场地、棚面、运动学校供电系统、冬管中心运动员宿舍、莲花山滑雪场 VIP 室和军体中心防水等工程进行了维修改造，确保了训练、教学和赛事活动的顺利进行。

（孙彩贤）

社会

社　　会

城乡人民生活

【概况】 2010年，社会经济继续保持持续、稳定、快速发展的良好态势。城镇居民收入增长，带动消费支出增长，消费结构进一步优化，消费支出呈现多元化，人民生活质量不断提高。2010年，长春市城市居民人均可支配收入达17 922元，比2009年增长11.5%。其中，工薪收入增长14.9%，经营性收入增长3.7%，财产性收入增长31.3%，转移性收入增长9.1%。城市居民人均消费性支出为14 400元，比2009年增长7.4%。城市居民人均住宅建筑面积达31.14平方米。农民家庭人均纯收入为6 665元，比2009年增长17.7%。农村居民人均生活消费支出3 863元，比2009年增长9.3%。农村居民人均居住面积达24.62平方米。2010年末，城乡居民储蓄存款余额2 086.3亿元，比年初增长12.1%。

【城市消费水平】 2010年，城市居民食品消费4 642元，增长7.4%；衣着消费1 818元，增长18.0%；家庭设备用品及服务消费915元，增长60.6%；医疗保健消费1 310元，下降16.8%；交通和通讯消费1 632元，增长5.2%；教育文化娱乐服务消费1 793元，增长9.6%；居住消费1 628元，增长6.0%；杂项商品和服务消费662元，下降2.2%。

【农村消费水平】 2010年，农村居民食品消费1 517元，增长7.3%；衣着消费262元，增长8.5%；居住消费750元，增长43.1%；家庭设备用品及服务消费139元，增长4.5%；交通通讯消费307元，下降19%；教育文化娱乐服务消费371元，增长10.4%；医疗保健消费416元，下降3.3%；其他商品和服务消费101元，增长32.9%。

【消费结构】 2010年，城市居民恩格尔系数为32.2%，与2009年持平；农村居民恩格尔系数为39.3%，下降0.7%。城市居民消费支出中，衣着消费比重为12.6%，上升1.1%；家庭设备用品及服务消费比重为6.4%，上升2.1%；医疗保健消费比重为9.1%，下降2.6%；交通通讯消费比重为11.3%，下降0.3%；娱乐教育文化服务消费比重为12.5%，上升0.3%；居住消费比重为11.3%，下降0.2%；杂项商品服务消费比重为4.6%，下降0.4%。农村居民人均生活消费支出中，衣着消费比重为6.8%，与2009年持平；居住消费比重为19.4%，上升4.6%；家庭设备用品及服务消费比重为3.6%，下降0.2%；交通通讯消费比重为7.9%，下降2.8%；娱乐教育文化服务消费比重为9.6%，上升0.1%；医疗保健消费比重为10.8%，下降1.4；其他商品服务消费比重为2.6%，上升0.4%。

【消费特点】 1、食品价格上涨助推食品支出持续增长，消费质量逐步提高。2010年，城市居民人均食品支出4 642元，比2009年增长7.4%。其中，粮油类支出645元，比2009年增长24.8%。大米每千克价格上涨23.4%，人均支出176元，面粉价格上涨19.0%，人均支出65元；城市居民人均肉禽蛋水产品类支出1 190元，比2009年增长8.7%。肉类支出768元，增长12.4%，禽类支出118元，增长0.6%，蛋类支出95元，增长0.9%，水产品类支出209元，增长4.5%。同时，食品消费更加注重口味、口感，人均调味品类支出88元，增长53.3%。在外用餐的居民明显增多，人均在外饮食支出888元，增长21.2%。2、宜居观念增强，追求居住质量和条件。2010年，城市居民人均居住支出1 629元，增长6%。人均住房支出206元，增长18.5%。在房价上涨的影响下，人均租赁房租支出52元，增长91.6%。同时，人们对住房的配套服务和物业管理上的要求都有所提高。2010年，人均居住服务费支出106元，增长28.6%。其中，物业管理费支出60元，增长16.8%；维修服务费支出25元，增长48.2%。3、衣着消费更讲究新颖化和品牌化。2010年，城镇居民人均衣着消费支出1 818元，增长18.0%。服装支出1 206元，增长14.3%；鞋类支出480元，增长18.9%；其他衣着用品支出109元，增长92.5%。4、居民家庭主要耐用品大幅增多，居民生活品质转向时尚、舒适、方便。在国家“家电下乡”政策支持和商家“以旧换新”等活动的双重推动下，城镇居民家庭主要耐用品的支出和拥有量都大幅增长。人均耐用消费品支出392元，增长65.5%。其中，洗衣机、电冰箱等家庭设备人均支出为315元，增长77.9%。时尚个性的家居装饰品和日用品越来越受到人们的青睐，2010年，人均室内装饰品支出44元，增长35.3%；家庭日杂用品支出327元，增长83.6%。5、教育文化娱乐服务消费支出增长较快。2010年，人均教育文化娱乐服务支出1 793元，同比增长9.6%。2010年，城镇居民人均文化娱乐服务338元，增长70.2%。其中，人均参观旅游支出66元，增长70.9%；团体旅游120元，增长83.1%。人均教育支出1 190元，增长8.5%。教育费用支出1 115元，增长11.2%。其中，人均非义务教育学杂费支出404元，增长235.0%；人均家教费支出44元，增长21%。6、社会保障支出持续增长。2010年，人均社会保障支出1 502元，增长20.8%。其中，人均个人交纳的养老基金为718

元，增长16.4%；人均个人交纳的住房公积金为522元，增长25.5%；人均个人交纳的医疗基金为176元，增长10.7%；个人交纳的失业基金为55元，增长28.5%。

（曹军飞）

婚姻家庭

【概况】 2010年，长春市共有婚姻登记处14个，其中，城区6个、县（市）4个、开发区4个。全市共办理结婚登记72 157对，离婚登记22 591对。1、全面提升婚姻登记规范化建设水平。全市14家婚姻登记机关全部跨入了“全国婚姻登记规范化单位”行列。长春市民政局被国家民政部评为“全国婚姻登记规范化建设‘十一五’贡献突出单位”。2、强化婚姻登记工作日常管理。新增汽车产业开发区（以下简称“汽开区”）婚姻登记处，健全了开发区的民政职能，填补了“汽开区”无婚姻登记机关的空白；举办了全市婚姻登记网络管理培训班，升级软件，启用新版婚姻登记证字号，有效提高了婚姻登记的管理水平，并为下一步实现全国婚姻登记联网奠定了基础；采取开通预约登记、制定应急预案等措施，有效应对特殊日期“扎堆”登记现象。3、开展婚姻登记工作理论研究。围绕倡导健康和谐文明婚姻观念，强化新人的法律意识和责任意识，积极开展理论调研，指导实践工作。在全国婚姻家庭研讨会暨纪念新中国首部《婚姻法》颁布60周年大会上，长春市民政局报送的《婚姻登记工作在执行中遇到的问题及应对措施》一文，获国家民政部优秀论文奖。

【结婚登记】 2010年，长春市各婚姻登记机关严格按照《婚姻法》和《婚姻登记条例》的规定，公开审批程序，认真审核登记手续。

【离婚登记】 2010年，长春市各婚姻登记机关依法对离婚登记手续齐全，尤其是根据离婚协议书的内容，对当事人在子女抚养、财产及债务处理等事项明确的情况下，准予办理协议离婚登记。

（马　威）

计划生育

【概况】 到2010年末，全市总人口753.5万人，出生47 402人，政策生育率为93.7%，出生率为6.29‰，自然增长率为1.62‰，圆满完成了省下达给长春市的各项人口计划。2010年度全省人口计生“党政线”考核长春市获得好评，“业务线”考核获得第一名。

【开展“情牵新生命—优生优育促进工程”】 市县两级政府投入550万元，免费为常住人口和流动人口开展出生缺陷一级预防工作。各级人口计生部门确定了“科学化管理、精细化服务、系统化干预、科普化宣传”的工作思路，做到了优生工作程序规范、服务精细、组织严谨、筛查准确、档案完整。2010年底，全市共为41 378名已婚待孕妇女进行了6项病毒筛查，完成率101.8%，注射风疹疫苗1 596人。国家人口计生委专家在长春市进行了全国人口计生系统首次实验室的室间质评，并将结果作为全国首批孕前免费优生健康检查试点单位的实验室质控标准。4月份，在国家人口计生委和财政部联合召开的国家免费孕前优生健康检查项目工作电视电话会议上，长春市财政局局长胡延生代表长春市作了大会发言。7月份，国家人口计生委在云南召开优质服务项目建设现场会，长春是4个发言单位之一。9月份，全省“国家免费孕前优生健康检查项目”试点工作现场会在农安县召开，农安县被确定为“国家免费孕前优生健康检查项目”100个试点单位之一。

【提供免费计划生育技术服务】 以市政府办公厅文件印发了工作意见，市人口计生委和市公安局、市人社局、市财政局等4部门联合印发了工作方案，按照国家关于流动人口免费技术服务要求开展工作。全年为流动人口提供计划生育技术服务和生殖健康服务108 540人次，免费提供药具服务5 831人次，免费提供优生筛查服务460人次。长春市被国家人口计生委确定为流动人口计划生育基本公共服务均等化试点城市。9月份，在国家人口计生委、中央综治办、财政部、人力资源社会保障部4部委联合召开的创新流动人口服务管理体制研讨会暨推进基本公共服务均等化试点工作会议上，长春市人口计生委作了大会经验交流。

【人口计生综合改革】 研究制定了《关于深化长春市人口和计划生育综合改革的五年规划》，健全完善了理论创新、统

市长崔杰（左二）深入人口计生部门了解优生优育促进工程的实施情况

筹协调、综合管理、公共服务、利益导向、群众自治、人财保障“七大工作机制”。探索建立了“四个一体化”(技术服务机构院站一体化、市县一体化、县乡一体化、医药一体化)的服务机制。全省服务机构建设一体化试点经验交流会把榆树市作为现场,受到会议代表的认可。全面深化了“院站合署服务”的药具工作模式,建立了“10分钟药具服务圈”,受到省人口计生委领导的充分肯定。全市有7个县(市)、区进入国家优质服务先进县(市)、区行列,在全省占国优县比例最高。农安县计划生育服务站获全国首批计划生育优质服务示范站称号。长春市被国家人口计生委授予全国首批人口和计划生育综合改革示范市称号。国家综合改革评估组对市人口计生委的工作给予充分肯定。8月份,国家人口福利基金会会长、第十届全国政协副主席王忠禹视察长春市人口计生工作,并给予高度评价。

【落实奖励扶助政策】 2010年,全市有14 688人符合农村部分计划生育家庭奖扶制度,市本级匹配资金28.68万元。有5 798人符合计划生育特别家庭奖扶制度,市本级匹配资金19.03万元。截至9月底,两项奖扶对象确认、信息录入、档案建立及归档工作已全部结束,“两项”政策扶助对象确认准确率和资金发放率分别达100%。城镇独生子女父母退休后一次性奖励人数确认准确率达100%,其中市直机关事业单位政策兑现率达100%。

【开展“提高家庭发展能力”活动】 以长春市人口和计划生育领导小组名义下发了《关于开展“提高家庭发展能力活动”的实施方案》,把服务对象从计划生育家庭拓展为全市所有家庭,把服务范围从农村户口拓展到覆盖全市,把服务内容从“六个到户”深化为“五大能力”,即提高家庭生存发展能力、学习上进能力、自我保健能力、文明行为能力、奉献社会能力。全年全市创建新家庭6万户。

【完成全人口信息录入工作】 初步建成了以“一库两网三大系统四级平台”为核心,覆盖人口计生工作各个领域的信息化管理系统。对全市28个乡(镇)、街道全员人口录入的质量情况进行了检查。全市人口出生统计准确率达96%以上,非政策内出生上报准确率达100%。

【队伍职业化建设】 2010年,市人口计生委制定下发了《长春市人口计生委关于大力推进人口计生机构队伍“强基提质”工程进一步深化职业化建设的指导意见》。4月份,组织市、县、乡、村四级人口计生工作人员1 601人参加了为期1周的业务培训并参加了全国生殖健康咨询师考试。生殖健康咨询师培训工作已纳入日常业务培训内容,成为一项常态工作。11月份,全省人口计生系统干部队伍职业化建设交流推进会在长春市双阳区召开,市人口计生委分别在经验交流会和理论研讨会上作了大会发言。

(宋学兵)

民族工作

【概况】 2010年,全市有46个少数民族,人口25.2万人,占全市总人口的3.52%。其中,城市少数民族人口13.8万人,占全市少数民族人口的54.7%;农村少数民族人口11.4万人,占全市少数民族人口的45.3%。满族、回族、朝鲜族、蒙古族、锡伯族5个世居少数民族人口24.8万人,占全市少数民族人口的98.4%。其中,满族14.3万人,占57.6%;朝鲜族4.96万人,占19.9%;回族4.37万人,占17.6%;蒙古族1.1万人,占4.5%;锡伯族685人,占0.4%。全市有4个民族乡,即双阳区双营子回族乡、九台市胡家回族乡、九台市莽卡满族乡和榆树市延和朝鲜族乡,有43个少数民族聚居村,258个少数民族聚居社。全市有少数民族干部5 837人,占全市干部总数的2.75%。有少数民族社团8个,市级朝鲜族群众艺术馆1所,乡级少数民族文化站4所;民族中、小学26所;民族医院1所,民族乡医院4所,少数民族聚居村合作医疗点43个。

【开展民族团结进步活动】 1、召开全市民族团结进步表彰大会。10月14日,全市民族工作会议暨第五次民族团结进步表彰大会在省宾馆召开,会议由市长崔杰主持,省民委主任姜光子对长春市的民族工作给予充分肯定,并对今后一个时期的民族工作提出了具体要求。2、树立民族团结进步先进典型和大力宣传先进事迹。市政府决定由市人社局和民委联合下发《关于做好吉林省和长春市第五次民族团结进步表彰大会先进集体和先进个人评选推荐工作的通知》,在全市共评选出32个民族团结进步先进集体和73名先进个人。在表彰大会上,2个先进集体和1个先进个人作了典型发言。双阳区委、区政府高度重视民族工作,认真贯彻落实党的民族政策,努力促进民族团结进步事业,全区呈现出各民族和睦相处、安居乐业的大好景象;长春市希望高中自2005年起代省承办内地新疆高中班,截至2010年底,已经先后接收新疆的14个地州,50多个县(市)的维吾尔族、哈萨克族等13个少数民族的学生444名,期间有的学生先后考入北大、清华等国内重点名牌大学。学校也先后被评为吉林省支援民族教育工作先进集体、吉林省民族团结进步先进集体,希望高中的“新疆班”已经成为展现长春市民族团结进步教育成果的一面旗帜;长春市朝鲜族妇女协会会长李贞淑在担任协会会长的12年间,募捐资金达40多万元,为7所小学、5所中学、1所大学里的朝鲜族、回族、满族等贫困学生780多人予以捐助,部分受捐助的学生考入高等院校。李贞淑先后被评为长春市民族团结进步先进个人、“长春市保护未成年人先进个人”、“长春市支持妇女儿童事业特殊贡献先进个人”。为了宣传他们的先进事迹,推动民族团结进步活动的开展,市民委把被评选为先进集体和先进个人名单,在《长春日报》予以公布,对于他们的先进事迹,采取分期分批地在报纸、电台、电视等媒体上予以宣传,市领导还接见了受表彰的先进集体和个人代表并与他们合影留念,以此予以鼓励。3、开展民族团结进步“宣传月”活动。市民委积极与新闻媒体进行沟通和协调,

长春市第五次民族团结进步表彰大会

有计划地对全市民族团结取得的成果进行宣传。2010年9月,市民委与新闻媒体采取灵活多样的形式,广泛开展全市民族团结进步"宣传月"活动。通过与长春电视台到民族单位、少数民族乡村、民族企业、一线工作岗位等地现场采访,录制专题片,展示近几年长春市民族工作的主要经验及取得的成果,在长春电视台进行专题宣传;采取在《长春日报》固定版面或时间开辟专栏,在长春人民广播电台结合自身特点,进行民族理论、民族政策和民族知识系列宣传。

【解决少数民族民生问题】 1、提高少数民族生产生活费标准,加大解决少数民族生产生活问题力度。2010年市政府决定,少数民族生产生活补助费标准,由每年每人5元提高到10元,每年补助费由原来的100万元增加到200万元,并确定要把发放的重点放在解决受灾民族乡村和少数民族群众的特殊困难上,按此要求,为33个少数民族乡村和单位发放了补助费,支持建设了34个项目,向少数民族群众送去了党和政府的关怀。2、加快市回族福利院后续工程建设,解决回族老人养老问题。市政府先后投资650万元,建设了建筑面积1 537平方米,60张床位的市回族福利院,并把市回族福利院工程列为市政府民生行动项目之一,责成市民委负责建设和管理。截至2010年底,建设项目大部分完成,回族群众担忧的问题得以解决。3、关心少数民族生活,体现党和政府对少数民族关怀。①开展为受灾民族乡村和少数民族群众送温暖工作。2010年长春市部分民族乡村和少数民族群众遭受罕见洪水灾害后,市民委领导到受灾较重的九台市莽卡满族乡、胡家回族乡、其塔木镇西山回族村和胡家回族乡蜂蜜回族村等地查看了水情。又专门组织人员对全市民族乡村遭受洪涝灾害情况进行了调研走访。根据受灾情况,市民委专门拨付10万元,在春节前完成对100户遭受水灾的少数民族群众进行慰问走访,并协调市相关部门争取优惠政策。②加大对清真食品的监管力度,维护少数民族合法权益。为净化春节期间全市清真食品市场,2010年初市民委与市工商局组成联合执法检查组,对朝阳区、南关区、经开区等市区内部分超市和综合市场内的清真食品经营专柜、网点进行专项检查,先后纠正了重庆路沃尔玛超市内清真食品与非清真食品无隔离问题、新天地购物商场内"老韩头"清真食品专柜与"百里香"非清真食品专柜无隔离问题、依法对中东大市场内的一家名为"鑫源"专柜,无清真经营许可而挂清真标志招牌,卖清真羊肉片与狗肉无隔离的摊床给予摘牌处理,为回族等穆斯林少数民族群众提供良好的购物环境。③增加城区回族等少数民族居民肉食补贴。按照有关文件精神,市民委经过市场调研,参考东北三省其他城市关于为回族等少数民族发放补贴的标准,就长春市区回族等信仰伊斯兰教的10个少数民族群众发放补贴情况,向市政府主要领导进行了汇报,呈报了《关于增加城区回族等少数民族居民肉食补贴的请示》,提出了具体的建议,并得到市政府的批准。市民委与财政局等部门对这10个少数民族人口进行统计,将补贴尽快发放到居民手中。④走访慰问少数民族贫困户。春节期间,市民委领导陪同市领导对城乡42户少数民族贫困户进行了慰问,同时还有计划地开展少数民族群众走访、慰问和各种扶贫解困工作。⑤关心希望高中"新疆班"少数民族学生。市民委多次到希望高中调研,了解学校在承办"新疆班"中的困难,解决实际问题。2010年古尔邦节市民委领导还带2万元慰问金前往贺节,使这些边疆少数民族学生充分感受到长春这个大家庭的热情和温暖。4、继续推进市朝鲜族群众艺术馆迁建扩建和朝鲜族小学整合规划。先后呈报了《关于建设朝鲜族文化小区的报告》和《关于迁建市朝鲜族群众艺术馆的报告》,市政府进行了研究,力争本届政府任内得到解决。

【发展少数民族经济】 1、抓好少数民族乡村新农村建设先进典型。深入民族乡村进行调研,认真总结双阳区双营子回族乡全面经济发展和项目建设、齐家镇曙光朝鲜族村民俗旅游村建设和平湖街道黑鱼满族村多种经营等先进典型,推动民族乡村社会主义新农村建设。2、协调落实民贸企业优惠政策。全市有少数民族特需商品定点生产企业8家,市民委为推动城市少数民族特需商品定点生产企业发展,加大扶持力度,在土地补偿、基础设施建设、银行信贷等方面为少数民族企业争取实行优惠政策。组织有关人员深入企业调研,掌握企业现状,帮助企业排忧解难,使这些企业做强做大,产业不断升级。仅长春皓月集团享受少数民族生产特需商品定点企业贷款贴息就达3 000多万元。3、组织少数民族创业促就业培训。制定印发《2010年"民族情"创业就业培训工程实施方案》,组织实施"民族情"创业就业培训工作。继续加大培训力度，突出创业促就业活动主题,指导督促各县(市)、区以创业促就业培训为平台，大力开展民族乡村适用技术和劳动技能培训，不断提高少数民族群众致富技能和就业机会。全年培训1 500多人,创建创业项目10个,提供就业岗位500个。

【开展适合少数民族特点的节庆活动】积极争取各级财政加大资金投入，加强少数民族乡村文化基础设施建设，不断活跃城乡少数民族文化生活，提高少数民族群众文化素质。1、举办全市世居少数民族节庆活动。2010年举办了蒙古族传统文化体育活动、锡伯族"四·一八"西迁节纪念活动、回族"开斋节"和满族"颁金节"，与市文化局等部门共同主办了"2010年长春市朝鲜族传统文化体育活动"。每逢重大的少数民族节庆活动，副市长高学章等领导都代表市委市政府参加活动,祝贺节日,进一步密切了党和政府与少数民族群众的联系，增进了少数民族与党和政府的感情。2、举办第六届回族"玫瑰之约"联谊活动。为了解决回族青年找对象难的问题，增加回族未婚青年的择偶机会。2010年市民委举办了第六届"玫瑰之约"活动,有500多名回族未婚青年和家长参加联谊活动,这项活动不但吸引了省内外的一些回族青年前来，也吸引了在长学习的一些伊斯兰国家的青年参加，此项活动受到社会的广泛赞誉,产生了良好的社会影响。3、举办全市少数民族迎新春座谈会。2010年初,市民委分别组织了满族、回族、朝鲜族、蒙古族、锡伯族代表人士迎新春座谈会。省民委、市人大、市政府、市政协、市委统战部等有关部门领导和全市近百名少数民族同胞参加活动，副市长高学章到会并讲话。

（李保存）

宗教工作

【概况】 2010年,全市有天主教、基督教、佛教、伊斯兰教、道教5种宗教,信教群众约21.54万人，约占全市人口的2.7%。其中,基督教约10.08万人,天主教约2.3万人,佛教约4.91万人,伊斯兰教约4.2(按回族、维吾尔族等少数民族穆斯林人口统计)万人,道教约500人。全市批准登记的宗教活动场所430处。其中,天主教10处、基督教363处、佛教33处、伊斯兰教22处、道教2处。有宗教教职人员785人。其中,天主教17人、基督教380人、佛教346人、伊斯兰教30人、道教12人。全市重点保护的场所5处,即东四道街天主教堂、西五马路基督教堂、长春般若寺和地藏寺、长通路清真寺。市级爱国宗教团体6个,即市天主教爱国会、市天主教教务委员会、市基督教三自爱国运动委员会、市基督教协会、市佛教协会、市伊斯兰教协会。

【加强宗教事务管理】 1、加强对教职人员的管理。①做好备案管理。按照《宗教教职人员备案办法》的规定,市宗教局对全市教职人员进行了调查摸底，逐一进行研究，做好向省宗教局上报的前期准备工作，按计划完成对天、基、佛、伊、道5个教教职人员的备案准备工作。②组织对宗教界人士的培训。2010年，市宗教局重点围绕宗教场所管理、人员管理和财务管理等方面内容，并由统战部门、政府宗教工作部门和有关专家和学者进行授课辅导，举办了5期由宗教团体负责人、重点场所负责人和宗教界人士参加的培训班，有140多人参加了培训,通过培训,进一步提高了宗教界人士的自我管理能力。③对拟晋职人员进行认真考核。2010年对拟按立牧师的15名人员,逐个进行考核,征求了宗教工作干部、教会和广大信徒代表的意见,形成正式材料,经局长办公会研究后报省。还与市伊斯兰教协会共同对2010年8名朝觐人员开展相关知识培训，同时进行爱国主义教育。积极推进宗教教职人员的社会保障工作。积极与民政局、社保局等部门沟通研究，认真做好前期的各项准备，就长春市教职人员的基本情况进行分类，下一步将按不同情况落实参加社保和医保。2、加强对财务的管理。①组织试点场所负责人和财务人员去外地学习培训。市宗教局组织市天主教、基督教、佛教和伊斯兰教界宗教团体负责人，财务管理试点场所负责人及财务人员25人,赴成都市学习宗教团体和宗教活动场所财务管理经验。②组织县(市)、区宗教局长、宗教工作干部学习考察。长春市考察团参观了无锡市南禅寺，认真听取了无锡市佛协和南禅寺做好宗教活动

全市宗教活动场所财务管理(试点)工作会议会场

场所财务管理的经验介绍。考察学习活动为长春市搞好宗教活动场所财务监督管理工作提供了宝贵的经验借鉴。③抓好试点工作。在学习借鉴的基础上，结合长春市的实际制定了全市宗教财务管理工作方案，并在全市确定试点场所48处，做到每处都落实到人员，分工负责。召开全市宗教财务监督管理试点专题会议，对试点工作进行全面部署。长春市宗教财务试点工作进展顺利，初见成效。3、加强对活动场所的管理。指导宗教团体和宗教活动场所建立完善各项规章制度，进一步加强管理，规范宗教活动。做好新设立宗教活动场所的审核、审批，完成宗教活动场所换证登记工作。在日常管理中要求各个场所必须制定应急预案，落实责任制，切实排查和加强宗教节日安全四防工作，在大型宗教节日前，全市统一制定应急预案，协调公安、行政执法、民政、消防等部门进行安全检查，做好防火、防盗、人员疏导等工作。2010年召开全市宗教活动场所安全防火会议2次，组织安全防火演练3次，组织安全防火检查10余次；长春市进一步完善了基层工作网络，将其延伸至村(屯)和社区，利用每个自然屯和社区的综治协管员(专干)实行了一岗四责，具体负责防范邪教和非法传教，市、县、乡、村4级工作网络得到落实。

【抓好重点活动场所建设】 1、市西五马路基督教堂修缮改建。市西五马路基督教教堂具有百年历史，在吉林省乃至全国都有重要影响。市宗教局把该教堂危楼改造和办公楼扩建工程纳入重要日程，指导该教会对只有200平方米教堂办公楼进行了改建，改建后教堂办公楼面积达2 200平方米，同时对3 400平方米的教堂全部进行了重新装修，使教堂面貌焕然一新，扩建和改造工程于2010年11月全部完成。扩建和改造后的教堂软、硬件建设，赢得了广大信众的高度好评，获得了与其历史影响和省会城市相称的地位。2、天主教堂周边设施建设。2010年重点对市东四道街天主教堂庭院治理及周边环境及其明确权属进行了积极协调，在市宗教局的努力下，根本上解决了困扰天主教堂及其健康发展的难题。3、长通路清真寺建设。为了满足信仰伊斯兰教的回族等10个少数民族宗教生活需要。2010年9月份，开始对长通路清真寺女礼拜大殿、女淋浴房、礼拜殿月台、内外围墙等项目进行维修，为信教群众创造一个舒心愉悦的宗教活动环境。

【保障宗教界权益】 1、清真寺周边规划确权。2010年，市宗教局按照专题会议的精神，积极与相关部门进行沟通、协调，完成了对长通路清真寺周边重新进行规划，用东西南北4条街路将清真寺与周边建筑物隔开，对清真寺周边建筑进行拆除，房屋拆迁补偿金额共计约5 640万元，确保长通路清真寺二期修缮工程正常进行。2、佛教房地产问题。2010年市政府出资80万元购买了房屋使用权，彻底解决了大佛寺租住房产问题。3、经开区小河沿子教堂拆迁补偿后续问题。2010年，市宗教局就为做好小河沿子教堂拆迁补偿工作，为维护教会的稳定做了大量具体细致的协调工作。2010年办理建设手续时又出现规划方面的问题，市宗教局又同净月区、经开区以及教会进行了沟通和协调，使问题得到较好较快的解决。4、宗教大型活动有序开展。加强大型宗教活动的审核上报工作，协助重点宗教活动场所安排好重大宗教节庆活动。

【引导宗教与社会主义社会相适应】 鼓励宗教界人士挖掘和弘扬宗教中有利于社会和谐、时代进步和健康文明的内容，积极倡导和推广宗教和谐理念；积极推进创建"和谐寺观教堂"工作，完善开展创建"平安宗教活动场所"活动实施方案，选树先进典型，有1个宗教团体、4个活动场所和2名宗教界人士被省推荐到作为全国创建和谐寺观教堂先进集体和先进个人推荐对象；支持宗教界积极参与服务社会和公益慈善活动，宗教界为吉林洪涝灾区捐款90多万元。

（李保存）

民政工作

【民生服务】 2010年，长春市投入资金1.2亿元，全面启动城区、开发区新增400张床位公办养老机构建设项目，新建社区老年人日间照料站100个，居家养老补贴标准提高到200元/人/月，散居和集中供养孤儿月养育标准分别提高到600元和1 000元，为新增养老床位和86家民办养老机构发放建设补贴和运营补贴。提高农村"五保"供养标准，集中供养最高达5 500元/年，分散供养最高达4 500元/年，3 296名分散供养"五保"对象有了生活联络员。制定出台了《长春市困难家庭突发事件紧急救助办法》和《长春市城区城市低保边缘

2月11日，健康长春，温暖2010——贫困家庭医疗大救助行动

家庭专项救助政策的有关规定》。为全市“万户特困户结对救助家庭”每户发放一个电饭锅。市、区联动开展慈善救助活动，救助各类人员1.1万人次。

【抢险救灾】 2010年，长春市遭受了严重的洪涝灾害。在灾害面前，各级民政部门紧急动员，全力以赴，深入灾区一线，组织抗灾救灾，协请驻长部队出动兵力2.65万人次参加抗洪抢险救灾攻坚战。紧急转移安置受灾群众22万人次，及时下拨受灾群众生活补助资金480万元、大米8.4吨、豆油28吨，并安排受灾群众生活资金860万元，确保受灾群众有住处、有饭吃、有水喝、有衣穿、有病能得到及时医治。同时，迅速启动灾后重建工作，全市投入重建资金2.8亿元，其中各级慈善组织筹集资金1.1亿元，共修复水毁房屋15 518户，重建倒塌房屋4 952户，受灾群众得到妥善安置，夺取了抗灾救灾的全面胜利。

【民政管理体系建设】 围绕民政“六大体系”建设，各项民政事业实现了全面发展。科技拥军深入开展，建立了全军首家“军营数字化学习港”，对全国特色拥军起到了示范作用。残疾军人等重点优抚对象的抚恤补助标准位列全省第一。二道区优抚医疗“一站式”服务体系得到省里肯定。榆树市创新老兵遗属保障机制在全省推广。现役军人免费乘车等优惠政策在全省率先落实。推进殡葬体制改革，摒弃垄断经营行为，殡仪基本服务项目实行政府定价管理。启用96600呼叫服务平台，成立殡仪车辆调度中心。建立殡葬救助制度，对城区低保对象免除基本丧葬费用。移风易俗，组织开展了首次“公益海葬”活动。总结推广绿园区、二道区经验，出台了《长春市城乡低保规范化管理政策措施》。在全国首开福彩、体彩同城联手发展先河，主动接受市人大、市政协对彩票业的检查监督，为行业自律、净化市场和打击私彩创造了条件。德惠市采取乡镇内部人员岗位调剂，成立乡镇民政工作站，村级设民政工作联络员，在全市起到示范作用。南关区、朝阳区在物业弃管小区建立了居民物业自治委员会和家园协会。绿园区加大薄弱社区设施改造力度，所有社区公共设施面积均达到550平方米以上。朝阳区社区全部建立社会服务工作站，全国和谐社区示范城区会议在长春市召开。二道区建立全省首个“社区数字化学习港”。长春市民政公共服务设施建设工作经验在全省推广。注重社会组织监管，成立了长春市民间组织执法监察局。严格依法登记管理，全市社会组织达到4 289个。完成区县行政区划调整7项，新命名城镇街路62条。

【多项民政工作获得先进荣誉】 农村社会养老事业跨越发展，全市有46所农村社会福利服务中心受到省民政厅表彰奖励，市民政局被民政部评为“全国农村五保供养工作先进单位”。综合减灾示范社区创建工作扎实推进，朝阳区清河街道南昌社区等3个社区被民政部评为“全国综合减灾示范社区”，市民政局被省委、省政府评为防汛抢险救灾先进集体。婚姻登记规范化建设步伐加快，全市14个婚姻登记处全部进入全国先进行列，市民政局被民政部评为“‘十一五’婚姻登记工作贡献突出单位”。流浪乞讨人员救助工作积极开展，全国流浪未成年人救助保护中心建设经验交流会在长春市召开，市救助管理站被评为全国先进单位。殡葬改革成效显著，市殡葬服务中心被授予全国殡葬工作先进单位称号，清明节祭祀组织工作受到民政部表彰。基层政权和社区建设水平大幅提升，城郊农村社区公共服务设施“村屯联建”模式得到民政部专家组评估认定，绿园区、二道区、朝阳区成为首批全国农村社区建设实验全覆盖示范单位；宽城区被评为全省和谐社区建设示范城区；农安县被评为全省村委会换届选举工作先进单位。双拥成果日益显现，军地“三联”维稳工作被沈阳军区评为先进；市双拥办和市民政局被省委、省政府、省军区授予国防建设突出贡献奖。区划地名服务体系建设全面推进，长春市被评为全省地名公共服务工程示范市。另外，全系统有49人次荣获国家和省、市先进称号。

（李冬岩）

社会保险

【概况】 2010年，市社保局按照年初确定的“一个中心、两个目标、五项重点”（即以扩面征缴为中心，以“两个确保”为目标，扎实推进新农保试点、体系创新、基础管理、标准化建设、队伍建设五项重点工作）的工作思路，全力确保“两金”按时足额发放，较好地完成了全年各项工作任务。

【民生工作及其他重点工作】 市民生行动计划任务指标和其他重点工作指标全面完成。1、扩面征缴工作稳步推进。2010年，全市养老保险扩面新增13.7万人；失业保险新增7.8万人。共征缴养老、失业保险基金48亿元，其中，养老保险基金征缴44.5亿元，比2009年下降13%；失业保险基金征缴3.5亿元，比2009年增长6%。被征地农民养老保险新增参保4 800人，征缴基金1.3亿元。2、“两个确保”不断巩固加强。2010年适逢养老金“六连涨”，根据《关于2010年调整企业退休人员基本养老金的通知》（吉人社联字[2010]3号）精神，市社保局2010年春节前及时为全市32万名退休人员核实调整了养老金，调整后月人均养老金达1 265元以上。因养老金调整，社会保险基金月增加支出4 548万元，年增加5.4亿元。市社保局积极协调国家、省有关部门争取、落实调待补贴，确保“两金”按时足额发放。2010年累计为43.3万退休人员发放养老金61.8亿元，为2.6万失业人员发放失业金2.8亿元。3、新农保试点取得显著成效。①圆满完成朝阳区首批新农保试点任务。朝阳区3个乡（镇）的新农保试点是一项全新的工作，市社保局为确保2010年春节前新农保养老金发放，克服试点区工作量大、分布广、业务繁、协调难等困难，抽调60多名业务骨干，派出30多辆车，分成24个小组深入村屯，为5 446名符合条件的农民发放了养老金存折。春节后又抽调20多人集中为2.4万人办理了参保登记手续，并协调有关方面促进缴费。②双阳区、净月区第二批试点扎实推进。2010年10月份，双阳区被国家列为第二批新农保试点，在此基础上，省里又增批净月区为试点单位。截至年底，两批试点共参保缴费近2.4万人，其中领取养老金人员6 000人，征缴基金200万元。同时加强基础管理，开发了应急软件，对新农保业务实行了计算机管理。另外，榆树市在大坡镇西山村开展的自行试点也稳步推进。4、民生等重点工作取得新进展。①进一步减轻企业负担，降低参保单位养老保险缴费比例1个百分点、失业保险缴费比例0.5个百分点。按照国家3部委《关于进一步做好减轻企业负担稳定就业局势有关工作的通知》要求，对部分困难企业缓收当期社会保险费，并免收期间的滞纳金。②积极研究解决参保遗留问题，充分利用政策扩大养老保险覆盖范围。按照省、市政府的相关规定，坚持权利与义务对等、缴费与待遇挂钩的基本原则，以城镇户籍为基点，明确了上世纪60年代初期精简职工、"上山下乡"农村扎根落户知青、灵活就业的自理口粮户籍人员和参加基本养老保险达到退休年龄但未达到规定缴费年限清算个人账户、刑满释放或解除劳动教养等未参保人员的参保问题。市社保局为此成立解决参保遗留问题办公室，制定详细的操作实施方案，开发完成信息登记、缴费、待遇核定等所有计算机程序，抽调精干力量，集中开展一站式办公，从11月15日起为符合条件人员集中办理参保工作，到2010年底已办理登记1 516人，参保342人。③进一步扩大政府助保范围，解决更多边缘群体、困难群体晚年生活保障问题。截至2010年底累计办理贴低息贷款参保2 693人，贷款参保人员中已有474人享受待遇。④努力做好托管服务工作，新增托管2.1万人，全年累计代发各类补贴近24万人次、2.45亿元，有效地维护了破产改制企业退休人员的合法权益。⑤认真贯彻落实国家《城镇企业职工基本养老保险关系转移接续暂行办法》，启动社会保险关系全国转续业务。全年共为3 816名参保人员办理了保险关系异地转移接续业务。5、管理规范年活动有了新成效。开展"社会保险管理规范年"活动，对数据质量、基金财务、制度建设和公共服务等内容进行规范完善，业务管理水平和数据质量进一步提升，财务管理被省局评为先进单位，数据质量受到了国家检查组的好评。6、市社保局积极参与并配合了全省抗洪抢险救灾及灾后重建工作。为切实减轻受灾企业及个人经济负担，保障受灾退休人员、失业人员灾后基本生活，8月下发《关于支援抗洪救灾、减轻参保对象负担的具体工作意见》，针对长春市各受灾区域的参保单位及参保人员，提出提前下拨2010年度养老保险调剂金，为4县(市)增拨调剂金2 000万元，为受灾退休人员提前3个月发放养老金，为受灾失业人员一次性发放失业金。

【基础工作】 1、扩面征缴基础工作进一步强化。充分发挥社区扩面服务员的作用，5月份对各城区、开发区341名扩面服务员集中进行了8场社会保险知识和业务培训；加强与各城区、开发区人社部门及基层社区的协调沟通，使各方在全市社保扩面工作中形成良性互动；进一步完善扩面征缴信息资源数据库，并利用信息资源开展扩面工作。2、社会化管理服务工作有声有色。加强退休人员领取养老金资格认证工作，以社区为载体，协调公安部门、监狱管理局及参保单位等，采取多种形式开展认证，70岁以上及异地居住离退休人员领取养老金资格认证率达100%，其他退休人员认证率达99.5%；建立健全社区社保协理员考核体系，成立考核领导小组，确定各社区劳动保障服务站为考核对象，把专人负责制、规范操作程序、强化日常管理、丰富服务内容、提升服务水平及职责履行情况等列入考核内容；指导各社区制定社区管理员工作制度、医疗制度、报表制度、走访制度、自管制度、文体活动制度、慰问制度等管理制度；年初指定专人对各社区社保协理员进行了系统培训；完善退休人员社会化管理服务工作考核制度，将年底一次考核改为平时检查与年终考核相结合（平时占60%，年底占40%），总结自评、集中抽检相结合的办法。3、社会保险档案基础工作不断加强。做好社保业务档案的清理整理工作，做到档案实体分类清楚，档案内容真实准确，档案装具便于保存，同时继续推进档案信息化建设进程，实现社保档案目录级计算机查询，开展对社保档案要件的计算机全文存贮工作。5月至10月对社会保险业务档案目标管理进行了考评，已退休人员档案接收率达100%，新退休人员档案接收率达100%，有效推动了业务经办工作的科学化、规范化、信息化管理。

【创新工作】 创新工作取得新突破。1、

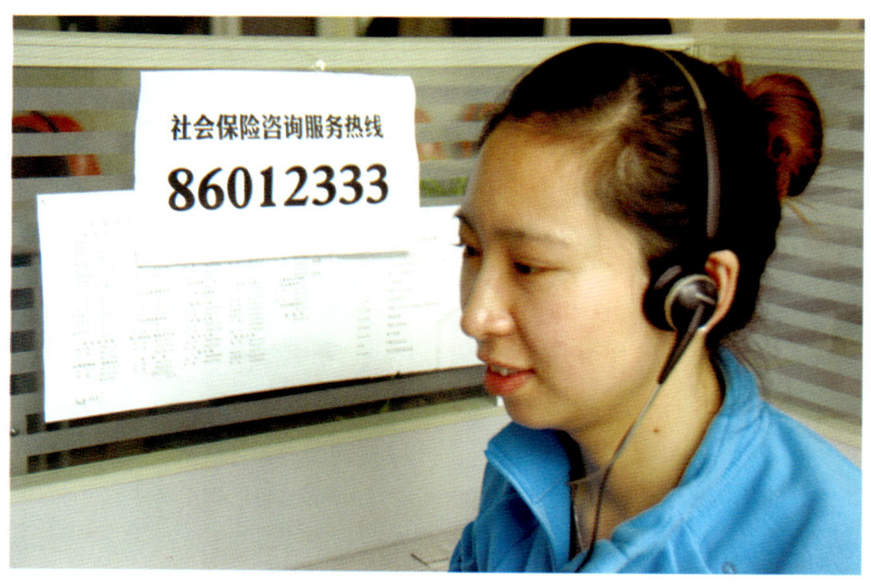

社会保险咨询服务热线

计算机公共服务系统综合网站上线运行，为服务对象提供更快捷、更方便的服务载体。为给参保对象提供更全面、更快捷的服务平台，长春市社保局7月份同步升级社会保险公共服务系统3个子系统，网络查询可登录长春社会保险网(http://www.ccshbx.org.cn)，电话查询可拨打语音查询电话16866666，触摸屏查询可在市社保局服务大厅、个体分局缴费大厅触摸屏直接查询，为参保对象查询社会保险政策法规、单位参保缴费信息、参保个人缴费及待遇信息等提供更优质的服务。2、顺利启用社会保险档案安全系统，防治档案造假行为，有效防止社保基金流失，切实维护参保人员合法权益。7月1日，市社保局和市档案局联合开发的长春市社保档案安全系统在两部门同时正式启用。这套系统在全国率先采用智能识别技术认定企业职工基本信息，安全性和准确性大幅提升，为有效避免社保档案利用过程中的仿冒、造假现象提供了有力保障，也对防止社保基金流失，保护参保人员合法权益，维护社会公平正义起到重要作用。3、成功举办“社保杯”企业退休人员红歌赛，不断延伸社会化管理服务功能，提升社会化管理服务工作的水平和影响。4、建立社会保险咨询服务热线平台，不断完善社会保险公共服务系统。市社保局于11月中旬开通了86012333社会保险咨询服务热线，可为服务对象提供热线、面对面、网络3种业务咨询方式和缴费、待遇、个人账户信息等3类信息查询服务。

(靳振国)

老龄工作

【宣传工作】 广泛开展宣传工作。在大力宣传国家《老年法》，不断强化全社会的敬老意识和老龄意识同时，凡有涉老重大活动，积极协调新闻媒体直接参与，进行跟踪报道。与新闻媒体的联系沟通常态化，借助新闻媒体平台，扩大宣传面。积极为新闻媒体提供宣传素材，全年在省、市报纸、电台、电视台采用的稿件共计71篇。各县(市)、区老龄办也积极借助新闻谋体力量，广泛开展宣传工作，打造老龄工作的舆论氛围。绿园区加大宣传力度，收到了良好的社会效果。省、市等新闻媒体共为其宣传帮扶救助、为老服务、老有所为等典型事迹报道46次，提升了区老龄工作的知名度和影响力。

【调研工作】 围绕老龄工作重点和难点，制定了《调研提纲》。各县(市)、区和老龄委各成员单位根据自己工作情况，积极开展调研工作，共撰写了73篇调研报告或论文，评出了一等奖6篇、二等奖11篇、三等奖56篇给予表彰奖励。老龄工作报告及论文，为政府提供了研究制定老龄工作方针政策的参考素材，对推动长春市老龄工作和老龄事业的发展起到了积极作用。完成了省老龄办下达的调研工作任务。组织朝阳区、二道区、绿园区、高新区、汽开区、榆树市等6家参与的省老年人状况抽样调查工作，调查表明，全市老年人口生命质量在提高，社会保障措施的加强，使老年人的生活得以改善，基本趋于稳定。认真组织搞好高龄老人的调查。准确掌握了80岁至89岁低保老人、90岁至99岁高龄老人和百岁老人的数据情况，为市政府落实省老年优待工作要求提供了依据。

【敬老月活动】 9月1日至10月1日，在全市开展了敬老月活动。制定活动方案，并以长老龄[2010]2号文件下发至各县(市)、区、各老龄委成员单位以及有关部门和企事业单位，为开展好敬老月活动提出了具体要求。召开了县(市)、区老龄办主任会议进行部署。敬老月期间，各县(市)、区及各部门根据要求，从实际出发，以落实“六个老有”为活动主线，结合各自特点，采取多种形式，开展了具有本地特色的敬老助老活动。市县(市)、区各级党委和政府领导走访慰问本地老年人代表，送去党和政府对老年人的温暖。社会各界、及工、青、妇和志愿者队伍、在校大中专学生纷纷开展了多种形式的敬老、助老活动，累计为全市老年人做好事、办实事12 743件，营造了尊老敬老的良好氛围，促进了长春市尊老敬老社会风气的形成。

【为老年人办好事实事】 在元旦和春节期间，全市开展了走访慰问活动。新年前夕，吉林省副省长金振吉、长春市委常委、常务副市长隋忠成等省市领导分别到绿园区、二道区的百岁老人和特困老人家里及双丰、同心老年公寓走访慰问，给百岁老人送去了慰问金，给特困老人送去救助款，给老年公寓送去了慰问品，体现了党和政府对老年人的关怀和照顾。各县(市)、区及市直各单位，根据市老龄委的部署，在春节期间，结合本单位实际，开展了走访慰问活动，受到了离退休老年人的好评。同时，市老龄办发放第24批助养金18万元，有300名特困老人得到救助。在敬老月老年节期间，市老龄办发放第25批助养金12万元，有200名特困老人得到救助。在发放的两批助养金中，各县(市)、区及各开发区按照市老龄办1∶1匹配资金发放的要求，分别筹措了相等的助养资金救助特困老人，扩大了助养面。积极开展敬老、爱老、助老主题教育活动。组织义工和志愿者利用年节开展向老年人送温暖、献爱心活动。长春市第二医院被评为全国敬老模范单位，李万升再次获得中华孝亲敬老楷模提名奖。为空巢患病老年人办实事。朝阳区、宽城区为570多名老人配置了电子保姆。东亚新闻报社开展为空巢老人免费送报、读报活动，使这些老年人感受到了党和政府的关怀，感受到社会的温暖。市老龄办按照市政府优待工作的总体部署，发挥职能作用，督促检查，积极协调相关部门，落实优待项目，认真搞好老年优待证的发放工作。截止到2010年底，全市共订制老年人优待证57.5万个，从2009年6月1日起截至到2010年12月30日，全市有20.21万老年人办发了老年优待证，其中60岁以上老人办理9.89万个；70岁以上老人办理10.22个。还为70周岁老年人办理免费乘车卡的有7.23万个。市财政年度补贴免费乘车资金2 000多万元。认真落实高龄老人发放补贴。按长春市优待老年人规定，2010年为239名百岁老人每月发300元；为6 700多名90至94岁老人每月发50元；为1 500多名95岁至99岁老人每月发100元。全年发放高龄老人补贴668多万元。

【为老年人进行法律援助】 市老龄办协调各成员单位，认真贯彻落实《老年法》，积极维护老年人合法权益。全市成立了154个老年人法律援助工作站，制定了“三优”服务制度和“三级包保”责任制，对老年人实施法律援助，实行多级联动，层层落实责任，保证了法律服务及时到位。对生活困难老年人在诉讼费上给予减免照顾。市司法局成立148网站，免费为老年人法律咨询服务，2010年为老年人提供咨询服务达4 131人次，代写法律文书473件。全市两级法律援助机构为老年人承办各类老年人维权案件314件。市人力资源和社会保障局、市规划局、市总工会、市妇联、市人口和计生委、市公安局等成员单位根据自己的职能分工，为老年人提供法律援助，认真贯彻落实老年法律法规，切实维护了老年人合法权益。

【开展多项文体活动】 组织第九届“爱我家乡—千名老人看长春”活动。历时3天，有1 560名老年人参加活动，他们平均年龄71岁，最大年龄80岁。老人们乘坐空调大巴，参观市容，游览了伪皇宫博物院、长影世纪城、长春世界雕塑公园，深受老年人的欢迎，激发了老年人热爱家乡的热情。举办第四届长春市老年文化艺术节，举行了丰富多彩的活动。举办老年体育竞赛，组织老年健身秧歌、门球、乒乓球3项比赛，每个项目设有金、银、铜奖，共计21个代表队1 500名老年人参加比赛，最大年龄80岁，平均年龄65岁；举办第四届长春“陆羽杯”老年书画大赛，展出200多幅作品，评出3个一等奖、6个二等奖、20个三等奖，有11名90岁高龄老人获得了特别荣誉奖，有7个单位获得了书画大赛优秀组织奖，参加展出活动的都是书画爱好者，年龄最大的92岁；组织老年文艺调演暨广场演出。从8月中旬开始各县(市)、区组织老年文艺调演，并从11台广场演出的200多个节目中评出金奖7个、银奖14个、铜奖27个、优秀奖44个，最后在9月8日第四届老年文化艺术节闭幕式上，选出15个获奖节目做了专场汇报演出。这届艺术节历时55天，得到广大老年人的热烈响应和积极参与，并取得圆满成功。

【举办第三届中老年用品博览会】 本届“老博会”于6月5日至16日在长春滑冰馆开展。由市老龄办主办，长春海州展览服务有限公司承办。以“和谐、幸福、安康”为主题，以“提高老年人生活质量，促进老龄产业发展”为宗旨，参展企业320家，带来了上千种老年产品。现场成交额180多万元，意向合同成交额达260万元，老年人参观人数达7万多人次。

（刘　博）

殡　葬

【概况】 2010年，长春市以构建“有长春特色，人民满意的殡葬服务业”为目标，殡葬改革工作有序推进。12月2日，在江西省赣州召开的全国殡葬改革推进会上，长春市殡葬服务中心被国家民政部授予“全国殡葬工作先进单位”称号。

【殡葬改革工作】 2010年，长春市殡葬管理体制改革工作取得新进展。1、改革殡仪经营模式。市殡葬服务中心退出丧葬用品的经营市场，在自有场地内采取全国公开招标方式，引进6家企业入驻直销，形成了多家经营的格局，全市丧葬品价格明显下降。同时，还取消了殡葬服务单位对外购骨灰盒的存放限制。2、改革殡葬管理方式。按照同城同价的原则，对遗体接运、存尸、火化和骨灰寄存等基本服务项目实行政府定价，部分选择性服务项目价格实行政府指导价，提供了5套中低价位殡葬服务消费组合供丧家选择；启动了“96600”殡葬服务公共平台，对全市殡仪车辆实行统一管理；开展了长春市首届“生命远行”大型公益海葬活动，将135名逝者的骨灰在大连撒入海中。3、建立殡葬救助制度。从2010年1月1日起，免除城区低保家庭成员去世的基本殡葬费用。主城区3家殡仪馆全年共救助低保对象776名，减免费用43万元。4、弘扬殡葬行业文化。举行了“纪念长春现代殡葬五十年”暨职工大型文艺汇演活动，以“回顾历史、大爱人生”为主题，通过史实影片回顾和文艺汇演的形式，再现了长春现代殡葬业50年间走过的路程，全方位展示了新时期长春殡葬人的精神风貌。

【清明节安全祭扫工作】 3月22日，市政府召开2010年全市清明节“文明祭扫，平安清明”工作会议，下发了《长春市2010年清明节工作方案》。市公安局和市交警支队为了确保通往市殡仪馆、龙峰殡仪馆等主要祭扫场所的交通不发生堵塞，在各主要通往祭扫场所的道路、停车场和群众密集区域部署警力，疏导交通，确保了祭扫车辆有序通行，祭扫群众的人身安全。市消防支队在主要祭扫场所都部署了消防车和消防官兵。市公交集团增开了通往市殡仪馆、龙峰殡仪馆的公交车辆，为祭扫群众提供了方便，减少了道路交通的压力。市民政局加强对殡葬服务单位的管理和监督，完善祭扫场所的安全保障设施，有序引导群众开展祭扫活动。各殡葬服务单位认真清理祭扫现场，及时堵查漏洞，为了降低火灾隐患，倡导群众文明祭祀，还开展了“烧纸”换鲜花的公益活动。二道区、绿园区行政执法和工商部门及时清理通向市殡仪馆、龙峰殡仪馆、市烈士陵园通路两侧违法经营、占道经营，确保交通顺畅。各区政府、区民政局也认真组织，完善区包街道、包社区等制度，开展禁烧、清理封建迷信用品等工作。各新闻媒体长时间、多层面的报道清明节期间群众的祭扫情况，积极引导广大群众通过现代文明的祭祀方式来追忆故人。2010年清明节全市群众祭扫工作在平安、有序、文明、祥和的环境中度过，群众祭扫人数约60万人，车辆20万台次。

（马　威）

县（市）、区概览

县(市)、区概览

农安县

【概况】 农安县幅员 5 400 平方公里，其中，耕地面积 35.6 万公顷，林地面积 6.4 万公顷，草原面积 3.5 万公顷，水域面积 2.2 万公顷。全县辖 22 个乡(镇)，377 个行政村，全县总人口达 1 176 026 人，比 2009 年增长 0.84 %。其中，农业人口 93 4810 人，比 2009 年增长 0.9%；非农业人口 241 216 人，比 2009 年增长 0.62%。

【国民经济】 2010 年，全县地区生产总值达到 228 亿元，比 2009 年增长 8.1%，一、二、三产业增加值分别达 65 亿元、68.9 亿元和 94.8 亿元，分别比 2009 年增长 4.8%、11.4%和 7.6%；完成全社会固定资产投资 138 亿元，比 2009 年增长 31.4%；完成工业固定资产投资 97.6 亿元，比 2009 年增长 33.4%；实现社会消费品零售总额 70.4 亿元，比 2009 年增长 12.3%；全年财政总支出 28.7 亿元，比 2009 年增长 35.5%。

【招商引资和项目建设】 招商引资到位资金 31 亿元，比 2009 年增长 34.8%，续建、新建项目 190 个，其中投资 3 000 万元以上项目 110 个，当年引进并开工建设投资 3 000 万元以上项目 64 个；成功引进了长城电力工业园、鼎基新能源、环宇汽车配件、河南众品等一批投资亿元以上的大项目，新大石油、华润啤酒、亚泰水泥等支柱企业实现扩能升级；工业用电量达到 4 亿千瓦时，比 2009 年增长 97%；全年共上报省国土资源厅征地项目 30 件，获得批复 27 件，批复资源总面积 305.539 公顷。

【开发区建设和集中区建设】 从农安县实际出发，及时调整开发区和集中区的空间布局，集中打造合隆经济开发区和农安工业集中区。举全县之力投资 7.86 亿元，农安、合隆两大工业区总面积达到 30 平方公里，完成工业项目摆放 10 平方公里，项目总量达到 209 个；引进内资 68.2 亿元，实际利用外资 4 070 万美元，比 2009 年分别增长 26.06% 和 11.9%，引进项目 127 个，其中，3 000 万元以上项目 64 个，亿元以上项目 15 个，已建成投产项目 5 个，规模企业发展到 160 户，第二产业在三次产业中的比重开始大于第一产业。

【民生工作】 城镇居民人均可支配收入达到 10 800 元，比 2009 年增长 11%；农民人均纯收入达到 6 172 元，比 2009 年增长 12.8%。财政用于民生方面的支出占一般预算支出的 72.3%，比 2009 年增加 3.7 亿元，保证了 100 项民生行动计划和乡（镇）142 件民生实事全面落实；城乡低保进一步扩面提标，城镇低保人数达 21 190 人，农村低保人数达 27 060 人，基本养老保险参保人数达 3.8 万人，城镇居民医疗保险达到 15 万人，城镇职工医疗保险达到 4.31 万人，进入冬季发放救灾、救济及生活补助资金 1 046 万元。转移农村劳动力 33.22 万人，完成全年任务的 110.7%，实现劳务收入 18 亿元。棚户区改造拆迁 10 万平方米，600 套保障性住房全部动工兴建，发放住房租赁补贴 5 550 户、400 万元；完成农村泥草房改造 6 856 户，超额完成 101 户；完成水毁房屋重建 778 户、2 341 间，修缮水损民房 2 912 户、8 736 间，保证了受灾农户温暖过冬。

【财税工作】 2010 年，紧紧抓住“争、收、育、管”四个环节，全县财税工作取得了历史性的突破。全口径财政收入实现 15.5 亿元，比 2009 年增长 38.3%，首次跨入全省“五强”行列，排名第二。地方级财政收入达到 7.25 亿元，比 2009 年增长 50.1%，全省排名第五。

【农业工作】 粮食总产量首次突破 30 亿公斤，达到 33.13 亿公斤，农机保有量增加到 7.7 万台，总动力增加到 128 千瓦，机械化综合作业水平提高到 65%，农业生产实现了半机械化，在全省处于领先位置；标准化牧业小区发展到 1 000 个，畜禽饲养总量由 1.08 亿头(只)发展到 2.1 亿头（只），肉类总产量达 72 万吨，分别增长 19.3 %、10.5%和 7.7%，进一步巩固全国第一产肉大县的先进位置；新引进投资 2 000 万元以上的农牧业龙头企业 12 户，国家、省、市级重点农业产业化龙头企业达到 21 户，初步形成了猪、鸡、鹅、兔、菜等龙型产业，农产品加工转化率达到 37%；社会主义新农村建设全面加强，示范村建设快速推进，城乡环境面貌实现重大改观，“平安之声大喇叭”经验在全国推广，培育了合隆镇陈家店村等在全省具有方向性、指导性的先进典型。新发展小型加工专业户 1 000 户，新发展农民专业合作社 100 个，实施造林和补植造林 761.5 公顷，较好完成集体林权主体改革任务。新农村建设全面推进，36 个示范村共投入 1 896 万元改善基础设施。投资 4 700 万元新建农村安全饮水工程 35 处，新增受益人口 6.8 万人。支持各乡(镇)一次性建成政务服务中心，初步构建了县乡两级资产、资金、资源网络监控管理服务平台。

【城市建设】 完成了县城总体规划、南部新城控制性详规和 4 个乡(镇)规划修编工作。南部新城建设全面启动，收储土地 63 公顷，拆迁 30 万平方米。城乡共开发建设楼房 101 万平方米，其中，县城

45万平方米，乡(镇)56万平方米，乡镇楼房建设速度明显加快。城市路网建设进一步完善，新修街路3条8.3万平方米，大修街路3条17.2万平方米，改造巷道9条1.2万平方米，铺装人行步道7万平方米，县城主要街路、巷道改造任务基本完成。城市配套设施日趋完善，政务中心、体育馆、龙潭公园投入使用，污水处理厂竣工投产，新接入集中供热面积35万平方米，新发展天然气用户1.2万户。大力开展市容市貌集中整治行动，建立了环境卫生、交通秩序、绿化美化亮化工作长效管理机制。长松高速和长农辅道建成通车，改造县级公路5.7公里，新修村村通公路131公里。

【社会事业】 大规模开展城乡环境综合整治大会战，县、乡、村共投入资金7 380万元，新修公路400公里，建设农用沼气池2 960个，农村基础设施建设显著加强。文化、教育、卫生、金融、广电事业健康发展，城乡30万群众参与了首届黄龙府文化艺术节和第二届城市运动会，有效提高了黄龙府文化的知名度和影响力；周密部署实现了平安高考目标，职业教育、特殊教育得到了省、市领导的充分肯定；疾病预防控制体系进一步完善，洪灾过后没有发生传染病疫情。金融体系更加健全，组建了县政府金融办公室，引进吉林银行、中国银行在农安县设立分支机构，引进北京银行在农安县设立吉林农安北银村镇银行，新成立了万立、华信、隆诚等3家小额贷款公司。加快发展广播电视事业，农安人民广播电台恢复播出，新发展卫星村屯35个，新增城乡有线电视用户1万户，送电影下乡2万场次。

【民主法制】 自觉接受人大的法律监督、工作监督和政协的民主监督，认真办理人大代表批评、意见、建议和政协提案，办复率达100%。扎实推进“五五”普法和“四五”依法治县工作。完成了第七次村委会换届选举工作。认真办理省、市、县长公开电话，办结率达100%，群众满意率达90%。实行县级领导包保重大信访案件制度，有效化解人民内部矛盾。加强社会治安综合治理，农村派出所建设全面完成，深入开展严打整治斗争，命案破案率达97.4%，维护了社会和谐稳定。 （王新野）

2010年农安县国民经济和社会发展主要指标完成情况统计表

指标名称	单位	实际完成	与2009年比增减%
地区生产总值	亿元	228.7	8.1
第一产业增加值	亿元	65	4.8
第二产业增加值	亿元	68.9	11.4
第三产业增加值	亿元	94.8	7.6
全口径财政收入	亿元	15.5	38.3
财政支出	亿元	28.7	35.5
固定资产投资	亿元	138	31.4
规模以上工业企业户数	户	138	9.5
规模以上工业总产值	亿元	108	47.9
出口创汇	万美元	2 810	70.3
社会消费品零售总额	亿元	70.4	12.3
城镇居民人均可支配收入	元	10 800	11
农民年均纯收入	元	6 172	12.8
普通中学	所	55	-3.5
普通小学	所	327	-1.8
教育支出	万元	68 313	30.4
科技三项经费	万元	360	0
医疗卫生支出	万元	20 855	17.5
人口自然增长率	‰	1.15	

榆树市

【概况】 榆树市位于吉林省中北部，地处松辽平原腹地，在长春、吉林、哈尔滨三市构成的三角 区中心。幅员4 712.49平方公里。耕地349 972公顷。占幅员的74%，其中，玉米238 486公顷，水稻71 185公顷，大豆15 153公顷，薯类18 301公顷。林地47 019公顷，占幅员的9.97%。境内有松花江、卡岔河、拉林河三大水系，无崇山峻岭。辖9个乡、15个镇、4个街道，388个村、12个社区。有省级经济开发区、工业集中区各1个。全市总户数424 929户，总人口1 304 436人，其中农业户数302 185户，农业人口1 099 616人。有满、韩鲜、回、蒙古、哈萨克、藏、苗、彝、壮、侗、瑶、土家、黎、佤、达斡尔、羌、锡伯、白、傣、傈僳共20个少数民族，人口20 397人，占总人口的1.6%。榆树市是全国重点商品粮基地县

榆树市在全国农业工作会议上获膺全国粮食生产先进县(市)七连冠,国务院副总理回良玉为榆树市颁奖

(市)之一,连续7年夺得全国粮食生产先进县(市)标兵,被农业部确定为全国50个现代农业示范区之一。

【国民经济】 榆树市全年地区生产总值252.3亿元,同比增长20.2%。其中第一、二、三产业增加值分别为73亿元、59.8亿元、119.5亿元,同比增长分别为7.0%、33.9%、20.8%。全口径财政收入7亿元,同比增长29.6%,地方财政收入5亿元,同比增长25%。工业总产值165.2亿元,同比增长27.9%,其中规模以上工业总产值65亿元,同比增长41.3%。固定资产投资91亿元,同比增长23.0%,其中工业固定资产投资53.8亿元,同比增长17.5%,民营经济总产值、增加值分别为557亿元、167亿元,同比分别增长12%、12.1%。社会商品零售额69.8亿元,同比增长19%。城市居民人均可支配收入10 750元,同比增长13.2%。粮食总产量30.25亿公斤,同比增长11.2%,农业总产值135.7亿元,同比增长19%。农民人均纯收入6 755元,同比增长3.9%,猪、牛、家禽分别发展到655.7万头、158.7万头、4 497万只,同比分别增长9.9%、4.8%、12.4%。规模养殖户77 903万户,新建成高标准牧业小区162个。畜牧业产值58.9亿元,占农业总产值的43.4%,牧业人均收入5 356元。园艺特产作物面积4.6万公顷,产值42亿元,同比增长27.3%。发展温室大棚4 500栋,总数发展到41 000栋,蔬菜产值达30亿元。

【招商引资】 2010年引进内资24亿元,外资4 100万美元,同比分别增长了32.8%和14.8%。全年洽谈重大项目30个,总投资200多亿元。引进战略投资者8个,建设3 000万元以上项目116个,完成投资19.6亿元,其中亿元以上项目20个。投资10亿元,由荷兰帝斯曼生物中间体(长春)有限公司投资建设,年产5 500吨六羟青霉烷酸项目,已于5月份开工建设;投资10亿元,由大连实德集团投资建设,年产16万吨PVC塑钢异型材项目,已于6月23日开工建设;投资10亿元,由北京粮食集团投资建设的米业加工及物流项目,主体工程都已完成过半;投资8亿元,由无锡福克斯流体控制系统有限公司投资建设的煤矿机械及高强度链条制造项目正在建设中,占地7.78万平方米,年产重型刮板输送机20台、大规格链条20万米;由上海颐成电力工程有限公司投资建设的风能资源开发利用及风力发电项目,其中一期投资5亿元,建设规模为5万千瓦,二期投资5亿元,建设规模5万千瓦;投资3亿元,由青岛天人环境工程有限公司投资建设的畜禽类粪便综合利用项目,占地10万平方米;投资44亿元的泰国正大1亿只肉鸡产业化项目已完成养殖厂选址23个,开工建设2个;投资12亿元的石家庄制药集团有限公司7ACA制药项目;投资10亿元的中粮集团二期葡萄糖项目、投资5亿元的华泽集团榆树钱工业园项目、投资1.8亿元的长春沃碧野农业生态产业有限公司的有机肥和生物质燃料项目,正在进行建设前的准备工作;投资7亿元的长春天裕生物工程有限公司年产20万吨化工醇项目重新启动生产。

【两区建设】 1、长春五棵树经济开发区:全年地区生产总值实现153亿元,同比增长36%;工业总产值156亿元,同比增长30%;工业增加值57亿元,同比增长30%;一般预算全口径财政收入实现3.9亿元,同比增长30%;固定资产投资完成57.6亿元,同比增长40%;基础设施建设完成3.6亿元,同比增长9%;招商引资实际利用内资59.3亿元、同比增长74%,实际利用外资7 000万美元、同比增长40%。2010年,全区各类企业达到70个。投资额达千万元以上企业发展到32个,亿元以上企业16个,20亿元以上企业2个,10亿元以上企业4个,1至10亿元的企业10个。这些企业中已投产达效的22家,年创产值95亿元,实现利税10.6亿元。全年有4个新建项目落户开发区,总投资达63.4085亿元。开发区投资3.6亿元,为落户企业进行了土地平整,建造了五跃变电所,完善了水、电、路的基础设施建设。2、环城工业集中区:全年完成地区生产总值53.2亿元,同比增长25%。招商引资完成9.5亿元,同比增长135%;固定资产投资实现21亿元,同比增长40%。集中区主规划区完成了"七横七纵"路网建设,形成36个规划网络,分布于农副产品加工区、仓储物流区、生物医药制造区、新型建筑材料加工区、商业流通区、行政办公区、休闲娱乐区、公共绿化区等八大功能区内。全年集中区共落户项目

6个,总投资32.17亿元。分别是大连实德集团16万吨PVC节能建材(长春)基地项目,总投资10亿元,占地14万平方米;京粮集团古船米业榆树精洁米加工仓储物流基地项目,总投资10亿元,占地面积15万平方米;金六福榆树钱工业园项目,投资5亿元;金六福榆树工业园项目,占地33万平方米;国能生物发电有限公司榆树生物发电项目,占地20万平方米,总投资6.6亿元;佰和园酱菜调味品生产项目,投资0.28亿元,年生产酱菜及调味品2 000吨;榆树市通泰苯板厂生产项目,投资0.29亿元建设,目前已经建成投产。

【城乡建设】 全年城区楼房开发建设投资15.45亿元,在建工程32项、138栋、面积82万平方米。棚户区改造投资4.1亿元,改造区段8个,建筑面积50.6万平方米,涉及居民1 537户。保障性住房投资7 050万元,其中,6 300万元新建廉租房628套,发放廉租补贴750万元,受益居民4 600户。投资738万元,建设城市供水基础设施工程,更换两个净水厂工艺滤料597吨,铺设供水管网2 220米,新建及合并二次供水设施5处,新增24小时供水用户12 300余户。投资3 761.6万元,完成了中心街等8条街路建设改造任务、市政府环路道路排水工程、工农大街路面翻新工程、榆树大街路面翻新工程、东种榆路和培英街道路翻建工程。投资1 312.3万元,建设城市供热基础设施。其中,分户供热改造4个小区,面积3万平方米,改造部分旧楼房供热管网200米;并网供热站10个,铺设管网3 375米。启动政府新区供热站二期工程,建设供热站1处,铺设管网600米,安装40吨锅炉1台。投资722.5万元,建设城市燃气基础设施,启动民用压缩天然气二期工程,实施天然气总站、主管网铺设及旧区改造等建设工程,总站路面、庭院硬化10 850平方米,铺设工农大街等主管网4条2 960米,改造置换6个天然气小区,涉及3 000户居民,截至12月末,市区已有15个小区、万余户居民用上了天然气,城市燃气率达30%。投资11 100万元,完成了污水处理厂工程建设,完成了垃圾处理项目征地和施工图设计工作。投资695万元,完成了新区北部公园收尾工程,实施了市区街路绿化改造工程。新植乔木1 357株,栽植灌木193丛,种植模纹5 530平方米,栽植宿根花卉46 650株,铺设草坪1 920平方米,市区街路、公园、广场及景点共栽植各类草本花卉60余万株,栽补植树木2 325棵,栽植玉金簪20 000余株,栽植金山绣线菊1 200平方米。新增云杉片林3处,350棵,2 500平方米。到12月末,市区绿化总面积达到458.4公顷,绿化覆盖率25.6%,人均占有公共绿地面积6平方米。投资160万元,安装风光互补LED路灯126盏,亮化了三盛路西段、广场东路和广场西路。小城镇建设,楼房建设投资8 300万元,开发建设各类楼房75栋,面积86 615万平方米;基础设施建设投资7 140万元,修建硬化道路357公里,铺设供水管线33.4万米,铺设排水管线2万米,安装路灯329盏,植树36.2万棵。

【新农村建设】 本着"乡村协调抓建设、城乡结合抓管理、多措并举抓规范、标本兼顾抓整治"的原则,不断加大城乡环境综合整治力度。市政府集中出资300万元,为各乡(镇、街道)采购41台垃圾清运车辆和一些清扫工具。市财政给各乡(镇)拨付2万元,用于乡(镇)的保洁人员的开支,各乡(镇、街道)在乡村环境整治工作中,直接和间接投入资金累计8 000万元。全年各乡(镇、街道)累计出动车辆10万余台次,清运垃圾150万余立方米,出动人员90万余人次,整修道路200多公里,清理整修路肩、路边沟200多万米,栽植树木150多万株、花草100多万株。拆除私搭乱建1 000余处,清理占道经营和马路市场28处、不规范停车点21处、不规范广告牌4 000多块,规划新建市场15处。市委、市政府切实把36个示范村作为带动其他各村发展的一项重要举措来抓。共投资5 350万元,补助资金694万元,有28个村实现了水泥路面户户通,占示范村总数的78%;路边沟建设总长达142.5公里;文化广场建设总面积11 615平方米,有各种健身器材,凉亭、公厕等设施等。7月中旬召开了全市新农村建设帮扶工作。省工信厅为弓棚镇长山村村部配备价值10万元办公用品,长春市委组织部协调解决村部建设资金45万元,省工商局为双井村解决了部分发展建设资金。榆树市委组织部、宣传部为村提供了大量图书、宣传展示板;农电局为长山村配备16台电脑,城建局和冰峰啤酒有限公司为弓棚镇十三号村提供价值5万余元的办公设备。帮扶工作进展顺利,效果明显。

【"五大工程"】 "五大工程"取得明显成效。1、高产示范田工程。在黑大公路以西12个乡(镇)规划了100万亩高产示范田,争取农机补贴3 800万元,新购置农机具3 400台套。被农业部列为全国50个国家级现代农业示范区创建县(市)。2、乡村环境整治攻坚工程。财政支出200万元专项资金,购置垃圾清运车41台;为每个乡(镇、街道)解决经费2万元,保证保洁人员工资;在行政执法局成立了乡(镇)执法中队,协助乡(镇、街道)开展环境整治。3、西部新城规划设计建设工程。在繁荣大街以西,高标准规划37.69平方公里的西部新村,核心区详细规划正在编制。4、国家卫生城市创建工程。在市区开展了市容环境综合整治,总计投入资金1 200万元,使市容环境得到进一步改善。计划通过3到5年努力,实现创建国家卫生城目标。5、郊野公园建设工程。在市区东南部新规划设计了一座郊野公园,工程投资5.9亿元,3年完工。方案设计和绿化施工图已完成。

【民生工作】 1、就业增收。开发城镇就业岗位7 200个,城镇新增就业6 100人。登记失业率保持在3.45%以内。劳务输出42.1万人,实现劳务收入41亿元。安置305名大学生就业。在长春市创业博览会上榆树市被长春市政府评为"创业工作先进单位"。208名全额拨款事业单位待岗人员重新上岗。2、社会保险。全市养老保险参保人数达到4.7万人,人数累计新增884人。征缴养老保险基金6 400万元。离退休人员养老金足额发放率、社会化发放率均达100%。失业保险参保人数3.7万人，征缴失业保险基金281万元。为大坡镇西山村338名老人发放养老金21万元；城镇职工基本医疗保险参保人数新增2 100人，完成新增任务目标105%。参保续保达6.8万人，参保率达98%。城镇居民基本医疗保险参保续保总人数达15万人。工伤保险参保人数新增1 117人，完成新增任务目标的111.7%，达到6 100人。生育保险参保新增1 024人，完成新增任务目标的102.4%，达26 247人。3、社会救助。将城市居民月最低生活保障标准提高到190元，将城市居民月人均补差标准提高到170元；将农村居民年最低生活保障标准提高到1 200元，将农村居民年人均补差标准提高到760元。为城市低保对象11 962户、27 084人，发放城市低保金6 200万元；为农村低保对象17 824户、32 981人，发放农村低保金2 520万元。将城乡低保对象、五保对象、重点优抚对象和重点优抚对象遗属的医疗救助比例提高了20%，将初次住院年救助封顶线由上年的4 000元提高到5 000元，二次救助封顶线由上年的3 000元提高到4 000元。全市5万人次享受大病医疗救助(含资助农村困难房参合4.7万人)，获得医疗救助金1 125万元。投入132万元，对25所农村社会福利服务中心进行设施改造和更新，为6 667名农村分散供养的五保对象配备生活联络员667人，分散供养、集中供养年生活费标准分别达到1 700元～2 200元，年支付五保老人生活费2 027万元。两次为565名贫困精神病患者免费送药，134名重症贫困精神病患者免费住院治疗，为瘫痪病人发放四轮轮椅1 465台。4、教育均衡。投资5 100万元，重建学校55所、校舍67栋、46 262平方米；投资1 050万元，在榆树市新庄中心校建设寄宿制学校；投资300万元，建成市青少年学生校外教育活动中心。投资890万元，完成了农村25所初中实验室建设一期工程，建设标准化实验室154个；为45所农村初中、343所农村小学和1所特殊教育学校装备图书26 000册。投资90万元，市职教中心与市劳动就业培训中心建起了焊接、计算机、机械等专业实践基地。高考在7 431名考生中，600分以上达88人，重点本科进线人数达690人，一般本科进线人数达2 738人，三本以上人数达4 840人。5、医疗卫生。乡(镇)、县级医疗单位住院患者，新农合报销比例提高10%，县城外住院患者提高5%，报销封顶线达到5万元，农村常住人口参合率达100%。省和长春市新农合信息化现场会在榆树市召开。完善社区卫生服务中心(站)的"六位一体"服务功能，预防接种工作纳入社区卫生服务中心管理。继续在市医院、中医院设立惠民病房，实行"七免"、"十九减"，组织市医院、中医院、妇幼保健院送医下乡，为600名已婚待孕妇女免费进行孕前优生筛查，为5 000人免费婚检，1.9万名妇女接受了"两癌"筛查，1.5万名妇女接受了妇女病普查，其中38%的妇女接受了治疗。计生工作被省里确定为服务机构"县乡一体化"改革试点单位，长春市人口生殖健康护照试点动员会在榆树市召开。6、安全稳定。严厉打击暴力犯罪，全市发生命案17起破17起，破案率达100%。破获各类刑事案件544起，抓获网上逃犯459人。在全省率先成立了县级见义勇为协会和见义勇为办公室，全省见义勇为现场会在榆树市召开。深入开展打击"黑车"专项治理活动，查扣黑车1 075台。加强学校安全教育和校园安全管理。全市各学校配备专兼职保安276人，全部安装了校园监控系统。强化餐饮业监管。没收不合格一次性筷子4万余双，来源不明食用油400余公斤，3次通过媒体对食品安全专项整治查出的问题进行曝光。加强种子市场管理。及时发现处理"通玉105"、"明玉2"特大假劣种子案件，为农民挽回经济损失1 368万元。7、繁荣文化。筹措资金7 000万元，高标准设计、建设文体中心于9月26日举行了落成庆典。"农家书屋"建设完成了年初确定的目标，全市评选出26个样板书屋。文化信息资源共享工程通过资源整合，建设基层服务点190个。省体育局为榆树市配发了3个广场和6个乡(镇)、34个行政村的体育健身器材。戏曲剧团送戏下乡90场、到各部门演出30场。农村放映电影1 000多场次。广播电视村村通工程完成了1.1万户的直播安装任务。开展了网吧、电子游戏专项整治和"扫黄打非"专项行动。8、改善环境。投资695万元，对16条街路进行了绿化、美化，其中3条街路实施了精品绿化，建设精品绿化点11处，完成城市绿化16.7万平方米；对重点区域54家餐饮业户油烟实施净化治理，市区93根废弃烟囱全部依法拆除。投资9 500万元建成污水处理厂，6月份建成使用。实施了拆除违法建筑工程和垃圾处理场建设工程。9、便民利民。投资560万元，完成66栋旧楼供水系统管网改造。1.2万户居民实现全天供水。投资3 700万元，对39条、81万平方米市区街路进行了修整，其中对7条街路进行了全面改造。投资1.44亿元，建成农村公路360公里；投资1 200万元，完成了34座危桥改造任务；筹资6 000万元，完成了榆舒铁路附属工程。投资3亿元建成榆树365现代生活馆。投资8 700万元，实施农村饮水安全工程，解决相关乡(镇)70个村、120个自然屯、11万人口饮水安全问题。投资3 271万元，完成国家小型农田水利建设重点县工程。加快推进典型供电模式工程建设，接管弃管台区169个，城区改造线路18公里。争取国家农业科技推广资金2 680万元。建成农村户用沼气池1 000个。加快政务大厅建设，42个审批职能部门全部入驻大厅，审批项目729项。

【环境治理】 2010年，市政府环保整治领导小组于5月份出台了《榆树市2010年整治违法排污企业保障群众健康环保专项行动实施方案》，相继组织环保等相关部门开展联合执法行动，对6家餐饮业户限期整改。西北街改造90万平方米，减少26个锅炉房。并网改造15万平方米，拆除小锅炉19台，拆除85个单位和业户的95根烟囱。榆树市污水处理厂于6月28日提前通水试运行。突出环保前置把关职能，将"环保一票否决制"落到实处。全年共接待业户600多人(次)，新建项目审批305户，其中，审批小型工商业户155户、餐饮业户36户、基建项目6个、工业生产类项目10个。拒批高耗能项目4个,验收项目8户,补办环评手续2户。重点项目全部进行了立项预审或环评审批。对678户涉污工商业户开展了环保年检,年审覆盖面由原来的60%提高到85%以上。通过年审核发排污许可证661个,同比提高47.6%。规范和完善了排污申报登记、委托监测协议签订、工商项目验收等相关业务程序。继续实施"蓝天工程"。全年新增集中供热46.4万平方米,对2006年以后更换的62台不能稳定达标的洗浴锅炉和1吨以下取暖锅炉进行限期治理,加快老污染源死角改造和治理,年末治理完毕;对重点区域54家餐饮业户油烟实施净化治理,限期安装油烟净化器,拆除市区闲置废弃烟囱28个(含临街餐饮改造)。监测结果,市区大气可吸入微粒平均值为0.083毫克/立方米,稳定保持或优于国家二级标准,优良级天数突破320天,同比提高11天,通过整治,城市集中饮用水质达标率为100%,保证了市民饮用水和松花江下游用水安全。集中开展了噪声污染专项整治行动5次,出动执法人员155人次,下发整改通知单20份。依法检查建筑施工场地45处,查处噪声超标单位32个。经济处罚5家,责令整改35家。在"绿色护考"行动中,实行考场200米内"包点"蹲守巡查和24小时值班接访出警,实现了高考噪声零投诉。全年接待处理信访案件62起,大气、噪声、水污染投诉案件同比下降28%、50%和100%,处理率、结案率均达100%。

【抗洪抢险】 2010年7月下旬到8月中旬,长春市突降多场暴雨,导致沿江流域出现特大洪灾。1、排除险情。7月29日,榆树境内松花江大堤多处发生险情,直接危及堤防安全,威胁到坝内的秀水镇29个村屯、4 773户、22 495名村民安全。险情发生后,市防汛抗旱指挥部共调拨彩条布3万平方米、麻袋1万条、编织袋59万条、木桩20多立方米、铁线20吨,并迅速调动抢险队伍进行应急抢险。秀水镇70名干部、3 000名群众(其中抢险突击队1 000人),在大堤5处险工险段24小时重兵看守。8月5日中午,秀水镇民警宋洪轩发现大于段四处涌眼,驻榆某预备役炮兵师的官兵及当地干部群众200余人奋战12个多小时,装填沙石袋200立方米,险情终于排除。2、打捞化工原料桶。7月27日晚,永吉县经济开发区两家化工企业库房被冲毁,存放在里面的7 138个化工原料桶被冲入温德河进入松花江。7月28日15时,榆树市得到省和长春市关于拦截打捞松花江向下漂流的化工原料桶的命令后,立即启动了突发事件应急预案。由市级领导和水利等相关部门人员分成两个指挥部,成立了"四组一分队",调集打捞力量共计600余人,包括预备役官兵160名,武装部民兵160名、消防官兵20名、医护人员20名、机关干部200余名、船工80名,大型装备73台(套),包括捞沙船50艘(大坡40艘、五棵树10艘)、小船60只,冲锋舟3艘、吊车2台、消防车3台、推土机2台、救护车4台、应急照明工具8套。其他物资还有轮胎500只、铁线5吨、帐蓬15顶、丙烯片苫布25张、绳索25捆、松木杆200根。7月29日凌晨3时30分大坡镇松花江桥流域发现第一只化工原料桶、"八勇士先锋队"采用8号铁丝做成活动套圈的打捞办法打捞到第一个化工原料桶。在打涝过程中,现役官兵骨干担当主力,预备役官兵大船负责接应。炮兵一团在五棵树镇共打捞化工原料桶637个,剥离化工原料桶620个。7月30日清晨,先后在刘家镇福利村、沿江村,秀水镇刘方村以及德惠市朝阳镇境内等地江面上发现大量淤陷在柴草堆、玉米地和树丛内的化工原料桶。7月31日,出动冲锋舟26艘,军民合力成功打捞突破了880个。榆树市打捞化工原料桶历时30天,共打捞化工原料桶3 762个,是沿江打捞数量最多的县(市)。

【林业建设】 林权制度改革顺利进行,全市385个有林改任务的村,除22个因村组权属纠纷等原因暂时没有确权外,其余363个村已全部完成确权的林地面积为2.2万公顷,签订合同1 829份。农防林更新造林181条林带,造林面积达133.8公顷,同时对农防林更新造林不达标的地块进行补植与重造。继续开展"绿化美化村屯、创建绿色家园"行动,共绿化美化村屯90个,通过省厅的检查验收。退耕还林保存面积达100%。市委、市政府出台了造林绿化工作奖惩制度。对于农防林更新造林,"绿化美化村屯,创建绿色家园"行动中,达到标准的进行奖励。全年共采伐树木约8 482株,蓄积4 850立方米,材积3 313立方米。其中,为各乡(镇)发展经济而进行的项目建设共砍伐林木1 232株,蓄积787立方米,材积518立方米。为各乡(镇)修路、修桥及学校建设等公益事业砍伐林木1 631株,蓄积942立方米、材积634立方米;完成村屯绿化共砍伐林木1 361株、蓄积1 224立方米、材积905立方米;对全市各(镇)的乡路及学校周围等危倒树木共砍伐4 258株、蓄积1 897立方米、材积1 256立方米。实现连续30年无重大森林火灾。处理各类林业犯罪案件27起,处理违法责任人27人。积极开展病害防治工作。对造林苗木进行严格检疫,对新植林木进行了药物防治,保证了林木的健康生长。

【信息化建设】 榆树市信息中心全年发布信息22 000余条,其中榆树要闻和社会动态2 150余条。同时向省和长春市上报信息300余条,被采纳100余条。利用"咨询和投诉"系统,通过与网民的沟通或网民留言,共收到网民反映的一些具体事情和投诉案件220件,经协调各相关部门督促办理170件,回复率100%。5月至10月,投资500余万元,建设了网络IP应急指挥系统。已上传2010年榆树市城市建设、项目建设、社会主义新农村建设及重大活动等历史图片4 300余张。为24个乡(镇)政府、4个街道办事处及112个相关单位提供上门处理网络故障1 540余次,保证日常办公网络安全稳定运行。完成12个单位VPN系统扩建,满足了财政局集中支付系统的运行。为市行政中心会议室会议设备调试100余次,为全市100多个单位技术人员进行了全面培训,为广大网民建设形式多样的言论平台,新开发的商务网为榆树市各大、中、小型企业提供平台。

(贾淑华　李荣春　高　鹤)

2010年榆树市国民经济和社会发展主要指标完成情况统计表

指标名称	单位	实际完成	与2009年比增减%
地区生产总值	万元	2 522 521	20.2
第一产业增加值	万元	729 670	7
第二产业增加值	万元	598 280	33.9
第三产业增加值	万元	1 194 571	20.8
工业总产值	万元	1 652 185	27.9
农业总产值	万元	1 356 610	19
全口径财政收入	万元	70 832	29.6
本级财政收入	万元	50 142	25.2
财政支出(一般性预算支出)	万元	293 270	21.1
固定资产投资额	万元	910 000	23.0
社会商品零售额	万元	697 739	19
新增外商投资企业	个	0	0
新增实际使用外资额	万美元	4 100	14.8
个体私营企业	个	56 715	3.1
民营经济增加值	万元	1 672 930	12.1
年末在岗职工人数	人	33 623	0.4
非私营单位在岗职工年人均工资	元	23 297	16.4
城市居民人均可支配收入	元	10 750	13.2
农民人均纯收入	元	6 755	3.9
普通中学数	所	56	
普通小学数	所	356	
各类医院	所	40	
教育经费总额	万元	54 969	2.2
科技三项经费	万元	893	16.7
卫生事业费	万元	23 852	22.2
城区绿化覆盖率	%	25.6	33.3
人口出生率	‰	6.14	-14.48
计划生育率	%	91.25	-1.8
人均地区生产总值	元	21 765	22.1
城乡居民储蓄存款余额	万元	779 902	15.2

德惠市

【概况】 德惠市南与长春市接壤，北与松原市毗邻，距吉林市110公里。市区距长春龙嘉国际机场80公里。德惠市幅员3 435平方公里，辖16个镇、4个街道，总人口100万，其中农村人口75万。有汉、满、蒙、回、朝鲜等15个民族。德惠市资源丰富，是东北最大轻体建材生产基地。德惠市有耕地面积32.4万公顷，占幅员的62.3%，盛产玉米、大豆、水稻和瓜菜。德惠市是全国重点商品粮基地县之一，是著名的中国肉鸡之乡、肉牛之乡。德惠市已形成了以食品加工业、玉米加工业、环保建材业、生物制药业、现代包装业和冶金制造业为支柱的门类较齐全的工业体系，产品达400多个品种，有40余种产品曾获得国家和省部优质产品奖。

【国民经济】 2010年，德惠市地区生产总值实现253.7亿元，同比增长19.4%；一般预算全口径财政收入实现9.5亿元，同比增长45.6%；固定资产投资完成165亿元，同比增长33.7%；社会消费品零售总额实现71.4亿元，同比增长22.4%；城镇居民人均可支配收入实现13 406元，同比增长14%；农民人均收入实现6 357元，同比增长8%。

【民营经济】 落实支持民营经济发展40条意见。2010年，民营经济主营业务收入实现622亿元，同比增长30.1%，从业人员达18.1万人。

【农业】 实施五年增产3亿公斤商品粮能力建设工程，建设万亩高产示范田9个，辐射带动面积20万公顷，粮食总产量达到20.25亿公斤。德惠市被授予“全国粮食生产先进县”、“粮油高产创建工作先进县”。实施畜牧业加快发展三年攻坚战计划，组建了肉鸡产业协会。新建省级牧业小区36个，长春市级牧业小区67个。生猪发展到270万头，牛发展到114万头，规模化饲养蛋鸡存栏170万只,肉鸡出栏 2.2 亿只,实现牧业产值 58 亿元,同比增长 8.6%,德惠市评为"加快发展畜牧业目标责任制先进单位"、"全国生猪调出大县"。新获得农业部"无公害畜禽产品质量认证"和省"无公害畜禽产品产地认定"企业 2 家,全市获得优质认证畜禽产品覆盖面达 85%。新建、扩建百亩棚膜蔬菜小区 5 个,新增蔬菜大棚 333 公顷,种植烤烟 546 公顷,设施化园艺特产种植面积达 2.5 万公顷。绿色食品发展到 9 大系列 79 个品种,绿色食品总产值突破 3 亿元。全市农业产业化重点龙头企业发展到 29 户,其中,国家级 5 户,省级 11 户。实现销售收入 200 亿元,产业化经营覆盖全市农户的 40%、经济总量的 75%、农民收入的 35%。完成跃进水库、高城子水库附属工程、引松供水德惠支线兴隆山—米沙子输水管线铺设以及米沙子水厂地下管网建设和农村安全饮水年度工程建设任务,七一水库除险加固工程全部竣工。二松"五大围堤"防洪工程审批立项工作顺利完成。完成农防林更新 72 公顷,残次林改造 101 公顷。绿化美化村屯 90 个。争取农机购机补贴和全程机械化资金 5 000 万元,全市农机总动力达 86.6 万千瓦。超额完成 6 万公顷秋季深松整地任务,创建国家级"平安农机示范县"通过国家验收。

【新农村建设】 完成 31 个示范村年度建设任务。新修农村水泥路 39.31 公里、砖路 5 公里,排水明沟 27.5 公里。开展乡容村貌综合整治行动,村屯环境有了较大改观。全面落实各项强农惠农政策,发放各类补贴资金 4.39 亿元,农业保险参保面达 12 万公顷,争取理赔金资金1 280 万元。

【城乡建设】 统筹推进城镇化总体发展规划,基本完成新一轮城市总体修编,完善城市供热规划和"两城两区"控制性详规,17 个乡(镇)街道规划编制工作实现城乡同步规划。污水处理厂投入运营,完成燃气加气站工程,102 线改扩建项目竣工通车。新建城区主干道路 63 968 平方米,维修道路和铺设人行步道 4 万平方米,完成德大广岛分流岛建设工程。建设农村公路 174 公里,新建和改造桥梁 13 座。完成米沙子、菜园子两座客运站建设任务。城乡开发面积达到 50 万平方米。全面开展 150 天城乡环境综合整治行动,共查处各类违章违法建筑 109 处,面积 9 916 平方米。在乡(镇)街道建立综合执法管理站。对城市出租车实行专用号段。组建专业清雪队伍。对部分街路路灯进行维修,在主要街路安装了 LED "灯光隧道"和各式灯带。对城区供热、洗浴锅炉进行改造,治理不合格锅炉和除尘设施 88 台(套)。

【招商引资】 完善招商引资的体制机制,扎实有效开展招商引资"九个月攻坚战",积极参加南宁东盟博览会、开发长东北对接德惠洽谈会、北京工商联对接会、香港中小企业博览会等经贸招商活动。2010 年德惠经济开发区引进项目 34 个,总投资 117.7 亿元。米沙子工业集中区引进项目 75 个,总投资 63.9 亿元。全市共引进项目 202 个,其中,新建项目 155 个,续建项目 47 个。

【项目建设】 将重点项目落实到 10 个大项目推进组,跟踪服务,全力推进。总投资 85 亿元的山东泉林集团秸秆综合利用项目前期资金已到位。长春惠隆木制品工业园进驻企业 12 户,汇商食品医药产业园完成前期土地摘牌,吉林天林工贸有限公司铸造件加工等一批投资超亿元的大项目有序建设。2010 年全市规模以上工业企业户数达 173 户,实现产值 203.5 亿元,同比增长 35.5%,实现利润 4.4 亿元,同比增长 4.7%。

【园区建设】 德惠经济开发区完成南区 10 平方公里地形测绘、规划编制和 2 平方公里起步区征地申报工作,完成北区 2 平方公里的道路排水等基础设施建设。米沙子工业集中区完成铸锻工业园起步区 3 条道路管网铺设、天燃气站及管网铺设、66 千伏德米双回高压线路和两台装机容量 31 500 千伏安变电所工程,投资 1.48 亿元的高速公路出口工程正在建设。

【民主法制】 全年共办理人大代表建议、批评和意见 49 件,政协委员提案 23 件,办结率均达 100%。深入开展"五五"普法"四五"依法治市工作。实行各级领导"一岗双责"制度,信访总量同比下降 38.6%。开展"专项追逃"、"打击两抢一盗"等专项行动,破获各类刑事案件 1 510 起,抓捕网上逃犯 411 人,命案现案破案率 100%。开展"安全生产服务月"、"平安校园"建设和安全隐患整治等专项活动。加强"防火墙工程"建设,建立和完善乡(镇)消防站,全市连续 11 年无重大火灾发生。开展行政审批提速活动,取消行政审批 123 项、年审年检 75 项,取消涉及 56 项行政审批的前置要件 30 个,将 25 项行政审批由承诺件变为即办件,把政务大厅 190 项行政审批的办理时限压缩为原来的 1/3。机构编制核查工作通过省里验收。完成人才引进工程和事业单位人员招聘年度计划。市长公开电话、政府门户网站功能不断提升,电子公文网上传输正式启动。处理突发公共事件能力进一步增强,完善了应急预案,成立了应急救援大队,圆满完成了吉林化工原料桶打捞任务,打捞流经域内的化工原料桶 879 只。严肃查处涉软案件,开展"千名干部服务千户企业"活动,经济发展软环境明显改善。

【民生事业】 制订并实施 2010 年民生行动计划。下发群众转移补贴资金 247.6 万元,下拨灾后房屋重建和修缮资金 1 312.6 万元,完成倒塌房屋重建 302 户,维修危房 504 户。为无房灾民下发租房费 50.4 万元。下拨粮食、衣物等救灾物资折合人民币 120 余万元。养老保险达到 46 442 人,"两金"足额发放率 100%。城镇低保户达 7 540 户,农村低保户达 18 784 户,发放城乡低保金 3 923 万元。工伤保险参保人数达到 23 701 人。新型农村合作医疗参合农民 66 万人,参合率 98.67%,提高省县乡三级定点医院报销比例,年报销封顶线由 3 万元提高到 4 万元。财政供养人员住房公积金缴存标准由 16 元提高到 32 元,取暖费年补贴标准由 43 元提高到 500 元。改造农村泥草房 4 946 户。完成了廉租房建设任务，妥善解决了206户低保户住房问题。开发城镇就业岗位11 500个，城镇新增就业8 276人，下岗失业人员实现再就业5 794人。在城区实行大学区制，采取“捆绑式”模式对城区各小学进行资源整合，对城区中小学起始年级采取电脑派位的分班方式。传染病院正式启用。市医院投入使用。完成22家乡(镇)卫生院新建、改扩建和312个村卫生所标准化建设工程。组织德惠设县百年庆典等大型文化活动。在省十六届运动会中获金牌榜第三名。开展“情牵新生命—优生优育”促进工程，长春市提高家庭发展能力活动启动仪式在德惠市举行，3个乡（镇)3个村172户试点工作稳步推进。市区数字电视整转用户2万户。

（韩成宝）

2010年德惠市国民经济和社会发展主要指标完成情况统计表

指标名称	单位	实际完成	与2009年比增减%
地区生产总值	亿元	253.7	19.4
一产增加值	亿元	53.1	3.8
二产增加值	亿元	96.3	21.6
三产增加值	亿元	104.3	24.9
全口径财政收入	亿元	9.5	45.6
其中:地方财政收入	亿元	6.26	52.7
固定资产投资	亿元	165	33.7
农业总产值	亿元	103.7	10.7
工业总产值	亿元	203.9	35.7
其中:规模以上工业总产值	亿元	203.5	35.5
城镇人均可支配收入	元	13 406	14
农民人均纯收入	元	6 357	8
社会消费品零售总额	亿元	71.4	22.4
民营经济主营业务收入	亿元	622	30.1
引进内资	亿元	80.2	
引进外资	万美元	5 200	

九台市

【概况】 九台市位于吉林省中部，东及东北与舒兰市和榆树市为界；南及东南同永吉县接壤；西与长春市为邻；西南同双阳毗连；北及西北均界德惠市。幅员3 375.27平方公里。其中，耕地面积182 495公顷，林地面积56 089公顷，水域面积22 726.6公顷。全市共有13个建制镇、2个民族乡、3个街道。总人口84.34万人。九台市苗木花卉种类繁多远销全国各地，被称为“北方苗木花卉之乡”。九台市矿藏种类较多。煤、沙、矿泉水、沸石、钠基膨润土资源丰富。九台市耕地土质肥沃，是国家主要的商品粮基地，盛产玉米、水稻、大豆、高粱、谷子，以及油料、甜菜、瓜果、蔬菜等作物，是各种杂粮、杂豆的高产区域。

【国民经济】 2010年，全市地区生产总值实现243.6亿元，比2009年增长21.6%；全口径财政收入达12.2亿元，其中地方级财政收入7.5亿元，分别比2009年增长32%和16%；全社会固定资产投资完成167亿元，比2009年增长37.8%；城市居民可支配收入达9 400元，比2009年增长12%；农民人均纯收入达7 520元，比2009年增长10%。在全省(县)市综合排名中连续4年实现升级晋位，综合实力位列全省第3位。

【项目建设】 集中精力抓好项目建设，累计引进投资500万元以上项目431个，总投资333亿元，其中，2010年新建、续建项目172个，总投资220亿元。形成了以华能电厂、龙嘉煤田等项目为支撑的矿产能源产业，以长拖农机、中机北方、吉林福钢、聚德龙铁塔、泰华冶金等项目为龙头的机械加工产业，以金锣肉制品、天景玉米等项目为骨干的农产品加工产业，以海伯尔制药、亚泰制药等项目为代表的生物医药产业。九台工业集中区实施了生态畜牧产业园、六街工业小区建设，建成区面积拓展到3平方公里，累计落位项目19个，2010年重点推进了1平方公里表面处理工业园规划建设。2010年，全市规模以上工业企业达207户，比2009年增加72户；实现规模以上工业总产值207亿元，比2009年增长45%。

【“两区”建设】 1、长春九台经济开发区。已完成工业南区4.5平方公里基础设施建设和项目摆放，累计投资14.2亿元，工业北区已推进3.5平方公里。开发区开发建设面积扩增到2010年的8平方公里，达到了“六通一平”。其中，修筑道路44公里，红线面积90万平方米，硬化路面55万平方米，铺设雨、污及洪水管线14万米，架设供电线路5.4万米，建成设计能力日供水3万吨的净水厂1座，新建三盛、福钢2座二次变电站，长春同鑫热力公司，入区企业集中供热，通信光缆与基础设施同步建设。在完成工业建成区10万平方米绿化面积的基础上，2010年又打造长2 500米、宽30米，总绿化面积7.5万平方米的大型景观绿化带。2010年开发区共签约落户项目296个，计划总投资122亿元，其中固定资产投资95亿元。项目用地面积512公顷。在296个项目中，工业项目268个，亿元以上项目20个，5 000万元至亿元项目42个，3 000万元至5 000万元项目58个，3 000万元以下项目148个。已有120个项目建成达产。2010年落实新建项目30个，续建项目75个。中小企业创业孵化基地完成一、二期标准化厂房29栋11.5万平方米、三期标准化厂房12栋5.1万平方米、四期标准化厂房16栋3.5万平方米，入住企业35户。2、九台工业集中区。2010年，完成地区生产总值54.5亿元，工业总产值108亿元，全口径财政收入2.34亿元，税收2.16亿元，固定资产投资33.53亿元，实际利用内资21.59亿元。有规模以上工业项目64个，总投资151.5亿元。工业集中区初步实现"五通一平"。完成六街工业园区42公顷的"两横一纵"道路建设和路灯、绿化、上下水道等基础设施建设。完成韭菜地工业园区59.6公顷的道路配套，完成畜牧养殖园区120公顷基础设施工程。2010年基础设施建设总投资1.2亿元。新建续建项目19个，全部建成并投产，总投资11.53亿元，固定资产投资6.69亿元。吉林泰华冶金设备制造有限公司冶金设备制造项目，完成固定资产投资1.1亿元，正式进入生产阶段。长春和禾化工股份有限公司低碳醇生产项目完成固定投资0.9亿元，投入生产。华能吉林发电有限公司九台电厂一期工程已经结束，2台66万千瓦机组已正式并网发电。吉林省广泽乳业集团万头奶牛饲养项目已完成固定资产投资1.1亿元，养殖奶牛3 000头，完成部分基础设施建设。

【农业】 全面落实各项支农惠农政策，发放各类农业补助资金35 358.6万元。扎实推进2亿公斤商品粮增产工程，2010年，粮食产量突破12.5亿公斤，比2005年增产3.3亿公斤。发展了粘甜玉米、绿色水稻、苗木花卉、蓝莓种植等特色产业，各类经济作物种植面积1.24万公顷，其中蓝莓种植面积533公顷。全程农机化示范区项目建设深入实施，农机总动力63万千瓦，比2005年增长87.3%；耕种收综合机械化水平达67.3%，比2005年增长26.8%。新建各级规模化牧业小区717个。农村基础设施不断完善，实施了水库除险加固、农村饮水安全、灌区节水改造、农田水利重点县等9大项目建设，完成10万人的农村饮水安全工程。建成了龙嘉至纪家等一批公路工程，共新建改建乡村公路2 006公里、通村水泥路1 767公里，全市310个行政村除上河湾镇套子里村外全部实现了"村村通"。公路硬化总里程3 587公里，比"十五"期末增加1 807公里。投资1.8亿元的长吉城际高速铁路九台南站工程完成了站舍冷封闭。龙嘉国际机场二次扩建基本完成。造林绿化、封山育林8 650公顷，实现了连续30年无重大森林火灾的目标。新农村建设成效显著，建设国家级环境优美乡(镇)1个、国家级生态镇2个、打造省级示范镇1个。完成农村泥草房改造16 425户，建设农村户用沼气池8 248个。完成了土地总体规划编制，累计上报省政府批准建设用地1 073.29公顷，实现土地纯收益4.6亿元。强化农村环境综合治理，乡容村貌大为改观。

【民营经济】 2010年，全市民营经济实现主营业收入565亿元，比2009年增长20.7%；实现增加值169亿元，比2009年增长18.3%；上缴税金4.8亿元，同比增长20%；企业户数达到1 750户，同比增长1.2%；规模以上企业207户，同比增长11.1%；个体工商户数达到59 120户，同比增长0.2%；从业人员达18.7万人，同比增长3.8%。有省级高科技企业3家，市级重点民营科技企业5家，有专利权11项，有14家企业通过了IS09000质量体系认证，有1项产品创国家驰名商标，7项产品创省著名商标，5项产品获市名牌。有矿产能源企业28户，可创产值105亿元；食品企业31户，可创产值57亿元；医药企业8户，可创产值45亿元；机械加工企业180户，可创产值95亿元。为更好地建立政府指导协调，金融、社会中介主动服务，打造合作载体，实现合作经常化，制度化和规范化。中小企业服务中心在九台市行政服务中心设立了服务咨询窗口，2010年5月18日正式投入运行。

【城乡建设】 2010年城市建成区面积达到16.6平方公里。数字九台地理空间框架项目正式启动，九台市成为全省惟一申报成功的县级市。煤矿棚户区改造项目全面实施，完成8号小区二期工程建设，共计4 100户棚户区居民实现入住。北部老城功能不断提升。5月，九台市城市集中供热建设项目在营城铁北正式启动实施。完成了热源厂建设和老城区的供热管网铺设。一批精品化住宅小区相继建成。开始实施"暖房子工程"改造试点项目，完成7栋住宅楼改造任务。九台市全年空气优良天数保持在328天以上，城市绿化覆盖率达到32.9%。开展了奋战150天城市环境综合整治行动，九台市正式获得省级文明城市和省级卫生城市称号。小城镇建设扎实推进。城镇化率达到27.5%，村民住房砖瓦化率达到74%，卡伦、龙嘉、东湖、波泥河四镇纳入省级"百镇建设"规划。2010年投资8 200万元，完成九台大街、工农大街、新华大街(部分)、西环路、宏声路、民乐路、建设路、九营公路等老城区主干道改造。"十一五"期间投资3.5亿元用于道路工程建设。完成污水处理厂建设工程的配套管网41.63公里的改建，使城区污水管线总长度达到81公里。5月，污水处理厂通过国家、省市验收开始正式运行，日处理污水3万吨。2010年末，全市供水管线总长度达到189公里，供水普及率达到94.62%。2010年各乡(镇)新修水泥路近34 500米，投资1 104万元。安装路灯32盏，投资61万元。绿化美化投资500万元。改造自来水1 320户，投资890万元。新修标准公厕2座，投资7.8万元。新增基础设施建设投资共计2 562.8万元。全面实施农房改造及新式农居建设工程，改造农房近4 000户，共

小南河畔新建居民小区

修建村道水泥路205公里，整修排水沟42 050米，修建卫生厕所390座，清理垃圾7 650吨，清理私搭乱建127处，卡伦镇任家村，东湖镇双山村、上河湾镇四台村、龙嘉镇红光村、波泥河镇波兴村等被评为村庄整治工作先进村。

【民生工作】 制定《九台市2010年民生行动计划》、《九台市2010年民生行动计划任务分解书》，印发《九台市2010年民生工作考核方案》。加大本级财政投入，42个涉民生工程的项目获得国家和省市资金投入，投入资金35 500万元。2010年全市民生资金投入24.54亿元。1、就业再就业。共开发城镇用工岗位7 500个，城镇新增就业人员6 993人，其中，下岗失业人员再就业3 942人，“4050”人员再就业274人。各种就业、创业培训21 214人次，全口径劳务输出23.3万人次。发放促进就业小额担保贷款2 044万元，创业促就业成功项目达到130个，带动就业2 500人。新开发大学生充实社区和司法矫正员公益岗位61个。为1 500名农民工清理拖欠工资77.3万元。发放退役士兵生活补助15.8万元，发放一次性自谋职业金180余万元，对符合安置条件的145名退役士兵全部进行安置。2、社会保障。基本养老保险参保人数达4.2万人，失业保险人数达3.2万人。新被征地农民和农村独女户基本养老保险累计2 414人，470人享受养老金待遇。全面完成企业退休人员增加养老金待遇工作。城镇职工医疗、工伤、生育大病补充医疗保险分别完成50 015人、36 997人、35 609人和37 242人。启动了居民生育保险试点，实施了居民生育2次补贴政策，使生育居民正常产最高补贴达到900元，非正常产最高补贴达到1 200元。3、扶弱助困。发放城乡低保金7 554万元。农村五保集中供养标准达到2 700元和1 700元，分别比2009年提高35%和42%。为全市1 150名重点优抚对象配发小药箱。对所有符合城乡医疗救助条件的救助对象开展救助，发放救助资金500余万元。贫困人员血液透析3 393人次，透析费用个人每次承担50元，其余费用由财政补贴。投资130万元建设九台市殡葬用品市场。为60周岁以上老年人免费办理老年优待证3万个，救助特困老年人200人，发放高龄老年人生活补贴28万元。免费施行白内障复明手术190例，专项救助重症精神病患者150人。召开了全市抗洪救灾“献爱心”募捐动员大会，共募集善款1 160万元。4、住房保障。煤矿棚户区8号小区二期工程建设完成，建设住宅32栋1 876套，全年安置棚户区居民2 214户（含2009年因抽到空号未搬迁的338户）。建设廉租住房面积2.59万平方米，512户棚户区居民喜迁新居。实施“暖房子工程”，改造老旧楼体7栋。集中供热工程完成热源厂建设，铺设供热管网47公里，供热面积达220万平方米。铺设燃气管线12公里，新增城区燃气用户5 327户。农村泥草房改造完成6 014户，其中困难户1 699户。完成农村因灾倒塌房屋恢复重建512户，维修469户。5、城乡教育。完善中小学生安全工作应急预案，全市中小学都开设安全教育课。职业中心全年招生2 038名，开设机加、电子、汽修等18个专业，建设校内外实习实训基地34个。投资55万元完成了九台教育城域网的升级工作。总投资2亿元实施了中小学校舍安全工程，完成建筑面积15万平方米，卡伦、龙嘉、饮马河3个“一乡一校”工程正式投入使用，城子街、纪家、鸡鸣山、二道沟等16个项目已完成工程主体。6、健康型城市创建。新农合参合率达97.57%，参合基金使用率达到90%。推行阑尾炎、疝气、子宫肌瘤、剖腹产等新农合单病种限价管理。免费为60岁以上老人开展免费健康体检14 286人。免费为2 243名3岁以下儿童进行健康体检，免费为15 665名15岁以下儿童补种乙肝疫苗。优生优育筛查5 300人。投资350万元新建营城社区卫生服务中心。新建集中供水工程63处，解决7.1万人口的饮水安全问题。7、文化生活。开展群众文体活动22场次。省级农村文化大院发展到88个。建设农村群众体育健身场地26处。为全市310个农家书屋每个投入1 000元购书经费，为171个行政村投放25万余册图书、6万余张音像制品。投资6 000万元的广电中心工程正式投入使用，广播电视无线覆盖率达到100%。新发展农村有线电视用户7 800户，全市有线电视通村率达到95%。城区有线电视实现数字化整体转换。农村数字电影放映达到3 720场次。8、公共安全。对区域内756家餐饮单位、136家药品零售企业、8家医疗机构、858家个体诊所进行专项检查。销毁不合格畜禽产品1 300公斤。检查特种设备使用单位132家，发现安全隐患19处，整改率100%。开展3次安全生产大检查、4次安全生产专项整治行动，查封取缔非法生产经营企业89家，停产停业109家。将急救中心工作经费纳入财政预算。实施“天网”工程，安装视频摄像终端420个。加强公安“三基”建设，新购置应急现场通迅指挥车和消防车，纪家消防站投入运营。9、城乡环境。对全市51家重点排污企业进行专项检查，集中式饮用水源地水质达标率100%。主要交通干线环境噪声平均值分别控制在53分贝和68分贝以下。投资6 851万元建设日处理生活垃圾450吨的垃圾处理厂，全市工业固体废弃物处置、处理率达98%以上。完成烈士纪念碑维修、东方广场扩建、曙光广场维修、南山公园扩建工程。城区新增绿地面积31.9万平方米，绿化覆盖率达36.1%，公共绿化面积达140.5万平方米，人均公共绿地面积达10.8平方米。更换灯泡3 000个，维修破损线路300米，亮化率98%。新建公厕6座，更换垃圾箱50个，更换封闭式垃圾桶300个，修建渗水井20眼。农防林更新造林58.72公顷，绿化村屯90个。修建生态卫生厕所5 000座。10、服务环境。教育、医疗、供水、供电、物业、环保、公共交通等行业的公共服务引入行政大厅。投资1 200万元在全市18个乡(镇)、街道建设2层400平方米的办事大厅。投资8 234万元对城区7条主要街路进行了改造。长吉北线53公里二级路变一级路工程建成通车。新建乡村水泥路120公里，改建危险桥涵10座。对36栋返黑楼道进行了集中整治。新发展农民专业合作组织30个。

【社会事业】 城镇居民医疗保险实现基本全覆盖，新农合参合率达97.5%。15%的城市居民和4.5%的农村居民享受到了城乡低保政策，建立了大病医疗救助制度。年均开展群众文化体育活动18场次以上，2010年在第十六届省运会上金牌总数位列53个县(市)、区第四名，同时冰上速滑项目获得全省第一名。九台满族剪纸亮相上海世博会，庙香山休闲旅游度假区和碧水庄园景区被评为国家3A级景区，九台市国家A级以上景区总量达到10家，居长春市各县(市)、区之首。数字电视用户达到3万户，实现了农村广播电视“村村通”。移动电话用户发展到53.6万户，宽带用户发展到3.7万户。新建改造送电线路891.3公里，新建扩建变电站15座。九台市被列为全国科普示范县创建单位。90%的乡(镇)所在地建成了九年一贯制中心学校，新职教中心建成并投入使用。新建、维修乡(镇)卫生院17家，疾控中心建成并投入使用。人口自然增长率控制在4.2‰以下，政策生育率保持在92%以上。加大食品药品监管力度，保障了群众生命健康安全。实现了120、110、119“三台合一”。加强公安“三基”建设，实施了“天网”工程，加大了各类刑事犯罪严打整治力度。全力落实“信访积案化解年”活动，信访积案化解率达95%。持续开展“安全建设年”活动。职工待遇显著提高。发放教师档案工资4 100万元；发放机关事业单位人员档案工资2 000万元。

【各项改革】 积极推进各项体制机制改革。农村信用联社成功改制为东北地区首家、全国第16家农村商业银行。整合国有资产，注册成立了“九台融鑫投资有限公司”。中小企业担保公司增资扩股达到8 000万元，融资担保能力提高到4亿元。成功引进由包头商业银行发起设立的龙嘉村镇银行。组建了“诚成”、“诚通”和“丰元”等3家小额贷款有限公司。在土们岭镇启动了民营创业园区试点工作。在全国率先、创造性地开展农村土地经营权、房屋产权和林权抵押贷款工作，累计发放贷款4 159万元。在九台经济开发区成立了物流仓储公司，在邮政银行开辟了“双千工程”融资绿色通道。在全省率先完成国有粮食购销企业产权制度改革，全市23户粮食购销企业全部实现了产权转移和法人变更。成功将卡伦镇5个村划归九台经济开发区代管，将九台街道所辖7个社区划归营城街道管辖，将西营城镇撤镇设立为街道。积极推进土地承包经营权流转，全市土地流转面积达到9 104公顷。集体林权制度改革依法有序推进，完成了298个村确权到户的主体改革任务。

（李海英）

2010年九台市国民经济和社会发展主要指标完成情况统计表

指标名称	单位	实际完成	与2009年比增减%
地区生产总值	万元	2 436 876	21.6
第一产业增加值	万元	304 191	7.4
第二产业增加值	万元	1 177 351	30.9
第三产业增加值	万元	955 334	15.9
工业总产值	万元	3 473 195	38.6
农业总产值	万元	580 105	9.1
全口径财政收入	万元	121 887	32.13
本级财政收入	万元	75 100	16.14
财政支出(一般性预算支出)	万元	286 161	7.71
固定资产投资额	万元	1 679 718	37.83
社会商品零售额	万元	706 107	21.87
城镇非私营单位年末在岗职工人数	人	42 143	10.8
全部在岗职工年人均工资	元	19 681	10.71
城市人均可支配收入	元	9 400	11.97
农民人均纯收入	元	7 520	10.02
普通中学数	所	35	0
普通小学数	所	222	-10.48
各类医院	所	36	2.86
人口出生率	‰	7.18	-0.42
城乡居民储蓄存款余额	万元	819 140	23.4

朝阳区

【概况】 朝阳区位于长春市区中南部，是长春市科技、文化、经济、教育、商贸中心城区。下设重庆、永昌、清和、红旗、桂林、湖西、南湖、前进(7月20日，朝阳区南站街道更名为前进街道)、富锋9个街道，55个社区，2个镇，24个行政村，以及省级开发区——长春朝阳经济开发区。幅员228平方公里，人口66.3万人。2010年，朝阳区全面贯彻落实科学发展观，围绕富民强区的总体目标，突出“调结构、保稳定、促发展”的工作重点，凝心聚力、奋发图强，经济社会继续保持良好的发展势头。按照“做强三产，做大二产，做精一产”的发展思路，不断强化项目带动、消费拉动、环境驱动，经济活力持续增强。

【国民经济】 2010年全区生产总值实现264.7亿元，比2009年增长15%；规模以上工业产值实现81.4亿元，同比增长44.3%；全口径财政收入实现42亿元，同比增长20%，其中本级财政收入实现6.9亿元，同比增长8%；完成固定资产投资190.4亿元，同比增长29.8%。其中，工业投资完成50亿元，同比增长28.2%；完成内资34.6亿元，同比增长20%，外资5 950万美元，同比增长19%。

【商贸服务业】 通过改造传统服务业，大力发展现代服务业，使朝阳区市场经济更加繁荣。2010年服务业增加值实现195.6亿元，占地区生产总值的74.2%。消费容量不断扩张，欧亚商都成为全国单体销售第一店，销售额实现65亿元，欧亚卖场突破60亿元，卓展购物广场实现24亿元。商业综合体带动服务业集聚发展，红旗街万达广场盛装开业，盛世城一期竣工，上海广场项目主体完工，凯悦酒店破土动工，卓展扩建完成拆迁。海航城市综合体、东北亚粮食物流园区、红旗街苏宁广场、国信国际广场等一批服务业项目进展顺利。北京住建、上海宝龙等7个商业综合体项目签约。文化创意产业发展势头喜人，吉林青年创业园、万易大学生创业园、金谷鸿业科技孵化器3家省级创业就业孵化基地入驻企业161户。

【开发区建设】 重点引进科技含量高、附加值高、市场前景好的项目，积极创造条件推进项目落位并开工建设。全年签约落位项目42个，超额完成全年落位30个项目的既定目标，项目总占地面积132万平方米。新开工项目22个、续建项目29个，20家企业进驻孵化器。加强基础设施建设和外部环境打造，6.8平方公里的富锋宜居小镇建设正式启动，与融创、吉塔集团签订了开发协议。完成核心区拆迁12万平方米，首期开发建设出让土地20万平方米。新一轮土地利用总体规划修编和盛家村区划交接，拓宽了开发区的发展空间。

【民营经济】 加大民营经济扶持力度，建立融资、创业咨询等六大服务平台，为企业融资及争取专项资金1亿元。培训各类创业人员6 000人次，民营企业发展到6 500户，比2009年增长9%。全区民营经济主营业务收入实现650亿元，比2009年增长32%。

【市政基础设施建设】 按照“统一标准，便于通行，形成景观”的要求，对全区道路进行了全面的维修养护。投资6 000万元对西南湖大路、新民大街等9条主干道进行维修，对129条街路实施了局部维修。共维护沥青路面24.3万平方米，铺设更换人行步道方砖1.18万平方米；更换边石3 636.39米、界石2 095平方米；新建检查井21座、雨水井25座。投资1.2亿元，完成长662米、宽28米、占地面积18 536平方米的桦甸街延伸段和长1 851米、宽40米、占地面积74 040平方米的新育民路道路续建任务，共铺装沥青路面6.71万平方米，铺设雨水管线2.46公里，建排污主线2.21公里，铺装人行步道方砖1.86万平方米。以危险房屋、明沟、主要汇水区域作为防汛重点，在汛期前清理主要汇水区管线35.7公里，清掏各类检查井11 850座，收水井7 820座。翻建管线495米，检查井49座，雨水口33座，连接管148米，清理吐水口6处。进入汛期后，实施24小时值班值宿制度，及时处置险情，出动796人次排除积水142处，组织疏散转移人员472人，完成了汛期应急抢险和人员安置任务。

【棚户区及危旧房改造】 朝阳区着力推进依法拆迁、阳光拆迁、惠民拆迁、和谐拆迁。对拆迁项目进行全程跟踪服务，督促开发企业制订进度表，确保拆迁工作稳步推进。全年相继完成长久家苑二期、希望中学、西南湖大路、公交医院等11处地块的拆迁工作。拆迁棚户区22万平方米，超出年初计划的10%。建设32万平方米，完成年计划的106.67%。按照市、区政府统一部署，开展了危险房屋排查工作，共排查出危旧险房屋310处。其中，楼房252处；平房58处。建筑面积54万平方米，涉及11 108户、33 843人。经市房地局鉴定为危房的有40处、130栋(33 510平方米，875户2 588人)。其中，楼房13栋(面积16 136平方米，316户965人)；平房117栋(17 374平方米，559户1 623人)。制定《危险房屋处理办法》，截至年底，已对8处(11栋)危险房屋进行人员疏散，共涉及324户、1 107人，3栋危楼被安全拆除。

【城市生态景观建设】 按照“突出亮点，彰显特色，打造精品”的总要求，累计投入1 000万元，新植绿地8处，改造街路7条，改造绿地13处，改造广场1座，补植街路13条。城区新增绿化面积5.2万平方米，绿化覆盖率达43.9%。建成大型景观绿地，种植了5 912平方米的草坪以及老人葵、荷兰铁等十多种热带植物，增设了10组休闲坐椅和1 800平方米的人行步道。全年立体彩化街路7条，景点彩化16处，彩化桥梁2座，彩化广场2座。共使用南方温室花卉4个品种171株，北方陆地花卉6个品种69.55万株，宿根花卉8个品种39.37万株，五色草480平方米。使用花箱76组，花架637套，吊篮203组，多层花盆236套，挂箱3 890个，组合花盆32组，花钵3 543个。新民广场内圈新增32组方钢花架，西南湖大路(南湖宾馆至人民大街段)和南湖大桥引桥彩化为城区增添了新的亮点。在创建文明城市活动和市容环境综合整治行动中，在朝阳公园内种植花卉6万余株，种植各种树木2 952株，修饰草坪60万平方米，砍伐枯死树木1 500余株，清理垃圾200余车。9月，朝阳区代表长春市接受了吉林省绿化委员会组织的“十年绿化美化吉林大地”验收检查，受到省检查团的高度评价。

【打造宜居城区】 开展了奋战150天市容环境综合整治行动，全力打造绿色宜居城区。率先启动暖房子工程，投资3亿元，对386栋老旧楼房进行节能改造，面积150万平方米，占全市的1/3。273栋楼宇实现并网改造，供热投诉大幅下降。实施楼道亮灯工程，改造完成2 086栋楼，7 356个单元，安装43 118盏灯，惠及75 359户、16.67万人。按照“拆违、清乱、建新、扮靓”的思路，对重庆商圈和桂林商圈的商铺门面进行了精细化改造，对同志街等10条街路两侧的建筑物楼体进行外立面整饰，更新和规范牌匾1 270块，清洗楼体126栋，面积111 820.94平方米，精品商圈、精品街路形象显著提升，市容市貌及百姓居住条件有了极大改观。以街道为主体，对重点区域内阻碍防火通道、压占燃气管线、严重影响市容市貌、居民反映强烈的违章违法建筑进行集中拆除。改造压占燃气管线338处、7 656平方米；打通消防通道12条、700平方米；打通或拓宽巷道55条、1 320米。对拆违难度较大的永昌街道东朝阳路区域，先后4次组织多家单位联合执法，共出动人员400余人，机械车辆130余台次，清运建筑垃圾125车，拆除各类违法建筑254处，面积达9 800平方米。区执法局会同区公安分局、规划分局、朝阳经济开发区管委会、富锋街道办事处，对辖区内影响较大的违法违章建筑进行了集中拆除，拆除各类违建602处，17 415平方米。2010年，朝阳区共拆除各类违法违章建筑12 196处、275 289平方米，其中精品街路55处、3 060平方米，强制取缔2 420处露天烧烤、排挡。此外，区工商分局、区商务局、区执法局联合行动，对辖区47个废品收购站进行集中清理整治，对违法经营的废品收购站进行全部取缔。配合“暖房子”工程，加强工程周边庭院、楼道的清扫保洁工作。购置了10座17立方米的密闭压缩式移动中转站、两台运输车，使全区保洁工作实现了垃圾收集袋装化，运输、运转密闭化。投入资金20万元，先后将南湖东街、湖光路、前进大街、开运街4座公厕打造成星级标准的精品示范公厕，对29座公厕的残疾人扶手进行更新。实施“蓝天碧水”工程，“烟尘控制区”达标率、“环境噪声达标区”覆盖率均达100%。

【新农村建设】 乐山镇千公顷蔬菜基地百公顷示范区建成温室、大棚各200栋，并投入使用。林权制度改革通过省、市验收。开展农村环境卫生综合整治，村容村貌明显改观。修建乡村道路33公里，新建农村生态卫生厕所2 500座，全省农村改厕工作现场会在朝阳区召开。农村经济总收入实现14.25亿元，农民人均收入达7 269元，均增长10%。

【均衡优质教育】 全面贯彻党的教育方针，有力地推进了全区教育均衡优质发展进程。投资6 000万元，启动九中、十中新校建设；投资1.1亿元，对全区27所中小学的56栋校舍进行加固和重建，加固13.9万平方米，重建2.1万平方米；投资500万元，完成了六十八中学、红旗小学等10所中小学及教师宿舍楼集中供热并网改造工作；投入400万元，提高各校功能室标准化建设和装备水平；投资150万元用于教育网站维护、资源库建设及设备更新；筹集并下发阳光基金、学习用品共计1万元，发放衣物1 000件、书籍600册，改善了困难学生的学习条件和生活质量，巩固了“无因贫辍学城区”成果；采取“捆绑”的方式以城带乡，选派18名优秀教师到农村学校教学，努力实现教育的均衡发展；开通农村学校班车，解决了当地学生上学难的问题；依据学校网点布局和优质教育资源分布情况，整合了六十八中学、清华小学等8所学校，实现了教育资源优化配置、优质资源共享，缩小了校际间差距；对四十五中学和解放大路小学的空余学位实行电脑派位，满足了群众对优质教育的需求；充分发挥“朝阳区教育局中小学远程监控报警联网系统工程”作用，对区属所有学校进行24小时安全监控，并投入专项资金130万元，为全区中小学配备90名保安，进一步保障师生人身安全；组织全区中小学生开展大型安全应急演练和安全知识答卷，提高学生的安全意识和自救能力。

【健康朝阳】 深入开展创建健康城市活动。投入1 000万元，全面落实基本药物制度，城乡医疗机构实现药品销售零差价。投资300万元，新建乐山镇卫生院。新型农村合作医疗覆盖面进一步扩大，实现应保尽保。开展贫困人口医疗救助工作，累计救助8 652人次，减免金额43.98万元。为全区农村育龄妇女免费检查妇女病，普查8 156人次，门诊治疗2 882人次，住院治疗30人，减免费用7万元。对辖区内慢性病病人进行入户随访、健康干预23 060人次。启动特困家庭免费健康体检工作，城乡12个社区卫生服务机构提供服务，体检项目包括血压、胸透、血糖等12项，免费体检773人，免除费用77 300元。巩固完善提高全区住宿业、沐浴业和游泳场所(馆)卫生监督量化分级管理工作，召开朝阳区口腔诊疗单位消毒量化分级管理工作推进会，迎接国家卫生部卫生监督局公共场所量化分级管理视察并受到好评，妇科产科医疗机构监督覆盖率达到100%。召开126户大中型餐饮单位专项整顿工作培训会，18家餐饮单位通过了卫生安全示范街、示范户建设。举办健康讲座100场次，全面普及健康知识。成功打造了前进西街和建设街为卫生监督管理精品街路。开展社区健康管理，在全国第七届健康产业论坛上作了《开展健康朝阳行动，探索社区健康管理》经验介绍。巩固社区卫生服务基本优势，永昌社区卫生服务中心被中华医学会确定为全国社区卫生服务健康基地。

【幸福社区创建】 围绕幸福社区10项

内容，广泛开展6个板块系列活动。1月，举办朝阳区幸福社区创建工作表彰暨2010社区新春联欢会，并对相关单位和个人进行了表彰。建立起由年度考核、居民满意度测评、专家组评估3部分组成的星级等级评定体系，包括考评办法、考评标准、考评细则、活动安排表等多项制度内容。借助社会专业测评机构，运用国际通行的spss系统进行定量分析，15个社区被评为幸福社区，得到社区居民的认可。7月，"全国和谐社区建设示范单位工作推进会"在朝阳区召开。会上，朝阳区进行了幸福社区全面建设经验介绍，与会人员参观了东朝阳路南社区、铁路社区等典型社区，民政部副部长姜力及与会各省、市领导对朝阳区的幸福社区建设给予了高度评价。农村社区建设，在完成硬件设施建设的基础上，内外设施和办公用品已配备齐全，各项服务功能逐步落实，农村社区建设标准达到全覆盖要求并通过民政部专家组验收。9月，全市农村社区建设全覆盖工作会议在朝阳区召开。9月28日，举办了幸福社区首届红歌大赛。

【百姓民生】 紧紧围绕"生存性、安全性、发展性"三大民生需求，努力构筑民生工作"六大"体系，民生工作取得新的进展。1、就业保障。完成新开发城镇就业岗位11 526个，城镇新增就业9 507人；新增残疾人就业220人，残疾人就业率达85%；城镇登记失业率控制在4%以内，保持零就业家庭动态为零；城镇医保新增26 608人，续保152 353人；解决了全区环卫工人的城镇居民基本医疗和工伤保险问题，为2 465名临时工办理城镇居民医疗保险49.3万元，为3 260名环卫工人办理意外伤害险65.2万元；投资300万元推进新农保试点工作，全年参保农民26 080人，参保率达到72%；开展创业和技能培训，全年培训2 900人次；组织农村劳动力技能培训419人次，劳务输出1 011人；扶持创办劳动密集型小企业，发放小额担保贷款402万元。2、社会救助。扶贫超市继续对全区6 518户低保户实行低于商品进价20%的价格进行销售，平均每户每年优惠240元。全省首家爱心透析中心全年为区低保家庭中的尿毒症患者免费透析3 738人次，减免透析费用83.05万元。全省首家慈善医院为城区低保户、荣残军人、优抚对象、贫困残疾人、孤寡老人等提供无偿或低偿服务，共实施救助13 000人次，减免医疗费用89.38万元。与吉林大学第五幼儿园合作，成立朝阳区第五慈善幼儿园，全年共救助入园低保和低收入家庭子女219人次，发放救助金3.35万元。对全区低保、边缘低保家庭中高考学生实行"有一助一"，为58名困难学生发放救助金57.5万元。开展"千户特困户结对帮扶"活动，走访慰问低保户，发放103.97万元的慰问金和慰问品。为4 255户低收入困难家庭发放住房补贴269.78万元。以困难职工帮扶中心为服务窗口，救助了322名困难职工和农民工，发放了生活及医疗救助款102 800元。开展"金秋助学"活动，共资助困难职工243人，发放助学救助款189 500元。3、养老助残。为推进社区养老服务社会化建设，在55个社区分别建立了"空巢"老年人日间照料室，并以"5·19"慈善日为契机，面向全区60岁以上的特困空巢老人开展慈善义诊活动，入户走访156户，对3 500人进行免费体检，为6 800人建立了健康档案。采取区财政与民营资金融合的方式，投资3 500万元，建立朝阳区祥和安养院，总床位500张。对全区110名社区养老服务站工作人员和12名街道负责养老服务的工作人员进行培训。为全区683名重度残疾、生活不能自理的低保残疾人发放生活补贴20.12万元，为36名贫困白内障患者免费进行了复明手术。为209名贫困精神病患者免费医治，为80名贫困重度精神病患者进行免费入院治疗。4、住房保障。出台了《朝阳区农村低保户房屋维修方案》，按照每户维修不高于5 000元的标准对118户困难户维修了房屋，并建立了文字图片档案和电子档案。实施泥草房改造418户，其中残疾人12户。5、平安建设。开展区级领导"大接访"活动。对35名上访老户实行了专项救助。全区受理群众来信来访总量784件(批)次。其中，单人访555件次、729人次；集体访229批次、3 398人次。排查信访隐患201批次9 133人次，已发案件的办结息访率达91%。为全区50台桑塔纳警务用车安装了GPS卫星定位系统。举行社区综治维稳专干上岗仪式，选拔59名社区维稳专干，首创警用自行车巡逻和多功能警务车武装巡逻模式，购置了30台警用自行车。新安装监控探头3 675个，扩大了覆盖面与辐射面。对辖区内私搭滥建的违章建筑进行集中整治，打通了群众的消防安全通道，解决了多年来制约灭火救援和人员逃生的根本性问题。集中整治查处机动三轮车和机动车涉牌涉证、酒后驾车等违法行为，共查处各类交通违法行为8 000余件，查扣违法车辆182台次，交通秩序明显好转。采取"政府补贴、社会赞助、个人分担"的方式，开展散旧居民楼宇防盗门安装工作，提高了辖区居民的安全感。6、防灾救灾。制订朝阳区自然灾害救助应急预案和灾民转移预案，并根据区域的灾害特点，与市内仓储超市(包括扶贫超市)签订了应急食品供应意向协议。7月，乐山等地遭遇了百年一遇的洪涝灾害，面对洪灾，朝阳区迅速启动应急预案，进行全面抗灾救灾，做到了无一人伤亡。为确保灾民生活和灾后重建工作，通过拨款和捐款等多种渠道，共筹集救灾资金886万元，及时帮助受灾群众重建房屋222栋，维修房屋283栋，并购买了米、面、油、衣物等生活必需品。

【群众性文体事业】 2010年，积极打造朝阳特色文化、品牌文化，丰富群众精神文化生活。组织了元宵节舞龙舞狮东北大秧歌比赛、书画作品展、"三月三"文化广场风筝赛、百人象棋赛等文化活动，全年共组织各种大型群众文化活动百余场。长春市社区文化建设现场会和吉林省社区文化建设现场会分别在朝阳区召开。利用争取到的国家、省、市体彩资金，为辖区居民配备健身路径器材56件，篮球架9套，乒乓球台56个，康乐棋26套，柔力球拍1 100套，广场音响65套。利用国家下拨的图书馆改造建设资金40万元，建成设施完备的朝阳区图书馆。创新开展群众体育工作，突出全民参与、社会支持的特色。在第十六届省运会,朝阳区共获得金牌50枚,荣获青少年组县(市)、区第二名。结合健康城市创建工作,组织召开了"健康朝阳职工趣味运动会",设立了"齐心协力"、"团结一心"、"健康向上"等21个活动竞赛项目,促进了职工体育健身活动的开展。先后组织全区开展冰雪运动会、拔河比赛、门球协会百队门球挑战赛、羽毛球比赛等各种群体活动近百场。组织队伍参加省、市组织的长春冰雪节文化广场秧歌赛、长春市"五·四"红旗接力赛、吉林省体育传统校运动会、长春市文博广场健身比赛等体育活动30余场次,参加人员达3万余人。开展文化市场专项整治活动,全年共组织开展各种专项整治行动10余次,出动执法车辆710台次,出动执法人员1 480人次,检查文化经营场所3 560家次,收缴盗版光碟、淫秽色情电子出版物8 360张。朝阳区网吧代表队在全省网络知识竞赛中获得冠军,并代表吉林省在全国比赛中获得优胜奖。

【依法行政】 深入开展"创先争优"活动,认真落实区委重大工作部署,主动接受人大依法监督、政协民主监督。全年办理区人大代表建议129件、政协提案143件,办复率100%,满意率99%。共受理市民投诉1.2万件,办复率100%,办结率98%。强化政府法制建设,完成"五五"普法检查验收,被评为全省首批法治县(市)、区创建活动先进单位。完善政府绩效评估,强化审计监督,工程建设领域突出问题专项治理通过国家验收。加强机关作风建设,政府公职人员责任意识、服务意识、廉政意识得到强化,政府工作效能进一步提高。

(张冬梅　袁　源)

2010年朝阳区国民经济和社会发展主要指标完成情况统计表

指标名称	单位	实际完成	与2009年比增减%
地区生产总值	亿元	264.7	15
第二产业增加值	亿元	67.5	20.3
第三产业增加值	亿元	195.6	13.9
规模以上工业产值	亿元	81.4	44.3
全口径财政收入	亿元	42	20
本级财政收入	亿元	6.9	8
地方财政支出	亿元	16.3	35
固定资产投资(含房地产)	亿元	190.4	29.8
社会消费品零售额	亿元	327	18.4
民营经济主营业务收入	亿元	650	32
农村经济总收入	亿元	14.2	10
农民人均收入	元	7 269	10
个体私营企业	户	22 900	5
教育经费总额	万元	36 762.1	32.9
科技三项经费	万元	1 800	80
卫生事业费	万元	11 719	15.95
人口出生率	‰	5.58	-0.33
计划生育率	%	99.3	-0.4

南关区

【概况】 南关区是长春市的中心城区,位于长春市市区东南部,辖区东起伊通河与二道区隔河相望,西至人民大街与朝阳区接壤,南起新立城镇、永春镇边界与长春净月潭旅游经济开发区、长春高新技术产业开发区为邻,北至新发路、上海路、光复路与宽城区相接,幅员80平方公里,辖12街道1乡,7个行政村,56个社区,总人口49.2万人。

【区域经济】 始终坚持把经济发展作为自身工作的第一要务,全年各项主要经济指标均超额完成年度计划,经济运行总体呈现快速发展的良好态势。2010年,地区生产总值实现145亿元,同比增长16.8%;全口径财政收入实现27亿元,同比增长26.6%;固定资产投资实现103.3亿元,同比增长30.6%;引进内资22.8亿元、利用外资4 000万美元。

【第三产业】 三产增加值实现126亿元,同比增长17.9%,占全区生产总值比重达到86.7%,比2009年增长1.5%。传统商贸业升级加快,中东新天地、亚泰富苑、欧亚奥特莱斯等一批具有现代特色的综合商场相继崛起,全区累计实现社会消费品零售总额74亿元,比2009年增长19.4%。现代服务业发展提质增速,总部集聚效应逐步显现,引进了省电力、省信托、美克美家、吉祥凯悦等一批总部企业和现代服务业项目,年内新填充楼宇面积达到50万平方米。民营经济进一步发展壮大,全区中小企业主营业务收入实现320亿元，新增民营企业1 380户，个体工商户4 120户，中东集团、亚泰富苑、吉林大药房、东北电力设计院、省科技评估公司等5户企业进入省级千户成长型企业。

【招商引资】 紧紧抓住国家扩大内需促进增长的政策机遇，以招商引资上项目为主线，开展招商引资九个月攻坚行动，积极引进跨国公司地区总部和国内大型企业等高能级机构，实现储备项目170个，签约项目60个，其中大型商业综合体项目就达到16个，规划总占地面积300万平方米，建筑体量750万平方米，总投资超过450亿元，可吸纳就业20万人以上。在第六届东北亚博览会期间，举办了南关区专场投资环境说明会，集中签约了保利林语、太阳世家、吉盛伟邦港湾国际、东北亚商贸城、恒大城市标志性建筑、省电力大厦、北京软银等12个大型综合体和金融总部项目，总签约额度达231.2亿元。项目签约率、履约率、资金到位率都实现了历史性突破，形成了项目集聚效应，为未来发展积蓄了强大后劲。

【重大项目建设】 坚持以项目建设作为调整优化产业结构的突破口，重点筹划建设了一批对区域经济快速增长支撑作用明显的大项目。年内重点推进的70个亿元以上项目全部实现开(复)工，新增建筑面积近200万平方米。长春国际金融中心、绿地中央广场等3个大型商务综合体项目顺利启动；民航花园成基铂寓、鸿城国际商务中心等5座新建楼宇相继开工；东电大厦、财富大厦、五环大厦、华贸国际、万晟现代城等11座续建楼宇陆续竣工；中粮大厦、纺织大厦、天伦大厦、好旺角大厦、省供销大厦等9栋楼宇全面升级改造；长大二期、永春二期商贸城等5处闲置地块重新启动；永吉街、吉顺街等3处散、小棚户区实现开发改造。

【南部新城建设】 1、经济指标快速增长，南部都市经济开发区实现地区生产总值30亿元，完成年度计划的167%；实现固定资产投资39.2亿元，完成年度计划101%；实现招商引资13.58亿元，完成年度计划141%；全口径财政收入达到7.7亿元，经济总量和实力显著增强。2、项目建设势头强劲。全年新建、续建、落位项目41个，总投资300亿元，开工总面积达到110万平方米，当年竣工面积30万平方米，实现投资39亿元。中海国际社区、财富大厦等10个续建项目全部开工，市中法、省军区干休所、国信小区等13个新建项目实现开工，市委办公楼、省电力大厦、吉林煤业大厦、东北社工大厦、绿地海屿等18个项目顺利落位，正在筹备开工建设。广州恒大塔楼、吉盛伟邦、钜城美凯龙等项目成功摘地。3、招商引资成果显著。有针对性地开展大规模招商引资活动，促进了30余个优质项目的顺利落位。全年接待客商600余人(次)，专题推介(洽谈)50余次。利用世博会吉林周、绿地项目开工仪式、东北亚博览会等招商平台，先后与吉盛伟邦、香港钜城、红星美凯龙、绿地集团等12个企业成功签约，签约金额230亿元。4、基础设施建设步伐加快。初步形成了以“五纵五横”为框架的大路网体系。开工道路14条，总长16公里，总投资1.48亿元。9条道路(总长9.9公里)已实现建成通车。同时，投资1.2亿元，完成了前进大街等路段硬化铺装。投资0.8亿元，对前进大街等路段实施了绿化。深入推进光明公园改造工程，完成了改造项目的整体设计、方案评审和地形整理，确定了承建单位和监理单位。投资1.5亿元，完成供水、供电、供气、供热、通信等管网建设27.6公里。5、规划调整不断完善。积极协调市规划局、市规划院对金融总部集中区的场地竖向、路网布局、土地利用情况等方面提出了调整建议，可利用土地面积由原来的38公顷增加到48公顷。完成了南部新城3条高压线规划改线方案，乙三路以北、人民大街以西区域的给水一次网的规划编制和5公里长源水管线改线规划编制工作。6、土地收储进展顺利。先后完成了远方物流、小南岭、移动仓库、木材市场、光明构件厂拆迁等难点问题，为项目建设扫清了障碍。全年土地出让面积突破了200万平方米，收缴土地出让金达到65亿元。对乙三路以南的近450公顷区域120万平方米地上物进行了拆迁，总补偿金额近10亿元，为下步土地收储奠定了基础。

桃源棚户区改造

【城市环境整治】 紧密结合全市开展的奋战150天市容环境综合整治行动。高标准规划的西南湖大路、解放大路等6条市区精品街路，亮点纷呈；完成暖房子工程265栋、150万平方米，拆除违章建筑1万余处、30余万平方米；多层次推进的绿化美化不断延伸，明珠公园、西四小区等园林景观成为新的典范；创新性开展的“老旧散”小区改造率先启动，10余个小区、近万户居民生活环境得到了彻底改善。露天烧烤、占道经营、广告牌匾、废品收购、物流配货、工地运输、环境污染等城市顽疾得到有效遏制；专业化实施的环卫保洁范围不断扩大，机械化清扫率不断提高，卫生环境焕然一新。探索推进长效化管理机制，全面推行大小保洁一体化、城乡环卫一体化，数字化环卫管理系统正式投入使用。拓展性开展的“五小”行业整顿再上新水平，总体管理达标率达95%以上，辖区餐饮、服务环境得到了有效提升。

【住宅物业管理试点工作】 积极开展“老旧散弃”住宅物业管理试点尝试。针对“老旧散弃”住宅硬件设施落后、周边环境较差、日常维护管理混乱等客观实际，积极开展了以居民自治管理为重点物业管理模式试点。通过在社区成立居民自治物业服务业主委员会和社区物业服务协调委员会，把社区居民组织起来，做到“小事自己解决，大事协调解决”。有效进行了环卫垃圾收集清运对接模式探索改进，改“全区大循环”为“双轨制区域小循环”模式运行，实现“以点穿线、涵盖全面”的工作格局。

【就业增收工作】 年内开发就业岗位1.5万个，完成计划的125%。新增城镇就业1.2万人，完成计划的136%。开办创业培训班24期，对1 938名下岗失业人员免费进行了技能培训，对720名下岗失业人员免费进行了创业培训，对困难企业在岗职工技能提升培训2 500人，对“三失”农民技能培训2 100人，有效提高了失业人员的创业就业能力。开发创业促就业成功项目152个，发放小额贷款760万元，满足了人民群众的创业、就业需求。

【扶弱助困工作】 新增医保参保人数8 903人，缴费960万元，缴费率达100%。续保人数164 277人，续保缴费率达90%。新增养老保险参保人数20 000人，进一步健全了劳动保障体系。建设了800套保障性住房，并按照《2010年政府保障性住房出售方案》的要求，认定728户申请人符合购买保障性住房的条件。为857户无房群众发放租房补贴212.73万元，审核减免1 795户低保家庭的房屋租金，对居住面积不足8平方米的10户低保群众进行了补助，为困难家庭解决住房54套，发放资金22.35万元。多元化投入安装防盗门4 000余扇，超额完成年度计划。累计发放低保金3 402.83万元，发放未参保企业退休职工生活费318.35万元。继续为127名考上大学低保家庭子女每人发放1万元助学金，为30名孤儿分别送去1 000元慰问金。开展了“两节”期间“送温暖、献爱心”活动，走访慰问了3 408户困难群众，发放了价值90余万元的慰问品。建成社区养老服务站28个，成立117个家庭互助养老小组，提高了“五保户”补助标准。投入200万元医疗救助资金，减免3 900名困难群众的门诊医疗费用，对380名低保患者进行了医疗救助，为全区低保、优抚对象、五保户等慢性病患者1 300余人分别发放300元的购药卡。面对百年不遇的洪涝灾害，全区各界踊跃捐款620余万元，保障了灾后恢复重建和对口支援九台市任务。

【助残服务工作】 通过举办专场招聘会等形式，开发残疾人就业岗位267个。投入120万元，实施千家万户巧手工程，设立2个实训基地，开展了微机、按摩、刀画、电子商务、手工艺品制作、种(养)殖培训等，培训残疾人450人，完成年计划任务的128%。为70名贫困白内障患者免费进行了复明手术，实现了“有一例，助一例”的工作目标。为254名精神病人免费送药，为重症有肇事倾向的84名贫困精神病人免费进行治疗。投入20万元，为“育智”学校安装配备了康复训练器材和文体活动用品用具，组织安排6岁以下聋儿到市聋儿康复中心进行康复训练。投入1.5万元，为贫困聋儿佩戴助听器进行补贴，为16名学生免费配发助视器。多元化投入为117名重度肢残人配发了轮椅，为360户贫困盲人及双盲、双聋家庭配发了无障碍生活用具，为167户重度肢体残疾人家庭进行了无障碍改造。

【基础教育工作】 按照“强校引领、资源共享、捆绑交流、互动发展”的原则，把全区中小学划分为6大学区，制定了《大学区教学管理制度》，建立了集体备课、统一监测、分层评价、因材施教的教研机制。积极发展学校办学特色，全区20余所中小学校开发了与特色教育相配套的校本教材，承办了吉林省体育、艺术“2+1”工程现场会，得到了省市领导的一致好评。对全区7所学校的17栋建筑物实施了加固，加固总面积24 614平方米。为全区中小学校配备了76名专职保安，形成了警校联动格局。率先在全市成立了督导责任区，形成常态化、链条式、发展性的督查机制，在全国城市第十八届教育督导协作会上，作为长春市惟一的代表就“督导责任区制度和发展性评价两项改革”作了经验介绍，经验在全国推广。

【卫生健康工作】 在全区各社区卫生服务中心、乡卫生院全面实施医疗卫生改革，实行388种基本用药零差价无利润销售，并纳入新农合补偿范围。积极推进基本医疗保障制度建设，全区新农合参保率稳定在95%以上，有效解决百姓看病贵的难题。投入3 000余万元，完成了桃源、明珠、民康、长通社区卫生服务中心和幸福医院的改扩建任务，对区医院、中医院、曙光社区卫生服务中心进行了改造，全区整体医疗服务水平得到了有效提升。开展老年健康保障行动计划，为60岁以上老人免费健康体检，选派28名医疗骨干人员参加市社区心理医生培训，为402名贫困居民免费健康体检，建立健康档案，进行家庭随访，发放连心卡，扎实推进健康城市创建，全市建设健康城市现场会在南关区召开。

【文体活动】 成功举办了第四届社区文化艺术节，组织了几十项活动近百场演出。建立了13所农家书屋，购置了价值50余万元的图书、书柜、书桌、电脑、电脑桌等，为农村居民提供了良好的学习环境。联合公安等执法部门，先后开展了音像、娱乐、网吧、演出等场所专项整治行动和“扫黄打非”集中行动，有效遏制了未成年人上网和超时经营现象。全面挖掘各校特色体育项目的潜能，加强体育传统校的布点扶持工作，形成了“体教结合”工作的良好局面，在吉林省第十六届运动会上，南关区代表团取得了全省53个县(市)、区金牌、奖牌、团体总分3项第一名的历史最好成绩。对辖区54个社区92条健身路径进行了严格检查，对损坏的健身器材及时进行更换和修复，满足了居民健身需求。成功举办了东北三省“全国武术之乡”精英邀请赛、“长春市冰雪趣味运动会”和“社区、农村趣味运动会”，极大的丰富了群众的体育生活，被国家体育总局授予“全国全民健身工作先进单位”。

【人口计生工作】 举行了免费增补叶酸预防神经管缺陷项目和“情牵新生命——免费孕前风险评估”启动仪式，全年免费为2 329名待孕妇女提供优生筛查，免费为1 692人待孕妇女增补叶酸片，建立优生档案2 329份，进一步提高了全区出生人口素质。落实五项奖励政策，全年发放符合再生育条件放弃生育人员82人，发放城镇独生子女父母退休后奖励人数127人，发放城镇无工作单位独生子女父母奖励费110人，发放区直机关及所属事业单位，街道乡镇机关工作人员城镇计划生育家庭独生子女父母退休奖励21人，共计54.04万元。充分发挥社区(村)现有流动人口信息网络平台的作用，开展不定期和不间断的流动人口信息清查登记。加强对违法生育处理指导和监督，处理违法生育27例，征收社会抚养费10.75万元。为群众办理《一胎生育服务证明》2 284个、《独生子女父母光荣证》1 386个、《再生育证明》147个。

【平安南关建设】 结合“安全建设年”活动的深入开展，先后投入600余万元，在重点行业和领域开展了安全工作专项整治行动，先后排查各类安全隐患698处，整改690处，按期整改率达到99%，有效防止了重特大安全事故的发生。代表全市迎接了省“五五”普法和“四五”依法治理检查组全面检查，得到了检查组的高度评价。认真开展“法律进社区”活动，先后开展专题法律讲座22期，组织122名执业律师深入全区54社区、6个行政村进行法律咨询活动“一对一”对接，使“法律服务进社区(村屯)”工作机制得到了有效落实。全区信访总量不断下降，先后集中解决了区商业股份公司等3家企业200余人大病住院医疗保险等一批历史遗留问题。深入开展双拥共建活动，圆满完成征兵工作。

(李科兴)

2010年南关区国民经济和社会发展主要指标完成情况统计表

指标名称	单位	实际完成	与2009年比增减%
地区生产总值	亿元	145.2	16.8
第一产业增加值	亿元	0.5	1.9
第二产业增加值	亿元	18.2	9.4
第三产业增加值	亿元	126.5	17.9
全口径财政收入	亿元	27.0	26.6
区本级收入	亿元	5.9	10.5
固定资产投资额	亿元	100.3	30.6
社会商品零售额	亿元	74.7	19.4
新增外商投资企业	个	5	
新增实际使用外资	万美元	4 012.9	0.3
个体私营企业	个	23 800	3.5
民营经济增加值	亿元	85	-2.3
农民人均纯收入	元	6 548	9.9
普通中学数	个	12	
普通小学数	个	30	
各类医院	个	10	
科技三项经费	万元	1 739	26.0
卫生事业费	万元	10 615	2.8
绿化覆盖率	%	40.59	0.56
人口出生率	‰	5.04	
计划生育率	%	99.88	

宽城区

【概况】 宽城区位于长春市区北部，东以102国道为界，与长春经济技术开发区、二道区相邻；西至长沈铁路、铁西街、西环城路，与绿园区、农安县相邻；南起小铁道街、光复路、上海路、新发路，与南关区、朝阳区相邻；北与德惠市毗邻。幅员237.99平方公里，辖9个街道、1个镇，代管长江路经济开发区。全区人口44.3万人。

【国民经济】 2010年全区地区生产总值实现143亿元，比2009年增长17.1%；

全口径财政收入实现20.6亿元,比2009年增长33%;全社会固定资产投资实现184亿元,比2009年增长25.4%。在招商引资中,全区引进内资35亿元、引进外资4 450万美元,分别比2009年增长33%、21%。引进总部经济209户。农民人均收入达5 368元,比2009年增长5.9%。

【项目建设】 围绕促进经济又好又快的发展,宽城区把项目建设作为工作的重中之重抓紧抓实。坚持依据区域产业定位和布局,坚持加大招商引资力度,引进有规模、高效益的项目,全区呈现出量多质好、集群落位、进展迅速的项目格局。全区共有项目237个。其中,投资1亿元以上的项目141个,投资5亿元以上的项目53个,投资10亿元以上的项目24个。2010年开工的项目有130个(续建64个、新开工66个)。"大连万达"、"北京昌盛"、"长春中东"和"兰海置业"等商业综合体的进驻和开工建设,标志着全区服务业的发展提升到一个新水平。南京雨润食品全球采购中心、金达洲汽车贸易及服务物流园、中石油天然气储备中心等项目的落位和中石油储备库、隆源生产资料、省农资物流、益和医药物流等项目的陆续投入使用,使全区物流业发展的集聚优势更加凸显。特别是宽城轨道装备产业园区、"森工地板"等一批工业大项目建设进度的加快和即将竣工投产,将对全区持续税源的培植,先进加工制造业的发展,新经济增长极的打造具有决定性的促进作用。

【农村工作】 全区农业总产值实现4.97亿元,比2009年增长9%。蔬菜商品量达到0.85亿公斤,肉类总产量达1.5万吨,蛋类总产量达0.5万吨,奶类总产量达0.65万吨。全年新建、改建农村公路13.2公里,总投资2 250万元。农村集体林权制度改革工作圆满完成。全年新造林和补植造林7公顷,栽植树木3万株。进一步开展乡容村貌综合整治工作,累计拆除违章建筑130余处,清理占道经营230处,清理边沟6 000平方米,硬化路面11 814平方米,铺草坪砖584平方米、铺路边石484米,种植草坪7 735平方米。全区引进蔬菜种植新品种15个、新技术5项。对农民开展依靠科技,提高种植蔬菜效益方面的培训,培训农民5 000人次。全年转移农村剩余劳动力8 500人。

【城区建设】 在城市拆迁方面,全区累计完成拆迁面积66万平方米,特别是借助长春地铁一号线建设,基本完成北人民大街及其两侧商业带的拆迁。在房地产开发方面,完成"恒大"、"恒利"、"中冶"等5个地块的出让。棚户区改造项目,全年开工10块154万平方米,房地产新竣工面积138万平方米。在路网建设方面,城区新建和维修道路18条。长春火车站立体换乘中心、小南立交桥、四环路跨北湖湿地大桥等32项市重点工程的建设进展顺利。在旧城改造方面,完成铁南历史文化街区的调查摸底和人民大街北段、南广场周边历史建筑的修复工程;认真做好危房的看护和拆迁工作,对全区的266栋D级危房,已拆除182栋。在生态环境建设方面,市民休闲公园正有序建设,都市森林公园的土建工程基本竣工,城市园林景观公园已对外开放,君子兰公园等4个公园的改造工作全部结束。全区新植街路4条,新建绿地9块,新增绿化面积83万平方米,绿化覆盖率达到35%,比2009年提高4个百分点。有效治理环境污染,完成宋家明沟等4条明沟的沿线拆迁;取缔废品收购站47家;对全区64处小锅炉进行并网改造,对225户违法排污企业实施关停,对126根废弃烟囱彻底拆除,烟控区覆盖率达100%。

【市容环境整治】 借助长春市开展"奋战150天市容环境综合整治行动"的有利契机,宽城区本着"建新、拆违、清脏、治乱、扮靓"的综合整治思路,坚持点面结合,城乡联动,全员参战,扎实推进,开展了规模空前的市容环境综合整治行动,取得阶段性成果。全区拆除各类违章建筑36万平方米。对人民大街等7条街路的广告牌匾进行统一规划、设计和安装。重点打造丹东路、西二条等一批精品街路和华正商圈精品示范工程,彻底改变了长春火车站周边脏、乱、差的"站前印象"。对群众反映强烈的237栋老旧楼体进行"暖房子"工程改造,将2 700扇民宅防盗门陆续安装完成;对735处地沟和排水井进行维修;对马路市场、占道经营、露天烧烤、建筑垃圾等影响市容市貌的现象,大力度地清理整顿,并加强对城乡结合部、出城口周围环境卫生的综合治理,使城区的面貌焕然一新。

【民生工程】 2010年初确定的10大民生工程77项任务圆满完成。全区投入近9亿多元,占新增财力的90%以上,用于教育、卫生、保障救助等民生工程。建设了1.5万平方米的"宽城区民生服务大厦",集所有涉民、惠民、利民服务事项的办理为一体,为人民群众提供便捷满意的服务。全年开发就业岗位1.4万个,新增就业人员1.2万人。在建成3.6万平方米廉价房、10万平方米回迁房、18万平方米农民新居的基础上,又有4万平方米廉价房交付使用,还有5.4万平方米廉价房、1万平方米廉租房和2万平方米农民新居正在建设中,困难群体的住房问题得到较好解决。1 370名低保和低保边缘户家庭子女上学"零收费",37名贫困家庭大学生每人享有助学补贴1万元,58名贫困家庭子女在区慈善幼儿园免费享受学前教育。全区基本药物制度改革基本完成,打造了农村卫生三级服务网络。为1 847名农民报销住院医药费,为1 200多名环卫工人发放就医优惠卡,为79名重症精神病患者提供免费住院治疗,将850名患病群众纳入"贫困白内障复明工程",免费实施复明手术111人。在全区集中开展"访贫问苦,送温暖、献爱心"活动,对近7 000户困难群众走访慰问,为89名重度贫困残疾人发放生活补贴,为297名贫困盲人配发无障碍生活用具;为近4万名符合条件的农民办理养老保险,城镇居民基本医疗保险新增20 965人,养老保险覆盖面达100%。

【社会事业】 发展教育事业,区政府投入2.67亿元,对28所中小学校舍维修加固，翻建的宽城区南京小学等4所学校投入使用。整合医疗卫生资源，投入4 300万元建设的近2万平方米的“宽城区卫生大厦”基本竣工，医药废弃物规范化管理经验在全市推广。促进文体工作开展，组织举办“宽城区纪念抗日战争胜利65周年大型演唱会”，在第十六届吉林省体育运动会上获得18枚金牌，重新建设的宽城区图书馆即将投入使用。加大人口和计划生育服务力度，对28 711名群众进行优生筛查和生殖健康检查。推进科技创新，全年完成科技扶持计划19项。年鉴编纂工作取得新成果。在2010年中国地方志指导小组办公室和中国地方志协会主办的全国地方志系统第二届年鉴评奖中，2009版《宽城年鉴》被评为综合年鉴一等奖；在吉林省地方志编纂委员会组织的全省年鉴评比中，2009版《宽城年鉴》被评为县(市)、区综合年鉴特等奖。同时，2010年，宽城区被评为吉林省创建文明城市工作先进区、吉林省和谐社区建设先进单位。

【“平安宽城”建设】 进一步做好信访工作，严格落实信访工作责任制，健全领导包案制度，及时化解在征地、拆迁、回迁等方面突出的信访问题，太平洋服饰商城等一些历史形成的信访案件和“温馨花园”回迁等一批重点信访案件得到较好解决。进一步完善“联调联动”工作机制，人民调解、行政调解和司法调解相结合的“大调解”格局在全区初步形成。进一步开展“安全建设年”活动，共整改各类安全隐患2 496处。在长春市率先为全区各中、小学配备专职保安人员，维护了正常的教学秩序，增强了师生安全感。组织1 500名机关干部深入企事业单位和居民家中，开展“关爱生命，远离火灾”冬季消防大宣传、大走访、大整治活动，投入150万元为全区所有高层建筑安装消防设施，并聘请200多名消防安全员坚持每日24小时进行巡查。“法治宽城”创建活动成效显著，宽城区被评为全国法治县(市)、区创建工作先进单位和吉林省“依法治区”先进单位。

【抗洪救灾】 在2010年汛期期间，多场强降雨导致宽城区的部分区域发生洪涝灾害。为抓好抗洪救灾，成立区抗洪救灾工作领导小组，及时召开全区防汛工作会议，制订《城区防汛工作方案》和《城区防汛安全应急抢险预案》，组建1 449人的专业抗洪抢险队伍，备齐防汛物资及车辆设备，为抗洪抢险救灾工作的顺利开展提供了有力保证。在抗洪救灾中，区委、区政府主要领导亲临一线，靠前指挥；全区上下齐心协力，奋战洪灾。确保了流经区域的伊通河堤坝未出现溃堤；确保了每一家企业未遭受损失；确保了人民群众的生命安全，未伤亡1人。全区紧急转移安置受灾人口4 155人，重建毁倒房屋74户，维修损坏房屋515户，共投入资金450万元。按照市委、市政府的部署，区委、区政府在抗洪救灾中还切实完成对口支援榆树市的任务，为榆树市送去抗洪救灾物资折合人民币220万元。

(毛　彦　张士学)

2010年宽城区国民经济和社会发展主要指标完成情况统计表

指标名称	单位	实际完成	与2009年比增减%
地区生产总值	亿元	142.7	17.1
第一产业增加值	亿元	1.4	-34.3
第二产业增加值	亿元	35.2	24.5
第三产业增加值	亿元	106.1	158
规模以上工业总产值	亿元	33.5	21.8
全口径财政收入	亿元	20.6	33.8
其中：本级财政收入	亿元	6.3	63.0
财政支出	亿元	16.4	60.0
全社会固定资产投资额	亿元	1 84.9	25.4
规模以上工业企业户数	户	73	5
新增实际使用外资	万美元	44.5	21.5
利用内资	亿元	35.1	23
农民年均纯收入	元	5 368	5.9
绿化覆盖率	%	35	4
普通中学	所	10	0
普通小学	所	28	0
教育经费总额	万元	33 126	22 083
科技三项经费	万元	1 222	18.6
卫生事业费	万元	11.44	32
人口出生率	‰	6.26	0
计划生育率	%	99.8	0

二道区

【概况】 长春市二道区位于长春市区东部,东与永吉县万昌镇相连,南与净月旅游开发区接壤,西临伊通河,北与宽城区、九台市东湖镇相接。全区总面积452.02平方公里,其中,城区面积25.28平方公里,乡村面积426.74平方公里。辖吉林、东站、东盛、荣光、远达、八里堡6个街道和英俊镇、劝农山镇、泉眼镇、四家乡4个乡(镇)及长春二道经济开发区、长春莲花山生态旅游度假区2个省级开发区,共55个社区、38个行政村,总人口38万(其中农村人口7.8万)。少数民族主要有回、满、朝鲜、蒙古、壮、锡伯、高山、土家、维吾尔、彝等。二道区交通便捷,区位优势突出,京哈铁路、哈大高速、102国道、长吉南线、长吉北线、长营高速、长哈公路、双九公路等交通干线均经过该区。吉林省惟一的陆路口岸——长春铁路货运口岸坐落于辖区内,长春龙嘉国际机场紧邻辖区东部。城区基础设施完备,服务功能齐全。

【国民经济】 全年生产总值完成115亿元,同比增长20%;全口径财政收入完成20.2亿元,同比增长30.1%,本级财政收入完成4.27亿元,同比增长32.5%;固定资产投资完成145亿元,同比增长31.4%;引进内资24.9亿元,实际利用外资4 030万美元。

【项目建设】 全年共落实项目75个,其中,新建49个、续建26个,超亿元的55个。物流商贸产业集聚壮大,君子兰花卉交易中心、正茂生产资料交易市场、回龙河温泉度假山庄等投入运营。长春国际工业品交易中心一期工程已完成主体建设,红星美凯龙家居广场、迅康医药物流中心、轮胎大市场、金达洲汽车交易市场等项目开工建设。科瑞莲花山国际中央休闲区项目规划通过市政府审定,完成亚泰莲花山国际生态旅游度假区项目征地工作。

【经济开发区】 2010年二道经济开发区全口径财政收入(不含国税)完成45 189万元,同比增长8.2 %。固定资产投资完成90亿元,同比增长35%。规模企业工业产值完成23万元,同比增长38%。第三产业营业收入完成115亿元,同比增长3%。启动了东吉林大路、东自由大路英俊段、雾开河大街、甲一路等街路的建设和排水工程建设。完成了重点规划路桥及宝雍阁房地产项目回迁小区的拆迁工作,道路拆迁包括新开大街北段、新开西街和乙二路,小区拆迁共计240户,拆迁面积达3.3万平方米。

【旅游度假区】 莲花山区域被省委、省政府确定为"长吉一体化"发展的重要节点。完成了《长春莲花山生态旅游度假区战略发展规划》的编制。启动了"四横四纵"主干路网建设,莲花山大路已经竣工。

【城建工作】 实施吉林大路、东盛大街等精品街路建设,改造楼体51栋,拆除牌匾广告569个,楼体亮化49栋。保利公园建成并对外开放,八里堡湿地公园已开工建设,新增绿化面积20万平方米。完成东荣大路、临河街、惠工路、公平桥等"十路一桥"的改造建设,维修道路52条段。城乡结合部棚户区改造全面启动,全年改造完成建筑面积142万平方米,建设政府保障性住房4万平方米、廉租房1万平方米。拆除违章建筑4 389处。扩大街路清扫面积55万平方米。完成72栋54万平方米既有老建筑的保温节能改造,并网改造小锅炉房60座。

【城乡教育】 完成教师进修学校新址搬迁和三十四中学、岭东小学、长青小学主体建设。3个乡(镇)均有一所标准化教学楼,"一乡一校"的办学格局全部实现。大学区一体化管理模式基本形成。一〇八学校运营规范,达到民办教育促进法所规定的独立条件。实现五十二中学退回公办的平稳过渡。投资8 540万元,加固校舍24个。

【医疗卫生】 推进基本药物制度的贯彻落实,扩大医保覆盖面。全年参合人数为6.22万人,比2009年增加1 168人,全口径参合率为98.6%。实施"社区居民健康之家"建设工程,建立家庭医生服务团队制度,免费体检586人,624位老人获得基本公共卫生和医疗服务。开展麻疹疫苗强化免疫和乙肝疫苗查漏补种工作,共接种麻疹疫苗20 326人,接种率95%。卫生工程项目建设取得突破,卫生建设项目共6项,项目总投资3 200万元。

【计生工作】 人口自然增长率为0.6‰。实施"情牵新生命—优生优育促进工程",全区共筛查1 080人。加快实现流动人口服务管理"一盘棋"。新农村新家庭创建1 098户,培训致富技术人员585人,安置就业310人,帮助协调贷款25万元。

【文化体育】 英俊镇和四家乡文化站建设主体工程完工。34个"农家书屋"图书实现了全覆盖,藏书量8万余册。多功能的社区活动室33个,二道区图书馆被国家评为三级图书馆。文化市场管理规范,共出动执法人员360人次,车辆68台次,收缴游戏赌博机13台,盗版、淫秽音像制品7 260本,有效地净化了校园周边及娱乐市场环境。全年举办大型广场演出42场。

【民政工作】 战胜了百年不遇的洪涝灾害,转移安置受灾群众8 108人,发放救灾资金2 323万元,完成了水毁房屋重建任务。开发就业岗位12 022个,新增就业9 808人,安置残疾人就业220人,城镇失业率控制在4%以下。城镇职工基本养老保险新增参保8 080人。2010年,二道区被国家民政部评为全国农村社区建设实验全覆盖示范单位。英俊镇农村社会福利服务中心被国家民政部评为2010年全国模范敬老院。

【新农村建设】 农民人均收入达到7 389元,同比增长12.2%。农村社区建设实现全覆盖。英俊镇土地综合整治一期工程全面展开,土地挂钩试点项目和平新居二期工程已经完工。老三道煤矿塌陷区和棚户区拆迁正在进行。新建乡村道路68公里。加强生态保护,依法关闭8户违规采石、违法排污企业,完成了雾开河带状湿地公园一期建设和二期工程的规划设计。历时4个月时间,在全区组织开展了村容村貌专项整治活动。按照"净、绿、亮、美"四化要求,绿化美化村屯14个,村屯绿化率达42%,完成省、市级示范村泥草房改造任务469户。完善了环卫设施建设,新增垃圾固定堆放点或中转站650个,新增垃圾清运车41台,新增卫生厕所1 620个,普及率达92%。继续实施农村饮水安全工程,解决了6 500人的安全饮水问题。开展示范村建设达标工作,8个村被评为省级新农村建设示范村。

【民主法治】 办理人大代表建议、政协委员提案174件,办复率为100%。顺利完成第八次村委会换届选举。扎实开展法律"六进"活动,全面完成了"五五"普法任务。开展安全建设年活动,排查整改消防、治安、生产、建筑、交通等各类安全隐患2 388个。接待群众来信来访377件次,妥善解决了一批历史遗留问题。受理公开电话投诉8 690件,群众满意率为98%。受理软环境举报42件次,办结率达95%以上。强化审计监督,完成了重点审计项目17项。人民武装、民族宗教、人防、老龄以及机关管理等工作也都取得了较好成绩。

(卢慧茹)

2010年二道区国民经济和社会发展主要指标完成情况统计表

指标名称	单位	实际完成	与2009年比增减%
地区生产总值	亿元	115	20
第二产业增加值	亿元	64.8 417	15
第三产业增加值	亿元	50.9 772	15.2
全口径财政收入	亿元	20.24	30.1
本级财政收入	亿元	4.27	32.5
固定资产投资	亿元	145.3	31.4
工业固定资产投资	亿元	47.6 147	
社会消费品零售额	亿元	120.37	31.7
实际引进内资	亿元	24.85	17
实际使用外资额	万美元	4 030	15
普通中学	所	14	
小学	所	31	
教育经费总额	万元	27 649	16.5
科技三项经费	万元	1 550	53.9
卫生事业费	万元	5 234	3.5
人口出生率	‰	4.2	0
计划生育率	%	98	-1.9
建成区绿化覆盖率	%	38.8	0.8

绿园区

【概况】 绿园区位于长春市区西部,东连朝阳、宽城两区,南接长春汽车产业开发区,西邻公主岭市,北依农安县。下辖普阳、春城、正阳、青年、铁西、同心、林园7个街道、51个居民社区,3个镇、24个行政村,4个开发区(长春轨道交通装备产业开发区为省级开发区、长春绿园西新工业集中区为省级工业集中区、长春西部新城开发区及长春绿园服务业经济区)。全区总面积216平方公里,总人口43.8万人。

【国民经济】 2010年全区地区生产总值完成147亿元,同比增长30%,是"十五"末期的5.2倍,年均递增39%。规模以上工业总产值完成162.5亿元,同比增长30%,是"十五"末期的4.6倍,年均递增36.7%。第三产业增加值完成62亿元,同比增长29.7%,是"十五"末期的5倍,年均递增38%。农业总产值完成7.1亿元,同比增长3.6%,是"十五"末期的2.2倍,年均递增17.1%。全口径财政收入完成21.56亿元,同比增长30.9%,是"十五"末期的5.6倍,年均递增41.1%。可用财力达到14.7亿元,是"十五"末期的4.6倍,年均递增35.6%。

【项目建设和招商引资】 招商引资实现了向招商选资转变,引进内资51.5亿元,实际利用外资4 680万美元,同比增长14%。组建了长春绿园服务业经济区。绿园经济开发区连续5年在省级开发区综合评比中位居前列。项目建设无论是投资规模还是产业聚集都实现了全面提升,全区新建续建项目104个,完成固定资产投资190.4亿元,同比增长

38.7%，其中37个工业项目竣工投产，完成工业固定资产投资94.2亿元，同比增长26.7%。世界级高速列车制造、出口、维修基地已形成规模，长客高速列车制造基地一期投入生产，首列拥有自主知识产权、当今世界运营速度最快、科技含量最高的新一代高速动车组380A正式下线，二期21万平方米厂房主体已经完工，高速列车系统集成国家工程实验室、高速动车组和高速城轨列车动态试验线投入使用。长客股份公司高速列车生产制造、产品研发、试验检测达到国际领先水平，壮大了全市行走机械工业规模，促进了全市工业经济整体提升，成为拉动国内轨道交通装备制造业快速发展的重要支撑和民族工业的骄傲。

【城市建设】 城市化进程快速推进，建成区面积达到45平方公里。西部新城开发建设全面展开，西客站站房、交通换乘中心以及南阳路、站前路等街路建设整体推进。投资2 900万元，完成了景阳大路等12条街路和锦江广场及周边区域亮化改造，城区夜间景观效果显著提升。“奋战150天市容环境综合整治行动”取得显著成效，投资3.6亿元，组织实施了长白、长农公路出城口及沿线环境整治，完成了233栋、121万平方米老旧楼体外立面整修及节能改造，整治户外牌匾广告3 030个，建设改造青年路、景阳大路等市容标准化街路39条、精品街路5条。保洁区域不断扩大，机械化清扫率逐年提高，城乡市容环卫管理实现了精细化、长效化。

【民生工作】 城乡居民收入稳步增长，2010年，城镇居民人均可支配收入达17 921元，农民人均纯收入达6 953元，同比分别增长15%和10.8%。完善五级服务平台，创新了党组织服务民生“六有一评”工作模式，建立了覆盖全区的服务民生网络，党员中心户发展到2 000余户。落实民情恳谈，推广民情日记，选聘民情信息员，收集群众诉求12 467件，办结率达95%。实行党员和志愿者与特困户结对跟踪帮扶，设立爱心救助基金，推行雷锋行动计划，累计发放救助资金5 266万元，救助困难群众16万人次。实施“暖房子”工程，全区中小学全部取消择校费，公办医疗机构药品零差价销售，投资近2亿元用于新建区医院、自闭症学校等重点民生工程。平安建设深入推进，信访积案全部化解，打造太极特色示范区，普及健康知识五步法，综合文明指数顺利通过国家验收，11大类、106项民生行动计划全部落实。

【社会事业】 省首批高中录取率、高中段进线率分别提高0.8个百分点和0.2个百分点，自闭症学校和杨家小学主体封闭，投资7 300万元完成19所校舍加固。推行公共卫生服务均等化，建立了11家标准化村卫生所，社区卫生服务中心全部实行基本药品零差价。积极发展群众性健身活动，荣获长春市太极拳活动示范区，建成全省首家国家级社区体育俱乐部，举办了“绿园一家亲、幸福一家人”元宵节主题焰火晚会和“唱响绿园，惠及民生”系列文体活动。广泛开展婚育新风进万家和关爱女孩行动，生育文化宣传有声有色。申报市级以上科技项目45个，投入科技研发引导经费178万元，新建长春公园公共应急避难所。深入开展社区矫正和安置帮教工作，新生再就业基地揭牌，17名社区服刑人员、229名刑释解教人员得到妥善安置。完成各类审计项目32个，审计监督作用进一步增强。

【科技工作】 根据发展需要，不断在完善区域自主创新体系，促进区内企业自主创新能力的提升。建立了科技企业孵化器，对进入孵化器的企业采取项目扶持、融资贷款、减免房租、创业指导等措施，降低创业门槛，提供良好的创业环境，引进一批从事电子、IT产业、文化创意产业、工业设计、技术咨询等掌握高新技术、具有良好成长性的企业入驻，形成了新的经济增长点。孵化器硬件建设基本完成，现有办公面积1 500平方米，可容纳15户企业进入，孵化协议制定完毕，部分企业已经开始进驻。为了密切产学研结合，促进科技成果的转化，启动了专家工作站建设，首批建立长春轨道交通产业开发区、长春绿园西新工业集中区、合心生态卫星城镇3个专家工作站。通过组织企业、专家、投资机构面对面的技术成果转移对接活动，加速成果转化。截至2010年，长春绿园西新工业集中区专家工作站的专家，帮助长春汽车冲压件厂解决了汽车贮气筒内腐蚀问题，合心生态卫星城镇专家工作站帮助合心镇规划了“棚模经济现代农业园”，向10户工业企业派驻了科技特派员。按照科技部、发改委等8部委的要求，开展了科技人员服务企业行动，向10户重点企业派驻科技特派员，为企业的发展发挥着不可替代的作用。

【农村工作】 四大种植基地面积呈现大幅度增长，无公害蔬菜面积达到5 000公顷，其中，保护地蔬菜生产面积突破600公顷，葡萄生产面积达到700公顷，君子兰基地面积达到33公顷，蓝莓树莓基地面积达到333公顷。围绕果蔬、食用菌、肉牛、生猪等种养业，集中力量培养做强一批农业产业化龙头企业，带动专业化基地建设，发展一批专业村，拉长产业链，加速实现产业富民。截至2010年，培育发展国家级农业产业化重点龙头企业1户，省级4户，市级2户。依托龙头企业，建设专业村3个，专业屯10个，牧业小区发展到4个。全区发展新型合作经济组织18个，农村经纪人达到120人。皓月集团、超大集团、雪国高榕集团、春莲花卉等龙头企业不断壮大，辐射全区。皓月牛肉、合心宝甜瓜、净珠葡萄、超大果蔬等都已成为品牌或名牌产品。葡萄、甜西瓜、食用菌、君子兰等主导产业规模不断壮大，蓝莓、树莓等种植新品种得以引进推广，成为农民增加收入的重要产业和收入来源。在长春市国际农业博览会的评比中，再次被评为城区第一名。投资497万元，在全区15个行政村开展了“绿色家园”创建活动，栽植树木1.2万株、花卉7.5万株，造林13.6公顷，树木成活率达到96%，被长春市评为村屯绿化工作先进单位。圆满完成15个村林权改革任务，顺利通过省检查验收。对4座水库实施了除险加固工程，新建农道桥5座、涵洞5座。投资1 086万元，完成了永跃等7个村的安全饮水工程建设任务。畜牧业生产保持稳步增长态势，各类规模饲养户达1 500户，牧业小区达到10个，生猪发展到25.1万头，肉牛发展到4.1万头，蛋鸡存栏110.4万只。

【民主法制建设】 自觉接受区人大及其常委会的法律监督、工作监督和区政协的民主监督，认真执行区人大及其常委会的决议和决定，人大代表议案、建议和政协委员提案办理质量全面提高。组织完成了村"两委"换届选举，基层民主政权建设不断加强。圆满完成了"五五"普法和"四五"依法治区任务，法治绿园创建工作取得明显成效。深入开展"安全建设年"、"平安绿园"活动，群众来信来访和市长公开电话投诉问题得到妥善解决，人民群众安全感和满意率普遍增强。坚持科学理政、为民执政、依法行政、廉洁从政，"三满意"机关和诚信服务型政府建设收到明显成效，效能监察和政行风建设得到全面加强，政府自身建设水平整体提高。

（郭　宇）

2010年绿园区国民经济和社会发展主要指标完成情况统计表

指标名称	单位	实际完成	与2009年比增减%
地区生产总值	亿元	147	30
第三产业增加值	亿元	62	29.7
规模以上工业总产值	亿元	162.5	30
农业总产值	亿元	7.1	3.6
全口径财政收入	亿元	21.56	30.9
本级财政收入	亿元	4.63	14
固定资产投资额	亿元	190.4	38.7
工业固定资产投资额	亿元	94.2	26.7
社会商品零售额	亿元	55.1	18.9
新增实际使用外资额	万美元	4 680	14
利用内资	亿元	51.5	14
年末在岗职工人数	人	19 505	1.1
全部在岗职工年人均工资	元	27 056	2.1
城镇居民人均可支配收入	元	17 921	15
农民人均纯收入	元	6 953	10.8
普通中学数	所	8	
普通小学数	所	27	
各类医院	所	17	
教育经费总额	万元	30 100	25
科技三项经费	万元	640	7.6
卫生事业费	万元	8 602	9.4(含基建费)
绿化覆盖率	%	44	
人口出生率	‰	4.3	
计划生育率	%	97.66	

双阳区

【概况】 双阳区位于长春市东南部，区政府所在地距市中心37公里。东临永吉县，南接磐石市，西与伊通县为邻，北与二道区、净月开发区接壤。全区幅员1 677.42平方公里，占长春市区总面积的46.8%。耕地面积69 566公顷，其中，水田面积11 260公顷，森林面积2.85万公顷，森林覆盖率24.7%。已发现各种矿藏34种。全区辖1个乡、3个镇、4个街道。总人口38.89万人，其中，农业人口28.41万人。有满族、回族、朝鲜族、蒙古族等20个少数民族。有民族乡1个，民族村17个。

【国民经济】 2010年全区地区生产总值实现125.4亿元，同比增长21.7%。一、二、三产业增加值同比分别增长15.4%、25.2%和20%，三次产业比重调整到12.4∶44.5∶43.1。全社会固定资产投资完成130亿元，增长20.4 %。全口径财政收入实现7.5亿元，其中，区本级财政收入实现2.3亿元，同比分别增长33.9%和27.8%。全区农业总产值完成25.6亿元，同比增长10.2%。绿色水稻、有机玉米、苗木花卉等绿色经济作物发展到1.6万公顷，其中棚膜蔬菜发展到560公顷，逐步实现了以产量求效益向质量求效益的转变。新建特色农牧业园区114个，农业龙头企业发展到23户，新增全程机械化作业面积1.47万公顷，齐家节水灌溉示范工程投入使用。牧业总产值实现15.7亿元,占农业总产值的比重达60%,双阳荣获全国惟一的梅花鹿地理标志证明商标。完成造林1 433公顷。全区全口径工业总产值实现150.9亿元,同比增长17%。亚泰水泥、银瀑啤酒等45户骨干企业实施了扩能改造,铸诚门业、中冶京诚一期等55个新建续建项目建成投产。全区净增规模工业企业13户,累计达到77户,实现产值88.5亿元,同比增长30.1%。在吊水壶、御龙温泉等重点景点带动下,全区旅游收入突破10亿元,同比增长42.9%。建筑装饰学院竣工投入使用,全区高校在校学生达到3万人。兆源购物中心、良友30万吨物流等项目快速推进,市场体系进一步完善。城乡市场繁荣活跃,全社会消费品零售总额完成33.4亿元,同比增长19.3%。

【项目建设】 持续开展招商引资攻坚行动,共开发引进项目356个,开工建设超10亿元项目6个,超亿元项目40个,累计到位资金184.6亿元。投资120亿元的奥特莱斯城市综合体、投资50亿元的盛世集团奢岭欧洲小镇、投资40亿元的净月南湖综合开发等项目正式签约;投资60亿元的国信乡村都市项目前期工作进展顺利,长春东南热电厂项目获得国家能源局批复,进入审核阶段;一心制药与国药控股有限公司完成合资合作;天泽纳米二期、阿尔顿断路器开关等项目开工建设;铸诚门业一期竣工生产,中冶京诚一期、华能生物质热电、亚泰水泥五六线等项目投产见效。

【城市建设】 城市总体规划提升和土地总体利用规划调整工作全面完成。中心城区基础设施建设累计投资15亿元,是“十五”时期的3倍。实施了东西双阳大街延伸、甲一路、滨河路、铁东路等一大批城市建设重点工程,城市发展框架逐步拉开,综合承载能力明显增强。投资2.6亿元,新建改建南绕越线等各级各类公路743公里,长双烟铁路竣工通车,城乡交通体系日益完善。投资1.8亿元,实施了石溪河景观带、长青公路景观带、街路小区等绿化美化工程,城区绿化覆盖率达到38%。成功举办了第十届中国长春国际雕塑作品邀请展。以“创城”、“奋战150天”等活动为载体,对市容环境、市民行为进行了集中整治和规范,初步建立了城市管理长效机制。

【新农村建设】 以环境整治为重点,全面开展了社会主义新农村建设,创建了山河八面、奢岭小周屯等典型示范村屯36个。以完善公用设施为重点,改造农村电网65公里,解决农村安全饮水3万人,农村公路全面实现村村通,农村电视、通讯网络实现全覆盖,城市要素加快向农村聚集。推进了村屯卫生整治、绿化美化、庭院建设、景观建设等新农村建设工程。新型合作经济组织发展到175个,农村自我发展、自我服务、自我管理能力全面提高。

【民生工作】 2010年年初确定的100项民生实事得到有效落实。城镇居民人均可支配收入达12 700元,农民人均纯收入达6 460元。累计开发就业岗位29 500个,安置就业人员23 700人,城镇登记失业率控制在3.8%以内。新型农村社会养老保险试点工作全面启动,城镇职工(居民)基本医疗、养老以及新农合等保险参保范围和统筹水平整体提高,社会保险体系不断健全。改造棚户区100万平方米、农村泥草房1万余户,建设政府保障房2.5万平方米。完成了1 232户水毁房屋灾后重建工作。城镇居民人均住房建筑面积达到28平方米,农村人均生活用房面积达到36平方米,城乡居民住房条件明显改善。着力提高干部职工工资和津贴、补助标准,逐步接近主城区工资水平。全面提高了城乡低保、优抚对象、贫困学生等层面的救助补助标准,残疾人、五保户等弱势群体利益得到有效关注。

【社会事业】 建立了奢岭、平湖等14个科技示范基地,引进推广科技成果28项,科技贡献率达49.5%。投资2亿多元,新建、改建城区西部小学等学校56所,加固、维修校舍13万平方米,教育网点布局不断优化,办学条件明显改善。文体活动中心主场馆主体封闭,建设欢乐庄稼院49个,文体设施进一步健全。深入开展“三下乡”活动,举办大型文体活动52次,城乡文体生活日益丰富。区体育代表团实现省运动会田径项目金牌零的突破。区广电中心被中宣部等4部委评为广播电视“村村通”工作先进集体。区医院病房楼投入使用,改建、新建乡镇卫生院、社区卫生服务中心11个。人口自然增长率控制在1.35‰,双阳区被评为全国计划生育优质服务先进单位。

中冶长春京诚机器制造项目竣工投产剪彩仪式

【平安建设】 “三式联调、四级联动”综合维稳工作模式得到中央领导充分肯定并在全省推广，双阳区被省委、省政府评为平安建设示范县（市）、区。全省县（市）、区群众安全感测评中位列全省第五、全市第一，综治协管员王绍精被省市追授为“模范共产党员”、“平安卫士”，并获全国“12·4”十年法治人物特别贡献奖。积极开展信访积案化解年等活动，建立健全了“日报、周解、月清”工作机制，妥善解决了一批长期困扰发展稳定的历史遗留问题，有效化解了改革发展进程中出现的新矛盾、新问题。认真办理市民投诉，公开电话办结率达到98%以上。深入开展安全建设年活动，建立健全了公共事件应急管理体系，全面加大了疫病疫情、防汛防火、抗震减灾等防控力度，切实加强了对重点行业和重点领域的安全生产监管，社会形势保持安全稳定。

【民主法治】 实行区长办公例会制度，充分发挥招商委、法律顾问团等机构作用，对重大问题、重大事项实行集体决策，行政决策效率和质量进一步提高。主动接受人大法律监督、工作监督和政协民主监督，广泛征求人大代表、政协委员和各民主党派、无党派人士对政府工作的意见和建议，累计办理人大代表建议、议案481件、政协提案463件，办复率均达到100%。全面完成五五普法、四五依法治区工作，双阳区被评为吉林省首批法治县（市）、区创建先进单位。

（刘忠庆）

2010年双阳区国民经济和社会发展主要指标完成情况统计表

指标名称	单位	实际完成	与2009年比增减%
地区生产总值	亿元	125.4	21.7
第一产业增加值	亿元	15	15.4
第二产业增加值	亿元	57.6	25.2
第三产业增加值	亿元	52.8	20
工业总产值	亿元	150.9	17
农业总产值	亿元	25.6	10.2
全口径财政收入	亿元	7.5	33.9
本级财政收入	亿元	2.3	27.8
固定资产投资	亿元	130	20.4
社会消费品零售额	亿元	33.4	19.3
实际利用外资	万美元	4 700	0
城市人均可支配收入	元	12 700	13.4
农民人均纯收入	元	6 460	17.9
普通中学	所	26	
普通小学	所	111	
各类医院	所	14	
教育经费总额	亿元	3	20
医疗卫生经费	万元	5 148	-14
城区绿化覆盖率	%	38	
人口自然增长率	‰	1.35	

人物

人　物

2010年度全国“三八”红旗手

万　宇　44岁，吉林省孤儿职业学校校长。学校开设了高中班，成功取得了12年一贯制办学资质，成为省内惟一一所集小学、初中、高中于一体的教学单位。随后，又取得了中等职业学校的办学资格，通过联合办学、委托培养等方式，培养孤儿一技之长。2008年，省孤儿学校承接了全国教育科学“十一五”规划教育部重点课题项目的分课题研究，填补了国内孤儿教学研究的空白，实现了学校教学工作与全省重点学校接轨。2009年，万宇带领教师，编写并出版《缺失的完美》、《阳光的滋味》等5册近30万字的校本教材，成为全国首部为孤儿撰写的校本教材。省孤儿学校被授予“全国特殊教育先进单位”、“全省文明单位”称号。

高俊芳　吉林省长春长生生物科技股份有限公司董事长，市场学硕士学位。长生公司在短短的10年间，产品由单一的甲肝疫苗增到10多个品种，员工人数由10余人增加到505人，建立了现代化的生物制品生产车间、研发中心和质量管理部，形成了研发、生产、质检、冻干分包装和市场营销完整的经营管理体系，2000年10月16日公司一举通过GMP专家现场检查，并获得国家药监局颁发的GMP证书。高俊芳被中国女企业家协会授予杰出创业女性称号、首届“长春十佳优秀民营女企业家”等殊荣。

2010年全国劳动模范

王洪军　1969年7月出生，中共党员，研究生学历，一汽－大众汽车有限公司轿车一厂工段长、首席钣金技师。他带领团队攻克700多项技术难题，在整修领域先后研制工具50多种、2 000多件，获得了37项国家专利。他创新的“车身表面快速整修方法”，获得了国家科技进步二等奖，在一汽大众培养出一支高技能整修团队。当选十一届全国人大代表，特邀出席新中国成立60周年国庆观礼。

聂永军　1972年2月出生，中共党员，大专学历，长春公共交通集团有限责任公司西昌汽车公司聂永军路队驾驶员。聂永军十几年来，在自己平凡的岗位上默默无闻、甘于奉献，用爱心服务乘客，他的车被誉为“春城第一车”；他热心服务社会，每年免费接送残疾大学生返乡回校志愿服务达3 500多个小时，获得了“中国志愿者服务金奖”、全国五一劳动奖章、吉林省特等劳模。

李建国　1954年9月出生，中共党员，大学本科毕业，任榆树市医院院长、党委书记、主任医师。李建国在11年院长任期内，实施质量立院、科技兴院等八大战略治院，使医院业务年收入达1.3亿元，2004年医院被全国总工会授予五一劳动奖状。

李凯军　1970年2月出生，中共党员，大学学历，一汽铸造有限公司铸造模具设备厂模具钳工、高级技师。他用手工加工出数控机床都无法加工的新型方向盘发泡模具。他负责加工的国内最大、最复杂的压铸模具在上海模具展览会上，为企业赢取了大批订单。他本人先后获得了全国五一劳动奖章、中华技能大奖、中国高技能人才十大楷模等荣誉称号。

辛立刚　1971年8月出生，中共党员，大学学历，沈阳铁路局长春站售票车间主任、工程师。辛立刚在工作中以“售票零差错、感情零距离、服务零投诉”为售票窗口的工作标准，用严格管理提升服务质量，以人性关怀凝聚职工队伍。在他的努力下，“一条龙”助残服务、品牌务工流保障服务等特色品牌应需而生。

高宝华　1954年4月出生，中共党员，本科学历，农安宝华骨科医院院长。高宝华从医30年，诊治患者近百万人次，成功地为5万多人做了骨科手术。免费、减免手术费矫治肢体畸形患者3 000多人次。为困难患者减免医疗费300多万元。曾获得全国五一劳动奖章、省特等劳动模范等称号。

谢元立　1970年10月28日出生，中共党员，大学学历，中国北车长春轨道客车股份有限公司转向架制造中心焊接车间机械手班班长、高级技师。谢元立从一名普通焊工成长为机械手焊接领域的专家，不仅开创了一线工人编制大型焊接程序的先河，更拓展了机械手焊接复杂小件的应用领域。

尹维增　1969年3月出生，高中学历，吉林省德惠市岔路口镇义务消防队队长。尹维增于2002年自己出资成立了义务消防队，无偿为4个乡镇、45个行政村的百姓服务，几年来共扑灭大小火灾676起，为百姓挽回直接经济损失2 600万元，为消防队义务支出费用达65万元。先后被评为感动吉林十大人物、中国骄傲吉林英雄人物、长春市劳动模范、吉林省十大杰出青年志愿者、全国百名优秀志愿者、全国改革创新百佳人物、吉林省特等劳动模范等荣誉称号。

赵国忠 1964年9月4日出生，吉林省榆树市弓棚镇十三号村人，中共党员，中专文化，现任吉林省榆树市弓棚镇十三号村党总支书记。赵国忠带领全村党员干部群众在建设社会主义新农村伟大实践中做出了突出贡献，使十三号村先后被列为国家"863"项目数字农业示范基地、农业机械化示范单位、省两万亩玉米核心区示范村、省利用卫星定位系统种地基地。赵国忠多次荣获长春市劳动模范、省特等劳动模范、长春市优秀共产党员等称号。

李万升 1968年6月出生，中共党员，研究生学历，吉林省长春市鼎庆经贸有限责任公司董事长。李万升多年来义务赡养资助40多位孤寡老人，包保15个贫困户，为300名贫困老人缴纳了医疗保险，对200多名贫困学生给予爱心捐助，安置300余人就业。为社会累计捐款400多万元。先后荣获全国五一劳动奖章、吉林省特等劳动模范、四川抗震救灾模范，2009年第七届感动吉林人物等奖项。2009年市委、市政府做出决定，在全市开展向李万升学习活动。

吕子军 1966年2月出生，中共党员，研究生学历，吉林烟草工业有限责任公司副总经理、高级经济师。吕子军长期工作在企业，坚持精细管理，不断改革创新，紧紧依靠职工，全心全力推进长春卷烟厂实现平稳较快发展。2009年荣获吉林省特等劳动模范。

孙亚坤 1969年5月5日出生，无党派人士，研究生学历，吉林省荣发集团有限公司副总经理、高级经济师，长春市第十三届人大代表。他通过不懈努力，使荣发服装厂发展成为利税近千万元的现代化服装企业。他本人先后获全国五一劳动奖章、全国创业之星、全国青年星火计划带头人、第五届全国乡镇企业家、吉林省特等劳动模范等荣誉称号。

董晓峰 1954年12月1日出生，中共党员，本科学历，任中国北车长春轨道客车股份有限公司董事长兼党委书记、高级经济师。几年来，他一直带领公司全体员工，以"建设国际一流轨道客车制造企业"为目标，奋发图强，开拓进取，使长客股份经营业绩一直保持30%以上的增长，为中国轨道交通装备制造业的发展做出了突出贡献。

于中赤 1958年12月出生，中共党员，研究生学历，任吉林东光集团有限公司总经理、党委书记、研究员级高级工程师。创造了"东光模式"和"东光速度"，使企业经营规模增加3倍，经济效益增加10倍，成为全国汽车零部件百强企业和吉林省汽车产业跃升计划重点扶持企业。

全国先进工作者

熊　梅 女，1964年4月出生，中共党员，教育学原理博士，东北师范大学附属小学校长，东北师范大学教育科学院教授、博士生导师，享受国务院特殊津贴，吉林省人大代表。熊梅是我国第一位博士后小学校长，她提出了"开放式·个性化"办学理念，探索了一条"质量立校、科研强校、特色兴校"的品牌发展之路，在国内外产生了广泛的影响。曾获得全国优秀教育工作者、科研型名校长、省特等劳动模范等荣誉称号。

李　桢 女，1963年9月23日出生，中共党员，博士研究生，东北师范大学附属中学校长、教授。李桢以先进教育理念为指导形成独特教学风格；她潜心科研，主持并参与国家级、省级重点课题十几项，成果产生较大影响，公开发表论文几十篇。

刘省伦 1963年6月出生，中共党员，研究生学历，长春市公安局技术侦察支队支队长、高级工程师。刘省伦充分发挥情报预警、侦察控制和精确打击的职能作用，提供情报信息2 000余份，侦破大要案件5 000余起，为长春政治稳定、治安稳定作出突出贡献。

李国荣 女，1952年10月出生，中共党员，研究生学历，长春市第二实验中学校长兼党委书记、特级教师。她从事教育工作30多年，主持国家级课题12项，发表著作和论文50多篇。把一所普通校建成省首批示范性高中，使长春市优质高中入学率提高了10个百分点，坚持5年为农村培训校长和教师近200人，资助十多名贫困学生考上大学。曾荣获省高级专家、全国模范教师、全国五一劳动奖章、国务院特殊津贴等多项荣誉。

陈明强 1963年3月出生，中共党员，大学学历，长春市中心医院院长，主任医师。他精研业务理论，先后编写出版专著3部，获得长春市科技进步奖两项。在他的积极推动下，市中心医院率先在省内成立质量管理办公室，医疗质量管理水平大幅提升，并成立了全国首家非传染性慢性病治疗中心。

周　洋 女，1991年6月9日出生，毕业于长春市体育运动学校，中专学历，吉林省长春市冬季运动管理中心短道速滑队运动员，体育运动健将。在2007～2008赛季国际滑联短道速滑世界杯哈尔滨站比赛中获女子 3 000 米接力冠军、美国站比赛获女子 1 500 米冠军，并以 2 分 17 秒 162 的成绩刷新了世界纪录。在 2010 年温哥华第 21 届冬奥会上获女子 1 500 米冠军，并创造了女子 1 500 米新的冬奥会纪录，同时获女子 3 000 米接力冠军，实现了吉林省、长春市在冬奥会上金牌“零”的突破。

2010 年全国优秀企业家

宋尚龙 吉林亚泰(集团)股份有限公司董事长、总裁。他多次被评为吉林省、长春市杰出企业经营者、吉林省杰出企业家、吉林省优秀省管专家、吉林省劳动模范、吉林省优秀党员，荣获全国“五一”劳动奖章，1994 年至 1998 年连续当选长春市人大代表，2002 年 11 月当选吉林省人大代表。

全国优秀科技工作者

王立军 长春光机所研究员
任建岳 长春光机所研究员
冯　江 东北师范大学城市与环境科学学院教授
刘淑莹(女) 长春应化所新药实验室学术带头人，南开大学、吉林大学、青岛海洋学院兼职教授
李　玉 吉林农业大学教授
李　骏 一汽集团公司技术中心主任兼长春汽车研究所所长，研究员级高工，奥威系列发动机总设计师
邹广田 中国科学院院士，吉林大学教授、博士生导师
苗里宁 吉林大学第二医院肾病内科主任，器官移植中心主任，医学博士，博士研究生导师
赵　华(女) 吉林大学基础医学院生理学教研室教授
郭庆海 吉林农业大学教授，博士生导师，吉林农业大学管理学院农业经济管理学科带头人
于化东 长春理工大学校长，机械工程学科教授、博士生导师

第六届吉林省“十大杰出青年”

王　宇 中共党员，1970 年出生，省公安厅经济犯罪侦查总队综合支队支队长，二级警督
安静东 中共党员，1969 年出生，中国农业银行股份有限公司吉林省分行党委委员、行长助理
吴晓东 1973 年出生，上海东晨科教电子设备有限公司总裁、吉林东晨科教设备有限公司董事长、长春市第二实验东晨小学名誉校长
郭　爽 女，1986 年出生，吉林省体育局田径自行车运动管理中心自行车运动员

2010 年吉林省享受国务院特殊津贴人员

卜长莉 长春理工大学教授
于　洁 吉林省纺织工业设计研究院研究员
王庆森 吉林省体育局乒乓球曲棍球篮球武术运动管理中心国家级教练
边少锋 吉林省农业科学院研究员
成与华 吉林科学技术出版社编审
曲晓波 长春中医药大学教授
关尚敏 吉林省第二实验学校中学高级教师
李　桢 东北师范大学教授
李新民 吉林日报社高级编辑
邱芳萍 长春工业大学教授
佟　毅 吉林中粮生化有限公司高级工程师
张明新 吉林省农业科学院研究员
张雅斌 吉林省水产科学研究院研究员
金寿铁 吉林省社会科学院研究员
承学东 吉林光大电力设备股份有限公司高级工程师
赵　云 吉林省林业科学研究院研究员
赵宝玲 吉林人民广播电台高级记者
柏广新 中国吉林森林工业集团有限责任公司正高级工程师
倪茂才 吉林省京剧院国家一级演员
韩春霞 吉林省中医药科学院主任医师
程松彬 吉林银行研究员
鲍永利 吉林省现代生物医药专业技术服务中心有限公司教授
戴　绘 吉林省人民医院主任医师
王文生 国家检察官学院吉林分院研究员
王　悦 吉林奥来德光电材料股份有限公司教授
杜占森 吉林省疾病预防控制中心主任医师
唐忠民 吉林省农村信用社联合社正高级经济师

第十一批吉林省有突出贡献的中青年专业技术人才

自然科学研究

郑伟涛 吉林大学材料科学与工程学院教授
刘冰冰 吉林大学超硬材料国家重点实验室教授
李　勇 吉林大学数学学院教授
刘　财 吉林大学地球探测科学与技术学院教授
刘俊秋 吉林大学超分子结构与材料国家重点实验室教授
许文良 吉林大学地球科学学院教授
蔡中义 吉林大学辊锻工艺研究所教授
刘　磊 吉林大学计算机科学与技术学院教授
田文晶 吉林大学超分子结构与材料国家重点实验室教授
马琰铭 吉林大学原子与分子物理研究所教授

马东阁　中国科学院长春应用化学研究所研究员
曲晓刚　中国科学院长春应用化学研究所研究员
王宗明　中国科学院东北地理与农业生态研究所研究员
潘希波　吉林省农业环境保护与农村能源管理总站研究员
宋立军　长春大学教授
段　潜　长春理工大学教授
董相廷　长春理工大学教授
朱　珠　吉林工商学院教授
杨　悦　长春工业大学副教授
李延忠　长春理工大学教授
张金亭　吉林省生物研究所研究员
张景萍　东北师范大学化学学院教授
朱筱娟　东北师范大学生命科学学院教授
范　猛　东北师范大学数学与统计学院教授

社会科学研究

谢　地　吉林大学经济学院教授
刘雪莲　吉林大学行政学院教授
徐正考　吉林大学文学院教授
田毅鹏　吉林大学哲学社会学院教授
丁晓燕　吉林省社会科学院研究员
郭洪茂　吉林省社会科学院研究员
刘亚政　吉林省社会科学院教授
郭美英　吉林省社会科学院编审
刘贵富　吉林工程技术师范学院教授
张越杰　吉林农业大学教授
闫　玉　长春师范学院教授
钟新文　吉林公安高等专科学校教授
吕康银　东北师范大学商学院教授
张　明　东北师范大学教育科学学院教授
王晋新　东北师范大学世界文明史研究中心教授
杨　弘　东北师范大学政法学院教授
徐　潜　吉林文史出版社编审
寇　冠　新文化报社主任编辑
单海鸥　吉林日报社高级记者
赵培光　吉林日报社高级编辑
周知民　吉林省委党校教授
马利彪　吉林省政府发展研究中心研究员工程技术
李　刚　吉林省产品质量监督检验院高级工程师
刘岩峰　吉林省标准研究院正高级工程师
初　亮　吉林大学汽车工程学院教授
李世武　吉林大学交通学院教授
周　宏　吉林大学材料科学与工程学院教授
臧守杰　中铁十三局集团有限公司正高级工程师
纪尊众　中铁十三局集团有限公司正高级工程师
戴　明　中科院长春光学精密机械与物理研究所研究员
金龙旭　中科院长春光学精密机械与物理研究所研究员
李　威　中科院长春光学精密机械与物理研究所副研究员
温志良　吉林省地质调查院研究员
郭喜军　吉林省地质调查院研究员
周晓东　吉林省区域地质矿产调查所正高级工程师
刘松平　机械工业第九设计研究院正高级工程师
李金成　中国第一汽车集团公司技术中心正高级工程师
宋国华　启明信息技术股份有限公司高级工程师
张　健　一汽模具制造有限公司高级工程师
李丽娟　吉林省奥姆西科技有限公司教授
张心明　长春科尔机电技术有限公司研究员
周东岱　东北师大理想软件股份有限公司教授
周文平　长春轨道客车股份有限公司正高级工程师
梁树林　长春轨道客车股份有限公司正高级工程师
李天罡　吉林电视台研究员
付跃刚　长春理工大学教授
张立中　长春理工大学教授
张明耀　长春工业大学教授
金光勇　长春理工大学研究员
黄玉珍　长春大学教授
陈　华　长春工业大学教授
佟德生　吉林建筑工程学院勘测公司正高级工程师
曲国志　吉林东光集团有限公司正高级工程师
纪景义　吉林省高等级公路建设局高级工程师
谢玉田　吉林省高速公路管理局正高级工程师
李凤尊　吉林省公路勘测设计院研究员
董建中　吉林省高等级公路建设局研究员
闫洪余　吉林省农业机械研究院研究员
霍明昕　东北师范大学城市与环境科学学院教授
田广东　吉林光彩科技发展有限公司研究员
刘志新　吉林省水利厅重点项目建设管理办公室研究员
宋继林　吉林省水利水电勘测设计研究院研究员
万叶妮　吉林省水利水电勘测设计研究院研究员
刘　壮　长春同拓环保科技有限公司高级工程师
王忠杰　长春禹衡光学有限公司高级工程师

医药卫生

徐　飞　吉林省食品药品检验所主任药师
张学文　吉林大学中日联谊医院教授
张兴义　吉林大学第二医院教授
刘晓冬　吉林大学公共卫生学院教授
睢大筼　吉林大学药学院教授
赵　华　吉林大学白求恩医学院教授
李玉新　长春东北师大基因工程有限公司教授
杨广民　吉林省人民医院主任技师
张　越　吉林省肿瘤医院主任医师
侯　祥　吉林省疾病预防控制中心主任医师
李超生　吉林省中医药科学院主任药师
江森林　吉林省卫生厅卫生监督所研究员
王长青　吉林省肿瘤医院主任医师

丛显斌 吉林省地方病第一防治研究所主任医师
宋柏林 长春中医药大学教授
刘宏岩 长春中医药大学教授
崔文玉 长春市传染病医院主任医师
张晓杰 长春市儿童医院主任医师
赵树军 长春市中医院主任医师

农林水利

张西臣 吉林大学畜牧兽医学院教授
贾洪雷 吉林大学生物与农业工程学院教授
赵玉民 吉林省农业科学院研究员
刘武仁 吉林省农业科学院研究员
张树敏 吉林省农业科学院研究员
任　军 吉林省农业科学院研究员
金海国 吉林省农业科学院研究员
周广春 吉林省农业科学院研究员
郝东云 吉林省农业科学院研究员
徐　虹 吉林省农业技术推广总站研究员
张志英 吉林省蔬菜花卉科学研究院研究员
王云福 吉林省种子管理总站研究员
陈　艳 吉林省种子管理总站高级农艺师
马树庆 吉林省气象台正高级工程师
付殿国 吉林省畜牧总站研究员
陶　晶 吉林省林业科学研究院研究员
孙文生 吉林省林业科学研究院研究员
任晓光 吉林省林业科学研究院研究员
王丕武 吉林农业大学教授
杨伟光 吉林农业大学教授
孙　刚 长春师范学院教授
张艳荣 吉林农业大学教授
杜晓燕 吉林省水产科学研究院研究员
王丽萍 长春市农业科学院研究员

经济管理

甘建国 中国科学院长春分院研究员
赵惠敏 长春税务学院教授
李志远 吉林省工程咨询服务中心研究员
张如石 吉林省信托有限责任公司研究员
宗国富 吉林中粮生化科技有限公司研究员
王春才 吉林省万易大学生创业园副教授文学艺术
周异夫 吉林大学外国语学院教授
刘春梅 吉林省歌舞剧院一级演员
王　萍 吉林省京剧院一级演员
董　伟 吉林省地方戏曲剧院一级演员
孙宝国 吉林省北方传媒研究中心高级编辑
郭春方 吉林艺术学院教授
刘　玢 长春电视台主任编辑
赵继敏 伪满皇宫博物院研究馆员

中小学教师及体育教练员

王显峰 吉林大学附属中学中学高级教师
乔　静 吉林省冬季运动管理中心国家级教练
石　馨 吉林省第二实验学校中学高级教师
卢军良 吉林省实验中学中学高级教师
刘丽君 东北师范大学附属中学中学高级教师
赵桂梅 长春市十一高中中学高级教师
杜丽娟 长春市第五中学中学高级教师
郭香莉 长春市朝阳区北安小学校中学高级教师
张　晶 长春市第三十中学中学高级教师
迟学为 长春市第八中学校中学高级教师
彦　圻 长春市第六中学中学高级教师
赵海军 东北师大附中明珠学校中学高级教师

高技能人才

王洪雁 一汽解放汽车有限公司高级技师
孟庆长 一汽铸造公司有色铸造厂技师
谢元立 长春轨道客车股份有限公司高级技师
丁照民 富奥汽车零部件有限公司泵业分公司高级技师
李　军 长春市商贸旅游技术学校高级技师
孙立巍 长春奥普光电技术股份有限公司技师

第七届“吉林青年五四奖章”获得者

杨舟贤 中共党员，吉林动漫集团执行董事、常务副总经理
杜震宇 中共党员，长春亚泰足球俱乐部职业球员
张桂英 中共党员，吉林省神经精神病医院精神科护士长、党支部书记
刘　烨 中国国家话剧院演员
杨　伊 中共党员，中国人民解放军 65368 部队
杨小牛 中国科学院长春应用化学研究所高分子复合材料工程实验室主任

长春市“三八”红旗手

朝阳区

王凯英　高　萍　沙晓红　刘　莉　梁淑梅　张晓萍
郭　丽　王　岩

南关区

孙永波　黄　慧　梁振凤　郎亚光　宋秀英　王　复

宽城区

张　卓　刘　莉　孙成杰　梁瑞霞　陈　镛　李红云

二道区

林　丽　于　红　孙玉华　才秀云　李颖丽　李立英

绿园区

岳丽萍　张冬冬　陈淑新　王　锐　于春波　韩艳梅

双阳区

朱晓菊　徐丽娜　刘　哲　杨明红　赵丽君　刘玉渤

榆树市

马小雯　杨立华　于兴波　陈　伟　李明侠　李秀兰
李淑丽　潘向飞　王桂波

德惠市

常秀文　常柏芝　张晶华　李兴华　王继玲　徐亚男

九台市

朱　红　张秀荣　张春梅　王丽娜　孙秀莲　谢文芳
唐立辉

农安县

孙　平　孙　莉　田正言　周　岩　李小曼　梁　岩
赵　霞

经开区

江秋慧　杨采焱　陈　录　李晓明

高新区

苏　芳　李积楠　袁玉冰　马　丹

净月区

张　晖　邹明华　王淑清　马金荣

西新区

吴慧贤　宋任钧　翟黎明　邢晓辉

市国资委

薛　华　刘　辉　宋　敏　李　菲　范圣智　于　飞
郭　颖

市直机关党工委

柏桂兰　杨丽君　赵雅颉　赵丽岩　吴慧清　孙文华

市政法系统

苑玲鸽　肖　焕　姚建新　李雪霞　孙季虹　冯佩君

市高校系统

赵冬萍　刘　伟　王菁华　张丽梅　田英莲　尹秀丽
马红霞　徐巧月　韩宾娜　张　捷　李　洁　黄冬梅

市宣传文化系统

赵洁菲　王立超　朱亚玲　张晓黎　李　非

女企业家协会

于惠舫　郭　丽　杨　颖　杜殿丽　李冬艳　台丽伟
曹　雪　刘翠蓉　于　钧　郭洪梅　林春丽　汪　澈
姜　辉　冷雪洁

其他

张旺丹　张亚平　程秀茹　刘　芳　蔡守琴　李竟虹
李　莉　李　丽　葛丽艳　杨　鲲　蔺淑荣　崔源玉
柳　影　于丽娜　王　昕　李玉玲　李　岩

第九届长春十大杰出青年

王　颖　女，39 岁，中共党员，长春市第二十九中学校长

王国臣　男，38 岁，中共党员，长春市公安局绿园分局治安中队中队长

任航彤　男，36 岁，无党派，吉林省达兴名车服务有限公司董事长

刘　玢　男，36 岁，中共党员，长春电视台新闻主播

曲道德　男，31 岁，中共党员，德惠市邮政局局长、党委书记

吴建会　男，45 岁，中共党员，启明信息技术股份有限公司总经理

周　洋　女，19 岁，共青团员，长春市冬季运动管理中心运动员

胡艳萍　女，36 岁，民建党员，吉林省善满园工贸有限公司董事长

贺玉泉　男，39 岁，无党派，吉林大学中日联谊医院心内科副主任

高玉堂　男，39 岁，中共党员，长春市妇产医院院长

长春市第三届道德模范

1、助人为乐道德模范

张　爽　女，1991 年生，吉林财经大学信息学院学生

胡艳苹　女，1974 年生，吉林省善满园工贸公司董事长

郑晓群　男，1967 年生，长春市中心医院心内科主任

卢　续　男，长春天力房地产开发有限公司员工

2、见义勇为道德模范

纪长秋　男，1962 年生，原吉林省石油化工厅服务公司下岗工人

张志鑫　男，1993 年生，长春市第二实验中学学生

3、诚实守信道德模范

李利军　男，1954 年生，吉林亚泰富苑购物中心有限公司总经理

李云凤　女，1973 年生，吉林世杰农牧技术开发有限公司董事长

4、敬业奉献道德模范

翟树全　男，1950 年生，农安县哈拉海人民法厅助理审判员

王利君　男，1972 生，长春市公安局刑警支队六大队 DNA 实验室主任

杜德横　男，1978 年生，长春市建委建管处副主任科员

王建华　男，58 岁，九台市九郊街道莲花村党支部书记

张国占　男，1960 年生，德惠市菜园子镇党委书记、镇长

崔玉芬　女，长春市二道区四家乡妇联主席

赵海涛　男，60 岁，农安县靠山镇东排木村党总支书记

刘继华　男，榆树市人民武装部部长

5、孝老爱亲道德模范

张凤英　女，农安县英顺老年公寓院长

刘春玲　女，长春市汽车产业开发区十三局社区居民

（张晓光）

领导名单

领导名单

中共长春市委员会

书　　记　高广滨
副 书 记　崔　杰　李树国
常　　委　隋忠诚　郑文芝(女)　袁玉树　杨子明　吴　兰(女)
　　　　　王振华　钱万成　孙国武　孙　超　史继山
秘 书 长　钱万成
副秘书长　刘　波(兼)　刘福臣(9月免)　赵　明(兼)
　　　　　于瑞敏(7月任)

办公厅
　主　　任　赵　明
　副 主 任　郝肖峰　孙　宁　王继荣(女)

组织部
　部　　长　杨子明
　副 部 长　王占石(1月免)　张毅强(9月任)
　　　　　　韩　栗(兼)　邱志方　孟宪新(8月任)
　　　　　　张宝琦　雷　萦

宣传部
　部　　长　王振华
　副 部 长　吴鸿韬(7月退)　张鸣雨(7月任)
　　　　　　韩忠宝(7月免)　张世杰　高　山
　　　　　　张茂金　于迅来(7月任)

统战部
　部　　长　刘德生(12月任)
　副 部 长　赵安武(2月任)　李　瑛(女)
　　　　　　王秋霞(女,兼)　杨连仲

政法委员会
　书　　记　吴　兰(女)
　副 书 记　李继元　程伟建　隋光伟

市委老干部局
　局　　长　李万春
　副 局 长　刘玉霞(女)　曹晓辉(女)

市委、市政府政策研究室
　主　　任　李志保(9月免)　徐连东(9月任)
　副 主 任　崔迎和　张守刚　刘际阳

市档案局(馆)
　局(馆)长　梁　伟
　副局(馆)长　李红明(12月免)　赵　欣(9月任)
　　　　　　　韩　东(12月任)
　党组书记　梁　伟

市委党史研究室
　主　　任　赵安武(2月免)　张宝琦(8月任)
　副 主 任　孙玉志

市委党校(行政学院)
　常务副校(院)长　林　姗(女,2月任)
　副校(院)长　陈吉顺(12月免)　李晓华　吴彦杰
　　　　　　　宫立武(8月任)

长春日报社
　社　　长　张世杰
　党委书记　张世杰
　总　　编　王　弋(女,3月任)
　副总编辑　王艳春　丁　宁(女,7月任)
　副 社 长　尚洪波
　纪委书记　何　文

长春出版社
　社　　长　杨德宏
　副 社 长　王占通　马世平(12月免)

长春社科院(社科联)
　院　　长　姜殿军
　副 院 长　李树敏　常　新　孙学亮
　党组书记　姜殿军

新闻出版局
　局　　长　于　晶(女)
　副 局 长　于显民　王柏秋(女)
　党组书记　于　晶(女)

中共长春市直属机关工作委员会
　书　　记　钱万成(兼)
　常务副书记　王德宇
　副 书 记　张知众　张佐斌(7月任)
　纪工委书记　战国立

机构编制委员会办公室
　主　　任　韩　栗
　副 主 任　孟凡友

长春市人民代表大会常务委员会

主　　任　祝业精(12月免)　李树国(12月任)

副 主 任 冯占祥 宛祝平 李发锁 吕相林(1月任)
龙 华(女) 方曙光(1月任) 张树明(12月任)
秘 书 长 闻 弘
副秘书长 王慧稳 王宝庆(10月免) 姜振春 张春林
王大伟(10月任)

办公厅
主 任 张春林
副 主 任 宫国英 刘希海

内务司法委员会
主任委员 张智勤
副主任委员 孙雁力

财政经济委员会
主任委员 李万成
副主任委员 刘玉铧(女)

农业与农村委员会
主任委员 李怀生(1月任)
副主任委员 王小英(女)

城乡建设环境保护委员会
主任委员 周亚昆
副主任委员 盖国庆(12月任)

教育科学文化卫生委员会
主任委员 陈亚群(女)
副主任委员 朱慧民

民族侨务外事委员会
主任委员 王浩然
副主任委员 李学军

人事代表选举委员会
主任委员 韩文有
副主任委员 孟淑云(女)

法制委员会
主任委员 刘 君
副主任委员 王志东(兼)

法制工作委员会
主任委员 刘 君

研究室
主 任 王大伟(9月免)
副 主 任 徐 荣

预算工作委员会
主 任 李万成
副 主 任 栾晓虹(女)

机关党委
书 记 闻 弘(兼)
副 书 记 徐永富(2月免) 吴丽娟(女,2月任)

长春市人民政府

市 长 崔 杰
副 市 长 隋忠诚 郑文芝(女) 王学战 钱龙生
高学章 滕佳材(11月任) 肖万民
陈 巳(4月任)
秘 书 长 桂广礼
副秘书长 丛洪深 徐毅夫(12月免) 柳宝祥(兼) 杨俊良
张发文(兼) 贺兴国(兼) 朱永坚(12月任兼)
王建华 卢福建 曲庆江(兼) 冯善国(12月任)
史长友 张忠耀 寇纯福 王慧力 姜保忠

办公厅
主 任 贺兴国
副 主 任 赵 显 鲍文明 张海治 姜 辉 王首先
党组书记 桂广礼(兼)

市政府政务公开办公室
主 任 桂广礼(兼)
副 主 任 何 群

市政府督查室
主 任 李北牧

市政府民生工作办公室
主 任 赵首沣

市地方志编委会
主 任 崔 杰(兼)
副 主 任 郑文芝(女,兼) 林 姗(女,3月免)
韩忠宝(3月任) 王 磊(8月任)
杨松望(12月任)
党组书记 林 姗(女,3月免) 韩忠宝(3月任)

法制办公室
主 任 刘凤桂
副 主 任 赵玉洁(女,12月免) 张铁力
党组书记 刘凤桂

老龄工作委员会
主 任 隋忠诚
副 主 任 张毅强(兼) 王占石(兼)
李 旸(8月免) 王世田(8月任 兼)
办公室主任 王世田

发展和改革委员会
主 任 王 宁
副 主 任 董俊杰 吴相道 韩 良(12月免)
徐连东(9月免) 付 臣 王希田
宋长者(12月任)
党组书记 王 宁

价格监督检查局
局 长 付 臣

工业和信息化局
局 长 吕 凝
副 局 长 王喜山(10月免) 刘海军
韩 东(12月免)
薛文革 庞福祥 崔忠诚 王永刚

党组书记　吕　凝

科学技术局

局　　长　万载斌

副 局 长　翟述华(12月免)　薛春志　魏长平　尹伟光

党组书记　万载斌

商务局

局　　长　刘亚群

副 局 长　王淑云(女,12月免)　唐若迪　李宪忠　任宏雷(12月任)

党组书记　刘亚群

党组副书记　王淑云(女)

贸促会

会　　长　宋丽华(女)

副 会 长　林　野　温淞文(4月任)

城乡建设委员会

主　　任　崔国光

副 主 任　沈启天(12月免)　俞　生　李　健　李国恒

党委书记　崔国光

党委副书记　佟玉堂

纪检委书记　佟玉堂

市政公用局

局　　长　刘东伟

副 局 长　于建新　任晓强

党委书记　刘东伟

党委副书记　冯贵仁

纪委书记　冯贵仁

行政执法局

局　　长　王世田(8月免)　韩志斌(10月任)

副 局 长　常桂芝(12月免)　潘成军(12月免)　王大和

党组书记　王世田(8月免)　韩志斌(10月任)

统计局

局　　长　张　威

副 局 长　郑永生　刘　刚　李亚芹(女)

党组书记　张　威

安全生产监督管理局

局　　长　张中发

副 局 长　王忠厚　祝云河　都效军

党组书记　张中发

食品药品监督管理局

局　　长　李越春

副 局 长　李云义　刘应齐(12月免)　邱清扬　张文革　丁甫久(9月任)

党委书记　李越春

交通运输局

局　　长　管　锋

副 局 长　李金明(12月免)　韩　征(12月免)　邹德东　张玉新

党委书记　管　锋

党委副书记　郝广智

纪委书记　郝广智

环境保护局

局　　长　闫　文

副 局 长　张　伟　于　春　叶春民　叶蓬欣

党委书记　闫　文

党委副书记、纪委书记　凌正凯(12月任)

气象局

局　　长　孙　力(4月任)

副 局 长　尹文斌　杨志东

纪检组长　裴福军

党组书记　孙　力(4月任)

房地产管理局

局　　长　刘大平(8月任)

副 局 长　陈济生　李晓曼(女)　黄立新　徐源江

党委书记　刘大平(8月任)

党委副书记　刘　宏

纪检委书记　刘　宏

规划局

局　　长　王洪顺

副 局 长　曲国辉　韩守庆　杨少清

党委书记　王洪顺

党委副书记　曾宪智(女)

纪委书记　曾宪智(女)

市城市雕塑规划管理办公室

主　　任　刘天府

副 主 任　林　巍

国土资源局

局　　长　朱亚福

副 局 长　李成员　李东坡　丁万钧(3月任)

党委书记　朱亚福

农业委员会

主　　任　张德祥

副 主 任　宋荫卓(8月任)　杨立华　孙长占　梁继生　郭晋巍(8月任)　李　欣(12月任)

党委书记　张德祥

党委副书记、纪委书记　张金超

水利局

局　　长　周凌成

副 局 长　孙宝和(12月免)　刘国君　田志坤(8月任)

党委书记　周凌成

党委副书记、纪委书记　李中华

林业局

局　　长　孙英利

副 局 长　孙向武(12月任)　王志芳(12月免)

林崇学(9 月任)
党组书记 孙英利

粮食局

局　　长 李树华(女)
副 局 长 郝　君 武　凌
党组书记 李树华(女)

财政局

局　　长 胡延生
副 局 长 王　才 于落川(12 月免) 谢志敏
李晓玲(女)
党委书记 胡延生
党委副书记、纪检书记 孙晓梅(女)

国有资产监督管理委员会

主　　任 柳宝祥
副 主 任 林立志 贾贵春 逄吉春 黄永超(12 月任)
党委书记 柳宝祥
党委副书记、纪委书记 王　彦

工商行政管理局

局　　长 王铁酩
副 局 长 张洱英(12 月免) 张意海 胡书鹏 李维彬
党委书记 王铁酩
党委副书记 祁丽梅(女)
纪检委书记 祁丽梅(女)

审计局

局　　长 王福财
副 局 长 吴焕军 孔维进 庞国忠 赵力彦
孙忠林(12 月任)
党组书记 王福财

国家税务局

局　　长 杜　锋
副 局 长 王金祥(7 月免) 刘子敬(7 月免)
钱立仁 王铁勇 齐志宏 李　强(7 月任)
局党组书记 杜　锋
局党组副书记 王金祥 钱立仁(7 月任)
纪检组长 潘　晶

地方税务局

局　　长 于海军
副 局 长 裴德民 杨中凤 金光日 文　明
王明明 司立新 李晓黎(女)
党组书记 于海军

文化局

局　　长 吴　强
副 局 长 佟德军 曲　笑 刘红宇(8 月任)
党委书记 吴　强
党委副书记 于伟民
纪检委书记 于伟民

教育局

局　　长 王树彬
副 局 长 周国韬 梁国超 马　军 朱彤顺(9 月免)
安　军(11 月任)
市政府督学 李　敏(女)
党委书记 王树彬
党委副书记 李　敏(女)
纪检委书记 李　敏(女)

卫生局

局　　长 齐国华
副 局 长 郗书元 赵福玉 陈明强
党委书记 齐国华
党委副书记 杜金华(女)
纪检委书记 杜金华(女)

人口和计划生育委员会

主　　任 高松柏(8 月免) 马　平(8 月任)
副 主 任 赵　蕾 刘国瑞
党组书记 高松柏(8 月免) 马　平(8 月任)

体育局

局　　长 郭忠君
副 局 长 张政明 赵晓路
党委书记 郭忠君
党委副书记 尹维萍(女)(12 月免)
纪检委书记 尹维萍(女)(12 月免)

广播电视局

局　　长 崔永泉
副 局 长 张清秀(女) 庄　严
党委书记 崔永泉
党委副书记 张善萍(女)(12 月免)
纪检委书记 张善萍(女)(12 月免)

人力资源和社会保障局

局　　长 张毅强
副 局 长 康铁英 韩平山(12 月免) 崔英林
王　颖(12 月免) 纪忠安 蔡延斌
党委书记 张毅强
党委副书记、纪委书记 杨承军

社会保险局

局　　长 张发文
副 局 长 张美源 杨丽华(女) 刚占彭 朱凤海
党组书记 张发文
纪检组长 崔　伟

民族事务委员会(宗教事务局)

主任(局长) 赵国民
副主任(副局长) 咸荣日 杨　军
党组书记 赵国民

民政局

局　　长 李　旸(8 月免) 王世田(8 月任)
副 局 长 郑秀梅(女) 许　军 李　明

周玉国(12月任)
党委书记 李 旸(8月免) 王世田(8月任)
党委副书记 刘 彦
纪委书记 刘 彦

公安局
局　　长 高学章
副 局 长 曲万臣(2月免) 郑伟民 张永会(2月免) 唐庆华 于 英 王卫东(2月免) 韩东民 董世年 卢 峰 梁向东(4月任)
政治部主任 公 平
党委书记 高学章
党委副书记 曲万臣(2月免)
纪检委书记 侯连国

司法局
局　　长 李 林
副 局 长 王承伟 何凤举 李长春(9月任)
党委书记 李 林
党委副书记 于桂兰(女)
纪检委书记 于桂兰(女)
政治部主任 于桂兰(女,兼)

国家安全局
局　　长 曲庆江

市委、市政府信访局
局　　长 于瑞敏(免) 张家祥(7月任)
副 局 长 李伟强 马延政 许晓东(10月任)
党组书记 张家祥

质量技术监督局
局　　长 沙宪卿
副 局 长 李 纯(女) 孔令起
党委书记 沙宪卿
党委副书记 杨润民
纪委书记 杨润民

人防办公室
主　　任 陈亚新
副 主 任 刘寿松 马英才(12月免) 贾东来
党组书记 陈亚新

地震局
局　　长 曾庆彬
副 局 长 唐祝林(12月免)
党组书记 曾庆彬

外事(侨务)办公室
主　　任 王 宇
副 主 任 富志刚 薄中堂 徐怀武
党组书记 王 宇

园林绿化局
局　　长 杨凤祥
副 局 长 李晓晶(女) 徐 林
党委书记 杨凤祥
党委副书记 王国辉
纪检委书记 王国辉

机关事务管理局
局　　长 李志刚
副 局 长 石铁钢 李绍明 隋广权
党委书记 李志刚
党委副书记 刘彦惠
纪检委书记 刘彦惠

伊通河管理委员会
主　　任 娄长兴
副 主 任 张效佐
党委书记 娄长兴

长春高新技术产业开发区管委会
主　　任 孙亚明(兼)
副 主 任 孙 莉(女) 刘成福 冯兆印 石 威 张少军
党工委书记 刘泽臣(10月免)

经济技术开发区管理委员会
主　　任 张焕秋
副 主 任 赵 旭 孙洪健 王志良 王大鹏
纪工委书记 张焕秋
党工委书记 吴德金
党工委副书记 张焕秋

净月经济开发区管理委员会
主　　任 管树森
副 主 任 鞠 峻 王金玉(7月免) 杨文俊
党工委书记、纪工委书记 刘金生
党工委副书记 刘英华(女)

汽车产业开发区管理委员会
主　　任 李相国(兼)
副 主 任 曹 伟 祖 国 魏朝明 吴相道(9月免) 李炜姝(12月免)
党工委书记 孙国武
党工委副书记、纪工委书记 王 哲

长江路经济开发区管理委员会
主　　任 梁振亚
副 主 任 张绍君 刘成斌
党工委书记 梁振亚

市牧业管理局
局　　长 杨泗祖
副 局 长 刘 峰 朱贵祥 李宪忠(3月免) 富志坚(9月任) 孙晓晖(12月任)
畜牧业发展办公室副主任 孙国海
党组书记 杨泗祖

供销合作社联合社
主　　任 于林中
副 主 任 汪晓炜 黄劭琨(12月免)

党委书记　于林忠
党委副书记　曲观奇(12月免)
纪检委书记　曲观奇(12月免)

旅游局
局　　长　郝丽萍(女)
副 局 长　王　金　邵大明
党组书记　郝丽萍(女)

接待办
主　　任　宋长生
副 主 任　田新建　陈　志

长春市商业国有资产经营公司
总 经 理　辛延明
副总经理　杨录奇　于德臣(12月免)
党委书记　辛延明

中国人民政治协商会议长春市委员会

主　　席　张元富
副 主 席　管树森　薛康(1月免)　宋　勇　孙丰月
方曙光(1月免)　张晓华　张红星　万芝兰(女)
王占石(1月任)　侯治富(1月任)
秘 书 长　唐晓明(12月任)　石　坚(12月免)
副秘书长　沈贵一(1月退)　赵贵军(7月退)
原建新(7月退)　张国志(1月退)　孙文杰
唐晓明(12月免)

办公厅
主　　任　唐晓明(兼)
副 主 任　高丽筠(女)

提案委员会
主　　任　樊玉桂(女)
副 主 任　(按姓氏笔划排列)
孙晓峰(兼)　许文才(12月任)
李　瑛(女,兼)　赵　显(兼)　彭向刚(兼)

文化教育卫生体育委员会
主　　任　张茹华(女)
副 主 任　(按姓氏笔划排列)
于　晶(女,兼)　李华新(兼)　汪鹏辉(兼)
杨启新　杨承军(兼)　柳海民(兼)
赵福玉(兼)　侯冠森(兼)

文史资料委员会
主　　任　邢　文(12月任)　凌正凯(12月免)
副 主 任　(按姓氏笔划排列)
于广先(兼)　李德山(兼)
赵继敏(女,兼)　郎宝君(兼)
高仁立(兼)　高　峰　景喜猷(兼)

港澳台侨和外事委员会
主　　任　张东威
副 主 任　(按姓氏笔划排列)
于洪升(兼)　冷雪洁(女,兼)
张鸿飞(12月任)　张锦基(兼)
陈其镳(兼)　赵晓光(女,兼)
唐锡根(兼)　谭国荣(兼,12月任)

经济科技委员会
主　　任　赵　明(女,12月任)
崔启民(7月退)
副 主 任　(按姓氏笔划排列)
丁文勇(兼)　于落川(兼)　王世超(兼)
刘健芝(女,兼)　刘振江(兼)　吴晓辉(兼)
金兆怀(兼)

社会法制民族宗教委员会
主　　任　张文海
副 主 任　(按姓氏笔划排列)
于惠舫(女,兼)　付　诚(兼)
杨盛林(女,12月任)
杨　军(女,兼)　李奎光(兼)
陆庆华(兼)　高俊芳(女,兼)　韩志斌(兼)

人口资源环境委员会
主　　任　沈启天(12月任)
赵　明(女,12月免)
副 主 任　(按姓氏笔划排列)
刁绍武(兼)　王德利(兼)
李　英(女,12月任)　林青远(兼)
赵勇胜(兼)　景跃军(女,兼)　窦　森(兼)

研究室
主　　任　黄　强

机关党委
书　　记　石　坚(兼)
副 书 记　姜保国

中国共产党长春市纪律检查委员会

书　　记　刘　实(5月免)　史继山(5月任)
副 书 记　王　南　张　喆　李家祺　李　刚
常　　委　韩　栗(兼)　孙德明　尹维生　姜元生　徐玉林
秘 书 长　姜元生

办公厅
主　　任　郑玉辉

纪检监察综合室
主　　任　鞠　崑(女)

调查研究室

主　任　杨明志

宣传教育室

主　任　付印红(女)

政策法规室

主　任　徐伟民

党风廉政建设室

主　任　史延文

整治和建设经济发展软环境办公室

主　任　何学勇

执法监察室

主　任　王德政

信访室

主　任　田秀芬(女,12 月免)

纪检监察一室

主　任　王　滔

纪检监察三室

主　任　邢铁溢

案件审理室

主　任　王海燕

干部管理室

主　任　苏　荆(女)

机关党委

书　记　姜元生(兼)

监察局

局　长　王　南

副局长　李家祺　刘海玉　尹维生

中共长春市纪委、长春市监察局直属纪工委、监察分局

第一纪工委书记、监察分局局长　李　莹(女,12 月免)

第二纪工委书记、监察分局局长　高国斌(12 月免)

第三纪工委书记、监察分局局长　刘大革

第四纪工委书记、监察分局局长　卢　飞

第六纪工委书记、监察分局局长　岂振玲(女)

第七纪工委书记、监察分局局长　陈敬民

第八纪工委书记、监察分局局长　常永宽

第九纪工委书记、监察分局局长　李露丹(女)

第十纪工委书记、监察分局局长　朱智勇

第十一纪工委书记、监察分局局长　杜云山

第十二纪工委书记、监察分局局长　梁好云(女)

民主党派

中国国民党革命委员会长春市委员会

副主任委员　徐秀强

中国民主同盟长春市委员会

主任委员　孙丰月

副主任委员　王志东　周米平(兼)

傅亚辰(兼)　刘　琦(兼、女)

苗　琦(兼)　李德山(兼)

欧阳继红(兼、女)

中国民主建国会长春市委员会

主任委员　钱龙生(7 月免)　陈　巳(7 月任)

副主任委员　丁绍伦(女)　王　禹(兼)

苗颖梅(女,兼)　刘润华(兼)

丁文勇(兼)　张少杰(兼)

秘 书 长　葛建民

中国民主促进会长春市委员会

主任委员　薛　康

副主任委员　林　宇　周国韬　窦　森

董玉琦(兼)　禹　平

中国农工民主党长春市委员会

主任委员　侯治富

副主任委员　张慧虹(女)　彭　飞　李守春

苗里宁　赵宏岩(女)

秘 书 长　张文彬

九三学社长春市委员会

主任委员　张红星

副主任委员　王　进

人民团体

市总工会

主　　席　冯占祥

副 主 席　董珊梅(女)　王　涛　王胜君

党组书记　冯占祥

党组副书记　董珊梅(女)

中国共产主义青年团长春市委员会

书　　记　程　宇

副 书 记　赵心锐　姜晓东(3 月任)

市妇女联合会

主　　席　贾丽娜(女)

副 主 席　甘　琳(女,9 月免)　李炜姝(女,12 月任)

刘丽华(女,12 月免)

欧路娜(女)　王丽秀(女)

党组书记　贾丽娜(女)

市工商业联合会

主　　席　宋　勇

副 主 席　王秋霞(女)

李洪禹　高学文　张光锐(7 月任)

党组书记　王秋霞(女)

市社会科学界联合会

主　　席　王振华(兼)

副 主 席　姜殿军　李树敏　常　新　孙学亮

党组书记　姜殿军

市文学艺术界联合会

主　　席　王振华(兼)

副 主 席　张守智　吴　强(兼)　龙　华(女,兼)　崔永泉(兼)　韩志晨(兼)　王长元　景喜猷

党组书记　张守智

市科学技术协会

主　　席　孙国庆

副 主 席　邢　文(12 月免)　王　源(12 月免)

党组书记　孙国庆

市归国华侨联合会

副 主 席　张尚诚(女)　刘勇兵(兼)　李勉东(兼)　于洪升(兼)　陈　密(兼)　王钲强(兼)

秘 书 长　崔　昕

市台湾同胞联谊会

会　　长　孔令智

副 会 长　吴　音(女)　朱　杰(女)　陶　川　于士利　白建英(女)　李宇波　徐正考　高　歌　路景权

市红十字会

名誉会长　高广滨　崔　杰

会　　长　郑文芝(女)

常务副会长　王大雷

副 会 长　赵吉光　孙国武　卢福建　韩忠宝　王德宇　王树彬　胡延生　齐国华　郑伟民　韩晓峰　宋尚龙　曲慧霞　王冠军　宋柏林　金　磊

市残疾人联合会

理 事 长　张鸣雨(7 月免)　甘　琳(女,9 月任)

副理事长　郑铁成(12 月免)　王贵君　丁甫久(8 月免)　王爱国(9 月任)

地方军事

长春警备区

司 令 员　张连义

政治委员　孙　超

副司令员　苏立宝

副政治委员　刘宝文

参 谋 长　郭华山

政治部主任　马德国

后勤部部长　徐荣海

武警长春市支队

支 队 长　田　政(1 月任)

第一政治委员　高学章(兼)

政治委员　周　波

副支队长　孙文金(4 月任)　刘建民(3 月免)　刘长友(4 月任)　孔德胜(4 月任)

副政治委员　郭永俊

市公安消防支队

支 队 长　宋洪峰

政治委员　赵子魁

副支队长　王　星　燕天宇(3 月免)　宋晓辉(1 月任)

副政治委员　邵光德

政　法

中级人民法院

院　　长　宋利菲(女)

副 院 长　冯猷强　刘德孝　蔡文凤(女)　潘晓军(10 月免)　金运珍(女)

党组书记　宋利菲(女)

党组副书记　冯猷强

政治部主任　马惠明

纪检组长　裴　莹

人民检察院

检 察 长　徐　明

副检察长　肖春光　马占山　王　禹　孙　飞　赵彦峰

党组书记　徐　明

党组副书记　肖春光

纪检组长　宋　健(11 月免)

政治部主任　高林树(8 月任)

反贪污贿赂局局长　赵彦峰(兼)

反渎职侵权局局长　马占山(兼)

检察委员会专职委员　李　驳

双重领导局级单位

中国人民银行长春中心支行

行　　长　周振海(6 月免)　张启阳(6 月任)

副 行 长　付　裕　董龙训　李秋生　宋金山　王春生　于桂琴(女)　武鹏云　王　军(女)　周媛媛(女)

党委书记　周振海(6 月免)　张启阳(6 月任)

纪委书记　武鹏云

中国工商银行吉林省分行营业部

总 经 理　张晓辛

副总经理　朱　评　林　红(女)　张　斌(女)　陈宇龙(10 月免)　窦洪涛(12 月任)

党委书记　张晓辛

纪检委书记　赵英昕（12月免）　许家业（12月任）

中国农业银行吉林省分行营业部

总 经 理　姚德东

副总经理　许　波（9月任）　王铁丰　王晓伟（9月任）

杨建国（9月任）　武　瑾　王晶华（8月免）

党委书记　姚德东

纪检委书记　蔡　华（8月免）　王铁丰

吉林银行

董 事 长　田学仁（12月免）　唐国兴（12月任）

行　　长　唐国兴（12月免）　刘鸿魁（12月任）

副 行 长　程松彬　王安华　郃　戈

刘帝奉　（11月任）　胡　斌（12月任）

党委书记　田学仁（免）　唐国兴（12月任）

党委副书记　唐国兴（免）　刘鸿魁（12月任）

监 事 长　李世杰

纪检委书记　王　宏

长春海关

关　　长　薛颖超

副 关 长　于　明　胡　薇（女）　孙玉宁　刘琦瑾

党组书记　薛颖超

缉私局局长　刘琦瑾

纪检组长　刘吉林

市烟草专卖局

局　　长　陈建新

副 局 长　张建华　张　波　车大光　刘　炜

党组书记　陈建新

长春供电公司

总 经 理　赵振伟（11月免）　辛国良（11月任）

副总经理　辛国良（11月免）　李长林（11月任）

杨伟东　李喜彬　张殿华　林　涛

陈学宇（4月任）

党委书记　辛国良（11月免）　李长林（11月任）

纪检委书记　李东强

邮政局

局　　长　王春岭

副 局 长　霍　建　李宏伟

党委书记　尹维国

中国联合网络通信有限公司长春市分公司

总 经 理　耿　强

副总经理　陈洪光　闫明柱　石立峰　孙剑飞

宋秋梅　马新宇

党委书记　耿　强

中国移动通信集团吉林有限公司长春分公司

总 经 理　杨子佺

副总经理　金　亮　孙　健　黄　昊

党组书记　郝汉生

区县（市）

【朝阳区】

中共朝阳区委

书　　记　袁玉树

副 书 记　谢华维　李　军

常　　委　袁玉树　谢华维　李　军　王长林　葛健雄

张洪彬　曹望庆　丛中梅（女）　宋　驰

毕洪鹰　田育宏　薛春生（12月任）

区人大常委会

主　　任　王庭福

副 主 任　林相贵（7月免）　王　欣　赵洪喜　柳春秋

区人民政府

区　　长　谢华维

副 区 长　葛健雄　张洪彬　葛丽萍（女）　韩希光

黄德军　孙　弘（女，7月任）

区政协

主　　席　王国维

副 主 席　孙　义　朱春花（女）

区纪律检查委员会

书　　记　王长林

区法院

院　　长　李晓明

区检察院

检 察 长　徐安怀

【南关区】

中共南关区委

书　　记　张树明

副 书 记　何泉秀　牛志诚（12月免）

杨大勇（12月任）

常　　委　张树明　何泉秀　杨大勇（12月任）

孙　宏（女）　陈广墨　华　岳　王　森

卢明刚　陈志勇　杨　波　许　迪（9月任）

区人大常委会

主　　任　范传真

副 主 任　陈玉学　柳国栋　马跃峡（女）

区人民政府

区　　长　何泉秀

副 区 长　陈广墨　卢明刚　姜显续　袁继业　陈桂林

唐继东（女，12月任）

区政协

主　　席　邹宝华（女，12月免）　牛志诚（12月任）

副 主 席　郭成尧　李玉林　任　伟

区纪律检查委员会

书　　记　孙　宏（女）

区法院
院　　长　赵洪田
区检察院
检 察 长　平玉玺

【宽城区】
中共宽城区委
书　　记　张宝祥
副 书 记　周　贺　　牛连春
常　　委　张宝祥　周　贺　牛连春　冯松江
殷淑梅(女)　孙彦鹏　明　翔　左　毅
仇风江　曲春雨　杜　志　靳　明
区人大常委会
主　　任　薛秉新
副 主 任　李　华(7月免)
陈　晶(女)
王志军
崔秀梅(女)　贝世琴(女,10月任)
所擎柱(10月任)
区人民政府
区　　长　周　贺
副 区 长　左　毅　仇风江　田　武　郑广慧
邹　娜(女)
区政协
主　　席　严　涛
副 主 席　金　华(女,朝鲜族)　齐树森　王晓君(女)
区纪律检查委员会
书　　记　殷淑琴(女)
区法院
院　　长　肖德馗
区检察院
检 察 长　赵　军

【二道区】
中共二道区委
书　　记　刘德生(12月免)
王庭凯(12月任)
副 书 记　杨云超　黄宪昱(12月任)　杜　福
常　　委　刘德生(12月免)　王庭凯(12月任)
杨云超　黄宪昱(12月任)　杜　福
孟宪新(8月免)　吕　鑫　孙慧颖
孙爱华(女,10月任)　王　吉　张耀国
胡俊生(8月免)　吴树学(8月任)
卢天恒(12月任)
区人大常委会
主　　任　邵玉春(女)
副 主 任　王治义(7月免)　朱英龙
贾淑凤(女)　　刘　琦(女)
赵金龙(9月任)
区人民政府
区　　长　杨云超(12月免)　黄宪昱(12月任)
副 区 长　孟宪新(8月免)　黄宪昱(9月任)
吕　鑫　李子新　鲁　月(女)　李永利
区政协
主　　席　曾昭伟
副 主 席　李　韧(女)　王　杨(女)
王怀忠(9月任)
区纪律检查委员会
书　　记　孙慧颖
区法院
院　　长　吴树学(8月免)　胡俊生(8月任)
区检察院
检 察 长　初连文

【绿园区】
中共绿园区委
书　　记　陈克信
副 书 记　王庭凯(12月免)　孙英利(12月任)
胡书君
常　　委　陈克信　王庭凯(12月免)　孙英利(12月任)
胡书君　王　政　李长信
李淑侠(女,11月任)　邵永全　马国成
周继峰　刘志田　高庆福
李　瑞(女,12月任)
区人大常委会
主　　任　胡云河
副 主 任　李　君　李国连　段俊棉(女)　付彩霞(女)
区人民政府
区　　长　王庭凯(12月免)　孙英利(12月任)
副 区 长　马国成　周继峰　王桂波(女)　王万成
杜　剑
区政协
主　　席　安　然(11月免)　李淑侠(女,11月任)
副 主 席　邓志安　王雅华(女)　刘永久
区纪律检查委员会
书　　记　邵永全
区法院
院　　长　姜博仁
区检察院
检 察 长　张宏山(9月免)　刘志民(10月任)

【双阳区】
中共双阳区委
书　　记　李长明

副书记 王明德 冯善国(12月免)
常　委 李长明 王明德 冯善国(12月免)
唐铁生 任志和 孙成军(7月免)
李永军(7月免) 赵明瑞 沈洪斌
韩明玉(11月免) 朴连玉 文中华(7月任)
李成兴(8月任) 王天行(12月任)

区人大常委会
主　任 赵　英
副主任 徐云丽(女) 陈华兴 张明哲 丰建春

区人民政府
区　长 王明德
副区长 唐铁生 赵明瑞 张立新 刘任远
张艳秋(女)

区政协
主　席 冯善国(12月免)
副主席 兰凤霞(女) 姜作相 杨　辉(11月任)

区纪律检查委员会
书　记 沈洪斌

区法院
院　长 李新生

区检察院
院　长 杨玉兰(女)

【农安县】

中共农安县委
书　记 李忠斌
副书记 王海英 王　伟(11月免)
蔡　光(11月任)
常　委 李忠斌 王海英 王　伟 张广君
蔡　光 韩明玉(11月任) 李成兴(8月免)
滕广涛(8月任) 赫　哲(8月免) 张　波
朱　俊(8月任) 徐　宁(女) 高　强
徐志成(12月任)

县人大常委会
主　任 李明祥(11月免) 王　伟(11月任)
副主任 王永林 张淑梅(女) 宗喜洪

县人民政府
县　长 王海英
副县长 张广君(11月免) 韩明玉(11月任)
蔡　光(11月免) 钟云琴(女)
滕广涛(8月免) 贾树飞 高秀忠
于德斌(9月任) 胡亚民

县政协
主　席 席庆国(11月免)
张广君(11月任)
副主席 房　义 赵贵君

县纪律检查委员会
书　记 赫　哲(8月免) 朱　俊(8月任)

县法院
院　长 尹彦久

县检察院
检察长 刘志民(10月免) 聂施恒(10月任)

【榆树市】

中共榆树市委
书　记 李国强
副书记 王立学 李荣武
常　委 李国强 王立学 李荣武 李洪亮 谭景坤
刘彦伟 高中会 宋　超 王立春(女)
赵国军 程鹏彦 王海瑛(女,12月任)

市人大常委会
主　任 董书勤(女)
副主任 陈立新(4月免) 王文全 王森林 常　健

市人民政府
市　长 王立学
副市长 李洪亮 谭景坤 张树国 孙中兴 王是非
马　光 刘正伟(1月任)

市政协
主　席 高凤桐
副主席 张兴文(9月免) 张　媛(女) 王伟成

市纪律检查委员会
书　记 高中会

市法院
院　长 张凤军(9月免)

市检察院
检察长 张颖彧

【德惠市】

中共德惠市委
书　记 祝永安(4月任)
副书记 刘长春(7月任) 于树军(12月免)
林英昌(12月任)
常　委 祝永安(4月任) 刘长春(7月任)
于树军(12月免) 林英昌(8月任)
赫　哲(8月任) 宫立武(8月免)
赵文波(8月任) 杨树峰 张文华(女)
王树民(8月任) 刘　健
白松巍(8月免) 王克瑜(11月任)
宫丽梅(女,12月任)

市人大常委会
主　任 李志斌
副主任 杨显德 晁振英 郭守华(10月免)
贲云峰(11月任)

市政府

市　　长　刘长春(4月任)
副 市 长　赫　哲(8月任)　林英昌(8月免)
　　　　　南振波　王树民　赵文波(8月免)
　　　　　王　涛　白松巍(8月任)
　　　　　宋云官(11月任)　齐晓宁

市政协
主　　席　赵文杰(12月免)　于树军(12月任)
副 主 席　禹希军　李岱林　祁国有

市纪律检查委员会
书　　记　宫立武(8月免)　赵文波(8月任)

市法院
院　　长　徐相国

市检察院
检 察 长　李崇峰

【九台市】

中共九台市委
书　　记　高凤昌
副 书 记　孙向武(12月免)　史长友(12月任)
　　　　　宋荫卓(8月免)　贾士武(8月任)
常　　委　高凤昌　孙向武(12月免)
　　　　　史长友(12月任)　宋荫卓(8月免)
　　　　　杨国奇(8月免)　曹　义(8月免)
　　　　　贾士武(8月任)　关　星　陈亦鸣
　　　　　张　进　金德和　裴庆镇　肖志华(9月任)
　　　　　王大宏(10月任)　李国辉(12月任)

市人大常委会
主　　任　林荣效
副 主 任　李文君(7月免)　冯耀实　李元君
　　　　　刘永茂(8月免)　杨国奇(8月任)
　　　　　曹　义(8月任)

市人民政府
市　　长　孙向武(12月免)　史长友(12月任)
副 市 长　贾士武(8月免)　关　星(8月任)
　　　　　逯占元　安秀芝(女)　于海山
　　　　　张　进　李洪慈(12月免)　鲍　刚
　　　　　徐　静(7月任)

市政协
主　　席　李文波(11月免)　贾士武(11月任)
副 主 席　朱金林(10月免)　聂德祥
　　　　　李德军　刘振华(10月任)

市纪律检查委员会
书　　记　关　星(8月免)　裴庆镇(8月任)

市法院
院　　长　李缃凡

市检察院
检 察 长　林晓光

主题索引

主题索引

说明

1.本索引采取主题抽取法，以主题词首字按拼音顺序排列为序，首字相同，以第二个字按拼音顺序排列为序，以此类推。

2.索引的主题词后面的数字表示内容所在页码，数字后面的英文字母(a、b、c)表示该页自左至右的栏别，无英文字母的表示当页各栏都有该主题词。

3.主题词按汉语拼音排列顺序排列。

D

E

F

G

H

J

Q

R

S

T

W

X

Y

Z